KB165781

1. 슐레지엔의 라우반에서 벌어진 전투에 참여 중인 히틀러 유겐트 대원들, 3월 30일.

2. 소련의 맹습 전에 동프로이센의 한 숲에서 사열을 받고 있는
그로스도이칠란트 군단의 일부, 1월 14일.
3. 동프로이센의 인스터부르크에서 붙잡힌 국민돌격대 대원들, 1월 22일.

4. 맹렬한 공습 뒤의 베를린 시민들.
5. 붉은 군대가 도착하기 전에 슐레지엔에서 달아나는 독일인들의 힘겨운 피란길.

6. 동프로이센의 한 도시로 진격해 들어가는 붉은 군대의 병사들, 1월.
7. 동프로이센의 도시 뮐하우젠으로 진입하는 소련군 기계화 부대들.

8. 틸지트를 점령한 붉은 군대 병사들.
9. 단치히에 침입하는 소련군 자주포, 3월 23일.

10. 괴벨스가 참석한 국민돌격대 사열식에서의 히틀러 유겐트 대원.
11. 포위된 슐레지엔의 주도 브레슬라우를 방어하는 두 명의 독일군 병사.

12. 포메라니아 남부에서 반격 전의 나치 친위대 기갑척탄병들.
13. 라우반을 탈환한 뒤 히틀러 유겐트 대원에게 훈장을 수여하는 괴벨스, 3월 9일.

14. 기차로 서쪽으로 탈출을 시도하는 독일 여성과 아이들.

15. 포츠담 근방의 숲에서 너도밤나무 열매를 모으고 있는 굶주린 피란민들.

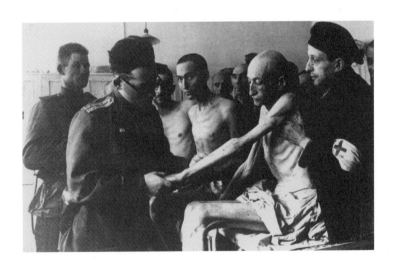

16. 집단지도자 헤르만 페겔라인(가운데)과 여동생 그레틀(오른쪽)의
결혼식 뒤의 에바 브라운, 베르히테스가덴, 1944년 6월.
17. 아우슈비츠 강제수용소의 생존자들을 돌보는 붉은 군대 군의관들.

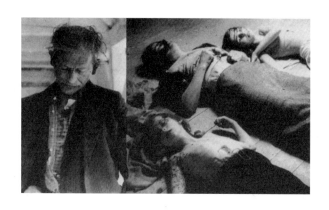

18-19. 붉은 군대가 도착하기 전에 가족과 함께 자살한(오른쪽) 독일의 한 기술자(왼쪽).
20. 쇠르너 장군의 명령에 따라 교수형에 처해진 한 독일 병사.
쇠르너의 신조는 '공포를 통한 힘'이었다. 목에 걸린 판지에는
"싸우는 자는 누구든 죽을 수 있다. 조국을 배신하는 자는 누구든 죽어야 한다!
우리는 죽어야 한다!"라고 적혀 있다.

21. 판처파우스트를 자전거에 고정시킨 히틀러 유겐트 대전차 부대.
22. SS제국지도자 하인리히 힘러.
힘러는 군대를 지휘하기를 원하면서도 자신은 총 한번 만져본 적이 없었다.

23. 얄타에서 스탈린 원수와 윈스턴 처칠.
24. 오데르강을 건너는 주코프 원수의 제1벨라루스전선군의 T-34 전차.

25. 베를린 공격을 준비하기 위해 오데르강에 다리를 놓는 소련군 공병들.

26. 물에 잠긴 오데르 범람원에서 대전차포를 옮기는 붉은 군대 병사들.
27. 베를린 근방에서 붉은 군대에 의해 강제 노동에서 해방된 소련 여성들.

28. 베를린의 폐허 속에 임시로 만든 무덤.
29. 히틀러 유겐트의 수장인 아르투어 악스만이 지켜보는 가운데 가장 어린 수비병 중 한 명을 어루 만지는 히틀러.

30-33. '파시스트 짐승의 소굴'을 점령하기 위해 거리에서 싸우는 붉은 군대.
34. '힘러 하우스(내무부 청사)'와 제국의회 의사당을 공격하기 위해 몰트케 다리를 건너다.

35. 베를린의 거리에 발포하는 소련군 자주포.
36. 총통 관저 옆에서 벌집이 된 폴크스바겐.

37. 베를린 남쪽의 소나무 숲에서 독일 제9군을 궤멸하기 위해 파견된 제1우크라이나전선군.
38. 베를린에서 붉은 군대에게 항복하는 독일군 병사들.

39. 베를린 거리에서 씻고 있는 소련군 기계화 부대 병사들.
40. 폐허 속에서의 식사 준비.

41. 미군과 만난 붉은 군대: 이바노프 대령이 건배를 제안하고
제83보병사단의 로버트 C. 메이컨 소장이 듣고 있다.
42. 엘베강의 파괴된 철교를 건너 미국 점령지로 탈출하는 독일 민간인들.

43. (왼쪽) 10대 징집병 한스-게오르크 헨케가 맞은 전투의 끝.
44. (오른쪽) 여성 의료 보조원의 치료를 받는 소련군 부상병.
45. 5월 9일 최종 항복 문서에 서명하기 위해 카를스호르스트에 도착한
슈툼프 장군, 카이텔 육군 원수, 폰 프리데부르크 제독.

46. 베를린 시민의 자전거를 뺏으려는 붉은 군대의 병사.
47. (왼쪽) 스탈린을 내동댕이친 말을 타고 전승 퍼레이드에 참여한 주코프 원수.
48. (오른쪽) 정치부 수장인 K. F. 텔레긴 장군(왼쪽)과
NKVD 수장인 이반 세로프 장군(오른쪽)이 주코프를 보고 있다.

49. 제국의회 의사당 내의 전장 방문.

베를린 함락
1945

Berlin: The Downfall 1945

베를린 함락 1945

걸작
논픽션
026

Berlin: The Downfall 1945

앤터니 비버 지음 · 이두영 옮김

권성욱 감수

글항아리

일러두기
- 원서에서 이탤릭체로 강조한 것은 고딕체로 표시했다.
- 하단 각주는 지은이가 단 것이다.
- 첨자로 부연 설명한 것은 옮긴이 주다.

머리말

    2002년 1월 초 이 책의 교정을 보고 있을 때 나는 너무 안일했거나 아니면 그저 너무 지쳐서 논리적으로 생각하지 못했던 것 같다. 나는 닥쳐올 태풍을 상상조차 못 했다. 늦봄에 출간이 예정되어 있어서 주석과 색인 등을 확인하며 정신없이 편집이 진행되었다. 나는 펭귄북스 홍보팀 요청으로 『북셀러』와 이 책에 관한 짧은 인터뷰를 하고는 잊어버리고 있었다. 그런데 놀랍게도, 인쇄되어 나간 짧은 기사를 본 『텔레그래프』가 이 책에 담겨 있을 수 있는 내용, 특히 붉은 군대가 저지른 대규모 강간에 관해 이런저런 추측성 기사를 내보냈다. 그들은 내게 전화를 걸어 인터뷰를 요청하고 더 상세한 내용을 물었지만 나는 단호하게 거절했다. 자신이 쓴 책이 서점에 나오기 다섯 달 전에 논란의 대상이 되는 건 어떤 저자든 절대 원하지 않는 일이다. 게다가 사람들이 원문을 읽을 기회가 없는 상황에서 도덕적 분노를 폭발시키는 모습을 보는 건 당연히 훨씬 더 나쁘다.

1월 24일에 기사가 두 페이지에 걸쳐 실렸다. 그러자 이튿날 그레고리 카라신 러시아 대사가『텔레그래프』에 내가 붉은 군대에 대해 "거짓말과 모략, 신성모독"을 했다고 비난하는 편지를 실어 대응했다. 인터뷰를 요청하는 전화가 11시부터 울리기 시작해 하루 종일 이어졌고 유럽의 다른 나라들뿐 아니라 미국과 호주에서까지 관심이 불타올랐다. 내가 할 수 있는 일은 펭귄의 홍보 담당자들에게 바리케이드를 치고 모든 인터뷰를 거절해달라고 부탁하는 한편 위험을 피해 숨는 것뿐이었다. 답답하고 당혹스러운 경험이었다. 나는『텔레그래프』에 그들이 실은 기사의 최악의 오류와 과장된 부분들 중 일부를 바로잡은 내 편지를 싣게 했다.

월요일에 아내가 러시아 대사관에서 온 전화를 받았다. 대사가 나와 이야기하고 싶다고 했다. 나는 앞으로 쓸 책을 위해 노르망디를 답사하던 중이라 런던으로 돌아올 때까지 미뤘다가 전화를 걸었다. 대사는 회의 중이었지만 곧 전화를 걸어왔다. 나는 다시 전화해줘서 고맙다고 인사했다. "앤터니 씨, 대사님이라고 하지 마시고 그냥 그레고리라고 부르세요. 대사관에 들러주세요. 보드카와 최고의 러시아 음식으로 함께 점심을 합시다." 그가『텔레그래프』에 실린 편지에서 신랄한 비난을 퍼부었기에 나는 이처럼 외교술의 페레로 로셰상을 받을 만한 그의 인사는 전혀 예상하지 못했다. 나는 초기 교정본을 보내주겠다고 말하면서 이야기에 실제로 어두운 부분이 있기 때문에 부정적인 내용이 많다는 것은 아셔야 한다고 했다. 하지만 고맙다는 말과 함께 수첩을 가져와서는 약속 날짜를 잡자는 대답만 돌아왔다. 나는 먼저 책을 읽어보셔야 한다고 다시 얘기하면서 당신을 난처한 입장에 빠트리고 싶지 않다고 강조했다. 그럼에도 대사는 "우린 점심 식사에 대해 얘기하는 중입니다"라는 말만 되풀이했다. 마치 밥을 먹으면 모든 일이 해결되기라도 하는 것처럼 말이다.

그즈음 노먼 데이비스가 저녁을 먹자면서 옥스퍼드대학의 세인트앤터니 칼리지로 나를 초대했다. 식사 후 우리는 외교관 출신의 매력 굴딩 학장과 이야기를 나누었다. 나는 굴딩에게 카라신이 나를 공격했다가 돌변해서는 점심 식사에 초대했다고 말했다. 내 말에 굴딩은 즉각 어떤 러시아 대사도 모스크바의 직접적인 지시 없이는 그렇게 180도로 태도가 바뀌지 않는다는 말을 해줬다. 그 말을 들으니 불안했다. 러시아인들이 이 책에 만족할 것이라고 기대하진 않았지만 너무 심각하게 받아들일까봐 걱정되었다.

공교롭게도 미국과 영국이 이라크 침공을 준비하고 있던 때였다. 2월 15일 금요일, 나는 일기에 이렇게 적었다.

오늘 러시아 대사 그레고리 카라신과 점심을 먹으려고 찾아갔다. 켄싱턴 펠리스 가든스 13번지는 1932년부터 공관으로 사용되어왔다. 거대한 홀들이 있는 어둑어둑한 모크 버로니얼 양식의 건물이다. 카라신이 내게 건물을 구경시켜주면서 이곳의 역사를 들려주었다. 그중에는 1940년 말 처칠이 찾아와 겨울 정원에서 마이스키 대사에게 나치의 소련 침공 준비를 경고하며 이야기를 나눈 일도 있었다. 스탈린은 자신을 독일과의 전쟁으로 몰아넣기 위한 영국의 도발이라고 확신했다. 또한 카라신은 창문으로 1940년에 거대한 벙커를 지었던 곳을 가리켰다. 그런 뒤 그는 나를 마이스키가 썼던 서재로 데려갔다. 그곳에는 2인분의 식사가 차려져 있었다. 검은 옷을 입은 젊은 여성이 식사 시중을 들었다. 보드카가 담긴 잔의 건배는 예상대로 나치 독일에 대한 연합군의 승리를 축하하며 시작되었다. 나는 그에게 『피의 기록, 스탈린그라드 전투』를 주었고 그는 주의 깊게 읽은 뒤 감상을 말해주겠노라고 했다.

우리는 식사할 준비를 했고 몇 번의 건배가 더 이어졌다. "앤터니, 우리는 서로를 잘 이해하는 것 같군요." 카라신이 말했다. 그는 이 말을 식사 도중에 두 번 더 되풀이했다. 그는 이 문제에 대해 모스크바로부터 두 번의 신호를 받았다고 인정했다. 매랙 굴딩의 말이 어느 정도 확인되는 순간이었다. "당신이 우리 참전 용사들을 보호해준 것에 고마워했어요." 우리는 참전 용사들과 스탈린 시대를 객관적으로 다시 생각하기란 힘들다는 이야기를 나누었다. 그는 나치즘에 대해 거둔 승리가 여전히 '신성'하게 여겨지기 때문에 참전 용사들이 살아 있는 동안은 소련의 신조를 확실히 청산하는 게 불가능하다는 뜻을 강하게 드러냈다. 하지만 그는 '승리는 신성하다'는 사실을 기억해야 한다고 재차 단호하게 강조했다.

그가 『텔레그래프』의 기사를 (나의) 정치적 공격으로 보면서 동시에 언론이 제멋대로 한 일임을 인정하는 데에는 명백한 모순이 있다는 점을 나는 강조하려고 애썼다. 『텔레그래프』는 신문 파는 일을 무엇보다 우선시하고, 외교관들이 있지도 않은 정치적 차원을 의심하는 것 역시 아마 어쩔 수 없을 것이다. 『텔레그래프』 같은 언론의 문제는 대규모 강간과 같은 기사가 늘 신문을 팔리게 한다고 생각한다는 점이다.

그때쯤 나는 긴장이 풀리면서 점심 식사의 목적이 어쨌든 간에 내 정보원들이 누구인지 캐내기 위한 것은 아니라고 확신했다. 우리는 제2차 세계대전의 역사에 관해 이야기를 좀 나눴지만 그가 곧 현안들로 화제를 돌렸다. 나는 작은 사이즈로 한 병쯤 보드카를 마셨지만 아직 논리적으로 이야기할 수 있고 말이 꼬이지 않은 것에 안도했다. 집을 나서기 직전 우유 한 잔을 마신 것이 다행이었다.

분명 그 자리에서는 예상 밖의 유화 공세와 보드카에 마음이 풀렸기에 나는 이튿날에야 떠오르기 시작한 진의를 아주 천천히 채워나갔다. '파시스트 짐승'에 대한 승리는 분명 신성했다. 스탈린주의 아래에서 탄압받았던 사람들조차 그 승리는 신성하다고 했다. 제1차 세계대전, 러시아 혁명, 내전, 기근, 숙청, 그 뒤에 벌어진 '대조국전쟁' 때문에 거의 모든 러시아 가족이 3세대 넘게 고통받았다. 모든 러시아인이 자랑할 수 있는 사실 하나는 소련이 나치의 침략에 저항했고 결국 승리를 거두었다는 것이었다. 나는 대규모 강간만큼 그 '신성한' 성취를 더럽히는 건 없다는 사실을 미처 알아차리지 못했다. 이 점은 나중에 친크렘린 신문과 텔레비전 방송국들이 나를 공격하기 시작할 때 절감했다.

출간을 준비하는 동안 전혀 생각지 못했던 다소 웃기는 부작용이 있었다. 독일 외교관 한스 프리드리히 폰 플로에츠가 오늘날의 독일인과 러시아인들이 제2차 세계대전에 대해 얼마나 성숙한 태도를 지니는지 보여주고 싶으니 자신의 친구 그레고리 카라신과 함께 출간 파티를 열자며 연락을 준 것이다. 나는 침을 꿀꺽 삼킨 뒤 내 책을 먼저 읽어보셔야 할 것 같다고 말했다. 나는 곧바로 그와 카라신에게 교정본을 보냈다. 그리고 그 주 일요일 댓바람부터 울리는 전화벨 소리에 잠에서 깼다. 플로에츠였다. 그는 책을 읽어보니 내가 이야기하려던 바가 무엇인지 이제 이해된다고 말했다. 그러면서 공동 출간 파티는 물론 단독 파티를 제안하기도 불가능할 것 같다고 했다. 그의 다음 직책이 모스크바 주재 독일 대사였기 때문이다.

바로 얼마 뒤 나는 처칠과 스탈린이 전시에 주고받은 서신과 통신에 관한 학회가 열린 외무성에서 우연히 카라신을 보았다. 카라신이 나를 피하는 듯해 나는 그에게 다가가 읽을거리를 너무 많이 퍼부은 것 같다며 사과했다. 나보다 훨씬 키가 큰 그는 내 정수리 위를 똑바로 쳐다보며 말했다. "내가 당신이 쓴 글에 도저히 동의하지 못한다는 걸 이해하셔야 합니다." 나는 물론 이해한다고 대답했다.

아주 놀랍게도 나는 6월 17일 그에게서 연락을 받았다. 전화가 울리고 "러시아 대사관입니다. 대사님께서 이야기하고 싶어하십니다"라는 말이 들렸을 때 가슴이 철렁했다. 뒤이어 카라신의 목소리가 들렸다. "앤터니 씨, 어떻게 지내세요?" 그는 우리가 여전히 최고의 친구인 양 말했다. 카라신은 『모스크바 뉴스』의 예핌 바르반의 진행으로 자신과 나의 공동 인터뷰 자리를 마련하고 싶다고 말했다. 그리고 예전의 『이즈베스티야Izbestia』가 아니라고 나를 안심시키려는 듯 "훌륭한 진보적 신문"이라고 덧붙였다. 우리는 며칠 뒤로 날짜를 잡았고 그는 티타임을 갖자고 했다. 나는 만나기 전에 적어도 우유 한 잔을 마셔두어야겠다고 생각했다. 하지만 사정을 잘 아는 친구들은 어떤 덫이든 피하려면 아무 핑계나 대고 그만두라고 채근했다. 무슨 말인지 알아차린 나는 대사관에 전화를 걸어 약속을 취소하며 사과 메시지를 남겼다.

책이 출간되었을 때 나는 평론가들이 내 어마어마한 특종에 주목하길 기대했다. 그건 대규모 강간과는 상관없는 문제였다. 러시아연방 국립기록보관소의 한 친절한 기록 보관 담당자가 아직 비밀로 분류되는 미공개 문서들을 우리에게 슬쩍 풀어주었다. 그 문서들은 1945년 4월, 스탈린 정권의 내무인민위원회NKVD, 소련의 비밀경찰 수장이었던 라브렌티 베리야가 독일의 원자력 연구를 총괄하고 있던 카이저 빌헬름 연구소를 봉쇄하기 위해 베를린 외곽의 달렘으로 NKVD 소총사단들을 보냈던 사실을 밝히고 있었다. 베리야는 맨해튼 프로젝트제2차 세계대전 중에 이루어진 미국의 원자폭탄 제조 프로젝트에 심어둔 스파이들로부터 미국이 원자폭탄을 연구 중이라는 첩보를 받아 알고 있었다. 러시아 과학자들은 베리야가 직접 감독한 원자폭탄 개발 계획인 보로디노 작전에서 미국의 연구를 따라잡으려고 필사적으로 노력했다. 베를린 외곽 서남쪽에 있는 달렘은 엘베강에 위치한 미군의 교두보와 가장 가까웠고 나치의 수도와 엎어지면 코 닿을 거리였다. 스탈린이 주코프 원수와 코네프 원수가 내륙을 공격하기 전에 베를린을 먼저 포위해야 한다고 고집을 부렸던 이유가 갑자기 분명해졌다. 미군이 달렘에 먼저 도착하게 두어서는 안 되었기 때문이다. 하지만 결과적으로 이곳이건 미국이나 다른 어떤 곳이건 이 문제를 언급한 평론가는 단 한 명도 없었다.

앤터니 비버

2020년 1월, 런던

차례

머리말 29   지도 38   서문 54

1   새해를 맞은 베를린   58
2   비스와강의 '카드로 만든 집'   72
3   불과 칼과 '고결한 분노'   90
4   겨울 대공세   111
5   오데르강으로의 돌격   135
6   동과 서   164
7   후방 소탕   190
8   포메라니아와 오데르강 교두보   216
9   목표 베를린   245
10   총신銃⾂과 참모   262
11   최후의 일격을 준비하며   286
12   맹습을 기다리며   297
13   엘베강의 미군   321
14   전투 전야   343
15   라이트바인 슈푸어의 주코프   357

16	젤로와 슈프레강	382
17	총통의 마지막 생일	404
18	황금 꿩들의 도주	422
19	포격을 당한 도시	449
20	헛된 희망	465
21	시가전	492
22	숲속에서의 전투	518
23	의지의 배신	533
24	총통의 새벽	556
25	총통 관저와 제국의회 의사당	579
26	전투의 끝	602
27	패자는 비참한 법!	630
28	백마 탄 남자	652

감사의 말 668   주 672   찾아보기 704

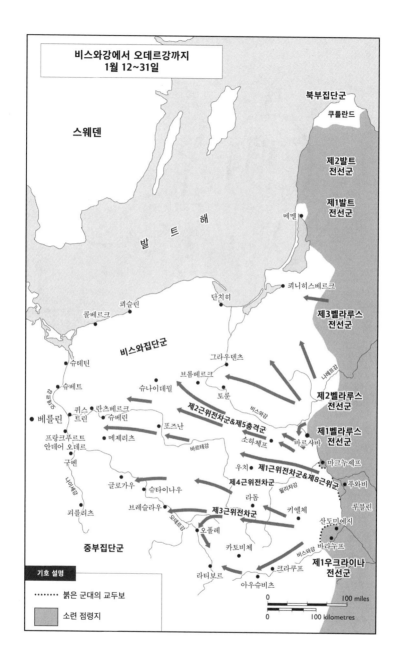

비스와강에서 오데르강까지
1월 12~31일

스웨덴

북부집단군

쿠를란드

제2발트
전선군

제1발트
전선군

발 트 해

메멜

쾨니히스베르크

단치히

제3벨라루스
전선군

콜베르크

쾨슬린

비스와집단군

그라우덴츠

제2벨라루스
전선군

슈테틴

브롬베르크

슈나이데뮐

토룬

비스와강

나레프강

슈베트

란츠베르크

베를린

퀴스트린

슈베린

포즈난

바르타강

소하체프

바르샤바

제1벨라루스
전선군

마그누셰프

제2근위전차군&제5충격군

프랑크푸르트
안데어 오데르

메제리츠

우치

제1근위전차군&제8근위군

푸와비

구벤

나이세강

글로가우

슈타이나우

브레슬라우

제4근위전차군

제3근위전차군

라돔

필리차강

키엘체

루블린

산도미에시

괴를리츠

오데르강

오폴레

카토비체

바라누프

라티보르

아우슈비츠

크라쿠프

비스와강

제1우크라이나
전선군

중부집단군

기호 설명

········ 붉은 군대의 교두보

소련 점령지

0   100 miles

0   100 kilometres

39

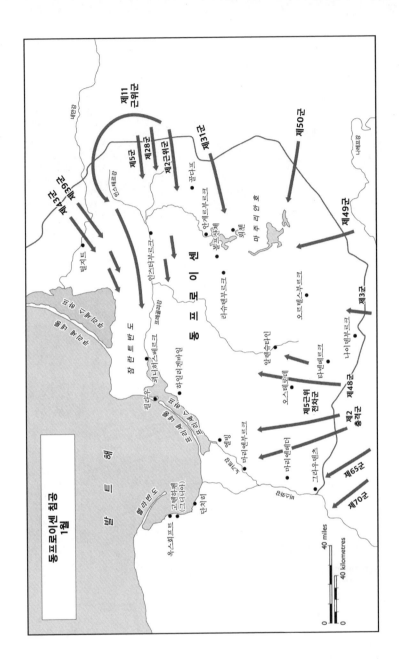

동프로이센 침공
1월

제11
근위군

제5군

제28군

제2근위군

제31군

제50군

제43군

제39군

네만강

인스테르강

틸지트

크라가우

질라우반도

쿠르셰스카야

쿠르셰스카야

발지트

인스터부르크

프레겔라강

하일리겐바일

코니히스베르크

필라우

쿨다프

앙게르부르크

발트슈테트

뢰첸

마주리안호

리슈벤부르크

오르텔스부르크

나레프강

제49군

제3군

제48군

알렌슈타인

나이덴부르크

제2
충격군

오스테로데

제5근위
전차군

타넨베르크

마리엔베르크

엘빙

노가트강

마리엔부르크

그라우덴츠

제65군

단치히

마리엔베르더

뷔좌강

헬라반도

옥스회프트

그덴하페
(그디니아)

제70군

발트해

40 miles

40 kilometres

0

0

40

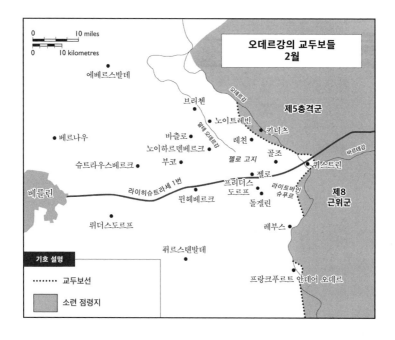

오데르강의 교두보들
2월

0 10 miles
0 10 kilometres

에베르스발데

브리첸

노이트레빈

오데르강

제5충격군

키니츠

베르나우

바흘로

레친

노이하르덴베르크

옐로 고지

골조

슈트라우스베르크

부코

젤로

퀴스트린

베를린

라이히슈트라세 1번

프리더스
도르프

라이트바인
슈푸르

제8
근위군

바르테강

뮌헤베르크

돌겔린

뤼더스도르프

레부스

퓌르스텐발데

프랑크푸르트 안데어 오데르

기호 설명

.... 교두보선

        소련 점령지

41

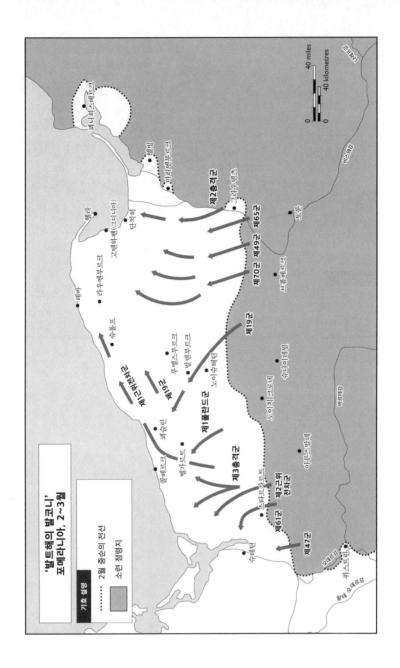

'발트해의 발코니', 포메라니아, 2~3월

기호 설명

······ 2월 중순의 전선

소련 점령지

제2충격군

제65군
제49군
제70군

제19군

제1폴란드군

제1근위전차군

제19군

제3충격군

제61군
제2근위 전차군

제47군

40 miles
40 kilometres
0

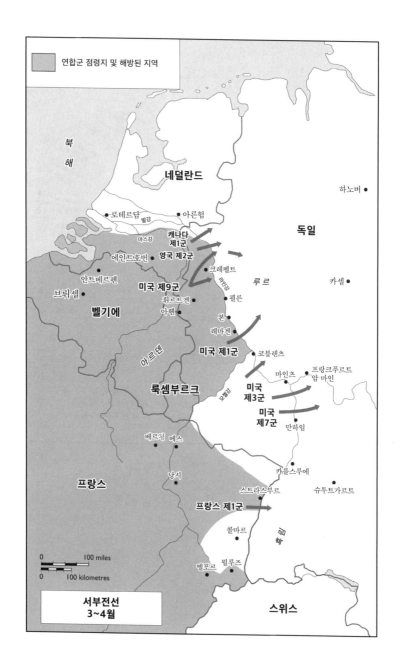

연합군 점령지 및 해방된 지역

북
해

네덜란드

하노버 •

로테르담
빌강

•아른험

독일

마스강

캐나다
제1군

카셀•

에인트호번

영국 제2군

•크레펠트

루르

안트베르펜

미국 제9군

라인강

쾰른

브뤼셀

휘르트겐

벨기에

아헨

본

레마겐

아르덴

미국 제1군

•코블렌츠

프랑크푸르트
암 마인

룩셈부르크

모젤강

•마인츠

미국
제3군

미국
제7군

만하임

베르됭

메스

•카를스루에

낭시

프랑스

슈투트가르트•

•스트라스부르

프랑스 제1군

콜마르

라인강

0   100 miles
0   100 kilometres

벨포르

뮐루즈

서부전선
3~4월

스위스

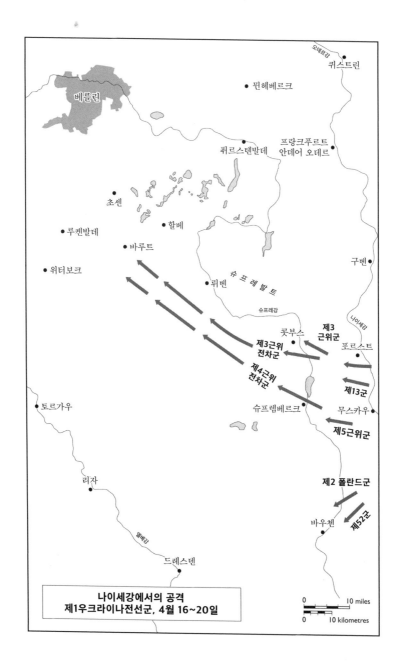

퀴스트린

오데르강

베를린

뮌헤베르크

프랑크푸르트
안데어 오데르

퓌르스텐발데

초센

할베

루켄발데

바루트

구벤

위터보크

뤼벤

슈프레발트

슈프레강

나이세강

콧부스

제3
근위군

포르스트

제3근위
전차군

제4근위
전차군

제13군

토르가우

슈프렘베르크

무스카우

제5근위군

제2 폴란드군

리자

제52군

엘베강

바우첸

드레스덴

나이세강에서의 공격
제1우크라이나전선군, 4월 16~20일

0   10 miles

0   10 kilometres

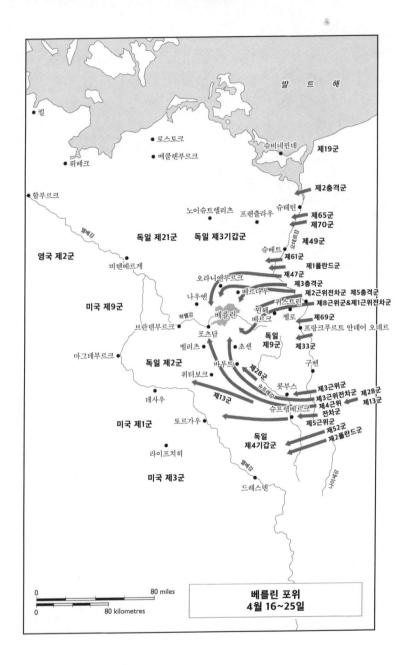

발 트 해

• 킬

• 로스토크

• 뤼베크

• 메클렌부르크

• 함부르크

노이슈트렐리츠

프렌츨라우

슈테틴

제19군

제2충격군

제65군
제70군

독일 제21군

독일 제3기갑군

슈베트

제49군

제61군

제1폴란드군

비텐베르게

오라니엔부르크

나우엔

베르나우

제47군

제3충격군

제2근위전차군 제5충격군

영국 제2군

미국 제9군

하벨강

베를린

핀헤
베르크

퀴스트린

제8근위군&제1근위전차군

제69군

브란덴부르크

포츠담

젤로

프랑크푸르트 안데어 오데르

벨리츠

초센

독일
제9군

제33군

마그데부르크

독일 제2군

위터보크

바루트

제28군

구벤

슈프레강

데사우

제13군

콧부스

제3근위군

제3근위전차군

제28군

슈프렘베르크

제4근위
전차군

제13군

미국 제1군

토르가우

제5근위군

제52군

라이프치히

독일
제4기갑군

제2폴란드군

미국 제3군

엘베강

드레스덴

0   80 miles

0   80 kilometres

베를린 포위
4월 16~25일

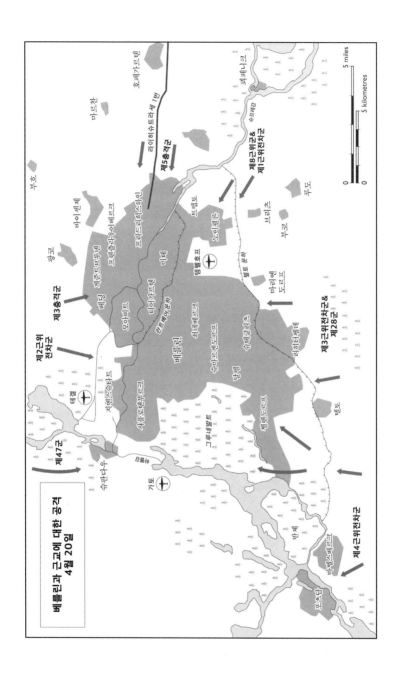

베를린과 근교에 대한 공격
4월 20일

제47군
제2근위전차군
제3충격군
제5충격군
라이하슈튀츠 테 1번
제8근위군 &
제1근위전차군
제3근위전차군 &
제28군
제4근위전차군

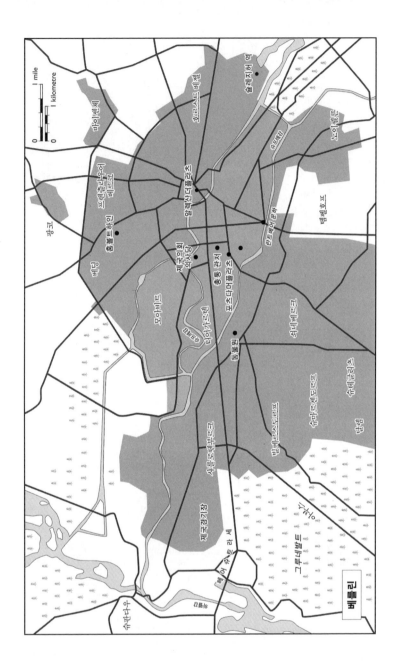

서부전선
4~5월

비텐베르게

엘베강

미국
제9군

리노

제61군

제1폴란드군

제2근위기병군단

오라니엔
부르크

슈텐달

쇤하우젠

제47군

탕어뮌데

하펠강

베를린

겐틴

브란덴부르크

포츠담

벨리츠

제3근위
전차군

마그데부르크

비젠부르크

제4근위
전차군

체르프스트

위터보크

바르비

로슬라우

데사우

제13군

미국 제1군

몰데강

토르가우

제5근위군

할레

제1근위
기병군단

엘베강

라이프치히

0   10 miles

0   10 kilometres

미국 제3군

리자

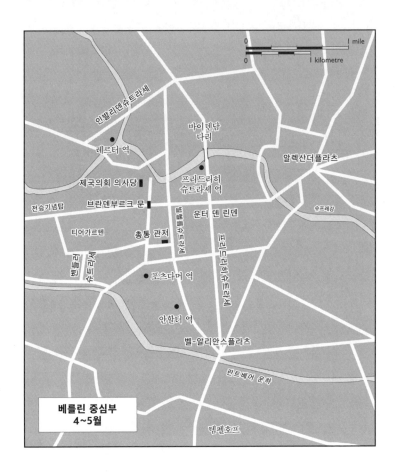

베를린 중심부
4~5월

안발리덴슈트라세

바이덴담
다리

레르터 역

알렉산더플라츠

제국의회 의사당

프리드리히
슈트라세 역

전승기념탑

브란덴부르크 문

운터 덴 린덴

슈프레강

티어가르텐

총통 관저

빌헬름슈트라세

프리드리히슈트라세

포츠다머 역

안할터 역

벨-알리안스플라츠

란트베어 운하

템펠호프

50

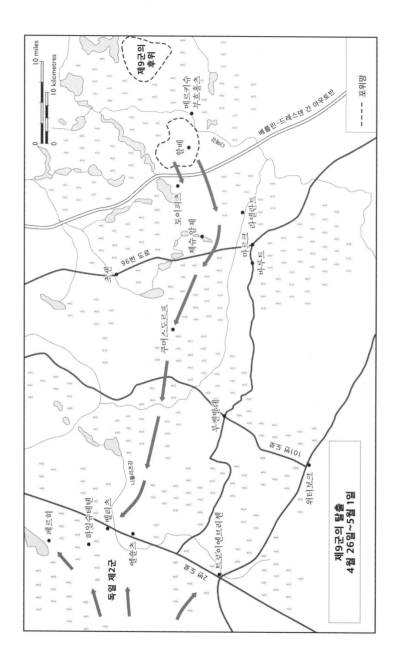

제9군의 탈출
4월 26일~5월 1일

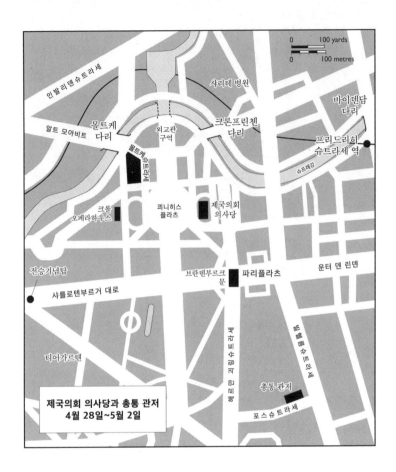

인발리덴 슈트라세

사리테 병원

바이덴담 다리

알트 모아비트

몰트케 다리

몰트케 슈트라세

외교관 구역

크론프린첸 다리

슈프레강

프리드리히 슈트라세 역

크롤 오페라하우스

쾨니히스 플라츠

제국의회 의사당

전승기념탑

브란덴부르크 문

파리플라츠

운터 덴 린덴

샤를로텐부르거 대로

헤르만 괴링 슈트라세

빌헬름 슈트라세

티어가르텐

총통 관저

포스 슈트라세

0   100 yards

0   100 metres

제국의회 의사당과 총통 관저
4월 28일~5월 2일

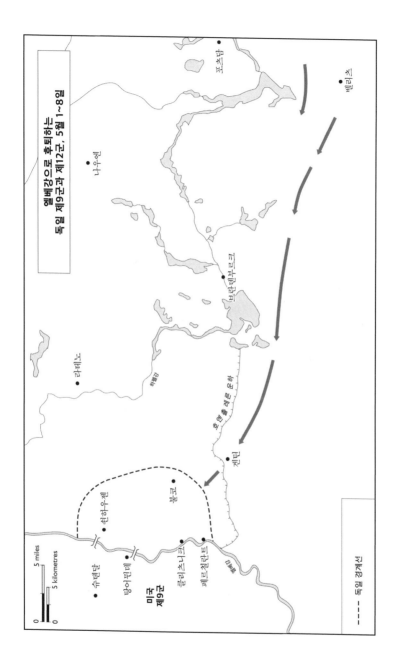

엘베강으로 후퇴하는
독일 제9군과 제12군, 5월 1~8일

포츠담

벨리츠

나우엔

브란덴부르크

라테노

하벨강

겐틴

호엔촐레른 운하

슈텐달

탕어뮌데

미국
제9군

젤하우젠

볼코

클리츠니크

페르첼란트

엘베강

5 miles

5 kilometres

0
0

----- 독일 경계선

53

서문

"역사는 항상 결론을 강조한다."

종전 직후 전범으로 체포된 알베르트 슈페어(1905~1981)가 미국의 심문관들 앞에서 비통하게 내뱉은 말이다. 그는 히틀러 정권이 초기에 이루었던 성취가 최종적인 몰락 때문에 가려지는 것을 두려워했다. 하지만 나치의 다른 유명 인사들과 마찬가지로 슈페어는 자신들이 몰락한 방식이 나치 지도자들과 그 체제를 가장 잘 보여준다는 사실을 인정하려 하지 않았다. 국가사회주의의 말로라는 주제가 이토록 흥미진진한 것은 요즘 독일의 십대들이 제3제국의 역사를 들여다보면서 감탄하는 일이 이어지기 때문이다. 그래서 그 중요성은 계속된다.

나치의 적들이 복수의 순간을 처음 그려볼 수 있었던 때는 두 해 전이었다. 1943년 2월 1일, 분노한 한 소련군 대령이 스탈린그라드의 잔해 속에서 초췌한 독일군 포로 한 무리를 붙잡았다. 그는 폐허가 된 사방의 건물들을 가리키며 "저게 베를린의 미래 모습이다!"라고 소리쳤다. 6년 전 이 글을 읽었을 때, 나는 다음에 무슨 책을 써야 할지 곧장 깨달았다. 베를린의 제국의회 의사당 벽에 보존되어 있는 낙서 중에는 침략자들이 동쪽으로 가장 멀리 진격한 지점에서 독일의 심장부로 다시 쫓아내고 기뻐 날뛰며 복수를 저지르던 러시아 병사들이 베를린과 스탈린그라드를 연결시킨 그림을 아직도 볼 수 있다.

히틀러는 이 결정적인 패배에 지나치리만큼 계속해서 집착했다. 붉은 군대가 독일의 동쪽 국경 너머에 모여들고 있던 1944년 11월 그는 스탈린그라드로 화살을 돌렸다. 그는 한 연설에서 "1942년 1월 러시아 군대가 돈강의 루마니아 전선을 돌파하면서" 독일의 모든 실패가 시작되었다고 말했다. 그는 위험을 경고하는 목소리에 주의를 기울이길 강박적으로 거부했던 자신이 아니라, 스탈린그라드 도시 양쪽의 취약한 지대를 무장도 하지 않은 채 내버려둔 추축국 동맹들을 탓했다. 스탈린그라드 양 측면을 공격해 독일군을 포위한 소련군의 반격을 말하며 이 반격으로 전세가 역전되었다. 일명 '천왕성 작전'으로 불림. 히틀러는 아무것도 배우지 않았고 아무것도 잊지 않았다.

또한 그 연설은 독일 국민이 걸려든 왜곡된 논리를 끔찍하리만큼 명확하게 보여주었다. 이 연설문이 발표되었을 때 "항복은 절멸을 의미한다"라는 제목이 달렸다. 히틀러는 볼셰비키가 승리하면 독일 국민은 "시베리아의 툰드라로 걸어가는 거대한 행렬"과 함께 파괴되고 강간당하며 노예 신세가 될 거라고 경고했다.

히틀러는 자신의 행동이 불러온 결과를 결코 인정하지 않았다. 독일 국민은 자신들이 끔찍한 인과의 혼란에 갇혔다는 것을 너무 뒤늦게 깨달았다. 히틀러는 자신이 장담했던 것과 달리 볼셰비즘을 제거하기는커녕 유럽의 중심부로 가져다놓았다. 러시아에 대한 히틀러의 지독하고 잔혹한 침공은 악마같이 교활한 선전 선동 속에서 키워진 독일의 젊은이들에 의해 수행되었다. 괴벨스의 대중 선동은 유대인, 소련의 고위층, 슬라브인을 비인간화한 것을 넘어 독일 국민이 그들을 두려워하고 미워하게 만들었다. 이처럼 거대한 범죄를 통해서 히틀러는 국민을 자신에게 묶어두었다. 그리고 히틀러의 예언은 점점 다가오고 있는 붉은 군대의 폭력으로 실현되었다.

스탈린은 제 입맛에 맞는 상징들을 기꺼이 이용하면서도 훨씬 더 계산적이었다. 독일 수도에서의 전투는 "제2차 세계대전에서 펼친 우리 군의 모든 작전 중 최고"였다. 하지만 그에겐 다른 중요한 관심사들이 있었다. 특히 미군과 영국군이 도착하기 전에 베를린의 원자력 연구 시설의 우라늄과 관련된 모든 설비를 가져가려는 계획이 가장 중요했다. 바로 내무인민위원장 라브렌티 베리야 휘하에서 수립한 계획이었다. 미국 로스 앨러모스에서 이뤄지던 맨해튼 프로젝트의 진척 상황은 공산주의자 스파이인 클라우스 푹스의 활약을 통해 크렘린에 이미 잘 알려져 있었다. 이에 비해 소련의 연구는 한참 뒤처져 있었지만 스탈린과 베리야는 독일의 실험실과 베를린의 과학자들을 서방 연합국보다 먼저 손에 넣는다면 자신들 역시 미국인들처럼 원자폭탄을 생산할 수 있을 거라 확신했다.

전쟁이 끝날 무렵 벌어진 인간 비극의 규모는 그것을 직접 겪지 않은 사람들, 특히 냉전 이후 무장 해제된 사회에서 자란 이들은 도저히 상상할 수 없다. 하지만 수백만 명의 사람에게 닥쳤던 이 운명의 순간은 여전히 우리에게 많은 것을 가르쳐준다. 그중 한 가지 중요한 교훈은 개인의 행위에 관한 어떤 일반화도 경계해야 한다는 것이다.

극도의 고통, 심지어 타락조차 인간 본성의 최악의 모습뿐 아니라 최선의 모습을 끌어낼 수 있다. 인간의 행동은 삶이나 죽음의 예측 불가능성을 보여주는 증거다. 많은 소련군 병사, 특히 최전선의 병사들은 뒤따라오는 전우들과 달리 종종 독일의 민간인들을 매우 친절하게 대했다. 이데올로기로 인간성이 파괴된 잔인하고 공포스러운 세계에서 뜻밖의 다정함과 희생에 가까운 몇몇 행동은, 만약 그조차 없었다면 견딜 수 없었을 이야기에 작은 등불을 밝혀준다.

새해를 맞은
베를린

1944년, 부족한 배급과 스트레스로 초췌해진 베를린 시민들은 크리스마스가 다가와도 축하할 일이 별로 없었다. 독일 수도의 많은 지역은 폭격으로 쑥대밭이 되었다. 비꼬는 농담에 소질 있었던 베를린 시민들은 이제 자조적인 으스스한 농담을 주고받았다. 그 병적인 계절에 유행한 우스갯소리는 "현실적으로 되자고. 관 가져와!"였다.

독일의 분위기가 바뀐 건 정확히 2년 전부터였다. 1942년 크리스마스 직전 파울루스 장군의 제6군이 볼가강에서 붉은 군대에 포위되었다는 소문이 나돌기 시작했다. 나치 정권은 독일 국방군 전체를 통틀어 가장 큰 부대가 스탈린그라드의 폐허와 그 바깥의 얼어붙은 스텝 지대에서 전멸할 운명이라는 현실을 받아들이기 힘들어했다. 이런 나쁜 소식이 온 나라에 퍼지기 전에 국민계몽선전부 장관 요제프 괴벨스는 그 충격파를 완화하기 위해 크리스마스를 이용했다. 바로 '독일식 크리스마스German Christmas'를 선포한 것이다. 국가사회주의 체제에서는 트리를 만들어 양초를 켜고 캐럴을 부르는 크리스마스가 금욕과 이념적 결의를 다지는 날로 바뀌어야 한다는 내용이었다. 크리스마스 전통 음식인 거위구이는 1944년엔 아득한 추억이 돼 있었다.

거리에는 앞쪽이 무너져 내린 집들이 있었고, 그 집의 거실이나 침실 벽에 걸려 있던 그림이 훤히 보였다. 여배우 힐데가르트 크네프(1925~2002)는 이층 마루의 잔해 위에 덩그러니 얹힌 피아노를 쳐다보았다. 누구도 피아노에 다가갈 수 없었다. 크네프는 언제쯤 피아노가 아래층으로 내려앉을지 궁금했다. 다 쓰러져가는 건물에는 전선에서 돌아온 아들에게 '가족은 모두 무사하며 다른 곳에 머물고 있다'고 휘갈겨 쓴 메모와 함께 "약탈자들은 사형에 처한다!"고 경고하는 나치당의 공지가 붙어 있었다.

낮에는 영국군이, 밤에는 미군이 너무 자주 공습하는 통에 베를린 사람들은 침대보다는 지하실과 방공호에서 지내는 시간이 더 많다고 느꼈다. 수면 부족은 억압된 히스테리와 운명론이 기이하게 뒤섞이도록 만들었다. 사람들은 어디서나 볼 수 있는 '방공호Luftschutzraum'의 약어 LSR이 "빨리 러시아어를 배워Lernt schnell Russisch"라면서 우스갯소리를 했다.[1] 패배주의로 게슈타포에 고발당할까봐 걱정하는 사람은 별로 없는 것처럼 보였다. 대부분의 베를린 시민은 이제 더 이상 "하일 히틀러!"라고 인사하지 않았다. 도시를 떠나 있던 히틀러 유겐트 대원 로타 로에베가 상점에 들어서면서 이렇게 인사하자 모두 고개를 돌려 그를 빤히 쳐다보았다. 근무 중이 아닐 때 로에베가 이 말을 입 밖으로 낸 건 그때가 마지막이었다. 그는 가장 흔한 인사말이 "살아남아라!"가 되었다는 것도 알게 되었다.[2]

유머는 또한 기괴하고 때로는 비현실적인 당시 분위기를 반영했다. 베를린에서 가장 큰 공습 대피소는 동물원이었다. 옥상에는 대공포 포대들이 놓이고 아래는 거대한 대피소가 있는 전체주의 시대의 광대한 철근 콘크리트 요새였다. 사이렌이 울리면 베를린 시민들은 이곳으로 떼 지어 몰려들었다. 우르줄라 폰 카르도르프는 일기에서 "오페라 「피델리오」의 감옥 장면을 위한 무대 장치와 비슷하다"[3]며 이곳을 묘사했다. 한편 다정한 연인들은 마치 '가면무도회'에 참여하려는 사람들처럼 콘크리트로 만든 나선형 계단 위에서 서로를 껴안았다.

국가의 존속만큼이나 각자의 인생에도 몰락이 임박했다는 분위기가 가득했다. 사람들은 가진 돈이 곧 종잇조각이 될 것이라는 생각에 흥청망청 써댔다. 확인하긴 힘들지만 소녀와 젊은 여성들이 동물원 역이나 티어가르텐 공원 주변의 으슥한 구석에서 낯선 사람에게 몸을 판다는 이야기도 돌았다. 순결을 버리려는 욕구는 나중에 소련의 붉은 군대가 베를린에 가까이 다가오면서 정도를 더해갔다.

가장 따뜻한 옷을 껴입고 샌드위치와 보온병이 담긴 작은 여행용 종이 가방을 들고 사람들이 우르르 들어오면 푸르스름한 빛이 밝혀진 방공호에서는 밀실공포증을 불러일으키는 지옥을 맛볼 수 있었다. 이론적으로는 모든 기본 욕구가 대피소 안에서 충족되었다. 간호사가 근무하는 응급실이 있어 임신부는 그곳에서 출산을 할 수도 있었다. 폭탄이 터질 때의 진동으로 분만은 더 빨리 진행되는 것 같았다. 진동은 지상만이 아니라 마치 지구 중심에서도 올라오는 것처럼 느껴졌다. 공습 중에는 불이 어두워졌다가 깜빡거리며 꺼지곤 해 천장을 야광 페인트로 칠했다. 수도관이 폭격을 맞으면 물 공급이 끊겼고 화장실은 금세 역겨운 꼴이 되기 십상이었다. 위생에 집착하는 독일 국민에게는 진정한 고통이었다. 종종 우울증에 걸린 사람들이 화장실 문을 걸어 잠그고 자살하다보니 당국은 아예 화장실을 폐쇄하기도 했다.

베를린에는 약 300만 명의 인구에 비해 대피소가 충분치 않았다. 그렇다보니 대피소는 대체로 초만원이었다. 중앙 복도, 사람들이 앉아 있는 홀과 침상이 놓인 방은 지나치게 밀집된 데다 천장에서 물방울이 떨어져 공기가 습하고 탁했다. 게준트브루넨 지하철역 아래의 대피소 단지는 1500명을 수용하도록 설계되었지만 종종 그 3배가 넘는 사람들로 꽉꽉 들어찼다. 대피소에서는 줄어드는 산소 수치를 측정하기 위해 양초를 이용했다. 바닥에 놔둔 양초가 꺼지면 아이들을 어깨 높이까지 들어올렸다. 의자 위의 양초가 꺼지면 그 층에서 나와 이동했다. 턱 높이에 둔 세 번째 양초가 바지직거리면 공습이 아무리 심해도 대피소 전체를 비워야 했다.

30만 명에 이르던 베를린의 외국인 노동자는 출신 국가를 나타내는 글자를 옷에 달아 구별되도록 했고 지하 대피소와 지하실에 들어가는 것이 금지되었다. 이런 조치는 부분적으로는 외국인 노동자들이 독일 민족과 친밀하게 어울리는 것을 금지하는 나치의 정책 때문이기도 했다. 하지만 독일인의 목숨을 먼저 구한다는 것이 당국의 최우선 관심사였다. 강제 노역자, 특히 대부분 우크라이나와 벨라루스에서 잡혀온 '동부 근로자Ostarbeiter'들은 소모품이었다. 반면, 자원자들을 비롯해 징발된 많은 외국인 노동자는 수용소로 보내진 불운한 사람들보다는 훨씬 더 큰 자유를 누렸다. 예를 들어 수도 근처의 군수공장에서 일하던 사람들은 프리드리히슈트라세 역 안쪽 깊숙한 곳에 마련된 자신들만의 은신처에서 한 장짜리 신문과 연극으로 보헤미안 문화를 즐겼다. 붉은 군대가 진군해오면서 그들의 사기는 눈에 띄게 높아진 반면 착취하는 사람들의 사기는 바닥으로 가라앉았다. 대부분의 독일인은 외국인 노동자들을 두려운 심정으로 바라보았다. 독일인은 외국인 노동자들을 붉은 군대가 도착하자마자 자신들에게 복수할 트로이 목마 속의 병사들처럼 생각했다.

베를린 사람들은 동쪽에서 슬라브인이 침입할 것이라는 본능적인 두려움에 시달렸다. 두려움은 쉽게 증오로 바뀌었다. 붉은 군대가 접근하자 괴벨스는 네메르스도르프에서 벌어진 잔혹 행위를 거듭 강조했다. 붉은 군대는 지난가을 동프로이센 동남쪽 지역에 침입해 마을 주민들을 강간하고 살해했다.

어떤 사람들은 폭격이 시작되어도 대피하지 않았다. 여기엔 나름의 사정이 있었다. 프렌츨라우어베르트 구역에 사는 내연녀를 자주 찾아가곤 했던 한 유부남은 폭격으로 주민들이 대피하는 와중에도 자신은 의심을 살까봐 공용 지하실로 내려가지 않았다. 어느 날 저녁 내연녀가 사는 건물이 직격탄을 맞았다. 운 나쁜 그 바람둥이는 소파에 앉아 있다가 목까지 돌무더기에 파묻혔다. 폭격이 끝난 뒤 에리히 슈미트케라는 소년은 위층에서 나는 고통스러운 비명을 들었다.[4] 소년은 주민들이 묵인해준 덕분에 지하실에 불법으로 숨어들 수 있었던 한 체코 노동자와 함께 위층으로 달려갔다. 남자를 구조해 병원으로 실어 보낸 뒤, 열네 살 된 소년 에리히는 다친 남자의 아내를 찾아가 남편이 다른 여자의 아파트에서 심하게 다쳤다고 전해야 했다. 남자의 아내는 분노의 절규를 터뜨렸다. 남편이 다친 것보다 딴 여자와 함께 있었다는 사실이 그녀를 더욱 격앙시켰다. 그 시절 아이들은 가혹한 방식으로 어른의 세계의 실체에 눈을 떴다.

귄터 블루멘트리트 장군은 당시 대다수의 당국자처럼 독일에 대한 폭격이 '애국적 동지애Volksgenossenschaft'[5]를 불러일으킨다고 확신했다. 1942년과 1943년에는 블루멘트리트 장군의 말이 사실이었겠지만, 1944년 말이 되면 극단주의자와 전쟁혐오주의자들 사이에서 여론은 양극화되었다. 1933년 이전의 투표 기록이 증명하는 것처럼 베를린은 나치 정권에 반대하는 사람의 비율이 가장 높은 도시였다. 하지만 용기 있는 극소수를 제외하면 나치에 대한 반대는 조롱과 불평에 그쳤다. 대다수는 1944년 7월 20일에 벌어진 히틀러 암살 기도에 진심으로 공포를 느꼈다. 또한 동서 양쪽에서 독일 국경이 위협받자 독일인들은 총통이 적에 대항할 '경이로운 무기'를 새롭게 내놓을 것이라는 괴벨스의 연이은 거짓말에 속아넘어갔다. 마치 히틀러가 노기등등하게 벼락을 던지는 유피테르 신의 역할을 맡기라도 할 것처럼 말이다.

프랑스의 포로수용소에 수감된 한 남편이 아내에게서 받은 편지에는 궁지에 내몰린 정신 상태와 나치 정권의 선전 선동에 매달리려는 마음이 고스란히 드러났다. 그녀는 이렇게 썼다. "나는 우리 운명을 굳게 믿기 때문에 괴벨스 박사의 말처럼 그 무엇도 우리의 오랜 역사와 영광스러운 과거에서 생긴 신뢰를 흔들진 못해요. 그걸 바꾸는 것은 불가능해요. 비록 지금은 최악의 상황에 직면했을지 몰라도 우리에겐 결단력 있는 사람들이 있어요. 나라 전체가 무기를 손에 들고 행진할 준비가 돼 있어요. 우리에겐 선택된 순간에 사용될 비밀 무기들도 있죠. 무엇보다 눈을 감고도 따를 수 있는 총통이 있어요. 설사 아무리 많은 돈을 준다고 해도 굴복해서는 안 돼요."[6]

1944년 12월 16일에 시작된 아르덴 대공세는 히틀러 추종자들의 사기를 다시 끌어올려 들뜨게 만들었다. 그들은 마침내 전쟁의 판도가 바뀌었다고 믿었다. 총통과 V-2 같은 경이로운 무기들에 대한 믿음이 현실을 보지 못하게 만든 것이다. 미 제1군이 마취 가스 때문에 완전히 포위되어 포로가 되었다는 뜬소문도 퍼졌다. 히틀러 지지자들은 세계를 궁지로 몰아넣어 그동안 독일이 당했던 모든 일에 보복할 수 있다고 생각했다. 가장 적개심에 불탄 이들은 고참 부사관들이었다. 그들은 기쁨에 겨운 나머지 자기네끼리 곧 파리를 탈환할 것이라고 떠들었다. 많은 사람이 그 전해에 베를린이 폭격으로 폐허가 되는 동안 프랑스의 수도는 파괴를 면했다며 원통해했다. 이제 그들은 역사를 바로잡을 수 있다는 생각에 의기양양했다.

하지만 국방군 총사령부OKW는 서부 전선의 아르덴 대공세에 열정을 함께하지 않았다. 참모 장교들은 히틀러가 아르덴에서 미군을 향해 전략적 반격에 나섰다가 결정적인 순간에 동부 전선이 약화될 것을 우려했다. 어쨌거나 아르덴 대공세는 지나치게 야심 찬 계획이었다. 이 작전은 제6친위기갑군 최상급집단지도자(상급대장)아르덴에 참여한 친위대의 계급 명칭은 국방군 계급으로 바뀌어 불렸는데, 베를린에서는 친위대 계급 명칭을 따로 채택했다. 여기서는 친위대 명칭을 따르고 국방군 계급을 병기했다 제프 디트리히와 제5기갑군의 하소 폰 만토이펠 장군이 진두지휘했다. 하지만 연료 부족으로 연합군의 주 보급 기지인 안트베르펜에 도착할 가능성은 극히 희박했다.

히틀러는 전황을 극적으로 반전시켜 루스벨트와 처칠이 어쩔 수 없이 타협하게 만들겠다는 꿈에 사로잡혀 있었다. 그는 소련과 협상하자는 어떤 제안도 단호하게 거부했다. 여기에는 스탈린이 나치 독일을 무너뜨리는 데에만 관심 있다는 타당한 이유도 어느 정도 작용했지만 근본적인 장애물이 있었다. 히틀러는 지독한 허영심에 시달렸다. 그는 독일이 지고 있을 때 화평을 구걸하는 모습을 보일 수 없었다. 따라서 어떤 이유로든 반드시 아르덴에서 이겨야 했다. 하지만 미군은 특히 바스토뉴에서 완강하게 저항했다. 날씨가 좋아지자 연합군의 대규모 공군력이 배치되면서 일주일 만에 독일의 공격 기세를 꺾었다.

크리스마스이브에 육군 참모총장 하인츠 구데리안 장군은 전용 차량인 대형 메르세데스 벤츠를 타고 서쪽의 총통 본부로 향했다. 히틀러는 1944년 11월 20일 동프로이센의 비밀 거처 '볼프산체'를 떠나 가벼운 목 수술을 받기 위해 베를린으로 향했다. 그런 뒤에는 12월 10일 자신의 장갑 열차를 타고 수도를 떠났다. 목적지는 프랑크푸르트 암 마인에서 40킬로미터가 채 떨어지지 않은 치겐베르크 근방 숲에 위치한 또 다른 비밀 위장 단지였다. 유아스러운 환상이 물씬 풍기는 '아들러호르스트(독수리의 둥지)'라는 암호명으로 불리는 이곳은 히틀러의 마지막 야전사령부였다. 뛰어난 전차전 이론가인 구데리안은 아르덴 공세의 위험을 처음부터 알고 있었지만 이 문제에 관한 발언권이 거의 없었다. 육군 총사령부OKH는 동부 전선을 책임지고 있었음에도 불구하고 자유재량권을 가지지 못했다. 국방군 총사령부는 동부 전선을 제외한 작전들을 책임졌다. 두 조직은 베를린 바로 남쪽 초센과 인접한 지하 단지에 본거지를 두었다.

구데리안은 히틀러만큼이나 성미가 급했지만 관점은 전혀 달랐다. 조국이 양면에서 협공을 받고 있는 때에 그에게는 직감에 의존한 글로벌 차원의 전략을 구상할 만한 여유가 없었다. 그 대신 군인으로서의 본능에 따라 가장 위험한 곳을 찾아냈다. 그곳이 어디인지는 의심의 여지가 없었다. 그의 서류 가방에는 동부 전선 외국군 정보부 책임자인 라인하르트 겔렌 장군의 첩보 분석서가 들어 있었다. 겔렌은 1월 12일 즈음에 붉은 군대가 비스와강 전선에서 대규모 공격을 개시할 것이라고 판단했다. 겔렌의 부서는 적군의 우위가 보병에서는 11대 1, 전차는 7대 1, 포병은 20대 1에 달하며 공군도 더 우세[7]라고 추정했다.

구데리안은 아들러호르스트의 회의실로 들어가 히틀러와 그의 군사 참모, SS제국지도자인 하인리히 힘러와 마주했다. 7월에 히틀러 암살 음모가 있은 뒤 힘러는 보충군 사령관 자리도 차지했다. 히틀러의 모든 군사 참모는 충성심이 얼마나 절대적인가에 따라 선택받았다. 국방군 총사령부 총장인 육군 원수 카이텔은 히틀러에게 지나치리만큼 비굴하기로 유명했다. 잔뜩 화가 난 장교들은 그를 '총통의 주차장 관리인'이라거나 '알랑거리는 당나귀'라고 불렀다. 냉정하고 날카로운 표정의 요들 상급대장은 카이텔보다는 훨씬 더 유능했지만 모든 부대를 통제하려는 총통의 파멸적인 시도에 맞서서 발언할 시도조차 못 했다. 그는 1942년 가을에 감히 상전에게 반박했다가 쫓겨날 뻔한 적이 있었기 때문이다.[8] 히틀러의 수석 부관이자 모든 보직을 좌지우지하는 육군 인사부장 부르크도르프 장군은 볼프산체에서 슈타우펜베르크의 시한폭탄에 중상을 입었던 헌신적인 슈문트 장군을 대신한 인물이었다. 부르크도르프는 로멜 원수에게 자살하라는 최후통첩과 함께 독약을 전달하기도 했다.

구데리안은 겔렌이 이끄는 정보부의 조사 결과를 이용해 동부에서의 대규모 공세를 위한 붉은 군대의 병력 증강을 요약해서 설명했다. 그는 공격이 3주 내에 벌어질 것이라고 경고했다. 또한 아르덴 공세가 벽에 부딪힌 이상 가능한 한 많은 사단이 철수해 비스와강 전선에 재배치되어야 한다고 주장했다. 히틀러는 구데리안의 말을 도중에 자르고는 적군에 대한 추정치가 터무니없다고 말했다. 소련의 소총 사단들은 7000명을 넘긴 적이 없고 전차 군단에는 전차가 거의 없다고 했다. "칭기즈칸 이후 최대의 사기일세."[9] 히틀러가 흥분해서 소리쳤다. "누가 이따위 쓰레기를 만든 건가?"

구데리안은 히틀러 스스로 독일 '야전군'들이 군단 하나 규모에 불과하며 보병 사단들은 대대 병력으로 줄어들었다고 지적했던 사실을 꺼내고 싶은 유혹을 간신히 뿌리쳤다. 대신 그는 겔렌이 내놓은 수치를 옹호했다. 요들 장군은 서부 전선에서 공격을 확대해 공세를 계속해야 한다고 주장해 구데리안을 경악시켰다. 바로 히틀러가 원하는 주장이었다. 구데리안은 좌절했다. 게다가 저녁 식사 자리에서는 군사 지도자로서 새로운 직책을 한껏 즐기고 있는 힘러의 의견을 들어야 했기에 더 부아가 치밀었다. 힘러는 최근 다른 보직들에 더해 라인강 상류 집단군 사령관이 되었다. 그는 구데리안에게 "상급대장님도 아시다시피 저는 소련군이 공격할 거라고 생각하지 않습니다. 모두 터무니없는 엄포일 뿐이죠"라고 말했다.

구데리안은 초센의 육군 총사령부로 돌아오는 것 말고는 다른 도리가 없었다. 아르덴 대공세와 그에 따른 부수적인 작전에서 독일군은 8만 명의 사상자를 냈다. 뿐만 아니라 가뜩이나 빠르게 줄어들고 있는 연료의 대부분을 써버렸다. 히틀러는 아르덴 전투가 제1차 세계대전 때 독일의 마지막 대규모 공격이던 카이저 전투(루덴도르프 공세)와 마찬가지라는 사실을 인정하려 하지 않았다. 그는 1918년과의 어떤 비교도 강박적으로 거부했다. 그에게 1918년은 오로지 황제를 끌어내리고 독일에 굴욕적인 패배를 안겨준 혁명적 '배신'을 상징했다. 하지만 그 시절 히틀러의 생각이 명료했던 때도 있었다. 어느 늦은 저녁 그는 공군 보좌관 니콜라우스 폰 벨로 대령에게 "난 전쟁에서 졌다는 걸 알고 있네"[10]라고 말했다. "적이 너무 압도적이야." 하지만 그는 일련의 재앙에 대해 끊임없이 다른 사람들을 탓했다. 그들, 특히 육군 장교들은 모두 '반역자'였다. 히틀러는 더 많은 사람이 실패한 암살자들에게 동조했다고 의심하면서 그들은 자신에게서 메달과 훈장을 받았을 때 기뻐했던 자들이라고 했다. 히틀러는 이렇게 덧붙였다. "우리는 절대 항복하지 않을 것이네. 패배할지도 모르지만 우리는 이 세상도 그렇게 되도록 할 거야."

비스와강 전선에 곧 닥칠 듯한 새로운 재앙에 두려움을 느낀 구데리안은 치겐베르크의 아들러호르스트를 또 한 번 방문했다. 설상가상으로 구데리안은 히틀러가 자신에게 일언반구도 없이 친위기갑부대들을 비스와강 전선에서 헝가리로 옮겼다는 이야기를 들었다. 히틀러는 평소처럼 오로지 자신만이 전략적 문제들을 파악할 수 있다고 확신하면서 유전을 되찾아야 한다는 이유로 갑자기 반격하겠다는 결정을 내렸다. 실제로 히틀러는 크리스마스이브까지는 붉은 군대에게 포위된 부다페스트까지 뚫고 나가기를 기대했다.

구데리안의 1월 1일 방문은 총통에게 '성공적인 새해를 바라는 소망'을 직접 전하기 위한 정권 수뇌부 및 사령관들의 연례 방문 행렬과 시간이 겹쳤다.[11] 또 바로 그날 아침, 알자스에서는 아르덴 공세를 연장하기 위한 주요 보조 작전인 북풍 작전이 개시되었다. 그날은 독일 공군에게 재앙이 되었다. 괴링은 특유의 무책임한 태도로 서부 전선의 지상 목표물을 공격하기 위해 거의 1000대에 이르는 항공기를 출격시켰다. 히틀러에게 깊은 인상을 주려던 이 시도는 독일 공군에게 최후의 일격을 안긴 것이나 다름없었다. 이로써 제공권은 연합군에게 완전히 넘어갔다.

그날 그로스도이처 방송은 히틀러의 새해 연설을 방송했다. 서부 전투에 대해서는 마치 실패를 암시하듯 아무런 언급이 없었다. 놀랍게도 경이로운 무기에 대해서도 거의 언급하지 않았다. 많은 사람이 이 연설은 사전에 녹음되었거나 심지어 가짜라고 믿었다. 히틀러가 너무 오랫동안 공식 석상에 모습을 드러내지 않자 온갖 뜬소문이 나돌았다. 어떤 사람들은 히틀러가 완전히 미쳤고 괴링은 스웨덴으로 달아나려다 비밀 감옥에 갇혔다고 주장했다.[12]

일부 베를린 사람들은 그해에 무슨 일이 벌어질지 두려워 '새해를 위하여'라고 건배할 때 감히 잔을 부딪치지도 못했다. 괴벨스 가족은 급강하폭격기의 에이스 조종사이자 독일 공군에서 가장 많은 훈장을 받은 한스-울리히 루델 대령을 대접했다. 그들은 궁핍함의 상징인 감자 수프가 차려진 식탁에 앉았다.[13]

새해 연휴는 1월 3일 아침에 끝났다. 아무리 상황이 예측 불허라고는 해도 일과 의무에 충실한 독일인들의 태도는 그대로였다. 원자재와 부품 부족으로 사무실과 공장에서 할 일이 거의 없는 사람이 태반이었지만 베를린 시민들은 여전히 잔해들 사이를 걷거나 대중교통을 이용해 일터로 나갔다. 지하철과 전철 선로들이 다시 한번 기적적으로 보수되었다. 하지만 창문이 깨지지 않은 객차는 드물었다. 공장과 사무실들 역시 창문이 깨지고 난방에 쓸 연료가 바닥나서 얼어붙을 만큼 춥기는 마찬가지였다. 감기나 독감에 걸린 사람들은 고생을 해야 했다. 심각하게 아프지 않은 이상 의사를 찾아봤자 소용없었다. 거의 모든 의사는 군대에 있었다. 지역 진료소와 병원들은 사실상 외국인 의료진에 의지했다. 베를린의 주요 대학병원인 샤리테 병원조차 네덜란드, 페루, 루마니아, 우크라이나, 헝가리 등 6개국이 넘는 외국 출신 의사들에 의존해야 했다.[14]

유일하게 잘나가는 것처럼 보이는 산업은 히틀러의 개인 건축가인 천재 알베르트 슈페어가 맡은 무기 생산 부문이었다. 1월 13일 슈페어는 베를린 외곽의 크람프니츠 기지의 막사에서 군단장들에게 강연했다. 그는 전선 사령관들과 군수산업 사이에서 소통의 중요성을 강조했다. 슈페어는 나치의 여느 장관들과는 달리 청중의 지성을 모욕하지 않았다. 그는 상황을 완곡하게 표현하는 것을 경멸했고 지난 8개월간 국방군이 입은 '파멸적 손실'[15]을 거리낌 없이 언급했다.

슈페어는 연합군의 폭격이 문제가 아니라고 주장했다. 독일의 산업은 12월 한 달 동안만 21만8000정의 소총을 생산했다. 독일 국방군이 소련을 침공한 1941년 월평균 생산량의 두 배에 가까운 수치였다. 자동화기 생산은 거의 4배로 증가했고, 탱크 생산은 거의 5배나 늘어났다. 1944년 12월 한 달 동안 1840대의 장갑차량을 생산했다. 1941년도 전체 생산량의 절반이 넘는 수량이었다. 여기에는 초대형 전차도 포함되었다. 그는 "가장 골치 아픈 문제"가 연료 부족이라고 경고했다. 놀랍게도 슈페어는 탄약 비축량에 대해서는 거의 언급하지 않았다. 하지만 탄약 생산이 보조를 맞추지 못하면 이 모든 무기를 생산해봤자 별 의미가 없었다.

슈페어는 침착하고 전문적으로 통계 자료들을 술술 풀어놓으며 40분 넘게 설명했다. 그는 국방군이 그토록 온갖 무기 부족에 시달리게 된 이유가 지난 8개월 동안 동부 전선과 서부 전선에서 겪은 엄청난 패배 때문이라는 사실을 상기시키지 않았다. 그는 독일 공장들이 1946년 봄에는 한 달에 기관단총 10만 정을 생산하는 수준에 이르기를 바란다고 말했다. 이 사업이 나치 친위대의 강요에 의해 일하는 노예 노동자들에게 주로 의지한다는 사실은 물론 언급되지 않았다. 슈페어는 또한 노예 노동자들이 하루에 수천 명씩 죽어나가면서 숫자가 줄고 있다는 사실도 말하지 않았다. 이런 노동자들을 데려올 수 있는 지역도 점점 줄어들 참이었다. 그때 폴란드에서는 400만 명이 넘는 소련군이 비스와강을 따라 동프로이센 국경 바로 남쪽에 집결했다. 그들은 히틀러가 '사기'라고 일축했던 공격을 시작했다.

비스와강의
'카드로 만든 집'

소련의 병력에 대한 겔렌 장군의 추정치는 과장과는 거리가 멀었다. 오히려 위험에 처한 구역들의 실제 상황에 훨씬 못 미치는 수치였다. 붉은 군대는 발트해에서 아드리아해까지 뻗은 전선을 따라 670만 명의 병사를 보유하고 있었다.[1] 1941년 6월 독일 국방군이 동맹군과 함께 소련을 침공했을 때의 병력의 두 배가 넘었다. 붉은 군대가 곧 무너질 것이라는 그해 여름 히틀러의 확신은 역사상 가장 큰 재앙을 불러온 오판 중 하나로 판명되었다.

1945년 1월에 한 독일 부사관은 "우리가 졌다"라고 인정했다.[2] "하지만 우리는 끝까지 싸울 것이다." 전투로 단련된 동부 전선의 전투원들은 모든 것이 죽음으로 끝나야 한다고 믿게 되었다. 지금까지 일어난 모든 일을 감안하면 다른 결과는 생각할 수 없을 듯했다. 그들은 점령지에서 벌어진 일들에 대하여 붉은 군대가 복수할 작정임을 잘 알

고 있었다. 항복은 시베리아의 노동 수용소에서 '스탈린의 말stalinpferd'
이 되어 일하다가 죽는 것을 의미했다. 그로스도이칠란트 사단의 알자
스 출신 고참병은 "우리는 더 이상 히틀러나 국가사회주의, 제3제국
을 위해 싸우지 않았다"라고 썼다. "폭탄으로 파괴된 도시에 갇힌 약혼
자나 어머니, 가족을 위해 싸우지도 않았다. 우리는 단지 두려움 때문
에 싸웠다. (…) 우리 자신을 위해 싸웠다. 진흙과 눈이 가득 찬 구덩이
속에서 죽지 않으려고 우리를 위해 싸웠다. 우리는 쥐처럼 싸웠다."

전해에 닥친 재난들, 특히 중부 집단군이 포위되어 섬멸된 사태
는 잊기 힘들었다. 소련 정치위원을 나치식으로 모방한 국가사회주의
지도 장교들은 독일 병사들의 전의를 북돋기 위해서 탈영하거나 명령
없이 후퇴하는 사람은 누구든 간에 즉결 처형한다는 협박뿐만 아니
라 이런 약속도 늘어놓았다. "제군들은 러시아의 공격을 겁낼 필요가
없다.[3] 적군이 공격을 시작하면 우리 전차들이 4시간 내에 이곳에 도
착할 것이다." 하지만 노련한 병사들은 자신들이 직면한 현실을 이미
알고 있었다.

초센에 있는 구데리안의 참모 장교들은 공격 날짜를 정확하게 예
측했지만 정보가 전선까지 전달되지 않았다. 소련의 기습조에게 붙잡
힌 제304보병사단의 알로이스 K. 상병은 제1우크라이나전선군의 정
보장교들이 크리스마스 전에 공격이 시작될 것이라 예상했으며[4] 그런
뒤에는 스탈린의 생일이라고 여겨진 1월 10일에 재차 공격이 예상된
다는 이야기를 들었다고 말했다.

1월 9일에 구데리안 장군은 세 개의 주요 전선인 헝가리, 비스와
강, 동프로이센을 급하게 둘러본 뒤 부관인 프라이타크 폰 로링호벤
소령과 함께 다시 치겐베르크로 히틀러를 만나러 갔다. 구데리안은 적

군의 병력에 대한 겔렌과 공군사령관 자이데만 장군의 새로운 추정치를 제시했다. 공중 정찰 결과에 따르면 비스와강과 동프로이센 전선에 8000대의 소련 항공기가 집결해 있었다. 괴링이 육군 참모총장의 말을 가로막았다. "총통 각하, 그 말을 믿지 마십시오."[5] 괴링이 히틀러에게 말했다. "그 항공기들은 진짜가 아닙니다. 미끼일 뿐이죠." 카이텔은 알랑거리며 단호한 척 책상을 주먹으로 내리치면서 단언했다. "제국 원수의 말이 옳습니다."

회의는 풍자적인 익살극처럼 이어졌다. 히틀러는 정보부 인사들이 "완전히 멍청하다"[6]고 거듭 강조하면서 추정치들을 집계한 사람을 정신병원에 가두어야 한다고 덧붙였다. 화가 난 구데리안은 추정치들을 전적으로 지지하는 자신도 정신병자냐며 맞받아쳤다. 비스와강 전선의 하르페 장군과 동프로이센 전선의 라인하르트 장군은 공격에 완전히 노출된 병력을 방어에 더 유리한 지점으로 철수해야 한다고 요청했지만 히틀러는 단번에 거부했다. 또한 히틀러는 라트비아의 쿠를란드반도에 갇힌 독일군 20만 명이 계속 그곳에 머물러야 하고 독일 국경을 지키기 위해 바다를 통해 철수하는 것을 허용할 수 없다고 고집했다. 총통 본부의 '눈 가리고 아옹 하는 전략'에 넌더리가 난 구데리안은 떠날 채비를 했다.

그때 히틀러가 갑자기 구데리안의 비위를 맞추려 애쓰며 말했다. "동부 전선은 지금처럼 강한 예비대를 둔 적이 한 번도 없었소. 모두 장군의 업적이오. 감사하오."

구데리안이 대꾸했다. "동부 전선은 카드로 만든 집과 같습니다. 최전선의 한 지점이 뚫리면 전체가 무너질 겁니다." 아이러니하게도 1941년에 괴벨스가 붉은 군대에 대해 정확히 똑같은 비유를 사용했다.

구데리안은 "몹시 침울한 기분으로" 초센으로 돌아왔다. 그는 히틀러와 요들의 대처 능력 부족이 둘 다 위험에 처하지 않은 오스트리아와 바이에른 지역 출신이라는 사실과 관련 있지 않을까 생각했다. 구데리안의 고향은 파괴되기 직전이었다. 아마 영원히 자취를 감출 것이었다. 히틀러는 이 뛰어난 기갑부대 지휘관이 전쟁 초기에 거둔 성공에 대한 보상으로 나치가 점령해 독일에 편입시킨 폴란드 서부 바르테가우 지역의 다이펜호프에서 몰수한 토지를 주었다. 하지만 이제 비스와강을 가로지르는 임박한 공격 때문에 그곳 역시 위태로웠다. 구데리안의 아내가 아직 그곳에 있었다. 그의 아내는 지역 나치당 수장들의 빈틈없는 감시를 받고 있기에 마지막까지 그곳을 떠나지 못할 것이었다.

24시간이 막 지났을 때, 초센에 있던 구데리안의 참모는 공격이 이제 며칠이 아니라 몇 시간밖에 남지 않았다는 사실을 확인했다. 붉은 군대의 전차 군단이 밤에 지뢰밭을 제거하고 교두보까지 진격했기 때문이다. 히틀러는 소련군 포병의 사정거리 안에 들어간다는 경고에도 불구하고 비스와강 전선의 기갑 예비전력을 전진시켰다. 일부 장군은 히틀러의 잠재의식이 전쟁에서 패배하길 원하는 것은 아닌지 의심하기 시작했다.

붉은 군대는 악천후 속에서 공격하는 습관을 들인 것처럼 보였다. 이런 패턴에 익숙해진 독일군 고참병들은 "러시아인들을 위한 날씨"[7]라고 불렀다. 소련군 병사들은 추위 속에서건, 진창에서건 자신들이 동계 전투에서는 확실히 유리하다고 믿었다. 그들이 동상과 참호족에 비교적 덜 걸리는 비결은 전통적으로 양말을 신는 대신 거친 면으로 된 발싸개[8]를 사용했기 때문이다. 일기예보의 예측은 "기묘한 겨울"[9]이었다. 1월의 강추위 뒤에 "폭우와 눈비"[10]가 예상된다는 것이었다. "가죽 부츠를 수선하라"는 명령이 떨어졌다.

붉은 군대는 중화기, 계획의 전문성, 위장술과 작전 통제 등 아주 많은 면에서 기량이 향상되어 곧잘 독일군의 허를 찔렀지만 일부 약점은 여전히 남아 있었다. 그중 최악이 무질서할 정도의 기강 해이였다. 전체주의 군대라기에는 놀라운 모습이었다. 젊은 장교들 사이의 심한 갈등도 문제의 한 원인이었다.

17~18세의 보병대 중위들에게는 혹독한 배움터였다. 소설가이자 종군 기자였던 콘스탄틴 시모노프는 "당시 젊은이들은 1년 뒤나 한 달 뒤 혹은 전투 하나를 겪으면서 어른이 되었다"[11]라고 썼다. 물론 많은 젊은이가 그 전투 하나에서 살아남지 못했다. 젊은이들은 아버지뻘로 나이 많은 고참병들과 같은 자격이 있음을 입증하기 위해 무모한 용기를 보여주었고 이 때문에 부상을 입었다.

또한 붉은 군대 병사들이 상층부에게 받는 비인간적인 대우도 기강 해이의 원인이었다. 물론 복잡한 국민성의 장단점도 주요 원인이었다. 어느 작가가 언급한 것처럼 "러시아인 보병은 거칠고 불평이 없으며 경솔하면서 확고한 운명론자다. 이런 특성이 러시아인 보병을 무엇과도 비교할 수 없게 만든다." 소총사단의 한 병사는 일기에서 전우들의 변화무쌍한 기분을 이렇게 요약했다.

· 1단계: 주위에 상관이 없을 때의 병사. 불평꾼. 위협과 과시를 한다. 바보 같은 입씨름으로 무언가를 손에 넣거나 누군가의 관심을 끈다. 이렇게 지나치게 예민한 모습에서 그 병사의 생활이 힘들다는 것을 알 수 있다.

· 2단계: 상관이 있을 때의 병사. 순종적이고 어눌하다. 들은 말에 선뜻 동의한다. 약속을 쉽게 믿는다. 칭찬을 받으면 얼굴이 활짝 피고 뒤에서 조롱하던 장교들의 엄격함을 열렬히 칭찬한다.

· 3단계: 함께 일하거나 전투에 나간 병사. 이곳에서 그는 영웅이다. 위험에 처한 전우를 두고 떠나지 않는다. 마치 죽음도 임무의 일부인 양 조용히 숨을 거둔다.[12]

특히 붉은 군대의 전차병들은 좋은 심장을 가졌다. 전쟁 초기에는 소련 공군만큼 사기가 형편없던 그들은 영웅으로서의 자격을 즐기기 시작했다. 또 다른 소설가이자 종군 기자였던 바실리 그로스만은 이제 '전차병'들이 스탈린그라드의 저격병들만큼이나 매력적이라고 생각했다. 그로스만은 그들을 "기병, 보병, 정비공이 하나로 합쳐졌다"[13]라는 감탄으로 묘사했다. 하지만 붉은 군대의 가장 큰 힘은 병사들을 불타오르게 한 생각, 그러니까 드디어 독일을 공격할 수 있는 거리까지 왔다는 사실에서 나왔다. 조국인 소련을 침입한 자들은 오래지 않아 '뿌린 대로 거두리라'[14]라는 속담의 진정한 의미를 깨닫게 될 참이었다.

🐻

1944년 10월 말 작전의 기본 개념이 윤곽을 드러냈다. 소련의 최고 사령부인 '스타프카'의 수장은 스탈린그라드 전투 이후 원수가 된 스탈린이었다. 스탈린은 전면적인 통제력을 유지하려고 했다. 그는 자신의 지휘관들에게 독일군이 부러워할 만큼 행동의 자유를 허용했다.

히틀러와 달리 반론에 대해서도 귀를 기울였다. 하지만 승리의 순간이 다가옴에 따라 붉은 군대 지휘관들이 자신을 넘어서도록 허락할 생각은 없었다. 그는 '스타프카의 대표자'들을 시켜서 작전을 감독하는 평소 관행을 중단했다. 대신 자신이 직접 이 역할을 맡았는데 최전선 가까이에 갈 생각은 여전히 없었다.

또한 스탈린은 주요 지휘부를 개편하기로 결정했다. 이 때문에 시기심과 '혼란'[15]을 초래한들 그에게는 별문제가 아니었다. 주된 변화는 베를린 진격의 중요한 축을 맡은 부대인 제1벨라루스전선군 총사령관 콘스탄틴 로코솝스키 원수[16]를 교체하는 것이었다. 키가 큰 미남에 품위 있는 기병인 로코솝스키는 땅딸막한 몸집에 목이 두껍고 머리를 빡빡 민 대부분의 러시아 사령관들과는 외모에서부터 확연히 달랐다. 그에게는 또 다른 차이점이 있었다. 본명이 콘스탄티 로코솝스키Konstanty Rokossowski였던 그는 폴란드계 혼혈이었다. 할아버지와 증조할아버지는 폴란드의 기병 장교였다. 그 때문에 스탈린의 경계심을 샀다. 폴란드에 대한 스탈린의 증오심은 1920년의 소련-폴란드 전쟁 당시 붉은 군대가 바르샤바를 공격했다가 참패하자 자신 역시 그 책임에서 자유롭지 못했을 때부터 시작되었다.

로코솝스키는 동프로이센의 공격을 맡은 제2벨라루스전선군의 사령관으로 전출되자 격분했다. 1941년 12월에 모스크바 방어를 지휘했던 몹시 거칠고 다부진 사령관 게오르기 주코프 원수가 그의 자리를 물려받았다. "왜 이런 치욕을 주는 겁니까?"[17] 로코솝스키가 물었다. "왜 나를 주요 공세에서 부차적인 전선으로 옮기는 겁니까?" 로코솝스키는 친구로 여겼던 주코프가 자신을 깎아내렸다고 의심했지만, 실제로는 스탈린이 폴란드인인 로코솝스키가 베를린 점령의 영광을 누리길 원하지 않았기 때문이었다. 로코솝스키가 남을 의심하는 것은 자연스러운 일이었다. 그는 1937년 붉은 군대의 대숙청 시기에 체포되었다. 반역죄 자백을 요구하는 베리야의 심복들에게 구타를 당하다보면 가장 정상적인 사람일지라도 다소의 의심 환자로 만들기에는 충분했다. 그리고 로코솝스키는 내무인민위원회NKVD의 총수 라브렌티 베리야와 방첩 기관인 스메르시SMERSH, 독소전쟁 당시 소련의 방첩부서의 수장 빅토르 아바쿠모프가 자신을 유심히 지켜보고 있음을 잘 알고 있었다. 스탈린이 로코솝스키를 밀어낸 것은 1937년의 혐의가 여전히 살아 있다는 얘기임에 틀림없었다. 로코솝스키는 단지 조건부로 풀려났고 지휘관으로서 어떤 실수든 저지르면 그를 즉각 NKVD의 손에 넘기게 될 것이었다. "나는 베리야가 무엇을 할 수 있는지 아주 잘 알고 있습니다."[18] 로코솝스키는 인수인계를 하는 동안 주코프에게 말했다. "저는 그의 감옥에 있어봤죠." 소련 장군들이 베리야에게 되갚아주기까지는 8년이라는 시간을 더 기다려야 했다.

비스와강의 독일군 전선에 맞서 배치된 제1벨라루스전선군과 제1우크라이나전선군의 전력은 좀더 우세한 정도가 아니라 압도적이었다. 주코프의 남쪽에서는 코네프 원수가 지휘하는 제1우크라이나전선군이 브레슬라우를 향해 정서 방향으로 공격할 예정이었다. 주 공격은 비스와강 서안에서 가장 큰 돌출부인 산도미에시[19] 교두보에서 시작될 것이었다. 하지만 주코프와 달리 코네프는 두 개 전차군을 투입해 작전 첫날에 적 전선을 분쇄할 작정이었다.

베리야의 아들에 따르면 코네프는 "작고 사악한 눈, 마치 호박을 연상케 하는 짧은 머리, 자만심 가득한 표정"[20]의 소유자였다. 그는 아마 스탈린이 가장 총애하던 장군이자 스탈린조차 그 무자비함에 감탄했던 몇 안 되는 상급 사령관 중 한 명이었을 것이다. 불과 1년 전, 스탈린은 키이우 남쪽의 코르순 포켓Korsun pocket[21]을 무너뜨린 공으로 코네프를 원수로 진급시켰다. 그 전투는 매우 잔혹한 전투 중에서도 가장 무자비한 것으로 손꼽혔다. 코네프는 자신의 비행기들에게 샨데로프카라는 작은 마을에 소이탄을 투하하라고 명령해 그곳에 숨어 있던 독일군을 눈보라 속으로 몰아넣었다. 1944년 2월 17일, 독일군이 포위망을 뚫으려고 안간힘을 쓸 때 코네프는 덫을 놓았다. 코네프의 전차 승무원들은 독일군의 대열을 향해 곧장 돌진하면서 기관총을 발사하고 그들을 쫓아가 전차 궤도로 깔아뭉겠다. 독일군 병사들이 뿔뿔이 흩어진 채 폭설을 헤치며 달아나려 애쓰자 코네프의 세 개 기병 사단이 추격에 나섰다. 카자흐스탄 기병들이 군도로 독일군 병사들을 무자비하게 베었고 심지어 항복하려고 든 팔까지 잘라버렸다는 얘기도 있다. 그날 2만여 명의 독일군이 살해되었다.

1월 12일, 모스크바 시각으로 새벽 5시, 코네프의 제1우크라이나 전선군이 산도미에시 교두보에서 공격 개시를 하면서 비스와강 공격이 시작되었다. 눈이 심하게 쏟아지자 가시거리는 제로에 가까웠다. 죄수들로 이루어진 형벌 중대들에게 지뢰밭을 통과하게 한 뒤 소총 대대들이 최전선을 확보했다. 그 뒤 킬로미터당 최대 300문에 달하는 대포들의 전면적인 포격이 시작되었다. 평균 3~4미터에 한 문씩이라는 얘기였다. 독일 수비대는 산산조각이 났다. 그들은 대부분 창백한 얼굴로 떨면서 백기 투항했다. 후방에서 지켜보던 한 기갑척탄병 장교는 지평선 위의 광경을 "불의 폭풍"[22]이라면서 "하늘이 땅으로 무너져 내리는 것 같았다"고 덧붙였다. 그날 늦게 붙잡힌 제16기갑사단 포로들은 포격이 시작되자마자 사단장 뮐러 장군이 부하들을 버리고

폴란드 키엘체를 향해 차를 몰고 떠났다고 주장했다.[23]

소련 전차 승무원들은 포탑에 "파시스트의 소굴로 전진!" "독일 침략자들에게 복수와 죽음을!"[24]과 같은 구호를 써넣었다. 오후 2시 T-34 전차와 스탈린 중전차가 전진할 때는 거의 저항이 없었다. 서리에 뒤덮인 차체는 눈 쌓인 풍경에 맞는 훌륭한 위장색이 되었다. 비록 중간부터는 포탄이 진흙을 휘저어놓아 온통 갈색이었지만 말이다.

브레슬라우를 따라 배치된 리발코 장군의 제3근위전차군과 렐류센코 장군의 제4근위전차군의 주목표는 슐레지엔의 산업지대였다. 스탈린은 모스크바에서 코네프에게 지도를 가리키며 손가락으로 그 지역을 빙글빙글 돌렸다. 그의 입은 하나의 단어를 반복했다. "노다지."[25] 더 이상의 말이 필요 없었다. 코네프는 스탈린이 공장과 광산을 손상시키지 않은 채 손에 넣길 원한다는 것을 알아차렸다.

코네프가 산도미에시 교두보에서 공격을 개시한 뒤 찾아온 아침에 체르냐홉스키 장군이 지휘하는 제3벨라루스전선군과 함께 동프로이센 공격이 시작되었다. 이튿날인 1월 14일에 로코솝스키의 부대가 나레프강 교두보에서 동프로이센을 공격했다. 주코프의 제1벨라루스전선군은 비스와강의 마그누셰프와 푸와비 교두보에서 작전을 개시했다. 땅에는 눈이 얕게 덮여 있었고 정오까지 짙은 안개가 걷히지 않았다. 오전 8시 30분에 주코프의 제1벨라루스전선군이 25분간의 '순차 사격'[26]으로 포문을 열었다. 선발 소총대대들이 자주포의 지원을 받아 마그누셰프 교두보의 최전선을 장악했다. 그 뒤 제8근위군과 제5충격군충격군은 종심돌파작전에서 적의 방어선을 돌파하는 역할을 하는 선봉 부대이 중포의 지원을 받아 세 번째 전선을 뚫었다. 그 너머의 주된 장벽은 필리차강이었다. 주코프의 계획은 소총 사단이 뒤에서 따라오는 근위전차여단들을 위해 강을 건널 교두보를 확보하는 것이었다.

보그다노프가 지휘하는 제2근위전차군의 우측 전차여단이 필리차강을 가장 먼저 건넌 부대들 중 하나였다. 선두 부대인 제47근위전차여단은 공병, 자주포, 차량화 대공포, 트럭에 탄 기관단총대대를 포함한 다양한 지원을 받았다. 이 여단의 목표는 바르샤뱌 정서쪽의 중요한 교차점인 소하체프[27] 마을 바로 남쪽에 위치한 비행장이었다. 그 뒤 이틀 동안 여단은 달아나는 독일군을 섬멸하고 장교용 차량들을 "전차 궤도로"[28] 깔아뭉개며 북쪽으로 돌격했다.

좌측의 제1근위전차군이 돌파구를 찾는 데는 훨씬 더 긴 시간이 걸렸다. 소비에트 연방의 영웅 훈장을 두 번이나 받은 구사콥스키 대령은 자신이 지휘하는 제44근위전차여단이 필리차강에 도착했을 때 도하 장비가 오기만을 기다릴 순 없었다. 그 지점은 강이 얕아 보였다. 그래서 '두세 시간'을 단축할 요량으로[29] 그는 전차장들에게 먼저 전차포를 쏘아 얼음을 깨부순 뒤 전차를 몰고 강바닥을 건너라고 명령했다. 전차들이 쇄빙선 같은 역할을 하면서 부서진 얼음들을 "끔찍한 굉음"과 함께 옆으로 밀어냈다. 전차병들은 무서웠을 게 분명하지만 구사콥스키는 그런 데 신경 쓰지 않는 것 같았다. 주코프 역시 전차여단들이 독일 제25기갑사단과 제19기갑사단을 상대하도록 강을 건너게 하는 데만 관심이 있었다. 강 너머에는 전원 지대가 펼쳐져 있었다.

1월 14일, 푸와비 교두보에서도 상황이 그에게 유리하게 흘러갔다. 계획은 전선 전체에 폭격을 퍼붓는 것이 아니라 통로를 뚫는 것이었다. 그날 저녁 그들은 순조롭게 라돔으로 진격했다. 한편 제1벨라루스전선군의 오른쪽 날개인 제47군이 북쪽으로부터 바르샤뱌를 포위하고 외곽에서는 제1폴란드군이 격전을 벌였다.

1월 15일 월요일 늦은 오후, 히틀러는 "동부 전선의 중요한 사태 진전"[30] 때문에 치겐베르크의 아들러호르스트를 떠나 전용 기차를 타고 베를린으로 돌아갔다. 구데리안은 지난 사흘 내내 그의 귀환을 강하게 요구했다. 처음에 히틀러는 동부 전선이 스스로 해결할 것을 말했지만 마침내 서쪽에서의 모든 활동을 중단하고 철수하는 데 동의했다. 히틀러는 구데리안이나 두 집단군과의 상의 없이 그로스도이칠란트군단에게 동프로이센에서 키엘체로 이동해 비스와강 전선을 강화하라는 명령을 내렸다. 이렇게 되면 군단이 적어도 한 주 동안 전투에서 제외되어야 했다.

히틀러가 열차로 베를린까지 가는 데는 19시간이 걸렸다. 그는 국내 문제를 완전히 나 몰라라 하지는 않았다. 히틀러는 마르틴 보어만에게 당분간 오베르잘츠베르크에 머물라고 지시했고, 그의 부부는 그곳에서 에바 브라운과 그녀의 여동생 그레틀 페겔라인과 함께 지냈다.

한편 스탈린은 의기양양했다. 같은 날 저녁, 그는 아이젠하워의 부사령관 테더 영국 공군 원수를 접견했다. 기상 조건의 악화로 카이로에서 오래 지체하다 겨우 모스크바에 도착한 테더는 앞으로의 일을 의논하러 왔지만 스탈린은 아르덴 대공세가 독일군의 "한심한 바보짓"이라며 우쭐댔다. 또한 북부집단군의 잔존 부대이자 구데리안이 그토록 독일로 복귀시키려고 했던 30개 사단이 쿠를란트에 '영예 수비대'로 남은 것에 특히 만족했다.[31]

소련의 지도자는 테더의 환심을 사려고 노력했다. 그는 아이젠하워의 부사령관에게 붉은 군대가 대공세에 나섬으로써 아르덴의 연합국을 돕기 위해 최선을 다했다는 확신을 주고 싶어했다. 이런 노력이 미국인들과 훨씬 더 회의론자였던 처칠 사이의 불화를 한층 악화시키는 데 일조하리라 기대했는지는 알 수 없다.

소련의 역사학자들은 언제나 스탈린이 원래는 1월 20일 공격에 나설 계획이었지만 1월 6일 도움을 간청하는 처칠의 편지를 받고 이튿날 불리한 기상 조건에도 불구하고 공격을 1월 12일로 앞당기라고 명령했다고 주장한다. 이런 주장은 처칠의 편지에 대한 심각한 왜곡이었다. 그 편지는 아르덴의 연합군을 구해달라고 간청하지 않았다. 처칠은 이미 연합군이 "상황의 주도권을 쥐었다"라고 썼고 스탈린은 서부 전선의 연락장교들의 보고를 통해 그곳에서 독일군의 위협이 크리스마스에 이르러 와해되었다는 사실을 잘 알고 있었다. 처칠은 단지 붉은 군대가 동계 대공세를 언제쯤 시작할지 알고 싶었을 뿐이다. 소련의 연락장교들은 아이젠하워의 계획에 관한 정보를 계속 접했지만 크렘린은 그런 요청에 답하길 단호하게 거부했다.

10월부터 계획된 비스와강 공세는 그보다 훨씬 전부터 준비되었다. 소련의 한 소식통은 "1월 8일에서 10일 사이에 진격에 나서는 것"[32]도 가능했다고 말할 정도였다. 따라서 스탈린은 날짜를 앞당길 나름의 이유가 있으면서도 동맹국들을 어려운 처지에서 구한다는 인상을 주는 데 더없이 만족스러워했다. 처칠은 베리야가 지배하고 있는 NKVD의 통제를 받는 폴란드 망명 공산주의자들의 꼭두각시 정권인 '루블린 정부'를 폴란드에 강요하려는 스탈린의 의도를 점점 더 우려했다. 스탈린은 임박해오는 크림반도 얄타의 회담장에 미국, 영국의 지도자들과 함께 앉을 때까지 자신의 군대가 폴란드 전체를 장악하기를 원했다. 폴란드가 작전 부대들의 최후방이 된다면 자신의 법을 폴란드 영토에 가차 없이 적용할 수 있을 것이었다. 반대자는 누구든 간에 파괴공작원이나 파시스트의 첩자로 분류될 것이었다. 무엇보다 대공세를 앞당길 훨씬 더 현실적인 이유가 있었다. 스탈린은 2월 초에 예측된 날씨 변화가 단단한 지반을 진흙탕으로 만들어 전차의 발목을 잡게 될까봐 우려했다.

테더와의 면담은 한 가지 측면에서 매우 흥미로운 사실을 드러냈다. 미국 측 보고서는 "스탈린은 [비스와 공세]의 어려움 중 하나가 폴란드인, 라트비아인, 리투아니아인, 우크라이나인, 독일어를 말하는 러시아인들 사이에 훈련받은 독일 첩보원이 많기 때문이라고 강조했다. 스탈린은 첩보원들이 모두 무선 장비를 갖추고 있어서 기습 공격은 사실상 어렵다고 말했다. 그러나 러시아는 이러한 위험을 상당 부분 [물리적으로] 제거했다. 그는 후방 지역들을 정리하는 일이 물자 보급만큼이나 중요하다고 강조했다"[33]라고 서술했다. 독일의 훈련을 받은 잔류자 집단에 대한 이런 심각한 과장은 폴란드에서 드러낼 소련의 잔인성을 스탈린이 일찌감치 정당화하기 위함이었다. 또한 베리야는 바르샤바 봉기에서 죽음을 무릅쓴 용기를 보여주었던 비공산주의 저항 조직인 폴란드 국내군을 '파시스트'로 낙인찍으려고 했다.

비스와강 전선을 돌파한 소련군은 24시간 동안 그야말로 전속력으로 질주했다. 마치 서로 경쟁을 벌이는 것처럼 보였다. 주코프의 전차군들이 빠른 진격을 할 수 있었던 것은 일정 부분 T-34 전차의 단순하고 튼튼한 구조와 눈, 얼음, 진흙에서도 잘 굴러가는 광폭궤도 덕분이기도 했다. 하지만 정비공의 기술 또한 적어도 기병의 돌진만큼이나 중요하다는 사실이 입증되었다. 전장에서는 작업장들이 유지될 수 없었다. 한 전차병은 그로스만에게 "아, 전쟁 전의 삶은 말이죠. 그때는 예비 부품이라도 많았죠"라고 불평했다.[34] 날씨가 맑아지자 주코프가 전차장들에게 약속했던 대로, 독일군에게 "야보(전폭기 jagdbomber)"라고 불리던 슈투르모비크 폭격기들이 전차들의 정면 돌파를 지원했다. "우리 전차들이 베를린으로 가는 기차보다 더 빨리 움직였다."[35] 포격으로 길을 만들어 필리차강을 가로지른 패기만만한 구사콥스키 대령은 이렇게 자랑했다.

바르샤바에 있던 소규모 독일 수비대에게는 희망이 없었다. 수비대는 공병 분견대와 네 개 요새대대로 구성되었다. 그중 하나는 부상으로 청력이 손상되었다가 다시 동원된 병사들로 편성된 이른바 '귀 대대ear battalion'였다.[36] 제47근위전차여단이 남쪽에서 소하체프로 밀고 올라가고 제47군이 북쪽에서 바르샤바를 포위한 사실은 수비대가 본대인 독일 제9군과의 연결이 끊겼다는 의미였다.

1월 16일 저녁, A집단군 하르페 장군의 참모가 초센의 육군 총사령부에 자신들은 도시를 지킬 수 없을 것 같다고 알렸다. 작전 부서의 책임자 보기슬라브 폰 보닌 대령이 구데리안과 상황을 의논했다. 두 사람은 집단군 사령부의 자유재량에 맡기기로 결정했다. 구데리안은 초록색 잉크로 평소처럼 'G'라고 서명했다. 하지만 히틀러의 야간 상황회의에서 구데리안의 부관인 발터 벵크 장군이 이 이야기를 먼저 꺼내기 전에 히틀러의 참모 중 한 명이 바르샤바 포기 제안을 보고했다. 히틀러는 불같이 화내며 소리쳤다. "그만두게![37] 바르샤바 요새는 반드시 지켜야 돼!" 하지만 때는 이미 너무 늦었고 통신은 끊겼다. 며칠 뒤 히틀러는 집단군에 보내는 모든 지시는 자신에게 먼저 알려야 한다는 명령을 내렸다.

바르샤바 함락으로 히틀러와 구데리안 사이에 또 다른 논쟁이 격렬하게 벌어졌다. 두 사람은 그로스도이칠란트 군단을 이동시키는 결정을 두고 여전히 옥신각신했다. 구데리안은 히틀러가 제6친위기 갑군을 비스와강 전선이 아니라 헝가리로 옮기고 있다는 이야기를 듣고 한층 격분했다. 하지만 히틀러는 이 문제를 논의하길 거부했다. 그가 보기엔 바르샤바에서의 철수가 훨씬 더 자신의 심기를 건드리는 문제였다.

이튿날인 1월 18일 정오 회의에서 구데리안은 공공연한 질책을 받았다. 하지만 그 뒤 더 나쁜 일이 벌어졌다. 육군 총사령부의 폰 훔볼트 대령은 "그날은 보닌의 생일이었다. 저녁에 우리가 생일을 축하하려고 다들 젝트 한 잔씩을 들고 지도 테이블 주위에 서 있을 때 인사부의 부책임자인 마이셀[장군]이 자동권총으로 무장한 중위 두 명과 함께 들어왔다. 대령은 '폰 보닌 경, 저와 함께 가주셔야겠습니다'라고 말했다"라고 회상한다.[38] 폰 크리스텐 중령과 크네제베크 중령이 보닌과 함께 체포되었다. 그들은 히틀러의 직접 명령으로 프린츠-알브레히슈트라세로 끌려가 게슈타포의 심문을 받았다.

히틀러는 이 사건을 군대의 또 다른 배신행위로 생각했다. 그는 하르페 장군을 파면했을 뿐 아니라 폰 뤼트비츠 장군도 제9군 사령관에서 해임했다. 하지만 진실은 히틀러의 엄청난 허영심이 외국의 수도, 심지어 그가 완전히 파괴했던 도시를 잃는 걸 용납하지 못한다는 사실이었다. 구데리안은 자신의 세 참모 장교 편에 서서 결정의 책임이 전적으로 자신에게 있으니 자신도 심문을 받아야 한다고 주장했다. 작전 참모를 기소하고 싶었던 히틀러는 구데리안의 말을 순순히 받아들였다. 비스와 작전의 중요 단계에서 구데리안은 국가보안본부의 에른스트 칼텐브루너나치 독일의 경찰청장이자 유대인 학살 홀로코스트의 장본인와 게슈타포 국장 하인리히 뮐러에게 몇 시간에 걸쳐 심문을 받았다. 하급 장교 두 명은 2주 뒤에 풀려났지만 보닌은 전쟁이 끝날 때까지 강제수용소에 갇혀 있어야 했다.

보닌이 체포된 이튿날 마르틴 보어만이 베를린에 도착했다. 하루가 지난 1월 20일에 그는 일기에 이렇게 썼다. "동부의 전황이 점점 심각해진다. 우리는 바르테가우 지역을 포기하는 중이다. 적의 선두 전차부대들이 카토비체로 다가오고 있다."[39] 그날은 소련군이 호헨잘차 동쪽의 독일 국경을 넘은 날이었다.

구데리안의 아내는 "최초의 포탄들이 떨어지기 30분 전에 다이펜호프성을 떠났다".[40] 육군 참모총장은 사유지의 일꾼들(그들은 아마 재정착한 발트 독일인이었을 것이다)이 "눈물을 흘리며 그녀가 탄 차 옆에 서 있었고 많은 사람이 함께 가고 싶어했다"라고 썼다. 그들이 구데리안의 아내와 함께 간절히 떠나고 싶어했던 것은 의심의 여지가 거의 없지만 그것이 전적으로 안주인에 대한 의리만은 아니었을 수 있다. 동프로이센에서 벌어지고 있는 일들에 대한 소문이 벌써 떠돌기 시작했기 때문이다.

붉은 군대, 그중에서도 폴란드인 부대들은 폴란드 수도의 모습을 목격한 이후 더 이상 자비심을 느끼지 않았을 것 같다. 제3충격군의 클로치코프 상위이전 동구권에서 주로 쓰이던 중위와 대위 사이의 계급는 "그 기념할 만한 날인 1945년 1월 17일 바르샤바의 텅 빈 거리로 들어섰을 때 우리는 파괴된 도시를 보았다"[41]라고 썼다. "눈에 덮인 폐허와 잿더미 외에는 아무것도 남아 있지 않았다. 심하게 굶주리고 기진맥진한 주민들이 집으로 가고 있었다." 전쟁 전에 131만 명이던 인구가 16만2000명밖에 남지 않았다.[42] 독일군은 1944년 10월에 일어난 바르샤바 봉기를 믿을 수 없을 정도로 잔혹하게 진압한 뒤 반란 세력에 의해 이용되지 않았음에도 불구하고 도시의 모든 역사적 기념물을 파괴했다. 바실리 그로스만은 폐허가 된 도시를 지나 유대인 거주 구역으로 가보았다. 남은 것이라곤 깨진 유리를 박아놓고 철조망을 설치한 3.5미터 높이의 벽과 유대인위원회 건물뿐이었다. 거주 구역의 나머지 부분은 "부서진 벽돌들이 물결치는 붉은 바다"[43]였다. 그로스만은 그 아래에 몇천 구의 시체가 묻혀 있을지 궁금했다. 탈출한 사람을 상상하기는 어려웠지만, 한 폴란드인이 높은 건물 뼈대의 들보 위의 은신처에서 막 나온 네 명의 유대인이 있는 곳으로 그로스만을 안내했다.

불과 칼과
'고결한 분노'[1]

3

체르냐홉스키 장군이 1월 13일 동프로이센에 대한 공격을 개시했을 때 정치장교들은 병사들을 분발시키기 위해 표지판을 세웠다. "제군들이여, 여러분은 지금 파시스트 짐승의 소굴로 들어가고 있다는 것을 명심하라!"

체르냐홉스키의 공격은 시작부터 순조롭지 않았다. 독일 제3기갑군의 사령관이 믿을 만한 정보에 근거해 마지막 순간에 최일선 참호에서 병사들을 철수시켰다. 대규모 포격이 허사가 되었다는 의미였다. 그런 뒤 독일군은 매우 효과적인 반격에 나섰다. 그다음 주에는 체르냐홉스키가 우려하던 대로 인스터부르크 협곡을 방어하는 독일군이 그의 군대에 많은 사상자를 발생시켰다.

하지만 체르냐홉스키는 곧 기회를 포착했다. 그는 소련의 상급 지휘관들 중에서 가장 결단력 있고 지적인 인물 중 한 명이었다. 제39군이 우익 끝에서 더 원활하게 전진하고 있음을 확인한 체르냐홉스키는 갑자기 제11근위군을 그 뒤로 이동시켜 공격의 무게추를 그쪽 측면으로 옮겼다. 프레골라강과 네만강 사이에서 벌어진 이 예기치 못한 공격은 민병대인 국민돌격대에 대혼란을 일으켰다. 또한 네만강 건너 틸지트 지역에서 제43군의 또 다른 공격이 함께 진행되었다. 독일군의 후방에서 혼란이 심해졌다. 주된 원인은 나치당 관료들이 민간인의 대피를 금지했기 때문이었다. 1월 24일에 체르냐홉스키의 제3벨라루스전선군은 동프로이센의 수도인 쾨니히스베르크를 쉽게 공격할 수 있는 거리까지 전진했다.

전차장이자 "군사학에 능통하던"[2] 체르냐홉스키는 필요할 때는 최고 사령부의 지시를 무시했을 뿐 아니라 승인된 전술 또한 기꺼이 바꾸곤 했다. 바실리 그로스만은 "네만강을 건넌 뒤 자주포가 보병의 필수품이 되었다"고 언급했다. 37세인 이반 다닐로비치 체르냐홉스키는 대부분의 소련군 고위 사령관들보다 훨씬 젊었다. 또한 얼마간은 지식인이어서 작가 일리야 에렌부르크에게 낭만적인 시를 유머러스하면서 자신만만하게 암송해주기도 했다. 그는 스탈린을 변증법적 과정의 살아 있는 예시라고 표현했다. "그를 이해하는 건 불가능하다. 당신이 할 수 있는 건 믿음을 갖는 것뿐이다."[3] 분명 체르냐홉스키는 전후 스탈린주의가 경직될 때까지 살아남을 운명이 아니었다. 그의 믿음이 손상되지 않은 채 얼마 후 전사한 것이 어쩌면 다행이었는지도 모른다.

일리야 에렌부르크는 붉은 군대의 기관지인 『크라스나야 즈베즈다』(붉은 별)에 쓴 기사들에서 독일에 대한 복수를 호소력 넘치게 요구해 '프론토빅'최전방 근무 경험이 있는 붉은 군대의 병사 사이에 엄청난 추종자들을 양산했다. 선전부 장관 괴벨스는 "스탈린의 총애를 받는 대중선동가인 유대인 일리야 에렌부르크"[4]를 혐오했다. 그는 에렌부르크가 독일 여성들을 강간하라고 선동했다며 비난했다. 에렌부르크가 거리낌 없이 살기등등한 열변을 토해내긴 했지만, 아직도 서구 역사학자들이 그가 한 말이라고 생각하는 가장 악명 높은 표현의 실체는 사실 나치가 만들어낸 것이었다. 그는 붉은 군대의 병사들에게 독일 여성들을 "합법적 전리품"으로 취급하고 "그들의 인종적 자긍심을 깨부수라"고 촉구했다는 비난을 받았다. 그러자 에렌부르크는 『크라스나야 즈베즈다』에 "독일인들이 중요한 국가 문서를 날조하던 때가 있었다. 이제 그들은 내 기사까지 날조할 정도로 저열해졌다"[5]라고 반박했다. 하지만 붉은 군대의 병사들이 "독일 여성들에게는 관심이 없고 우리 여성들을 모욕한 독일 남성들에게 관심이 있다"는 에렌부르크의 주장은 붉은 군대가 야만적 행위를 함으로써 얼토당토않은 말임이 드러났다. 그리고 그가 곧잘 독일을 "금발 마녀"라고 부른 것도 독일과 심지어 폴란드 여성들이 인간적 대우를 받는 데 도움이 되지 않은 것은 분명했다.

체르냐홉스키가 공격을 시작한 이튿날인 1월 14일에 로코솝스키의 제2벨라루스전선군이 나레프 교두보에서 북쪽과 서북쪽을 공격했다. 로코솝스키의 주 임무는 비스와강 하구와 단치히 쪽으로 진군해 동프로이센을 고립시키는 것이었다. 로코솝스키는 최고 사령부의 계획에 불안을 느꼈다. 그의 부대는 쾨니히스베르크를 공격하는 체르냐홉스키의 부대와도, 비스와강에서 서쪽으로 돌격하는 주코프의 부대와도 분리될 수 있었다.

독일 제2군에 대한 공격은 그 공격을 직접 받아야 했던 군단장의 유감스러운 말마따나 "공격하기에 완벽한 날씨"[6]에 시작되었다. 땅에는 눈이 얇게 덮이고 나레프강은 얼어 있었다. 한낮에 안개가 걷혔다. 곧 로코솝스키의 부대는 끊임없는 항공 지원을 받았다. 처음 이틀 동안은 여전히 전진이 느렸지만 소련의 중포와 카추샤 로켓 발사기가 다시 한번 첫 돌파를 가능하게 했다. 무쇠처럼 단단한 땅 역시 포탄들을 표면에서 폭발하게 해 훨씬 더 치명적으로 만들었다. 눈 덮인 대지는 금세 포탄 구멍과 시커멓고 누렇게 탄 자국들로 뒤덮였다.

그날 저녁, 집단군의 총사령관 라인하르트 장군이 아직 아들러호르스트에 있던 히틀러에게 전화를 걸었다. 장군은 히틀러가 철수를 허가하지 않으면 동프로이센 전체가 위험해진다고 경고하려 애썼다. 하지만 총통은 들으려 하지 않았다. 오히려 새벽 3시에는 그 지역에서 유일한 실질적 예비 병력인 그로스도이칠란트 군단을 비스와 전선으로 이동시키라는 명령이 내려왔다.

라인하르트만이 자신의 상관들을 격렬히 비난한 야전사령관인 것은 아니었다. 1월 20일 최고 사령부가 갑자기 로코솝스키에게 체르냐홉스키 군의 전진이 늦어지고 있으니 전진 축을 바꾸라고 명령했다. 이제 로코솝스키는 단순히 비스와강을 따라 지역을 봉쇄하는 것이 아니라 동북쪽으로 동프로이센의 중심을 공격해들어가야 했다. 로코솝스키는 주코프의 부대가 베를린을 향해 서쪽으로 향함에 따라 자신의 부대 왼쪽에 거대한 틈이 생기는 것을 우려했지만, 이러한 방향 변경 때문에 동프로이센에 있던 독일 사령관들은 깜짝 놀라고 말았다. 로코솝스키의 우익에서는 제3근위기병군단이 얼어붙은 지역을 빠르게 이동해 1월 22일 새벽 3시에 알렌슈타인으로 들어갔고, 좌측에서는 볼스키의 제5전차군이 비스와강 어귀에 있는 엘빙시를 향해 빠르게 나아갔다. 1월 23일에 선두 전차여단의 일부가 독일 기갑부대로 오인된 채 도시로 진입했다. 하지만 도심에서 맹렬하고 혼란스러운 소규모 접전이 벌어진 후에 도로 쫓겨났다. 제5전차군의 본대는 도시를 우회해 거대한 석호인 프리셰스 하프 기슭으로 나아갔다. 이로써 동프로이센은 사실상 독일과 단절되었다.

독일군은 몇 달 전부터 동프로이센에 대한 공격을 예상했지만, 도시와 마을에서는 혼란과 불안이 가득했다. 후방에서는 미움의 대상이었던 야전헌병대가 가혹한 명령을 수행하고 있었다. 헌병은 개목걸이처럼 보이는 줄 달린 금속 표식을 목에 걸고 있었기 때문에 독일군 병사들은 헌병들을 "쇠사슬에 묶인 사냥개"라고 불렀다.

체르냐홉스키가 공격을 시작한 1월 13일 아침, 한 역에서 독일군 헌병대가 베를린으로 향하던 휴가 열차를 멈춰 세웠다. 헌병들은 이름이 불린 사단에 소속된 모든 병사는 즉시 열차에서 내려 정렬하라고 소리쳤다. 휴가를 떠난 병사들 중에는 적어도 2년 동안 가족을 보지 못한 사람도 많았다. 병사들은 주먹을 꽉 쥐고 앉아 자신의 사단이 불리지 않길 기도했다. 하지만 거의 모든 병사가 열차에서 내려 플랫폼에 정렬해야 했다. 나오지 않았다가 발각된 병사는 처형을 당했다. 젊은 병사 발터 바이어[7]는 호출을 면한 소수 중 한 명이었다. 바이어는 자신의 행운이 믿기지 않지만 프랑크푸르트 안데르 오데르 근방에 있는 집으로 여행을 계속했다. 하지만 그는 생각했던 것보다 집에서 더 가까운 곳에서 붉은 군대와 마주할 운명이었다.

혼란에 가장 책임이 큰 인물은 대관구 지도자인 에리히 코흐였다. 그는 독일의 우크라이나 국가판무관으로 가혹한 통치를 해 이미 악명이 높은 나치 지도자였다. 코흐는 자신의 잔인성을 몹시 자랑스러워해 "제2의 스탈린"[8]이라는 별명도 싫어하지 않는 것처럼 보였다. 확고한 방어에 대한 히틀러의 고집스러움에 완전히 물든 코흐는 수만 명의 민간인을 강제로 땅을 파는 노역에 동원했다. 그러나 유감스럽게도 그는 어디에 방어물을 설치해야 하는지 육군 지휘관들과 상의하지 않았다. 또한 그는 나치당의 가장 노골적인 희생양 삼기의 사례인 국민돌격민병대에 소년과 노인들을 최초로 끌어들인 장본인이었다. 하지만 코흐가 행한 최악의 행동은 민간인 대피를 막았다는 점이었다.

그와 지역 나치당 수령들은 민간인들의 대피를 패배주의라며 금지한 뒤 공격이 시작되자 누구에게도 알리지 않은 채 슬그머니 달아났다. 섭씨 영하 20도의 날씨에 1미터 깊이로 쌓인 눈을 헤치고 너무 늦게 피란에 나선 아내와 딸들, 아이들을 기다리고 있었던 건 끔찍함이었다. 하지만 농장에서 일하는 많은 여성은 자신들이 그냥 새로운 주인 밑에서 일하면 되고 별로 바뀌는 게 없을 것이라 확신하며 자발적으로 남았다.

공격이 시작되자 멀리서 들려오는 천둥 같은 대포 소리는 대부분 평평하고 숲으로 덮인 동프로이센 지역의 외딴 농장들과 마을에 끔찍한 공포를 불러일으켰다. 동프로이센 여성들은 1944년 여름의 저돌적 전진이 끝날 무렵인 그해 가을 체르냐홉스키의 부대 중 일부가 동프로이센을 침략했을 때, 네메르스도르프에서 벌인 잔혹 행위에 관한 소문을 들었다. 또한 그들은 강간당한 뒤 살해된 62명의 여성과 어린 소녀들에 관한[9] 끔찍한 뉴스 영상을 동네 영화관에서 봤을 것이다. 괴벨스의 선전부는 카메라맨들을 급히 전선으로 보내 잔혹 행위를 기록한 뒤 최대한 활용했다. 하지만 여성들은 아직 자신들에게 닥칠 참사가 어느 정도인지 제대로 알지 못하는 것 같았다. 연령을 불문하고 소녀와 여성들을 집어삼킨 건 대부분 집단 강간이었다.

"붉은 군대의 병사들은 독일 여성들과의 '개별적 정사'에는 관심이 없었다."[10] 동프로이센에서 해군육전대 장교로 복무한 극작가 자하르 아그라넨코는 일기에 이렇게 썼다. "그들은 한 번에 9명, 10명, 12명이 집단으로 여성들을 강간했다." 나중에 그는 엘빙의 여성들이 어떤 식으로 소련 해군육전대 병사들에게 몸을 맡기고 자신을 필사적으로 보호하려고 했는지를 쓰기도 했다.

거대한 길이로 늘어선 종대 행렬로 진군하던 소련의 군대는 근대와 중세의 특이한 혼합물이었다. 패드를 댄 검정 헬멧을 쓴 전차부대원들, 대지를 뒤흔들며 굴러가는 그들의 T-34 전차들, 전리품을 안장에 끈으로 묶고 털이 텁수룩한 말을 탄 카자흐스탄 기병들, 경량형 야포를 끌고 가는 렌드리스미국의 무기 대여법에 따라 지원된 무기와 군수품의 스튜드베이커 트럭과 닷지 트럭들, 뒷좌석에 박격포를 싣고 방수포로 덮은 셰보레 무개차들과 중곡사포를 끌고 가는 트랙터들, 그 뒤로 말이 끄는 수레에 탄 두 번째 무리가 따랐다. 병사들의 성격은 자신들의 군사 장비만큼이나 천차만별이었다. 어린 독일 소년들을 나치 친위대의 싹이라며 이들이 자라 러시아를 다시 침략하기 전에 모조리 죽여야 한다고 생각하는 병사들이 있는가 하면 아이들은 해치지 않고 먹을 것을 주는 병사들도 있었다. 술을 마신 뒤 수치심 없이 강간을 저지르는 약탈자들도 있고 그런 행위에 진심으로 질겁하는 엄격한 공산주의자와 지식인들도 있었다. 정치장교이던 작가 레프 코펠레프는 "적에게 동정심을 느끼는 부르주아적 휴머니즘의 선전에 가담했다"[11]는 이유로 방첩부대인 스메르시에 체포되었다. 코펠레프는 일리야 에렌부르크가 쓴 기사들의 잔인성에 대해서도 과감하게 비판했다.

로코숍스키 부대의 초기 진군이 어찌나 빠르게 진행되었던지 쾨니히스베르크의 독일 당국은 알렌슈타인이 소련의 제3근위기병군단에 포위된 사실을 모르고 여러 대의 난민 열차를 그곳으로 보냈다. 코사크 기병들에게 난민 열차는 여성들과 전리품이 수중에 굴러 들어오는 이상적인 노다지였다.

모스크바에서 베리야와 스탈린은 무슨 일이 벌어지고 있는지 샅샅이 알고 있었다. 한 보고서에 따르면 그들은 "많은 독일인이 동프로이센에 남아 있던 모든 독일 여성은 붉은 군대 병사들에게 강간을 당했다고 주장한다"[12]는 말을 들었다. "열여덟 살 이하의 소녀들과 나이 든 여성들이 포함된" 수많은 집단 강간 사례가 제시되었다. 실제로 피해자 중에는 열두 살 소녀도 있었다. 보고서는 이어서 "제43군에 배속된 NKVD는 슈팔라이텐에 남은 독일 여성들이 자살을 시도한 것을 발견했다"라고 말했다. "그들은 그중 한 명인 에마 코른을 심문했다. 그녀는 '2월 3일에 붉은 군대의 최전방 부대들이 도시로 들어왔다. 그들은 우리가 숨어 있던 지하실로 들어와서 나와 다른 두 여성에게 무기를 겨누고 마당으로 나가라고 명령했다. 마당에서 12명의 군인이 나를 차례로 강간했다. 다른 군인들은 내 이웃 두 명에게도 같은 짓을 했다. 이튿날 밤 술 취한 군인 6명이 지하실로 쳐들어와 아이들 앞에서 우리를 강간했다. 2월 4일에는 3명의 군인이 왔다. 2월 6일에는 8명의 취한 군인이 우리를 강간하고 폭행했다'라고 말했다." 사흘 뒤 여성들은 아이들을 죽이고 손목을 끊어 자살을 시도했다. 하지만 그녀들은 제대로 하는 방법을 몰랐다.

붉은 군대 병사들은 여성들을 공공연하게 소유물 취급했다. 특히 스탈린이 직접 나서서 붉은 군대의 장교들이 "전쟁 현지처"를 둘 수 있게 허용하면서 선례가 되었다(이 여성들은 PPZh라고 불렸는데 전쟁 현지처를 뜻하는 'pokhodno-polevaya-zhena'가 붉은 군대의 표준 기관총인 PPSh와 비슷했기 때문이다). 고위 장교들의 내연녀로 선택된 젊은 여성들은 앞뒤에 챙이 달린 필롯카 대신 뒤통수에 베레모를 쓴 젊은 여군들이었고 대개는 사령부의 통신수나 행정병, 간호병이었다.

남성의 성욕이 강하고 무분별한 경우 전쟁 현지처의 운명은 순탄치 않았다. "그렇다니까, 베라."[13] 제19군에서 복무했던 무샤 아넨코바라는 젊은 여군은 친구에게 이렇게 썼다. "그 남자들의 '사랑'이 어떤지 봐! 너한테 다정한 것 같지만 그 남자들 마음속에 뭐가 있는지는 알기 힘들어. 그들에겐 잠깐의 열정이나 동물적 사랑 외에 진실한 감정이라고는 없어. 이곳에서 진정으로 충실한 남자를 찾기란 어려워."

로코솝스키 원수는 "증오심을 전장에서 적과 싸우는 데로 돌리고 약탈, 폭력, 강탈, 불필요한 방화와 파괴"에 대한 처벌을 강화하기 위해 제6호 명령을 내렸다. 하지만 이 명령은 거의 효과가 없었던 것 같다. 또한 즉결처분하려는 시도도 몇 차례 있긴 했다. 어느 소총사단의 한 사단장은 "땅바닥에 누워 있는 독일 여성을 앞에 두고 부하들을 일렬로 세우고 있던 중위를 직접 사살했다"고 한다.[14] 하지만 장교들이 연루되어 있거나 기강 해이로 기관단총으로 무장한 채 술에 취한 병사들의 질서를 회복하려고 시도하는 것은 대단히 위험했다.

심지어 제2벨라루스전선군의 정치위원인 오코로코프 장군도 2월 6일의 회의에서 "적에 대한 복수에 제동을 거는" 것처럼 보이는 행동에 반대했다. 모스크바에서는 강간과 살인보다 무분별한 파괴를 더 우려했다. 2월 9일에 『크라스나야 즈베즈다』는 사설에서 이렇게 주장했다. "모든 군기 위반은 승리를 거둔 붉은 군대를 약화시킬 뿐이다. (…) 우리의 복수는 맹목적이지 않다. 우리의 분노는 비이성적이지 않다. 맹목적인 분노의 순간에는 정복한 적국의 공장을 파괴할 수 있다. 그것은 우리에게 쓸모 있는 공장이다."

정치장교들은 이런 식의 접근법을 강간 문제에도 적용하길 원했다. 제19군 정치부는 "우리가 병사들에게 진정한 증오심을 심어주면 병사들은 독일 여성과 성관계를 시도하지 않을 것이다. 왜냐하면 혐오감을 느낄 것이기 때문이다"라고 말했다.[15] 하지만 이런 서툰 궤변은 상층부가 본질을 제대로 이해하지 못하고 있음을 단적으로 보여줄 뿐이었다. 심지어 붉은 군대의 젊은 여군과 간호병들도 그다지 거부감을 갖지 않았다.

아그라넨코의 정찰대에 소속된 스물한 살의 한 여군은 "독일인, 특히 독일 여성들에 대한 우리 병사들의 행동은 전적으로 옳다!"[16]라고 말했다. 몇몇은 농지거리쯤으로 여기는 듯했다. 코펠레프는 정치부의 여성 부관 중 한 명이 그것에 대해 농담을 던지자 분노를 터뜨렸다.

소련에서 독일군이 저질렀던 범죄와 나치 정권의 끊임없는 선전이 동프로이센 독일 여성들에게 가해진 끔찍한 폭력을 초래한 것은 분명했다. 하지만 복수는 나중에 일어난 일의 변명거리는 되어도 단지 일부만 해명할 수 있었다. 일단 군인들의 몸에 술이 들어가면 먹잇 감의 국적은 그다지 의미가 없었다.

레프 코펠레프는 알렌슈타인에서 "광란의 비명"[17]을 들었다고 떠올렸다. 그는 "길게 땋은 금발머리가 헝클어지고 옷이 찢어진 채 귀청이 터지게 고함을 지르는 소녀"를 보았다. "나는 폴란드인이에요! 하느님 맙소사, 나는 폴란드인이라고요!" 소녀는 백주대낮에 만취한 '전차병' 두 명에게 쫓기고 있었다.

이 문제는 러시아에서 철저히 외면당하면서 심지어 오늘날까지도 참전용사들은 독일 영토를 맹렬히 공격하는 동안 실제로 무슨 일이 있었는지 인정하기를 거부한다. 그들은 몇몇 도를 넘는 행위에 대한 소문은 인정하지만 전쟁에서의 불가피한 결과로 일축할 것이다. 극소수만이 그런 광경들을 직접 봤다고 인정할 준비가 되어 있다. 그리고 공개적으로 발언할 준비가 된 몇 안 되는 사람들조차 반성의 기미는 없다. 한 전차중대의 공산청년동맹 지도자는 "그녀들은 우리를 위해 치마를 올리고 침대에 누웠다"[18]고 말했다. 심지어 독일에서 "200만 명의 우리 아이들이 태어났다"면서 으스댔다.

소련 장교와 병사들이 대다수 희생자는 자신의 운명에 만족했거나 적어도 독일 국방군이 러시아에서 저지른 짓에 대해서 이제 자신들이 그 고통을 당할 차례임을 받아들였다고 확신하는 것은 놀라울 따름이다. 당시 소련군의 한 소령은 영국 기자에게 "우리 동료들은 성에 너무나 굶주려 있었다. 예순이나 일흔, 심지어 여든 살의 여성도 종종 강간했다. 이 노인들은 놀라지 않을 수 없었다"[19]고 말했다.

실험실과 작업장에서 약탈한 위험한 화학물질이 포함된 온갖 종류의 음료가 원흉이었다. 실제로 상습적인 음주가 붉은 군대의 전투력에 심각한 손상을 입혔다. 상황이 너무 나빠서 NKVD는 "독일 점령지에서 노획한 알코올 때문에 중독이 발생하고 있다"[20]고 모스크바에 보고했다. 소련 병사들은 알코올의 힘을 빌려 여성을 덮칠 용기를 얻었을 것이다. 하지만 너무 자주 너무 많이 마셨고 강간에 성공하지 못한 나머지 술병으로 끔찍한 짓을 저지르기도 했다. 많은 희생자의 신체가 외설적인 모습으로 훼손당했다.

당혹스러운 심리적 모순은 겉핥기로만 짐작할 뿐이다. 쾨니히스베르크에서 윤간당한 여성들이 가해자들에게 고통에서 벗어나게 해달라고 간청하자 붉은 군대의 병사들은 모욕감을 느꼈던 것 같다. 그들은 "러시아 병사들은 여자를 쏘지 않아. 독일군이나 그러지"[21]라고 대답했다. 붉은 군대는 자신들이 유럽을 파시즘에서 해방시키는 도덕적 임무를 맡았기 때문에 개인적으로나 정치적으로나 마음대로 행동할 수 있다고 스스로 생각했다.

동프로이센의 여성들을 대하는 대다수 소련 군인들의 태도에는 지배 의식과 굴욕감이 뒤섞여 있었다. 피해자들은 독일군이 소련을 침략했을 때 저지른 범죄에 대한 보복의 대상이었다. 초기의 분노가 사라지자 이러한 사디스트적인 굴욕감의 특징은 명확하게 희석되었다. 석 달 뒤 붉은 군대가 베를린에 도착했을 때는 병사들이 독일 여성을 증오의 대상보다는 정복에 딸린 권리쯤으로 여기는 분위기였다. 지배 의식은 확실히 여전했지만 아마도 일정 부분 그들 자신이 상관이나 소련 당국에게 당해야 했던 굴욕감의 간접적인 결과물이었을 것이다. 바실리 그로스만은 위대한 소설 『삶과 운명』에서 "전체주의 체제의 극단적인 폭력은 모든 대륙에 걸쳐서 인간의 정신을 마비시킬 수 있음이 입증되었다"[22]라고 썼다.

여기에는 물론 또 다른 압박이나 영향도 작용했다. 성적 자유는 1920년대 공산당 모임 내에서 활발히 토론된 주제였다. 하지만 다음 10년 동안 스탈린은 소련 사회가 스스로를 사실상 무성애자라고 표현하도록 만들었다. 이것은 진정한 청교도주의와는 거리가 멀었다. 사랑과 섹스는 인간을 '획일화'[23]하도록 만들어진 교리와 상충되었기 때문이다. 인간의 욕구와 감정은 억압되어야 했다. 프로이트의 저서들은 금서가 되었다. 이혼과 간통은 당의 엄격한 반대에 부딪혔다. 동성애에 대한 사법적인 처벌이 다시 도입되었다. 심지어 새로운 교리는 성교육조차 완전히 억압하게 만들었다. 판화에서 옷을 입은 여성의 가슴 윤곽선이 보이는 것조차 위험한 에로티시즘으로 치부되었다. 그런 것은 노동복 밑에 감추어졌다. 스탈린 정권은 어떤 형태의 욕구도 당 그리고 무엇보다 위대한 지도자에 대한 추종으로 바꾸길 원했음이 분명했다.

거의 문맹에 가까웠던 대다수의 붉은 군대 병사들은 성적으로 무지몽매했고 여성에 대해 완전히 잘못 알고 있었다. 국민의 성욕을 억압하려는 소련의 시도는 한 러시아 작가가 "가장 지저분한 외국 음란물"보다 훨씬 더 원초적이고 폭력적인 일종의 "병영 에로티시즘"[24]이라고 묘사한 현상을 만들어냈다. 그리고 이 모든 것은 인간성을 말살하는 현대 선전 선동의 영향과 전쟁터에서 남성들의 공포와 고통이라는 인간 본능의 충동과 합쳐졌다.

독일인이 아니라는 사실이 여성들을 강간에서 보호하지 못한 것처럼, 좌파라는 사실도 남성들을 보호해주지는 못했다. 형제 같은 해방자들을 환영하기 위해 12년 동안 숨겨두었던 신념을 드러낸 독일 공산주의자들은 대개 스메르시로 넘겨져 심문을 받았다. 붉은 군대가 도착했을 때의 기쁨의 미소는 곧 불신감으로 얼어붙었다. 방첩부서의 뒤틀린 논리는 아무리 진실한 이야기라도 언제나 계산된 배신의 음모로 바꾸어놓았다. 그리고 스탈린에게 충성을 맹세한 모든 포로나 민간인에게는 항상 모스크바에서 사전에 마련된 어려운 질문을 던졌다. "당신은 왜 파르티잔과 함께하지 않았나?" 독일에는 파르티잔 집단이 없었다는 사실은 정당한 변명이 되지 못했다. 전쟁 중에 주입된 이런 무자비한 선악 구도의 방침은 자연히 많은 소련 병사의 막연한 증오심을 한층 부추기도록 만들었다. 병사들이 정치장교들에게 왜 독일 노동자 계층은 히틀러와 싸우지 않았냐고 물었지만 아무 대답도 듣지 못했다. 따라서 4월 중반 갑자기 당의 방침이 바뀌어 모든 독일인이 아니라 나치 당원들만 미워하라고 했을 때 많은 병사가 한 귀로 흘려버린 것도 놀라운 일은 아니었다.

증오를 심어주는 선전활동이 먹혀들면서 독일의 하나부터 열까지 본능적으로 혐오하게 되었다. 제3벨라루스전선군의 한 병사는 "심지어 나무조차 적이었다"[25]라고 말했다. 쾨니히스베르크 외곽에서 체르냐홉스키 장군이 유탄에 맞아 전사하자 병사들은 충격을 받았고 믿을 수 없어했다. 병사들은 장군을 가매장한 뒤 주변 나무에서 가지를 잘라냈다. 전통에 따라 관 위에 던지는 꽃을 대신할 수 있는 것은 나뭇가지밖에 없었기 때문이다. 그런데 갑자기 한 젊은 병사가 무덤 속으로 뛰어들더니 관 위에 걸터앉아 미친 듯이 나뭇가지를 모조리 밖으로 내던졌다. 적의 나무에서 잘라낸 가지라는 이유였다. 그 나뭇가지들이 영웅의 안식처를 더럽혀서는 안 되었다.

체르냐홉스키가 죽은 뒤 스탈린은 전 총참모장인 바실렙스키 원수에게 제3벨라루스전선군의 사령관 자리를 맡겼다. 규율 문제에 대한 바실렙스키의 접근 방식은 여느 상급 사령관들과 그다지 다르지 않았던 것 같다. 한 진술에 따르면, 장군의 참모장이 약탈과 피해 상황을 보고했다. "원수 동지,[26] 병사들의 행실이 좋지 않습니다. 가구와 거울과 접시들을 깨부수고 있습니다. 이 문제에 어떻게 대처해야 할까요?" 아마도 소련의 모든 사령관 가운데 가장 지적이고 교양 있는 인물이었던 바실렙스키는 잠시 말이 없었다고 한다. 그러다 마침내 그가 대답했다. "나는 전혀 개의치 않소. 지금은 우리 병사들이 스스로 심판을 내릴 때요."

동프로이센에서 소련 병사들의 파괴적인 충동은 실로 놀라웠다. 불을 지피기 위해 가구를 부수는 따위가 아니었다. 병사들은 바깥의 모든 것이 꽁꽁 얼어붙은 밤 온기와 피신처를 제공할 수 있는 주택들에 아무 생각 없이 불을 질렀다. 그들은 현지 농민들의 생활 수준이 상상보다 훨씬 높은 것을 보고 화가 치밀었다. 독일인들은 충분히 잘 살고 있었음에도 소련을 약탈하고 파괴할 요량으로 침략했다는 생각이 격노를 일으켰다.

아그라넨코는 한 공병이 독일인들에 대해 느낀 감정을 자신의 일기에 기록했다. "그들을 어떻게 다루어야 할까요, 대위 동무? 생각해 보십시오. 그들은 잘 먹고 잘살았습니다. 가축과 채소밭, 사과나무를 가지고 있었습니다. 그런데도 우리를 침략했어요. 제가 있던 보로네시주까지 쳐들어왔죠. 그러니 대위 동무, 우리는 그들의 목을 졸라 죽여야 합니다."[27] 그는 잠시 멈췄다가 말을 이었다. "아이들은 안됐어요, 대위 동무. 독일 애들이긴 하지만요."

소련 당국은 스탈린이 1941년의 재난에 대해 비난받지 않도록 소련 인민에게 조국의 침략을 허용한 집단 죄책감을 세뇌시키는 데 성공했다. 억압된 죄의식에 대한 속죄가 보복의 폭력성을 증대시켰다는 데는 의심의 여지가 거의 없다. 하지만 폭력의 많은 동기는 훨씬 더 단순했다. 제3군의 정치장교 드미트리 셰글로프는 독일의 식량 창고를 본 병사들이 어디서나 발견되는 "풍요로움에 혐오감을 느꼈다"[28]는 것을 인정했다. 그들은 독일 가정의 잘 정돈된 모습에 질색했다. 그는 "나는 단정하게 늘어선 통조림과 병들을 주먹으로 깨부수곤 했다"라고 썼다. 붉은 군대의 병사들은 그렇게 많은 가정에 라디오[29]가 있다는 사실에 놀랐다. 그들의 눈으로 본 증거는 지금까지 들었던 것처럼 소련이 노동자와 농민의 천국이 아니라는 얘기였다. 동프로이센의 농장들은 당혹감, 질투, 감탄, 분노가 뒤섞인 감정을 불러일으키면서 정치장교들을 당혹하게 만들었다.

군 정치부의 두려움은 NKVD 우편 검열관들의 보고서로 확인되었다. 검열관들은 부정적인 문장에 파란색, 긍정적인 문장에는 빨간색으로 줄을 그었다. NKVD는 병사들이 평범한 독일인들의 생활을 묘사하는 방식과 그로 인해 "정치적으로 틀린 결론"[30]이 형성되는 것을 통제하기 위해 집으로 보내는 편지의 검열을 대폭 강화했다. 또한 NKVD는 병사들이 독일 엽서를 집으로 보내는 것을 알고 경악했다. 심지어 어떤 엽서에는 "히틀러의 연설에서 인용한 반소비에트 문구들"[31]이 적혀 있었다. 결국 정치부는 병사들에게 백지 편지지를 제공할 수밖에 없었다.

붉은 군대의 병사들은 독일 귀족들이 산다고 생각한 중산층의 주택에서 시계, 도자기, 거울, 피아노를 박살냈다. 한 여성 군의관은 쾨니히스베르크에서 집으로 보낸 편지에 "얼마나 많은 귀중한 물건이 우리 이반들(소련 병사들)에 의해 파괴되었는지, 얼마나 많은 아름답고 안락한 집들이 불탔는지 상상도 못 하실 겁니다. 한편으로는 병사들이 옳습니다. 그들은 이곳이나 다른 곳의 모든 물건을 들고 갈 수 없으니까요. 그리고 병사들은 벽 사이즈의 거울을 깨뜨리면 기분이 좀 더 좋아집니다. 몸과 마음의 긴장을 푸는 일종의 기분 전환이죠"라고 썼다.[32] 마을 거리에는 터진 베갯속과 매트리스에서 빠진 깃털들로 눈보라가 일었다. 소련 변경에서 자란 병사들, 특히 중앙아시아의 우즈베키스탄과 투르크메니스탄 출신들에겐 많은 것이 당황스러울 정도로 새로웠다. 그들은 속이 빈 이쑤시개를 처음 보고 어리둥절했다고 한다. "우리는 그게 포도주 마실 때 쓰는 빨대인 줄 알았어요."[33] 한 병사가 아그라넨코에게 말했다. 장교들을 포함한 다른 사람들은 약탈한 여송연을 검은 마호르카 잎을 신문지에 말아 피우는 러시아의 '마호르카' 담배처럼 피우려고 애썼다.

약탈한 물건들은 대개 얼마 되지 않아 버리거나 발로 밟아 부숴 버렸다. 2진의 "참모 쥐새끼shtabnaya krysa"나 특히 "후방의 쥐새끼들tylovaya krys"을 위해서 무엇도 남겨두길 원치 않았다. 솔제니친은 병사들이 프로이센 여성들의 커다란 속바지를 입어보는 "시끌벅적한 시장"[34] 같은 광경을 묘사했다. 어떤 병사들은 작업복 위에 너무 많은 옷을 껴입는 바람에 거의 움직일 수도 없었다. 전차대원들이 전차에 약탈품을 마구 쑤셔넣었기에 포탑이 여전히 움직이는 게 놀라울 정도였다. 많은 차량에 무차별적으로 약탈한 물건들이 실려 있었기에 포탄 공급은 줄어들었다. 장교들은 병사들이 매달 집으로 보내는 소포에 사교 모임용 상의 따위의 전리품을 넣는 것에 절망해 고개를 저었다. 이상주의적인 코펠레프는 이런 상황을 몹시 못마땅해했다. 그는 특별히 허용된 5킬로그램짜리 소포를 "약탈을 유발하는 직접적이고 명백한 자극제"[35]라고 여겼다. 장교들에겐 두 배로 허용되었다. 장군과 스메르시 간부들에겐 한도가 없었다. 하지만 장군들은 직접 약탈에 동참할 필요가 없었다. 부하 장교들은 엄선된 공물을 바쳤다. 코펠레프조차 제2벨라루스전선군 정치부의 상관인 오코로코프 장군을 위해 정교한 사냥용 소총과 뒤러의 판화 세트를 준비해두었다.

몇몇 친소 독일 장교가 동프로이센 방문에 동원되었다. 장교들은 그곳에서 벌어지는 일을 목격하고 경악했다. 그중 한 명이자 NKVD가 통제하는 자유독일국가위원회 부위원장이던 아인지델 백작은 돌아가서 동료 위원들에게 "러시아인들은 보드카와 모든 종류의 술을 미친 듯이 좋아합니다. 그들은 여성을 강간하고 인사불성이 될 정도로 술을 마시고는 집에 불을 지릅니다"[36]라고 전했다. 이 이야기는 베리야에게 재빨리 보고되었다. 성질이 가장 불같던 선전가 일리야 에렌부르크도 동프로이센을 방문했다가 큰 충격을 받았지만 그렇다고 그의 선전물에서 잔혹성이 누그러지지는 않았다.

전쟁 기간에 붉은 군대의 병사들은 배불리 먹을 수 없었다. 그들은 늘 굶주렸다. 미국이 엄청난 양의 스팸과 밀가루를 보내주지 않다면 많은 병사가 아사 직전에 몰렸을 것이다. 독일 국방군과 마찬가지로 공식 정책은 아니었지만 붉은 군대에서도 병사들은 어쩔 수 없이 현지에서 스스로 식량을 구했다. 폴란드에서는 농부들의 종자를 훔치고 독일인들이 놓친 얼마 안 되는 남은 가축들을 도살해 고기를 얻었다. 리투아니아에서는 설탕이 절실히 필요해 벌통을 습격했다. 지난가을 벌에 쏘여 얼굴과 손이 퉁퉁 부어오른 병사들을 흔히 볼 수 있었다. 하지만 동프로이센의 잘 정돈되고 식료품이 가득 찬 농장은 병사들이 꿈꾸던 것 이상의 풍요로움을 제공했다. 우유를 짜는 사람이 달아난 덕분에 젖이 퉁퉁 부어 울고 있던 소들은 종종 소총과 기관총에 맞아 즉석 스테이크가 되었다. 한 병사는 "독일인은 모든 걸 남겨두고 달아났다. 우리에겐 돼지고기와 식품, 설탕이 잔뜩 있다. 식량이 너무 많아서 우린 아무거나 먹지 않아도 된다"[37]라고 썼다.

소련 당국은 동프로이센에서 자행되고 있는 지독한 일들을 잘 알고 있었다. 그러면서도 독일 민간인들이 달아나고 있다는 사실에 분노하고 불쾌감이 들었던 것 같다. 시골과 도시의 인구는 사실상 줄어들었다. 제2벨라루스전선군의 NKVD 총책임자는 공산당 중앙위원회의 선전선동부 위원장인 G. F. 알렉산드로프에게 "남아 있는 독일인이 거의 없다. (…) 많은 정착지가 완전히 버려졌다"[38]고 보고했다. 그는 6명밖에 남지 않은 촌락과 15명에 불과한 시가지를 예로 들었다. 그나마도 그곳에 남은 주민은 대부분 45세 이상이었다. 소위 "고결한 분노"가 역사상 가장 큰 공포의 이주를 초래한 셈이었다. 1945년 1월 12일부터 2월 중순까지 약 850만 명의 독일인이 독일 동부 주에서 자신의 집을 버려둔 채 탈출에 나섰다.

동프로이센에서는 많은 사람, 특히 국민돌격대 소속의 남성과 연약한 여성들이 분노가 무사히 지나가길 기도하면서 숲으로 몸을 숨겼다. 반면 대다수는 소련군이 오기 바로 직전에야 달아나기 시작했다. 그중 일부는 남자들에게 메시지를 남겼다. 드미트리 셰글로프는 아이가 문에 급하게 분필로 쓴 메모를 발견했다. "사랑하는 아빠! 우리는 수레를 타고 Alt-P.로 달아나야 해요. 그곳에서 배를 타고 독일로 갈 거예요."[39] 거의 누구도 다시는 자신의 집을 볼 수 없었다. 슬라브와의 경계에 있는 독일 끄트머리로서 분명한 개성과 문화가 발달한 지역 전체의 기습적이고 완전한 파괴였다. 스탈린은 이미 쾨니히스베르크 와 함께 북부 절반을 소련의 일부로 편입할 계획이었다. 나머지는 꼭 두각시 폴란드에게 동부 영토 전체를 '서벨라루스'와 '서우크라이나'로 합병한 데 대한 부분적 보상으로 줄 생각이었다. 동프로이센은 지도 에서 지워질 참이었다.

로코솝스키의 제5근위전차군이 프리셰스 하프까지 진격했다. 유 일한 도피 경로는 잠란트반도의 서남쪽 끝에 있는 필라우에서 배를 타거나 빙판 위를 걸어서 단치히 끝에서부터 석호를 에워싼 긴 모래 톱인 프리셰 네룽[40]까지 가는 것이었다. 아마 가장 불운한 피란민들은 곧 내륙 쪽 길이 차단될 쾨니히스베르크로 달아난 사람들이었을 것이 다. 도시로부터의 탈출은 결코 쉽지 않았다. 나치 당국이 시민들의 대 피를 전혀 준비하지 않았기 때문이다. 또한 첫 선박이 필라우에 나타 나기까지 상당한 시간이 걸렸다. 한편 동프로이센 수도의 포위는 전쟁 에서 가장 끔찍한 사건들 중 하나가 되었다.

서쪽으로 통하는 유일한 경로인 석호의 모래톱인 프리셰 네룽에 도착한 피란민들은 독일군 장교들로부터 거의 동정을 받지 못했다. 장교들은 배를 군사적인 용도로만 쓸 수 있다면서 피란민들을 길에 서 내쫓았다. 피란민들은 수레와 소지품을 버리고 모래 언덕을 비틀 거리며 걸어가야 했다. 심지어 프리셰 네룽에 도착하지 못한 사람도 많았다. 내륙에서는 소련군 전차 행렬이 길을 막는 피란민의 수레를 모조리 박살내고 호송 차량을 향해 기관총을 내갈겼다. 1월 19일에는 한 전차부대의 분견대가 피란민 행렬을 덮쳤고 "차량과 수레에 탄 사

람들을 잔인하게 살해했다".[41]

동프로이센에는 나치의 가장 악명 높은 강제수용소가 한 군데도 없었다. 그럼에도 쿠메넨 마을 근처의 숲속을 조사한 NKVD 분견대는 눈 속에서 세 무리의 민간인 시신 100여 구를 발견했다. 아마도 죽음의 행진 중에 희생된 사람들이었을 것이다. 힘러는 붉은 군대가 다가오자 수용소를 비우라고 명령했다. 보고서는 "대부분 18~35세의 여성이었고 옷의 왼쪽 소매와 앞쪽에 숫자와 육각형 별 모양이 있는 찢어진 옷을 입고 있었다"[42]라고 언급했다. "일부는 나막신을 신고 있었다. 컵과 숟가락이 허리띠에 묶여 있고 주머니에는 작은 감자, 스웨덴 순무, 밀알 따위의 음식이 들어 있었다. 의사와 장교들로 구성된 조사위원회는 그들이 코앞에서 총을 맞았으며 처형된 모든 여성이 아사 직전 상태였음을 입증했다." 중요한 점은, 이 여성들의 옷에 육각형 별이 달려 있었다는 언급에도 불구하고 소련 당국은 이들을 유대인이 아니라 "소련, 프랑스, 루마니아 시민"으로 여겼다는 것이다. 나치는 약 150만 명의 소련 유대인을 유대인이라는 이유로 살해했지만[43] 스탈린은 조국의 고통에서 관심을 돌리게 할 만한 그 어떤 것도 원하지 않았다.

겨울 대공세

독일 장군들은 병사들을 향해 연설할 때 친근한 어투로 '킨더kind-er', 즉 아이들이라고 불렀다. 이 호칭은 프로이센의 가족주의 의식에서 비롯되어 나라 전체로 퍼져나갔다. 전쟁 말기 블루멘트리트 장군은 "병사는 국민의 아들이다"[1]라고 말했지만 그때쯤이면 군대와 민간사회에서 가족이라는 유대감은 희망 사항에 지나지 않았다. 개죽음에 대한 분노가 치밀기 시작했다. 사람들은 이제 탈영병들을 숨겨줄 준비가 되었다. 1월 24일 베를린에서 한 폴란드인 농부는 거리에서 행진하는 독일군 행렬을 지휘하던 장교와 부사관들을 향해 외치는 여성들을 목격했다. "우리 남편들을 집으로 돌려보내라! 황금 꿩[2][상급 나치 당원]들이 대신 싸우게 하라!"[3] 민간인들은 빨간 줄무늬 바지 제복을 입은 참모장교들을 보고 "흡혈귀!"라고 외치기 시작했다. 하지만 나치가 그토록 예민하게 여겼던 1918년처럼 혁명의 기운이 감돌지는 않았다. 스웨덴군 무관은 식량이 완전히 바닥나지 않는 한 반란은 일어나지 않을 거라고 예측했다. 이 말은 "괴링이 괴벨스의 바지를 입을 수 있을 때까지는 전쟁이 멈추지 않을 것이다"[4] 괴벨스는 깡마른 체형인 반면 괴링은 과체중이었다라는 베를린의 유명한 격언을 통해 입증되었다.

앞으로 벌어질 일들에 대해 환상을 가진 사람은 거의 없었다. 베를린의 보건부는 각 병원에 1만 명의 민간인을 수용할 병상과 더불어 군용으로 쓸 '재난 병상'[5] 1만 개를 제공하라고 명령했다. 폭격의 영향과 자원 및 의료진 부족을 전혀 고려하지 않은 전형적인 나치 관료주의의 명령이었다. 병상을 제공하는 것도 문제였지만 의사와 간호사들은 이미 감당할 수준을 넘어 필사적으로 일하고 있었다. 야간공습 동안 환자들을 지하로 옮길 인력도 없었다. 다른 한편 병원 관리자들은 직원들의 국민돌격대 소집을 면제해달라고 여러 나치당 부서와 협상하느라 시간을 허비했다.

국민돌격대는 지난해 가을에 벌어진 사소한 권력 다툼에 나치 이데올로기가 결합되어 탄생했다. 히틀러는 군 수뇌부가 신뢰할 수 없으며 패배주의적이라고 의심한 나머지 대중 민병대의 통제가 그들의 손에서 벗어나야 한다고 생각했다. 무장친위대의 수장이자 7월 음모 이후 보충군 총사령관이 된 힘러가 확실한 후보였지만, 야심만만한 마르틴 보어만은 국민돌격대를 자기 휘하의 나치당 지구 지도자들을 움직여 지역적으로 조직하기로 결심했다. 이미 17~45세의 독일인 남성들은 대부분 징집되었기에 국민돌격대에는 10대와 노인들이 뒤섞여 있었다.

이제 베를린 방위총감이 된 괴벨스는 "총통의 부름은 우리의 신성한 직분이다!"[6] "믿어라! 싸워라! 이겨라" 같은 슬로건으로 선전 캠

페인을 촉진했다. 영화관은 서로 어깨를 맞대고 행진하는 고령의 남성과 젊은이들, 판처파우스트를 지급받은 뒤 모여서 총통에게 충성을 맹세하는 국민돌격대 분견대들을 보여주었다. 카메라는 괴벨스의 연설을 듣고 있는 그들의 얼굴 언저리를 맴돌았다. 전황을 모른 채 투지의 과시에 넘어가 나치의 선전을 믿는 사람이 많았다. 한 아내는 군인인 남편에게 이렇게 썼다. "전 세계 사람들이 우리에 대한 음모를 꾸몄지만 그들에게 우리가 뭘 할 수 있는지 보여줄 거예요. 어제 이곳에서는 지역의 모든 사람을 위한 맹세가 있었어요. 당신이 그 광경을 봤어야 해요. 나는 그 힘과 긍지의 느낌을 절대 못 잊을 거예요. 그들이 언제 전투로 투입될지는 아직은 몰라요."[7]

그러나 전선에 있는 병사들의 사기는 이 모든 것으로도 올라가지 않았다. 많은 병사는 집에서 온 편지를 읽고 자신들의 아버지가, 심지어 할아버지나 어린 남동생이 일요일마다 무기 사용법을 배운다는 이야기에 간담이 서늘해졌다. 솔직히 직업 전문화에 대한 존중을 타고난 대다수 독일인은 이 모든 상황에 대해 매우 비관적이었다. 한스 키셀 장군은 나중에 자신을 심문한 사람들에게 "국방군이 대처할 수 없는 상황을 국민돌격대가 나서서 할 수 있을 리 없다는 의견이 지배적이었습니다"[8]라고 토로했다.

국민돌격대 대원 대부분은 자신들이 상징적 목적을 위해 무의미하게 전투에 내던져지겠지만 소련의 맹공에 어떤 영향도 미칠 수 없다는 것을 직감했다. 슐레지엔에서 징집된 국민돌격대 40여 대대는 그들 지역의 동부와 동북부 경계를 방어하도록 배치되었다. 콘크리트 포좌 몇 개가 설치되었지만 대전차 무기가 거의 없었기 때문에 소련 전차 부대는 그들을 간단히 짓밟고 지나갔다.

스탈린이 안중에 둔 '노다지'의 중심지인 북부 슐레지엔의 공업 지역에서 독일 기업의 간부들은 점점 더 불안해졌다. 그들은 30만 명의 외국인 노동자, 주로 폴란드와 소련 출신 강제 노역자들이 폭동을 일으킬까봐 걱정했고 붉은 군대의 진격으로 반란이 일어나기 전에 적국 출신 노동자들에 대비한 보안 조치[9]를 강력하게 요구했다. 하지만 코네프 원수의 전차들은 생각보다 훨씬 더 가까이에 와 있었다.

소련의 진격은 강제수용소뿐 아니라 포로수용소도 철수케 했다. 간수와 포로들은 어디로 가야 할지 모른 채 목적도 없이 눈 덮인 황량한 벌판을 무거운 발걸음으로 걸어갔다. 어느 늦은 오후, 영국인 전쟁 포로 행렬이 맨발을 넝마로 감싼 소련 포로들의 큰 무리를 지나쳤다. 로버트 키는 "그들의 굶주리고 창백한 얼굴은 면도를 하지 않아 얼굴을 뒤덮은 시커먼 수염과 섬뜩한 대조를 이루었다. 고통스럽고 은밀하긴 하지만 그래도 오로지 눈빛만은 인간다운 무언가로 빛나면서 그 안에 갇힌 사람의 마지막 호소를 필사적으로 드러내고 있었다"라고 썼다.[10] 영국인들은 비누든 담배든 주머니에 있던 것을 꺼내서 던졌다. 담뱃갑 중 하나가 포로들에게 조금 못 미친 곳에 떨어졌다. 한 러시아인 포로가 담뱃갑을 주우려고 몸을 굽히자 국민돌격대 간수가 달려가서 포로가 뻗은 손가락을 짓밟았다. 그러고는 포로를 걷어차고 기관총의 개머리판으로 마구 때리기 시작했다. 이 광경을 본 영국인들은 "격분하여 광포한 함성"을 질렀다. "간수가 러시아인을 때리기를 멈추더니 놀란 듯 올려다보았다. 그는 잔인한 행위에 너무 무감각해져서 인간에겐 항의할 권리가 있다는 생각을 더 이상 하지 못하는 게 분명했다." 그는 고함을 지르면서 총을 위협적으로 흔들기 시작했지만 영국인들이 그보다 더 크게 소리 치고 야유를 보냈다. 영국인들의 간수가 질서를 회복하려고 쿵쾅거리며 걸어와 국민돌격대의 간수를 그의 포로들 쪽으로 밀쳤다. "맙소사!" 키의 동료들 중 한 명이 말했다. "나는 러시아인들이 와서 이 나라에 무슨 짓을 하건 무조건 용서할 거요. 무슨 짓이건 무조건."

괴링이 완전히 신임을 잃으면서 나치 지도부 내의 주요 권력 투쟁은 보어만과 힘러 사이에서 벌어졌다. 7월 음모는 힘러의 권력을 크게 증대시켰다. 그는 군대를 견제할 수 있는 유일한 조직인 무장친위대와 게슈타포의 책임자였다. 그 사건으로 히틀러의 육체와 정신이 흔들리면서 힘러는 총통 자리를 이어받기에 유리한 위치에 있었다. 하지만 히틀러가 레닌이라면 그가 스탈린의 연기를 할 자질을 갖추었는지는 일부의 우려대로 별개의 문제였다.

힘러는 그 역에 도무지 어울리지 않았다. 그의 "주요 신체적 특징은 움푹 들어간 턱, 늘어진 턱살, 안경을 썼다기보다 유리로 덮은 것 같은 눈이었다".[11] 그야말로 냉혹하고 인간애라곤 모르는 인물인 이 SS제국지도자는 놀라울 정도로 순진하고 안일해 보일 것이다. 힘러는 자신이 왕좌의 계승자라고 확신하고는 마르틴 보어만을 크게 과소평가했다. 굵은 목에 둥근 얼굴의 총통 비서인 마르틴 보어만은 히틀러의 신임을 얻으려고 획책했고 이제는 다른 사람들이 히틀러에게 접근하는 것을 통제했다. 보어만은 내심 힘러를 경멸하면서 "하인리히 삼촌Uncle Heinrich"이라고 비꼬아 불렀다.

보어만은 무장친위대의 별난 창시자인 힘러가 내심 군사령관 자리를 갈망하고 있다고 오랫동안 의심해왔다. 이 환상을 충족시킬 수단을 제공하는 것이 그를 베를린에서 쫓아내고 권력의 중심에서 떠나게 할 좋은 방법이었다. 12월 초에 히틀러가 힘러를 라인강 상류의 소규모 집단군 총사령관으로 임명한 것은 보어만의 제안임이 거의 확실했다. SS제국지도자는 서부 전선 총사령관 룬트슈테트 육군원수가 자신의 상관이라는 것을 받아들이려 하지 않았다. 하지만 독일 서남부의 검은 숲에 파묻혀 지내는 동안 자신이 베를린에서 급속히 권력을 잃어가고 있다는 사실을 깨닫지 못했다. 하이드리히가 프라하에서 암살당한 뒤 그 자리를 차지한 심복이자 국가보안본부 본부장 칼텐브루너가 보어만에게 회유되었다. 보어만은 그가 히틀러를 직접 대면해 지시를 받도록 손써주었다. 힘러는 총통 본부에 있는 자신의 연락장교인 집단지도자(중장) 헤르만 페겔라인 역시 보어만의 진영에 은밀히 합류했다는 사실 역시 깨닫지 못했다.

🐻

나치 지도자들이 자기네끼리 음모를 꾸미고 있을 때, 비스와강 전선은 구데리안의 예상대로 완전히 무너졌다. 소련의 전차여단들은 해가 진 뒤에도 멈추지 않았다. 그들은 어둠을 헤치고 계속 나아갔다. 한 지휘관은 자신들이 "어둠에 덜 취약하고 우리 전차들은 밤에 무시무시하기"[12] 때문이라고 설명했다.

소련군 선봉 부대들은 때로 하루에 60~70킬로미터를 진격했다. 구사콥스키 대령은 "한 독일 장군은 지도에서 우리의 위치를 확인하고는 바지를 벗고 평화롭게 잠들었을 것이다. 하지만 우리는 한밤중에 그를 덮쳤다"고 주장했다. 다소 허세 섞인 과장을 감안하더라도 소련군의 진군 기세가 독일군 참모 시스템을 공황에 빠뜨린 것에는

의심의 여지가 없었다. 해 지기 직전 적의 위치에 대한 보고서가 지휘
계통을 거슬러 올라가 오전 8시 집단군 본부에 도착했다. 그런 뒤 육
군 총사령부는 히틀러의 정오 회의에 맞춰 요약본과 상황도를 준비
해야 했다. 회의는 한동안 이어질 수 있었다. 구데리안의 부관이었던
프라이타크 폰 로링호벤 소령은 7시간이나 이어진 회의[13]를 기억했
다. 따라서 히틀러의 지시에 의해 내려진 명령은 최전선 부대들이 상
황을 보고한 뒤 24시간이 지나기 전에는 도착하지 않았다.

　이러한 권력정치의 현장에서 작전 논의에 제시된 외부인의 의견
이라는 것은 거의 도움이 되지 않았다. 그들은 대개 이기적이었다. 특
히 경쟁자보다 점수 딸 기회가 있으면 더 그랬다. 괴링에겐 이제 마키
아벨리적 술수가 없는 것 같았다. 그는 군사 전략을 전혀 모르면서 장
황하게 의견을 늘어놓고 지도 테이블 위로 육중한 몸을 숙여 다른 모
든 사람의 시야를 가렸다. 그는 스스로를 바보로 만든 뒤 옆의 의자로
물러났다. 놀라울 정도로 참을성을 보인 히틀러는 모두가 보는 앞에
서 괴링이 잠들었지만 질책하지 않았다. 프라이타크 폰 로링호벤은 의
자에 앉아 잠든 괴링을 발견한 적이 있었다. 얼굴 위로 접어서 올린 지
도 때문에 괴링은 마치 전쟁 전 기차에서 눈을 붙이던 외판원 같아 보
였다.

　소련 전차병들은 완전히 녹초가 되어 수시로 졸았지만 T-34나
스탈린 전차는 무언가에 부딪혔을 때 일반 차량보다 분명히 더 잘 견
딜 수 있었다. 마구 흔들리는 강철 괴물 안에서는 패드를 댄 가죽이나
캔버스 천으로 된 전차용 헬멧이 필수였다. 전차 대원들은 추격의 흥
분에 도취되어 계속 나아갔다. 버려진 독일군의 장비를 보면 강한 쾌

감이 일었다. 그들은 "놈들에겐 쉴 기회가 허락되지 않을 거야"[14]라고 맹세했다. 무엇보다 그들은 독일군 등 뒤에서 벌이는 기습공격을 즐겼다.

완강한 저항의 기미가 조금만 나타나도 소련군 지휘관들은 중포를 꺼냈다. 바실리 그로스만은 후방으로 행군하는 "훈련받은 독일군 포로들"[15]을 보았다. 일부는 여전히 대규모 포격에 따른 전쟁신경증에 시달리고 있었다. 그는 공책에 "그중 한 명이 차가 지나갈 때마다 웃옷을 가다듬고 경례를 했다"라고 썼다.

1월 셋째 주에 주코프의 부대는 거의 저항을 받지 않고 서북쪽으로 계속 돌진했다. 우익 방면에서는 제2근위전차군과 제5충격군이 협공했고 좌익 방면에서는 제1근위전차군과 제8근위군이 긴밀하게 연계했다. 제1벨라루스전선군 사령부조차 이들의 전진 속도를 따라잡지 못해 때로는 이미 점령한 목표에 대한 명령을 내리기도 했다. 바실리 추이코프의 제8근위군은 예정보다 닷새 빠른 1월 18일 공업도시인 우치를 눈앞에 두자 전선군 사령부와 상의 없이 공격을 결정했다. 하지만 그의 소총사단들이 아침에 공격을 위해 배치되었을 때 붉은 군대의 항공기에 폭격을 당할 뻔했다. 도시는 저녁때 수중에 들어왔다. 거리에 쓰러져 죽어 있는 독일군 병사들의 상당수는 "무자비하지만 정당한 처형"[16]을 실행한 폴란드 애국자들에게 살해당한 것이었다.

1월 24일, 스탈린그라드 전투의 활약으로 시가전에서 가장 뛰어난 장군으로 일컬어지던 추이코프는 포즈난 점령을 명령받았다. 메시지를 받은 추이코프는 주코프의 사령부에서 이 거대한 요새에 대해 아는 게 있는지 의아해했다.

베를린 함락 1945

코네프가 지휘하는 남쪽의 제1우크라이나전선군은 독일 국경에 훨씬 더 가까이 있었다. 제일 먼저 그들은 크라쿠프의 독일군을 기습해 도시를 피해 없이 해방시켰다. 하지만 빠른 진격 속도는 예상치 못한 문제를 낳았다. 주코프와 코네프의 부대는 수만 명의 독일군 병사를 덮쳤다. 그중 많은 사람이 붙잡히지 않고 낮에는 숲에 숨어 있다가 필사적으로 서쪽으로 달아나려고 애썼다. 일부는 매복해 있다가 붉은 군대의 병사들이 지나가면 습격해 빵 주머니를 빼앗기도 했다. 코네프의 우크라이나전선군 소속 NKVD 총책임자인 메시크는 베리야에게 후방 경계를 맡은 자신의 소총연대가 많게는 200여 명의 낙오자 무리와 총격전을 벌였다고 보고했다.[17]

대규모 차량화 부대들도 소련군 사이에서 후퇴로를 찾아다니며 독일 쪽으로 후퇴했다. '방랑하는 용광로'라고 불린 그들은 싸우면서 나아가거나 한 포위망에서 다른 포위망으로 슬쩍 빠져나갔다. 다른 차에서 떼어낸 부품들로 차가 굴러가도록 수리하고 더 이상 사용할 수 없는 대포와 장비는 가차 없이 파괴했다. 그중 가장 강하고 유명한 부대는 네링 장군의 기갑군단을 중심으로 한 부대였다. 그들은 낙오자와 부대들을 흡수했고 고장 나거나 연료가 떨어진 차량들을 부쉈다. 심지어 다리가 무너지기 전에 두 대의 전차를 희생시켜 다리를 떠받침으로써 경차량들이 급히 그 위를 건너갈 수 있었다. 네링은 주코프의 부대와 코네프의 부대 사이의 경계를 따라 이어진 경로를 무심코 고른 덕분에 심각한 교전을 용케 피했다. 그는 짧은 무전 통신에서 폰 자우켄 장군이 이끄는 그로스도이칠란트 군단이 그들과 연결을 시도할 것임을 들었다. 그들은 1월 21일 짙은 안개 속에서 가까스로 성공했다. 두 부대는 1월 27일에 오데르강을 건너 안전한 곳으로 철수했다.

　네링이 오데르강을 건넌 날, 동남쪽으로 200킬로미터 떨어진 곳에서 도저히 믿을 수 없는 나치 정권의 범죄가 드러났다. 코네프의 제60군이 아우슈비츠 근방에서 수용소 지대를 발견한 것이다. 등에 기관단총을 메고 일부는 말을 탄 제107소총사단의 정찰병들은 눈으로 덮인 숲 밖으로 나갔다가 근대사의 가장 음울한 상징을 발견했다.

　자신들이 무엇을 발견했는지 깨달은 소련군 장교들은 3000명의 병든 죄수를 치료하기 위해 가능한 모든 의료팀을 동원했다. 그중에는 이미 죽기 직전이라 구할 수 없는 사람이 너무 많았다. 9일 전 나치 친위대가 수용소를 비우기 시작했을 때 죄수들은 걷기에 너무 쇠약했다. 소련군 장교들은 수감자 가운데 일부를 심문하기 시작했다. 폴란드 철도 노조의 전 위원장이던 아담 쿠릴로비치는 1941년 6월부터 수용소에 갇혀 있었다. 그는 새로 지은 가스실의 첫 시험이 1941년 9월 15일에 80명의 붉은 군대 병사와 600명의 폴란드인 포로들을 상대로 어떻게 시행되었는지 들려주었다. 헝가리 과학자 만슈펠트 교수는 폴란드 소년 140명을 죽이는 데 사용된 방법인 석탄산 주입을 비롯해 '의료 실험'에 관해 이야기했다. 붉은 군대 당국은 400만 명 이상이 살해당했다고 추정했다. 하지만 나중에 이 수치는 상당히 과장되었음이 밝혀졌다. 육군 사진사를 불러 "아르바이트 마흐트 프라이Arbeit-Macht-Frei(노동이 너희를 자유롭게 하리라)"라는 문구가 새겨진 눈 덮인 정문, 배가 부어오른 채 죽은 아이들, 인간 모발 뭉치, 입을 벌린 시신과 산송장들의 팔에 새겨진 문신의 사진을 찍었다. 이 사진들은 모두 모스크바의 붉은 군대 선전선동부 인민위원장 알렉산드로프에게 보내졌다. 그러나 소련은 붉은 군대의 기관지인 『스탈린스코 즈나

『Stalinskoe Znamya』(스탈린의 깃발)가 2월 9일에 발간한 보고서[18] 외에 전쟁이 끝나는 5월 8일까지 아우슈비츠에 관한 모든 보도를 금지했다.

한 소련 장교는 "수용소로 보내진 러시아인 포로들 중에서 돌 깨는 작업을 할 만한 체력이 되는 사람들의 처형을 연기"하는 데 동의하는 힘러의 명령도 발견했다. 그해 겨울 러시아인 포로들은 나뭇가지를 들고 수용소 밖으로 끌려나가 섭씨 영하 35도의 날씨 아래에서 부지런히 움직여야 했다. 많은 사람이 군용 셔츠나 속옷만 입고 모자도 쓰지 않았다. 살아서 돌아온 소수는 극심한 동상에 시달렸다. 의학적 도움 없이는 살아날 수 없었지만 그곳에는 아무것도 없었다. 독일군이 자신들의 책임인 전쟁 포로들을 몰살하기 위해 나치 친위대에 넘겨주었다는 사실은 붉은 군대의 복수심을 더 굳건하게 만들었다. 심지어 한 독일군 통역관으로부터 붉은 군대 병사들을 가둔 수용소 중적어도 한 곳에서는 "도착하는 모든 포로는 옷을 벗으라는 명령을 받았다. 유대인으로 밝혀진 사람들은 현장에서 총살당했다"[19]는 이야기를 들었다. 이번에도 소련 당국의 관심사는 소련 시민과 군인들에게 가해진 범죄뿐이었다. 하지만 붉은 군대 병사들에게 눈앞의 증거는 분명한 메시지를 전했다. 그들은 적을 살려두지 않을 작정이었다.

만약 1월의 날들이 독일군에게 재앙이었다면 동프로이센, 슐레지엔, 포메라니아의 집을 떠나야 했던 수백만 명의 민간인에게는 훨씬 더 끔찍한 날들이었다. 수 세기 동안 혹독하게 추운 겨울도 이겨냈던 농민들은 이제 자신들이 얼마나 취약한지를 깨닫고 공포에 질렸다. 그들은 피란길에서 무자비한 날씨, 불탄 농가, 비축 식량이 약탈당하거나 파괴당한 것에 맞닥뜨렸다. 그러나 최근에 폴란드인, 러시아인, 우크라이나인들이 바로 자신들의 형제와 아들, 아버지 때문에 똑같은 운명에 처했다는 사실을 아는 사람은 거의 없었다.

발트해 연안 지역들(동서 프로이센과 포메라니아)에서 시작된 '도보 여행'은 오데르강과 베를린으로 향했다. 더 남쪽 지역(슐레지엔과 바르텔란트)에서 온 사람들은 베를린 남쪽의 나이세강이 목적지였다. 대다수의 피란민은 여성과 아이들이었다. 남아 있던 남성은 대부분 국민돌격대에 소집되었기 때문이다. 이동 수단은 걸어서 가는 사람들을 위한 손수레와 유아차부터 갖가지 종류의 농장 수레, 조랑말이 끄는 경마차, 심지어 어느 성곽의 마구간에서 찾아낸 기묘한 사륜마차까지 다양했다. 자동차는 이미 독일군과 나치당이 모든 연료와 함께 징발해갔기 때문에 거의 찾아볼 수 없었다. 수레에 너무 많은 사람이 타서 차축이 부러지는 바람에 대열은 계속 멈춰 서곤 했다. 가재도구, 햄, 음식이 담긴 통과 단지로 가득한 건초 수레에 조잡한 구조물을 세우고 카펫으로 덮어 포장마차를 만들기도 했다. 내부의 매트리스가 만삭의 임신부와 젖 먹이는 어머니들에게 약간이나마 편안함을 제공했다. 영양이 부실한 말들이 얼어붙은 땅을 걷는 것은 몹시 힘든 일이었다. 어떤 수레는 황소들이 끌었다. 편자를 대지 않은 발굽이 까지면서 눈에 핏자국을 남겼다. 그리고 동물이 죽었을 때 흔히 그러하듯 식량으로 이용하기 위해 도살할 여유는 거의 없었다. 적에 대한 두려움이 피란민들을 떠밀었다.

행렬은 밤이면 길가의 마을로 향했다. 그곳에서 종종 영주의 저택 헛간과 마구간에서 야영을 해도 된다는 허락을 받았다. 저택 주인들은 동프로이센에서 피란 온 동료 귀족들을 사냥 파티에 뒤늦게 도착한 손님처럼 환영했다. 동포메라니아의 슈톨프 인근에서는 예스코 폰 푸트카머 남작이 굶주린 난민들을 먹이려고 돼지를 잡았다. 그러자 "짧은 다리에 배가 불룩하게 나온" 지역 나치 장교가 나타나 허가 없이 동물을 도살하는 것은 "중범죄"[20]라고 경고했다. 남작은 장교에게 자기 땅에서 당장 꺼지지 않으면 당신도 도살해버리겠다고 소리쳤다.

기차를 타고 동프로이센을 달아난 사람들이라고 형편이 더 낫지는 않았다. 1월 20일에 사람들로 넘쳐나는 화물 열차가 천천히 슈톨프 역으로 들어왔다. "추위에 얼어붙은 채 웅크린 형상들이 제대로 일어서지도 못하고 엉거주춤 기차에서 내렸다. 누더기나 다름없는 얇은 옷, 굽은 어깨에 두른 담요 몇 장, 뺨이 움푹 꺼진 잿빛 얼굴."[21] 누구도 입을 열지 않았다. 기차에서 뻣뻣한 작은 꾸러미들을 내려 플랫폼에 눕혔다. 얼어 죽은 아이들이었다. 한 여성 목격자는 "죽은 아이를 포기하고 싶지 않은 어머니의 곡소리가 침묵을 깼다"라고 증언했다. "공포와 공황이 나를 덮쳤다. 그런 참담한 모습은 처음 봤다. 그리고 이 광경 뒤로 무섭고 강력한 환상이 어렴풋이 나타났다. 우리가 바로 이들이었다. 우리에게 닥칠 미래였다."

일주일 뒤에는 밤에 섭씨 영하 10~30도까지 떨어지면서 날씨가 더 나빠질 참이었다. 1월 마지막 주가 되자 50센티미터의 눈이 내려 때로는 전차조차 지나가지 못할 정도로 눈더미가 쌓였다. 하지만 공포에 질린 피란민은 갈수록 늘어났다. 소련군이 슐레지엔 지역의 주도이자 요새인 브레슬라우로 향했다. 히틀러는 최후의 한 사람까지, 마지막 한 발까지 방어하라고 엄명했다. 확성기를 단 선전차가 시민들에게 가능한 한 빨리 도시를 떠나라고 경고했다. 기차를 타려고 몰려든 피란민들은 밟혀 죽기도 했다. 부상자나 환자는 대피시킬 수 없었다. 피란민들은 자신이나 러시아군에게 사용할 수류탄을 받았다. 기차가 언제나 가장 확실한 교통수단인 것은 아니었다. 피란민에 대한 한 보고서에는 "평소에는" 일반적으로 3시간 정도 걸렸던 거리를 가는 데 21시간이나 걸렸다고 쓰여 있었다.[22]

에바 브라운의 언니로 브레슬라우에 살던 일제[23]는 기차로 피란을 떠난 사람 중 한 명이었다. 1월 21일, 아침에 관용차가 베를린의 슐레지셔 역지금의 동베를린 역에 일제를 마중 나가 에바가 살고 있던 아들론 호텔로 데려왔다. 두 사람은 그날 저녁 총통 관저의 서재에서 함께 저녁을 먹었다. 동쪽에서 벌어진 참상을 까맣게 모르던 에바는 언니가 짧은 휴가를 보낸 뒤 브레슬라우로 돌아갈 수 있을 것처럼 말했다. 일제는 참을 수가 없었다. 그녀는 적에 대한 공포에 떨면서 눈을 헤치고 피란길에 오르고 있는 이들에 대해 설명했다. 그러면서 너무 분노한 나머지 에바에게 히틀러가 나라 전체를 구렁텅이로 끌어내리고 있다고 말했다. 에바는 어마어마한 충격을 받고 격분했다. 그토록 너그럽고 심지어 언니에게 베르그호프에 묵으라는 제안까지 한 총통에 대해 어떻게 그런 말을 할 수 있는가? 언니는 벽 앞에 서서 총을 맞아야 마땅했다.

1월 29일에 나치 당국은 "약 400만 명이 살던 곳을 떠나"[24] 독일 중심부로 향하고 있다고 계산했다. 이 수치는 분명 지나치게 낮게 잡았다. 수치는 2주 내에 700만 명,[25] 2월 19일에는 835만 명[26]으로 늘어났다. 1월 말에는 매일 4만 명에서 5만 명의 피란민이 베를린에 도착했다. 제국의 수도는 제물이 된 자들을 환영하지 않았다. 한 목격자는 "프리드리히슈트라세 역이 독일 운명의 환승 지점이 되었다"[27]라고 썼다. "역으로 기차가 들어올 때마다 플랫폼에 형체 없는 거대한 고통을 내려놓았다." 고난 속에서 사람들은 "개와 유대인은 에스컬레이터를 이용할 수 없다!"[28]는 표지를 알아차리지 못했을 것이다. 곧 독일 적십자사는 안할터 역에서 피란민들을 가능한 한 신속하게 밀어내거나 기차들이 베를린을 우회하도록 하는 강력한 조치를 취했다. 당국은 수도에 "발진티푸스 같은 전염병"[29]이 퍼질까봐 겁을 먹었다. 이외에도 피란민들을 통해 확산을 우려했던 질병은 이질, 파라티푸스, 디프테리아, 성홍열 등이었다.

혼란의 단적인 사례가 단치히의 피란민 수치였다. 당국은 2월 8일 단치히의 피란민 수를 3만5000명에서 4만 명으로 추정했지만, 40만 명으로 예상했어야 했다. 불과 이틀 뒤에 40만 명이 이미 도착했다고 결론 내렸다. 히틀러가 인정하길 거부한 재난에 대해 아무런 준비도 하지 않은 나치 당국은 이제 조금의 권위라도 유지하려면 지금까지의 실수를 만회하려고 노력하는 모습을 보여야 했다. 그들은 공군의 융커스 88 수송기를 투입해 눈에 갇히고 굶주린 행렬에 물자를 투하하는 거창한 쇼를 벌였다. 하지만 뒤로는 연료 비축량에 "끔찍한 부담"을 주었다고 투덜거렸다.

단치히 주변의 피란민들을 위한 식량 보급소들이 설치되었지만 배급이 부족하던 독일 군인들에게 금방 약탈당했다. 가장 절박하게 도움을 필요로 한 지역은 여전히 동프로이센이었다. 동프로이센에는 체르냐홉스키의 공격이 시작된 지 14일이 지난 1월 27일에야 피란민들을 대피시킬 배가 도착했다. 민간인들을 위한 빵과 연유를 실은 다른 선박은 2월 초까지 출발하지 않았다. 구호품의 일부는 불가피하게 도착하지 못했다. 보급품을 공수하려는 최초의 시도에서 2000개의 연유 깡통을 실은 항공기가 격추되었기 때문이다.

체르냐홉스키와 로코솝스키 두 전선군이 동프로이센을 방어하는 독일 세 개 군의 잔존 부대를 바다를 등진 고립 지대로 몰아넣었다. 로코솝스키의 좌익 부대들은 비스와강의 동쪽 둑에 있는 튜턴 기사단의 요새 도시들과 노가트강 연변의 마리엔부르크를 함락시켰다. 독일 제2군은 비스와강 어귀로 밀려났지만 프리셰 네룽의 모래톱은 아직 쥐고 있었다. 프리셰스 하프 석호에는 얼음이 30센티미터 정도 깔려 있어 아직까지 피란민들이 도보로 건너 단치히로 갈 수 있었다. 한편 로코솝스키의 우익은 서쪽으로 빠져나가려는 독일군의 시도를 저지하기 위해 재빨리 재배치해야 했다.

히틀러는 마주리안 호수 방어선을 고수한다는 생각에 집착했다. 그는 제4군 사령관 호스바흐 장군이 1월 24일에 자기 계획의 핵심이었던 뢰첸 요새를 포기했다는 소식을 듣고 불같이 화를 냈다. 구데리안조차 그 소식에 충격을 받았다. 하지만 호스바흐도, 그의 상관인 라인하르트 장군도 로코솝스키의 포위망을 뚫어 제2의 스탈린그라드가 되는 것을 피하기로 결정했다. 민간인들이 함께 탈출하기 위한 이들의 맹공은 얼어붙도록 춥고 맑은 1월 26일 밤에 시작되었다. 기습 공격으로 소련 제48군을 격파하면서 그동안 독일 제2군이 시가지에서 첫 소규모 전차전 이후 버티고 있던 엘빙에 도착하는 듯했다. 하지만 혹독한 추위와 깊은 눈 속에서 전투를 치른 지 사흘 만에 로코솝스키 부대는 공세로 전환했다. 두 사람의 부대는 이제 프리셰스 하프를 등진 어색한 사변형 형태의 하일리겐바일 포켓이라 불리게 된 곳까지 밀려났고 히틀러는 라인하르트와 호스바흐 둘 다 쫓아냈다. 60만 명이 넘는 민간인도 그곳에 함께 갇혔다.

한편 제3벨라루스전선군은 육지 쪽에서 쾨니히스베르크를 완전히 포위했다. 그로 인해 제3기갑군의 일부를 구성하는 대규모 도시 수비대가 지키는 이 도시는 석호 어귀에 있는 작은 발트해 항구인 필라우로 이어지는 잠란트반도와 완전히 단절되었다. 20만 명에 가까운 민간인 역시 거의 먹을 것도 없이 도시에 갇혔다. 하루에 2000명이 넘는 여성과 아이들이 얼음 위를 걸어 이미 포화 상태인 필라우로 위험한 여행을 떠나야 했다. 수백 명이 음식을 구걸하기 위해 소련군의 의심스러운 자비심에 맡길 요량으로 눈 속을 걸어가기도 했다. 1800명의 민간인과 1200명의 부상병을 태우고 필라우를 출발한 첫 번째 증기선은 1월 29일까지도 안전한 곳에 도착하지 못했다.[30] 동프로이센에서 탈출을 시도했다고 라인하르트 장군과 호스바흐 장군을 비난했던 대관구 지도자[31] 코흐는 쾨니히스베르크 수비병들에게 마지막 한 사람까지 싸우라고 명령한 뒤 자신은 수도로 달아났다. 그는 베를린을 방문한 뒤 훨씬 더 안전한 필라우로 돌아가서 해군 무선통신을 이용해 해군 육전대의 탈출 작전을 준비하는 쇼를 벌인 뒤 또 한 번 달아났다.

필라우에서는 대형 선박이 정박할 수 없었기 때문에 발트해 연안에서 피란에 주로 이용된 항구는 단치히 바로 북쪽의 그디니아(고텐하펜)였다. 되니츠 대제독(해군 원수)은 1월 21일에야 네 척의 대형 선박을 이용한 대규모 피란민 탈출 작전인 한니발 작전을 위한 명령을 내렸다. 1월 30일, 독일노동전선 산하 레저 기관에서 건조한 독일 최대의 유람선으로 2000명의 승객을 태울 수 있게 설계된 빌헬름 구스틀로프호가 6600~9000명의 사람을 태우고 출발했다. 그러나 그날 밤 고속 어뢰정 한 척의 호위를 받던 빌헬름 구스틀로프호에 소련 발트 함대의 잠수함이 몰래 접근했다. A. I. 마리네스코 함장이 어뢰 세 발을 발사했고 모두 명중했다. 잠에서 깬 지친 피란민들은 공포에 질려 허둥거렸다. 사람들이 구명정을 타려고 필사적으로 몰려갔다. 바깥 기온이 영하 18도인 날씨에 많은 사람이 얼음처럼 차가운 바닷물로 떨어졌다. 출발한 구명정들도 배 측면에서 필사적으로 뛰어내리는 피란민들 때문에 뒤집혔다. 배는 한 시간도 못 되어 침몰했다. 5300명에서 7400명 사이의 사람들이 목숨을 잃었다. 1300여 명의 생존자는 중순양함 아드미랄 히퍼호가 이끄는 배들에게 구조되었다. 이 사건은 역사상 가장 큰 해양 참사였다.

러시아 역사학자들은 심지어 오늘날에도 소련의 공식 방침을 고수하며 "배에 6000명이 넘는 히틀러주의 추종자가 타고 있었으며 그중 3700명이 잠수함 승무원"[32]이었다고 주장한다. 러시아의 주된 관심사는 피해자들의 운명이 아니라 승리를 거둔 잠수함 지휘관 A. I. 마리네스코일 것이다. 그에게 소비에트 연방 영웅 칭호를 수여하자는 추천은 NKVD에 의해 거절당했다. 마리네스코가 외국 시민과 불륜관계였기 때문이다. 그는 그 죄에 따른 재판과 굴라크[33]행을 가까스로 피했다. 사후인 1990년 '전승 45주년 기념일 전야'가 되어서야 소비에트 연방 영웅으로 추대될 수 있었다.

대규모 이동의 부작용 중 하나는 독일에 닥친 연료와 수송난이었다. 포메라니아 전역에서 피란민들을 실어 나를 마차가 필요해 석탄 공급은 차질을 빚었다. 어떤 곳에서는 제빵사들이 빵을 구울 수 없었다. 이제 전반적인 상황이 너무 절박해지면서 "독일을 구하기 위해"[34] 화물 열차의 최우선 순위는 피란민에서 국방군과 연료 보급으로 되돌아갔다. 이 결정은 나치당 집권 12주년인 1월 30일에 내려졌다.

일부 독일 장군은 피란민을 독일군의 침략에 대해 소련이 가하는 복수의 주요 희생자로 동정하는 대신 그저 심각한 골칫거리로 여겼다. 히틀러가 가장 총애하던 사령관 중 한 명인 쇠르너 장군은 오데르강 상류의 동쪽 둑 30킬로미터 구역을 군사 작전을 위해 따로 남겨두라는 명령을 내렸다. 또 그는 피란민들이 군사활동을 방해하고 있다며 노골적으로 불평하면서 카이텔 원수에게 "이제는 대피를 중단해야 한다"는 명령을 내리라고 요구했다. 그가 붉은 군대를 피해 달아나는 민간인들을 응징할 준비가 되었다는 의미였을 것이다.

국가사회주의 당국은 독일인 피란민들을 강제수용소의 포로들만큼이나 험하게 대우했다. 지역의 관구 지도자들은 피란민, 특히 환자들에 대한 책임을 회피했다. 세 대의 화물 열차가 덮개가 없는 화차에 빽빽이 들어찬 피란민들을 슐레스비히-홀슈타인주로 실어 날랐다. 기차 한 대가 여성과 아이들 3500명을 태웠다. 한 보고서는 "이 사람들은 끔찍한 상태다.[35] 몸에는 이가 들끓고 옴 같은 갖은 병에 걸렸다. 긴 여행 뒤에 화차에는 많은 시체가 누워 있다. 기차는 사람들을 종종 목적지에 내려주지 않고 다른 대관구로 보냈다. 이 점을 제외하면 슐레스비히-홀슈타인주에서는 모든 것이 제대로 돌아갔다"라고 말했다.

히틀러는 점령한 '보호국'인 체코슬로바키아를 독일 피란민들로 채우는 게 좋겠다고 판단했다. 그는 한 장교에게 "체코 사람들이 참상을 본다면 저항 운동 쪽으로 기울지 않을 것이라는 게 내 생각이다"[36]라고 말했다. 의도와 결과에 대한 또 다른 오판으로 드러났다. 3주도 되지 않아 도착한 보고서는 독일이 패배하고 있다는 증거라고 여긴 체코 사람들이 지체 없이 베네시가 이끄는 자체 정부를 준비 중

이라고 경고했다.[37]

나치당의 위기는 어김없이 군대에도 영향을 미쳤다. 히틀러는 독일을 방어하기 위해 충분히 무자비하고 이념에 투철한 군 수장에게 동부 전선을 맡긴다면 모든 일이 잘될 것이라고 확신했다. 구데리안 장군은 1월 24일에 히틀러가 슐레지엔에 흩어진 라인하르트의 집단군 잔존 병력과 동프로이센 사이에 새로 편성된 비스와집단군[38]을 SS 제국지도자인 힘러에게 맡길 것이라는 이야기를 듣고 귀를 의심했다. 히틀러의 결정에는 또한 며칠 전 구데리안에게 "작전 참모 체계를 박살내고" "상관들에게 자신의 견해를 강요"했다고 생각되는 "지식인 무리"에게 복수하겠다[39]던 위협이 영향을 미친 것이 분명했다.

그날 오후 참모부의 한스 게오르크 아이스만 대령[40]은 슈나이더 뮐로 가라는 명령을 받았다. 비스와집단군 사령부의 작전 참모장에 임명되었다는 것이었다. 아이스만은 그런 집단군을 들어본 적이 없었다. 참모 장교 인사 책임을 맡은 장군은 집단군이 방금 편성되었다고 설명했다. 아이스만은 힘러가 집단군 사령관이라는 이야기를 듣고 구데리안만큼이나 놀랐다.

그는 그날 저녁 육중한 독일식 지프차인 퀴벨바겐을 타고 동쪽으로 향하는 수밖에 없었다. 얼어붙을 만큼 추운 밤을 헤치고 라이히슈트라세 1번 도로옛날 프로이센의 고속도로를 따라 차를 몰면서 "혼란과 불행이 어느 정도인지" 분명하게 와닿았다. "모든 도로를 따라 동쪽에서 온 끝없는 피란민 행렬을 볼 수 있었다." 대부분 기진맥진한 채 갈 곳을 잃은 느낌이었다.

아이스만은 목적지에 도착하면 상황을 좀더 분명하게 파악할 수 있기를 바랐다. 하지만 곧 알게 되듯이 비스와집단군 사령부는 여느 곳과는 달랐다. 슈나이더뮐에서 군 교통 통제관에게 길을 물어보았지만 그곳의 위치는 극비 사항인 듯했다. 다행히 아이스만은 아는 사람인 폰 하세 소령을 만나 마침내 안내를 받을 수 있었다.

사령부는 힘러의 특별 열차인 '슈타이어마르크'에 설치되어 있었다. 무장한 친위대 보초들이 플랫폼을 따라 일정한 간격으로 서 있었다. "매우 우아한 식당칸"에서 아이스만은 젊은 하급돌격지도자(소위)를 만났다. 그는 아이스만을 SS제국지도자 겸 총사령관과 만날 수 있도록 기차 아래쪽 칸으로 데려갔다.

힘러는 자신의 객차에 있는 책상에 앉아 있었다. 힘러가 방문객을 환영하려고 일어서서 악수했을 때 아이스만은 그의 손이 "여자처럼 부드럽다"고 생각했다. 힘러를 사진으로 접하거나 멀리서만 보았던 아이스만은 그를 자세히 살펴보았다. 안경을 쓴 SS제국지도자는 평소 입는 검정 친위대 제복이 아니라 아마도 군인으로서의 역할을 강조하려는 듯 회녹색 군복을 입고 있었다. 그는 상체가 너무 길고 축 늘어져 있었다. 움푹 들어간 턱과 가늘게 뜬 눈 때문에 "약간 몽골 사람 같은 느낌"을 주었다. 힘러는 작전 지도를 보기 위해 아이스만을 더 큰 탁자로 데려갔다. 아이스만은 그 지도가 적어도 24시간 이전의 것임을 깨달았다.

"우리가 이 간격을 좁히고 새로운 전선을 구축하기 위해 뭘 해야 합니까?" 아이스만이 물었다. 총통 본부 탓이 아니더라도 아이스만에게 위기의 악화는 새삼스러운 일이 아니었다. 그는 1942년 12월에 육군 원수 폰 만슈타인의 지시에 따라 파울루스 장군과 상황을 논의하기 위해 스탈린그라드 포위망 안으로 날아간 적이 있었다.

힘러는 "즉각적인 반격" "적의 측면 강타" 등 그의 상전이 쓰는 경솔하고 상투적인 말들로 대답했다. 힘러의 답변에는 어떤 기본적인 군사 지식도 담겨 있지 않았다. 아이스만으로서는 "장님이 색에 관해 이야기하고 있는 듯한"[41] 느낌이었다. 아이스만은 잔여 전투력과 가용할 수 있는 부대가 무엇인지 물었다. 힘러는 아무것도 몰랐다. 그는 제9군이 명목상으로만 존재한다는 사실을 알지 못하는 것 같았다. 그러나 한 가지만은 분명했다. SS제국지도자는 참모 장교 스타일의 직접적인 질문을 원치 않았다.

비스와집단군 사령부는 훈련된 참모 장교가 부족할 뿐 아니라 보급이나 수송 조직, 통신부대도 없었다. 유일한 통신 수단은 참모장의 전화기였다. 그리고 아이스만이 베를린에서 오면서 가져온 도로 지도를 제외하면 사령부에 있는 지도는 하나뿐이었다. 이전에 재난을 경험한 참모 장교들조차 "히틀러의 총신寵臣"의 무능과 무책임이 어느 정도인지 가늠할 수 없을 정도였다.

힘러는 여전히 반격할 생각이었고 해괴한 연대와 대대들을 편성하기를 원했다. 아이스만은 최소한 참모와 통신 수단을 보유하고 있는 사단장에게 맡길 것을 제안했지만 힘러는 더 인상적으로 보일 속셈으로 군단장에게 맡기겠다고 고집했다. 힘러는 상급집단지도자(병과대장) 데멜후버를 선택했다(장교들은 데멜후버에게 그가 사용한다고 추측되는 향수의 유명한 향을 따서 '토스카'라는 별명을 붙였다). 임시 군단 참모들이 소집되었다. 이튿날 데멜후버가 직위를 맡았다. 힘러보다 경험이 많았던 데멜후버는 자신에게 맡겨진 일에 그다지 기뻐하지 않았다. 작전이라는 이름조차 붙일 가치가 없는 그 작전은 완전한 실패로 끝났다. 데멜후버는 무장친위대 장군들 중에서 쫓겨난 몇 안 되는 한 명이 되었다. 아마 이 일로 오페라 애호가들 사이에서 '토스카'가 밀려났을 수는 있지만 적어도 뛰어내려 자살하지는 않아도 됐다는 농담이 나왔을 것이다.

또 다른 무장친위대 장교가 집단군의 참모장직을 맡기 위해 도착했다. 그는 친위기갑사단 다스 라이히의 전 사단장인 여단지도자(소장) 라머딩이었다. 라머딩은 존경받는 지휘관이었지만 참모 경험이 거의 없었고 타협을 좋아하지 않았다. 그러는 동안 슈나이더뮐에서 소련군이 진격해 비스와집단군 사령부가 북쪽의 팔켄부르크로 철수해야 했다. 히틀러가 포즈난과 함께 요새로 지명한 슈나이더뮐은 국민돌격대 8개 대대, 공병 몇 사람, 소수의 요새 포병과 함께 운명에 맡겨졌다. 히틀러의 신념인 "독일군 병사는 한때 서 있었던 곳에서는 절대 물러서지 않는다"[42]가 표어로 남았다.

포메라니아의 국민돌격대 대대는 기차를 타고 슈나이더뮐로 가던 중 힘러의 슈타이어마르크호를 스쳐 지나갔다. 소위 '대대'라고 불리던 이 부대는 배불뚝이 나치 장교를 위협했던 지주인 예스코 폰 푸트카머 남작이 지휘했다. 그와 장교들은 제1차 세계대전 때 입었던 군복을 입고 자신들의 오래된 제식권총을 들고 있었다. 주로 농민과 상점 주인으로 구성된 대원들은 무기 한 정 없이 가진 것이라고는 국민돌격대 완장이 전부였다. 그들은 슈나이더뮐에서 무기를 받기로 되어 있었다. 그때 갑자기 소련 전차들이 기차를 향해 포문을 열었다. 기관사는 가까스로 기차를 멈춘 뒤 놀라울 정도로 신속하게 후진했다.

위험에서 어느 정도 벗어나자 푸트카머는 부하들에게 기차에서 내리라고 명령했다. 가장 건장한 병사들을 맨 앞에 배치해 나머지 사람들을 위해 눈을 밟아 길을 내도록 하면서 무릎까지 쌓인 눈을 헤치고 슈톨프까지 다시 행군했다. 그는 부하들이 개죽음을 당하도록 내버려둘 생각이 없었다. 그들이 돌아오자 주민들은 시청 밖의 슈테판 광장에서 푸트카머를 영웅으로 맞았다. 하지만 푸트카머 남작은 상심한 채 집으로 돌아간 뒤 "히틀러와 힘러 같은 자들 아래에서"[43] 명예가 더럽혀진 낡은 군복을 벗어던졌다.

오데르강으로의
돌격

1월 넷째 주 베를린은 "히스테리와 붕괴"[1]로 가득한 상태처럼 보였다. 밤에는 8시와 11시에 한 차례씩, 총 두 번의 공습 경보가 울렸다. 동부에서 온 피란민들은 붉은 군대의 병사들에게 붙잡힌 사람들의 운명에 관한 끔찍한 이야기를 전했다. 발칸반도에서 독일의 마지막 동맹국인 헝가리는 이제 노골적으로 소련 편이 되었다. 소련 전차군의 빠른 진격에 대한 소문은 동부 전선 전체가 해체되고 있다는 추측으로 이어졌다. 일반 병사들은 적이 장교들과 친위대만 쏘기를 바랐으며 노동자와 하급 관리들은 러시아인들이 자신들은 해치지 않을 것이라고 믿으려 했다.

동부 전선의 상황에 대한 가장 정확한 소식은 철도 노동자들을 통해 흘러나왔다. 때로 그들은 적이 어디까지 진군했는지 참모들보다 먼저 알 정도였다. 실제로 무슨 일이 벌어지고 있는지 알기 위해 위험을 무릅쓰고 BBC에 귀를 기울이는 독일인이 점점 늘어났다. 이웃이 이런 사람들을 게슈타포에 고발하면 강제수용소로 끌려갔다. 하지만 여전히 많은 히틀러와 괴벨스의 추종자는 선전부에서 발표하는 뉴스를 단어 한마디까지 열렬하게 믿었다. 대중교통은 아직 보수되고 있었고 사람들은 매일 잔해를 헤치고 일하러 가는 투쟁을 계속했다. 하지만 점점 더 많은 사람이 직장에서 좀더 가까운 아파트를 숙소로 마련했다. 침낭이 가장 필수 품목 중 하나가 되었다. 야외용 접이식 침대도 동부에서 피란 오거나 베를린에서 공습으로 집을 잃은 친척과 친구들을 위해 필요했다. 연줄이 든든한 사람들은 수도에서 벗어날 다양한 방법을 논의했다. 동프로이센에서 지주들이 소련 병사들에게 총살당했다는 소문은 전반적인 표적이 상류층이 될 것임을 확인해주었다. 소련의 선전활동은 국가사회주의만큼이나 '융커독일 동부의 보수적 지주 귀족층 군국주의'의 근절을 목표로 내걸었다.

탈출 시도는 신중을 기해야 했다. 괴벨스가 사전 허가 없이 베를린을 떠나는 것은 탈영으로 취급한다고 선언했기 때문이다. 여행허가서를 얻으려면 일단 수도 밖에서 필수로 하는 일이 있어야 했다. 공식적으로 베를린을 떠날 일이 있었던 사람들은 부러워하는 동료들로부터 "돌아오지 마, 거기 머물러"[2]라고 속삭이는 충고를 듣곤 했다. 거의 모든 사람이 농장에 아직 식량이 남아 있는 조용한 외딴 시골에서 피란처를 찾길 꿈꿨다. 심지어 어떤 사람들은 위조 여권을 구매할 수 있는지 알아보았다. 외국 외교관들은 갑자기 자신들의 인기가 치솟았음을 알게 되었다. 정부 부처에 소속된 사람들은 운이 좋았다. 그들은 다음 몇 주 동안 남쪽으로 대피할 수 있었기 때문이다.[3]

가장 무서운 위협은 힘러의 지시에 따라 친위대가 집행한 처형

물결이었다. 1월 23일에 붉은 군대가 독일의 옛 국경을 돌파하자, 7월 음모에 연루된 독일의 저항운동가 몇 명이 플뢰첸제에서 처형당했다.[4] 희생자 중에는 헬무트 제임스 폰 몰트케, 오이겐 볼츠, 노벨상을 수상한 물리학자 막스 플랑크의 아들 에르빈 플랑크도 있었다.

괴벨스의 새로운 선전 구호인 "우리는 이길 것이다. 왜냐하면 우리는 이겨야 하기 때문이다"는 나치 당원이 아닌 사람들 사이에서는 경멸과 절망을 불러일으켰다. 하지만 대다수 독일인은 아직 여기에 의문을 제기할 생각을 하지 않았다. 이제는 광신자들만 '최후의 승리'를 믿었으나 대부분은 그 외의 어떤 상황도 상상하기가 끔찍했던 터라 여전히 버티고 있었다. 동부의 전황이 독일에게 불리해진 이후 괴벨스의 집요한 선전 전략은 선택이나 대안이라는 개념을 약화시켰다.

베를린 방위총감이자 선전상이던 괴벨스는 총력전의 최고 옹호자로서 물 만난 물고기 같았다. 그는 군부대들을 방문해 연설을 했으며, 국민돌격대의 행진을 사열하고 그들에게 장황한 연설을 늘어놓았다. 대중은 히틀러를 전혀 보지 못했다. 히틀러는 뉴스영화에서 모습을 감추었고 국민은 1월 30일에 나치 정권 12주년을 기념한 히틀러의 가장 최근 방송만 들었다. 그의 목소리는 힘이 다 빠져서 완전히 딴사람 같았다. 히틀러가 죽었거나 감금되었다는 소문이 그토록 무성했던 것은 놀랍지 않은 일이었다. 대중은 히틀러가 베르히테스가덴에 있는지, 베를린에 있는지 알 수 없었다. 괴벨스가 폭격 피해자들을 방문하면서 상당한 인기를 얻는 동안 히틀러는 파괴된 수도를 시찰하는 일조차 거부했다.

총통이 사람들 눈에 띄지 않았던 이유는 한편으로 그가 공적인 일선에서 물러났기 때문이고, 다른 한편으로는 외모의 극적인 변화를 감추기 힘들었기 때문이다. 7월 20일의 암살 음모 이전부터 히틀러를 보지 못했던 참모 장교들은 총통 관저의 벙커를 방문했다가 충격을 받았다. 구데리안의 보좌관 프라이타크 폰 로링호벤 소령은 "총통은 때로 몸이 너무 굽어 마치 곱사등이가 된 것 같았다"[5]라고 말했다. 한때 반짝거리던 눈은 탁해졌고 창백한 피부는 이제 잿빛을 띠었다. 총통은 회의실로 들어오면서 왼발을 끌었고 악수에는 힘이 없었다. 그리고 왼손이 떨리는 걸 감추려고 오른손으로 왼손을 수시로 눌렀다. 쉰여섯 번째 생일이 얼마 남지 않은 총통은 노망 든 노인 같은 풍채와 외모를 가지고 있었다. 세부 사항과 통계 수치에 대한 놀라운 이해력으로 적들을 굴복시키던 능력은 더 이상 발휘하지 못했다. 부하들끼리 경쟁을 붙이는 일에도 더는 아무런 즐거움을 얻지 못했다. 이제 자기 주변에서 온통 반역자만 찾았다.

참모 장교들은 초센에서 매일 총통 관저를 방문하면서 독일군에 적대적인 분위기를 너무도 잘 알고 있었다. 구데리안이 대형 장교용 차를 타고 도착하면 친위대 보초가 받들어 총 자세로 맞았지만 일단 안으로 들어가면 그와 부관들은 가방을 제출해 검색을 받아야 했다. 권총은 빼앗겼고 의심스럽게 불룩한 부분이 없는지 친위대 경호원들이 노련한 눈으로 자신들의 제복을 뒤지는 동안 가만히 서 있어야 했다.

장교들은 또한 총통 관저로 들어가기 전에 이제 전통적인 방식의 경례가 금지되었음을 상기해야 했다. 독일군에 소속된 모든 사람은 나치식 경례인 '독일식 인사'를 해야 했다. 많은 사람이 저도 모르게 손을 군모로 올렸다가 급작스럽게 팔 전체를 바깥으로 뻗어야 했다. 단적으로 프라이타크 폰 로링호벤은 그런 상황에서 가장 불편한 처지였다. 그의 전임자들은 7월 음모에 가담했다가 교수형에 처해졌고,

베를린 함락 1945

또 다른 공모자인 사촌 프라이타크 폰 로링호벤 대령은 자살했기 때문이다.

총통 관저는 사실상 황량했다. 그림, 태피스트리,[6] 가구들은 치워져 있었다. 천장에는 크게 금이 가 있고 깨진 창문은 판자로 막아놓았다. 합판으로 된 칸막이들이 폭격 피해가 가장 심한 곳을 가려놓았다. 얼마 전, 프라이타크는 상황실로 통하는 넓은 대리석 복도 중 하나에서 사치스러운 옷과 파마 머리를 한 젊은 여성 두 명을 보고 놀랐다. 그런 우아한 경박함이 주변과 너무나 이질적이라고 여긴 그는 동행했던 카이텔의 부관에게 이 여성들이 누구인지 물었다.

"그녀는 에바 브라운입니다."[7]

"에바 브라운이 누구입니까?" 프라이타크가 다시 물었다.

"총통의 애인입니다." 카이텔의 부관은 놀라는 프라이타크를 보고 웃었다. "그리고 저 사람은 에바 브라운의 여동생입니다. 페겔라인과 결혼했죠." 총통 관저에 소속된 독일군 장교들은 입이 아주 무거웠다. 바깥에서는 어느 누구도 에바 브라운에 관해 들어본 적이 없었다. 초센의 육군 총사령부에서 상시적으로 이곳을 방문하는 사람들도 마찬가지였다.

프라이타크는 힘러의 연락장교인 페겔라인을 확실히 알고 있었다. 그는 페겔라인을 "심한 뮌헨 억양에 거만한 분위기와 무례한 태도를 가진 끔찍한 속물"이라고 생각했다. 페겔라인은 대화 중인 장군들 사이에 끼어들어 모든 일에 관여하려 했다. 하지만 이런 심한 반감에도 불구하고 프라이타크는 용기를 내 페겔라인에게 부탁을 했다. 7월 음모 뒤에 친구 한 명이 체포되어 아직 게슈타포 본부 지하실에 갇혀 있었다. 그는 페겔라인에게 자신의 친구는 음모와 아무 관계가 없다고 확신한다면서 적어도 친구에게 어떤 혐의가 씌워졌는지 알 수 있는지를 물었다. 놀랍게도 페겔라인은 알아보겠다고 했고 얼마 지나지 않아 친구는 풀려났다.

유고슬라비아에서 파르티잔들과 싸운 공으로 기사 철십자 훈장을 받은 친위대 기병 지휘관 페겔라인은 다소 어정쩡하게 잘생긴 자신의 외모에 심취했다. 그는 한편으로는 힘러의 대리인이라는 지위에서 나왔고 다른 한편으로는 총통과 가까운 것에서 나온 자신의 거대한 영향력을 즐긴 것이 분명했다. 그는 에바 브라운과 매우 친해져서 함께 춤추고 승마를 했다. 어떤 사람들은 둘의 불륜을 의심했지만 그럴 가능성은 낮았다. 에바 브라운은 히틀러에게 진심으로 헌신했다. 페겔라인은 총통의 애인과 놀아나는 위험을 감수하기에는 야망이 너무 컸다. 연합군의 침공 직전인 1944년 6월 3일에 히틀러는 페겔라인과 에바의 여동생 그레텔의 결혼식에 주요 증인으로 참석했다. 이 결혼은 국가사회주의 아래에서 왕실 결혼과 가장 유사했을 것이다.

히틀러의 형식적인 군사 법원은 겉으로는 엄격하면서도 심하게 부패했다. 자기희생의 미사여구도 모순을 감추지는 못했다. 경쟁하는 군대 우두머리와 당 간부들 사이의 무능 및 혼란은 이념적인 교주를 향한 충성심이라는 거짓 화합으로 가려졌다. 그런 집단의 사고방식은 군복과 경례, 하루 두 번의 상황회의에도 불구하고 전선의 현실과는 너무나 동떨어져 있었다. 그리고 히틀러의 건강이 눈에 띄게 악화되는 한편 제국의 붕괴와 함께 유리한 위치를 노리는 음모와 술수가 난무했다. 괴링, 괴벨스, 힘러, 보어만은 모두 총통의 후계자가 된 자신을 상상했다. 아마도 나치 지도자들의 진정한 환상은 제3제국에 영토가 남아 있다는 가정 아래 전 세계가 제국 내의 어떤 형태의 승계도 받아들일 것이라는 망상이었다.

1월 셋째 주 주말 코네프 원수의 제1우크라이나전선군이 크라쿠프와 라돔을 점령한 뒤 슐레지엔으로 밀고 들어갔다. 코네프는 스탈린의 지시대로 상슐레지엔의 광산과 공장들을 보존하기 위해 카토비체에서 라치부시까지 산업 및 광업 지대를 반半 포위하는 한편 현지독일군이 달아날 퇴로를 남겨두었다. 브레슬라우로 향하던 제3근위전차군은 코네프의 명령에 따라 행군 중에 좌측으로 급격히 선회한뒤 오데르강의 동쪽 둑을 따라 오펠른을 향해 다시 올라갔다. 코네프는 마치 큰 사냥을 준비하는 양 독일군을 몰아내기 위해 제21군, 제59군, 제60군을 불렀다.

1월 27일 밤 독일 제17군의 사단들이 철수해 오데르강으로 달아났다. 그러자 리발코 장군의 제3근위전차군이 포병 역할을 맡아 눈으로 덮인 지역에서 많은 독일군 병사를 쓰러뜨렸다. 리발코의 전차들은 전쟁 물자를 생산한 것으로 추정되는 슐레지엔의 한 섬유공장에서 흰색 천인 튤[8]을 대량으로 사용해 위장했다.

다음 이틀 동안 스탈린의 '노다지'가 손상되지 않은 채 확보되었다. 구데리안이 경고한 것처럼 독일에게는 재앙이었다. 불과 2주 전 슈페어가 크람프니츠에서 군단장들에게 장담했던 무기 생산의 예측은허사가 되었다. 슈페어도 독일은 이제 기껏해야 몇 주 버틸 수 있다고스스로 인정했다. 제철소와 공장뿐만 아니라 광산의 손실은 지난 2년동안 루르 산업 지대에 대한 연합군의 폭격을 합한 것보다 독일의 생산력에 더 치명적인 타격을 입혔을 것이다.

아마도 작전에서 가장 놀라운 부분은 독일군의 철수를 총통 본부에서 허가했다는 사실일 것이다. 히틀러는 하르페 장군을 쫓아내고 총애하는 지휘관인 쇠르너 장군을 그 자리에 임명했다. 쇠르너는 '공포를 통한 힘'[9]을 모토로 삼는 투철한 나치 당원이었다. 그는 부하들이 적보다 자신의 처벌을 더 두려워할 때 비로소 만족했다.

제17군은 가까스로 철수했지만, 상슐레지엔을 탈출한 여성과 아이들은 비교적 적었다. 많은 사람, 특히 노인들에겐 선택의 여지가 없었다. 어떤 과부들은 남편의 무덤을 떠나길 거부했고 가족 대대로 물려받은 농장을 떠나지 못한 사람들도 있었다. 그들은 떠나면 다시는 돌아오지 못할 것임을 직감했다. 농장 수레를 타고 간신히 소련의 전선을 뚫고 탈출한 한 스웨덴 여성은 소련군이 일부 지역에서는 "올바르게 행동했지만"[10] 독일의 선전 내용은 대부분 사실처럼 보인다고 스웨덴 대사관에 말했다. 그리고 그 전에 독일군이 러시아에서 한 짓이 있으니 소련군의 행동은 놀랍지 않다고 덧붙였다. 소련군은 '파르티잔' 행위가 의심될 때마다 어김없이 무자비했다. 한 소총중대의 장교들은 마을 거리에서 러시아 순찰대 병사 한 명이 죽어 있는 광경을 보고 "부하들에게 마을 주민 전체를 죽이라고" 명령했다.

제1우크라이나전선군의 진격 속도는 소련에게도 골머리를 앓게 만들었다. NKVD 소총연대들은 후방을 소탕하기 위해서 이따금 일선 부대들이 지나쳐버렸던 독일군 부대들과의 전투에 휘말렸다. 그들은 재빨리 재편성을 해야 했고 심지어 붉은 군대의 교본을 참고해야 했다. 일선 부대들을 뒤따라가는 NKVD 소총사단장 카르포프 장군은 1월 26일 전선군의 NKVD 총책임자인 메시크에게 세 개 연대만으로는 "지형이 까다롭고 넓은 삼림지대로 덮여 있는 이 지역을 감당하기에 충분하지 않다"[11]고 토로했다. 오데르강을 건널 때 병참선과 보급창을 지키려면 훨씬 더 많은 병력과 차량이 필요했다.

한편 코네프 전선군의 중핵인 제5근위군은 리발코의 소탕 작전으로 인한 독일군의 혼란을 틈타 브레슬라우와 오펠른 사이의 올라우 근방에서 오데르강 건너편 교두보를 차지했다. 우익을 맡은 렐류셴코의 제4근위전차군은 현지 훈련학교 출신의 부사관들이 브레슬라우 서북쪽의 슈타이나우를 필사적으로 방어했음에도 인근 오데르강 서쪽 둑의 또 다른 교두보를 점령했다. 그의 전차대원들은 비스와 공세가 시작되기 전에 시간을 효율적으로 활용한 것처럼 보였다. 렐류셴코는 전차대원들에게 지난가을 포획한 티거 전차들에 대한 집중적인 사격 훈련을 시켰다. 좀처럼 늘지 않던 붉은 군대 전차 부대들의 포술은 두드러지게 향상되었다. 그들은 이제 브레슬라우에서 하류로 향하는 독일 증기선들을 표적 삼아 사격 훈련을 시작했다.

한편 독일군은 총통 본부가 '브레슬라우 요새'로 선언한 슐레지엔의 주도에 대한 방어를 강화하기 위해 제169보병사단을 급히 파견했다. 소련군이 슈타이나우 교두보를 확보했다는 소식을 들은 히틀러는 폰 자우켄 장군과 네링 장군에게 즉시 반격하라고 명령했다. 하지만 그들의 병력은 폴란드에서 위험한 탈출을 한 뒤 회복과 보충의 기회를 갖지 못했다.

증기선을 타고 브레슬라우를 떠난 독일인 피란민들이 렐류셴코 장군 휘하 전차들의 공격으로 물속으로 가라앉은 것이 사실이든 아니든, 공포에 질린 피란 기간에 도보로 도시를 탈출한 여성과 아이들의 운명 역시 끔찍하기는 마찬가지였다.[12] 독일군에 소속되지 않은 모든 남편은 도시를 지키기 위해 국민돌격대에 소집되었기 때문에 아내들은 전적으로 혼자 힘으로 헤쳐나가야 했다. 그녀들이 들을 수 있었던 것은 확성기로 민간인들에게 도시에서 달아나라고 말하는 선전차들의 방송뿐이었다. 초만원인 기차에 자리를 구하지 못한 어머니들은 두려움에 떨면서도 보온병에 뜨거운 우유를 채우고 아이들을 가능한 한 따뜻하게 껴입히는 등 자녀를 돌보기 위한 일상적인 준비를 했다. 그리고 분유와 자신들이 먹을 음식을 담은 배낭을 멨다. 어쨌든 그녀들은 나치의 사회복지기관인 국가사회주의공공복지NSV가 도중에 어떤 식으로든 도움을 주리라 기대했다.

하지만 브레슬라우 밖으로 나간 여성들은 모든 것을 알아서 해야 한다는 걸 깨달았다. 도시를 떠나는 자동차가 아주 드물었기 때문에 운 좋은 소수만 차를 얻어 탔다. 길에는 눈이 높이 쌓여 있어서 대부분의 여성은 유아차를 버리고 막내 아이를 안고 갈 수밖에 없었다. 얼음 같은 찬바람 속에서 보온병도 식어버렸다. 배고픈 아기를 먹일 유일한 방법이 있었지만, 젖을 먹일 만한 곳을 찾을 수 없었다. 버려진 집이 아니라면 주인이 누구에게도 문을 열어주지 않으려 해서 모든 집의 문은 잠겨 있었다. 어떤 어머니들은 절망해 헛간이나 그 외의 바람을 막을 수 있는 곳에서 아기에게 젖을 물렸지만 소용없었다. 아이들은 먹지 않으려 했고 어머니의 체온은 위험할 정도로 떨어져 있었다. 일부 어머니는 심지어 유방에 동상이 걸렸다. 한 젊은 엄마는 자신의 어머니에게 쓴 편지에서 아이가 얼어 죽었다고 설명하면서 다른 어머니들의 운명도 묘사했다. 어떤 어머니들은 동사해 둘둘 말아놓은 아기 위에 엎드려 울었다. 다른 어머니들은 눈 속에서 정신을 잃고 길가의 나무에 기대 앉아 있었다. 어머니가 의식을 잃은 것인지 죽은 것인지 알 수 없었던 아이들은 무서워서 그저 울며 가까이에 서 있었다. 어차피 그 추위 속에서는 별 차이가 없었다.

한편 주코프의 제1벨라루스전선군은 서북쪽으로 돌진하면서 훨씬 더 빠른 속도로 전진했다. 주코프는 두 전차군에게 저항이 있는 지역을 피해서 일일 70~100킬로미터[13]씩 진군하라고 명령했다. 하지만 1월 15일 오후 스탈린이 주코프에게 전화를 걸어 속도를 늦추라고 말했다. 스탈린은 "장군이 오데르강에 도착하면 제2벨라루스전선군과 150킬로미터 이상 벌어질 거요. 지금은 이렇게 해선 안 되오. 장군은 [로코솝스키가] 동프로이센에서의 작전을 끝내고 비스와강 너머에 군을 배치할 때까지 기다리시오"[14]라고 말했다. 스탈린은 "발트해의 발코니Baltic balcony"라고 알려지게 될 포메라니아 해안선을 따라 독일군이 주코프의 우측에 반격을 가할까 우려했다. 주코프는 스탈린에게 진군을 계속하게 해달라고 사정했다. 만약 로코솝스키가 동프로이센에서 작전을 끝낼 때까지 자신이 열흘을 더 기다린다면 독일군이 메제리츠 방어선을 요새화할 시간을 벌게 된다는 이유에서였다. 스탈린은 마지못해 동의했다.

주코프의 전선군은 나치가 1939년에 침략해 점령한 후 바르텔란트라고 부른 폴란드 서부 지역을 가로질렀다. 이곳의 대관구 지도자 아르투어 그라이저는 심지어 나치의 기준으로도 도가 지나칠 만큼 지독한 인종차별주의자였다. 그가 관할한 바르텔란트 지방에서는 상상할 수 있는 가장 잔혹한 방법으로 추방이 이뤄졌다. 70만 명이 넘는 폴란드인이 집뿐 아니라 재산과 모든 것을 잃었다. 그것들은 유럽 중부와 동남부 전역에서 데려온 독일계 정착민들에게 분배되었다. 재산을 빼앗긴 폴란드인들은 집도, 먹을 것도, 일할 수 있는 희망도 없이 나치 총독부 구역 안에 내팽개쳐졌다. 유대인에 대한 대우는 훨씬 더 가혹했다. 16만 명 이상이 우치의 작은 게토(유대인 거주 구역)[15]로 쫓겨 들어갔다. 굶어 죽지 않은 사람들은 결국 강제수용소로 끌려갔다. 소련 전차들이 도시에 당도했을 때 살아 있는 유대인은 850명에 불과했다.

폴란드인들의 복수심이 어찌나 격렬했던지 제1벨라루스전선군의 NKVD 총책임자 세로프가 베리야에게 그러한 복수심이 정보 수집을 방해한다고 불평할 정도였다. 그는 "제1폴란드군 병사들은 독일인을 특히 가혹하게 다룬다.[16] 붙잡힌 독일군 장교와 병사들은 대개 포로 집결지까지 가지 못하고 도중에 총에 맞는다. 한 사례를 들자면 제1보병사단에 속한 제2보병연대가 담당 구역에서 8명의 독일군을 붙잡았다. 그런데 그중 집결지에 도착한 포로는 2명뿐이었다. 다른 사람들은 모두 처형되었다. 2명의 생존자는 연대장에게 심문을 받았다. 하지만 연대장이 두 사람을 심문하기 위해 정보장교에게 보내자 가는 도중에 총에 맞았다"라고 기록했다.

자신의 두 전차군으로 밀고 나가겠다는 주코프의 결정은 성공적인 결과를 낳았다. 독일군은 방어선을 구축할 기회를 얻지 못했다. 오른쪽에서는 제3충격군, 제47군, 제61군, 제1폴란드군이 비스와강을 끼고 전진한 뒤 노출된 측면을 지키기 위해 브롬베르크와 슈나이더뮐 사이로 향했다. 중앙에서는 보그다노프의 제2근위전차군이 밀고 나가고 베르자린의 제5충격군이 그 뒤를 따랐다. 그리고 왼쪽에서는 카투코프의 제1근위전차군이 포즈난을 향해 돌진했다. 하지만 포즈난은 우치와 달랐다. 1월 25일 포즈난에 도착한 카투코프는 이 도시가 행군을 잠깐 멈추고 손쉽게 점령할 수 있는 곳이 아님을 깨닫고 주코프의 지시대로 곧장 빠르게 진군했다. 포즈난은 제8근위군과 함께 바짝 뒤따라오던 추이코프에게 맡겨졌다. 추이코프는 이 일을 달가워하지 않았고 주코프에 대한 혐오감만 한층 키웠을 것이다.

그라이저는 동프로이센의 코호와 마찬가지로 다른 모든 사람에게 버티라고 명령하고는 자신은 대관구의 주도에서 달아났다. 그는 1월 20일까지 어떤 민간인의 대피도 허락하지 않았다. 이로 인해 많은 지역에서 절반 이상의 주민이 탈출에 실패했다. 또다시 추이코프의 제8근위군을 따라간 바실리 그로스만은 "몰래 우리를 훔쳐보고 있는 독일인 민간인들"[17]을 점점 더 의식하게 되었다.

바깥에서는 다채로운 광경이 연출되었다. 그로스만은 "보병들은 말이 끄는 온갖 다양한 탈것을 타고 전진하고 있다"고 공책에 썼다. "그들은 마호르카를 피우고, 먹고, 마시고, 카드놀이를 하고 있다. 카펫으로 장식된 수레 행렬이 지나간다. 운전하는 병사들은 깃털 매트리스에 앉아 있다. 군인들은 더 이상 군대 배급품을 먹지 않는다. 그들은 돼지고기, 칠면조 고기, 닭고기를 먹는다. 이처럼 혈색 좋고 식욕 넘치는 얼굴은 처음 본다." "우리 선두의 전차 분견대에게 따라잡힌 독일 피란민들은 방향을 돌려 집으로 돌아오고 있다. 그들은 호되게 얻어맞아야 했다. 기회가 있을 때마다 그들을 강탈하는 폴란드인들에게 말을 도둑맞았다." 대부분의 소련 국민과 마찬가지로 그로스만은 1939년과 1940년에 무슨 일이 벌어졌는지 거의 몰랐다. 따라서 폴란드인들이 독일인을 그토록 미워하는 이유도 알지 못했다. 폴란드를 분할 점령한다는 스탈린과 히틀러의 밀약은 보도 관제 때문에 소련에서는 아는 사람이 거의 없었다.

그러나 그로스만은 공식적으로 내놓지는 못해도 불편한 진실을 숨길 수는 없었다. "독일군이 보로실로브그라드, 하르키우, 키이우에서 데려온 250명의 소련 소녀들이 있었다. 군 정치위원은 그녀들이 옷도 제대로 입지 못한 채 버려졌다고 말했다. 소녀들의 몸에는 이가 들끓었고 굶주림으로 배가 부풀어 있었다. 하지만 육군 신문에서 나온 사람은 내게 우리 군인들이 도착해 그녀들에게서 모든 것을 뺏기 전에는 상당히 깔끔하고 잘 차려입었더라고 말했다."

그로스만은 붉은 군대의 병사들이 얼마나 많은 것을 빼앗았는지 곧 알게 되었다. 그는 "해방된 소련 소녀들은 우리 군인들이 자신을 강간한다고 자주 호소했다. 한 소녀는 울면서 내게 '그놈은 우리 아버지보다 나이가 많은 늙은이였어요'라고 말했다"라고 썼다. 하지만 그로스만은 최전방 병사들에 대해 들려오는 최악의 모습은 믿으려 하지 않았다. "최전선의 군인들은 순수하고 성스러운 마음으로 포화 아래에서 밤낮없이 진군하고 있다. 그 뒤에서 따라가는 후방의 병사들이 강간과 음주, 약탈을 하고 있다."

포즈난의 시가전은 앞으로 베를린에서 벌어질 미래의 예고편이었다. 전투 중에 스탈린그라드에서 많은 시간을 보낸 그로스만은 "스탈린그라드 시가전 학교"라는 문구를 만든 추이코프가 앞으로 뭘 할지 흥미를 느꼈다. 그는 "스탈린그라드에서의 주요 원칙은 기계의 힘과 보병의 취약함 사이의 균형을 깨는 것이었다. 하지만 이제 교수로서 추이코프는 부득이 스탈린그라드와 똑같은 상황에 직면했다. 역할만 뒤바뀌었을 뿐이다. 그는 포즈난의 거리에서 거대한 기계의 힘과 소부대의 보병을 앞세워 독일군을 맹렬하게 공격하고 있다."

그로스만은 포즈난 전투에서 한동안 추이코프와 함께 시간을 보냈다. "추이코프는 징발한 주택 2층에 있는 환히 불이 밝혀진 추운 방에 앉아 있다. 전화벨이 쉴 새 없이 울린다. 부대장들이 포즈난 시가전에 관해 보고하고 있다."[18] 통화 사이사이에 추이코프는 자신이 "바르샤바에서 독일 수비대들을 어떻게 박살냈는지" 자랑했다.

"추이코프가 전화기에 귀를 기울이다 지도에 손을 뻗으며 말한다. '미안하오, 안경을 써야겠소.'"[19] 독서용 안경은 그의 거친 얼굴과 어울리지 않았다. "그는 보고서를 읽고 킬킬 웃더니 부관의 코를 연필로 톡톡 쳤다."[20](한 참모에 따르면 추이코프는 부하 장교에게 화가 날 때면 톡톡 두드리는 정도가 아니라 대개 주먹을 사용했다고 한다.) "그런 뒤 그는 전화기에 대고 고함을 지른다. '놈들이 서쪽으로 돌파하려고 하면 탁 트인 곳으로 나가게 놔둬. 그런 뒤 우리가 놈들을 벌레처럼 뭉개버리는 거야. 독일놈들에겐 죽음이지. 놈들은 도망 못 가.'"

추이코프는 주코프에 대해 험담하다가 한번은 "우리의 전투 경험과 뛰어난 정보력을 감안하면 한 가지 사소한 것을 알아채지 못한 게 정말 놀랍소. 우리는 포즈난에 일급 요새가 있다는 걸 몰랐소. 유럽에서 가장 강력한 요새 중 하나인데 말이오. 우린 그곳이 행군 도중에 차지할 수 있는 마을에 지나지 않는다고 생각했소. 그러다 이제 골치 아프게 됐지"라고 빈정대듯 말했다.

추이코프가 포즈난 요새를 처리하기 위해 후방에 처져 있는 동안 그의 나머지 부대와 제1근위전차군은 오데르강 동쪽의 메제리츠 방어선으로 밀고 나갔다. 그들의 주된 문제는 독일군의 저항이 아니라 보급선이었다. 후퇴하는 독일군들이 철도를 박살냈을 뿐 아니라 폴란드의 궤도 간격이 소련과 달랐기 때문이다. 그로 인해 보급품의 이동을 트럭, 주로 미국의 스튜드베이커에 의존했다. 중요한 점은, 러시아 역사학자들이 미국의 렌드리스 트럭이 없었다면 붉은 군대의 진격이 훨씬 더 오래 걸렸을 것이고 서방 연합군이 베를린에 먼저 도착했으리라는 사실을 거의 인정하지 않는다는 것이다.

거의 모든 소련 병사는 1939년 이전의 국경을 건너 독일로 넘어가던 순간을 생생하게 기억했다. 제3충격군의 클로치코프 상위는 "우리는 숲을 나와 행군했다. 기둥에 못을 박아놓은 판지가 보였다. 그 위에는 '여기네. 저주받은 독일!'이라고 쓰여 있었다. 우리는 히틀러 제국의 영토로 들어가고 있었다. 군인들은 호기심에 차서 주위를 둘러보기 시작했다. 독일의 마을은 많은 면에서 폴란드의 마을과 달랐다. 대부분의 집이 벽돌과 돌로 지어져 있었다. 작은 정원에는 깔끔하게 손질된 과일나무들이 서 있었다. 길은 훌륭했다"[21]라고 회상했다. 다른 동료들과 마찬가지로 클로치코프는 "생각이 없는 민족이 아닌" 독일인들이 어째서 유복하고 편안한 삶을 판돈으로 걸고 소련을 침략했는지 이해할 수 없었다.

독일 수도로 가는 길을 따라 나아가면서 바실리 그로스만은 포즈난에서 먼저 보낸 제8근위군의 일부와 동행했다. 제8근위군의 정치부가 길가에 "두려움에 떨어라, 파시스트 독일이여. 심판의 날이 왔다"[22]라고 적힌 현수막을 세웠다.

그로스만은 그들이 슈베린을 약탈할 때 함께 있었다. 그는 자신이 본 것들을 뭐든 작은 공책에 연필로 썼다. "모든 것이 불탄다. (…) 불타는 건물에서 한 노파가 창문에서 뛰어내린다. 약탈이 벌어지고 있다. (…) 모든 것이 불길에 휩싸여 있어서 밤에도 환하다. (…) [주둔지] 사령관의 사무실에서 검은 옷을 입고 입술이 거무죽죽한 독일인 여성이 속삭이는 듯한 목소리로 이야기하고 있다. 목과 얼굴에 시커먼 멍이 든 한 소녀가 그녀와 함께 있다. 소녀의 눈은 통통 붓고 손에도 끔찍한 멍이 있다. 소녀는 본부 통신 중대의 병사에게 강간을 당했다. 그 병사도 그 자리에 있다. 둥글고 붉은 얼굴의 그는 졸려 보인다. 사령관이 그들 모두를 함께 심문하고 있다."[23]

그로스만은 "여성과 소녀들의 눈에 어린 공포. (…) 독일 여성들에게 끔찍한 일이 벌어지고 있다. 교양 있는 한 독일 남성이 풍부한 몸짓과 서투른 러시아어로 자신의 아내가 그날 10명의 남자에게 강간을 당했다고 설명한다. (…) 수용소에서 해방된 소련 소녀들 역시 심한 고통을 겪고 있다. 지난밤에 그중 일부가 종군 기자들에게 제공된 방에 숨었다. 그런데 밤중에 비명이 우리를 깨웠다. 종군 기자들 중 한 명이 그만 자제하지 못했기 때문이다. 열띤 논쟁이 벌어진 뒤 질서가 회복되었다"라고 썼다. 그런 뒤 그로스만은 한 젊은 어머니에 관해 들은 이야기를 전했다. 그녀는 농장 헛간에서 계속 강간을 당했다. 그녀의 친척들이 헛간으로 와서 군인들에게 아기가 울음을 그치지 않으니 젖을 먹이게 잠깐 쉬는 시간을 달라고 부탁했다. 이 모든 일이 사령부 바로 옆에서, 그리고 기강을 잡아야 할 책임이 있는 장교들이 뻔히 보는 앞에서 벌어졌다.

히틀러가 마지막으로 독일 국민에게 연설한 1월 30일 화요일, 독일군은 베를린에 닥친 위협이 그들이 두려워했던 것 이상으로 훨씬 더 크다는 사실을 뒤늦게 깨달았다. 주코프의 선두부대들이 메제리츠 방어선을 쉽게 뚫고 들어왔을 뿐 아니라 오데르강에서 엎어지면 코 닿을 거리에 당도했다. 오전 7시 30분 비스와집단군 사령부는 란츠베르크행 도로가 "적의 전차로 가득 찼다"[24]는 소식을 듣고, 정찰기를 급히 출동시켰다.

힘러는 상황을 극복하기 위해 티거 전차 한 개 대대를 기차로 보내자고 주장했다.[25] 참모들의 항의는 아무런 효과가 없었다. SS제국

지도자는 티거 대대가 소련 한 개 전차군 전체를 격파할 수 있다고 굳게 확신했기 때문이다. 이 50톤의 괴물들은 서너 대의 소련 전차로부터 포격을 받을 때도 여전히 무개화차에 묶여 있었다. 대대가 막심한 피해를 입은 뒤에야 기차는 가까스로 퀴스트린을 향해 후퇴할 수 있었다. 힘러는 대대 지휘관을 군법회의에 회부하길 원했지만 결국 화차에 실린 티거 전차가 전투를 벌이기에 적합한 위치에 있지 않았다는 사실을 마지못해 받아들였다.

이 극도의 위기를 겪는 동안 힘러는 스탈린이 1942년에 내린 명령인 "한 발짝도 물러서지 마라"를 흉내 냈다. 하지만 그의 명령은 스탈린과는 달랐다. "의무를 수행하지 못한 데 대한 죽음과 처벌"[26]이라는 제목이 붙은 이 명령은 사기를 높이는 어조로 끝내려고 노력했다. 그는 "몇 주간의 힘든 시련 뒤에 독일의 영토가 다시 자유로워지는 그날이 올 것이다"라고 주장했다. 그는 또 다른 명령에서는 여성들이 후퇴하는 병사들에게 음식을 주는 것을 전면 금지했다. 위반할 경우 가혹한 처벌을 내린다고 했다.[27] 그리고 비스와집단군에게 하달한 명령에서 "주 하느님은 우리 국민을 저버리지 않을 것이다. 그분은 용감한 자들이 가장 어려울 때 항상 그들을 도왔다"[28]라고 단언했다. 역사적으로나 신학적으로나 지극히 의심스러운 주장이었다.

힘러는 나치의 고위 간부들, 특히 대관구 지도자인 코흐와 그라이저가 도피했다는 소문이 빠르게 퍼지고 있다는 것을 알고 더 낮은 직책을 본보기로 삼기로 결심했다. 다른 명령을 내린 것과 같은 날 그는 브롬베르크의 경찰국장을 직무 유기로 처형했다고 발표했다. 며칠 뒤에는 "대피령을 내리지 않고 도시를 떠난"[29] 시장이 오데르강 유역의 슈베트에서 오후 3시에 교수형에 처해졌다.

히틀러 정권 12주년 기념일인 이날은 스탈린그라드에서 패배한 지 2주년 되는 날이기도 했다. 베리야는 한 감방에 숨겨놓은 마이크로 포착된 파울루스 육군 원수와 공장 지대에서 가장 오래 저항했던 사령관인 슈트레커 장군, 폰 자이들리츠 장군 사이의 대화를 보고받았다.

베리야는 "포로로 잡힌 장군들이 매우 의기소침하다"[30]라고 들었다. 그들은 6주 전 처칠이 하원에서 폴란드에게 동프로이센과 그 외의 지역들로 보상하자는 스탈린의 제안을 지지하는 연설을 한 것을 알고 공포에 휩싸였다. 독일 장군들은 소련의 손바닥 안에 있는 한 자유 독일 운동[31]에서 자신들이 대단히 곤란한 입장에 처했다고 느꼈다. 파울루스 원수는 "나치는 이 문제에서 우리보다 더 확신이 있다"라고 인정했다. "그들은 독일의 영토를 고수하며 온전하게 보존하려 애쓰고 있기 때문이다."

폰 자이들리츠 장군은 나치에 반대하는 독일 전쟁 포로들을 낙하산으로 투입해 독일에서 혁명을 일으키게 하는 작전을 제안했지만 "완충 지대를 만들기 위해 독일 영토를 찢어놓는 것은 공정하지 않다"고 생각했다. 포로가 된 모든 장군은 이제 나치에 반대하는 독일 장교 연맹이 소련의 목적을 위해 이용당했음을 깨달았다. 자이들리츠는 "나는 우리가 옳은 길을 선택한 것인지에 대해 끔찍한 불안에 시달리고 있다"라고 털어놓았다. 나치 정권은 그에게 "반역자 자이들리츠"라는 딱지를 붙이고 궐석 재판에서 사형을 선고했다.

파울루스는 "히틀러는 독일 국민을 새로운 희생으로 몰아넣을 방법만 궁리하고 있다. 역사상 거짓말이 외교와 정책에서 이렇게 강력한 무기로 사용된 적은 없었다. 우리 독일인은 권력을 강탈한 남자에게 교묘하게 속아왔다"라고 말했다.

그러자 슈트레커가 대꾸했다. "신은 독일에 왜 이토록 분노해 히틀러를 우리에게 보내셨는지! 독일 국민이 그렇게 비열한가? 이런 벌을 받아 마땅하단 말인가?" 그러자 파울루스가 덧붙였다. "스탈린그라드 참사 이후 2년이 흘렀다. 이제 독일 전체가 거대한 스탈린그라드가 되고 있다."

힘러의 위협과 훈계는 상황을 수습하는 데 아무 도움이 되지 않았다. 그날 밤, 제89근위소총사단의 부사단장인 에시펜코 대령이 직접 이끄는 소련군 소총대대가 오데르강에 도착해 어둠을 틈타 빙판 위를 건넜다. 그들은 넓게 퍼져 퀴스트린 바로 북쪽에 작은 교두보를 마련했다.

1월 31일 새벽 제5충격군 베르자린의 병사들이 얼어붙은 오데르강을 건너 키니츠 마을로 들어갔다.[32] 그들은 동쪽 둑에서 땔감을 모으는 농민들이 지나간 흔적을 쫓아 빙판을 건넜다. 마을에서 깨어 있는 사람은 제빵사와 그 조수들뿐이었다. 에시펜코 대령이 지휘하는 소련군은 6문의 대공포가 달린 기차를 손에 넣고 장교 13명과 국가노동봉사단의 어린 징집병 36명을 포로로 잡았다. 소규모 무리가 잠옷 차림 그대로 간신히 눈밭을 건너 탈출해 이웃 마을 브리첸에 적의 기습을 알렸다. 소련군은 이제 총통 관저에서 불과 70킬로미터 거리에 있었다.

같은 날, 퀴스트린 바로 남쪽에서는 패기만만한 구사콥스키 대령이 제44근위전차여단과 함께 오데르강을 건너 또 다른 교두보를 마련했다. 덕분에 구사콥스키는 두 번째로 소비에트 연방 영웅 금성훈장을 받았다. 양쪽 교두보의 소련군들은 즉각 오데르강과 젤로 고지 사이의 범람원인 오데르브루흐의 얼어붙은 습지에 참호를 파기 시작했다. 그들을 지원하기 위해 포병연대가 급히 증파되었다. 소련군은 빠르고 맹렬한 반격을 예상했지만 독일은 벌어진 상황에 너무 충격을 받은 나머지―괴벨스는 여전히 바르샤바 근방에서 전투가 벌어지고 있는 척했다―충분한 지상군을 투입하는 데 시간이 걸렸다. 그러나 이튿날 아침, 포케불프 전투기들이 오데르강 상공에 출현해 새로 판 참호와 대전차포 진지에 폭격을 가했다. 약속했던 소련 대공포 사단이 사흘이 지나도록 나타나지 않는 바람에 얕게 언 강에 길을 내고 있던 추이코프의 병사들은 극도로 취약한 처지가 되었다. 그럼에도 그들은 진지를 방어할 대전차포에 스키를 달아 끌면서 간신히 강을 건넜다.

오데르강 건너편에 소련군이 교두보를 확보했다는 소식은 군인들 못지않게 현지 주민들에게도 충격을 주었다. 동프로이센에서 기차를 타고 휴가를 떠난 장병들 중 헌병대의 호출을 면했던 발터 바이어는 퀴스트린과 프랑크푸르트 안데르 오데르 사이에 있는 부슈뮐렌베크의 집에서 남은 휴가를 즐기고 있었다. 그는 "가족의 품 안에서의 행복은 오래가지 않았다"[33]고 기록했다. 2월 2일 저녁에 흥분한 이웃이 집으로 달려와 800여 명의 러시아인이 불과 500미터 떨어진 참나무 숲에 진을 쳤다고 알렸다.

그 지역에는 소총과 2문의 판처파우스트로 무장한 약간의 국민돌격대 중대를 제외하고는 수비대가 없었다. 그들은 참나무에 올라간 소련의 저격병들을 발견했다. 반소적인 캅카스인들로 구성된 경계대대와 제6요새여단에서 차출된 독일군이 프랑크푸르트 안데르 오데르에서 서둘러 현장으로 보내졌다. 한 장교가 최전방 병사로서 바이어에게 병사 한 무리를 맡겼다.

바이어가 그들과 함께 참호에서 숲을 관찰하고 있을 때 캅카스인들 중 한 명이 숲을 가리키며 서툰 독일어로 말했다. "당신들은 총을 쏠 수 없다. 우리는 저기에 총을 쏘지 않는다. 우리는 동지에게 총을 쏘지 않는다." 바이어는 이 일을 보고했고 캅카스인들은 무장이 해제된 채 후방으로 보내져 참호를 파게 되었다. 하지만 동포에게 총을 쏘지 않으려 했다고 해서 나중에 붉은 군대에 붙잡힌 그들의 운명이 순탄했던 것은 아니다.

급조된 독일군 부대에 기갑척탄병사단 '펠트헤른할레'의 어린 훈련병 무리가 합류했다. 훈련병들은 대부분 16~18세였다. 그들은 현지에 얼마 남지 않은 낙엽수림 지대 중 하나인 참나무 숲을 박격포로 공격하기 시작했다. 뒤죽박죽으로 다양한 군복을 입은 훈련병이 350명에 달했다. 일부는 철모를, 일부는 '캐피'나 챙이 없는 군모를, 다른 훈련병들은 앞에 챙이 달린 모자를 썼다. 많은 훈련병이 히틀러 유겐트 제복밖에 가진 게 없었다. 그들은 자신들에 주어진 과업을 몹시 자랑스러워했지만, 상당수는 가득 찬 탄약 상자조차 들어올리지 못했다. 개머리판이 팔에 비해 너무 커서 소총을 어깨로 제대로 받칠 수도 없었다. 첫 공격에서 소련군 명사수들은 의도적으로 그들을 겨냥해 총을 쏘았다. 부대장이 머리에 총을 맞고 쓰러졌고, 살아서 돌아온 병사는 몇 되지 않았다.

바이어는 가까스로 부모님 집으로 몰래 돌아갔다. 집에는 지하에 야전 응급치료소가 설치되었고 붕대로 사용하기 위해 모든 시트가 찢겨져 있었다.

추이코프의 병사들이 오데르브루흐 전체를 올려다보고 서쪽 가장자리 맞은편에 젤로 고원이 있는 요지인 라이트바인 슈푸어를 점령하기 위해 전진하자 교두보를 탈환하고자 더 강력한 증원 부대가 도착했다. 2월 2일 제506친위중박격포대대가 북쪽 교두보 가장자리로 이동해 1만4000발을 사흘 밤낮으로 쏘아댔다. '쿠르마르크' 기갑연대 소속의 한 대대도 불러왔다. 최근 판터 전차로 재장비한 대대는 남쪽 끝에서 라이트바인 슈푸어를 공격하기 위해 2월 4일 이동했다. 하지만 기상학자들이 예측한 해빙이 시작되면서 질퍽거리는 산비탈에서 미끄러지는 바람에 전차들은 참담할 정도로 실패했다.

붉은 군대 병사들이 오데르강을 건넜다는 소식은 베를린에 충격을 안겨주었다. 괴벨스의 보도담당관 빌프레트 폰 오벤은 2월 1일자 일기에 "스탈린이 문 앞까지 왔다.[34] 이 비명 같은 경보가 바람처럼 빨리 제국 수도로 퍼져나간다"라고 썼다.

국가사회주의자들의 선동술은 히스테리까지는 아니더라도 광신적으로 바뀌었다. 그로스도이칠란트 사단의 친위연대가 가두행진을 했다.[35] 이들은 총통을 위해 오데르강 교두보들을 탈환해야 한다는 이야기를 들었다. 베를린의 시내버스들이 오데르브루흐를 내려다보는 젤로 고지로 이동되었다.

새로운 친위대 사단도 결성되었다. 이 사단은 나치 정권 12주년을 기념해 1월 30일 사단이라고 불렸다. 사단에는 친위대의 핵심 고참병들이 배치되었지만 상당수는 회복기의 부상병들이었다. 회복 캠프에서 라이브슈탄다르테의 전 대원이던 에버하르트 바움가르트는 친위대의 다른 상이병들과 함께 가두행진을 하라는 명령을 받았다. 상급돌격지도자(중위)가 그들에게 새로 결성된 사단을 알려주었다. 사단의 임무는 독일의 수도를 지키는 것이었다. 새 사단에는 전투 경험으로 다져진 노련한 고참병들이 필요했다. 상급돌격지도자는 자원하라고 요구한 뒤 힘러가 만든 친위대의 모토를 소리쳤다. "우리의 명예는 충성심이다!"[36]

그런 광신주의는 친위대 고위 간부들이 불안을 느끼며 인식한 것처럼 점차 찾아보기 힘들어졌다. 2월 12일 상급집단지도자(병과대장) 베르거가 힘러에게 조직이 민간인들과 군대 양쪽으로부터 철저한 미움을 받고 있다고 보고했다. 군대는 이 조직의 "명백하게 비전우적인 행태"[37]를 몹시 증오했다. 그는 군대가 "더 이상 친위대와 이야기를 주고받을 사이가 아니다"라는 결론을 내렸다.

친위대 자원자들조차 물에 잠긴 들판과 제방이 황량하게 펼쳐진 오데르브루흐에 도착하자 열정이 식었다. '1월 30일 사단'의 병사 중 누군가가 "우리는 세상 끝에 와 있다!"라고 선언했다. 새로운 부대에 전차나 돌격포가 없다는 것을 알자 사기는 더 떨어졌다. 그는 이렇게 말했다. "이건 사단이 아니야. 그냥 여기저기서 긁어모은 잡동사니일 뿐이지." 바움가르트는 부상이 다 낫지 않아 사단 본부에 행정직으로 배속되었다. 본부는 징발된 농가에 설치되어 있었다. 다른 곳에서 복무 중인 농부의 젊은 아내는 가구가 거실 밖으로 옮겨지고 야전 전화와 타자기들이 설치되는 모습을 망연자실한 채 지켜보았다. 그러나 새 거주자들은 농가의 기와지붕이 소련 포병들에게 확연히 눈에 띄는

베를린 함락 1945

표적이 된다는 사실을 곧 알게 되었다.

바움가르트는 타자기 중 한 대 앞에 구부정하게 앉아 붉은 군대의 탈영병 3명과의 면담 보고서를 재빨리 작성했다. 탈영병들은 사단장의 몸이 젖지 않도록 업고 얼음같이 찬 오데르강을 건넌 뒤 독일군 쪽으로 넘어오기로 결심한 듯했다. 그 후 사단 본부의 불가어-독일어 통역관들이『프라우다』복사본 기사들을 소리 내어 읽었다. 얄타 회담이 끝날 무렵 게재된 공식 발표는 연합국들이 독일을 어떻게 할 생각인지 설명했다. 패배에 대한 생각이 바움가르트와 전우들을 오싹하게 했다. '결국엔 우리가 승리하면 된다.' 그들은 제각기 중얼거렸다.

1945년 2월 9일 반소적인 변절자 안드레이 블라소프 장군이 힘러의 독려로 자신의 본부 보안대대를 교두보 전투에 투입했다. 되베리츠 사단 소속의 이 러시아인 대대는 퀴스트린 바로 북쪽의 교두보에서 소련의 제230소총사단을 공격했다. 공격 시도는 성공적이지 않았지만 블라소프의 보안대대는 잘 싸웠다. 독일의 선전문은 그들이 "열정적으로 미친 듯이"[38] 싸워 근접전의 전문가임을 입증했다고 전했다. 그들에게 감탄한 독일 부대에서 "탱크 응징자"라는 별명을 붙여준 듯싶지만 아마 선전가가 된 유명 언론인의 손길이 가미되었을 것이다. 그들의 지휘관인 자하로프 대령과 네 명이 2급 철십자 훈장을 받았다. SS제국지도자가 직접 블라소프에게 그의 보안대대가 "아주 뛰어나게 잘 싸운" 사실에 대한 "동지의 인사말과 함께"[39] 축하 메시지를 보냈다.

이전에는 열등 인종으로 분류되고 취급되었던 사람들에 대한 호의의 표시는, 히틀러 자신은 부인했지만, 나치의 절박감을 보여주는 징후였다. 2월 12일 괴벨스는 "볼셰비즘에 맞선 전투에서 우리 편에 처음으로 자원한" 카자흐스탄 대표단을 맞았다. 그들은 심지어 괴벨스의 사무실에서 '바이스비어' 맥주까지 대접받았다. 괴벨스는 카자흐스탄 사람들을 "자유를 사랑하는 전사 농민"이라 부르며 칭찬했다. 유감스럽게도 이탈리아 북부에서 그들이 자유를 사랑한 방식은 독일의 민정 자문이 프리울리 구역에서 주민들을 대하는 행태를 놓고 베를린에 심한 불평을 하도록 만들었다. 그러나 친위대에 자원한 대부분의 소수민족 출신과 마찬가지로 카자흐스탄인들 역시 블라소프와 옛 러시아 우월주의에 동조하기를 거부했다.

베를린으로 돌진하는 소련 전차여단들에 대한 총통의 대응은 대전차사단[40]을 만들라고 명령하는 것이었다. 하지만 전형적인 나치 스타일에 인상적인 명칭을 가진 대전차사단은 이름값을 하지 못했다. 이 부대는 주로 히틀러 유겐트 출신의 자전거 중대들로 이루어졌다. 자전거를 모는 병사는 판처파우스트 2문을 앞바퀴 양쪽에 수직 죔쇠로 고정시키고 손잡이에 부착해 싣고 다니다가 T-34나 스탈린 전차와 마주치면 판처파우스트를 재빨리 떼어내 맞서 싸울 준비를 할 수 있어야 했다. 심지어 일본군조차 가미가제에게 자전거를 타고 전장으로 들어가라고는 요구하지 않았다.

힘러는 판처파우스트가 V-2와 비슷한 또 다른 기적의 무기인 것처럼 이야기했다. 그는 판처파우스트가 전차들과의 근접전에서 얼마나 뛰어난지 열변을 토했지만, 제정신이 박힌 병사라면 선택권이 주어질 경우 0.5킬로미터 거리에서 소련의 전차들과 맞서기 위해서라면 88밀리 포를 선택할 것이다. 힘러는 판처파우스트가 적의 장갑판을 뚫지 못한다는 소문에 화가 치밀어 졸도할 지경이었다. 그는 그런 주장이 "완벽한 사기ein absoluter Sckwinde"[41]라고 잘라 말했다.

적이 코앞까지 다가오자 나치 지도부는 자살 가능성을 고려하기 시작한 것 같았다. 베를린 대관구 사령부는 '정치지도자들'[42]에게 총기 취급 허가증을 최우선적으로 받으라는 명령을 내렸다. 그리고 한 제약회사의 고위 간부는 우르줄라 폰 카르도르프와 친구에게 "황금 꿩"[43]이 그의 실험실에 나타나 총통 관저에 독약을 공급하라는 요구를 했다고 말했다.

이제 히틀러와 그 패거리들은 자신들이 일으킨 전쟁의 폭력이 좀 더 가까이 왔음을 마침내 알게 되었다. 최근 7월 음모 관련자들을 처형한 것에 대한 복수는 2주가 되지 않아 뜻밖의 형태로 찾아왔다. 2월 3일, 미군 항공대[44]는 베를린에 유난히 심한 공습을 가했다. 그 공습으로 3000여 명의 베를린 시민이 목숨을 잃었다. 언론사들도 다른 구역처럼 완전히 파괴되었다. 연합군의 폭탄은 나치와 관련된 표적에도 떨어졌다. 총통 관저와 당사가 폭탄에 맞았고 프린츠-알브레히슈트라세에 있던 게슈타포 본부와 인민재판소도 심한 피해를 입었다. 7월 음모 연루자들에게 소리를 질렀던 인민재판소장 롤란트 프라이슬러는 지하실에 대피했다가 무너지는 바람에 깔려 죽었다. 실의에 빠져 있던 저항 집단들은 이 소식에 잠깐 환호했지만, 강제수용소와 교도소들이 파괴되었다는 소문이 돌면서 감금된 친지와 친구들에 대한 걱정으로 더 큰 불안에 빠졌다. 저항 집단들의 유일한 희망은 힘러가 감금된 사람들을 협상 카드로 사용할 수도 있다는 것이었다. 마르틴 보어만은 일기에 그날의 공습에 대해 이렇게 썼다. "새 총통 관저, 총통의 아파트 현관, 식당, 겨울 정원, 당사가 폭격당했다."[45] 그는 나치의 기념물들에만 관심이 있었던 것 같다. 민간인 사상자에 대해서는 어떤 언급도 없었다.

보어만의 일기에 따르면 2월 6일 목요일의 가장 중요한 사건은 에바 브라운의 생일이었다. 히틀러가 에바 브라운이 다른 사람들과 춤추는 모습을 지켜보는 등 겉으로는 '기분 좋은 분위기'였다. 평소처럼 보어만은 칼텐브루너와 은밀히 의논을 하고 있었다. 2월 7일에는 자신은 근무지를 이탈한 사람들을 총살하라는 명령을 내리고는 쾨니히스베르크를 버리고 달아났던 코흐 대관구 지도자가 그 일을 용서받은 듯 히틀러와 이야기를 나누었다. 그날 저녁 보어만은 페겔라인의 집에서 저녁을 먹었다. 손님 중 한 명은 그와 페겔라인 등이 권력을 약화시키려 애쓰던 하인리히 힘러였다. 전선의 상황이 참담했음에도 힘러는 비스와집단군의 총사령관인 자신이 사령부에서 벗어나 편히 쉬어도 된다고 여겼다. 저녁을 먹은 뒤 보어만과 페겔라인은 에바 브라운과 이야기를 나눴다. 화제는 아마 에바가 베를린을 떠나는 문제였을 것이다. 그녀가 위험에서 벗어나길 히틀러가 바랐기 때문이다. 이튿날 밤 에바는 히틀러, 보어만, 페겔라인 부부를 위해 작은 작별 파티를 열었다. 그러곤 그다음 날 저녁에 동생 그레틀 페겔라인과 함께 베르히테스가덴으로 떠났다. 히틀러는 보어만에게 두 사람을 기차까지 호위하도록 했다.

소속 대관구 지도자들이 너무 늦을 때까지 여성과 아이들의 피란을 막도록 했던 국가사회당의 제국위원 보어만은 자신의 일기에 공포에 질려 동부 지역에서 달아나고 있는 사람들에 대해서는 조금도 언급하지 않았다. 난민 위기를 다루는 데 있어 그들의 무능함은 소름끼칠 정도였지만 나치 고위층의 경우 종종 무책임과 비인간성의 경계를 구분하기가 힘들다. 2월 10일의 '대피 상황' 보고서[46]에 따르면 그들은 아직 80만 명의 시민을 발트해 연안에서 구출해야 하고 그것도 각각 평균 1000명밖에 못 태우는 기차와 배들을 구해야 한다는 사실을 갑자기 깨달은 듯하다. "우리가 마음대로 사용할 수 있는 선박, 열차, 차량은 충분하지 않다." 그러나 나치 지도자들이 자신들의 호화스러운 '특별 열차'를 포기하지 않으리라는 데에는 의심의 여지가 없었다.

동과 서

6

2월 2일 아침, 오데르강 교두보들에 대한 독일의 첫 반격이 시작되었을 때 미 해군의 퀸시호가 몰타에 도착했다. 처칠은 "대통령을 태운 순양함이 전쟁의 상흔을 입은 발레타의 그랜드 하버로 웅장하게 증기를 내뿜으며 들어왔다"라고 썼다. 그는 루스벨트를 맞으러 배에 올랐다. 처칠은 대통령이 아프다는 사실을 내색하지 않았지만, 그의 동료들은 루스벨트의 기진맥진한 모습을 보고 놀랐다.

두 사람의 재회는 다정하진 않더라도 우호적인 분위기였다. 하지만 처칠의 외무상 앤터니 이든은 걱정이 컸다. 독일 서부 침공을 둘러싸고 서방 연합국들 사이에 긴장이 고조되고 있었기 때문이다. 이제 그들은 중부 유럽의 전후 지도를 스탈린과 함께 결정하기 위해 크림반도의 얄타로 날아갈 참이었다. 그들은 이 문제에 있어서도 의견이 분분했던 반면 소련의 지도자는 자신이 원하는 것을 정확히 알고 있었다. 처칠과 이든의 가장 큰 관심사는 폴란드의 독립이었던 반면, 루스벨트의 주요 관심사는 전후 세계를 위한 국제연합UN의 설립이었다.

루스벨트 대통령과 처칠 수상은 서로 다른 비행기를 타고 2월 3일 일찍 출발했다. 그들은 머스탱 장거리 전투기의 호위를 받으며 내부 조명을 완전히 차단한 채 흑해를 향해 동쪽으로 날아갔다. 두 대표단을 태운 수송기들이 그 뒤를 따랐다. 그들은 7시간 반을 비행한 뒤 유파토리야 근방의 사키에 도착해, 그곳에서 몰로토프와 여론 조작 재판의 전 검사이자 이제는 외무인민부위원장인 비신스키를 만났다. 심한 비행공포증이 있는 스탈린은 이튿날인 2월 4일 일요일 아침까지도 도착하지 않았다. 그는 여전히 차르 시절의 아르누보 장식이 일부 달린 전용 녹색 기차를 타고 모스크바에서 내려왔다.

미국의 참모총장들에게 제공된 숙소는 차르의 옛 궁전이었다. 조지 C. 마셜 장군은 라스푸틴이 사용했다고 하는 비밀 계단이 딸린 황후의 침실에 묵었다. 그들의 영국인 상대편들은 무어 양식과 스코틀랜드 버로니얼 양식이 혼합된 19세기 중반의 화려한 궁전인 보론초프 공의 알룹카 성에 짐을 풀었다.[1] 루스벨트 대통령은 더 이상 움직일 필요가 없도록 주된 논의가 벌어질 리바디아 궁전에 묵었다. 크림 반도에서의 전투와 독일군의 철수 동안 많은 부분이 파괴되면서 소련 당국은 사람들이 지낼 수 있도록 궁전들을 손보느라 배관 공사를 완전히 다시 하는 등 빠른 속도로 주요 공사를 마쳐야 했다. 전쟁이 한창이었지만 캐비어와 캅카스 샴페인이 나오는 연회로 손님들을 대접하기 위한 노력을 아끼지 않았다. 처칠은 이 으스스한 여름 별장의 해안을 "죽은 자들의 휴양지"[2]라고 불렀지만, 그조차 모든 방에 도청 장치가 설치되었을 거라는 의심은 하지 않았다. 그러나 NKVD는 지향

성 마이크로 정원 전체를 덮었다.

스탈린은 그날 오후 처칠을 방문해 붉은 군대가 곧 베를린에 입성할 수 있다는 인상을 주려고 애썼다. 그런 뒤 루스벨트 대통령에 대한 경의를 전했다. 루스벨트와 함께 있을 때면 그는 공손해졌고 상황을 설명하는 방식도 완전히 바뀌었다. 이제 스탈린은 독일의 저항이 강력하다는 점과 오데르강을 건너는 어려움을 강조했다. 루스벨트는 처칠이 아니라 자신이 소련의 지도자를 다루는 방법을 알고 있다고 확신했다. 스탈린은 여기에 장단을 맞추었다. 루스벨트는 그것이 스탈린의 신뢰를 얻는 것에 달려 있으며 처칠은 할 수 없는 일이라고 믿었다. 심지어 독일 침공의 방침에서 영국과의 견해차를 솔직하게 인정하기도 했다. 루스벨트가 아이젠하워 장군이 독일 최고 사령부와 직접 접촉해야 한다고 주장하자 스탈린은 열렬히 지지했다. 소련의 지도자는 미국의 솔직함 덕분에 이득을 봤지만 그에 상응하는 양보는 거의 없었다.

미국 수뇌부가 스탈린을 반대하지 않는 또 다른 이유가 있었다. 원자폭탄이 효과가 있을지 아직 알지 못했던 이들로서는 스탈린을 일본과의 전쟁에 필사적으로 끌어들이려 했다. 전쟁이 사실상 끝난 뒤 승전국으로서 전리품을 챙기러 참가하는 것이 스탈린에게 매우 큰 이익이라는 점은 미처 생각하지 못한 듯했다.

얼마 후 시작된 첫 회의에서 스탈린은 루스벨트 대통령이 회의 주재를 맡는 것이 어떻겠느냐고 정중하게 제안했다. 소련 지도자는 자신의 원수 제복을 입고 소비에트 연방 영웅 훈장을 달고 있었다. 줄무늬 바지는 부드러운 캅카스 가죽 부츠 안에 집어넣었다. 스탈린은 작은 키를 몹시 의식했기 때문에 부츠의 뒤축을 높였다. 또한 얼굴의 곰

보 자국이 드러나는 게 싫어 가능한 한 밝은 빛을 피했다. 공식 사진들은 그런 결점을 감추기 위해 상당 부분 보정된 것이었다. 소련군 총참모장 안토노프 장군이 상황을 인상적으로 설명했지만 미국과 영국의 참모총장들은 세부 설명이 부족하다는 것을 알아차렸다. 특히 영국인들은 연합국 사이의 정보가 일방통행인 것 같다고 느꼈다. 안토노프는 소련의 대공세 날짜가 미국과 영국을 돕기 위해 앞당겨졌다고 주장했다. 마셜 장군은 연합군의 폭격이 독일의 군수산업, 철도통신, 연료 보급에 미친 영향을 강조했다. 이 모든 것은 소련이 최근 거둔 성공에 크게 기여했다. 하지만 스탈린이 처칠의 말을 고의적으로 왜곡하면서 회의 분위기는 험악해졌고 이에 따라 루스벨트가 개입해야만 했다.

저녁 만찬에서도 대체로 우호적이던 분위기는 소련이 소국들의 권리를 완전히 무시하는 발언을 하자 다시 험악해졌다. 루스벨트는 분위기를 밝게 하려고 사람들이 스탈린을 "조 아저씨"라고 부른다고 말했다. 소련 외교관들로부터 이 호칭을 들은 적이 없던 스탈린은 저속하고 무례한 별명이라며 모욕감을 느꼈다. 이번에는 처칠이 상황을 풀기 위해 끼어들어 3대국을 위한 건배를 제안했다. 이 자축하는 표현에 스탈린은 응하지 않을 수 없었다. 하지만 그는 3대국이 세계의 운명을 결정하고 작은 나라들에겐 거부권이 없다는 점을 다시 강조하는 또 다른 기회로 이용했다. 루스벨트와 처칠 둘 다 함축된 의미를 읽지 못했다.

이튿날인 2월 5일 월요일 아침에 영미 연합참모본부가 안토노프 장군이 이끄는 소련군 최고 사령부 팀과 만났다. 최고 사령부는 특히 독일 사단들이 철수해서 헝가리로 가는 것을 막기 위해 이탈리아

전선에서 압박에 나서기를 원했다. 이 생각은 그 자체로만 본다면 지극히 타당하고 논리적이었지만 미국과 영국이 베를린에서 멀리 떨어진 남쪽에 더 힘을 쏟도록 하기 위한 소련의 시도일 수도 있었다. 하지만 미국 육군 참모총장 마셜 원수와 영국 육군 참모총장 앨런 브룩 원수 모두 최고 사령부에 자신들은 철도와 통신 거점들에 대한 공습 강화 외에는 독일의 부대들이 한 전선에서 다른 전선으로 이동하는 것을 막을 수 없다고 엄중히 공개적으로 경고했다.

회담의 가장 중요한 부분은 그날 오후와 이튿날에 진행되었다. 논의는 눈앞에 닥친 종전 시기와 패전국 독일의 처리 문제로 시작되었다. 승리는 여름 이후 언제든 찾아올 수 있었다. 루스벨트는 유럽자문위원회와 향후의 점령 지역들에 관해 이야기했다. 스탈린은 독일이 완전히 분할되길 원한다는 자신의 뜻을 분명히 했다. 루스벨트는 미군이 독일의 항복 이후 유럽에 2년 이상 남아 있지 않겠다고 예고 없이 발표해버렸다. 처칠은 남몰래 경악했다. 미국의 선언으로 스탈린은 더욱 고집불통이 될 것이었다. 전쟁으로 황폐해진 유럽은 공산주의자들의 난동에 저항하기에는 너무 약할 것이 분명했다.

또한 스탈린은 소련이 요구하는 100억 달러의 배상금에 대한 현물 선금조로 독일의 산업 시설을 해체해 가져갈 생각임을 분명히 했다. 스탈린이 회의에서는 언급하지 않았지만 새로 맞춘 대령 군복을 입고 몹시 어색한 모습의 소련 회계사들로 구성된 정부위원회가 각 부대의 진군을 바짝 따라가고 있었다. 그들의 임무는 "독일의 산업과 부의 체계적 몰수"[3]였다. 뿐만 아니라 각 군 본부의 NKVD 집단에는 가능한 한 소련의 병사가 노획한 판처파우스트로 문을 부수고 그 안의 모든 것을 망가뜨리기 전에 금고를 따는 일을 전문으로 하는 팀이 있었다. 스탈린은 금싸라기 한 알도 놓치지 않고 최대한 모든 노다지를 손에 넣겠다고 결심했다.

스탈린과 처칠 둘 다 열렬히 관심을 가진 사안 중 하나는 폴란드였다. 논쟁은 폴란드의 향후 국경 문제보다 폴란드 정부의 구성을 놓고 벌어졌다. 처칠은 영국이 1939년 9월에 참전했던 이유인 폴란드의 완전한 독립이 명예의 문제라고 선언했다.

스탈린은 대답에서 1939년에 맺은 나치-소련 협약의 밀약을 완곡하게 언급했다. 소련이 폴란드 동부와 발트해 국가들을 침공해 차지하는 것을 나치가 허락하고, 나치는 폴란드 서부를 점령한다는 내용이었다. 스탈린이 일어서면서 말했다. "이것이야말로 명예의 문제입니다. 러시아인들이 과거에 폴란드인들에게 많은 죄를 지었기 때문에 소련 정부는 보상을 하길 원합니다."[4] 소련이 폴란드에서 이미 탄압하던 중이라는 사실을 생각하면 파렴치하기 짝이 없는 말을 한 뒤 스탈린은 문제의 핵심으로 바로 들어갔다. "또한 안보의 문제입니다. 폴란드는 소련에게 가장 심각한 전략적 문제들을 제기하기 때문입니다. 역사를 통틀어 폴란드는 러시아를 공격하러 오는 적의 통로 역할을 해왔습니다." 그런 뒤 스탈린은 이를 막기 위해서는 폴란드가 강해져야 한다고 주장했다. "소련이 강력하고 자유로우며 독립된 폴란드의 탄생에 관심을 기울이는 이유는 이 때문입니다. 폴란드 문제는 소련에게는 생사가 걸린 사안입니다." 마지막 두 문장의 상호 모순은 분명했다. 공개적으로 언급되진 않았지만 소련은 완충지대로서 소련에 완전히 종속적인 폴란드 외에는 그 무엇도 받아들이지 않으려 했다. 처칠도, 루스벨트도 1941년 독일의 침공이 스탈린에게 준 충격과 다시는 또 다른 적의 기습을 받지 않겠다는 스탈린의 결심을 완전히 이해하지는 못하고 있었다. 누군가는 냉전의 기원이 이러한 충격적인 경험에 있다고 말할 수도 있을 것이다.

하지만 스탈린이 다가오는 베를린 전투에서 붉은 군대의 병참선을 확보할 필요성을 언급하자 처칠은 자신에게 승산이 없음을 깨달았다. 소련의 지도자는 손에 쥔 카드들을 영리하게 활용했다. 임시 '바르샤바 정부', 미국과 영국이 여전히 '루블린 정부'라고 부르는 NKVD의 통제를 받는 공산주의자들을 스탈린은 이렇게 칭하면서 이미 존재하고 있으며 높은 대중적 지지를 받고 있다고 주장했다. 스탈린은 민주주의와 관련해서는 런던의 폴란드 망명 정부가 프랑스에서 드골이 누리는 것만큼 민주적인 지지를 받지 못한다고 주장했다. 처칠이 스탈린이 보내는 무언의 메시지, 즉 '당신은 폴란드에서 나를 방해해서는 안 된다. 나는 프랑스 공산당을 휘어잡고 있다. 당신네 병참선은 프랑스에서 공산주의자들이 주도하는 저항 운동의 방해를 받지 않았다'라는 것을 제대로 해독했는지는 분명하지 않다.

서로의 세력권에 대한 요점을 상기시킬 요량으로 스탈린은 엉큼하게도 그리스의 상황이 어떤지 물었다. 소련의 지도자는 발칸반도에서 세력권을 나누는 지난 10월 소위 '퍼센트 합의'를 바탕으로 그리스에서 문제를 일으키지 않는 대신 영국의 지배권을 존중하는 데 동의했다. 얄타에서 스탈린은 폴란드와 프랑스에 대해서도 퍼센트 합의의 연장선상에서 검토되어야 한다는 신호를 보낸 것으로 보이지만 영국 총리는 스탈린의 신호를 제대로 알아차리지 못했다. 앨런 브룩 원수는 처칠이 받아들이지 못하는 것이 많다고 생각했다.

스탈린은 압박을 늦추지 않았다. 그는 212명의 소련 병사가 폴란드인들에게 목숨을 잃었다고 주장했다. 처칠은 폴란드의 반공주의 저항 조직인 국내군의 붉은 군대에 대한 공격은 용납할 수 없다는 데 어쩔 수 없이 동의해야 했다. 처칠은 후방 지역의 경계를 책임진 NKVD가 지하 조직의 일원은 누구든 체포하고 가끔 고문도 해 동료들의 이름과 무기고의 위치를 털어놓도록 한다는 사실을 알지 못했다. 개입하기에는 몸이 너무 아프고 지쳤던 루스벨트는 폴란드에서의 자유선거만 주장할 수 있었다. 하지만 나라가 전적으로 소련의 손아귀에 들어가 있는 상황에서 이것은 비현실적인 희망이었다. 수석 보좌관 해리 홉킨스는 루스벨트의 건강이 정상이었다면 거론된 내용의 절반 이상을 받아들이지 않았을 것이라고 추정했다.

스탈린은 자신이 이겼다고 확신했다. 소련 대표단은 자신들의 폴란드 지배에 더 이상의 도전이 없다고 판단하자마자 미국이 제시한 유엔의 투표 방식에 대한 반대를 갑자기 중단했다. 미국의 또 다른 주요 관심사, 즉 스탈린이 독일 패전 뒤 가능한 한 빨리 대일 전쟁에 참전하겠다는 약속은 2월 8일의 비공개 회의에서 결정되었다.

소련 지도자는 승리했지만 자비롭지는 않았다. 또 다른 회의에서 처칠이 독일을 희생시켜 폴란드 국경에 그처럼 대규모 변화를 일으키면 엄청난 인구 이동이 일어날 것이라고 우려를 표하자, 스탈린은 그런 건 문젯거리가 아니라고 되받아쳤다. 그는 붉은 군대를 피해 달아나고 있는 독일 난민들의 거대한 물결에 대해 의기양양하게 떠들었다.

소련군의 역량은 얄타 회담이 끝나고 이틀 뒤인 2월 13일 부다페스트의 함락[5]으로 다시 확인되었다. 도시를 점령하기 위한 끔찍한 전투의 끝은 광란의 살인, 약탈, 파괴, 강간으로 얼룩졌다. 하지만 히틀러는 여전히 제6친위기갑군으로 헝가리에서 반격하길 원했다. 그는 톨부힌 원수의 제3우크라이나전선군을 격파하길 바랐지만, 아르덴 대공세에서 남은 마지막 칩 몇 개를 테이블에 던져버리는 상습 도박꾼의 짓과 다를 바 없었다.

그날 밤 영국은 드레스덴을 폭격했다. 잿더미의 수요일이던 이튿날 아침 미군 항공대가 그들의 진로를 그대로 따라가면서 몇몇 더 작은 표적들을 공격했다. 철도망을 파괴해 독일군의 이동을 방해하겠다는 소련 최고 사령부와의 약속을 신속하게 수행하려는 의도였다. 작센주의 아름다운 수도인 드레스덴은 그 전에는 심각한 폭격을 받은 적이 없었다. 드레스덴 사람들은 농담 반 진담 반으로 이 도시에 처칠의 친척 아주머니가 살고 있어서 폭격을 받지 않는 것이라는 농담을 하곤 했다. 하지만 13일과 14일의 공격은 무자비했다. 그 결과는 어떤 면에서는 함부르크 화염 폭풍 공격과 맞먹었다. 하지만 드레스덴은 동부에서 온 최대 30만 명에 달하는 피란민들로 인구가 늘어나 있었다. 피란민으로 가득 찬 기차 몇 대가 중앙역에 갇혔다. 비극적인 점은 기차에 탄 사람들이 소련군 정보부가 주장한 것처럼 드레스덴을 거쳐 전선으로 가던 병사들이 아니라 반대 방향으로 가던 민간인들이었다는 사실이다.

괴벨스는 이 소식을 듣고 분노로 몸을 떨었다고 한다. 그는 공격으로 죽은 민간인의 수만큼 전쟁 포로들을 처형하고 싶어했다.[6] 히틀러는 이 생각에 솔깃했다. 그런 극단적 조치는 서방 연합국의 면전에서 제네바 협정을 파기하는 방법이었다. 또한 독일 병사들이 끝까지 싸우도록 만들 것이었다. 하지만 요들 장군이 리벤트로프, 카이텔 육군 원수, 되니츠 대제독의 도움을 받아 그런 폭력의 악순환은 독일에 더 나쁜 결과를 낳을 것이라며 히틀러를 설득했다. 한편 괴벨스는 이 '테러 공격'에서 그가 얻을 수 있는 것을 전부 얻어냈다. 그는 드레스덴에 친척이 있는 병사들에겐 특별 휴가[7]를 주겠다고 약속했다. 한스-디트리히 겐셔는 드레스덴을 방문했다가 돌아온 일부 병사를 기억했다. 그들은 자신들이 본 것에 관해 말하기를 꺼렸다.

서부 전선에서 미국과 영국은 붉은 군대만큼 빠르게 전진하지 못했다. 얄타 회담 중에 시작된 라인란트 전투 역시 느리고 신중하게 진행되었다. 아이젠하워는 서두르지 않았다. 그는 해빙[8] 때문에 5월 초까지 라인강을 건너지 못할 것이라고 생각했다. 아이젠하워의 군대가 라인강 서쪽 둑에서 준비되기까지 또다시 6주가 걸렸다. 오직 레마겐에서만 기적과도 같이 라인강의 철교를 손상 없이 점령한 덕분에 계획을 빨리 진행시킬 수 있었다.

아이젠하워는 자신의 체계적인 광정면 전략대규모의 병력을 동원, 되도록 넓은 지역에서 적과 접촉을 유지해 적이 예상되는 돌파 구역으로 병력을 이동할 수 없도록 견제한 후, 기계화 및 기병부대를 좁은 지역에 집중시켜 적의 방어선을 돌파하고 종심 깊게 전진한다는 전략에 대해 영국의 비판이 쏟아지자 몹시 화가 났다. 처칠, 브룩, 몽고메리 원수는 모두 베를린으로 나아가기 위한 강력한 돌파구를 마련하길 원했다. 명분은 주로 정치적이었다. 붉은 군대가 도착하기 전에 베를린을 점령하면 스탈린과의 힘의 균형을 회복하는 데 도움이 될 것이다. 그와 더불어 군사적으로도 독일 수도를 점령한다면 독일군의 저항에 심리적인 치명타를 입히고 전쟁을 단축시킬 것이라고 여겼다. 하지만 독일의 심장부를 한 번에 치고 들어가자는 영국의 주장에 몽고메리 원수가 밉살스러운 짓으로 훼방을 놓았다. 1월 첫 주가 끝날 무렵 몽고메리는 아르덴에서 독일군을 물리친 것을 놓고 자신이 한 역할보다 더 높은 평가를 받으려고 애썼다. 이 어리석고 불쾌한 실수는 당연히 미 장군들을 격분시켰고 처칠을 크게 당황하게 만들었다. 이 일은 독일 북부를 거쳐 베를린을 치는 주요 공세의 지휘를 몽고메리에게 맡기자고 아이젠하워를 설득하는 데 확실히 도움이 되지 않았다.

최고 사령관 아이젠하워는 전후 세계를 생각하는 것은 자신의 임무가 아니라고 고집했다. 그의 임무는 가능한 한 적은 사상자를 내면서 전쟁을 효과적으로 끝내는 것이었다. 그는 영국이 전후 정치 문제로 현재의 군사 전략을 좌우하려 한다고 느꼈다. 아이젠하워는 스탈린이 1월 공세를 앞당기기 위해 애쓴 것에 진심으로 감사를 전했지만, 얄타 회담 전에 폴란드를 확보하려는 스탈린의 속셈에는 깜깜했다.

미국의 정책 입안자들은 어떤 식으로든 스탈린을 자극하길 원치 않았다. 런던 주재 미국 대사 존 G. 위넌트는 유럽 자문위원회에서 점령 지역들에 대해 논의할 때 소련 측과의 관계를 망칠까봐 베를린으로의 육상 통로 문제를 제기하는 것조차 거부했다. 스탈린을 달래는 정책은 고위층에서 나왔고 널리 받아들여졌다. 아이젠하워의 정치 자문인 로버트 머피는 루스벨트에게서 "가장 중요한 건 러시아인들이 우리를 신뢰하게 하는 것이다"라는 말을 들었다. 스탈린에게 이보다 더 적합한 방식은 없었다. "내가 스탈린을 다룰 수 있다"[9]는 루스벨트의 주장은 로버트 머피가 인정한 대로 개인적 우정이 국가 정책을 결정할 수 있다는 "너무나 만연한 미국식 이론"의 일부였다. 그는 "소련의 정책 입안자와 외교관들은 그런 이론에 따라 일하지 않는다"라고 덧붙였다. 스탈린의 비위를 맞추려는 미국의 열망이 그를 얼마나 민어야 하는가라는 문제를 가리게 했다. 게다가 그는 국제법을 존중하지 않았다. 몹시 태연하게도 중립국인 스위스를 거쳐 독일을 침공하기 위해서 "지크프리트선을 측면 공격해야 한다"[10]고 제안하기도 했다.

소련의 분노는 미국과 영국이 상대적으로 덜 고통받았다는 사실에서 비롯됐다. 나치 독일 역시 연합국 포로들을 붉은 군대의 포로들과 완전히 다른 방식으로 다루었다. 토룬 근방에 있던 전쟁포로수용소의 해방에 관한 제1벨라루스전선군의 보고서는 근본적인 차이를 강조했다. 미국인, 영국인, 프랑스인 수감자들은 건강한 모습이었다. 보고서는 "그들은 전쟁 포로라기보다는 휴가 중인 사람들처럼 보였다"[11]라고 썼다. "반면 소련인 포로들은 담요를 걸친 쇠약한 모습이었다." 서방 연합국의 포로들은 노동을 강요받지 않았고 축구가 허락되었다. 또한 적십자사에서 온 음식 꾸러미를 받을 수 있었다. 반면 수용소의 다른 구역에서는 "1만7000명의 소련인 포로들이 살해되거나 굶주림 혹은 질병으로 사망했다. 소련 포로들을 위한 '특별 식이요법'은 하루에 300그램의 빵 대용품과 썩은 사료용 사탕무로 만든 1리터의 수프가 전부였다. 건강한 포로들은 참호를 파야 했고 몸이 약한 사람들은 살해당하거나 산 채로 매장되었다." 그러나 XXA 포로수용소[12]에 있던 영국인 포로들은 그곳 생활이 휴가 캠프와는 거리가 멀었고 배급받은 식사가 소련 포로들이 받은 것보다 사실상 나을 게 없었지만 적십자사에서 나온 음식 꾸러미로 아사를 면했다고 주장했다.

소련군 포로들은 붉은 군대 출신 '배신자'들의 감시를 받았다. 더 나은 배급을 주겠다고 약속해 모집한 사람들이었다. 이 자원자들은 "독일인보다 더 잔인하게 소련인 전쟁 포로들을" 다루었다. 간수 중 일부는 볼가(독일계) 러시아인이었다는 말도 있었다. 그들은 포로들의 옷을 벗긴 뒤 개를 풀어 달려들게 했다. 독일군은 포로들에게 전 소련 병사들로 이루어진 국방군인 블라소프의 러시아해방군에 합류하도록 설득하기 위한 "대대적인 선전활동"을 한 것으로 보였다. 한 포로는 "많은 우크라이나인과 우즈베키스탄인이 독일군에게 매수되었다"고 증언했다. 그는 '전 당원' '전 상위'라고 불렸다. 붉은 군대의 병사들은 오직 포로로 잡혔다는 이유만으로 모든 지위를 박탈당했기 때문이다.

소련 포로들에 대한 처벌 중에는 최대 7시간에 걸쳐서 앉았다가 일어서는 것이 있었다. 이렇게 하고 나면 "포로는 완전히 불구가 되었다". 또 포로들은 층계참마다 고무 곤봉을 들고 서 있는 간수들이 지켜보는 가운데 계단을 뛰어서 오르락내리락해야 했다. 또 다른 수용소에서는 부상당한 장교들을 겨울에 샤워기 아래에 세우고 차가운 소나기를 퍼부어서 저체온증으로 죽게 내버려뒀다. 소련 병사들은 거대한 삼각뿔 형태의 가대에 양쪽 다리를 벌리고 앉혀서 묶어놓는 18세기 고문인 '삼각목마' 고문을 당하기도 했다. 어떤 병사들은 친위대 경비병들의 사격 연습을 위해 살아 있는 표적[13]이 되어 달려야 했다. 또 다른 벌은 '아흐퉁Achtung!'이라 불렸다. 옷을 벗긴 소련 포로를 조련사들이 붙들고 있는 군견 두 마리 사이에 앉히고 포로가 "아흐퉁! 아흐퉁! 아흐퉁!"이라고 고함 치게 하고 고함을 중단하면 곧 개가 달려들게 하는 처벌이었다. 포로들이 빠른 속도로 오리걸음으로 걷는 '스포츠 행진'을 한 뒤 쓰러졌을 때도 개를 이용했다. 소련 병사들이 근래에 진군하면서 독일 포로들에게 비슷한 짓을 한 것은 이런 처벌에 대한 소문을 들었기 때문일 것이다. 포로로 붙잡혔다가 탈출한 영국의 한 공군 조종사는 제1우크라이나전선군의 한 부대에 구출되었을 때 나치 친위대의 한 젊은 병사가 자신을 붙잡은 러시아인들을 위해 강제로 피아노를 치고 있는 모습을 보았다.[14] 러시아인들은 연주를 멈추는 순간 처형하겠다고 손짓으로 분명하게 알렸다. 그는 16시간 동안 가까스로 피아노를 치다가 흐느끼면서 건반 위로 쓰러졌다. 러시아군은 그 병사의 등을 때린 뒤 밖으로 끌고 나가 총을 쏘았다.

붉은 군대는 분노와 환희가 격렬하게 뒤섞인 채 독일 영토로 입성했다. 그로스만은 "누구나 독일 하모니카를 가진 것처럼 보였다.[15] 병사들로서는 덜커덩거리는 차나 수레에서 유일하게 연주할 수 있는 악기였기 때문이다"라고 썼다. 또한 그들은 전우들을 애도했다. 포병이었던 야코프 지노비예비치 아로노프는 2월 19일 쾨니히스베르크 근방에서 목숨을 잃었다. 죽기 직전 그는 집으로 병사들이 쓰는 전형적인 편지를 썼다. "우리는 적을 무찌르고 쳐부수고 있어요. 적들은 상처 입은 짐승처럼 은신처로 달아나고요. 저는 아주 잘 살고 있고 살아 있으며 건강해요. 적을 무찌르고 가족들에게 돌아갈 생각뿐이에요."[16] 그의 또 다른 편지는 더 많은 것을 말해준다. 그를 이해해줄 전우에게 보내는 편지였기 때문이다. "난 삶을 너무나 사랑해. 나는 아직 오래 살지 않았어. 겨우 열아홉 살이야. 나는 종종 눈앞에서 죽음을 목격하고 죽음과 싸워. 나는 싸웠고 지금까지는 승리를 거두고 있어. 난 포병 정찰병이고 넌 그게 어떤 것인지 상상할 수 있을 거야. 간단히 말하면, 나는 수시로 내 포대의 포격을 조정하고 그 포탄이 표적에 명중할 때에만 희열을 느껴."

아로노프의 가장 가까운 친구는 죽은 병사의 누이 이리나에게 그가 "프로이센의 어느 안개 낀 아침"에 죽었다고 편지를 썼다. 두 사람은 비텝스크에서 쾨니히스베르크까지 쭉 함께 싸웠다. "그러니 이리나,

전쟁은 많은 친구를 떼어놓고 엄청난 피를 흘리게 했지만 우리 전우들은 형제와 친구들을 위해 히틀러의 뱀들에게 그들의 피로 복수하고 있어." 아로노프의 시신은 전우들이 "숲 가장자리"에 묻어주었다. 아마 그 자리에는 다른 묘들과 마찬가지로 작은 빨간색 천 조각을 묶은 막대를 꽂아 표시했을 것이다. 그리고 나중에 사명감 있는 정착민들에게 발견되면 막대는 작은 나무 명판으로 바뀌었을 것이다. 묘지에 다시 묻기에는 너무 많은 시신이 너무 넓은 지역에 퍼져 있었다.

붉은 군대의 병사들은 고향으로 돌아가려 애쓰는 노예 노동자들과의 만남에서도 영향을 받았다. 상당수는 머릿수건을 이마에 두르고 체온 유지를 위해 다리에 임시변통 각반을 찬 농민 여성들이었다. 극작가 아그라넨코 대위는 동프로이센에서 여자들이 가득 탄 수레와 마주쳤다. 그가 누군지 묻자 그들은 우호적인 목소리로 몹시 기뻐하며 "우리는 러시아인입니다. 러시아인이에요"[17]라고 대답했다. 아그라넨코는 여자들 한 명 한 명과 악수했다. 한 나이 든 여자가 갑자기 눈물을 흘리기 시작하더니 "누군가가 나와 악수한 건 3년 만에 처음이에요"라면서 운 이유를 설명했다.

아그라넨코는 또한 오렐에서 온 타티야나 힐차코바라는 아름다운 여인도 만났다. 그녀는 태어난 지 두 달 된 아기를 데리고 고향으로 돌아가던 중이었다. 그녀는 독일의 노예 노동자 수용소에서 한 체코인을 만나 사랑에 빠졌다. 둘은 혼인 서약을 했지만 붉은 군대가 도착하자마자 그 체코인은 독일인 편에서 싸우겠다고 자원했다. "타티야나는 그의 주소를 모른다. 그도 그녀의 주소를 모른다. 그리고 전쟁이 그들을 다시 만나게 할 일은 없을 것 같다." 더 안타까운 사실은 아마도 그녀가 고향인 오렐로 돌아가면 외국인과 사귀었다는 이유로 고통을 겪을 것이라는 점이다.

이제 소련 최고 사령부의 주된 관심사는 주코프의 제1벨라루스전선군과 로코솝스키의 제2벨라루스전선군의 좌익 사이에 있는 '발트해의 발코니'를 가로지르는 넓은 틈새였다. 2월 6일에 스탈린이 얄타에서 주코프에게 전화를 걸었다. 그는 주코프에게 뭘 하고 있는지 물었다. 주코프는 새로운 오데르 교두보에서 베를린으로 진군하는 것을 의논하기 위해 군사령관들과 회의를 하던 중이라고 대답했다. 그는 주코프가 시간을 낭비하고 있다며 쏘아붙였다. 그들은 오데르강에서 전열을 강화한 뒤 북쪽으로 방향을 돌려 로코솝스키와 합류해야 했다.

스탈린그라드 이후 주코프를 증오하기 시작한 것이 분명한 제8근위군 사령관 추이코프는 그가 베를린으로 밀고 나가겠다고 했으면서도 강력하게 밀고 나가지 않았다는 이유로 경멸감을 드러냈다. 격렬한 논쟁은 전후에도 한참 이어졌다. 추이코프는 2월 초에 재빨리 진격했다면 베를린을 저항 없이 손에 넣었을 거라고 주장했다. 하지만 주코프를 비롯한 동료들은 우익의 노출로 북쪽에서 독일군의 반격을 받을 수 있음은 물론이고 한계에 직면한 병사들과 심각한 보급 부족 때문에 위험이 너무 크다고 느꼈다.

동프로이센에서는 독일군이 포위되기는 했지만 아직 패배하지는 않았다. 1월 말에 달아나지 못한 제4군의 남은 병사들은 프리셰스하프를 등진 하일리겐바일 포켓에서 압박을 받았다. 이들을 지원하기 위해 발트해에서 비스와곶의 모래톱과 얼어붙은 석호 너머로 순양함 아드미랄 셰어호와 뤼초우호가 거포를 쏘았다.

쾨니히스베르크의 제3기갑군 잔존 부대들은 잠란트반도와 단절되었지만 2월 19일에 양쪽에서의 합동 공격으로 육로를 열 수 있었다. 이후 그곳을 힘들게 지켜냈다. 잠란트반도 끝에 있는 작은 항구에서 민간인과 부상병들을 대피시키는 작업이 강화되었다. 하지만 빌헬름 구스틀로프호와 다른 피란선들이 어뢰 공격을 당한 뒤 많은 민간인은 배를 타고 떠나는 것을 두려워했다. 2월 12일 새벽에는 병원선 게네랄 폰 슈토이벤호가 2680명의 부상병을 싣고 필라우를 출발한 뒤 어뢰 공격을 받았다. 배에 있던 이들 거의 전부가 익사했다.

한편 제2군은 비스와강 하류와 어귀 쪽으로 밀려난 뒤 단치히와 그드니아항을 수비했다. 제2군은 힘러의 비스와집단군의 좌익을 형성했다. 중앙인 포메라니아 동부에서는 새로이 제11친위기갑군이 결성되었다. 오데르강에서 힘러의 우익은 폴란드 서부에서 참패한 부세 장군의 제9군의 잔존 부대로 구성되었다.

힘러는 자신의 '야전사령부'로 정한 호화로운 특별 열차 슈타이어마르크 밖으로 나오는 일이 거의 없었다. SS제국지도자는 이제 군사령관의 책임이 자신이 생각했던 것보다 훨씬 더 부담스럽다는 사실을 깨달았다. 아이스만 대령은 "그는 군대의 지도자로서 확신을 갖지 못한 채 자기주장은커녕 히틀러에게 전황을 단호하게 설명지도 못했다"[18]라고 썼다. 힘러는 총통과의 회의에서 신경쇠약이 되어 돌아오곤 했다. 참모 장교들은 두려움을 주는 존재인 힘러가 그토록 두려워하는 역설이 그다지 즐겁지 않았다. 히틀러에 대한 그의 '비굴한 태도'와 그의 군대가 처한 처참한 상태를 인정하는 데 대한 두려움이 "심각한 피해를 일으키고 엄청나게 많은 피를 불필요한 대가로 치르는 원인"이 되었기 때문이다.

총통 특유의 호전적이고 진부한 생각에서 도피처를 찾고자 했던 힘러는 더 많은 반격을 거론했다. 데멜후버의 대실패 후에 힘러는 소위 제11친위기갑군을 편성하기로 결심했다. 초창기에는 비스와집단군을 통틀어도 기갑 전력은 정수에 미치지 못하는 세 개 기갑 사단밖에 없었다. 가용한 전력만으로는 기껏해야 군단에 불과했지만 아이스만의 표현에 따르면 "기갑군이라고 부르면 더 그럴싸해 보이는 법"[19]이었다. 하지만 힘러에게는 제11친위기갑군을 설립할 또 다른 동기가 있었다. 새로운 부대가 만들어지면 참모부와 야전사령부의 무장친위대 장교들을 승진시킬 수 있었기 때문이다. 상급집단지도자(병과대장)인 슈타이너가 기갑군 사령관으로 임명되었다. 노련한 군인인 슈타이너를 앉힌 건 친위대의 다른 고위 간부들보다 분명 훨씬 더 나은 선택이었지만 그가 맡은 임무는 결코 호락호락하지 않았다.

동프로이센 가장자리에 통로를 열기로 결심한 구데리안 장군은 2월 첫 주에 열린 상황회의에서 야심 찬 작전이 필요하다고 주장했다. 그날 그는 일본 대사와 이른 점심을 먹으면서 몇 잔의 음주를 한 덕분에 평소보다 훨씬 더 거침없이 말했다.[20] 구데리안은 베를린 남쪽의 오데르강에서 협공 작전을 벌이고 주코프의 선두 부대들을 차단하기 위해 포메라니아에서 공격하길 원했다. 충분한 병력을 모으기 위해서는 쿠를란드와 그 밖의 지역에 헛되이 갇혀 있는 더 많은 사단을 해로를 통해 다시 데려와야 했고 헝가리에서의 공격을 미루어야 했다. 히틀러는 또다시 반대했다.

구데리안은 고집을 부렸다. "제가 고집불통이라서 계속 쿠를란드에서의 철수를 제안하는 게 아니라는 제 말을 믿으셔야 합니다. 저는 예비 병력을 모을 다른 방법이 우리에게 남아 있지 않다고 생각합니다. 예비 병력이 없으면 수도를 지킬 희망은 없습니다. 저는 오로지 독일을 위해 행동하고 있다는 것을 분명하게 말씀드립니다."[21] 그러자 히틀러는 벌떡 일어서며 분노로 부들부들 떨기 시작했다. "감히 장군이 어떻게 내게 그런 말을 할 수 있소?" 히틀러가 고함을 질렀다. "장군은 내가 독일을 위해 싸우고 있지 않다고 생각하는 거요? 내 전 생애는 독일을 위한 하나의 긴 투쟁이었소!" 초센에 새로 온 작전 장교이던 데메지에르 대령은 그런 언쟁을 본 적이 없어서 충격에 휩싸인 채 서서 육군 참모총장을 염려했다. 괴링이 히틀러의 광분을 끝내기 위해 구데리안을 방 밖으로 데리고 나가 커피를 찾는 동안 모든 사람은 마음을 가라앉혔다.

구데리안이 가장 두려워한 일은 동프로이센과 포메라니아의 연결을 유지하는 제2군이 고립될 위기에 처했다는 사실이었다. 따라서 그는 '발트해의 발코니'에서 남쪽을 향한 국지적 공세를 주장했다. 주코프의 우익을 공격하면 당장 있을 소련의 베를린 공격 시도를 막을 수 있었다. 2월 13일 총통 관저에서 마지막 작전회의가 열렸다. 비스와집단군 총사령관 힘러와 최상급집단지도자 요제프 디트리히가 참석했다. 구데리안도 매우 유능한 부관인 벵크 장군을 데리고 왔다. 구데리안은 이틀 뒤에 작전을 시작하길 원한다고 처음부터 명확하게 밝혔다. 힘러는 연료와 탄약이 아직 전부 도착하지 않았다면서 반대했다. 히틀러는 힘러를 지지했다. 또다시 총통과 육군 참모총장은 언쟁을 벌였다. 구데리안은 벵크가 작전을 지휘해야 한다고 주장했다.

"SS제국지도자는 혼자서 충분히 공격을 수행할 수 있소."[22] 히틀러가 말했다.

"SS제국지도자는 직접 공격을 통제하는 데 요구되는 경험도 없고 충분히 유능한 참모도 곁에 없습니다. 그러니 벵크 장군이 반드시 있어야 합니다.”

“내게 SS제국지도자가 자신의 임무를 수행할 능력이 없다고 말하는 건 용납하지 않겠소.”

언쟁은 오랜 시간 맹렬히 계속되었다. 히틀러는 화가 나서 말 그대로 악을 쓰고 고함을 쳤다. 구데리안은 철모를 쓴 철의 재상 비스마르크의 초상화를 올려다보며 이 나라를 세우는 데 일조한 그가 지금 벌어지고 있는 일들을 어떻게 생각할지 궁금했다. 구데리안에게는 놀랍게도 히틀러가 왔다 갔다 하던 걸음을 갑자기 멈추더니 힘러에게 벵크 장군을 그날 밤 그의 본부에 합류시켜 공격을 지휘하게 하라고 말했다. 그런 뒤 히틀러는 다시 자리에 털썩 앉아 구데리안을 보며 미소 지었다. “이제 회의를 이어나갑시다. 오늘은 참모들이 이겼소.” 나중에 대기실에서 구데리안은 카이텔이 자신 때문에 총통이 뇌졸중을 일으켰을 수 있다고 항의하는 것을 못 들은 척했다. 그는 자신의 지엽적인 승리가 오래가지 않을까봐 걱정했다.

2월 6일, 스타르가르트 기갑전이라고도 불리는 포메라니아 공격이 벵크의 지휘 아래 시작되었다. 1200대가 넘는 전차가 할당되었지만 수송 열차가 부족했다. 규모가 줄어든 기갑사단조차 병사들과 차량을 옮기기 위해 50량의 기차가 필요했다. 훨씬 더 심각한 문제는 탄약과 연료 부족이었다. 현재 보유량으로는 겨우 사흘 동안만 버틸 수 있었다. 아르덴 대공세에서 교훈을 얻지 못한 셈이었다.

육군 참모 장교들은 ‘후자렌리트(경기병의 돌격)’라는 작전명을 붙이려 했다. 명칭 자체가 이번 공격이 급습에 지나지 않음을 인정하는 것이었다. 하지만 나치 친위대는 훨씬 더 극적인 느낌의 ‘존넨벤데(동지冬至)’를 고집했다. 작전이 막상 시작되고 나서는 갑자기 날씨가 풀려 장갑차들이 진창에 빠졌기 때문에 경기병의 돌격과도 거리가 멀었다. 동지도 아니었다. 전세의 변화는 거의 없었다. 제2근위전차군이 반격을 가하자, 독일군은 전차의 막대한 손실을 감당하지 못했다.

가장 고위급 부상자는 벵크 장군이었다. 그는 2월 17일 밤 총통에게 브리핑을 한 뒤 사령부로 돌아가던 중 운전대를 잡고 졸다가 사고가 나서 중상을 입었다.[23] 그의 자리는 바르바로사 작전 전에 모스크바에서 대사관 무관을 지낸 똑똑한 참모 장교인 크렙스 장군이 이어 받았다. 그러나 소련의 반격을 물리치려는 시도는 이틀 뒤에 포기해야 했다. 왜냐하면 이번 작전을 지지할 수 있는 이유는 시간을 번다는 것뿐이었기 때문이다. 한편 크렘린은 이 작전으로 포메라니아의 해안선이 확보될 때까지 베를린으로의 신속한 돌진은 불가능하다는 사실을 확신했다.

히틀러가 '요새' 도시들을 지정하고 포위된 병력이 도시에서 철수하는 걸 금지한 조치는 강요된 희생이자 헛된 고통이었고 독일의 자멸을 초래했다. 그는 독일 공군이 포위된 도시들에 물자를 보급할 비행기와 연료가 부족해 그들에게 희망이 없다는 사실을 알고 있었다. 히틀러의 고집 때문에 비스와집단군은 노련한 병사들만 잃어야 했다.

쾨니히스베르크와 브레슬라우는 버텼지만 히틀러가 요새나 방파제로 지정한 다른 도시들은 금세 무너졌다. 포메라니아 남부에서 가장 작고 가장 방어가 약하던 슈나이데뮐은 필사적인 수비전 뒤에 함락되었다. 히틀러조차 불평하지 않고 사령관과 부사령관에게 기사 철십자 훈장을 수여했을 정도다. 나흘 뒤인 2월 18일, 존넨벤데 작전이 수렁에 빠진 순간 추이코프 장군이 포즈난 요새를 급습하라는 명령을 내렸다. 추이코프의 제7군은 스탈린그라드에서 그러했듯 폭격에 앞서 항복만이 목숨을 건지고 집으로 돌아갈 유일한 방법이라는 메시지가 섞인 음악을 확성기로 내보냈다. 독일 병사들은 자신들이 이제 최전선에서 200킬로미터 이상 떨어져 있어 달아날 희망은 없다는 이야기를 들었다.

공성포가 9일 전부터 적을 약화시키기 시작했지만, 2월 18일 아침 1400문의 대포와 박격포, 카추샤 다연장 로켓포가 4시간의 포격을 준비했다. 소련의 급습부대들은 폭발을 동반한 화재 때문에 지붕이 무너진 요새 안으로 들어가서 싸웠다. 건물에서 저항이 계속되면 203밀리 곡사포를 가져와 개방형 조준으로 벽을 무너뜨렸다. 화염방사기를 분사하고 폭약을 환기구에 투하했다. 항복하려는 독일 병사들은 그들의 장교에게 총을 맞았다. 하지만 끝은 금방 다가왔다. 2월 22일에서 23일로 넘어가는 밤에 에른스트 고멜 소장이 자신의 방에 나치 깃발을 펼쳐놓고 그 위에 누워 권총으로 자살한 것이다. 남은 병사들은 항복했다.

브레슬라우 포위 공격은 훨씬 더 오래 이어졌다. 심지어 베를린이 함락된 뒤까지 버텼다. 그 결과 가장 끔찍한 전장 중 하나가 되었다. 광적으로 충성스러운 대관구 지도자 한케는 슐레지엔의 주도를 정복되도록 내버려두지 않기로 결심했다. 1월 말 확성기를 단 밴을 이용해 여성과 아이들에게 도시에서 달아나라고 명령한 사람이 한케였다. 달아나다 얼어 죽은 사람들은 전적으로 그의 책임이었다.

브레슬라우에는 식량이 충분했지만 탄약은 거의 없었다. 낙하산으로 탄약을 보급하려는 시도는 공군 자원의 극심한 낭비였다. 중부

집단군 총사령관인 쇠르너 상급대장은 수비대를 보강하기 위해 2월 말 제25공수연대 일부를 증파하기로 결정했다. 연대장은 착륙할 곳이 없다고 격렬하게 항의했지만, 2월 22일 1개 대대가 베를린 남쪽의 위터보크에서 융커스52 수송기에 탔다. 한밤중에 비행기는 브레슬라우에 접근했다. 뒷날 공수부대원 중 한 명은 "도시 위에서 큰 화재를 볼 수 있었고 우리는 격렬한 대공 포화에 맞닥뜨렸다"[24]라고 썼다. 무선통신 장치가 대공포탄을 맞아 지상관제소와 연락이 끊어지는 바람에 그들은 드레스덴 근방의 비행장에 착륙했다. 이틀 뒤 다시 한번 시도했다. 공수부대원들이 착륙지를 찾으려 애쓰며 불타는 도시 상공을 20분 선회하는 동안 소련의 대공 포화는 전보다 훨씬 더 격렬하게 불을 뿜었다. 비행기 세 대를 잃었고 그중 한 대는 공장 굴뚝과 충돌했다.

쇠르너 장군의 '공포를 통한 힘' 정책을 뒷배 삼아 자행된 한케의 징계 조치는 가혹했다. 처형이 무분별하게 남용되었다. 심지어 열 살짜리 아이도 소련의 공습과 포격 아래에서 도시의 활주로를 정리하는 일에 투입되었다. "가련한 목숨을 부지하려고"[25] 항복을 시도한 사람들은 사형 선고를 받아 즉각 집행되었다. 그들의 가족에게도 "단호한 조치"가 취해졌다. 쇠르너는 "거의 4년에 걸친 아시아 전쟁[독소전쟁]이 전선의 병사들을 완전히 바꿔놓았다"[26]고 주장했다. "전쟁이 그들을 단련시키고 볼셰비키와의 싸움에서 광신적으로 만들었다. 동부 전투가 정치군인을 키웠다."

알타에서 스탈린이 동프로이센과 슐레지엔의 주민들이 달아났다고 너스레를 떤 것은 아직까지는 사실이 아니었다. 여전히 아주 많은 사람이 포위된 도시들에 갇혀 있었다. 동프로이센의 독일 민간인들 또한 쾨니히스베르크건, 하일리겐바일 포켓에서건, 필라우항에서 배를 타고 떠나려 하건, 서쪽으로 걸어서 달아나건, 집에 남아 있건 끊임없이 고통을 받았다. 2월에 날씨가 풀리면서 비스와곶의 얼음은 걸어서만 건널 수 있었고 수레는 지나갈 수 없었다. 단치히, 포메라니아 쪽인 서쪽으로 가는 출구는 아직 열려 있었다. 하지만 제1벨라루스전선군이 발트해까지 뚫고 오는 건 시간문제라는 사실을 모르는 사람은 아무도 없었다.

베리야는 스메르시의 고위 장교로부터 쾨니히스베르크로 달아난 "동프로이센 사람들 상당수[27]가 그곳에 자신들이 지낼 곳은 없고 심지어 식량도 더 적다는 것을 알게 되었다. 하루에 180그램의 빵을 받으면 행운이었다"라는 보고를 받았다. 아이가 딸린 굶주린 여성들은 붉은 군대의 병사들이 먹을 것을 주길 바라며 무거운 다리를 끌고 힘겹게 길을 따라 걸었다. 붉은 군대의 정보부는 이 민간인들로부터 "쾨니히스베르크 수비대의 사기가 심각하게 흔들리고 있다. 최전선 복무를 위해 신고하지 않은 독일 남성은 누구라도 즉석에서 총살을 당한다는 새로운 일반 명령이 내려졌다. (…) 병사들은 민간인 복장을 하고 탈영한다. 2월 6일과 8일 사이에 북부 기차역에 독일 병사 시신 8구가 쌓였다. 그들 위에는 '이들은 겁쟁이였고 겁쟁이로 죽었다'라는 현수막이 세워져 있었다"라는 말을 들었다.

존넨벤데 작전이 실패한 뒤 단치히는 점점 더 위협을 받았다. 해군은 가능한 한 많은 부상자와 민간인을 구하려고 엄청난 노력을 기울였다. 2월 21일 하루 동안에만 5만1000명을 데리고 나왔다. 나치 당국은 대피시켜야 할 사람이 15만 명만 남았다고 추정했지만, 일주일 뒤 단치히에 현재 120만 명이 있고 그중 53만 명이 피란민이라는 것을 알게 되었다. 더 많은 노력이 이루어졌다. 3월 8일 민간인이 가득 탄 34대의 가축 운반용 트럭 행렬이 포메라니아에서 오데르강 서쪽의 메클렌부르크로 향했다. 히틀러는 15만 명의 피란민을 덴마크로 이동시키길 원했다. 이틀 뒤 지시가 내려졌다. "총통이 지금부터 코펜하겐을 지정 보호구역으로 삼으라고 명령했다."[28] 3월 10일에는 동부의 주들에서 달아난 독일 피란민의 추정 누계가 1100만 명으로 늘어났다.

하지만 필사적으로 달아나려는 겁에 질린 피란민들이 단치히에 바글바글할 때도 단치히 해부학연구소에서는 용납할 수 없는 일이 계속되었다. 붉은 군대가 도시를 점령한 뒤 "독일 강제수용소에서 죽은 소련, 폴란드, 그 밖의 나라 사람들의 시신"[29]으로 만든 비누와 가죽을 조사하기 위한 특별위원회가 연구소로 파견되었다. 1943년에 슈파너 교수와 폴만 부교수가 실험을 시작했다. 그 뒤 그들은 특별 생산 시설을 지었다. "해부학연구소 구내를 조사하자 비누 생산을 위해 비축된 시신 148구가 발견되었다. 그중 126구가 남성, 18구가 여성, 4구가 아이의 시신이었다. 남성 시신 8구와 여성 시신 2구는 머리가 없었다. 89개의 인간 머리도 발견되었다." 모든 시신과 머리는 알코올-석탄산 용액을 채운 금속 통 안에 보관되어 있었다. 대다수 시신이 도시 근방에 있던 슈투트호프 강제수용소[30]에서 온 것으로 보였다. "처형당한 후 시신이 비누 제작에 사용된 사람들은, 국적이 달랐지만

베를린 함락 1945

대부분 폴란드인, 러시아인, 우즈베크인이었다." 이곳을 방문한 이들의 높은 지위를 고려하면 공식 승인을 받은 것이 분명했다. "교육부 장관 루스트와 보건부 장관 콘티가 해부학연구소를 방문했다. 단치히 대관구 지도자 알베르트 푀르스터는 비누가 이미 생산되고 있던 1944년에 연구소를 방문했다. 그는 연구소 구내 전체를 살펴보았고 나는 그가 인간 시신으로 비누를 생산하는 것에 관해 알고 있었다고 생각한다." 이 소름 끼치는 이야기에서 가장 놀라운 사실은 붉은 군대가 도착하기 전에 아무것도 파괴되지 않았다는 점과 슈파너 교수와 동료들이 전쟁 후에 기소되지 않았다는 점이다. 시체 가공은 범죄가 아니었다.

슈투트호프 수용소에는 주로 소련 포로들과 많은 폴란드인이 있었다. 군인과 유대인들이 뒤섞여 있었다. 약 1만 6000명의 죄수가 채 6주도 되지 않아 장티푸스로 수용소 안에서 죽었다. 붉은 군대가 가까이 오자 죄수들의 모든 흔적을 지우라는 명령을 받았다. 화장장을 폭파했고 유대인들이 갇혀 있던 10개의 막사 구역이 불태워졌다. 일반 독일 병사들도 붉은 군대의 포로와 소련 민간인들의 처형에 가담한 것으로 보인다.

전쟁 범죄에 대한 보복이 두려워서건 혹은 볼셰비키와 시베리아에서의 노예 노동이 두려워서건 지친 독일군은 여전히 행군과 싸움을 계속했다. 그해 2월 프랑스의 한 정보 분석서는 "독일군은 아직 희망을 잃지 않았다. 그들은 감히 그럴 수 없다"[31]라고 언급했다. 하지만 소련 장교들의 표현은 약간 다르다. "사기는 낮지만 규율은 엄격하다."[32]

후방 소탕

2월 14일 동프로이센에서 붉은 군대의 표시가 새겨진 군용차의 행렬이 라슈텐부르크에서 안게르부르크로 향하는 간선도로를 벗어났다. 이 샛길은 울창한 소나무 숲으로 이어졌다. 지역 전체가 우울한 분위기에 젖어 있었다.

둥글게 만 철조망을 얹은 높은 가시철조망 담이 길에서 보이기 시작했다. 차량들은 곧 독일어 표지가 달린 장벽에 도착했다. "중지. 군사 시설. 민간인 출입 금지."[1] 이곳은 히틀러의 전 본부인 볼프산체의 입구였다.

트럭에는 제57NKVD소총사단[2]의 국경수비대원들이 타고 있었다. 행렬을 지휘하는 장교들은 붉은 군대의 군복을 입고 있었다. 하지만 붉은 군대의 명령 계통에 충성할 의무는 없었다. 방첩 기관인 스메르시 소속인 그들은 이론적으로 스탈린의 명령만 받았다. 붉은 군대에 대한 그들의 감정은 우호적이지 않았다. 그들이 지급받은 고물 차들은 최악의 장비를 없앨 기회를 잡은 육군 부대들에서 왔다. 이것은 일반적인 관행이었지만 스메르시와 NKVD는 고마워하지 않았다.

그들의 지휘관은 붉은 군대의 장군 군복을 입고 있었다. 그는 2급 국가보안 정치위원인 빅토르 세묘노비치 아바쿠모프였다. 스탈린그라드에서 승리한 직후인 1943년 4월 베리야가 그를 스메르시의 첫 수장으로 임명했다. 아바쿠모프는 가끔 자기 상관의 습관을 답습해 강간을 위해 젊은 여자를 체포하곤 했다. 하지만 특기는 고무 곤봉으로 포로들을 때리는 데 가담하는 일이었다. 이때 사무실의 페르시아 카펫을 망가뜨리지 않기 위해 불운한 희생자를 데려오기 전 "온통 피가 튄 더러운 천을 펼쳐놓곤 했다".[3]

아바쿠모프는 아직 스메르시의 수장이었지만, 베리야는 동프로이센으로 진격하는 제3벨라루스전선군을 뒤따라가며 "필요한 조치들을 취하라"면서 그를 보냈다. 아바쿠모프는 자신의 직속 병력을 독일에 침공한 여러 전선군에 소속된 모든 NKVD 부대 중에서 가장 규모가 큰 1만2000명으로 구성했다. 심지어 주코프 원수의 부대에 소속된 NKVD 병력보다 컸다.

사방에 젖은 눈이 깔려 있었다. 베리야에게 제출한 아바쿠모프의 보고서에 따르면, NKVD 병사들이 차에서 내려 길을 막는 동안 아바쿠모프와 스메르시 장교들이 조사를 시작했다. 라슈텐부르크 지역에 독일의 부비트랩들이 있다고 보고되었던 터라 그들은 당연히 조심스러웠다. 출입구 장애물 옆에 몇 채의 작은 석조 요새가 있고 그 안에는 지뢰와 위장용 재료들이 있었다. 왼쪽에는 경비대원들이 살았던 막사 구역들이 있었다. 스메르시의 장교들은 총통 경호 여단[4]의 견장과 군복을 발견했다. 전해에 히틀러는 소련군이 공수부대로 기습해 자신을 납치할까봐 "총통 경호 대대를 혼성여단으로 확대했다".

　길을 따라 숲속 더 깊이 들어가면서 아바쿠모프는 길 양쪽에서 표지판들을 보았다. 통역관이 번역했다. "길에서 이탈 금지." "지뢰 조심!" 아바쿠모프는 베리야에게 보낼 보고서를 위해 내내 명확하게 기록했다. 그는 보고서가 스탈린에게 전달될 것을 알고 있었다. 스탈린은 히틀러의 생활 세세한 부분 전부에 집요하게 관심을 기울였다.

　그러나 아바쿠모프의 보고서에서 가장 눈에 띄는 것은 소련이 이곳에 관해 얼마나 모르고 있었는가 하는 점이었다. 스탈린그라드에서의 항복부터 1945년 초 사이 소련이 얼마나 많은 독일 장교를 포로로 잡고 심문했는지를 생각하면 더욱 놀라운 일이었다. 그들은 4제곱킬로미터 넓이의 이 단지를 발견하는 데에만 거의 2주가 걸렸다. 항공 정찰을 피하기 위한 은폐술은 실로 놀라웠다. 모든 도로와 오솔길은 초록색 위장망으로 덮여 있었다. 직선은 인공 나무와 관목들로 끊어진 것처럼 보이게 했다. 모든 실외 조명에는 짙은 청색 전구를 사용했으며, 최고 35미터 높이까지 솟아 있는 감시 초소들도 소나무처럼 보이도록 만들었다.

　첫 번째 내부 방어선에 들어간 아바쿠모프는 "철근 콘크리트 방어물들과 가시철조망, 지뢰밭, 많은 사격 초소와 경비대 막사들"을 보았다. 1번 문을 지난 구역에서는 그때로부터 석 달이 채 되지 않은 1944년 11월 20일 총통이 최종적으로 떠난 뒤 모든 벙커가 폭파되어 있었다. 아바쿠모프는 이 단지가 언제 버려졌는지 명확히 알지 못했다. 그들은 가시철조망으로 된 두 번째와 세 번째 방어선에 차례로 도착했다. 구내 중앙에서 그들은 장갑을 두른 덧문이 달린 벙커들을 발견했다. 이 덧문들은 열여덟 대의 차가 들어갈 수 있는 지하 차고로 연결되었다.

아바쿠모프는 "우리는 아주 조심스럽게 들어갔다"라고 썼다. 금고를 발견했지만 비어 있었다. 뒤이어 그는 실내의 "가구가 아주 간소했다"라고 기록했다(이곳은 수도원과 강제수용소의 중간쯤이라고 표현된 적도 있다). 스메르시의 장교들은 '총통의 국방군 부관'이라는 문의 표지판을 발견한 뒤에야 비로소 자신들이 제대로 찾아왔다고 확신했다. 히틀러의 방은 무솔리니와 함께 찍은 사진으로 확인되었다.

아바쿠모프는 마침내 히틀러가 소련에 대한 무자비한 맹공격을 지시했던 현장에 서 있었지만 어떤 감정도 드러내지 않았다. 그는 철근 콘크리트 건축물과 그 크기에 훨씬 더 몰두하는 것처럼 보였다. 깊은 인상을 받은 그는 베리야와 스탈린이 이와 비슷한 건축물을 좋아할지 궁금해졌다. 그는 "우리 전문가들이 히틀러의 사령부와 잘 구성된 이 벙커들을 조사해보면 흥미로울 것 같다"[5]라고 썼다. 승리가 임박했음에도 소련 지도자들은 그들의 숙적보다 더 안전하다고 느끼지 않았던 모양이다.

스메르시 분견대와 각 전선군에 소속된 NKVD 사단들은 스탈린의 표현에 따르면 "점령된 영토에서 만나는 모든 신뢰할 수 없는 부류들"을 다루기 위해서 "반드시 필요한 존재였다".[6] 스탈린은 테더 영국 공군 원수와의 회의 중에 미 육군의 불 장군에게 "NKVD 사단에는 포병대가 없습니다. 하지만 그들은 자동화기, 장갑차, 경장갑차량에 능숙합니다. 또한 숙련된 조사 및 심문 능력을 갖추고 있죠"라고 말했다.

동프로이센과 슐레지엔 같은 독일의 영토에서 NKVD 소총연대의 최우선 순위는 진군하면서 그냥 지나친 독일의 낙오병들을 잡거나 사냥하는 일이었다. 소련은 독일 국민돌격대 대원을 독일군의 일부로 보았지만, 15~35세의 남성 거의 전부가 징집되었기 때문에 국민돌격대 대다수는 현지 남성들이었다. 따라서 달아나지 않고 고향에 남아 있던 국민돌격대 대원들은 아무리 나이가 많아도 파괴 공작 집단의 잔류자로 취급받았다. 200명이 넘는 독일의 "파괴공작원과 테러리스트"[7]가 NKVD에 의해 "현장에서 총살당했다"고 보고되었다. 하지만 실제 수치는 훨씬 더 많았을 것이다.

폴란드에서 스탈린이 말한 "신뢰할 수 없는 부류들"은 독일에 부역한 극소수의 폴란드인들만 가리키지 않았다. 폴란드 망명 정부와 전해 바르샤바 봉기를 일으킨 폴란드 국내군을 지지하는 모든 사람에게 적용되었다. 스탈린은 바르샤바 봉기를 "반소 정책에 따른 범죄 행위"[8]로 여겼다. 그가 보기에는 온갖 전투를 치르고 죽어간 붉은 군대가 도착하기 직전 "런던의 망명 정부"를 위해서 폴란드의 수도를 탈취하려는 시도임이 분명했다. 그가 1939년에 폴란드를 배신하고 나치에 넘긴 부끄러운 일과 베리야가 카틴에서 폴란드 장교들을 학살한 사건은 고려할 가치도 없었다. 또한 폴란드가 인구의 20퍼센트 이상을 잃으며 상대적으로 소련보다 훨씬 더 고통받았다는 사실도 무시했다. 스탈린은 폴란드와 그 정부가 정복의 권리에 따라 자신의 것이라고 확신했다. 이런 소유의 정서가 붉은 군대 전체에 걸쳐서 공유되었다. 소련군이 폴란드에서 독일 국경을 넘을 때 많은 군인이 본능적으로 폴란드를 소련에 필요한 부분이라고 가정하면서 "우리는 마침내 우리 영토를 정화했다고 느꼈다".[9]

얄타에서 스탈린이 공산당 임시 정부가 폴란드에서 큰 인기를 누리고 있다고 발언한 것은 전적으로 그만의 생각이었다. 일반적인 폴란드인들에 대해 언급한 뒤 "그중 일부는 우리에게 충성했다"[10]라고 덧붙인 주코프의 회고록은 좀더 많은 것을 말해준다. 소련의 지배에 반대하는 사람들은 독일에 저항한 전적이 어떻건 간에 "적의 첩자"로 간주되었다. 폴란드 국내군이 연합군이었다는 사실은 무시되었다. 또 다른 중요한 문장에서 주코프는 자신의 병사들을 통제해야 했던 필요성을 언급했다. "우리가 주둔하기 시작하면 어떤 경솔한 행동도 없도록 전선군의 모든 병사에게 교육활동을 훨씬 더 발전시켜야 한다." 그들의 '주둔'은 45년 이상 지속될 것이었다.

폴란드 임시 정부에 대한 베리야의 통제 정도는 3월 20일 세로프 장군을 '이바노프'라는 이름으로 폴란드 안보부의 '자문'으로 임명한 사실에서 분명히 드러났다.[11] 자문들은 2급 국가보안 정치위원보다 높지 않았다. 세로프는 그 직위에 특히 적격이었다. 그는 캅카스 지역에서의 대규모 추방을 감독한 적이 있었다. 1939년에는 소련이 폴란드 동부를 점령하고 그들의 지배에 반대하는 장교, 지주, 성직자, 교사들을 체포해 죽일 때 르부프 지역의 책임자였다. 약 200만 명의 폴란드인이 굴라크 강제수용소로 추방당했고 강제 집단화 운동이 강행되었다.

스탈린은 의도적으로 폴란드 국내군과 우크라이나 민족주의 반군인 UPA를 혼동하게 하거나 적어도 양쪽이 밀접하게 연관되어 있는 것처럼 암시하는 정책을 펼쳤다. 한편 괴벨스는 소련 점령에 대한 파르티잔의 모든 저항 사례를 포착했다. 그는 에스토니아에 4만 명, 리투아니아에 1만 명, 우크라이나에 5만 명의 저항 세력이 있다고 주장했다. 그는 심지어 1944년 10월 7일자 『프라우다』를 인용해 "우크라이나-독일 민족주의자들"[12]이 있다고 주장했다. 이 모두는 NKVD 연대들에게 "후방 소탕"의 좋은 구실을 제공했다. 서로의 선전활동을 자신들에게 유리하게 악용한 좋은 사례였다.

폴란드의 또 다른 잠재적인 적도 3월 초 조사를 받았다. 스메르시는 폴란드에 지부를 세우자마자 "로코솝스키의 친척들에 대한 조사"[13]를 시작했다. 로코솝스키 원수는 폴란드 혼혈이었다. 이 조사는 베리야의 지시로 수행된 것이 거의 분명했다. 그는 로코솝스키가 자신의 손아귀에서 빠져나간 일을 잊지 않았다. 로코솝스키의 제2벨라루스전선군 군사위원회 일원인 니콜라이 불가닌이 스탈린의 감시견이었다.

폴란드 국내군을 박멸하려는 스탈린의 결심은 나중에 사소한 사건을 소련과 미국 사이의 중요한 알력으로 발전시켰다. 얄타 회담이 막 시작된 2월 5일, 미군 항공대의 마이런 킹 중위가 B-17을 몰고 쿠플레보에 비상착륙했다. 그때 젊은 폴란드인 한 사람이 나타나 자신을 영국으로 데려다달라고 부탁했다. 조종사들은 그를 태우고 비행기를 제대로 수리할 수 있는 슈추친의 소련 공군 기지로 날아갔다. 조종사들이 폴란드인에게 군복을 빌려주었다. 안토노프 장군은 공식 탄원서에 그들이 착륙했을 때 "한 민간인이 잭 스미스라는 승무원인 척했다"[14]고 기록했다. "소련 사령부의 개입이 있은 뒤에야 킹 중위는 그가 승무원이 아니라 자신들은 모르는 사람이며 그를 영국으로 데려가기 위해 태웠다고 밝혔다." 안토노프는 "우리 정보에 따르면 그는 런던에서 폴란드로 데려온 테러리스트-파괴공작원이었다"라고 결론 내렸다. 미국 정부는 거듭 사과해야 했다. 심지어 킹의 군법회의를 소련의 폴타바 근방에 있는 그들의 임대 공군기지에서 준비했고 안토노프에게 검사 측 증인을 준비하라고 요청했다. 스탈린은 이 사건을 최대한 이용했다. 그는 애버럴 해리먼에게 말하길, 이것은 미국이 붉은 군대를 공격하기 위해 보수 반동적인 폴란드인들을 공급하고 있다는 증거라고 했다.

또 다른 사건은 3월 22일 미국의 리버레이터 폭격기가 연료 부족으로 착륙한 미엘레치의 소련 공군 기지에서 일어났다. 킹 사건 이후 위험을 알고 있던 소련 사령관은 이 비행기에 보초를 세우고 승무원들에게 근방의 오두막에서 밤을 보내게 했다. 하지만 도널드 브리지 중령 휘하 10명으로 구성된 승무원들은 이틀 동안 억류된 뒤 비행기에서 개인 소지품을 가져오게 해달라고 요청했다. 그들은 비행기에 타자마자 시동을 건 뒤 멈추라는 모든 신호를 무시하고 이륙했다. 안토노프는 모스크바의 레야드 장군에게 "도널드 브리지의 승무원들을 받아주었던 소련군 공병 대위 멜라메데프는 이 일로 너무 분하고 화가 나서 그날 총으로 자살했다"[15]고 보고했다. 그러나 그의 죽음은 "비행기를 감시하라는 특별 임무를 받은 장교와 경비병들의 부주의"[16]에 대한 스메르시 장교들의 분노와 더 관련 있었을 것이다. 이 사건 역시 "적들이 이번 착륙을 이용해 테러리스트, 파괴공작원, 런던의 폴란드 망명 정부 요원들을 폴란드 영토로 실어 나르는 데 이용하고 있다"는 '증거'로 언급되었다.

소련 당국이 정말로 피해망상적이었는지, 아니면 저절로 계속되는 도덕적 분노로 스스로를 몰아넣었는지는 알기 어렵다. 루블린에서 풀려난 미국인 전쟁 포로들을 방문한 미군 중령이 통행증 만료로 모스크바에 돌아오자 안토노프 장군은 "소련과 붉은 군대가 통제하는 지역들의" 모든 미국 항공기를 이륙하지 못하게 했다. 스탈린의 지시에

따른 것임이 분명했다.[17]

🐻

보고서들은 동프로이센에서 로코솝스키의 제2벨라루스전선군의 후방을 공격한 "1000여 명에 달하는 독일인 무리"를 언급했다. NKVD 부대들이 "그들을 소탕하기 위해 숲을 철저히 수색하기" 시작했다. 그러나 이 무리는 대부분 숲에 숨어 있던 지역 국민돌격대원들이었다. 때로 그들은 음식을 구하기 위해 매복해 있다가 트럭과 오토바이, 보급품 수레를 공격했다. 쾨니히스베르크에서는 NKVD 병사들이 숲의 군인들을 위해 빵을 만드는 '비밀 빵집'[18] 두 곳을 찾아냈다. 그들에게 음식을 가져다주던 젊은 여성들도 NKVD 순찰병들에게 붙잡혔다.

2월 21일의 수색 작업에서 히스마툴린 중위가 이끄는 제127국경경비연대의 제14경비대대가 울창한 숲의 한 구역을 뒤지고 있을 때, 자프고로드니 병장이 나무에 매달려 있는 모직 스타킹을 발견했다. "그걸 보자 여기에 정체 모를 사람들이 있다는 의심이 들었다.[19] 그들은 그 지역을 수색하다가 벙커로 이어지는 잘 위장된 참호 세 곳을 찾아냈고 그 안에서 소총을 든 적군을 발견했다."

지뢰와 부비트랩이 심각한 걱정거리였다. 지뢰를 더 효과적으로 제거하기 위해 스물두 마리의 개를 NKVD 국경경비연대들에 각기 할당했다.[20] 보고서에서 탐지견(냄새로 산에 사는 사람들을 찾아내는 특수견)[21]이라고 부른 개들도 동프로이센의 숲에 숨어 있는 독일인을 더 많이 잡아들이기 위해 투입된 것이었다.

자신들의 임무가 더 중요하게 보이길 원하는 현지 지휘관들은 보고서들을 각색되고 과장된 것으로 보았다. "체포되어 심문을 위해 스메르시에 넘겨진 테러리스트들"[22]에 대한 한 보고서는 이 "테러리스트들"이 모두 1900년 이전에 태어난 사람들이라고 밝혔다. 제2벨라루스전선군의 NKVD 부장인 차나바는 1906년생인 독일인 울리히 베어를 체포했다고 보고했다. "그는 심문에서 1945년 2월 독일 정보부 주재원 하웁트만 슈라프에 의해 스파이로 고용되었다고 자백했다. 그의 임무는 붉은 군대의 후방에 머물면서 요원들을 모집해 파괴 행위, 정보 수집, 테러 행위를 하는 것이었다. 이 업무를 수행하면서 베어는 12명의 요원을 모집했다." 패잔병이나 지역 국민돌격대 병사들이 "파괴 행위를 수행하는 과제를 안고 독일 정보부에 의해 뒤에 남겨졌다"[23]고 여러 차례 서술되었다. 가장 우스꽝스러운 사건은 슐레지엔의 '힌덴부르크 근방의 전력선 파괴'였다. 무지막지한 범인 색출 작업 끝에 붉은 군대의 포격 훈련이 원인으로 밝혀졌다. 전선을 끊은 범인은 포탄 파편이었다.

반면 부하들이 '코발료보' 마을에서 '독일의 사보타주 학교'[24]를 발견했다고 주장한 제2벨라루스전선군 스메르시 책임자의 말은 사실이었을 것이다. 그곳에서 훈련받던 사람들의 이름은 전부 러시아인이나 우크라이나인이었다. 절박해진 독일인들은 소련 포로들을 이용하는 데 점점 더 의지했다. 러시아인과 우크라이나인 다수는 아마도 집으로 쉽게 돌아갈 수 있으리라 기대하며 자원했겠지만, 다른 사례들로 보건대 소련군 당국에 즉각 자수했다 하더라도 목숨을 건지진 못했을 것이다.

NKVD 분견대는 드넓은 숲을 샅샅이 뒤지기보다는 집과 헛간을 수색하는 데 더 많은 시간을 들였다. 한 분견대는 건초더미 속에 숨어 있던 독일인 여성 8명을 찾아냈다. 그런데 "눈썰미가 좋은 한 병장"[25]은 그들이 여성이 아니라 "여자 옷을 입은 독일 병사들"이라는 사실을 알아차렸다. 이런 유형의 보고서가 많았다.

동프로이센의 농민 가족들은 대개 러시아의 농민들만큼이나 순진했던 것 같다. 가택 수색에 나선 순찰병들은 거주자들이 특정 물건을 계속 힐끗힐끗 쳐다보거나 가만 놔두지 못하는 것을 알아차렸다. 어떤 집에서는 여성이 트렁크로 가서 앉았다. NKVD 병사들은 여자를 밀어내고 트렁크 안에 숨어 있던 남성을 발견했다. 한 순찰병은 집주인이 침대 쪽을 걱정스럽게 쳐다보는 것을 눈치 채고 매트리스를 치워 보니 침대의 바닥이 아주 높았다. 바닥 판자를 치우자 여자 옷을 입은 남성이 보였다. 또 다른 집에서는 코트걸이의 코트 아래에 숨어 있는 남성을 발견했다. 남성은 겨드랑이에 끈을 끼워 매달려 있었기 때문에 발이 바닥에서 떨어져 있었다. 보통은 헛간, 외양간, 건초더미처럼 가장 뻔한 곳이 이용되었다. 탐지견들은 숨어 있는 사람을 금방 찾아냈다. 몇몇 집만 지하 은신처를 만들었다. NKVD 순찰병들은 때로 굳이 집을 수색하지도 않았다. 그들은 집에 불을 질렀고 불에 타죽지 않은 사람들이 창문에서 뛰어내리면 총살했다.

많은 국민돌격대원이 자신들의 집 가까이에 머물길 원했다면, 독일군 패잔병들은 전선을 뚫고 몰래 독일로 돌아가려고 애썼다. 많은 경우 그들은 자신들이 살해한 병사에게서 빼앗은 붉은 군대의 군복을 입고 있었다. 붙잡히면 대부분 즉결 처형을 당했다. 독일인이건, 러시아인이건, 폴란드인이건 붙잡힌 포로들은 모두 '예비 감옥'에 갇혔다. 이 건물들은 대개 징발된 집이었다. 창문에는 가시철조망을 박고 바깥벽 위쪽에 "교도소: 소련 NKVD"라고 분필로 써놓았다. 그 뒤 그들은 스메르시에게 심문을 당했고 진술한 자백에 따라 수용소나 강제노동대대로 보내졌다.

NKVD 책임자들 역시 업무에 빈틈없이 주의를 기울였다. 제2벨라루스전선군의 NKVD 책임자이자 이전에 스탈린그라드의 NKVD를 지휘했던 로가틴 소장은 "일부 [NKVD] 부대에서는 다수의 장교와 병사가 임무에는 참여하지 않고 민가를 약탈해 재산을 모으는 데 적극적이다"라는 사실을 알게 되었다. "약탈한 재산을 사단 참모 모르게 연대 내에서 나눠 갖고 있는 게 확인되었다. 여러 연대에서 약탈품, 설탕, 담배, 포도주, 진격 중인 붉은 군대의 운전병에게서 얻은 가솔린이 나왔고, 오토바이를 팔거나 물물 교환한 사례들이 있다. [NKVD] 연대들의 이러한 상황과 기강 부재는 어이없는 사건들을 급격히 증가시켰다. 의무를 다하는 병사도 있고 약탈 외에는 아무것도 하지 않는 병사들도 있다. 이제 약탈자들도 의무를 수행하는 병사들과 함께 일을 시켜야 한다."[26] 하지만 그들을 처벌할 가능성은 없었던 것으로 보인다. "사단 참모들 모르게"라는 문구가 가장 많은 사실을 말해주었다. 사단 본부에서는 아마도 분배 과정에서 자기 몫을 받지 못했다는 사실에 화가 났을 것이다.

붉은 군대가 '후방의 쥐새끼', 즉 NKVD를 싫어한 것에는 의심의 여지가 없지만, 그 감정은 피차 마찬가지였다. NKVD는 독일군과 진군하는 붉은 군대의 부대들이 버린 탄약과 무기를 처리하는 것을 좋아하지 않았다. "이 모든 것은 강도와 지역 주민들의 대규모 절도로

이어진다. 청소년들이 무기를 손에 넣고 무장 단체를 결성해 주민들을 공포에 떨게 한다는 사실이 밝혀졌다. 도적떼가 늘어나기에 유리한 환경을 만들고 있다."[27] 동프로이센과 폴란드의 많은 호수에서는 붉은 군대 병사들 사이에 인기 있는 여가활동이기도 했던 수류탄을 물고기 잡기에 사용하지 못하게 하는 명령이 내려졌다.

NKVD 소총연대들은 독일의 패잔병들과 숲에서 무법자처럼 살고 있는 국민돌격대원들뿐만 아니라 붉은 군대의 탈영병도 다루어야 했다. 3월 7일에 '15명의 무장 탈영병'이 데르츠 마을 근방에 매복해 있다가 제2벨라루스전선군의 NKVD 순찰대를 공격했다. 8명으로 이루어진 또 다른 무리 역시 근방 숲에 머무르고 있었다. 모두 1944년 1월 말에 탈영한 이들이었다. 이틀 뒤 NKVD는 "전선을 떠나 돌아다니고 있는 더 많은 탈영병을 후방에서 발견했다"고 보고했다. 제3군의 탈영병들로 이루어진 또 다른 '강도 집단'은 오르텔스부르크 근방에서 자급자족하면서 살고 있었다. 3월 6일 병원에서 탈주한 우크라이나 출신의 대위이자 적기 훈장을 받은 당원이 이들을 이끌었다. 기관단총과 권총으로 무장한 이 집단은 다채로운 인간들로 이루어져 있었다. 튤라, 스베르들롭스크, 보로네시, 우크라이나 출신의 남성들뿐 아니라 폴란드인, 3명의 독일 여성, 그 외에 오르텔스부르크 지역에서 온 독일 남성도 있었다.

그러나 대부분의 탈영병, 특히 동화된 폴란드인이 많았던 벨라루스인과 우크라이나인들은 하나둘 몰래 고향으로 가려고 애썼다. 어떤 사람들은 여자로 변장했다. 몸에 붕대를 감은 뒤 철도역으로 가서 부상병들의 서류를 훔치는 이들도 있었다. 이런 짓을 막으려면 부상병들을 위한 새로운 특수 통행증[28]을 도입해야 했다. 때로는 병사들이 그냥 사라져버려서 누구도 그들이 탈영했는지, 전투 중에 죽었는지 알 방법이 없었다. 1월 27일 동프로이센에서 제6근위전차군단[29]의 T-34 전차 두 대가 작전을 위해 떠났다. 그 뒤 그 전차들과 함께 간 16명의 전차병, 보병을 다시는 볼 수 없었고 생사도 알 수 없었다.

후방에 그토록 많은 NKVD 병력이 있었음에도 붉은 군대의 개개인에 대해서는 놀라울 정도로 거의 통제가 없었다. 독일군의 2월 9일자 정보 보고서는 "군 수뇌부는 소련군이 부유한 지역으로 진군하는 데 비례해 기강 해이가 심해지고 있음을 우려하고 있다"[30]고 언급했다. 재산이 약탈당하고 파괴되었으며 강제 노동에 필요한 민간인들은 사소한 이유로 살해당했다. 또한 "병사들이 약탈한 물건을 사기 위해 동프로이센에 온 소련 민간인들"[31]도 혼란을 일으켰다.

근위전차여단장이자 소비에트 연방 영웅 칭호를 받은 고레로프 대령의 무의미한 죽음은 제1벨라루스전선군의 많은 장교에게 충격을 주었다. 2월 초에 그는 독일 국경에서 몇 킬로미터 떨어진 곳에서 혼잡한 교통을 정리하다가 만취한 병사들의 총에 맞았다. 그로스만은 "술에 취해 저지른 유혈 폭력 사태가 일어난 것은 한 번만이 아니었다"[32]라고 언급했다. 그해 첫 10주 동안 한 NKVD 연대에서만 자동차 사고로 10명이 죽고 34명이 다쳤다.[33]

젊은 여성 교통 통제관들은 교통 체증이 있을 때마다 질서를 회복하기 위해 호루라기를 부는 대신 공중에 기관단총을 쏘았다. 제2벨라루스전선군의 후방에서 한번은 젊은 여성 교통 통제관 리디아가 길을 막고 있던 어떤 차량 쪽으로 달려갔다. 리디아는 운전병에게 고래고래 욕을 퍼붓기 시작했지만 별로 효과가 없었다. 시끄러운 욕설이 되돌아왔다. 하지만 그녀에게는 뜻밖의 지원군이 있었다. 키 크고 외모가 인상적인 로코숍스키 원수였다. 로코숍스키는 화가 나서 권총을 뽑으며 자신의 차에서 뛰어내렸다.[34] 운전병은 원수를 보고 말 그대로 공포로 몸이 마비되어버렸다. 차에 타고 있던 장교도 넋이 나갔다. 그는 차에서 뛰어내려 근처 덤불로 달려가 숨었다.

소련군이 독일 영토로 들어갔다는 것은 독일인들에게 소련을 위해 일을 시키겠노라는 스탈린의 계획을 실행에 옮길 수 있다는 의미였다. 2월 6일 "17세부터 50세까지 일할 수 있는 모든 독일인을 동원해 각각 1000~1200명의 노동대대를 결성한 뒤 벨라루스와 우크라이나로 보내 전쟁 피해를 복구하게 하라"[35]는 명령이 내려졌다. 동원된 독일인들은 따뜻한 옷과 튼튼한 장화를 신고 집결지로 나오라는 이야기를 들었다. 또 침구와 여분의 속옷, 2주일 치 식량도 들고 가야 했다.

국민돌격대 대원들이 포로수용소로 보내지면서 NKVD가 3월 9일까지 징용한 독일 강제 노동자는 8만 8680명에 불과했다.[36] 대부분 주코프와 코네프 부대의 후방 지역에 있던 사람들이었고 여성이 많은 비율을 차지했다. 소위 노동대대들은 처음에는 대개 현지에서 잔해를 치우고 붉은 군대를 돕는 데 이용되었다. 소련 군인들은 징용된 민간인들을 보고 강렬한 샤덴프로이데schadenfreude, 남의 불행을 보며 느끼는 기쁨를 느꼈다. 아그라넨코는 독일 남성과 여성들로 이루어진 작업반을 네 줄로 세우고 있는 붉은 군대의 한 상병을 보았다. 그는 "시베리아에나 가라, 망할 놈들!"[37]이라고 어눌한 독일어로 빽 소리를 지르고 있었다.

4월 10일까지 강제 노동을 위해 소련으로 보내진 비율은 급속히 증가했다. 5만 9536명이 서부 지역, 주로 우크라이나로 보내졌다. 아직은 스탈린의 계획보다 적었지만 최소한 이전에 독일군이 붙잡아간 소련의 강제 노동자들만큼이나 고통을 겪었다. 당연히 여성들에게는 최악의 상황이었다. 많은 여성이 아이를 친척이나 친구에게 맡기고 떠나야 했다. 어떤 경우에는 아이들을 완전히 버려야 하기도 했다. 그들 앞에 놓인 삶은 힘든 노동뿐 아니라 감시병들에게 일상적으로 강간을 당하고 부산물로 성병을 얻는 삶이었다. 또 다른 2만 명은 슐레지엔의 공장에서 설비를 뜯어내는 '분해 작업'에 투입되었다.

스탈린은 불 장군에게 NKVD 소총연대들을 '헌병대'[38]라고 불렀지만 그들이 민간인에게 자행되는 약탈, 강간, 무작위적 살인에 거의 개입하지 않은 것은 여전히 놀라운 일이다. 그들의 보고서에 따르면 4월에 NKVD 제217국경경비연대가 "본국으로 송환된 폴란드 여성들의 숙박소"[39]로 쳐들어간 병사 5명을 체포한 것이 전부였다.

NKVD 부대들이 갖가지 폭력에서 민간인을 보호하기 위해 한 일이 얼마나 없었는지는 그들의 수장들이 베리야에게 보낸 보고서에서 간접적으로 드러났다. 3월 8일 제1벨라루스전선군의 NKVD 책임자인 세로프는 계속되는 자살에 관해 보고했다. 체르냐홉스키의 공격이 시작되기 두 달 전인 3월 12일 동프로이센 북부의 NKVD 책임자가 베리야에게 "독일인, 특히 여성들의 자살이 점점 더 확산되고 있다"[40]고 보고했다. 권총이나 독약이 없는 사람들은 대부분 다락에서 서까래에 밧줄을 묶어 목을 매 자살했다. 차마 아이를 목매달아 죽일 수 없었던 많은 여성은 먼저 아이의 손목을 그은 뒤 자신의 손목도 그었다.

NKVD 소총연대에서는 강간을 저지른 병사들을 처벌하지 않았다. 처벌은 오직 피해자들로부터 성병이 옮았을 때에만 이뤄졌다. 그 피해자들은 대개 이전의 강간범에게서 성병이 옮은 것이었다. 강간 자체는 스탈린주의자들의 전형적인 완곡어법으로 "비도덕적 사건"[41]이라고 칭해졌다. 오늘날 러시아 역사학자들이 여전히 회피하며 에두른 표현을 하는 것은 흥미롭다. 대량 강간이라는 주제에 대해 한 역사학자는 "해방군 내의 부정적인 현상이 소련과 군대의 위신에 심각한 피해를 입혀 우리 군대가 지나갔던 국가들과의 향후 관계에 부정적인 영향을 미쳤을 수 있다"[42]라고 썼다.

이 문장은 폴란드에서 많은 강간 사건이 있었음을 간접적으로 인정한다. 하지만 러시아인의 관점에서 훨씬 더 놀라운 점은 붉은 군대의 장교와 병사들이 독일의 노예 노동에서 풀려난 우크라이나인, 러시아인, 벨라루스인 여성과 소녀들도 강간했다는 사실이다.[43] 많은 소녀가 독일에 끌려갔을 때 열여섯의 어린 나이였고 일부는 겨우 열네 살이었다. 소련에서 강제로 끌려간 여성들에 대한 강간이 널리 퍼진 것은 붉은 군대의 행위를 독일군이 소련에서 저지른 만행에 대한 복수라고 정당화하려는 시도에 찬물을 끼얹었다. 여기에 대한 증거는 발표되지 않은 바실리 그로스만의 공책에만 국한되지 않았다. 상세한 보고서들은 훨씬 더 심각한 내용을 담고 있었다.

3월 29일 공산청년동맹 중앙위원회는 스탈린의 측근인 말렌코프에게 제1우크라이나전선군의 보고서에 대해 보고했다. "이 기록은 독일에 끌려갔다가 붉은 군대에 의해 해방된 젊은이들에 관한 것이다. 치간코프[제1우크라이나전선군 정치부 차장]는 독일의 노예로 지내다

풀려난 소련 시민들의 큰 행복에 영향을 미치는 수많은 놀라운 사실에 관해 이야기한다. 젊은이들은 자신을 구해준 데 대해 스탈린 동지와 붉은 군대에 감사해한다."

다음은 치간코프가 전한 많은 사례 중 첫 번째였다. "2월 24일 밤[44] 예비 중위 35명과 그들의 대대장이 엘스에서 10킬로미터 떨어진 그루텐베르크 마을의 여자 기숙사에 들어가 여성들을 강간했다." 사흘 뒤, "전차부대의 이름을 알 수 없는 한 상위가 이삭을 줍고 있던 소녀들에게 말을 타고 다가갔다. 그는 말에서 내려 드네프로페트롭스크 지방에서 온 안나 그리첸코라는 소녀에게 말을 걸었다. '넌 고향이 어디야?' 그가 물었다. 안나는 상위에게 대답했다. 상위가 안나에게 더 가까이 오라고 하자 그녀는 거부했다. 그러자 그가 권총을 꺼내 쏘았지만 안나는 목숨을 잃지 않았다. 이와 비슷한 사건이 많이 발생했다."

"분슬라우 마을의 사령부에는 100명이 넘는 여성과 소녀가 있었다. 그들은 사령부에서 그리 멀지 않은 별도의 건물에서 살았다. 그곳에는 경비가 없었다. 그 때문에 밤에 기숙사에 들어가 여성들을 공포에 떨게 하는 여러 군인에 의해 범죄, 심지어 강간 사건이 아주 자주 일어났다. 3월 5일 늦은 밤에 주로 제2근위전차군에 소속된 장교와 병사 60명이 기숙사로 들어갔다. 그들은 대부분 술에 취해 있었고, 여성과 소녀들을 공격하며 범죄를 저질렀다. 지휘관이 기숙사에서 나가라는 명령을 내렸음에도 이 전차병들은 지휘관을 권총으로 위협하면서 실랑이를 벌였다. 이것은 우발적 사고가 아니었다. 매일 밤 이런 일이 일어났다. 그 때문에 분슬라우에 머무는 사람들은 겁에 질리고 낙심했으며 불만이 컸다. 그중 한 사람인 마리아 샤포발은 '나는 붉은 군대를 밤낮으로 기다렸다. 내가 자유의 몸이 되길 기다렸다. 그런데 지금 조국의 군인들은 독일인들이 했던 것보다 더 지독하게 우리를 대한다. 나는 살아 있는 게 행복하지 않다'라고 말했다." 클라브디아 말라셴코는 "독일인들과 함께 있는 것은 매우 힘들었다"라고 이야기했다. "하지만 지금은 너무나 불행하다. 이건 해방이 아니다. 그들은 우리를 끔찍하게 대한다. 우리에게 끔찍한 짓을 한다."

치간코프는 "소련 여성들을 공격한 사례가 매우 많다"며 보고를 이어갔다. "2월 14일과 15일 사이의 밤에 소를 기르는 마을 중 한 곳에서 일어난 일이다. 상위가 지휘하는 한 죄수 부대가 마을을 둘러싸더니 보초를 서고 있던 붉은 군대의 병사들을 총으로 쏘아 죽이고는 여성 기숙사로 들어가서 붉은 군대가 막 해방시킨 여성들을 조직적으로 집단 강간했다."

"장교들이 여성에게 저지른 범죄도 아주 많다. 2월 26일에 3명의 장교가 빵 보급소 내의 기숙사로 들어갔고 솔로비예프 소령(지휘관)이 그들을 저지하려 하자 그중 한 소령이 말했다. '나는 전선에서 막 돌아왔고 여자가 필요하오.' 그 뒤 그는 기숙사에서 망나니짓을 했다."

"1926년에 태어난 베라 란트소바는 두 번 강간을 당했다. 첫 번째는 전초부대들이 독일 영토에 들어왔을 때, 두 번째는 2월 24일 한 군인에게 당했다. 2월 15일부터 22일까지 중위 이사예프 A. A.가 그녀를 때리고 총을 쏘겠다고 위협해 자신과 함께 자게 만들었다. 많은 장교, 부사관, 병사는 해방된 여성들에게 '너희가 소련으로 돌아가지 못하게 하라는 명령이 내려왔다. 그리고 너희 중 일부를 돌아가게 허락한다 해도 북쪽[즉 굴라크]에서 살게 될 것이다'라고 말했다. 여성과 소녀들에 대한 그런 태도 때문에 많은 여성이 자신은 붉은 군대와 조국에서 소련 시민으로 대우받지 못할 뿐 아니라 살인, 강간, 구타 등

베를린 함락 1945

어떤 짓을 당해도 되며 집으로 돌아가는 게 허락되지 않을 것이라고 생각한다."

노예 노동을 위해 독일에 끌려간 소련 여성과 소녀들이 "독일인에게 몸을 팔았다"[45]는 생각이 붉은 군대에 광범위하게 퍼져 있었다. 독일에 끌려간 소련 여성들이 왜 그렇게 나쁜 대우를 받았는지 일정 부분 설명해준다. 독일군이 점령했을 때 겨우 목숨을 부지한 젊은 여성들은 '독일인의 인형'[46]이라고 불렸다. 심지어 이에 대한 공군 병사의 노래도 있었다.

> 젊은 여자들이 독일 군인들에게 미소를 짓네
> 자신들의 사내는 잊고
> 힘든 시절이 닥치면 너희의 사내를 잊고
> 빵 부스러기를 위해 독일놈들에게 몸을 팔지

여성들이 적에 협력했다는 이런 가정이 처음에 어디에서 나왔는지 정확하게 밝히기는 어렵다. 1944년과 1945년 초에 정치장교들이 했던 언급에서 비롯되었다고 볼 수도 없다. 그 이전에 전쟁 포로건 노예 노동자건 독일로 끌려간 모든 소련 시민은 자살하거나 "파르티잔에 가담하지" 않은 것으로 여겨 독일로 가는 데 암묵적으로 동의했다는 일반론적인 생각이 정권에 의해 조성되었던 것 같다. '소련 여성의 명예와 존엄성'[47]이라는 개념은 붉은 군대에서 복무하거나 군수산업체에서 일한 젊은 여성들에게만 부여되었다. 하지만 한 여성 장교에 따르면 소련군이 외국 영토로 넘어가기 시작한 때부터 붉은 군대의 여군들은 남성 병사들에게 나쁜 대우를 받기 시작했다.[48]

고위 장교에게 강간을 정식 항의해봤자 백해무익했다. "예를 들어, 1926년생인 에바 슈툴은 '전쟁이 시작되었을 때 아버지와 남자 형제 두 명이 붉은 군대에 입대했다. 곧 독일군이 들이닥쳤고 나는 강제로 독일로 끌려갔다. 나는 이곳 공장에서 일했다. 나는 울면서 해방의 날을 기다렸다. 곧 붉은 군대가 왔다. 그 병사들은 나를 욕보였다. 나는 울면서 장교에게 내 남자 형제들이 붉은 군대에 있다고 말했다. 그러자 그는 나를 때리고 강간했다. 차라리 나를 죽였으면 더 좋았을 텐데'[49]라고 말했다."

치간코프는 "이 모두는 해방된 소련 시민들 사이에 불건전하고 부정적인 분위기가 심화되는 비옥한 토양이 된다"라고 결론 내렸다. 그러나 그의 권고는 붉은 군대의 기강을 잡는 데 활용되기 위함이 아니었다. 그 대신 그는 본국으로 송환되는 소련 시민들이 붉은 군대에 대한 부정적인 생각을 가지고 집에 돌아가지 않도록 붉은 군대의 정치부 본부와 공산청년동맹이 "소련 시민들과의 정치적, 문화적 활동을 개선하는 데" 집중해야 한다고 제안했다.

2월 15일 제1우크라이나전선군이 슐레지엔에서 4만9500명의 소련 시민[50]과 8686명의 외국인을 독일의 강제 노동에서 해방시켰다. 하지만 전체 규모 중 한 줌에 불과한 비율이었다. 일주일이 조금 지난 뒤 모스크바 당국은 붉은 군대 병사와 민간인 송환자 400만 명을 받아 조치할 준비를 해야 한다고 추정했다.[51]

최우선 순위는 독일의 수용소에서 끔찍한 고통을 받은 사람들에 대한 치료가 아니라 반역자를 색출하는 심사 절차였다. 두 번째 우선 순위는 외국의 타락한 문화에 물든 사람들에 대한 정치적 재교육이었

베를린 함락 1945

다. 제1벨라루스전선군과 제1우크라이나전선군은 폴란드에서 그들의 후방에 세 개의 집결지 및 임시 수용소를 세우라는 명령을 받았다. 각각의 재교육 팀은 이동식 영화 설비, 확성기가 달린 라디오, 두 대의 아코디언, 2만 부의 공산당 소책자, 구내를 장식하기 위한 40미터 길이의 빨간 천, 스탈린 동지의 초상화 세트를 갖추고 있었다.

솔제니친은 해방된 전쟁 포로들이 행군할 때 머리를 숙이고 있었다고 썼다. 그들은 단순히 항복했다는 이유만으로 보복을 당할까봐 두려워했다. 하지만 보충 병역이 절실했던 터라 대다수는 베를린을 치는 마지막 공격을 준비하기 위해 재교육과 재훈련을 받으러 예비연대로 보내졌다. 그러나 임시적인 집행유예일 뿐이었다. 전투가 끝난 후 그들은 재심사를 받았다. 베를린 전투에서 영웅적으로 싸운 사람들도 나중에 수용소로 보내지는 신세는 면할 수 없었다.

붉은 군대에 더 많은 '총알받이'가 절실하게 필요했기 때문에 아무런 군사 훈련도 받지 않은 노예 노동자들이 즉석에서 징집되었다. 1939년에 스탈린이 점령했던 지역 출신인 '서벨라루스인' '서우크라이나인'들은 대부분 자신을 폴란드인이라고 생각했음에도 불구하고 그들에겐 선택권이 거의 없었다.

일단 심사를 받기 위해 심사 수용소에 도착한 소련 해방 포로들은 궁금한 게 많았다. "우리의 지위는 어떻게 될까?[52] 러시아로 돌아가면 온전한 시민권을 받을 수 있을까? 아니면 어떤 식으로든 박탈당할까? 우리는 수용소로 가는 걸까?" 이번에도 소련 당국은 이런 궁금증이 당연하다는 걸 인정하지 않고 '파시스트들의 선전' 때문에 나온 질문으로 치부했다. "독일인들이 독일에 있던 우리 국민을 위협했고 전쟁이 끝을 향해 가면서 이 가짜 선전이 더 강화되었기 때문이다."

수용소 내 정치 관계자들은 주로 붉은 군대의 성공과 후방에서 이룬 성취, 당 지도자들, 특히 스탈린 동지에 관해 이야기했다. 제1우크라이나전선군 정치위원은 "소련 영화도 보여주었다"라고 보고했다. "그들은 그 영화들을 몹시 좋아했고 곧잘 '만세!'나 '붉은 군대여 영원하라'라고 외쳤다. 특히 스탈린이 등장할 때 만세 소리는 더 크게 터져나왔다. 영화 상영이 끝나면 행복에 겨워 눈물을 흘리며 나갔다. 자유의 몸이 된 사람들 중에는 조국을 배반한 이가 극소수에 불과했다." 크라쿠프의 심사 수용소에서는 40명의 혐의자 중 반역자로 체포된 사람이 4명에 불과했다. 하지만 이 수치는 나중에 크게 늘어났다.

어디까지 진실인지는 알기 힘들지만 심지어 소련에서 끌려온 강제 노동자들이 해방되자마자 아무런 조사도 없이 처형되었다는 이야기도 있다. 단적으로 스웨덴 대사관의 무관 중 한 사람은 소련이 슐레지엔의 오펠른을 점령한 후 약 250명의 소련 출신 강제 노동자가 정치 집회에 불려 나왔다는 이야기를 들었다.[53] 붉은 군대 혹은 NKVD 병사들이 곧바로 이들을 구석으로 몰아넣었다. 누군가가 그들에게 왜 파르티잔이 되지 않았는지 물어봤고 그런 뒤 병사들은 사격을 시작했다.

"조국의 배반자"라는 용어는 포로수용소에서 독일인이 모집한 병사들에게만 붙지 않았다. 1941년에 포로가 된 붉은 군대의 병사들에게도 해당되었다. 그중 일부는 심한 부상을 당해 끝까지 싸울 수 없었던 이들이다. 솔제니친은 "그들은 '조국을 배반한 자Traitor to the Motherland'가 아니었다. 그들은 '조국이 배반한 자Traitor of the Motherland'였다. 불운한 그들이 조국을 배반한 것이 아니라 타산적인 조국이 그들을 배반했다"[54]라고 말했다. 소련은 1941년에 무능과 준비 부족으로 그들을 배반했다. 그런 뒤, 그들이 독일 포로수용소에서 겪은 끔찍한 운명을 인정하길 거부했다. 그리고 마지막 배반은 그들이 전쟁의 마지막 몇 주 동안 용감하게 싸워 명예를 회복했다고 믿도록 독려해놓고 전쟁이 끝난 뒤 체포한 것이다. 솔제니친은 "자국의 병사들을 배반하고 그들을 배반자로 선언한 것"이 러시아 역사상 가장 악랄한 행위라고 생각했다.

전쟁 포로건, 포로로 잡힌 적이 없는 운 좋은 사람들이건 어떤 상황에서라도 독일군의 군복을 입었던 이들을 용서할 붉은 군대의 병사는 거의 없었다. '블라소프치'라고 알려진 블라소프 장군의 러시아해방군 병사들, 나치 친위대 자원자들, 우크라이나와 캅카스 수용소의 간수들, 폰 판비츠 장군의 카자흐스탄 기병 군단, 경찰팀들, 반파르티잔 '경계 분견대', 심지어 운 나쁜 '히비(자발적 협조자Hilfsfreiwillige)'까지 모두 같은 잘못을 한 부류로 간주되었다.

모든 경우를 다 합치면 그 수가 100만~150만 명은 되었을 것으로 추정된다. 붉은 군대는 독일군을 위해 일한 히비가 100만 명은 넘는다고 주장했다.[55] 이런 사람들 중 붙잡히거나 자발적으로 투항한 이는 보통 그 자리에서 혹은 얼마 지나지 않아 총살당했다. 최신 러시아 정사는 "블라소프치와 그 외의 나치 공범자들은 대개 즉석에서 처형당했다"[56]라고 서술한다. "이것은 놀라운 일이 아니다. 붉은 군대 보병의 전투 규정에서 병사들은 '조국의 모든 변절자와 배반자에게 가차없어야 한다'고 요구했기 때문이다." 또한 이것은 지역의 명예가 걸린 문제였던 것 같다. 같은 지역 출신들이 이들에게 복수를 한 것으로 밝혀졌다. "오를에서 온 사람이 오를에서 온 사람을 죽이고 우즈베크인이 우즈베크인을 죽인다."[57]

NKVD 병사들은 강제수용소의 간수로 일했던 우크라이나인과 캅카스인들을 당연히 인정사정없이 색출했다.[58] 이들은 강제수용소에서 대개 독일인 감독보다 더 무자비했던 것으로 드러났다. 하지만 붉은 군대의 전쟁 포로들이 적군의 군복을 입었던 사람들과 유사하게 다루어진 것은 NKVD 내부의 조직적 태도 때문이었다. 제2벨라루스 전선군의 NKVD 소총연대에서는 "모든 범주의 포로들을 보는 시각은 하나여야 한다"[59]고 가르쳤다. 탈영병, 강도, 전쟁 포로들은 "국가를 배신한 사람들"과 같은 방식으로 다루어져야 했다.

강제수용소 간수들에 대해서는 어떤 동정심도 갖기 힘들지만, 히비 대다수는 잔혹하게 강요당하거나 굶주려서 굴복한 사람들이었다. 그 외의 경우는 우크라이나인이건 발트인이건, 카자흐스탄인이건 캅카스인이건 나치 친위대나 독일의 육군부대에서 복무했던 많은 사람이 민족주의자였고 모두 소련의 지배를 싫어하는 사람들이었다. 일부 블라소프치는 붉은 군대의 장교들과 독전대가 1941년과 1942년에 친구들을 제멋대로 처형한 일을 잊지 못해 과거의 적에게 가담하는 것에 죄책감을 느끼지 않았다. 다른 사람들은 강요된 집단화를 혐오하는 농민들이었다. 하지만 블라소프의 일반 병사와 히비들은 대부분 유달리 순박하고 정보에 어두운 사람들이었다. 독일 전쟁포로수용소의 한 러시아인 통역관은 블라소프의 군대에 자원할 사람을 모집하는 선전 집회에서 한 러시아인 포로가 손을 들더니 "반장 동지, 블라소프 군대에서는 하루에 담배를 몇 개비 주는지 알고 싶습니다"[60]라고 물었다고 전했다. 분명 많은 사람에게 군대는 군대일 뿐이었다. 누구의 군복을 입는지가 무슨 차이가 있겠는가? 특히 수용소에서 굶주리고 모진 대우를 받는 대신 먹을 것을 얻는다면 말이다. 그 길을 따라간 모든 사람은 상상했던 것보다 훨씬 더 심한 고통을 겪어야 했다. 전쟁 뒤 굴라크에서 15~20년간 버틴 사람들도 계속 요주의 인물로 남았다. 적에게 부역했다고 여겨지는 이들은 1995년의 전승 50주년 기념일까지 시민권을 회복할 수 없었다.[61]

히비로 독일군을 위해 일했던 것이 분명한 러시아인 전쟁 포로들에 관한 편지가 발견되었다. 겨우 문맹을 면한 사람이 작성한 한 편지는 독일어 책에서 뜯어낸 여백에 쓰여 있었다. "군인 동무들, 우리 자신을 포기하고 큰 부탁을 드립니다. 왜 독일 포로수용소에서 온 러시아 사람들을 죽이고 있는지 대답해주세요. 우리는 어쩌다 붙잡혔고 그들이 자기네 부대를 위해 일을 시키려고 우리를 데려갔습니다. 우리는 순전히 굶어 죽지 않으려고 일했습니다. 이제 우리가 러시아 측으로, 자신들의 군대로 돌아왔는데, 당신들은 총을 쏩니다. 우리는 무엇 때문인지 묻습니다. 소련군 지휘부가 1941년과 1942년에 우리를 배신했기 때문입니까?"[62]

포메라니아와
오데르강 교두보

2월과 3월에 베를린 맞은편의 오데르 교두보들을 차지하기 위한 격렬한 전투가 계속되는 동안 주코프와 로코숍스키는 포메라니아의 '발트해의 발코니'와 서프로이센에 있던 독일군을 괴멸시켰다. 2월 둘째 주와 셋째 주에 비스와강 건너편의 로코숍스키의 네 개 군이 서프로이센 남부로 밀고 나갔다. 그런 뒤 2월 24일 주코프의 우익과 로코숍스키의 좌익이 발트해를 향해 북쪽으로 밀고 나가며 포메라니아를 둘로 쪼개놓았다.

독일군 전투 서열에서 가장 취약한 부대가 제2군이었다. 제2군은 동프로이센으로부터 비스와곶의 모래톱을 따라 강어귀로 가는 마지막 육로를 가까스로 지키고 있었다. 엘빙의 노가트강 바로 맞은편에 좌익을 두고 마리엔부르크의 튜턴 기사단이 쌓은 고성에 거점을 유지한 제2군은 비스와강 집단군 전체에서 가장 무리한 역할을 맡았다.

로코솝스키의 공격은 2월 24일에 시작되었다. 제19군이 노이슈테틴과 발덴부르크 사이 서북쪽으로 진격했지만 전투의 맹렬함에 병사들은 동요했다. 로코솝스키는 군사령관을 해임한 뒤 전차군단도 공격에 투입해 계속 몰아붙였다. 전차군단과 제2근위기병군단, 제3근위기병군단이 협력하자 포메라니아 방어선의 '핵심'[1]인 노이슈테틴이 단숨에 함락되었다.

소련 기병부대는 포메라니아의 힘이 약해지는 데 성공적인 역할을 했다. 그들은 주로 바닷가에 있는 레바 같은 몇 개의 시를 기습 공격해 단독으로 점령했다. 주코프의 제1벨라루스전선군 최우익을 형성한 제2근위기병군단은 러시아의 인기 민요 가수인 리디아 루슬라노바와 결혼한 지략 넘치는 지휘관인 블라디미르 빅토로비치 크류코프 중장이 지휘했다.

슈테틴에서 동쪽으로 50킬로미터쯤 떨어진 북쪽을 향한 주코프의 공격은 3월 1일 본격적으로 시작되었다. 제3충격군과 제1근위전차군, 제2근위전차군을 결합한 훨씬 더 강력한 전력이었다. 약체인 독일 사단들은 상대가 되지 않았다. 선두 전차여단들은 아무 대비 없이 공포에 질려 전차를 바라보는 민간인들이 사는 마을을 뚫고 앞으로 돌진했다. 그리고 뒤따라오는 제3충격군과 제1폴란드군이 자신들의 전과를 확대했다. 3월 4일 제1근위전차군이 콜베르크 근방의 발트해에 도착하자 제45근위전차여단의 지휘관인 모르구노프 대령[2]은 제일 먼저 바다에 도착해 주코프와 카투코프에게 바닷물이 담긴 병을 보냈다. 이 결과는 카투코프의 의견이 옳았음을 입증했다. 그는 그로스만에게 "진군의 성공 여부는 그 어느 때보다 거대한 우리의 어마어마한 기계력에 달려 있을 것이다. 놀랄 만한 진군 속도는 적은 손실을 의미하고 적은 분쇄될 것이다"[3]라고 말했다.

독일 제2군 전체와 제3기갑군 일부는 이제 독일 본토와 완전히 분리되었다. 마치 이러한 발트해의 참상을 강조하기라도 하는 것처럼 핀란드가 전 동맹국 나치 독일에 선전포고를 했다(소련의 압박 때문이긴 했다). 주코프의 공격 경로 동쪽에 고립된 부대 중에는 1만 2000명에 달하던 병력이 크게 줄어든 친위 샤를마뉴 사단이 포함되어 있었다. 이 사단은 세 개 독일 사단과 함께 벨가르트 근방에 배치되었다. 폰 테타우 장군은 이 부대들에 오데르강 하구의 발트해 해안을 향해 서북쪽으로 돌파를 시도하라고 명령했다. 샤를마뉴 사단의 사령관인 여단지도자(소장) 구스타프 크루켄베르크는 수하의 프랑스인 1000명과 함께 눈 덮인 소나무 숲을 지나 조용히 우회 행군에 나섰다.[4] 나중의 일이지만, 오로지 맹렬한 반공산주의 신념에 의해 뭉친 우익 지식인, 노동자, 봉건 귀족들이 이 어울리지 않는 조합의 일부는 베를린에서 히틀러 관저의 마지막 수비대 임무를 맡게 된다.

그러나 히틀러는 자신의 제국을 지키는 사람들에 대해 동정심이 없었다. 제2군 사령관인 바이스 상급대장이 총통 본부에 이미 너무 많은 피를 흘린 엘빙 포켓을 더 이상 지킬 수 없다고 알리자 히틀러는 그저 "바이스는 거짓말쟁이야. 다른 모든 장군처럼"[5]이라고 대꾸했다.

포메라니아 작전의 2단계는 제1근위전차군이 바다에 도착하고 불과 이틀 뒤에 시작되었다. 제1근위전차군이 임시로 로코솝스키 부대로 전출되었다. 주코프는 로코솝스키에게 전화를 걸어 카투코프의 제1근위전차군이 "넘겨줄 때의 상태 그대로 돌아오길 원한다"[6]고 말했다. 작전은 왼쪽으로 크게 선회해 포메라니아 동부와 단치히를 서쪽에서 공격하는 한편 로코솝스키의 부대 중 가장 강한 제2충격군이 비스와강을 끼고 남쪽에서 공격하기로 결정되었다.

소련의 제2충격군 사령관인 페듀닌스키 상장은 달력을 주의 깊게 살폈다. 그는 전쟁 기간에 네 차례 부상을 당했다. 매번 20일에 다쳤기 때문에 이제 20일에는 사령부 밖으로 나가지 않았다. 페듀닌스키는 동프로이센에서 약탈한 자원들이 낭비되어서는 안 된다고 생각했다. 그래서 자신의 병사들에게 가축, 빵, 쌀, 설탕, 치즈를 기차에 신게 했다. 이 물자들은 끔찍한 포위 기간에 시민들이 받은 고통을 보상해주기 위해 레닌그라드로 보내졌다.

페듀닌스키의 진격은 그동안 발트해의 중순양함 프린츠 오이겐의 일제 사격으로 방어에 도움을 받았던 마리엔부르크 성의 독일군 수비대를 고립시켰다. 3월 8일 밤 성이 버려졌다. 바이스가 경고한 대로 이틀 뒤 엘빙이 함락되었다. 서쪽과 남쪽으로부터 위협받던 독일 제2군은 가능한 한 많은 민간인과 부상병이 난민으로 가득 찬 항구에서 탈출할 수 있도록 단치히와 그디니아를 방어하기 위해 철수했다.

서쪽에서 단치히에 대한 공격이 시작된 지 불과 이틀 만인 3월 8일 소련군은 슈톨프를 저항 없이 점령했다. 이틀 뒤에는 제1근위전차군과 제19군이 라우엔부르크에 도착했다. 전차여단이 항구를 향해 달아나고 있던 피란민 행렬을 덮쳤다. 여성과 아이들은 숲에 숨으려고 눈 속에서 비틀거리며 달아났지만 소련 전차들의 궤도가 난민들의 수레를 깔아뭉갰다. 그나마 다른 난민 대열들보다는 운이 좋았다. 라우엔부르크에서 그리 멀지 않은 곳에서는 붉은 군대의 병사들이 또 다른 강제수용소를 발견했다. 여성 수용소였다. 의사들이 곧바로 생존자들을 돌보기 시작했다.

포메라니아에 사는 가족들의 운명은 동프로이센의 가족들과 비슷했다. 힘러는 동부 포메라니아에서 민간인들의 대피를 금지했다. 이에 따라 3월 4일 발트해 북쪽으로의 돌격으로 120여 만 명이 고립되었다. 동프로이센처럼 이곳의 주민들 역시 뉴스조차 들을 수 없었다. 하지만 풍문을 들었던 대다수 가정에서는 나치 당국을 불신하면서 스스로 준비했다.

마을 사람들이 '영주'라고 부르던 지주 가족들은 총살당할 가능성이 가장 높았다. 소작인들은 이들을 위해 마차와 수레를 마련해주며 피란을 떠나라고 재촉했다. 슈톨프 근방에 살던 리부사 폰 올더샤우젠은 임신 9개월이었다. 그녀는 슈나이더뮐에서 지역 돌격대원들을 희생시키길 거부했던 예스코 폰 푸트카머 남작의 의붓딸이었다. 영지의 목수가 마차 틀을 만들고 그 위에 서재의 큰 카펫을 묶어 눈발을 피할 곳을 만들었다. 임신부는 그 안의 매트리스 위에 눕기로 했다.

3월 8일 이른 새벽에 리부사는 문을 쾅쾅 두드리는 소리에 잠에서 깼다. "이동 명령!"[7] 누군가가 소리쳤다. "일어나! 서둘러! 우린 최대한 빨리 떠날 거야." 리부사는 가능한 한 빨리 옷을 입고 보석들을 챙겼다. 영주의 저택은 이미 난민으로 가득 차 있었다. 그중 일부는 심지어 가족들이 떠나기도 전에 방에서 물건을 훔치기 시작했다.

포메라니아와 동프로이센의 많은 가정이 알게 되었듯이, 프랑스인 전쟁 포로 노동자들은 뒤에 남아 붉은 군대에게 해방되길 기다리기보다 함께 가겠다고 고집했다. 그들이 개조 마차와 말에 매단 차량에 올라타자 멀리서 요란한 포격 소리가 들려왔다. 그들은 단치히를 향해 동쪽으로 나아갔다. 하지만 일찍 출발했음에도 불구하고 말이 끄는 수레는 며칠 만에 카투코프 휘하의 전차여단에 따라잡히고 말았다.

리부사는 제때 안전한 곳에 도착하지 못할 거라는 이야기를 듣고 한밤중에 잠에서 깼다. 양초 불빛에 군복을 입고 훈장을 단 의붓아버지가 보였다. 어머니 역시 옷을 입고 있었다. 붉은 군대가 그들을 고립시킬 게 분명하자 두 사람은 자살하기로 결심했다. 네메르스도르프와 최근 동프로이센에서 일어난 학살에 대한 이야기는 산 채로 붙잡혀서는 안 된다는 확신을 주었다. 예스코 남작이 말했다. "이제 때가 됐다. 러시아 놈들이 한두 시간 안에 여기로 들이닥칠 거다." 리부사도 자살할 생각으로 부모와 함께 밖으로 나갔지만 마지막 순간에 불현듯 마음을 바꿔먹었다. "저도 부모님과 함께 가고 싶어요. 하지만 그럴 수 없어요. 저는 아기를 배고 있거든요. 내 아기. 아기가 배를 세게 차고 있어요. 아기는 살고 싶어해요. 아기를 죽일 순 없어요." 어머니는 딸을 이해하고 자신이 함께 있어주겠다고 말했다. 당황하고 낙담한 남작은 자신의 군복과 권총을 없애야 했다. 그들이 살아남을 수 있는 유일한 희망은 붉은 군대가 도착했을 때 다른 피란민들과 구분되지 않는 것이었다. '귀족'이라는 사실이 발각되지 않아야 했다.

소련군이 도착했다는 첫 신호는 전나무 숲에서 터진 신호탄이었다. 그리고 이내 전차 엔진들의 굉음이 뒤따랐다. 숲에서 전차들이 괴물처럼 등장하면서 작은 나무들은 납작하게 짜부라졌다. 두 대의 전차가 마을 사람들을 겁주기 위해 주포를 발사한 뒤 기관단총 사수들이 넓게 퍼져 집들을 수색했다. 그들은 방에 들어가면서 안에 있는 사람들을 겁주기 위해 한 차례씩 짧은 사격을 했다. 회반죽이 우르르 떨어져 내렸다. 그들은 독일인들이 예상했던 정복자가 아니었다. 얼룩투성이에 찢어진 남루한 갈색 군복, 가죽 총대 대신 사용한 몇 가닥의 노끈은 전쟁 초기 뉴스영화에 나오던 승리한 독일군의 모습과는 너무나 달랐다.

약탈은 '유리, 유리Uri, Uri!'라는 고함과 함께 민첩하게 이루어졌다. 소련 병사들이 돌아다니면서 시계를 잡아챘다. 프랑스인 전쟁 포로 피에르는 자신이 같은 편이라고 항의했지만 소용없었다. 그는 소총의 개머리판으로 배를 얻어맞았다. 그런 뒤 병사들은 바깥의 장교들이 외치는 명령이 들릴 때까지 난민들의 짐과 보따리를 뒤졌다. 그리고 패드를 댄 웃옷 앞섶에 약탈물을 채워넣은 뒤 밖으로 달려나가 다시 장갑차에 올라탔다.

무서운 적과의 첫 번째 만남에서 살아남았다는 안도감과 공포가 뒤섞인 채 떨고 있던 민간인들은 순식간에 두 번째 파도에 맞닥뜨렸다. 이번에는 기병 분견대였다. 그들에겐 시간이 더 많았다. 바꿔 말해 이것은 강간할 시간이 있었다는 뜻이다. 문이 확 열리더니 붉은 군대 병사들의 소규모 무리가 들어와 희생자들을 골랐다.

히틀러는 제2군 사령관인 바이스 장군이 총통 본부에 엘빙을 지킬 수 없다고 알렸다는 이유로 해임하고 그 자리에 그로스도이칠란트 군단의 전 군단장 폰 자우켄 장군을 임명했다. 3월 1일 폰 자우켄 장군이 새 직책에 관한 브리핑을 듣기 위해 총통 관저에 불려왔다. 이 기병대 출신의 장군은 외눈안경을 끼고 백엽검 기사 십자 철십자장을 달고 들어왔다. 호리호리하고 기품 있는 자우켄은 나치의 '갈색 폭도단'을 대놓고 경멸했다. 히틀러는 구데리안에게 단치히의 상황에 대해 자우켄에게 브리핑하라고 청했다. 브리핑이 끝나자 히틀러가 자우켄에게 대관구 지도자 알베르트 푀르스터의 명령을 받으라고 말했다. 폰 자우켄 장군은 히틀러를 쏘아보더니 "저는 대관구 지도자의 명령을 받을 생각이 없습니다"[8]라고 대답했다. 자우켄은 히틀러의 말에 단호하게 반박했을 뿐 아니라 그를 '나의 총통'이라고 부르지도 않았다. 누구보다 히틀러와 많은 논쟁을 벌였던 구데리안조차 이런 태도에 충격을 받았다. 하지만 상황을 지켜보던 사람들은 히틀러의 묵인에 더 놀랐다. "좋소", 히틀러가 힘없이 대답했다. "장군이 직접 지휘하시오."

자우켄은 이튿날 단치히로 날아갔다. 그는 가능한 한 많은 민간인이 달아날 수 있도록 두 항구를 지키기로 결심했다. 단치히의 인구는 150만 명으로 늘어나 있었다. 적어도 10만 명의 부상자가 있는 것으로 추정되었다. 혼란 속에서 나치 친위대는 패잔병들을 마구잡이로 붙잡아 탈영병이라며 나무에 매달아 죽이기 시작했다. 식량은 극도로 부족했다. 2만1000톤의 보급선[9]이 수뢰에 걸려 단치히와 그디니아에 보내는 6일 치의 보급품과 함께 물속으로 가라앉았다.

독일 해군은 불굴의 끈기를 보여주었을 뿐 아니라 계속되는 공습과 소련 발트 함대 잠수함들의 어뢰 위협에도 불구하고 앞바다에서 화력 지원을 계속했다. 순양함 프린츠 오이겐과 라이프치히, 구식 전함 슐레지엔이 포위 중인 붉은 군대에게 함포를 겨누고 굉음을 내며 항진했다. 그러나 3월 22일 붉은 군대가 두 항구 가운데에 있는 단치히-그디니아 방어선을 격파했다. 두 항구는 곧바로 소련 군용기의 끝없는 공습에 더해 정확한 포격을 받아야 했다.

전폭기들이 도시와 항구 지역에 폭격을 가했다. 소련의 슈투르모비크 공격기들은 민간인 표적이든 군사 표적이든 관계없이 똑같이 다루었다. 교회는 벙커로 사용하기 좋았다. 특히 아직 땅 위로 두드러지게 솟아 있는 모든 건물을 쓰러뜨리는 것이 목표처럼 보일 때 더욱 그러했다. 부두에서 탑승을 기다리고 있던 부상자들은 들것 위에서 총탄을 맞아 몸이 벌집이 되었다. 탈출을 기다리는 줄에서 자리를 잃을까봐 겁내던 수만 명의 여성과 아이들은 놓쳐선 안 될 표적이 되었다. 사망자와 부상자를 돕거나 동정할 시간은 없었다. 한순간에 고아가 된 아이들이 모여들었다. 88밀리 대공포 그리고 그 대공포들이 끊임없이 뿜어내는 시끄러운 소리에 누구도 아이들의 흐느끼는 소리를 들을 수 없었다.

해군에서 되는대로 그러모은 승무원들이 부속선, 바지선, 함재정, 예인선, 쾌속어뢰정 등 가용한 모든 선박을 동원해 민간인과 부상자들을 재빨리 구출하고 가까운 반도 끝에 있는 작은 항구인 헬라로 실어 날랐다. 연안 구축함들이 이 작은 배들을 위해 가능한 한 많은 대공 엄호사격을 해주었다. 수병들은 거의 흔들리지 않았지만 한 치의 오차도 작은 배들 중 일부를 전복시키기에 충분했다. 3월 25일 폴란드 레지스탕스의 일원인 한 젊은 여성이 카투코프 장군에게 그디니아의 방어 체계가 담긴 지도를 가져왔다. 장군은 처음에는 지도가 속임수라고 생각했지만 진짜임이 밝혀졌다. 소련군이 그디니아 근교로 치고 들어갈 때 독일 해군은 임무를 계속 수행했고 끝이 오기 전에 가능한 한 많은 난민을 태우려고 속도를 높였다. 해군 선박들은 이제 다른 무기와 싸워야 했다. 카투코프의 전차병들이 바다의 표적들에 포격하는 법을 익히면서 난민 구출 작업은 훨씬 더 위험해졌다.

동프로이센 동북쪽 끝에 있는 메멜에서의 마지막 대피 작전에서 악몽 같은 상황으로부터 탈출한 그로스도이칠란트 사단의 한 소대는 다시 그때와 비슷한 경험을 하고 있었다. 소련군이 항구를 향해 싸우며 나아가는 동안 둥근 천장의 지하 저장고에 몸을 숨긴 그들은 두 개의 손전등 불빛에 의지해 분만을 돕고 있는 의사를 보았다. 그중 한 명은 이렇게 썼다. "아기의 탄생은 대개 즐거운 일이지만[10] 이 특별한 출산은 전체적으로 비극을 늘리는 것으로만 보였다. 비명으로 가득 찬 세상에서 어머니의 비명은 더 이상 어떤 의미도 없었고 울음을 터 뜨린 아기는 자기 인생의 시작을 유감스러워하는 것 같았다." 군인들 은 항구로 가면서 아기가 자신을 위해서라도 죽길 바랐다. 소련군의 그디니아 입성을 알리는 전조는 짙고 시커먼 연기를 배경으로 타오르 는 지평선의 붉은 불길이었다. 마지막 공격이 시작되었다. 3월 26일 저녁 붉은 군대는 시와 항구를 손에 넣었다.

그디니아에 대한 약탈과 생존자들에 대한 대우를 보고 소련의 군 당국조차 충격을 받은 듯했다. 정치부는 "비도덕적 현상과 군사 범죄 뿐 아니라 놀라운 사건들이 늘어나고 있다"[11]며 평소의 완곡어법으로 보고했다. "일부 장교와 병사가 조국에 대한 임무를 정직하고 이기심 없이 수행하지 않고 복수라는 구호 아래 폭력 행위와 약탈을 저지르 면서 우리 병사들 사이에 수치스럽고 정치적으로 해로운 현상이 발생 하고 있다."

한편 바로 남쪽의 단치히 역시 서쪽에서 맹공격을 받았다. 수비 대들은 조금씩 물러나야 했다. 3월 28일 단치히도 함락되면서 남아 있던 민간인들은 끔찍한 결과를 맞았다. 자우켄의 잔존 병력은 동쪽 의 비스와강 어귀로 철수해 전쟁이 끝날 때까지 그곳에 포위되었다.

독일군 장교들, 특히 포메라니아와 프로이센 출신들에게 독특한 계단식 삼각형 지붕이 특징인 아름답고 오래된 건물들이 있는 한자 동맹의 도시 단치히를 잃은 것은 재앙이었다. 발트해 연안에서 영위되 어온 독일식 삶이 영원히 끝났다는 의미였다. 하지만 그들은 오랫동안 가꾸어온 문화를 잃은 것을 슬퍼하면서도 자신들이 그토록 효율적으로 지탱했던 정권의 끔찍한 짓들에는 눈을 감았다. 그들은 단치히 해부학 연구소에서 시신으로 비누와 가죽을 만든 일에 관해서는 몰랐을 수 있지만 비스와강 어귀의 슈투트호프 강제수용소에 관해서는 분명 알고 있었다. 나치 친위대뿐 아니라 독일군 병사들도 붉은 군대가 다가올 때 포로들의 학살에 관여했기 때문이다.

서프로이센과 포메라니아는 동프로이센만큼 고통을 겪지 않았을 수 있지만 시민들의 운명은 여전히 끔찍했다. 교회와 오래된 건물들이 불길에 휩싸이면서 그들의 문화 역시 뿌리뽑혔다.

라우엔부르크의 소련군 지휘관은 아그라넨코 대위에게 "폭력을 중단시키기는 불가능하다"[12]라며 불평했다. 아그라넨코는 붉은 군대의 병사들이 굳이 "민간인 주민에 대한 공격"이나 "부도덕한 행위" 같은 강간에 대한 공식적인 완곡 어구를 쓰지 않는다는 것을 알아차렸다. 그들은 단순히 '따먹다to fuck'라는 표현을 썼다. 한 카자흐스탄 장교는 그에게 독일 여성들이 "너무 오만하다"[13]며 그들 위에 "올라타야" 된다고 말했다. 또 다른 병사들은 독일 여성들이 "짐마차용 말"처럼 생겼다고 불평했다. 글로비츠에서 아그라넨코는 여성들이 "아이들을 차폐물처럼 이용하고 있다"고 기록했다. 소련군 병사들은 비이성적인 폭력, 취한 상태에서의 성욕, 아이들에 대한 자연스러운 친절이 혼란스럽게 뒤섞인 모습을 또다시 보여주었다.

군인들의 눈에 띄지 않으려고 필사적이던 젊은 여성들은 얼굴에 나뭇재와 검댕을 발랐다. 이마 아래까지 머릿수건을 쓰고 몸매를 숨기기 위해 옷을 껴입고는 노파처럼 절뚝거리며 걸었다. 하지만 젊음을 감춘다고 해서 자동적인 보호 장치가 되진 않았다. 나이가 아주 많은 여성도 강간을 당했다.

독일 여성들은 자신들이 겪은 일을 표현하는 단어를 만들었다. 많은 사람이 "나는 굴복해야 했어"[14]라고 말하곤 했다. 한 여성은 자신이 서른 번이나 굴복해야 했다고 이야기했다. 리부사 폰 올더샤우젠은 "그녀에게서는 두려움도 느껴졌지만 한편으로는 자신이 견뎌낸 것에 대한 자부심도 느껴졌다"라고 놀라며 기록했다. 하지만 훨씬 더 많은 여성은 끔찍한 경험으로 정신적 외상을 입었다. 일부는 긴장성 조현병에 시달렸고 일부는 자살했다. 하지만 리부사 폰 올더샤우젠처럼 임신한 여성들은 대개 이런 도피성 수단을 거부했다. 배 속의 아기에 대한 본능적 의무가 다른 무엇보다 중요했기 때문이다.

몇몇 여성은 발진티푸스에 걸린 척하려고 얼굴에 빨간색으로 점을 찍는 방법을 생각해냈다. 티푸스를 뜻하는 러시아어 단어와 키릴 문자 러시아어, 불가리아어 및 일부 중부 유럽 국가들의 언어에서 사용하는 알파벳를 알아내서 가족들이 감염되었음을 암시하는 경고장을 문에 내걸기도 했다. 좀 더 외딴 지역에서는 주민 전체가 간선도로에서 떨어진 농장에 숨었다. 그리고 망보는 사람이 항상 길 가까이에 있다가 소련군 병사들이 도로에서 벗어나 은신처 쪽으로 들어서면 밤에는 전등으로, 낮에는 셔츠를 흔들어 경고했다. 그러면 여성들은 달려가 숨었다. 가금류와 돼지들은 숲에 감춰놓은 우리로 몰고 갔다. 생존을 위한 그런 예방책들은 30년 전쟁에서 사용되었던 것이 틀림없다. 그 방법들은 아마 그들의 전쟁사만큼이나 오래되었을 것이다.

단치히가 함락된 뒤 집으로 돌아가야 했던 난민들이 발견한 전투의 모든 흔적 가운데 최악은 나치 친위대와 야전헌병대가 탈영병들을 교수형에 처한 교수대 골목이었다. 그들의 목에는 "나는 총통을 믿지 않았기 때문에 여기에 매달려 있다"[15] 따위의 표지가 묶여 있었다. 두 항구가 함락되면서 집으로 돌아가야 했던 리부사 폰 올더샤우젠과 그 가족도 소련군에게 붙잡혀 교수형에 처해진 야전헌병대원 두 사람을 보았다. 돌아가는 길에는 소련군 전차들이 도랑으로 밀어넣은 망가진 마차들, 내용물을 뺏긴 채 사방에 흩어진 짐들, 침대보, 그릇, 여행가방과 장난감들이 널려 있었다. 길가 도랑에 빠진 말과 소의 사체는 옆구리의 살점이 마구 베어내진 상태였다.

정복 첫 주에 많은 포메라니아인이 살해당했다. 푸트카머 남작의 마을 근방에서는 한 노부부가 마을 연못의 얼음같이 차가운 물속으로 쫓겨 들어가 그곳에서 죽었다. 한 남자는 쟁기를 메고 쓰러질 때까지 끌어야 했다. 남자가 쓰러지자 그를 괴롭히던 사람이 기관단총을 발사해 죽였다. 그룹브코의 사유지 주인인 폰 리보니우스[16]는 사지가 잘린 채 돼지에게 던져졌다. 반나치 저항운동에 가담했던 지주들의 사정도 나을 게 없었다. 에버하르트 폰 브라운슈바이크와 그의 가족은 두려워할 게 없다고 생각하고 카르친 근방의 뤼브조에 있는 자신의 영주 주택에서 붉은 군대가 도착하길 기다렸다. 하지만 그의 명성과 게슈타포에게 수없이 체포되었던 전력은 도움이 되지 않았다. 가족 전체가 문밖으로 끌려나가 총살당했다. 때때로 마을 사람과 프랑스인 전쟁포로들이 인기 있는 지주를 용감하게 보호했지만 다른 많은 지주는 각자의 운명에 맡겨졌다.

모든 것이 예측 불가였다. 카르친에서는 나이 든 푸트카머 부인이 잠자리에 들자 포격과 전차 엔진 소리가 들렸다. 얼마 지나지 않아 젊은 병사 한 명이 침실 문을 열었다. 병사는 옆 동네를 점령한 뒤 만

취한 상태였다. 그는 부인에게 자신이 침대에서 잘 수 있도록 나가라는 신호를 보냈다. 부인이 이것은 자기 침대이고 베개를 가져다줄 테니 침대 옆 깔개에서 자라고 말하며 거절했다. 그런 뒤 손을 모으고 기도를 하기 시작했다. 옥신각신하기에는 너무 정신이 없었던 젊은 병사는 부인이 말한 곳에 누워 잠들었다.

포메라니아가 점령된 직후, 항상 새로운 소재를 수집하는 극작가였던 아그라넨코 대위는 돌아다니며 기록을 했다. 그는 자신이 작은 공책에 뭔가를 휘갈기고 있을 때 사람들이 그가 NKVD 소속인 게 분명하다고 짐작하고 겁에 질린 채 바라본다는 사실을 깨달았다.

3월 23일에 콜베르크에서 그는 갑자기 찾아온 봄 날씨에 기뻐했다. "새들이 지저귄다. 싹이 트고 있다. 자연은 전쟁을 신경 쓰지 않는다."[17] 그는 약탈한 자전거로 자전거 타는 법을 배우는 붉은 군대 병사들을 보았다. 그들은 사방에서 위험스럽게 흔들거리며 자전거를 탔다. 전선군 사령관들은 도로에서 자전거 타는 것을 금지하는 명령을 내렸다. 많은 병사가 자동차에 치여 죽었기 때문이다. 포메라니아에 대한 신속한 침공은 수천 명의 외국인 노동자와 포로들을 해방시켰다. 밤에 도로에는 그들이 피운 모닥불이 줄지어 늘어서 있었다. 그들은 낮에는 집을 향해 긴 시간 터덜터덜 걸었다. 대다수가 자신이 독일인이 아님을 보여주기 위해 국기를 만들었다. 아그라넨코와 일부 장교는 자신들의 국기를 보여주는 리투아니아인들을 만났다. 그는 "우리는 그들에게 이제 당신들의 국기는 빨간색이라고 설명했다"라고 썼다. 분명 아그라넨코도 대부분의 러시아인과 마찬가지로 소련이 발트해 국가들을 점령하는 것을 아주 자연스럽게 생각했다. 하지만 그 점령이 나치-소련 밀약의 일부라는 사실은 알지 못했다.

해방된 외국인 노동자와 포로들이 자국 국기를 들고 다닌 반면 독일인들은 항복을 강조하기 위해 흰색 완장을 차고 집에 백기를 걸었다. 그들은 어떠한 저항이나 심지어 분노의 표시조차 아무 도움이 되지 않을 것임을 잘 알고 있었다. 소련이 쾨슬린의 시장으로 임명한 55세의 유대인 보석상 유제프 루딘스키는 시청 계단에서 군 당국으로부터 받은 성명서를 읽을 때 중절모를 쓰고 빨간색 완장을 찼다. 독일 주민들은 그의 말에 조용히 귀를 기울였다. 레바에서는 그곳을 점령한 기병대가 시계와 손목시계를 죄다 빼앗아갔다. 그 바람에 아침마다 시장이 커다란 핸드벨을 울리며 거리 위아래를 걸어다니면서 소련 당국에 의해 노동에 강제 동원된 주민들을 깨우기 위해 "일터로!"[18] 라고 외쳐야 했다.

스타르가르트에서 아그라넨코는 패드를 댄 가죽 철모를 쓴 한 전차병이 치안판사 법원 맞은편 광장에 새로 생긴 묘들로 다가가는 것을 보았다. 젊은 병사는 누군가를 찾는 듯 묘마다 쓰여 있는 이름을 읽었다. 그러다 한 묘 앞에 멈춰 서서는 철모를 벗고 고개를 숙였다. 그러더니 갑자기 기관단총을 휙 들어올려 한참 동안 발사했다. 그는 발 밑에 묻힌 자신의 지휘관에게 경의를 표하고 있었다.

아그라넨코는 젊은 여성 교통 통제관들과도 이야기를 나누었다. "우리가 당장 결혼하는 일은 없을 거예요." 그들이 말했다. "우린 우리가 여자라는 걸 이미 잊어버렸어요. 우린 그냥 군인이에요." 그들은 붉은 군대에서 900만 명의 사상자가 나오면서 자신들이 전후에 독신으로 살아야 할 운명인 세대에 속한다는 사실을 알아차렸을 것이다.

주코프의 군대가 '발트해의 발코니'를 섬멸하는 동안 코네프 원수의 제1우크라이나전선군은 아직 슐레지엔에서 교전 중이었다. 그의 주된 장애물은 오데르강 양쪽에 걸쳐 있는 요새 도시인 브레슬라우였다. 브레슬라우는 대관구 지도자 카를 한케의 광적인 지휘 아래 수비되고 있었다. 하지만 코네프는 베를린 작전을 놓치고 싶지 않았다. 그래서 주코프가 포즈난에서 했던 것처럼 도시를 포위한 채 슈타이나우와 올라우 교두보에서 오데르강을 건너 밀고 나갔다. 그의 목표는 오데르강의 남쪽 지류인 나이세강이었다. 그는 여기서 베를린 남쪽에 대한 공격을 개시할 참이었다.

2월 8일 코네프의 부대가 브레슬라우 양쪽의 두 교두보에서 공격을 시작했다. 주요 공격은 슈타이나우 교두보에서 소위 제4기갑군을 치는 것이었다. 이 기갑군의 방어선은 단숨에 무너졌다. 코네프는 올라우 교두보에서 시작하는 진격의 속도를 높이기 위해 류발코의 제3근위전차군을 교체했다. 2월 12일 브레슬라우가 포위되었다. 8만 명이 넘는 민간인이 도시에 갇혔다.

렐류셴코의 제4근위전차군은 나이세강으로 계속 밀고 나갔고 엿새 뒤에 도착했다. 진격하는 동안 전차 부대들은 소수의 주민만 남아 있음을 알게 되었다. 때때로 현지 성직자가 "러시아인들에게 우정을 확신해주는"[19] 마을의 편지를 들고 나와 그들과 접촉했다. 제1우크라이나전선군은 독일의 민간인 의사들이 여러 차례 "우리 부상병들에게 도움을 주었다"고 기록했다.

그 뒤 렐류셴코는 끔찍한 기습을 당했다. 그는 그로스도이칠란트 군단과 네링의 제24기갑군단의 잔존 부대가 자신의 병참선과 후방 부대를 공격하고 있다는 것을 알게 되었다. 그러나 이틀에 걸친 전투 뒤에 독일군은 후퇴해야 했다. 결과적으로 코네프는 나이세강 유역의 100킬로미터가 넘는 지역에 대한 확고한 통제를 유지했다. 베를린 작전을 위한 그의 출발선이 확보되었고 브레슬라우는 포위되었다. 하지만 올라우 교두보 남쪽의 전투는 독일 제17군을 상대로 2월의 남은 기간과 3월 내내 계속되었다.

나치는 독일 땅에서 싸운다는 사실이 자동으로 광적인 저항을 불러올 것이라고 생각했지만 항상 그렇지는 않았던 것 같다. 제359보병사단의 한 포로는 소련군 심문자에게 "독일 영토 내에서의 전쟁으로 사기가 완전히 무너졌다"[20]고 말했다. "우리는 사력을 다해 싸우라는 이야기를 들었다. 하지만 완전히 막다른 골목이었다."

쇠르너 장군이 3월 1일부터 라우반에 대한 반격을 계획했다. 제3근위전차군이 기습을 당했고 도시가 수복되었다. 괴벨스는 기뻐 날뛰었다. 그는 3월 9일에 괴를리츠로 달려갔다. 선전부의 사진사들이 그 뒤를 따랐다. 괴를리츠에서 그는 쇠르너를 만났다. 두 사람은 함께 라우반으로 가서 시장 광장에서 상비군, 국민돌격대, 히틀러 유겐트의 가두 행진을 축하하는 연설을 했다. 괴벨스는 카메라 앞에서 일부 히틀러 유겐트 대원들에게 철십자 훈장을 수여한 뒤, 전투 중에 파괴된 소련군 전차들을 보러 갔다.

이튿날, 다른 도시를 탈환하려는 쇠르너의 다음 작전이 시작되었다. 이번에는 브레슬라우에서 서쪽으로 40킬로미터 떨어진 슈트리가우 차례였다. 도시를 탈환한 독일군은 코네프의 병사들이 저지른 잔혹 행위로 심리적으로 무너진 채 배회하고 있는 민간인 생존자들을 보았다. 독일군은 붉은 군대 병사를 붙잡으면 남김없이 죽이겠노라고 맹세했다. 하지만 이즈음 독일군 병사들의 행동은 분명 비난받을 만했다. 나치 당국은 그들이 삽으로 소련 포로들을 죽인다는 보고에는 당황하지 않았지만 보어만이 "대피가 이루어진 지역에서 독일군 병사들이 저지른 약탈"[21]이라고 부른 현상에 대한 보고가 점점 늘어나는 것에는 충격을 받았다. 그는 육군 원수 카이텔을 통해 장교들에게 적어도 일주일에 한 번씩 병사들에게 독일 민간인에 대한 군의 의무에 관해 연설하라는 명령을 내렸다.

슐레지엔에서의 전투는 양측 다 자국 병사들에게 인정사정없는 전투 규율을 부과하면서 무자비하게 진행되었다. 쇠르너 장군은 꾀병을 부리는 사람과 낙오자들에 대한 전쟁을 선포했다. 이들은 약식 군법회의를 흉내내는 절차도 없이 길가에서 교수형에 처해졌다. 포로로 붙잡힌 제85공병대대의 병사들에 따르면 3월 하반기에 나이세에서만 22건의 사형이 집행되었다.[22] 제1우크라이나전선군은 포로 심문 보고서에서 다음과 같이 밝혔다. "전장에서 탈주, 탈영, 자해, 부상 등을 행한 자에게 내려진 사형 선고의 수치가 매주 증가했다. 사형 선고는 모든 병사 앞에서 큰소리로 낭독되었다."

전선군 사령부 제7국의 소련 선전 전문가들은 포로들을 심문하다가 지휘관들에 대한 병사들의 분노를 심리전에 활용할 수 있음을 곧 깨달았다. 통신 상태가 형편없고 철수가 갑작스럽게 이루어지다 보니 독일 병사들은 지휘관이 그들을 두고 달아났다고 믿기 쉬웠다. 예를 들어 제20기갑군은 오펠른 부근에서 포위당했을 때 "쇠르너 상급대장이 곤경에 빠진 부하들을 저버렸다! 그는 자신의 장갑 지휘 차량을 타고 나이세강으로 죽어라 달렸다"라는 내용이 담긴 전단을 받았다. 또한 독일군 병사들은 이가 퍼지면서 고생을 심하게 했다. 병사들은 12월 이후로 속옷을 갈아입거나 야전 목욕탕에 갈 수 없었다.

병사들이 받은 건 "이를 죽이기 위한 아무짝에도 쓸모없는 가루"뿐이었다. 그들은 1월과 2월, 3월의 봉급을 받지 못했다. 대부분의 병사가 크리스마스 이전부터 집에서 오는 편지를 전혀 받을 수 없었다.

소련군 역시 규율이 더 엄격해졌다. 전투에서의 패배는 경계를 강화하라는 스탈린의 5항을 지키지 못한 것으로 간주되었다. 슈트리가우의 소련군 지휘관이던 한 대령은 자신의 연대가 예기치 못한 기습을 당하는 바람에 "범죄적인 부주의"[23]로 기소되었다. 그의 부대는 잘 싸웠지만 도시를 내주었다. "이 수치스러운 사건은 전선 군사위원회의 철저한 조사를 받았고 죄인들은 엄격한 처벌을 받았다." 이 대령이 무슨 선고를 받았는지는 알려지지 않았지만 다른 경우로 판단하건대 틀림없이 굴라크에서의 장기 징역형을 받았을 것이다. 또한 대위가 적절한 진지를 구축하지 않고 가구들 근처에 자신의 야전포대를 놔둔 사건으로 상관인 중령과 대위 둘 다 군사 법정에 섰다. 대위는 "휴식을 취하기 위해 자리를 떴다"고 말했는데,[24] 대개 술로 근무를 소홀히 한 죄를 소련식으로 완곡하게 표현한 것이었다. 그로 인해 독일군이 기습적인 반격을 개시했을 때 대포를 사용할 수 없어 적에게 "심각한 피해를 당했다". 대위는 당에서 쫓겨났고 굴라크에서 10년형을 선고받았다.

장교들에게나 병사들에게나 똑같이 공포의 사자인 스메르시 요원들이 바로 등 뒤에서 맴돌았다. 모든 고통과 부상을 겪고 전우를 잃은 병사들은 전선의 위험을 직접 겪어보지도 않았으면서 자신들을 반역죄나 비겁하다는 이유로 기소하려고 안달하는 스메르시 대원들에게 심한 적개심을 느꼈다. 여전히 1943년 이전의 이름인 특수부로 불리던 스메르시에 관해 비밀리에 불리던 노래도 있었다.

첫 금속 파편이 연료 탱크에 구멍을 냈지.

나는 T-34에서 뛰어내렸어. 어떻게 그랬는지 몰라.

그러자 그들이 날 특수부에 불렀어.

"이 새끼야, 왜 전차와 함께 불타지 않았어?"

"다음 공격 때는 반드시 불에 타겠습니다." 내가 대답했어.[25]

제1우크라이나전선군의 병사들은 모든 전투와 진격 뒤에 녹초가 됐을 뿐 아니라 지저분하고 이가 들끓었으며 이질에 걸려 점점 더 건강이 나빠졌다. 문제의 많은 부분이 붉은 군대에서 건강과 안전은 그리 높은 우선순위가 아니라는 사실에서 비롯되었다. 속옷은 빤 적이 없었다. 명령에도 불구하고 물을 끓여 마시는 일은 드물었으며 소독용 염소도 넣지 않았다. 무엇보다 음식이 형편없이 비위생적인 환경에서 준비되었다. 한 보고서는 "가축을 길가의 더러운 짚 위에서 부적절하게 도살한 뒤 간이식당으로 가져갔다. 소시지는 더러운 테이블 위에서 만들어졌고 소시지를 만드는 사람들은 몹시 더러운 옷을 입고 있었다"[26]라고 지적했다.

겨울 동안 폴란드에서 세 가지 유형의 발진티푸스가 발견되었음에도 당국은 3월 둘째 주가 되어서야 그 위험을 깨달았다. NKVD 병사들조차 상태가 매우 나빴다. 3분의 1에서 3분의 2에 이르는 병사들의 몸에 이가 들끓었다. 일선의 병사들은 수치가 훨씬 더 높았을 것이다. 슐레지엔의 전선이 안정화되고 각 연대가 후방에 목욕탕을 설치했을 때에야 사정이 나아지기 시작했다. 한 달에 세 번의 목욕이 가장 적절하다고 여겨졌다. 속옷은 분명 무시무시한 화학물질이 들어 있었을 'SK'라는 특수 액체로 처리해야 했다. 모든 병사가 발진티푸스 예방접종을 받아야 한다는 명령이 내려졌지만 충분한 시간이 없었을 것이다. 3월 15일에 스탈린의 압력을 받은 코네프는 슐레지엔 남부에 대한 공격을 시작했다.

제1우크라이나전선군의 우익은 올라우 교두보에서 노이슈타트를 향해 남쪽으로 치고 나가면서 3만 명의 독일군을 고립시켰다. 이 공격은 오펠른과 라치부시 사이에서 오데르강을 건너 가한 공격과 결합되어 포위를 완성했다. 제21군과 제59군이 단숨에 에스토니아의 제20친위사단과 제168보병사단을 둘러쌌다. 소련군 제7국 선전 전문가들은 포위된 독일군에게 소련 감옥이 듣던 것만큼 나쁘지 않다는 것을 확인시켜주려고 '반파시스트' 독일 전쟁 포로들을 보냈지만, 이 특사들 중 태반은 장교들의 명령으로 총을 맞았다.

이 시기 독일군 병사들의 유일한 흥밋거리는 나치 친위대의 에스토니아인과 우크라이나인들[27]이 독일어로 인쇄된 소련의 전단지를 주워 독일 병사들에게 뭐라고 쓰여 있는지 물어보는 것이었다. 독일 병사들이 재미있어한 이유는 심지어 담배를 말거나 뒤를 닦으려고 그런 전단지를 가지고만 있어도 사형 선고를 받을 위험이 있었기 때문이다. 3월 20일에 린크비츠 마을 근처에서 붉은 군대의 병사들이 다급하게 문서들을 태우고 있던 에스토니아 제20친위사단의 참모 장교들을 붙잡아 총살했다. 반쯤 탄 일부 서류가 바람에 실려 날아가 농가들의 뒷마당에서 회수되었다. 이 보고서들에는 나치 친위대 군사재판이 집행한 명령과 선고가 담겨 있었다.

오펠른 포켓을 둘러싼 소련의 포위망을 바깥에서 돌파하려는 독일군의 시도는 격퇴되었다. 그곳에 갇혀 있던 3만 명의 독일군 중 절반이 목숨을 잃었다. 코네프는 인접한 제4우크라이나전선군이 더 동남쪽에 가한 공세의 도움을 받았다. 3월 30일 제60군과 제4근위전차군이 라치부시를 점령했다. 이제 제1우크라이나전선군은 상슐레지엔의 거의 전부를 지배했다.

독일의 영토를 꾸준히 잃고 있음에도 나치 지도부는 여전히 방식을 바꾸지 않았다. 비스와집단군이라는 거창한 명칭은 납득하기 어려울 뿐 아니라 우스꽝스러웠다. 그러나 그 명칭도 오데르강 서쪽에 새로 설치된 야전사령부만큼 어이없지는 않았다.

힘러의 사령부는 베를린에서 북쪽으로 90킬로미터 떨어진 하슬레벤 근방의 숲에 세워졌다. 프렌츨라우 동남쪽에 있는 마을이었다. 수도와 이 정도 떨어져 있으면 폭격당할 위험은 거의 없다며 SS제국지도자는 안심했다. 주둔지는 주로 가시철조망 담으로 둘러싸인 표준적인 목조 막사 구역들로 이루어졌다. 유일한 예외가 특별히 건축되어 비싼 가구를 들여놓은 훨씬 더 큰 건물인 '제국지도자 막사'였다. 그의 참모장교들 중 한 명은 "침실은 붉은빛이 도는 목재 가구 세트, 담록색 카펫으로 꾸며져 아주 우아했다. 전쟁에서 병사들을 지휘하는 남자가 아니라 지체 높은 부인의 안방에 더 가까웠다"[28]라고 평가했다.

입구 홀에는 벽에 '북유럽'을 주제로 한 커다란 고블랭 태피스트리의 모조품까지 걸려 있었다. 값비싼 도자기를 비롯한 모든 것이 친위대 공장에서 온 것이었다. 장교들은 괴벨스가 자랑하던 나치 지도부의 '총력전' 의지는 어디로 간 것인지 의아해했다. 힘러의 일과 역시 야전사령관과는 어울리지 않았다. 그는 목욕을 한 뒤 개인 안마사에게 마시지를 받고 아침을 먹고는 10시 30분에야 출근 준비를 마쳤다. 어떤 위기가 있어도 힘러의 잠을 방해해서는 안 되었다. 긴급한 결정을 내려야 할 때도 마찬가지였다. 그가 정말로 하고 싶어한 일은 훈장을 수여하는 것뿐이었다. 그는 자신의 권위를 힘들이지 않고 내세울 수 있는 그런 의식을 몹시 즐겼다. 구데리안에 따르면 그의 유일한 희망은 자신이 직접 기사 철십자장을 받는 것이었다.

반면 총통 관저에서 열린 상황회의에서 힘러의 행동은 여전히 불쌍할 정도로 부적절했다. 그의 작전 장교이던 아이스만 대령에 따르면, 힘러는 총통 관저에서 '군법회의Kriegsgericht'와 '약식군법회의Standgericht'라는 단어를 일종의 죽음의 주문처럼 점점 더 많이 입에 올렸다. 힘러에게 후퇴는 의지 부족을 의미했다. 의지 부족은 가장 가혹한 조치들로만 고칠 수 있었다. 힘러는 또한 "무능하고 겁 많은 장군"[29]들에 관해 끊임없이 이야기했다. 하지만 장군들은 잘못을 저질러도 집으로 보내지거나 인사 조치되는 게 전부였다. 달아나는 병사들만이 총살을 당했다.

약식군법회의는 당연히 총통 본부가 지지하던 방법이었다. 약식군법회의는 이미 원칙적으로 개략적인 그림이 그려져 있었다. 2월 초에 붉은 군대가 오데르강에 도착한 직후 히틀러는 독전대를 신설해 "한 발짝도 물러서지 마라"라는 1942년의 스탈린의 명령을 흉내 냈다. 여기에는 5항처럼 "군사재판이 전투에서 정직한 죽음을 두려워하는 자들은 겁쟁이에 걸맞은 수치스러운 죽음을 당해야 마땅하다는 원칙에 따라 최대한 엄격한 조치를 취해야 한다"[30]는 지시가 포함되었다.

그 뒤 약식군법회의 구성에 관한 3월 9일 총통의 명령에서 이 내용은 더 자세히 다듬어졌다. 약식군법회의는 3명의 고위 장교, 2명의 서기, 타자기와 사무용품, 가장 필수적인 "1명의 부사관과 8명의 총살형 집행대"[31]로 구성되었다. 실행 지침은 간단했다. "자비의 심판은 적용되지 않는다." 이 조직은 독일 국방군과 무장친위대의 모든 구성원을 재판할 준비를 갖추고 이튿날부터 일하기 시작했다. 자국 병사들에 대한 히틀러의 전격전은 부르크도르프 장군이 서명한 명령으로 공군과 해군으로 확대되었다. 그는 그들에게 각 재판의 주재자는 "우리 제국의 이념에 단단히 기반을 두어야 한다"고 지시했다. 나치당이 뒤처지길 원치 않던 마르틴 보어만 역시 약식군법회의에서 사형 선고를 내려 "비겁함과 패배주의"[32]가 발붙이지 못하게 하라고 대관구 지도자들에게 명령했다.

약식군법회의에 관한 총통의 명령이 내려지고 나흘 뒤에 히틀러는 아마 보어만이 초안을 작성했을 군대의 사회주의 이념에 관한 또다른 명령을 내렸다. "군 지휘관이 지닌 의무에서 최우선 순위는 병사들이 활기를 띠게 하고 그들을 정치적 광신자로 만드는 것이다. 또한 장병들의 국가사회주의 활동에 대해 내게 보고할 전적인 책임이 있다."[33]

흔들리는 사람들을 인정사정없이 대하라고 떠들었던 힘러는 사령관으로서의 스트레스가 너무 컸던 게 분명하다. 그는 구데리안에게는 알리지도 않고 독감에 걸렸다며 주치의의 치료를 받기 위해 하슬레벤 서쪽으로 40여 킬로미터 떨어진 호엔리헨의 요양원으로 갔다. 힘러 사령부의 혼란스러운 상황을 전해 들은 구데리안은 하슬레벤으로 달려갔다. 힘러의 친위대 참모장인 라머딩조차 구데리안에게 어떻게 좀 해달라고 사정했다. SS제국지도자가 호엔리헨에 있다는 것을 알게 된 구데리안은 힘러를 어떻게 설득할지 생각하며 그곳을 찾아갔다. 그는 힘러가 SS제국지도자, 독일경찰국장, 내무장관, 보충군 총사령관, 비스와집단군 총사령관이라는 너무 많은 책무를 떠맡아 과로한 게 분명하다고 말했다. 그러면서 힘러에게 비스와집단군 사령관

직에서 물러나라고 제안했다. 힘러도 그러길 원하고 있는 게 분명했다. 하지만 감히 히틀러에게 말할 엄두를 내지 못했기 때문에 구데리안이 기회를 엿보았다. "그러면 제가 대신 말해도 되겠습니까?" 구데리안이 물었다. 힘러는 거절하지 못했다. 그날 밤 구데리안은 히틀러에게 이 이야기를 하고 고트하르트 하인리히 상급대장을 후임으로 추천했다. 제1기갑군의 사령관이던 하인리히는 당시 라치부시 맞은편에서 코네프와 싸우고 있었다. 힘러의 선택이 막심한 피해를 입혔다는 것을 인정하기 싫었던 히틀러는 마지못해 동의했다.

하인리히는 사령관직을 맡기 위해 하슬레벤으로 갔다. 하인리히가 도착했다는 소식을 들은 힘러는 인수인계를 위한 상황 브리핑 차 돌아왔다. 브리핑은 거드름과 자기변호로 가득했다. 하인리히는 전화가 울릴 때까지 끝없는 장광설을 들어야 했다. 힘러가 전화를 받았다. 제9군 사령관인 부세 장군이 건 전화였다. 퀴스트린에서 끔찍한 실수가 일어나 요새로 이어지는 통로를 잃었다고 했다. 힘러는 곧바로 전화기를 하인리히에게 건넸다. "귀관이 집단군의 새로운 사령관[34]이니 귀관이 명령을 내리게." 그런 뒤 SS제국지도자는 꼴사나울 정도로 서둘러 휴가를 신청했다.

퀴스트린 양쪽의 오데르강 교두보에서 벌어진 전투는 몹시 맹렬했다. 마을을 점령한 소련군은 종종 집에서 나치 돌격대의 군복이나 나치 깃발이 발견되면 집 안의 모든 사람을 죽였다. 그럼에도 불구하고 붉은 군대에 점령당했다가 독일의 반격으로 해방된 한 마을의 주민들은 "소련군에 관해 부정적으로 말하지 않았다".[35]

점점 더 많은 독일 병사와 어린 징집병들도 잃어버린 대의를 위해 죽고 싶지 않은 마음을 드러냈다. 자동차로 퀴스트린에서 베를린에 온 한 스웨덴인은 스웨덴 군사 무관 율린-단펠 소령에게 "전선에서 탈영한 병사들을 붙잡는 헌병대 통제소 스무 곳을 지나왔다"[36]고 보고했다. 현지를 통과한 또 다른 스웨덴인은 독일군의 수가 얼마 되지 않아 보였고 "병사들은 기진맥진해서 패기가 없었다"[37]고 보고했다.

상황은 처참했다. 오데르브루흐는 반쯤 개간된 습지였고 도랑이 많았다. 포격과 공습에 대비해 참호를 파는 일은 기운 빠지는 작업이었다. 대부분의 장소에서 1미터도 파내려가기 전에 물이 나왔기 때문이다. 2월은 다른 때만큼 춥진 않았지만 그렇다고 참호족이 줄지는 않았다. 노련한 병사의 부족 외에도 독일군의 주된 문제점은 탄약과 차량용 연료 부족이었다. 단적으로 '1월 30일 사단'에서 사단 본부의 퀴벨바겐 승용차량은 비상시에만 사용할 수 있었다. 허가 없이는 어떤 포대도 사격을 할 수 없었다. 하루 배급량은 대포 1문당 포탄 두 발이었다.

붉은 군대는 개인 참호뿐 아니라 전투호까지 약간 둥근 소시지 모양으로 팠다. 붉은 군대의 저격병들은 관목 숲이나 폐허가 된 집의 서까래에 진을 쳤다. 그들은 숙련된 위장술로 6~8시간 동안 움직이지 않고 그 자리에 머무를 수 있었다. 그들의 최우선 표적은 첫 번째가 장교들, 그다음이 보급품 수송 차량이었다. 독일 병사들은 낮에는 움직일 수 없었다. 모든 이동을 해진 뒤로 제한한 덕분에 소련 정찰대들이 방비가 약한 독일군의 전선에 침투한 뒤 운 나쁜 병사를 그들의 정보장교가 심문할 '혀'로 삼으려고 잽싸게 붙잡아갔다. 포병전방 관측 장교들[38] 역시 정찰병들처럼 매복했다. 실제로 그들은 자신들이 더 큰 구경의 총을 가지고 있을 뿐 정찰병에 가깝다고 생각했다.

해빙으로 오데르강의 물이 불어나자 붉은 군대는 뜻밖의 이득을
보았다. 붉은 군대의 공병들이 지은 다리 몇 개가 수면에서 25~30센
티미터 아래로 잠기면서 인공 여울이 되었다. 포케불프와 슈투카독일의
급강하 폭격기를 몰던 독일 공군 조종사들은 다리들을 명중시키기가 매
우 힘들다는 것을 깨달았다.

선전장관 괴벨스는 여전히 최후의 승리를 떠들었지만, 베를린
대관구 지도자이자 수도방위총감으로서는 도시 내부와 주변에 장애
물들을 설치하라고 명령했다. 영양 결핍 상태의 민간인 수만 명이 바
닥 난 에너지를 전차호를 파는 데 쓰기 위해 줄지어 불려나왔는데 대
부분 여성이었다. 패배주의를 처벌했음에도 불구하고 나치의 관료주
의와 무능, 쓸모없는 방어 준비에 낭비한 시간에 대한 소문[39]이 퍼지
기 시작했다. 한 참모 장교는 "전쟁 내내 나는 우리 것이건, 적의 것이
건 전차 공격을 방해한 전차호를 하나도 보지 못했다"[40]며 신랄하게
기록했다. 군대는 나치의 명령에 따라 그런 무의미한 장애물을 건설
하는 것에 반대했다. 장애물들이 젤로 고지로 나가는 군대의 통행을
방해하고 이제 오데르강 서쪽의 마을들로부터 도시로 들어오고 있는
피란민들에게 혼란을 일으켰기 때문이다.
　국민돌격대에 징집되어 남아 있던 브란덴부르크의 농민들은 농
사짓기가 점점 더 힘들다는 사실을 깨달았다. 지역 나치당 농민지도
자는 부상자와 탄약을 옮기기 위해 농민들의 수레와 말을 징발하라
는 명령[41]을 받았다. 심지어 자전거까지 소위 대전차 사단의 장비로
사용하기 위해 징발되었다. 하지만 비스와강에서 참담하게 후퇴하는
동안 독일군 장비 손실을 가장 잘 보여주는 사실은 독일군 병사들이

국민돌격대의 무기를 가져갔다는 점일 것이다.

국민돌격대 16/69 대대는 전선에서 가까운 오데르브루흐 가장자리의 브리첸에 집중되어 있었다. 이 대대는 고작 113명을 모았다. 그중 32명이 후방에서 방어 임무를 수행했고 14명은 아프거나 부상자였다. 나머지는 전차 방호벽과 다리들을 지켰다. 그들이 가진 무기는 몇 정의 러시아산 기관총을 포함해 세 종류의 기관총, 필수 부품들이 없는 화염방사기 한 대, 스페인산 권총 3정과 여섯 국가에서 온 228정의 소총이 전부였다. 그들의 무기 보유 상태에 대한 이 보고는 정확하다고 가정해야 한다. 포츠담의 지방 행정부가 이 주제에 관해 잘못된 보고서를 만드는 것은 "전쟁 범죄와 마찬가지"[42]라고 경고했기 때문이다. 하지만 나치 대관구 지도자들이 국민돌격대에게 애초에 독일군이 빌려줬던 무기만 포기하라고 말했기 때문에 많은 경우 그런 쓸모없는 무기들조차 넘겨주지 않았다.

나치당 지도자들은 게슈타포 보고서에서 그들이 다른 사람들에게는 죽으라고 명령하면서 정작 자신들은 아무것도 하지 않는 것에 대해 민간인들이 점점 더 경멸을 드러내고 있다는 이야기를 들었다. 특히 피란민들은 "저명인사들의 행동에 매우 신랄한"[43] 것 같았다. 여기에 대응하기 위해 많은 군사적 가식이 실행되었다. 브란덴부르크의 대관구 지도부는 당원들을 향해 "너무 더운 방 대신 전선의 신선한 공기를"[44]이라는 구호 아래 전투에 나갈 자원자를 더 많이 요구했다. 나치당 조직 총재인 레이 박사는 "4만 명의 광적인 자원자"[45]로 이루어진 '아돌프 히틀러 의용군'을 모집할 계획을 들고 총통 본부에 나났다. 그는 구데리안에게 8만 정이 넘는 기관단총을 한꺼번에 넘겨달라고 요청했다. 이 말이 순전히 허세임을 알고 있었던 구데리안은 의용군들이 일단 입대하면 무기를 지급하겠다고 약속했다. 히틀러조차 감명을 받은 것 같지 않았다.

지난 몇 달 동안 괴벨스는 히틀러가 대중의 눈앞에서 사라진 것을 걱정했다. 그는 마침내 오데르 전선을 방문하도록 히틀러를 설득했다. 뉴스영화를 찍는 것이 주목적이었다. 3월 13일 총통의 방문은 철저히 비밀에 부쳐졌다. 나치 친위대의 순찰대가 모든 도로를 미리 점검한 뒤 총통 호위대가 도착하기 직전 길을 따라 늘어섰다. 실제로 히틀러는 일반 병사를 한 명도 만나지 않았다. 일선 부대 지휘관들이 한때 블뤼허의 소유였던 브리첸 근방의 오래된 영주 주택으로 아무 설명도 듣지 못한 채 소환되었다. 그들은 노쇠한 총통을 보고 깜짝 놀랐다. 한 장교는 히틀러의 "백묵같이 흰 얼굴"[46]과 "뱀의 눈을 연상시키는 번득이는 눈"에 관해 썼다. 전투모와 안경을 쓴 부세 장군이 자신의 전선 상황에 대한 공식적인 브리핑을 했다. 한 장교는 히틀러가 오데르 방어선을 지켜야 할 필요성에 대해 이야기하면서 "우리 수중에 있는 것만이 이용 가능한 최후의 무기와 장비라고 못 박았다"[47]고 기록했다.

히틀러는 말을 하려고 애쓰느라 기진맥진했던 게 분명하다. 베를린으로 돌아가면서 그는 한 마디도 하지 않았다. 히틀러의 운전사에 따르면 그는 "생각에 잠겨"[48] 앉아 있었다. 그의 마지막 여행이었다. 그는 두번 다시는 총통 관저를 떠나지 않았다.

목표
베를린

9

포메라니아 작전에 완전히 탄력이 붙은 3월 8일에 스탈린이 갑자기 주코프를 모스크바로 불렀다. 전선 사령관을 그의 부대와 떼어놓는 건 유별난 일이었다. 주코프는 모스크바 중앙 비행장에서 스탈린이 탈진과 스트레스로 요양하고 있던 별장으로 바로 차를 몰았다.

주코프가 포메라니아 작전과 오데르 교두보에서 벌어진 전투에 관해 보고한 뒤 스탈린은 정원을 산책하자며 그를 밖으로 데리고 나갔다. 스탈린은 자신의 어린 시절에 관해 이야기했다. 차를 마시려고 다시 돌아왔을 때 주코프는 스탈린에게 1941년 이후 독일군의 포로 신세가 된 아들 야코프 주가슈빌리에 관해 들은 소식이 있는지 물었다.[1] 당시 스탈린은 살아서 포로로 붙잡힌 아들과 연을 끊었지만 지금은 태도가 바뀐 듯했다. 그는 주코프의 질문에 한동안 대답하지 않다가 결국 입을 뗐다. "야코프는 살아서 감옥에서 나오지 못할 거요. 살인자들이 야코프를 죽이겠지. 우리의 조사에 따르면 놈들은 야코프를 고립시키고 조국을 배신하도록 설득하려 애쓰고 있소."[2] 스탈린은 또다시 한참 동안 말이 없다가 단호하게 말했다. "야코프는 조국을 배신하느니 죽음을 택할 거요."

스탈린이 말한 "우리의 조사"란 물론 아바쿠모프가 수행한 것이었다. 야코프의 최신 소식은 왕립 유고슬라비아군 헌병 지휘관이었던 스테파노비치 장군이 전해주었다. 스테파노비치는 1월 말 주코프의 군대에 의해 석방되었지만 스메르시가 가로채서 심문했다. 스테파노비치는 이전에 뤼베크의 X-C수용소에 상위 주가슈빌리와 함께 있었다. 그에 따르면 야코프는 "독립적이고 당당하게"[3] 행동했다. 그는 독일 장교가 방에 들어와도 일어서지 않았고 말을 걸면 등을 돌렸다. 독일군은 그를 징벌방에 가두었다. 독일 언론에 실린 인터뷰에도 불구하고 야코프 주가슈빌리는 누구의 어떤 질문에도 대답한 적이 없다고 주장했다. 그는 수용소에서 탈출한 뒤 납치되어 알려지지 않은 곳으로 보내졌다. 그가 어떻게 죽었는지는 지금까지도 분명하게 밝혀지지 않았다. 하지만 가장 유력한 설은 그가 간수들이 총을 쏘도록 경계선 담에 몸을 던졌다는 것이다. 아들에 대한 태도는 달라졌는지 모르겠지만 스탈린은 대개 야코프보다 훨씬 더 나쁜 운명을 맞았던 소련의 다른 전쟁 포로 수만 명에 대해서는 여전히 냉혹했다.

스탈린이 화제를 바꾸었다. 그는 얄타 회담의 결과에 "매우 만족한다"[4]고 말했다. 루스벨트가 가장 우호적이었다. 그때 스탈린의 비서인 포스크레비셰프가 스탈린이 서명할 서류들을 가지고 들어왔다. 주코프에게 떠나라는 신호였다. 하지만 스탈린이 그를 모스크바로 급히 부른 이유를 설명할 시간이기도 했다. 스탈린은 주코프에게 "최고 사령부로 가서 안토노프와 함께 베를린 작전에 대한 계산을 살펴보시오. 그리고 내일 오후 1시에 여기서 봅시다"라고 말했다.

이렇게 긴박한 데에는 이유가 있음을 분명히 감지한 안토노프와 주코프는 밤새워 일했다. 이튿날 아침 스탈린은 시간과 장소를 모두 바꾸었다. 그는 몸이 안 좋았지만 말렌코프, 몰로토프, 그 외의 국방위원회 위원들과 본격적인 회의를 위해 모스크바로 갔다. 안토노프가 브리핑했다. 설명을 마치자 스탈린이 승인하면서 상세한 계획을 세우라는 명령을 내렸다.

주코프는 회고록에서 "우리는 베를린 작전의 수립을 놓고 동맹국들이 어떻게 나올지를 고려했다"[5]라고 인정했다. 심지어 그는 "영국 수뇌부는 붉은 군대가 도착하기 전에 먼저 베를린을 점령하려는 야심을 여전히 포기하지 않았다"라며 우려한 사실도 인정했다. 그러나 주코프가 언급하지 않은 점은 스탈린이 그를 그토록 급하게 모스크바로 부르기 전날인 3월 7일 미군이 레마겐에서 철교를 점령했다는 사실이었다. 스탈린은 서방 연합국이 라인강 장벽을 그토록 빨리 돌파한 일이 미칠 영향을 대번에 깨달았다.

🐻

영국은 베를린으로 가려는 희망을 스탈린에게 감추지 않았다. 1944년에 처칠이 모스크바를 방문했을 때 육군 원수 앨런 브룩 경이 스탈린에게 루르를 포위한 후의 "연합군의 주요 공세 방향은 베를린이 될 것입니다"[6]라고 말했다. 처칠은 이 점을 다시 강조했다. 그들은 네덜란드에서 15만여 명의 독일군을 고립시킨 뒤 "베를린을 향해 꾸준히 돌진하길" 원했다. 스탈린은 아무 대꾸도 하지 않았다.

스탈린이 붉은 군대가 베를린을 먼저 점령해야 한다고 원하는 데에는 매우 중요한 이유가 있었다. 스탈린그라드 전투가 시작되기 석 달 전인 1942년 5월에 스탈린은 베리야와 원자물리학을 대표하는 과학자들을 별장으로 불렀다.[7] 그는 미국과 영국이 원자폭탄을 연구하고 있다는 이야기를 스파이를 통해 듣고 몹시 화가 났다. 스탈린은 과학자들이 위험을 심각하게 받아들이지 않았다고 책망했지만, 이 문제에 대한 첫 번째 첩보를 '도발'이라며 무시한 사람은 바로 그 자신이었다. 그 첩보는 영국 스파이 존 케언크로스가 1941년 11월에 전해주었다. 스탈린이 화내며 정보를 묵살한 모습은 6개월 전 독일의 침공을 경고받았을 때 했던 행동의 기묘한 반복이었다.

보로디노 작전이라는 암호명이 붙은 소련의 핵 연구 프로그램은 이후 3년 동안 클라우스 푹스 같은 공산주의 동조자가 제공하는 맨해튼 프로젝트의 상세한 연구 정보에 힘입어 극적으로 가속화되었다. 베리야 자신이 연구 감독을 맡았고 나중에는 이고르 쿠르차토프의 과학자 팀을 NKVD의 완전한 통제 아래 두었다.

그러나 소련의 프로그램이 미국에 비해 불리했던 이유는 우라늄 부족에 있었다. 소련에서는 아직 우라늄 매장층이 확인되지 않았다. 유럽에서는 주로 나치가 지배하던 작센 지방과 체코슬로바키아에 매장되어 있었다. 하지만 붉은 군대가 베를린에 도착하기 전까지 그들은 그곳의 매장층에 대한 대략적인 정보만 가지고 있었음이 분명했다. 베리야의 지시에 따라 미국 내 소련 구매위원회가 미국의 전시 생산국에 산화우라늄 8톤을 팔라고 요청했다. 미국 정부는 맨해튼 프로젝트의 수장인 그로브스 소장과 상의한 뒤 소련이 무슨 속셈인지 알아내기 위해 순전히 형식적인 공급만을 허가했다.

1945년 카자흐스탄에서 우라늄 매장층이 발견되었지만 여전히 양은 불충분했다. 프로젝트를 신속하게 진전시키려는 스탈린과 베리야의 가장 큰 희망은 서방 동맹국들보다 먼저 독일이 비축해놓은 우라늄을 차지하는 일이었다. 베리야는 그곳에서 일했던 소련의 과학자들을 통해서 베를린 서남쪽 교외에 있는 달렘의 카이저 빌헬름 물리학 연구소가 독일의 원자력 연구의 중심이라는 사실을 알아냈다. 그곳에서는 안쪽에 납을 댄 벙커에서 연구가 수행되었다. 벙커는 외부의 관심을 차단하기 위해 '바이러스 하우스'[8]라는 암호명으로 불렸다. 벙커 옆에는 150만 볼트를 생산할 수 있는 입자가속기를 보관한 '번개 탑'이 서 있었다. 베리야는 카이저 빌헬름 연구소의 과학자들과 장비, 70톤의 산화우라늄을 포함한 재료의 대부분을 검은 숲의 하이게를로흐로 옮겼다는 것을 몰랐다. 하지만 혼란에 빠진 독일 관료주의 속에서 추가 배송물들은 하이게를로흐 대신 달렘으로 보내졌다. 덕분에 달렘으로의 돌진이 완전히 헛되지만은 않았다.

나치 지도부는 베를린 전투가 전쟁의 클라이맥스가 되리라는 데추호의 의심도 없었다. 괴벨스는 항상 "국가사회주의자들은 베를린에서 함께 승리하거나 함께 죽을 것이다"라고 주장했다. 자신이 카를 마르크스의 말을 바꿔 써먹고 있다는 것을 모른 채 그는 "누구든 베를린을 소유하는 자가 독일을 소유한다"[9]고 단언하곤 했다. 반면 스탈린은 마르크스의 나머지 말을 틀림없이 알고 있었다. "그리고 누구든 독일을 지배하는 자가 유럽을 지배한다."

그러나 미국 전쟁 지도자들은 유럽의 그러한 금언을 잘 몰랐다. 앨런 브룩이 3월 6일 런던에서 아이젠하워와 아침 식사를 한 뒤 "그

[아이젠하워]가 매우 매력적인 사람이라는 데는 의심의 여지가 없다. 그러나 동시에 전략적 관점에서는 두뇌가 매우, 매우 제한되어 있다"[10] 라고 야박한 평을 한 것은 아마도 유럽의 권력 정치에 대한 미국의 무지 때문이었을 것이다. 브룩이 완전히 인정하지 않았던 기본적인 문제는 그 단계에서 미국인들이 유럽을 전략적으로 보지 않았다는 점 이다. 미국인들에겐 단순하고 제한된 목표가 있었다. 가능한 한 최소 한의 사상자로 독일과의 전쟁을 빨리 끝내고 일본과의 전쟁에 집중 하겠다는 것이었다. 아이젠하워는 대통령과 참모총장들, 그 외의 고 위 장교들과 마찬가지로 앞을 내다보지 못했고 스탈린의 성격을 완전 히 잘못 읽었다. 이런 점이 영국인 동료들을 격분시켰고 서방 동맹에 근본적인 균열을 일으켰다. 일부 영국 장교는 스탈린을 존중하는 아 이젠하워의 태도를 런던의 매춘부들이 미국 병사들을 유인할 때 하는 말인 "한번 해봐, 조"[11]라고 부르기도 했다.

3월 2일에 아이젠하워는 모스크바에 있던 미국의 연락장교 존 R. 딘 소장에게 "소련군 공세의 대단한 진전으로 볼 때, [1월 15일에] 테 더 공군 원수에게 설명한 것에서 소련의 계획에 중요한 변화가 있습 니까?"[12]라는 질문을 보냈다. 이어서 "3월 중순에서 5월 중순까지 작전 이 잠시 중단되는 때"가 있는지 물었다. 하지만 딘은 안토노프 장군에 게서 신뢰성 있는 정보를 얻어내기란 불가능하다는 사실을 깨달았다. 소련 측은 마침내 자신들의 목적을 밝혔을 때도 베를린을 먼저 점령 하겠다는 의도를 숨기기 위해 고의로 아이젠하워를 속였다.

전략을 둘러싼 견해차에서 개인적인 성향이 불가피하게 중요한 역할을 했다. 아이젠하워는 몽고메리가 베를린을 향한 총공세를 맡 겨달라고 요구하자, 이를 오로지 자신을 대단히 중요한 인물로 여기는 이의 야심이라고 생각했다. 몽고메리는 아이젠하워를 명목상의 최고 사령관에 묶어두는 동안 자신이 전선을 총지휘해야 한다는 확신을 숨기려 하지 않았다. 무엇보다 아르덴 전투 후, 몽고메리의 용서할 수 없는 으스댐이 아이젠하워의 부정적인 평가를 굳힌 게 분명했다. 육군 원수 앨런 브룩 경은 3월 6일의 조찬 회의를 마친 뒤 일기에 "그와 몽고메리의 관계는 풀기 너무 어렵다"[13]라고 썼다. "그는 몽고메리에게서 최악의 면만 본다." 어쨌든 미국인들은 몽고메리가 신속한 공세를 이끌기에는 최악의 선택이라고 여겼다. 그럴 만한 타당한 이유가 어느 정도 있었다. 몽고메리는 세부 사항을 시시콜콜 따지기로 악명 높았고 공격을 시작하는 데 다른 장군들보다 시간이 많이 걸렸다.

몽고메리의 제21집단군은 북쪽의 베젤에서 가장 강력한 독일군과 맞닥뜨렸다. 그는 대규모 수륙양용작전과 항공작전으로 라인강을 건너는 고전적인 작전을 세웠다. 하지만 더 남쪽에서 일어난 사건들이 세심하게 준비된 그의 작전보다 앞섰다. 미 제1군이 레마겐에서 신속하게 교두보를 강화하자 히틀러는 대규모 반격을 명령하는 광적인 대응에 나섰다. 덕분에 라인강의 다른 구역들이 비었다. 기병 지휘관이었던 루퍼트 공을 연상시키듯 위풍당당하게 팔라틴 백작령을 소탕하던 패튼의 제3군이 곧 코블렌츠 남쪽의 여러 지점에서 도하했다.

몽고메리의 제21집단군도 3월 24일 아침에 라인강을 건너자 아이젠하워, 처칠, 브룩은 행복한 기분으로 강둑에서 만났다. 몽고메리는 아이젠하워가 뤼베크의 발트해 연안과 베를린을 향해 자신이 동북쪽으로 진격하는 것을 승인하리라 기대했다. 하지만 그의 착각은 곧 깨졌다.

하지스 장군은 레마겐 교두보를 구축하고 있었다. 패튼 장군은 순식간에 마인츠 남쪽에 자신의 주요 교두보를 마련했다. 아이젠하워는 두 장군에게 동쪽으로 공세를 집중한 뒤 하지스의 제1군이 왼쪽으로 방향을 틀어 남쪽에서 루르를 포위하라고 명령했다. 그런 뒤 몽고메리의 제21집단군에서 심프슨의 제9군을 분리시키고 몽고메리에게 베를린이 아니라 함부르크와 덴마크로 향하라고 명령해 그를 경악시켰다. 분리된 미 제9군은 독일의 마지막 산업지대를 방어하고 있는 모델 원수의 집단군을 포위하기 위해 루르 작전 북쪽을 맡았다. 베를린을 향해 동북쪽으로 밀고 나가려는 영국군의 희망에 치명타를 가한 것은 3월 30일 아이젠하워가 독일 중부와 남부에 노력을 집중하기로 결정한 일이었다.

　　제9군으로 보강된 브래들리의 제12집단군은 루르를 확보하자마자 라이프치히와 드레스덴으로 방향을 잡고 독일 중부를 가로질렀다. 남쪽에서는 디버스 장군의 제6집단군이 바이에른과 오스트리아 북부를 향해 나아갔다. 3월 말 아이젠하워가 영국 참모총장들을 분노케 한 사건이 있었다. 전체 계획의 중요한 변경을 놓고 아이젠하워가 영국 참모총장들이나 자신의 영국 측 부사령관인 테더 공군 원수에게는 일언반구 없이[14] 스탈린에게 세부 사항을 전달했기 때문이다. SCAF-252라고 불리는 이 전문은 두 동맹국 사이에서 씁쓸한 논란이 되었다.

　　아이젠하워가 남쪽으로의 공격을 중시한 이유는 부분적으로 히틀러가 알프스 국가 요새를 총력 방어하기 위해 바이에른과 오스트리아 서북부로 군대를 철수시킬 것이라는 확신 때문이었다. 나중에 아이젠하워는 회고록에서 베를린이 "독일의 남은 힘의 상징으로 정치적, 심리적으로 중요했다"[15]라고 인정하면서도 "베를린이 서방 연합군의 논리적인 목표도, 가장 바람직한 목표도 아니다"라고 믿었다. 그는 오데르강의 붉은 군대가 베를린과 훨씬 더 가까이 있을 뿐 아니라 병참 때문에 중부와 남부에 있는 자신의 군대가 지체될 것이고 붉은 군대와 만나 독일을 반으로 나눈다는 그의 목표와 일치한다는 근거를 들어 결정을 정당화했다.

불과 엿새 전 라인 강둑에서 "우리 군대가 저항을 거의 혹은 아예 받지 않고 진격해 소련보다 먼저 엘베나 베를린에 도착하길"[16] 기대했던 처칠은 크게 당황했다. 아이젠하워와 마셜이 스탈린의 비위를 맞추는 데 지나치게 신경 쓰는 것 같았다. 소련 당국은 미군 전투기들이 공중전에서 소련의 많은 항공기를 격추시킨 사실에 분노를 드러냈다. 그들의 반응은 지난 1월 스탈린이 테더에게 그런 사고는 전쟁 중에 일어나기 마련이라고 말했던 것과는 딴판이었다. 사건은 3월 18일 베를린과 퀴스트린 가운데에서 일어났다. 미군 항공대 전투기 조종사들은 자신들이 여덟 대의 독일 항공기와 싸웠으며 그중 두 대의 포케불프 190을 파괴했다고 주장했다. 반면 소련 공군은 그 여덟 대가 소련의 항공기였고 여섯 대가 격추당해 조종사 2명이 죽고 1명이 심각한 부상을 당했다고 주장하며 "미 항공대 조종사들의 개인적 범죄 행위"[17]라고 비난했다.

역설적이게도 소련과의 가장 큰 의견 대립을 자극한 장본인은 베른에 있던 미 전략정보국oss의 앨런 덜레스 같은 미국인들이었다. 독일의 이탈리아 방어 총책인 SS상급집단지도자 카를 볼프가 북이탈리아에서의 휴전과 관련해 덜레스에게 접근했다. 소련 지도부도 협상 참여를 요구했지만 미국은 볼프가 협상을 중단할까봐 소련의 요청을 거부했다. 이것이 큰 실수였다. 처칠은 소련이 놀란 게 당연하다고 인정했다. 스탈린은 서부 전선에서 별도의 강화 협정이 맺어질까봐 무척 두려워했다. 그는 미국의 원조로 독일군이 부활하는 악몽에 반복적으로 시달려왔다. 독일 최정예 부대 대부분이 섬멸되거나 포로로 잡히고 고립된 지금, 만약 미국이 전 세계의 모든 무기를 독일에 공급한다고 하더라도 1941년의 전쟁 기계가 되살아나는 건 불가능했다. 하지만 스탈린의 두려움은 편집광적이었다.

또한 스탈린은 독일 서부에서 엄청난 숫자의 독일군이 미국과 영국에 항복하고 있는 현상은 단순히 붉은 군대의 포로가 되는 것에 대한 공포 때문만이 아니라고 생각했다. 이것은 미국과 영국이 먼저 베를린에 도착할 수 있도록 서부 전선을 열기 위한 의도적인 시도의 일부라고 여겼다. 실제로 당시에 그렇게 대규모 항복이 이루어진 이유는 히틀러가 어떤 후퇴도 허락하지 않았기 때문이다. 히틀러가 아르덴에서의 대실패 이후 라인강 방어를 위해 자신의 군대를 뒤로 물렸다면 연합군은 매우 어려운 임무에 직면했을 것이다. 하지만 그는 그렇게 하지 않았다. 연합군은 라인강 서쪽에 많은 독일 사단을 가둘 수 있었다. 같은 이유로 모델 원수가 루르강을 고수한 것 역시 파멸로 가는 길이었다. 훗날 아이젠하워는 "우리는 히틀러에게 많은 빚을 졌다"[18]고 말했다.

처칠은 전후 중부 유럽에 대한 스탈린의 의도가 더 분명해질 때까지 서방 국가들이 그와의 협상에 사용할 수 있는 모든 유리한 카드를 손에 쥐어야 한다고 절실히 느꼈다. 폴란드에서 소련의 지배를 지지하지 않는 저명인사들의 일제 검거를 비롯한 최근 보고들은 스탈린이 폴란드를 자주적인 정부로 발전시킬 의도가 없음을 강력하게 드러냈다. 몰로토프 역시 극도로 호전적이었다. 그는 서방의 어떤 대표단도 폴란드에 들어가는 것을 거부했다. 얄타 합의에 대한 그의 전반적인 해석은 영국과 미국이 이해한 합의와는 '형식 면에서나 내용 면에서나' 전혀 달랐다.

스탈린이 그리스에 개입하지 않는 것에서 생겨난 처칠의 신뢰가 이제는 무너지기 시작했다. 그는 자신과 루스벨트 둘 다 거대한 신용 사기의 희생자가 된 것이 아닌가 생각했다. 처칠은 스탈린이 아전인수 격으로 다른 사람들을 판단한다는 사실을 아직 알아차리지 못한 것이 분명했다. 얄타에서 처칠은 폴란드 문제를 하원과 논의해야 한다고 말했지만, 스탈린은 이것이 마치 모든 게 깨끗하게 해결될 때까지 비판가들의 설왕설래가 없게끔 약간의 민주주의적 겉치레가 필요하다는 뜻 정도로 여기고 행동하는 것 같았다. 이제 스탈린은 처칠이 폴란드에서의 소련의 행동에 불만을 제기하자 오히려 분노를 표출했다.

소련 당국은 모든 세부 사항을 당장 알진 못했지만 서방 연합국들 사이에 벌어지는 주요 정치적, 군사적 논란에 대해 충분히 알고 있었다. 아이젠하워가 스탈린에게 보낸 SCAF-252 전문으로 균열은 더 커졌다. 격분한 영국의 반응에 기분이 상한 아이젠하워는 나중에 쓴 글에서 1월에 테더가 모스크바를 방문한 뒤 연합참모본부가 그에게 "오로지 군사적 성격의 문제들에 국한해"[19] 모스크바와 직접 소통할 수 있도록 승인했다고 말했다. 그는 "처칠이 작전 후반에 이러한 허가를 할 권한에 대한 내 해석을 놓고 격렬하게 이의를 제기했다. 정치 활동과 군사 활동이 결단코 완전히 분리될 수 없다는 아주 오래된 진실에서 발생한 어려움이었다"라고 썼다. 그럼에도 베를린 자체가 "더 이상 특별히 중요한 목표가 아니다"[20]라는 아이젠하워의 견해는 놀라울 정도의 순진함을 보여주었다.

그러나 역설적인 사실은 베를린을 피하겠다는 아이젠하워의 결정이 완전히 잘못된 근거에 기반했지만 옳은 결정이었다는 점이다. 스탈린에게 붉은 군대가 베를린을 점령하는 목적은 전후 게임에서 교섭에 유리한 위치를 차지하기 위함이 아니었다. 서방 연합군의 어떤 군대라도 엘베강을 건너 베를린으로 향한다면 소련 공군, 그리고 사거리 안에 있을 경우 포병의 공격을 받을 게 확실했다. 스탈린은 거리낌 없이 서방 연합군을 성토하고 범죄나 다름없는 모험주의라고 비난할 것이었다. 아이젠하워가 베를린의 중요성을 과소평가한 반면 처칠은 어떤 대가를 치르더라도 도시를 확보하겠다는 스탈린의 결심과 자신의 눈앞에서 붉은 군대의 전리품을 가로채려는 서방의 어떤 시도도 용납하지 않겠다는 진정한 도덕적 분노를 과소평가했다.

3월 말 영국과 미국의 군 수뇌부가 아이젠하워의 계획에 대해 합의점을 찾지 못하는 동안 모스크바의 최고 사령부는 '베를린 작전'을 위한 계획에 마지막 손질을 가했다. 주코프는 3월 29일 사령부를 떠나 다시 모스크바로 날아갔지만 악천후로 민스크에 착륙해야 했다. 그는 벨라루스의 공산당 서기 포노마렌코와 이야기를 나누며 오후를 보낸 뒤 날씨가 여전히 나아지지 않자 기차를 타고 모스크바로 갔다.

크렘린은 극도로 긴장된 분위기였다. 스탈린은 동부의 붉은 군대가 가까이 오지 못하도록 독일이 수단과 방법을 가리지 않고 서방 연합군과의 거래를 시도할 것이라고 확신했다. 베른에서 미국과 볼프 장군이 북이탈리아에서의 휴전 가능성을 협상하는 것도 그의 편집광적인 두려움을 확인시켜준 셈이었다. 하지만 소련 지도부의 지독한 의심병은 히틀러의 광기를 고려하지 못한 행동이었다. 히틀러의 주변 사람들이 강화를 제안할 수는 있지만 히틀러 자신은 어떤 형태의 항복도 생각하지 않았다. 서방 연합국에게 항복해도 히틀러 자신에게는 수모와 교수형 외에 어떤 미래도 없다는 사실을 알고 있었다. 총통을 끌어내리기 위한 쿠데타라도 일어나지 않는 한 협상의 여지는 없었다.

베를린 점령을 책임진 주코프 역시 독일군이 영국과 미국에게 자신들의 전선을 열어줄 것이라는 스탈린의 두려움과 생각을 같이했다. 그가 모스크바로 떠나기 이틀 전인 3월 27일 제21집단군의 로이터 통신사 특파원은 독일의 심장부로 전진하는 영국군과 미군이 아무런 저항에도 맞닥뜨리지 않고 있다는 기사를 썼다. 로이터 통신의 보도는 모스크바에 경종을 울렸다.

주코프가 마침내 모스크바에 도착했을 때, 스탈린이 던진 첫마디는 "서부에서 독일군의 방어선이 완전히 무너졌소"[21]였다. "히틀러의 부하들은 연합군의 진격을 막을 어떤 조치도 취할 생각이 없는 것 같소. 그러면서도 우리와 맞서는 주요 축선에 있는 군대를 강화하고 있소." 스탈린은 지도를 가리킨 뒤 파이프의 재를 털었다. "우리는 치열한 전투를 해야 할 거요."

주코프가 전선 첩보 지도를 꺼내자 스탈린은 지도를 살펴보더니 물었다. "우리 군대가 언제 베를린 축선에서 진격을 시작할 수 있소?"

"제1벨라루스전선군이 2주 내에 진격할 수 있을 겁니다." 주코프가 대답했다. "제1우크라이나전선군도 함께 준비될 것으로 보입니다. 또한 우리 정보에 따르면 제2벨라루스전선군은 단치히와 그디니아에서 4월 중순까지 적을 소탕하느라 지체될 것입니다."

"글쎄." 스탈린이 대답했다. "우린 로코솝스키의 전선군을 기다리지 말고 시작해야 하오." 스탈린은 책상으로 가서 서류를 뒤적이다 편지 한 장을 꺼내 주코프에게 건넸다. "자 여기, 이걸 읽어보시오." 주코프에 따르면 그 편지는 "한 호의적인 외국인"이 서방 연합국과 나치 사이의 비밀 협상을 제보하는 내용이었다. 편지는 미국과 영국이 독일의 단독 강화 제의를 거절했지만, 독일이 베를린으로 가는 길을 열어줄 가능성을 '배제할 수 없다'고 설명하고 있었다.

"음, 할 말이 있소?" 스탈린이 물었다. 하지만 대답을 기다리지 않고 말했다. "난 루스벨트가 얄타 합의를 어기지 않을 거라고 생각하오. 하지만 처칠은…… 그 사람은 뭐든 할 수 있소."

3월 8일 저녁 9시 미국 대사 애버럴 해리먼과 영국 측 상대인 아치볼드 클라크 커 경이 딘 장군과 함께 크렘린을 방문했다. 그들은 스탈린과 안토노프 장군, 몰로토프를 만났다. 그날 밤늦게 딘은 "스탈린이 [아이젠하워의] SCAF-252에 담긴 영어와 러시아어 메시지를 받았다"[22]고 보고했다. "스탈린이 아이젠하워의 메시지를 읽은 뒤 우리는 메시지에 설명된 작전들을 지도에서 가리켜 보였다. 스탈린은 계획이 괜찮아 보인다고 즉각 반응했지만 참모부와 상의하기 전까지 확실한 언질을 줄 수는 없다는 것이었다. 그는 이튿날에 답을 주겠다고 말했다. 스탈린은 독일 중부에서의 공격 방향과 또한 남쪽에서의 조공작전에 좋은 인상을 받은 것 같았다. 우리는 계획이 적절히 조율될 수 있도록 스탈린의 의견을 한시라도 빨리 받아야 한다고 강조했다. (…) 스탈린은 3월에 붙잡힌 포로의 숫자에 깊은 인상을 받으면서 이런 상황이 전쟁을 빠른 시간 내에 끝내는 데 분명 도움이 될 것이라고 말했다." 스탈린은 중요한 오데르 전선을 제외한 모든 전선에 관해 이야기했다. 그는 "독일군 중에서 싸우길 원하는 사람은 3분의 1 정도입니다"라고 추정했다. 그리고 아이젠하워의 메시지로 다시 화제를 돌렸다. 그는 "아이젠하워의 주요 공격 계획은 독일을 둘로 나눈다는 가장 중요한 목표를 달성한다는 점에서 좋습니다"라고 말했다. "그는 독일의 마지막 보루가 아마도 체코슬로바키아 서부와 바이에른의 산악지대가 될 것이라고 여겼다." 소련 지도자는 독일 남부에 알프스 국가 요새가 있다는 생각을 떠올리게 만들고 싶은 게 분명했다.

이튿날인 4월 1일 아침 스탈린은 크렘린에 있는 자신의 넓은 서재에서 주코프 원수와 코네프 원수를 맞았다. 서재에는 긴 회의용 탁자가 놓여 있고 벽에는 수보로프와 쿠투조프의 초상화가 걸려 있었다. 총참모장 안토노프 장군과 작전부장 슈테멘코 장군도 참석했다.

스탈린은 두 원수에게 "상황이 어떻게 돼가고 있는지 알고 있소?"[23]라고 물었다. 주코프와 코네프는 그들이 받은 정보에 관한 한 알고 있다고 조심스럽게 답했다.

"전보를 읽어주시오." 스탈린이 슈테멘코 장군에게 말했다. 아마 연합군 최고 사령부에 있는 붉은 군대의 연락장교 중 한 명이 보냈을 메시지는 몽고메리가 베를린으로 향할 것이고 패튼의 제3군 역시 라이프치히와 드레스덴으로 돌진하던 중 방향을 바꿔 남쪽에서 베를린을 공격할 것이라고 주장했다. 소련 최고 사령부는 나치 정권이 갑자기 붕괴할 경우 베를린에 공수사단을 투입한다는 연합군의 비상 대책에 관해 이미 알고 있었다. 이 모두가 붉은 군대를 돕는다는 구실 아래 베를린을 먼저 점령하려는 연합군의 음모로 보였다. 물론 스탈린이 주코프와 코네프를 압박하려고 전보를 조작했을 가능성도 배제할 수 없다.

"자, 그럼", 스탈린이 두 원수를 쳐다보며 말했다. "누가 베를린을 차지하겠소? 우리요, 아니면 연합군이요?"

"베를린을 차지하는 쪽은 우리입니다", 코네프가 즉시 대답했다. "우리가 연합군보다 먼저 베를린을 손에 넣을 겁니다."

"당신들은 그런 사람들이지." 스탈린이 슬며시 웃으며 말했다. "그럼 그렇게 하기 위해 군대를 어떻게 조직할 참이오? 장군들의 주력 부대는 [슐레지엔 작전 뒤에] 남쪽 측면에 있어서 상당한 재편성을 해야 할 거요."

"걱정하실 필요 없습니다, 스탈린 동지." 코네프가 말했다. "전선군이 모든 필요한 조치를 취하겠습니다." 코네프는 베를린 입성에서 주코프를 이기고 싶어하는 기색이 역력했다. 부하들 사이에 경쟁 붙이기를 좋아하던 스탈린은 틀림없이 만족했을 것이다.

안토노프가 전체 계획을 설명한 뒤 주코프와 코네프가 각자의 계획을 설명했다. 스탈린은 한 가지만 수정했다. 그는 최고 사령부가 제안한 두 전선군 사이의 경계선에 동의하지 않았다. 그는 연필을 들고 몸을 숙이더니 베를린에서 동남쪽으로 60킬로미터 떨어진 뤼벤 서쪽에 선을 그었다. 그러더니 코네프를 보며 "베를린 동쪽에서 접근했을 때 거센 저항에 부딪힌다면, 아마 분명히 그럴 거요. 제1우크라이나전선군이 남쪽에서 전차군들로 공격할 준비가 되어 있어야 하오."[24] 스탈린은 계획을 승인하고 "가능한 한 최단 시일 내에, 어떤 경우든 늦어도 4월 16일까지"[25] 작전을 준비하라고 명령했다.

러시아 정사가 서술하듯 "최고 사령부는 연합군이 소련군보다 빨리 베를린을 차지할까 두려워하며 몹시 서둘렀다".[26] 그들은 조율할 것이 많았다. 베를린 점령 작전에는 250만 명의 병력, 4만1600대의 포와 박격포, 6250대의 전차와 자주포, 7500대의 항공기가 동원되었다. 분명 스탈린은 히틀러가 소련 전체를 침공하기 위해 배치했던 것보다 자신이 독일 수도를 점령하는 데 훨씬 더 강력한 기계화 부대를 집결시키고 있다는 사실에 득의만만했을 것이다.

4월 1일 본회의가 열린 뒤 스탈린은 곧 시작될 미군-영국군의 작전에 대한 상세 내용을 전한 아이젠하워의 메시지에 답했다. 소련 지도자는 미군 최고 사령관에게 당신의 계획은 붉은 군대의 계획과 "완벽하게 일치합니다"[27]라고 알렸다. 그런 뒤 스탈린은 사람을 잘 믿는 이 동맹국에게 "베를린은 예전의 전략적 중요성을 잃었습니다"라며 소련 사령부는 베를린을 치기 위해 2급 부대들만 보낼 것이라고 장담했다. "붉은 군대는 서방 연합군과 합류하기 위해 남쪽에서 주 공세에 나설 것이고 주력 부대의 진격은 5월 하반기쯤 시작될 것입니다. 하지만 이 계획은 상황에 따라 어느 정도 바뀔 수 있습니다." 근현대 역사상 가장 큰 만우절 거짓말이었다.

총신絢嬪과
참모

10

포메라니아에 대한 소련군 공세의 마지막 단계 동안 독일의 폰 티펠슈키르히 장군은 멜렌제에서 외국 육군 무관들을 환영하는 저녁 연회를 열었다. 무관들이 연회에 참석한 주된 이유는 상황에 대한 공식 발표 외에 무언가를 들을 좋은 기회였기 때문이다. 수도에는 루머가 무성했다. 어떤 사람들은 히틀러가 암으로 죽어가고 있고 전쟁이 곧 끝날 것이라고 확신했다. 붉은 군대가 다가옴에 따라 독일 공산주의자들이 신속하게 활동을 강화하고 있다는 좀더 근거 있는 이야기를 속삭이는 사람도 많았다. 국민돌격대 내에서 반란이 일어났다는 소문도 나돌았다.

그날 저녁 참석한 독일 장교들은 포메라니아의 참상에 대해 이야기했다. 그들은 예비 병력의 부족을 탓했다. 스웨덴 육군 무관 율린-단펠에 따르면 대화는 독일 장교들이 영국과의 진지한 협상이 시작되길 얼마나 바라는지 이야기하며 마무리되었다. 그는 "영국은 유럽의 운명에 부분적으로 책임이 있다"[1]는 이야기를 들었다. "그리고 독일 문화가 붉은 폭풍우에 말살되지 않도록 막은 일이 그들의 의무다"라는 말도 들었다. 독일 장교들은 여전히 1940~1941년의 영국 폭격 때 영국이 그렇게 지긋지긋하게 저항하지 않았다면 1941년 독일 국방군의 모든 전력이 소련에 집중되었을 테고, 그러면 결과는 완전히 달라졌을 것이라고 믿는 듯했다. 율린-단펠은 "참석한 사람 중 일부는 굉장히 감상적이 되었고 모든 일은 매우 슬퍼 보였다"라고 결론 내렸다.

독일 장교 집단의 망상은 히틀러 측근들의 그것과는 달랐다고 해도 상당히 심각한 수준이었다. 그들이 소련 침공에 관해 진정으로 유감스러워하는 부분은 성공하지 못했다는 사실이었다. 독일군으로서는 부끄럽게도, 나치 친위대의 특수작전부대와 그 외 준군사 조직들의 행동에 진정으로 분노하는 장교는 소수였다. 지난 9개월 동안 군인사회에서 반나치 감정이 생겨났다. 부분적으로는 7월 음모자들에 대한 잔인한 탄압 때문이었지만 주된 원인은 군대 전체에 대한 히틀러의 뻔뻔한 배은망덕과 편협함이었다. 참모들에 대한 히틀러의 노골적인 혐오와 그의 간섭이 불러온 재앙에 대한 책임을 야전 지휘관들에게 전가하려는 시도는 큰 분노를 샀다. 뿐만 아니라 무기와 인력, 승진에서 무장친위대를 편애하는 행태도 나치에 대한 강한 적개심으로 이어졌다.

해군의 한 고위 장교는 율린-단펠에게 최근 한 회의에서 고위 장교들이 붉은 군대를 1939년의 국경으로 밀어내기 위해 동부 전선에서 최후의 공세에 나설 가능성을 논의했다고 이야기했다. "시도가 성공하면[2] 협상을 시작할 적절한 기회가 생길 겁니다. 그러기 위해서는 히틀러가 제거되어야 합니다. 힘러가 그 자리를 물려받아 질서를 유지할 겁니다." 이 생각은 놀랄 만한 상상력 부족을 드러낼 뿐 아니라 베를린의 독일군 장교들이 전선 상황에 대해 전혀 모르고 있음을 보여주었다. 비스와-오데르 작전은 또 다른 공격을 시작할 수 있는 독일군의 역량을 박살냈다. 이제 남은 유일한 변수는 그들이 듣고 경악한 것처럼 붉은 군대가 폴란드의 향후 국경이 될 오데르강 전선에서 베를린까지 도착하는 데 며칠이나 걸릴 것인가가 전부였다.

히틀러와 구데리안의 갈등을 막다른 골목으로 몰아넣은 사건은 오데르강 건너편의 소련의 두 주요 교두보 사이에 있는 다소 음침한 요새 도시 퀴스트린과 관련되었다. 퀴스트린은 베를린으로 가는 관문으로 알려졌다. 오데르강과 바르테강의 합류 지점에 위치한 이 도시는 베를린 동쪽으로 80킬로미터 떨어졌고 수도에서 쾨니히스베르크까지 이어지는 간선도로인 라이히슈트라세 1번의 양쪽에 걸쳐 있었다.

퀴스트린은 양측 모두에게 작전의 중심이었다. 주코프는 다가오는 베를린 공격에 대비해 넓은 집합지를 준비하고자, 베르자린의 제5충격군이 북쪽에 확보한 교두보와 추이코프의 제8군이 확보한 남쪽 교두보를 합치길 원했다. 한편 히틀러는 프랑크푸르트 안데르 오데르에서 5개 사단으로 반격해 추이코프의 군을 남쪽에서 포위하자고 주장했다.

구데리안은 그만한 공격에 필요한 항공 지원과 포병 지원을 할 수 없을뿐더러 전차도 없다는 사실을 알고 히틀러의 계획을 중단시키려 애썼다. 하인리히가 비스와집단군 본부에서 힘러에게 설교를 듣던 3월 22일에 당한 참패는 공격을 위해 사단들을 재배치하면서 일어난 일이었다. 교대할 보충 병력이 준비되기 전에 제25기갑척탄병 사단이 퀴스트린 회랑에서 철수했다. 베르자린의 제5충격군과 추이코프의 제8근위군은 주코프 원수가 이전에 내린 명령에 따라 안쪽으로 진격하면서 퀴스트린을 고립시켰다.

그러나 구데리안은 여전히 평화 교섭이 독일군의 완전한 괴멸을 막아주길 바랐다. 퀴스트린 회랑을 잃기 전날인 3월 21일에 구데리안은 총통 관저의 정원에서 히틀러와 함께 잔해 속을 산책하고 있던 힘러에게 다가갔다.[3] 히틀러는 두 사람이 이야기하도록 자리를 떴다. 구데리안은 더 이상 전쟁에서 이길 가능성은 없다고 단도직입적으로 말했다. "현재 유일한 문제는 무의미한 살육과 폭격을 어떻게 하면 최대한 빨리 끝낼 것인가입니다. 리벤트로프 외에 중립국들과 여전히 접촉할 수 있는 사람은 SS제국지도자님뿐입니다. 외무장관은 총통에게 협상을 시작해야 한다고 제안하는 걸 꺼리기 때문에 SS제국지도자님이 인맥을 이용하고 저와 함께 총통에게 휴전 준비를 촉구할 것을 부탁드립니다."

"친애하는 상급대장", 힘러가 대답했다. "그러기에는 아직 너무 이르오." 구데리안이 계속 고집 부렸지만 힘러는 구데리안이 생각한 것처럼 여전히 히틀러를 겁내고 있거나 혹은 자신이 쥔 카드들을 신중하게 사용했다. 구데리안의 친구 중 한 명인 집단지도자(중장) 폰 알벤슬레벤은 비스와집단군의 아이스만 대령에게서 힘러가 스웨덴 적십자사의 폴케 베르나도테 백작을 통해 서방 연합국들에게 접근하길 원한다는 극비 정보를 전해주었다. 아이스만은 일단 어떤 서방 지도자도 협상 조건을 검토하기에는 너무 늦었으며 게다가 자신이 생각하기에 힘러는 "독일 전체에서 그런 협상을 하기에 가장 부적합한 사람"[4]이라고 대답했다.

3월 21일 저녁, 구데리안이 힘러에게 접근한 직후 히틀러는 육군 참모총장에게 심장 질환이 있으니 병가를 내라고 말했다. 구데리안은 벵크 장군이 교통사고에서 아직 회복 중이고 크렙스 장군이 엿새 전 초센에서의 맹폭격으로 부상을 당해 자신은 자리를 비울 수 없다고 대답했다. 구데리안에 따르면, 이런 이야기를 하고 있을 때 보좌관이 들어와 히틀러에게 슈페어가 만나길 원한다고 말했다(보좌관이 날짜나 때를 헷갈린 것이 틀림없다. 당시 슈페어는 베를린에 없었기 때문이다). 그러자 히틀러는 불같이 화를 내며 거절했다. "누구든 나와 단독으로 만나자고 요구할 땐 항상 내게 전해야 할 불쾌한 일이 있기 때문이지. 나는 이처럼 재난을 주는 위로자들을 더 이상 참을 수 없어. 그의 보고서는 '전쟁은 가망 없다!'는 말로 시작하지. 그리고 그게 지금 나한테 하고 싶은 말이야. 나는 늘 그의 보고서를 읽지 않고 그냥 금고에 넣고 잠 가두지." 하지만 보좌관 니콜라우스 폰 벨로에 따르면 사실이 아니었다. 히틀러는 그 보고서들을 읽었다. 하지만 레마겐의 철교를 잃었을 때의 반응처럼 그는 재난에 한가지 반응만 했다. 다른 사람들을 탓하는 것이었다. 3월 8일에 요들이 히틀러에게 다리를 폭파하는 데 실패했다는 보고를 하기 위해 회의에 직접 참석했다. 그 자리에 있던 한 참모 장교는 "그 자리에서는 히틀러가 아주 조용했다. 하지만 이튿날 미쳐 날뛰었다"[5]라고 말했다. 그는 장교 다섯 명을 즉결 처형하라고 명령했고, 이 결정은 독일군을 공포로 몰아넣었다.

나치 무장친위대조차 자신들이 총통의 분노에서 예외가 아니라는 사실을 곧 알게 되었다. 히틀러는 힘러의 입지를 약화시키길 열망하는 보어만이나 페겔라인에게서 헝가리에 있는 무장친위대 사단들이 명령도 없이 후퇴하고 있다는 이야기를 들었다. 히틀러는 자신의 개인 경호대인 '라이브슈탄다르테 아돌프 히틀러' 사단을 포함한 무장친위대에게 사단 이름이 적힌 소중한 완장을 떼게 하는 굴욕적인 처벌을 결정했다. 힘러가 직접 명령을 시행해야 했다. 구데리안은 그리 유감스러워하지 않으면서 "힘러는 헝가리에서 시행한 이 임무 덕분에 자신의 무장친위대로부터 그다지 애정을 받을 수 없었다"[6]라고 기록했다.

히틀러가 아직 포기하길 거부한 퀴스트린을 구하기 위한 공격이 3월 27일에 벌어졌다. 제9군 사령관인 부세 장군이 마지못해 이 공격을 이끌었다. 처음에 제8근위군을 기습 공격하긴 했지만, 작전은 큰 대가를 치르며 실패로 돌아갔다. 독일의 기갑부대와 보병대는 개활지에서 소련군 포병과 공군에게 몰살당했다.

이튿날, 상황회의에 참석하려고 초센에서 베를린으로 90분 동안 차를 타고 가면서 구데리안은 부관인 프라이타크 폰 로링호벤에게 자신의 뜻을 분명히 밝혔다. 대형 메르세데스 장교용 차 뒷좌석에서 그는 "오늘은 정말로 총통에게 솔직하게 털어놓고 말할 거네!"[7]라고 다짐했다.

총통 관저의 벙커는 부르크도르프 장군이 "신사 여러분, 총통이 오고 계십니다!"[8]라는 평소 외침으로 총통의 도착을 알리기 전부터 이미 긴장된 분위기였다. 이 말은 모든 사람이 차려 자세를 취하고 나치식 경례를 하라는 신호였다. 카이텔과 요들이 회의에 참석했고 히틀러가 퀴스트린에서의 완패를 설명하라고 구데리안과 함께 부른 부세 장군도 와 있었다.

요들이 평소처럼 "얼음같이 차가운 무감정한"[9] 모습이었던 반면, 구데리안은 분명 공격적인 상태였다. 히틀러는 패튼 장군의 전차들이 프랑크푸르트 암 마인 교외에 도착했다는 이야기를 막 들었기 때문에 기분이 나아지지 않은 게 분명했다. 부세 장군이 보고를 하라는 지시를 받았다. 부세가 말하는 동안 히틀러는 점점 더 초조해지는 기색이더니 불쑥 공격이 왜 실패했는지 물었다. 그러고는 부세나 다른 사람이 대답할 틈도 없이 장교들과 참모진의 무능을 장황하게 거론하면서 비난을 퍼부었다. 히틀러는 이번에는 부세가 그의 포병을 이용하지 않았다고 탓했다.

그러자 구데리안이 나서서 히틀러에게 부세 장군은 가용한 모든 포탄을 사용했다고 말했다. "그러면 장군은 부세 장군이 더 많은 포탄을 확보하도록 조치했어야 했소!" 히틀러가 구데리안에게 소리를 질렀다. 프라이타크 폰 로링호벤은 구데리안이 부세를 변호하며 얼굴이 벌게지는 모습을 보았다. 구데리안은 히틀러가 쿠를란드의 사단들이 베를린을 지키기 위해 철수하는 것을 거부하는 문제로 화제를 돌렸다. 하지만 언쟁은 더 빠르게 고조되며 무섭게 격렬해졌다. 프라이타크 폰 로링호벤에 따르면 "히틀러는 점점 더 창백해진 반면[10] 구데리안은 점점 더 얼굴이 벌게졌다".

논쟁을 지켜보던 사람들은 몹시 불안했다. 프라이타크 폰 로링호벤이 회의실에서 몰래 빠져나와 초센의 크렙스 장군에게 급하게 전화를 연결했다. 그는 크렙스에게 상황을 설명한 뒤 구실을 대서 회의를 중단시켜달라고 제안했다. 크렙스는 그렇게 하겠다고 약속했다. 프라이타크가 회의실로 돌아와 구데리안에게 크렙스가 급하게 할 말이 있다고 전했다. 크렙스는 구데리안과 10분간 이야기했고 그동안 구데리안은 흥분을 가라앉혔다. 구데리안이 히틀러에게 돌아오자 요들이 서부 정세에 관해 보고하고 있었다. 히틀러는 카이텔 육군 원수와 구데리안 장군만 남고 모두 회의실에서 나가라고 명령했다. 그리고 구데리안에게 요양차 베를린을 떠나라고 말했다. "6주 내에 상황이 매우 위태로워질 거요. 그러면 긴급하게 장군이 필요할 거요." 카이텔이 구데리안에게 어디로 휴가를 떠날 것인지 물었다. 카이텔의 의도를 의심했던 구데리안은 아무 계획이 없다고 대답했다.

초센과 비스와집단군 사령부의 참모 장교들은 그날 벌어진 사건에 충격을 받았다. 히틀러가 구데리안을 해임한 일은 그들을 깊은 우울감에 빠뜨렸다. 이미 그들은 데메지에르 대령이 "신경 에너지와 무아지경의 혼합"[11]이라고 표현했던 증상과 "완전히 무의미하다는 것을 알면서 의무를 수행해야 하는" 느낌에 시달리고 있었다. 군사적 논리를 무시하는 히틀러가 그들을 절망으로 몰아넣었다. 그제야 독재자의 카리스마가 '범죄 에너지'로 가득 차 있으며 선과 악에 대한 완전한 무시를 기반으로 한다는 사실을 깨달았다. 히틀러의 심각한 인격 장애는 정신 질환으로 정의되진 않는다 해도 분명 자신을 미치게 만들었다. 그는 자신과 독일 국민을 완전히 동일시해 누구든 자신에게 반대하는 사람은 독일 국민 전체에 반대하는 것이며, 자신이 죽으면 독일 국민은 살아남을 수 없다고 믿었다.

구데리안의 참모장인 한스 크렙스 장군이 새 육군 참모총장으로 임명되었다. 한 참모 장교는 "키가 작고 약간 안짱다리이며 안경을 쓴 이 남성은 늘 미소를 짓고 있었고 파우누스[12] 같은 분위기를 풍겼다"[13]라고 썼다. 그는 예리하면서 종종 냉소적인 위트를 갖추었고 항상 그 순간에 딱 알맞은 농담을 하거나 일화를 이야기했다. 야전사령관이 아닌 참모 장교로서 크렙스는 전형적인 이인자형이었다. 이 점이 바로 히틀러가 원하던 바였다. 크렙스는 독일이 소련을 침공하기 직전인 1941년 모스크바에서 육군 무관을 지냈다. 독일군 장교로서는 드물게 스탈린의 칭찬을 받는 영예를 누리기도 했다. 1941년 초 모스크바 철도 플랫폼에서 일본 외무장관을 환송할 때 소련 지도자는 크렙스에게 "우린 언제까지나 친구로 남을 걸세, 무슨 일이 있어도……"[14]라고 말했다. "저도 그럴 거라고 확신합니다." 깜짝 놀란 크렙스가 정신을 차리며 대답했다. 하지만 야전 지휘관들은 크렙스의 기회주의를 그다지 좋아하지 않았다. 그는 "흑에서 백을 만들 수 있는 사람"[15]이라고 불렸다.

구데리안이 떠나자 프라이타크는 최전선의 사단으로 보내달라고 요청했지만 크렙스는 자신과 함께 있어야 한다고 고집했다. 크렙스는 "어쨌거나 전쟁은 끝났네. 나는 귀관이 마지막 단계에서 나를 도와주길 바라네"[16]라고 말했다. 프라이타크는 동의해야 한다는 의무감을 느꼈다. 그는 크렙스가 "나치는 아니며" 그가 7월 음모에 가담하길 거절한 건 단지 그 시도가 실패할 것이라고 확신했기 때문이라고 생각했다. 하지만 다른 사람들은 전쟁대학 동급생이던 부르크도르프 장군이 크렙스에게 보어만-페겔라인 그룹에 들어오라고 설득했다는 사실을 알아차렸다. 아마 보어만의 계획에서는 성실한 크렙스가 군대의 충성을 보장하리라 생각했을 것이다. 목이 굵고 표정이 천태만상으로 바뀌는 보어만은 빠르게 다가오고 있는 그날, 그러니까 바라건대 자신이 상전의 자리를 대신 꿰차는 날을 위해 추종자를 모으는 것 같았다. 그는 가장 친한 사우나 친구인 페겔라인을 미래의 SS제국지도자로 점찍어놓은 듯했다. 두 사람은 사적인 사우나에서 서로 자신의 수많은 연애사를 자랑했을 것이 틀림없었다.

초센과 비스와집단군 참모 장교들은 제3제국의 권력 내부를 두려움과 함께 흥미진진하게 관찰했다. 또 히틀러가 측근들을 어떻게 대하는지, 총애하는 정도의 변화, 그에 따른 권력 다툼의 변화를 자세히 살폈다. 히틀러는 신임을 잃은 괴링을 남아 있는 약간의 위엄을 위해 "제국 원수님"이라고 불러주었다. 힘러에게는 친근한 '당신'이라는 호칭을 유지했다. 하지만 이 SS제국지도자는 7월 음모 직후 반짝이는 영광의 순간을 누리고는 권력을 잃었다. 무장친위대 사령관이자 게슈타포의 수장인 힘러는 단지 군대에 대한 견제의 균형추 역할에 그치는 것으로 보였다.

괴벨스는 빛을 잃어가는 나치의 대의에 반드시 필요한 선전 활동에서 재능을 보여주었지만 체코의 여배우와 연애를 시작하기 전에 누렸던 만큼 친밀함을 회복하지는 못했다. 히틀러는 나치당에서 지도적 인물이 이혼을 고려한다는 사실에 경악해 마그다 괴벨스의 편을 들었다. 선전장관은 정권이 지지하는 가족의 가치를 지켜야 했다.

되니츠 대제독은 완벽한 충성심을 보여주었고 히틀러가 그의 차세대 U-보트를 가장 유망한 복수 무기로 보았기 때문에 총애를 받았다. 독일 해군 사회에서 되니츠는 "히틀러 유겐트 크벡스(유명한 선전영화에서 나치에 헌신하는 소년)"[17]라고 불렸다. 그가 "총통의 대변인"이었기 때문이다. 하지만 보어만이 '총신' 가운데 가장 자리를 잘 잡은 것으로 보였다. 히틀러는 없어서는 안 될 비서이자 당수부장인 그를 "친애하는 마르틴"이라고 불렀다.

장교들은 '총신들' 내에서 벌어지는 치열한 경쟁도 지켜보았다. 힘러와 보어만은 서로를 "당신"이라고 불렀지만 "상호 존중감은 바닥이었다". 그들은 페겔라인이 과거엔 힘러와 가까워지려고 그토록 애쓰더니 나중엔 힘러의 입지를 흔들기 위해 "더러운 손가락으로 온갖 일을 쑤시고 다니며" 전력을 다하는 모습을 지켜보기도 했다. 힘러는 배신을 알아차리지 못한 것 같았다. 힘러는 사실상 자신의 부하가 총통의 매제가 되자 자신을 "당신"이라고 부르도록 관용을 베풀었다.

에바 브라운은 사랑하는 총통 곁에 끝까지 남기 위해 베를린으로 돌아와 있었다. 그녀가 바이에른에서 돌아온 때가 훨씬 더 나중이고 전혀 예상치 못한 일이었다는 일반적으로 알려진 주장은 3월 7일 수요일자 보어만의 일기로 인해 깨졌다. "저녁에 에바 브라운이 급사용 기차를 타고 베를린으로 떠났다."[18] 보어만이 그녀의 움직임을 미리 알고 있었다면 아마 히틀러도 알았을 것이다.

공습으로 2500명의 베를린 시민이 죽고 12만 명이 집을 잃은 3월 13일 보어만은 "보안을 이유로"[19] 포로들을 전선과 가까운 지역에서 독일 내륙으로 옮기라고 명령했다. 이 지시가 나치 친위대가 진격 중인 부대에게 위협받는 강제수용소들을 비우는 기존 프로그램 또한 가속화했는지는 확실하지 않다. 병든 포로들의 살해와 강제수용소에서 살아남은 사람들의 죽음의 행진은 제3제국의 몰락 과정에서 볼 수 있는 가장 끔찍한 사건이었을 것이다. 걷기에는 너무 쇠약한 사람들과 정치적 위험분자들은 대부분 나치 친위대나 게슈타포가 교수형이나 총살로 처리했다. 어떤 때는 현지 국민돌격대도 처형 집행 수단으로 이용되었다. 하지만 "위험하다"[20]라고 분류된 사람 중에는 외국 라디오 방송을 들었다고 유죄 선고를 받은 남성과 여성들이 가장 큰 비중을 차지했던 것으로 보인다. 또한 게슈타포와 나치 친위대는 약탈 보고에 잔혹하게 반응했다. 특히 외국인 노동자가 관련된 경우는 더욱 그러했다. 독일 시민들은 대개 처벌을 면했다. 광란의 보복과 복수 속에서 이탈리아인 강제 노동자들은 다른 어떤 사람들보다 더 큰 고통을 겪은 게 분명했다. 아마도 나치가 변절한 전 동맹국에 복수하길 원해서였을 것이다.

　포로들을 후송하라는 명령을 내린 뒤 얼마 지나지 않은 3월 15일 보어만이 잘츠부르크로 날아갔다. 그는 이후 사흘 동안 현지 광산들을 방문했다. 방문의 목적은 나치의 전리품과 히틀러의 개인 재산을 감출 장소를 선택하기 위함이었다. 그는 야간 기차를 타고 3월 19일 베를린으로 돌아왔다. 그날 늦게 히틀러는 '네로Nero' 혹은 '초토화' 명령이라고 불리게 된 명령을 내렸다. 적에게 쓸모 있을 만한 것은 철수 중에 모조리 파괴하라는 명령이었다. 명령을 하달했을 때와 보어만이 나치 전리품을 숨기기 위해 여행을 다녀온 직후라는 시점이 아이러니하게 맞아떨어졌다.

　히틀러가 초토화 정책을 끝까지 고집하게 된 이유는 알베르트 슈페어의 최신 보고서 때문이었다. 그날 아침 일찍 슈페어가 히틀러에게 다리들을 폭파하면 "독일 국민이 살아남을 수 있는 모든 추가적인 가능성을 제거하는 것"[21]이기 때문에 쓸데없이 폭파해서는 안 된다고 설득하려 했다. 히틀러의 대답은 국민 모두에 대한 그의 경멸감을 드러냈다. 히틀러는 "귀관은 이번 보고서에 대한 답변을 서면으로 받을 것이오"[22]라고 말했다. "전쟁에서 가망이 없으면 국민도 가망이 없을 것이므로 그들의 기본적 생존 욕구에 관해 걱정할 필요는 없소. 오히려 이것들까지 모두 파괴하는 게 우리에게는 최선이오. 이 나라가 허약하다는 게 입증되었기 때문에 미래는 전적으로 동양의 강한 국민이 차지할 것이오. 이 전투가 끝난 뒤에도 살아남은 사람들은 부적격자들뿐일 거요. 쓸 만한 자들은 죄다 죽을 테니까."

슈페어는 철도 체계를 파괴하지 말라고 설득하기 위해 루르에 있는 모델 원수의 사령부로 향했지만 3월 20일 히틀러의 서면 답변을 받았다. "모든 군사, 운송, 통신, 공급 시설뿐 아니라 독일 영토의 모든 물적 자산"을 파괴해야 한다는 내용이었다. 슈페어 장관은 이 분야의 모든 책무에서 해임되었다. 공장을 보존하라는 그의 명령은 즉각 취소되었다. 슈페어는 반패배주의 논리를 교묘하게 이용해 독일군의 반격으로 공장들과 그 외의 건축물들을 탈환할 것이기 때문에 파괴해선 안 된다고 말했다. 하지만 이제 히틀러는 그의 작전을 간파했다. 이 언쟁에서 가장 놀라운 측면들 중 하나는 슈페어가 자신의 후원자로부터 답변을 받은 뒤에야 히틀러가 '범죄자'라는 사실을 마침내 깨달았다는 점이다.

발터 모델 원수의 사령부에서 전선을 둘러본 슈페어는 3월 26일에 베를린으로 돌아왔다. 그는 총통 관저로 불려갔다.

"장관이 더 이상 나와 보조를 맞추지 않는다는 보고를 받았소.[23] 장관은 더 이상 전쟁에서 이길 수 있다고 믿지 않는 게 분명하오." 그는 슈페어에게 휴가를 떠나라고 했다. 슈페어는 휴가 대신 사임하겠다고 했지만 히틀러가 거절했다.

슈페어는 공식적으로 물러나긴 했지만 폭약 공급의 통제권을 쥐고 있었기 때문에 히틀러의 명령을 실행하길 원하는 대관구 지도자들을 여전히 방해할 수 있었다. 3월 27일 히틀러는 "철도 전체와 그 외의 운송 체계들, 그리고 전화, 전보, 방송을 포함한 모든 통신 시설을 폭발물이나 방화, 해체로 완전히 파괴하라"고 주장하는 또 다른 명령을 내렸다. 3월 29일 일찍 베를린으로 돌아온 슈페어는 최근 해임된 구데리안을 포함한 동조적인 장군들과 좀 덜 광신적인 대관구 지도자들과 접촉해 히틀러의 광적인 파괴 욕구를 꺾고자 하는 자신의 계획을 지지하는지 물었다. 구데리안은 "우는 듯한 웃음"을 터뜨리며 그에게 "목이나 잘리지 마라"[24]고 경고했다.

그날 저녁, 히틀러는 슈페어에게 그의 행동이 반역적이라고 경고하며 이야기를 시작했다. 그는 슈페어에게 아직 전쟁에서 이길 수 있다고 생각하는지 다시 물었다. 슈페어는 그렇지 않다고 대답했다. 히틀러는 "최종 승리의 희망을 부인하는 것은 불가능하다"[25]고 주장했다. 그리고 자신의 경력에 대한 실망감을 이야기했다. 이 역시 자신의 운명과 독일의 운명을 혼동하여 자주 하는 푸념이었다. 그는 슈페어에게 "뉘우치고 믿음을 가지라"는 요구와 조언을 했다. 슈페어에겐 그가 승리를 믿을 수 있는지 알아보는 24시간의 시간이 주어졌다. 가장 유능한 장관을 잃을까 불안했던 것이 분명한 히틀러는 최후통첩 시한이 만료되기까지 기다리지 않았다. 그는 자신의 사무실에서 프리저플라츠에 있는 군수부에 전화를 걸었다. 슈페어가 다시 총통 관저의 벙커로 갔다.

"그래서?"

"총통 각하, 저는 각하를 무조건 지지합니다." 슈페어가 갑자기 거짓말을 시작했다. 히틀러는 감정적이 되었다. 눈에는 눈물이 가득 고였고 슈페어와 다정하게 악수를 했다. 슈페어는 "하지만 3월 19일에 내리신 명령의 시행을 위해 제 권한을 즉시 재확인해주시면 도움이 될 것입니다"라고 말을 이었다. 히틀러는 알겠다고 한 뒤 서명할 허가서를 작성하라고 말했다. 슈페어는 허가서에 군수부 장관으로서 자신에게 거의 모든 폭파 결정을 맡긴다는 내용을 적었다. 히틀러는 자신이 속고 있다는 사실을 깨달은 게 분명했지만 가장 총애하는 장관을 다시 곁에 두는 일이 우선이었던 것 같다.

보어만은 대관구 지도자들을 통해 다양한 명령을 내리고 있었다. 예를 들어 그는 의사들이 동부의 주들에서 피란 온 많은 강간 피해자에게 낙태 수술을 하고 있다는 사실을 알았다. 3월 29일 그는 상황을 규제해야 한다고 결정하고 '극비'로 분류된 지시를 내렸다.[26] 이런 사정으로 낙태를 요구하는 모든 여성은 정말로 붉은 군대의 병사에게 강간당했을 가능성을 확인하기 위해 먼저 사법 경찰에게 조사를 받아야 했다. 확인이 되면 그 후에 낙태 수술이 허가되었다.

슈페어는 불필요한 파괴를 막기 위해 하슬리벤의 비스와집단군을 수시로 방문했다. 그는 하인리히 장군이 자신의 목적에 전적으로 동의하고 있음을 알았다. 패전 후 미국인들에게 심문을 받을 때 슈페어는 자신이 하인리히의 참모장인 킨첼 장군에게 베를린이 더 이상 파괴되지 않도록 비스와집단군이 베를린 서쪽으로 물러나는 것을 제안했다고 주장했다.[27]

하인리히는 베를린을 방어하는 책임을 맡고 있었다. 그와 슈페어는 가능한 한 많은 다리를 파괴에서 구할 가장 좋은 방법을 찾기 위해 힘을 모았다. 상수도 본관과 하수관이 다리 건설에 필수적인 부분이었기 때문에 이중으로 중요했다. 참모본부의 많은 추종자 중 한 명에 따르면, 쉰여덟 살의 하인리히는 "우리가 보기에 전통적인 프로이센 장교의 완벽한 본보기"[28]였다. 그는 최근에 백엽검 기사 십자 철십자장을 받았다. "반백이 된 이 군인"은 추레한 차림새였고 말쑥한 참모 제복보다 최전선에서 입는 양털 가죽 상의와 제1차 세계대전 때의 가죽 각반을 더 선호했다. 보좌관이 최소한 제복 상의라도 새것으로 주문하자고 설득했지만 소용없었다.

베를린 방어 사령관으로 지명된 헬무트 라이만 장군은 그다지 상상력이 풍부한 장교가 아니었다. 그는 도시의 모든 다리를 파괴할 계획을 세우고 있었다. 그래서 슈페어는 하인리히를 보내 다시 패배주의 카드를 꺼내들며 라이만에게 승리를 믿는지 물어보았다. 당연히 라이만은 아니라고 대답할 수 없었다. 그러자 하인리히는 파괴 계획을 붉은 군대의 전진 선에서 가장 바깥쪽의 다리들로 제한하고 수도 중심부의 다리들은 그대로 남겨두는 타협책을 받아들이라고 설득했다. 하인리히는 라이만을 만난 뒤 슈페어에게 자신은 베를린을 위해 장기전을 벌일 생각이 없다고 말했다. 그는 단지 붉은 군대가 베를린에 빨리 당도해 히틀러와 나치 수뇌부를 불시에 덮치길 바랐다.

하슬리벤의 사령부 참모들은 끊임없이 이어지는 달갑잖은 방문객들로 방해를 받았다. 포위된 포즈난 주민들을 각자의 운명에 맡기고 내버리면서 베를린의 긴급 임무를 수행했던 그라이저 대관구 지도자가 비스와집단군 사령부에 나타나 무기력하게 어슬렁거렸다. 그는 참모부에서 보좌관으로 일하고 싶다고 말했다. 메클렌부르크의 대관구 지도자 힐데브란트와 브란덴부르크 대관구 지도자 슈튀르츠도 나타나 상황이 어떻게 돌아가는지 물어봤다. 그들이 정말로 묻고 싶은 건 딱 한 가지였다. "러시아군이 언제 오겠습니까?"[29] 하지만 감히 묻지 못했다. 패배주의적 질문이기 때문이다.

괴링 역시 카린할의 호화스러운 저택에서 비스와집단군 사령부를 자주 찾아왔다. 그는 유명한 슈투카 에이스인 바움바흐 중령이 이끄는 '손더슈타펠'을 중요하게 여겼다. 손더슈타펠은 소련군 수중의 다리와 오데르 교두보들로 가는 도하 지점들을 표적으로 새로 개발된 무선조종 폭탄을 떨어뜨리는 특수임무부대였다. 해군 역시 엘리자베스 1세 시절 화공선[30]의 폭발 버전인 '폭파 보트'를 강 아래로 떠내려 보냈다. 하지만 공중에서의 공격도, 강에서의 공격도 적에게 지속적인 피해를 입히지는 못했다. 그 대신 수리를 하느라 얼음처럼 차가운 물에서 일하는 소련 공병들이 많이 희생되었다. 수많은 공병이 추위에 동사하거나 물살에 휩쓸려 목숨을 잃었다. 바움바흐 중령은 육군 참모 장교들에게 공격을 계속하는 것은 의미가 없다고 인정했다. 차라리 공격에 사용되는 항공기 연료를 기갑부대에 나누어주는 편이 더 나을 것이었다. 아이스만 대령에 따르면 바움바흐에겐 여느 전투기 에이스들마냥 '우쭐거림'이 없었으며 제국원수와 달리 현실주의자였다.

괴링의 허영심은 그의 무책임함만큼이나 비웃음을 샀다. 비스와집단군의 한 참모 장교는 괴링의 반짝거리는 눈과 특별히 디자인된 제복의 털 장식이 '쾌활한 시장통 아주머니'[31]를 연상시켰다고 말했다. 모든 훈장과 금몰이 달린 두꺼운 어깨 장식을 달고 있던 괴링은 시찰 여행을 가겠다고 고집을 부렸다. 그런 뒤 부대 지휘관들에게 부하들이 제대로 경례를 하지 않았다고 불평하는 메시지를 보내며 시간을 보냈다.

하슬리벤에서 열린 한 기획회의에서 괴링은 오데르강 전선에 있는 자신의 두 공수사단을 '초인'이라고 묘사했다. "당신들은 내 공수사단들과 함께 공격해야 하오." 그가 주장했다. "그러면 러시아군 전체를 악마에게 보낼 수 있소." 괴링은 많은 장교가 공수부대원이 아니라 경험이 전혀 없는 지상 전투 임무로 전출된 비행대 요원이라는 사실을 깨닫지 못했다. 공격이 시작되면 그가 아끼는 제9공수사단이 가장 먼저 격퇴될 판이었다.

괴링과 되니츠는 공군과 해군의 육상부대에서 적어도 3만 명을 차출해 전투에 투입할 작정이었다. 그 병사들이 별다른 훈련도 받지 않았다는 사실은 신경 쓰지 않는 것 같았다. 제독이 사단장이 되고 전술과 참모 규칙에 관해 조언할 참모부에는 육군 장교 한 명만 둔 해군 사단이 결성되었다. 각 군의 경쟁에서 뒤지지 않을 요량으로 나치 친위대는 더 많은 경찰대대와 무장친위대 사령부 인원으로 구성된 차량화 여단을 결성했다. 이들에게는 '천일야화'라는 이름이 붙었다. 제3제국의 종말이 가까워지면서 나치 친위대의 암호명은 묘하게 이국적이 되었다. 대대의 대전차 분견대에는 '줄라이카'괴테의 『서동시집』에 나오는 여자이름, 정찰대대에는 '하렘'이라는 암호명이 붙었다.

4월 2일 힘러의 참모 장교들 중 한 명이 제국 우편국에서 오기로 한 2만 5000명에 SS제국지도자의 특별열차에서 일하고 있는 4000명의 '전투 보조원'을 추가할 수 있다고 제안했다. 나치 지도부는 '80만 명 인력 계획'[32]에 따른 목표를 달성하려고 안간힘을 썼다. 비스와집단군 사령부는 훈련을 전혀 받지 못한 이 모든 병사에게 지급할 무기가 없으면 아무 도움이 되지 않을 것이라고 주장했다. 하지만 나치 당국은 이들에게 몇 문의 판처파우스트를 나눠주고 자신과 몇 명의 적군을 함께 데려갈 수류탄을 하나씩 지급할 준비가 되었다. 아스만 대령은 "간단히 말해 조직적인 대량 학살 명령이었다"[33]라고 썼다.

나치당 스스로는 '아돌프 히틀러 의용군' 구상을 살려두려고 노력했다. 보어만은 3월 28일 수요일에 '칼텐브루너 박사'[34]와 여전히 이 문제를 논의하고 있었다. 나치 친위대 대원들은 학력 사항에 관해 유난히 격식을 차렸다. 괴벨스 박사는 선전 공세에 이용하려고 전운이 역전됐던 모든 예를 끌어 모으고 있을 때 역사적 지식을 과시하고 싶어했다. 프리드리히 대왕과 블뤼허가 남용되었다. 칼텐브루너는 선전부에 페르시아 다리우스 왕의 패배[35] 사례를 추천했다.

비스와집단군 산하의 두 야전군은 나치 지도부로부터 대부분 실현 가능성이 없는 약속을 받았다. 제9군 북쪽 오데르 전선에 있던 하소 폰 만토이펠 장군이 이끄는 소위 제3기갑군에는 한 개 기갑사단밖에 없었다. 그의 사단 대부분은 혼성 대대와 훈련병들로 구성되었다. 부세 장군의 제9군도 비슷하게 뒤섞여 있었다. 심지어 U-보트 제복을 입은 돌격포 중대도 포함되어 있었다.

오데르브루흐 전선 구역에는 대부분 약간의 빵, 마른 소시지, 담배를 들려 내보낸 훈련병들이 배치되었다. 일부 병사는 너무 어려서 담배 대신 사탕을 받았다. 전선 바로 뒤의 마을에 야전 취사장이 마련되었다. 훈련병들은 전진하여 참호를 팠다. 그중 한 명은 전우란 "고통을 같이하는 사람"[36]이라고 적어놓기도 했다. 그들은 통상적으로 말하는 군사적 의미의 군대가 아니었다. 심지어 장교들을 포함해 누구도 자신들의 의무가 무엇인지 혹은 뭘 해야 하는지 몰랐다. 그들은 그저 참호를 파고 기다렸다. 오가는 농담들이 분위기를 반영했다. 유행한 농담 중 하나는 포로가 된 병사가 소련군 심문관에게 "인생은 아이의 셔츠와 같습니다. 짧고 더럽죠"[37]라고 말했다는 얘기였다.

어떤 바보라도 불편함을 느낄 수 있는 곳이 전쟁터임을 알 정도로 경험이 많은 독일 병사들은 '아늑한' '흙 벙커'[38]를 만드는 데 대단한 자부심이 있었다. 대개 가로 2미터, 세로 3미터 정도의 크기에 작은 나무 둥치들이 벙커 위의 흙 덮개를 떠받치는 형태였다. 한 병사는 "내 참호는 정말로 아늑했다. 나는 나무 탁자와 의자로 그곳을 작은 방으로 변신시켰다"라고 썼다. 부근 인가에서 빼앗아온 매트리스와 이불이 마지막으로 내 집 같은 편안함을 제공했다.

난로 불빛이나 연기는 저격병의 주의를 끌 수 있는 탓에 병사들은 곧 면도와 세면을 포기했다. 3월 말로 가면서 배급되는 식량의 질은 떨어졌다. 대개 병사들은 돌처럼 딱딱한 군용 빵인 '코미스브로트'와 저 멀리 떨어진 후방의 야전 취사장에서 만들어 밤 동안 전선에 도착한 차갑고 굳은 약간의 스튜나 수프를 받았다. 운 좋은 병사들은 0.25리터짜리 네덜란드 진 한 병씩을 받았다. 아주 가끔 최전선 전투원들을 위한 케이크, 사탕, 초콜릿이 담긴 작은 꾸러미를 받았다. 그러나 가장 큰 어려움은 깨끗한 식수의 부족에 있었다. 많은 병사가 이질에 걸렸고 참호는 지저분해졌다.

젊은 훈련병들의 얼굴은 피로와 긴장으로 금방 핼쑥해졌다. 맑은 날에 벌어지는 슈투르모비크 공격기들의 습격, 대포와 박격포들의 '한낮의 콘서트', 밤에 무작위로 쏟아지는 폭격이 큰 피해를 입혔다. 때때로 소련군 포병들은 전투사령부가 있을지도 모른다며 아무 건물이나 조준한 뒤 백린탄을 쏘았다. 그러나 어리고 미숙한 병사들에게 가장 겁나는 일은 4시간의 야간 보초 근무였다. 모두들 자신을 정보부의 '혀'로 쓰려고 붙잡으러 오는 소련군 기습조를 두려워했다.

낮에는 아무도 움직이지 않았다. 소련의 한 저격병이 장교 후보생들로 이루어진 '포츠담' 연대의 게르하르트 틸러리의 전우들 중 한 명인 폴마이어가 개인 참호에서 기어 나오는 모습을 보고 총을 쏴 머리를 관통시켰다. 그를 도우려던 오테르슈테트도 총에 맞았다. 두 사람은 총구 섬광을 보지 못해 총알이 어디에서 날아오는지도 알 수 없었다. 그 구역의 독일군에게도 저격병이 있었다. 그는 비번일 때마다 장의사의 검정 실크해트와 연미복을 차려입고 "프라이드 에그"라고 불리던 현란한 독일금십자상을 매달고 다니는 "진짜 또라이"[39]였다. 그런 기행이 용인되었던 이유는 아마도 그가 거둔 130번의 승리 덕분이었을 것이다. 이 저격병은 최전선 바로 뒤의 헛간에 자리를 잡았다. 그러면 참호의 관측병들이 쌍안경을 이용해 그에게 표적을 알려주었다. 아무 일 없던 어느 날, 관측병이 그에게 러시아 진지 주위를 뛰어다니는 개에 관해 이야기했다. 그 개는 단 한 방에 죽었다.

탄약이 너무 부족해 매일 아침 정확한 수치를 보고해야 했다. 노련한 중대장들은 곧 대규모 공세가 시작된다는 사실을 알고 이에 대비해 탄약을 아껴놓을 요량으로 사용량을 과장 보고했다. 3월 하순 독일군 편제의 지휘관들은 점점 더 불안해졌다. 그들은 소련군이 "고양이가 쥐 다루듯" 자신들을 가지고 놀면서 의도적으로 두 가지 목표를 한 번에 달성하고 있다고 느꼈다. 오데르강 서편의 교두보 쟁탈전은 베를린을 향한 붉은 군대의 발판을 마련해줄 뿐 아니라 제9군을 괴롭혀서 안 그래도 줄어드는 무기를 대공세 이전에 다 써버리게 하고 있었다. 독일군 포대는 하루에 대포 1문당 두 발 이하의 탄약으로 사용이 제한되어 있어 마음껏 사격할 수 없었던 터라 소련군 포병들은 골라놓은 표적들을 마음껏 조준하며 개시 포격을 준비했다. 베를린으로 가기 위한 젤로 고지 대공세의 시작은 이제 시간문제였다.

독일 병사들은 밀린 잠을 자거나 2월 말 이후 우편물이 거의 전달되지 않았음에도 집에 편지를 쓰면서 하루를 보냈다. 장교들은 우편 체계의 붕괴에 적어도 한 가지 좋은 점은 있다고 생각했다. 병사들이 폭격 피해건, 가족의 죽음이건 집에서 전해오는 참담한 소식을 들을 때는 자살 사건이 빈번했다. 진실을 말한 것인지, 비위를 맞추려 애쓴 것인지 알 수 없지만, 포로로 잡힌 독일 병사들은 소련군 심문관들에게 독일군 포병이 물러나지 말라는 경고로 그들의 참호 뒤쪽으로 발포했다고 말했다.

병사들은 자신들이 돌파당하리라는 것을 알고 있었기 때문에 오로지 후퇴 명령이 내려지기만을 기다렸다. 소대장이 야전 전화기로 중대 본부에 전화를 걸었다. 받지 않으면 늘 공포가 엄습해왔다. 대부분의 병사는 자신에게 끝까지 싸우라고 명령했던 그 지휘관들에게 버림받았다고 속단했지만 그렇다고 헌병대에 잡힐 위험을 감수하고 싶어하지는 않았다. 가장 좋은 해결책은 벙커 깊숙이 들어가서 소련 공격자들이 수류탄을 던지기 전에 항복할 기회를 노리는 것이었다. 하지만 항복이 받아들여지더라도 독일군이 즉각 반격해 돌아올 위험은 항상 도사리고 있었다. 항복한 것이 밝혀진 병사는 누구라도 즉결 처형을 당했다.

훈련과 탄약의 부족에도 불구하고 궁지에 몰린 독일군은 여전히 무시무시한 적이라는 사실을 증명했다. 3월 22일 추이코프의 제8근위군이 라이트바인 슈푸어 근방의 나무가 없는 범람원에 있는 구트 하데노프에서 공격에 나섰다. 독일군 제920돌격포훈련여단은 제303보병사단 '되베리츠'와 함께 경계 태세를 갖추었다. 이들은 T-34 전차들을 보고 신속하게 병력을 배치했다. 바인하이머 원사가 사격 명령을 외쳤다. "조준 – 철갑탄 – 겨냥 – 발사!" 게르하르트 로단은 대포가 반동하자마자 다시 장전했다. 승무원들은 효과적인 발포 주기를 만들어 몇 분 만에 네 대의 T-34를 명중시켰다. 하지만 그런 뒤 눈부신 섬광이 번쩍이더니 전차가 마구 흔들리면서 엄청난 타격감이 느껴졌다. 로단은 머리를 강철판에 부딪혔다. "밖으로!"라고 외치는 지휘관의 목소리가 들렸다. 로단은 억지로 해치를 열고 밖으로 몸을 던졌지만 떼어내는 걸 잊은 수신기와 마이크가 걸려 몸이 뒤로 홱 잡아채졌다. 약간의 부상만 입고 겨우 빠져나온 그는 밖에 있던 다른 승무원들이 전차 가장자리에 숨어 있는 걸 발견했다. 적의 전차들이 여기저기 돌격하는 혼란 속에서 구출되거나 벗어날 가능성은 없어 보였다. 그런데 그때 운전병인 클라인이 해치를 열고 다시 전차에 탔다. 그리고 놀랍게도 엔진에 다시 시동이 걸리는 소리가 들렸다. 그들은 앞 다투어 다시 전차에 올라탔고, 전차는 천천히 후진했다. 아까 맞았던 적의 포탄은 포신 근처의 장갑에 명중했지만 다행히 외부 장갑과 차체 강철 내피 사이에 틈이 있어 충격이 완화됐다. 이것이 그들을 구했다. 로단은 "이번만은 '행운의 여신'[40]이 우리 편이었다"라고 말했다. 심지어 그들은 슈트라우스베르크 남쪽의 레펠데에 있는 여단 수리소까지 전차를 몰고 갈 수 있었다.

오데르 전선과 제1우크라이나전선군 맞은편의 나이세 전선에서 장교들은 복잡한 감정에 시달렸다. 소련군 심문관들은 "장교들은 상황에 대한 공식 버전과 친한 친구끼리만 공유하는 개인 버전의 두 가지 견해를 가지고 있었다"[41]라고 보고했다. 그들은 조국과 가족을 지켜야 한다고 굳게 믿었지만 가망 없는 상황이라는 것을 잘 알고 있었다. 포로로 잡힌 한 독일군 선임 중위는 제21군 본부의 제7국 심문관에게 "연대들을 구분해야 한다. 정규 부대들은 강하다. 기강과 투지가 훌륭하다. 하지만 급조 부대의 상황은 전혀 다르다. 기강이 형편없고 병사들은 러시아군이 나타나자마자 공포에 질려 자기 자리에서 달아난다"라고 말했다.

독일의 또 다른 중위는 약혼녀에게 보내는 편지에 "장교가 된다는 것은 철십자 훈장과 자작나무 십자가, 군법회의 사이를 언제나 추처럼 왔다 갔다 해야 한다는 뜻이오"라고 썼다.

최후의 일격을
준비하며

4월 3일 주코프가 모스크바 중앙 비행장에서 자신의 사령부로 돌아갔다. 코네프가 탄 비행기도 비슷한 시간에 이륙했다. 경주가 시작되었다. 계획은 4월 16일에 공세를 시작해 레닌의 생일인 4월 22일에 베를린을 점령하는 것이었다. 주코프는 최고 사령부와 계속 연락했지만, 모스크바와의 모든 소통은 그의 사령부에 소속된 제108특별통신중대라는 형식의 NKVD에게 통제를 받았다.

제1우크라이나전선군의 정치부가 외교적 수사를 듬뿍 섞어 표현한 것처럼 "천재 총사령관 스탈린 동지가 계획한 (…) 베를린 작전은"[1] 나쁜 계획이 아니었다. 문제는 제1벨라루스전선군이 장악한 주 교두보가 지역 전체에서 최고의 방어 지형인 젤로 고지 바로 아래에 있다는 것이었다. 나중에 주코프는 이 진지의 강점을 과소평가했다고 인정했다.

작전에 참여한 두 주요 전선군 참모들이 직면한 과제는 어마어마했다. 포탄, 로켓탄, 탄약, 연료, 식량을 포함해 필요한 수백만 톤의 보급품을 조달하기 위해 궤도 폭이 러시아와 같은 철로가 폴란드를 가로질러 신속하게 깔렸고 비스와강에 임시 교량이 건설되었다. 붉은 군대를 구성하는 주요 요소 중 하나인 인력 역시 보충되고 재배치되어야 했다. 비스와-오데르 작전과 포메라니아 작전에서 발생한 사상자는 붉은 군대의 기준에서는 크지 않았다. 특히 엄청난 전진을 이룬 것을 고려하면 더 그랬다. 하지만 평균 4000명으로 이루어진[2] 주코프와 코네프의 소총사단들은 병력을 재보충할 기회가 없었다. 1944년 9월 5일 굴라크에서 103만494명의 범죄자가 붉은 군대로 보내졌다.[3] 이 중엔 작업장에 나타나지 않았다고 형을 선고받은 사람들도 포함되어 있었다. 반역이나 반소 활동으로 기소된 정치범들은 빠졌다. 이들은 죄수 부대로 넘겨주기에도 너무 위험하다고 여겨진 것이다.

1945년 초봄 굴라크에서 추가적인 차출이 이루어졌다. 이번에도 자신이 지은 범죄를 자신의 피로 지울 수 있다고 약속했다. 증원 병력이 너무 절실해지면서 베를린 공세를 2주 조금 더 남긴 3월 말에는 국방위원회[4]가 법령을 내려 각 자치주와 NKVD 부서, 검찰관 앞으로 미결 중인 사건에서 다양한 형태의 죄수들을 차출하라고 명령했다.

굴라크에서 맞을 죽음─개들을 위한 개죽음[5]이라고 불렸다─을 영웅의 죽음으로 바꾼다는 생각이 죄수들에게 동기 부여가 되었는지는 의심스럽다. 하지만 독일군의 총구 앞에 몸을 던진 것으로 알려진 가장 유명한 전쟁 영웅 중 한 명인 알렉산드르 마트로소프를 포함해 그들 중 5명이 소비에트 연방 영웅이 되었다. 수용소에서의 생활은 그들에게 내일을 생각하지 말라고 가르쳤다. 그들의 사기를 높였을 것 같은 유일한 요소는 일상이 완전히 바뀐다는 점과 나쁜 짓을 할 기회가 주어진다는 점이었다. 굴라크 출신 병사 중 일부는 죄수 부대에서건, 지뢰 제거 부대에서건 정말로 "피로 죄를 갚았다".[6] 하지만 공병중대들과 통합되어 전장에 투입된 포로들이 죄수로만 이뤄진 부대로 보내진 이들보다 당연히 훨씬 더 잘 싸운 것으로 보인다.

독일 수용소의 끔찍한 환경에서 살아남은 해방된 전쟁 포로들도 그리 나은 대우를 받지는 못했다. 1944년 10월 국방위원회는 해방된 포로들을 각 군관구의 특별예비부대들로 배속시켜 NKVD와 스메르시의 심사를 받게 하라고 명했다. 예비 대대에서 최전선 부대로 바로 보내진 사람들은 혹독한 고난을 겪은 뒤라 대개 건강이 나빴다. 그들은 항상 요주의 인물로 취급받았다. 전선 사령관들은 "파시스트 노예에서 해방된 소련 시민이었던 병사"[7]를 다시 받아들이는 것에 대한 불안을 감추지 않았다. 오랜 수감 기간에 더해 "파시스트들의 거짓 선전"으로 그들의 "사기"는 상당히 떨어져 있었다. 하지만 정치장교들의 방식으로는 도저히 그들이 '최악의 충동'충동적 범죄 행위를 의미하는 것으로 보인다에 빠지지 않도록 치유할 수 있을 것 같지 않았다. 장교들은 그들에게 스탈린 동지의 명령을 읽어주고 대조국전쟁Great Patriotic War(독소전쟁)을 다룬 영화들을 보여줌으로써 "독일의 짐승들에게 당한 끔찍한 잔학 행위"를 끊임없이 되새기게 만들었다.

제1우크라이나전선군 정치부는 "이 병사들은 군대에 중요하다. 그들은 적에 대한 불타는 증오로 들끓고 자신들이 당한 잔혹 행위와 학대에 대한 복수를 열망하기 때문이다. 그렇지만 그들은 엄격한 군대 규율에 아직 익숙하지 않다"라고 썼다. 해방된 포로들이 강간, 살인,

약탈, 탈영에 열중하는 경향이 있음을 인정하는 말이었다. 굴라크의 많은 범죄자와 마찬가지로 그들은 지금까지 겪은 일들로 철저하게 비인간적이 되어 있었다.

제5충격군의 제94근위소총사단은 오데르 작전을 불과 닷새 앞두고 45명의 포로 출신 병사를 받았다. 정치장교들은 분명 그들을 신뢰하지 않았다. 그들 중 한 명은 "나는 조국에 관해, 독일인들의 만행에 관해, 조국을 배반하는 행위와 관련된 법에 관해 그들과 이야기하며 매일 두 시간을 보냈다. 우리는 독일에서 함께 지냈거나 같은 수용소에서 온 이들이 같은 중대에 배치될 가능성을 배제하기 위해 그들을 여러 다른 연대로 분산시켰다. 매일, 매시간 그들의 사기가 어떤지, 어떻게 행동하는지를 관찰했다. 우리는 그들이 독일인을 미워하도록 만들기 위해 독일인이 아이를 포함한 우리 민간인들을 학대하는 사진들을 이용했고 우리 병사들의 훼손된 시신을 보여주었다"[8]라고 썼다.

전쟁 포로 출신들에 대한 불신은 상황이 어떻든 간에 소련 밖에서 지내본 사람은 누구든 반소 세력에 노출되었다는 스탈린의 두려움이 기반이 되었다. 독일의 포로수용소에서 지냈다는 사실은 "괴벨스의 선전에 끊임없이 영향을 받았음을" 의미했다. "그들은 소련과 붉은 군대의 진짜 상황에 관해 몰랐다." 이 말은 당국이 1941년의 참사에 대한 기억에서 벗어나지 못하고, 또한 참사와 스탈린 동지의 지도부와의 연관성을 어떤 대가를 치르더라도 제거해야 한다는 두려움에 젖어 있음을 암시한다. 정치장교들은 또한 전쟁 포로 출신들이 "자주 묻는" 질문에 질겁했다. "붉은 군대가 사용하는 모든 장비는 미국과 영국에서 사오고 그게 스탈린 동지의 일이라는 게 사실입니까?"[9]

NKVD 역시 우려하고 있었다. "지휘관들의 부실한 감독과 진지하지 않은 태도" 때문에 기강 해이, 국법 위반, '비윤리적' 사건들이 통제되지 못했다. 심지어 장교들까지 연루되어 있었다.[10] "소련군이 해방시킨 영토는 적국 인사, 파괴공작원, 그 외의 첩자들로 가득하다." 지휘관들의 진지하지 않은 태도는 장교용 차량에 옆 유리창을 덮는 커튼을 달기에까지 이르렀다. 아마 대개 사령부에 소속된 통신대나 의무대에서 선택된 고위 장교의 애인인 '전쟁 현지처'의 존재를 감추기 위해서였을 것이다. 스탈린은 '현지처'를 두는 것을 암묵적으로 허용했지만 NKVD는 "검문소들이 이 [커튼을] 떼어야 한다"[11]고 명령했다.

정치장교들, 그리고 "전투 적합성을 확인하는"[12] 책임을 진 NKVD 모두에게 최우선 순위는 세뇌였다. 이 기준에 따르면, "정치적 준비"가 모든 범주 가운데 가장 중요했다. 3월 말 새로운 분견대가 도착한 뒤, 제1벨라루스전선군에서는 러시아어를 쓰지 않는 국적 병사들을 대상으로 한 특별 선전 강좌가 마련되었다. 여기에는 '서우크라이나'와 '서벨라루스'에서 온 폴란드인과 몰다비아인들이 포함되었다. 그러나 이 징집병들 중 많은 이는 NKVD가 1939년부터 1941년까지 집단 검거와 추방을 하는 것을 목격했기에 공산주의에 고무된 붉은 군대 병사들의 자기희생에 중점을 둔 NKVD의 세뇌 작업을 거부했다. 한 정치부는 "그들은 이런 희생을 상당히 회의적으로 여겼다"[13]며 걱정스럽게 보고했다. "적 포구를 육탄으로 막은 소비에트 영웅 발라모프 병장의 위업을 이야기하자 말도 안 되는 소리라는 반응을 보였다."

군사 훈련의 질은 분명히 많은 점에서 미흡했다. NKVD의 한 보고서는 "작전 외에 발생한 사상자의 상당수가 장교들의 무지함과 병사를 제대로 훈련시키지 않은 데서 비롯됐다"고 언급했다. 한 사단에서 기관단총의 미숙한 조작으로 23명의 병사가 죽고 67명이 다쳤다. "이런 사건은 기관단총을 장전한 채 쌓아놓거나 걸어놓아" 일어났다.[14] 다른 병사들은 익숙하지 않은 무기와 대전차 수류탄을 만지작거리다 부상을 당했다. 무기를 잘 모르는 병사들은 수류탄에 잘못된 뇌관을 넣었고, 일부는 "단단한 물체로 지뢰와 포탄을 건드렸다".

반면 붉은 군대의 공병들은 종종 물자 부족을 채워넣기 위해 위험을 무릅써야 했다. 그들은 불발탄과 밤에 해체한 독일군 지뢰를 재활용하는 데 자부심을 지녔다. 그들의 개인 신조는 "한 번 실수하면 황천길"[15]이었다. 그들은 화약을 빼내어 따뜻하게 한 뒤 쿠바 담배 공장의 소녀들처럼 허벅지 안쪽에서 굴린 다음 독일의 지뢰탐지기들이 포착하지 못하는 목제 지뢰 케이스에 넣었다. 위험 정도는 그들이 빼낸 화약의 안정성에 달려 있었다. 그들의 용기와 수완은 대개 다른 부대나 군대에 어떤 것도 양보하지 않는 소총부대와 전차병들에게 존경을 받을 정도였다.

적에 대한 증오를 심어주는 프로그램은 스탈린그라드로의 철수와 스탈린의 "한 발짝도 물러서지 마라"라는 명령이 있었던 1942년 늦여름에 시작되었다. 또한 안나 아흐마토바의 시「용기의 시간이 왔다The Hour of Courage has Struck」가 나온 시기이기도 했다. 하지만 1945년 2월 소련 당국은 아흐마토바의 시를 개작했다. "붉은 군대의 병사여, 그대는 지금 독일 땅에 있다. 복수의 시간이 왔다!"[16] 아흐마토바의 글을 처음 바꾼 사람은 일리야 에렌부르크였다. 그녀는 1942년에 "날짜를 헤아리지 마라. 거리를 헤아리지 마라. 네가 죽인 독일인의 수만 헤아려라. 독일인을 죽여라. 이것이 너의 어머니의 기도다. 독일인을 죽여라. 이것이 너의 러시아 땅의 외침이다. 약해지지 마라. 느슨해지지 마라. 죽여라"라고 썼다.

매번 기회가 될 때마다 소련에서 독일인이 저지른 만행의 규모를 주입시키기 위해 이용되었다. 한 프랑스 정보원에 따르면 붉은 군대 관계자들은 니콜라예프와 오데사 근방에서 학살된 6만5000여 명의 유대인 시신을 파낸 뒤 군인들이 가장 많이 다니는 길가에 던져두라고 명령했다고 한다. 200미터마다 "독일인들이 소련 시민을 어떻게 다루었는지 보라"[17]라는 표지판이 세워졌다.

해방 노예 노동자들은 독일의 잔혹 행위를 보여주는 또 다른 예로 이용되었다. 대부분 우크라이나와 벨라루스 여성이던 이들은 군인들에게 자신이 얼마나 학대당했는지 이야기해야 했다. 한 정치장교는 "우리 군인들은 몹시 화가 났다"[18]고 회상했다. 하지만 그는 "공정하게 말하자면, 일부 독일인은 노동자들에게 꽤 잘 대해주었다. 하지만 그런 사람은 소수였다. 시대적 분위기 속에서 우리가 기억하는 건 최악의 사례들이었다"라고 덧붙였다.

제1우크라이나전선군 정보부는 "우리는 독일인에 대한 증오를 높이고 복수심을 끓게 하려고 끊임없이 노력 중이다"라고 보고했다. 마을에서 발견된 강제 노동자들의 편지를 인쇄해 병사들에게 배포하기도 했다. 그런 편지 중 하나에는 "놈들은 우리를 수용소의 음산하고 어두운 막사에 집어넣고 아침부터 밤까지 일을 시키고는 순무 수프와 작은 빵조각을 던져줘요. 놈들은 끊임없이 우리를 모욕합니다. 우리는 이렇게 청춘을 보냅니다. 놈들은 마을의 모든 젊은이, 열세 살밖에 안 된 남자아이들까지 그들의 저주받은 독일로 데려왔어요. 우리는 이곳에서 맨발과 굶주림으로 고통받고 있습니다. '우리 민족'이 가까이 오고 있다는 소문이 돌고 있어요. 기다리기 힘듭니다. 아마 우리는 곧 우리 형제들을 만날 것이고 우리의 고통은 끝날 겁니다. 여자아이들이 나를 만나러 왔어요. 우리는 다 함께 앉아 이야기를 나누었죠. 우리가 이 끔찍한 시간에서 살아남을까? 우리가 가족을 만나게 될까? 우리는 더 이상 견딜 수 없습니다. 이곳 독일은 끔찍합니다. 제냐 코바추크"라고 쓰여 있었다.[19] 제냐가 보낸 또 다른 편지에는 그녀가 "여자 노예들의 노래"라고 한 노래의 가사가 담겨 있었다.

> 봄이 끝나고 여름이 왔네.
> 정원에 우리의 꽃들이 피고 있네.
> 그리고 꽃다운 젊은 나는
> 독일의 수용소에서 내 하루하루를 보내고 있네.

정치장교들이 증오를 자아내려고 사용한 또 다른 방법은 "복수 점수"[20]라는 것이었다. "각 연대에서 병사와 장교들을 면담해 '히틀러의 짐승들이 저지른 잔혹 행위와 약탈과 폭력'과 관련된 사실들을 규명했다. 단적으로, 한 대대에서는 소름 끼치는 복수 점수를 집계해 벽보를 붙였다. '현재 우리는 살해당한 친척 775명, 독일에 노예로 끌려간 친척 999명, 불탄 집 478채, 파괴된 농가 303채에 대한 복수를 하고 있다.' (…) [제1벨라루스] 전선군의 모든 연대에서 '복수 회의'가 열렸고 엄청난 열광을 불러일으켰다. 우리 전선군의 병사들뿐 아니라 붉은 군대 전체의 병사들이 파시스트 점령군의 극악무도한 만행과 악행을 벌하는 고귀한 복수자들이다."

제1벨라루스전선군 사령부의 한 여성 무선 통신사는 이렇게 회상했다. "매점에 페인트로 크게 구호가 적혀 있었다.[21] '아직 독일놈을 죽이지 않았나? 그럼 죽여라!' 우리는 에렌부르크의 호소에 강한 영향을 받았고 우리에겐 복수할 것이 많았다." 그녀의 부모님도 세바스토폴에서 살해당했다. "증오심이 너무 커서 병사들을 통제하기 힘들었다."

소련의 군 당국이 최종 공세에 대비해 병사들의 분노를 키우는 동안 제7국은 마주 보고 있는 독일 병사들에게 항복하면 좋은 대우를 받을 것이라고 설득했다.

정찰중대의 기습팀들은 집으로 보내는 편지가 가득 든 야전우편소의 우편물 자루를 빼앗았다. 독일 공산주의자나 '안티파'—정치부 소속 반파시스트 전쟁포로들—가 이 편지들을 읽고 분석했다.[22] 또한 분석을 위해 모든 포로에게서 편지를 압수했다. 그들은 민간인의 분위기, 미국과 영국의 폭격이 미친 영향, 가정의 식량 부족, 특히 아이들이 마실 우유가 부족하다는 언급에 관심이 많았다. 이런 정보는 상부로 전달되기도 했지만 모아두었다가 군 사령부의 이동식 인쇄기로 인쇄되는 선전용 전단지에 사용하기도 했다.

붙잡힌 '혀', 탈영병, 그 외의 포로들의 심문 때 최우선 순위를 둔 주제 중 하나는 화학무기[23]였다. 소련의 군 당국은 히틀러가 최후의 방어 수단으로 화학무기를 사용하고 싶어하는지에 당연히 관심이 많았다. 특히 나치 지도부가 '기적의 무기'를 주장한 이후 더 그랬다. "총통의 직접 지시가 있을 때에만 사용 가능"[24]이라고 적힌 상자들이 특수 부대들에 줄줄이 보내졌다는 보고서가 스웨덴에 도착했다. 스웨덴 육군 무관은 이 무기들의 사용을 막는 유일한 수단은 부근의 모든 사람이 죽게 된다는 두려움뿐이라고 들었다. 이 보고가 사실이라면 슈판다우의 거대한 성채에 있는 독일군 화학무기연구소의 사린과 타분 신경가스가 지급되었다는 뜻이었다. 케셀링 원수가 상급집단지도자(병과대장) 볼프에게 히틀러의 자문들이 '절망의 무기'[25] 사용을 촉구하고 있다고 말한 것 같았다.

알베르트 슈페어는 몇 주 뒤 미국인들에게 심문을 받으면서 이 기간에 나치 광신도들이 "화학전을 주장했다"[26]는 것을 인정했다. 하지만 소련 자료들은 2월에 글라이비츠 근방에서 자국 병사들에게 비행기와 박격포를 이용한 가스 공격이 이루어졌다고 주장한다. 그렇지만 세부 내용이 제시되지 않아 가짜 공포이거나 위협에 대한 관심을 불러일으키려는 시도였음을 암시했다. 병사들은 하루에 4시간 동안 방독면을 쓰고 작전을 수행하거나, 적어도 하룻밤 동안 방독면을 쓰고 자라는 명령을 받았다. 종이 피복과 보호용 양말이 지급되었다. 말들에게 씌울 캔버스 천으로 된 마스크도 보급되었다. 식량과 수원지를 보호하고 가스 공격에 대비해 사령부에 지하실과 저장고를 마련하라는 명령도 내려졌다. 하지만 이런 지시에 붉은 군대가 얼마나 주의를 기울였는지는 의문의 여지가 많았다. 특히 NKVD 연대들이 '화학 훈련'을 담당했다는 점에서 말이다.

독일제 무기인 판처파우스트 훈련[27]은 훨씬 더 진지했다. 다량의 판처파우스트가 노획되었다. 각 소총대대에는 "훈련된 판처파우스트 병사" 집단이 편성되었다. 정치부는 "적의 무기로 적을 물리치자"라는 다소 뻔한 구호를 만들었다. 훈련은 이 로켓추진식 탄두 중 하나를 불탄 전차나 벽에서 약 30미터 떨어져서 발사하는 식이었다. 제3충격군에서는 공산청년동맹의 교관들이 판처파우스트를 나눠주고 선별된 병사들에게 운용 방법을 가르쳤다. 제3소총군단의 벨라예프 병장은 50미터 떨어진 벽에 발사했다. 흙먼지가 걷힌 뒤 보니 기어서 지나갈 수 있을 정도의 큰 구멍이 뚫리고 그 너머의 벽까지 박살나 있었다. 판처파우스트를 사용해본 사람 대부분이 비슷하게 탄복했다. 그들은 앞으로 베를린에서 벌어질 전투에서 이 무기가 전차를 상대하는 원래의 역할보다 집에서 집으로 옮겨다니기 위해 벽을 박살내는 데 이점이 있음을 깨달았다.

맹습을
기다리며

4월 초 베를린이 오데르강에서의 소련의 최후의 대공세를 기다리는 동안 도시 분위기에는 열병 같은 탈진과 끔찍한 예측, 절망이 뒤섞여 있었다.

스웨덴 무관은 스톡홀름에 "어제 사람 좋은 폰 티펠슈키르히가 멜렌제에서 또 연회를 열고 우리를 초대했다. 나는 다른 무엇보다 호기심에서 참석했다. 뭔가 흥미로운 이야기를 듣겠다는 기대는 크지 않았다. 이제는 시시각각 온갖 일이 일어나기 때문이다. 몹시 비통한 저녁이었다. 절망적인 분위기였다. 대부분의 사람이 체면을 차리는 척하지도 않고 상황을 있는 그대로 보여주었다. 일부는 감상적이 되어 술에서 위안을 찾았다"[1]라고 보고했다.

광신적인 투지는 어떤 형태의 항복이든 처형을 뜻한다고 생각하는 나치 당원들 사이에만 존재했다. 히틀러와 마찬가지로 그들은 다른 모든 사람이 자신들과 같은 운명을 맞게 하겠다고 작정했다. 1944년 9월 서방 연합군과 붉은 군대가 일사천리로 독일을 향해 진격하고 있을 때, 나치 지도부는 패배 후에도 철천지원수들과 계속 싸울 참이었다. 그들은 베어볼프(늑대인간)라는 암호명으로 불린 저항운동을 조직하기로 결정했다.

베어볼프는 헤르만 뢴스가 30년 전쟁을 소재로 쓴 소설에서 영감을 얻어 붙여진 이름이었다. 1914년에 전사한 뢴스는 나치의 숭배를 받는 민족주의자였다. 이 생각이 실행에 옮겨지기 시작한 1944년 10월 상급집단지도자(병과대장) 한스 프뤼츠만이 특별 방어 감찰관에 임명되었다. 우크라이나에서 지내는 동안 소련 파르티잔의 전술을 연구했던 프뤼츠만이 사령부 구성을 위해 쾨니히스베르크에서 다시 불려왔다. 하지만 수많은 나치의 계획과 마찬가지로 경쟁 파벌들은 자체 조직을 만들거나 기존 조직을 자신들의 손아귀에 놓기를 원했다. 나치 친위대 내에도 베어볼프와 오토 슈코르체니가 이끄는 야그드베르벤데라는 두 조직이 있었다. 암호명 본드슈로 불리는, 활동 중지된 게슈타포와 친위보안국까지 포함하면 이 개수는 셋으로 늘어났다.

이론적으로 훈련 프로그램들은 가연성 폭약을 꽉꽉 채우고 노획한 영국제 연필 신관으로 폭파시키는 하인츠 소꼬리수프 깡통 폭탄을 이용한 파괴활동을 다루었다. 안감이 폭약으로 만들어진 비옷을 포함해 갖가지 품목, 심지어 니폴리트 폭약으로 만들어진 의류도 고안되었다. 베어볼프의 신병들은 당기면 죄어지는 1미터 길이의 교살용 홍기나 소음기가 달린 발터 권총으로 보초들을 죽이는 법을 배웠다. 노획 문서들을 보면 그들의 좌우명은 "낮을 밤으로, 밤을 낮으로 바꿔라! 적을 만나는 곳마다 공격하라. 교활해져라! 무기, 탄약, 배급품을 훔쳐라! 여성 보조원들이여, 할 수 있는 어디서든 베어볼프의 전투를 지원하라"였다. 그들은 3~6명으로 조를 짜서 작전을 수행하고 60일 치 배급을 받았다. 표적으로 "특히 가솔린과 석유 보급품이 강조되었다". 나치 당국은 2000개의 라디오와 5000개의 폭약 세트를 주문했다. 하지만 제때 준비된 것은 거의 없었다. 폭격으로 투하된 미국의 소이탄을 모아 강제수용소 수감자들이 확인하고 재사용할 물질을 추출해야 했다.

4월 1일 오후 8시 독일 국민에게 베어볼프에 들어오라고 호소하는 방송이 나갔다. "우리 땅에 있는 모든 볼셰비키, 모든 영국인, 모든 미국인이 우리 운동의 표적이 되어야 한다. (…) 직업이나 계층에 상관없이 적을 돕고 적과 협력하는 독일인은 누구라도 우리의 복수를 당할 것이다. (…) 우리에겐 단 하나의 신념만 남아 있다. '이기거나 아니면 죽거나.'"[2] 며칠 뒤 힘러는 새로운 명령을 내렸다. "백기가 보이는 집의 모든 남성은 총살당해야 한다. 이 조치는 잠시도 늦추지 말고 시행되어야 한다. 자신의 행동을 책임져야 하는 남성은 14세 이상의 모든 사람을 뜻한다."[3]

4월 4일자 문서는 베어볼프의 진정한 목적이 1918년에 대한 나치의 집착에 있음을 보여주었다. "우리는 적의 계획을 알고 있고 패배 뒤에 독일이 1918년 이후처럼 다시 일어날 기회가 없으리라는 것을 안다."[4] 적에 협력하는 사람이라면 누구든 죽이겠다는 위협은 구스타프 슈트레제만이 1919년의 베르사유 조약을 받아들였던 '슈트레제만 정책'을 막기 위해서였다. 나치당은 그 패배의 굴욕에 뿌리를 두고 있었고 끔찍한 이자까지 붙여 독일을 그 자리로 다시 데리고 왔다.

히틀러 유겐트의 소년들은 자신들이 선택한 지역으로 보내졌다.

그곳에서 소년들은 수중의 폭발물을 묻으라는 지시를 받은 뒤 숙소와 배급품을 위해 지역의 나치 관구 지도자와 연락했다. 그들은 모두 한 가지 불특정한 임무를 받은 뒤 마치 아무 일도 없었던 것처럼 집으로 가라는 이야기를 들었다. 종말이 다가오자 훈련병들은 매우 다급해졌다. 그중 많은 소년이 적에게 폭탄을 터뜨리기보다 자폭할 가능성이 더 컸다.

결과적으로 베어볼프는 두 건의 암살—아헨과 크란켄하겐의 시장—과 민간인들을 협박한 사실 말고는 이렇다 할 성과를 내지 못했다. 히틀러 유겐트는 벽에 "반역자들은 조심하라. 베어볼프가 지켜보고 있다"와 같은 구호들을 분필로 썼다. 슈코르체니가 심문을 받으며 했던 진술을 믿는다면(프뤼츠만은 짧은 면담 뒤에 자살했다), 연합군이 다가오면서 슈코르체니와 프뤼츠만 둘 다 이 계획에서 마음이 떠났던 것 같다. 아무튼 힘러도 스웨덴을 통한 협상을 고려했던 4월 중순에는 마음의 변화가 있었다. 그는 프뤼츠만에게 베어볼프의 활동을 '오로지 선전활동'[5]으로 바꾸라고 지시했다. 유일한 문제는 괴벨스의 통제하에 있는 베어볼프젠더 라디오 방송이 계속 파르티잔 활동을 지시한다는 것이었다.

1월부터 3월까지 동부 전선에서 붉은 군대의 빠른 진격 속도를 고려해보면 베어볼프의 어떤 집단도 거의 훈련되지 않았거나 제시간에 장비를 갖추지 못했을 것이 분명했다. 붉은 군대의 점령지 내의 유일한 잔류 집단은 대개 고립된 국민돌격대 대원들이었다. 베어볼프의 선전활동은 그저 스메르시와 NKVD의 소총부대들이 평소의 피해망상에 한층 더 절박하게 집중하도록 해주었을 뿐이다. 서부 전선의 연합국들은 베어볼프가 대실패라는 사실을 알았다. 베어볼프 작전을 위해 준비된 벙커에는 '고작 10~15일 치' 보급품밖에 없었다. 연합국이 포로로 잡은 히틀러 유겐트 대원들의 광기는 더 이상 찾아볼 수 없었다. 그들은 "겁먹은 불행한 젊은이들"이었다. 심문의 부담, 그리고 무엇보다 반역을 저지를 유혹을 피하라며 지급된 자살 알약에 의지하는 사람은 거의 없었다. 통제관들이 테러활동을 준비하라고 파견하자 많은 사람이 그길로 집으로 돌아갔다고 한다.

일부는 베어볼프 프로젝트가 독일의 국민성과 맞지 않았다고 지적했다. 베를린의 이름이 알려지지 않은 한 여성 일기 저자는 "우리 독일인들은 파르티잔의 나라가 아니다"[6]라고 썼다. "우리는 지휘와 명령을 기다린다." 그녀는 나치가 권력을 잡기 직전에 소련을 여행했다. 기차에서 긴 대화를 나눴던 러시아인들은 독일인을 가리켜 혁명정신이 부족하다는 농담을 했다. 어떤 사람은 "독일 동지들은 일단 플랫폼 입장권을 구입해야 기차역을 공격할 거야!"라고 말하기도 했다.

보고서는 베어볼프 계획의 일부는 아니지만 게슈타포 대원들이 사법경찰로 전출되었음을 보여주었다. 일단 군정이 시작되면 서방 동맹국들이 나중에 그들을 복귀시킬 게 분명하기 때문이었다. 몰락이라는 현실이 실감되면서 소위 광신적 신봉자들은 서둘러 자기 보호로 돌아섰다. 일부 나치 친위대 대원들은 처형을 피하기 위해 베어볼프 대원들을 위해 준비된 가짜 문서를 재빨리 손에 넣었다. 신분 세탁을 위해 독일군 군복과 전사자들의 급료 지급 장부를 암거래하는 사람들도 있었다. 독일군 병사들은 나치 친위대가 탈영한 병사들을 닥치는 대로 처형하면서 정작 많은 장교가 달아나려 준비하고 있는 것에 격분했다. 독일 전쟁 포로들은 미국 심문관들에게 나치 친위대 대원들이 폴란드 노동자로 가장하려고 재단사들에게 상의에 커다란 P를 꿰매달라는 주문을 했다고 이야기했다.

나치 지도부는 "급조한 약식 군법회의"와 병사들을 공포에 몰아넣어 전투를 계속하게 하는 친위대 즉결처형대에만 의존하지 않았다. 잔혹 행위에 관한 이야기가 선전부에서 끊이지 않고 나왔다. 예를 들어 소련 여성 정치지도원들이 독일 부상병들을 거세한다는 이야기가 유포되었다. 선전부는 또한 베를린과 오데르 전선 가까이에 직속 분대들을 투입해 마치 민간인들이 자발적으로 쓴 것마냥 "우리는 승리를 믿는다!"[7]나 "우리는 절대 항복하지 않을 것이다" "우리 여성과 아이들을 붉은 짐승들로부터 보호하자!"와 같은 구호를 벽에 페인트로 썼다. 하지만 보복을 두려워하지 않고 전쟁에 대한 자신의 감정을 보여줄 수 있는 사람들이 있었다. 손이나 팔을 잃은 독일 부상병들이 그들인데, 이들은 "히틀러 만세!"[8]를 외치며 "잘린 팔을 여봐란 듯이 들어올렸다".

이 시기에 누구도 부러워하지 않는 임무를 맡은 사람은 베를린 방어구역 사령관으로 임명된 라이만 중장이었다. 그는 나치 조직의 혼란의 정점과 마주했다. 1942년에 쫓겨난 육군 참모총장 할더 장군은 이 문제를 신랄하게 비판했다. 나중에 그는 히틀러와 베를린 방위 총감인 괴벨스 둘 다 "너무 늦어버릴 때까지 도시의 방어에 대한 어떤 생각도 거부했다"[9]라고 썼다. "도시 방어는 그야말로 수없이 즉흥적으로 진행되었다는 것이 특징이었다."

라이만은 2월 초 히틀러가 베를린을 요새로 선언한 이후 그 자리에 세 번째로 부임한 사람이었다. 그는 자신이 히틀러, 괴벨스, 힘러가 지휘하는 보충군, 공군, 비스와집단군 사령부, 나치 친위대, 히틀러 유겐트, 그리고 국민돌격대를 통제하는 지역 나치당 조직을 상대해야 한다는 것을 알게 되었다. 히틀러는 베를린이 방어 준비를 갖춰야 한다고 명령해놓고 막상 그 임무를 위해 어떤 병력도 내놓기를 거부했다. 그는 라이만에게 적이 수도에 도착하면 충분한 병력이 제공될 것이라고 장담했다. 히틀러도, 괴벨스도 패배라는 현실을 직시하지 못했다. 특히 괴벨스는 붉은 군대가 오데르강에서 격퇴되리라 확신했다.

4월 1일 베를린의 인구는 12만 명의 유아를 포함해 300만에서 350만 명 사이였다. 라이만 장군이 총통 관저 벙커에서 열린 회의에서 이 아이들을 먹이는 문제를 제기하자 히틀러는 그를 쏘아보더니 말했다. "베를린에는 그 나이대 애들이 남아 있지 않소."[10] 라이만은 자신의 최고 사령관이 국민의 현실을 모르고 있다는 사실을 마침내 알게 되었다. 한편 괴벨스는 깡통 분유의 비축량이 많고 도시가 포위당하면 소들을 도심으로 데려올 수 있다고 주장했다. 라이만은 소들에게 뭘 먹일지 물었다. 괴벨스는 아무 생각이 없었다. 설상가상으로 식품 창고들은 모두 도시 외곽에 있어서 점령당하기 쉬웠다. 독일군이나 민간인들에게 줄 보급품들을 더 가까이 옮기기 위한 조치는 아무것도 없었다. 라이만과 그의 참모장 한스 레피오어 대령은 가용 병력으로는 베를린이 버틸 희망이 없음을 깨닫고 괴벨스에게 민간인들, 특히 여성과 아이들이 떠나도록 허가하자고 권고했다. 그러자 괴벨스는 이렇게 대답했다. "대피는[11] 나치 친위대와 슈프레강 지역의 경찰 지휘관들이 잘해낼 거요. 내가 적절한 때에 대피 명령을 내리겠소." 괴벨스는 그렇게 엄청난 수의 사람을 도로와 철도로 대피시킬 때 피란 중에 그들을 먹이는 문제는 고사하고 병참에 미치는 영향에 대해서 단 한 번도 진지하게 검토해보지 않은 게 분명했다. 운행 중인 열차들이 턱없이 모자랐고 약자와 병자를 옮길 수 있도록 연료가 남은 차량도 드물었다. 대부분의 주민은 걸어야 했다. 스탈린그라드 전투를 시작할 때의 스탈린처럼 괴벨스가 도시를 더 필사적으로 방어하고자 주민들을 대피시키길 원하지 않았다고 의심하는 사람도 있다.

베를린 구역의 지역 사령부인 호엔촐레른담의 한 튼튼한 건물에서 라이만과 참모들은 병력과 무기가 얼마나 있는지 파악하려 애쓰고 있었다. 레피오어 대령은 '베를린 방어 구역'은 아무 의미가 없음을 금방 깨달았다. 그 명칭은 '요새'와 마찬가지로 결사 방어해야 하는 곳을 가리키는, 총통 본부가 만들어낸 또 다른 문구일 뿐이었다. 라이만은 "그런 근시안적 사고, 관료주의, 잔혹함을 상대하는 일은 누구의 머리라도 하얗게 세도록 만들기에 충분하다"[12]는 것을 알게 되었다.

외부 경계선을 지키는 데만도 10개 사단이 필요했다. 하지만 실제로 베를린 방어 구역에는 1개 대공포사단, 그로스도이칠란트 친위연대 산하 9개 중대, 2개 경찰대대, 2개 공병대대, 소집되었지만 훈련을 받지 않은 20개 국민돌격대 대대가 전부였다. 도시가 포위되면 또 다른 20개 국민돌격대 대대가 소집될 것이었다. 베를린 국민돌격대가 서류상으로 6만 명에 이르긴 했지만, 여기에는 약간의 무기를 보유한 '돌격대 1'과 무기가 아예 없는 '돌격대 2'가 포함되어 있었다. 정규 장교 출신 지휘관들은 붉은 군대가 도시에 다가오면 무기가 없는 국민돌격대 병사들을 집으로 보내곤 했다. 하지만 당 간부 출신의 지휘관들은 가장 기본적인 인간애도 보여주는 법이 없었다. 나치 관구 지도자 중 한 명은 자신이 해야 할 유일한 일은 병사들의 저항 의지를 저하시킬 수 있는 아내와 '엄마'[13]의 영향력에서 그들을 떼어놓는 것이라고 확신했다. 이런 시도는 실패하게 되어 있었다. 국민돌격대에 어떤 배급품도 할당되지 않았기 때문에 병사들은 가족에게 먹을 것을 공급받아야 했다. 방어를 책임진 지휘관들은 '사명감'[14]을 띠는 유일한 부류가 제1차 세계대전 참전용사들뿐이라는 사실을 곧 알게 되었다. 나머지는 대부분 기회가 있을 때마다 슬금슬금 달아났다.

베를린에서 가장 중무장한 부대는 제1대공포사단이었지만 이 부대는 전투가 시작될 때까지 라이만의 지휘를 받지 않았다. 세 개의 거대한 콘크리트 대공포 탑—티어가르텐에 있는 동물원 대공포 탑, 훔볼트하인 대공포 탑, 프리드리히스하인 대공포 탑—에 거점을 둔 이 공군 사단은 128밀리, 88밀리, 20밀리 대공포라는 위력적인 무기뿐만 아니라 이 포에 필요한 탄약까지 갖추고 있었다. 라이만이 가진 그 밖의 대포는 죄다 전쟁 초기에 프랑스인, 벨기에인, 유고슬라비아인에게서 빼앗은 다양한 구경의 구식 대포들이었다. 대포마다 여섯 발 이상의 포탄이 있는 경우는 드물었다. 대개는 그보다 적었다. 도시 방어에 관한 유일한 지침은 레피오어가 "독일 관료주의 예술의 걸작"[15]이라고 묘사한 전쟁 전의 지시뿐이었다.

베를린의 나치당은 방어선을 구축하는 작업을 위해—30킬로미터 바깥쪽의 '장애물 방어선'과 바깥 둘레 방어선—민간인을 동원하는 문제에 관해 이야기했다. 하지만 일일 동원 가능한 노동자는 최대 7만 명이었고, 대개는 3만 명 정도에 불과했다. 베를린의 공장 대부분과 사무실들이 만사태평으로 계속 일하고 있다는 사실과는 별개로 교통과 도구 부족이 가장 큰 문제였다.

라이만은 공병 장교 로베크 중령에게 나치당이 이끄는 혼란스러운 방어선 구축 작업을 넘겨받게 되었다. 또한 폭파팀을 마련하기 위해 카를스호르스트에 있는 공병 학교를 방문했다. 장교들은 베를린 내의 다리를 보존하려는 슈페어의 시도에 불안을 느꼈다. 레마겐 철교 문제로 장교들이 처형당한 일을 잊지 못했기 때문이다. 라이만의 공병들이 토트 조직Todt Organization, 프리츠 토트가 만든 나치 독일의 군사 엔지니어링 조직과 국가노동봉사단을 감독했다. 둘 다 민간인 노역자들보다는 장비를 훨씬 잘 갖추었지만, 채굴기에 필요한 연료와 여분의 부품을 구하는 것은 불가능했다. III D 포로수용소에 있던 1만7000명의 프랑스 포로들이 도시 내 작업에 투입되어 바리케이드를 쌓고 길모퉁이의 보도에 참호를 팠다. 하지만 그들이 얼마나 일을 해냈는지는 의문이다. 특히 베를린의 프랑스인 포로들은 일하기를 꺼리거나[16] 대개 독일 여성들을 찾아가려고 수용소에서 탈출했다는 이유로 고발당한 사람들이었다.

베를린 방어를 위해 전투 병력을 제공해야 하는 야전 지휘관들과 협력을 시도했지만 아무런 소득이 없었다. 레피오어가 비스와집단군 본부에 있는 하인리히의 참모장 킨첼 중장을 만나러 가자 킨첼은 그가 내놓은 베를린 방어 계획을 힐끗 보더니 말했다. "베를린의 그 미치광이들은 자업자득으로 고생을 해야 합니다."[17] 제9군의 참모장인 횔츠 소장은 다른 이유들로 그 계획이 부적절하다고 생각했다. "제9군은",[18] 횔츠는 레피오어가 느끼기에 좀 지나치게 연극조로 말했다. "오데르강을 고수하고 그곳에 남을 겁니다. 필요하다면 우리는 그곳에서 쓰러질 것이고 절대 후퇴하지 않을 겁니다."

당시 라이만도, 레피오어도 하인리히 장군과 그의 비스와집단군의 참모가 나치 지도부와 다른 속셈을 가지고 있다는 것을 충분히 인지하지 못했다. 그들은 민간인을 보호하기 위해 수도를 최후의 싸움터로 만드는 것을 막길 원했다. 알베르트 슈페어는 하인리히에게 제9군이 오데르강에서 베를린을 완전히 우회해 후퇴해야 한다고 제안했다. 하인리히는 원칙적으로 동의했다. 그가 생각하기에 도시에서 전투를 피하는 가장 좋은 방법은 베를린에서 수비부대를 빼내기 위해 라이만에게 최후의 순간에 모든 병력을 오데르강으로 보내라고 명령하는 것이었다.

시가지 전투를 피해야 하는 또 다른 강력한 이유는 나치가 열네 살 정도의 어린 소년들을 총알받이로 쓰기 때문이었다. 러시아에서 죽은 아들의 사진을 벽에 걸어놓은 집이 너무 많다보니 아이들이 전투에 끌려가기 전에 정권이 무너지길 바라는 조용한 바람이 생겨났다. 어떤 사람들은 현혹당한 히틀러 유겐트의 광신주의를 이용하는 것이건, 겁에 질린 소년들에게 처형하겠다고 위협해 억지로 군복을 입히는 것이건 둘 다 영아 살해라고 대놓고 거침없이 말했다. 학교에서는 나이 많은 교사가 고발의 위험을 감수하고 제자들에게 소집을 피하는 법을 조언했다. 몇 주 전 괴벨스의 연설 이후 비통함은 훨씬 더 커졌다. 그는 국민에게 "총통이 이런 문구를 만든 적이 있습니다. '어머니들이 아이를 낳는 것은 우리 국민의 미래를 힘차게 떠미는 것이다'"[19]라는 말을 했다. 이제 히틀러와 괴벨스가 미래가 없는 대의를 위해 그 아이들의 목숨을 빼앗아가려 한다는 사실은 분명해졌다.

프렌츨라우어베르크에 사는 열네 살 된 에리히 슈미트케[20]는 대공포를 담당하는 '대공포 보조원'으로 소집되어 라이니켄도르프에 있는 헤르만 괴링의 막사로 나오라는 명령을 받았다. 남편이 쿠를란드

반도에서 군대와 함께 포위되어 있던 에리히의 어머니는 화가 나서 아들의 작은 여행가방을 들고 함께 막사로 갔다. 에리히는 무서움보다는 경외심을 느꼈다. 막사에서 사흘을 보낸 뒤 아이들은 도시 서쪽의 올림픽 경기장 옆에 있는 제국 경기장에 집합 중인 사단에 합류하라는 명령을 받았다. 하지만 그곳으로 가던 중 에리히는 아버지가 동부 전선에서 휴가 나왔을 때, 이제 에리히가 가족을 책임져야 한다고 했던 말을 떠올렸다. 에리히는 탈영하기로 결심하고 전쟁이 끝날 때까지 숨어 있었다. 사단에 합류했던 친구들은 대부분 목숨을 잃었다.

제국청년단장 아르투어 악스만이 징집한 소위 히틀러 유겐트 사단 역시 제국 경기장에서 판처파우스트 사용법을 훈련받았다. 악스만은 그들에게 스파르타의 영웅주의에 관해 강의하고 적에 대한 확고한 증오와 아돌프 히틀러에 대한 흔들리지 않는 충성심을 고취시키려 애썼다. 그는 "승리 아니면 패배만 있을 뿐이다"라고 말했다. 젊은이 중 일부는 그들 앞에 놓인 자살 임무에 굉장한 흥분을 느꼈다. 라인하르트 아펠은 릴케의 「크리스토프 코넷 릴케의 삶과 죽음에 관한 담시」를 떠올렸다. '여성통신보조원' 분견대도 제국 경기장에 숙소를 할당받은 사실 역시 분명 낭만적 매력을 높였다.

나치 지도부는 독일군 여성보조원 군단을 준비 중이었다. 젊은 여성들은 "나는 총통이자 독일 총사령관인 아돌프 히틀러에게 충실하고 복종할 것을 맹세합니다"[21]로 시작되는 충성 선서를 해야 했다. 문구 때문에 꼭 합동결혼식 같았다. 성욕을 권력 추구로 전환한 누군가에게 이런 광경은 나름 에로틱한 환상을 느끼게 했을 수도 있다.

빌헬름슈트라세의 정부 청사 구역에서는 정부 관료들이 도시에 남아 있는 외교관들에게 자신들이 "루스벨트와 처칠 사이에 오가는 전보를 발송 두 시간 내에 판독하고 있다"[22]고 믿게 만들려고 애썼다. 한편 나치 당원들을 제거하기 위해 도시 동부의 '빨갱이' 지역에서 공산당 기습부대들이 결성 중이라는 소문이 돌았다. 스웨덴 육군 무관은 "최고위층에 자포자기의 분위기가 감돈다. 죽더라도 적에게 큰 손해를 입히고 죽겠다는 결의가 느껴진다"라고 스톡홀름에 보고했다. 파괴 공작 집단이 전선 건너편에서 들어온 건 소련의 통제를 받는 자유 독일 국가위원회 대원들이 독일군 군복을 입고 독일군 진지들을 몰래 통과한 뒤 베를린으로 잠입한 경우뿐이었다. 그들은 케이블을 절단했지만 그 이상의 파괴 행위는 없었다. 자유 독일 국가위원회는 나중에 자신들의 저항 단체인 오스트하펜이 베를린의 군수품 집적소를 폭파했다고 주장했지만 사실인지 확실하지 않았다.

🐻

4월 9일에 다수의 반체제 저명인사가 여러 포로수용소에서 나치 친위대에게 처형당했다. 적이 그들을 풀어주기 전에 죽이라는 명령이 내려졌다. 1939년 11월 8일 뷔르거브로이켈러 맥주홀에서 히틀러 암살 시도를 했던 공산주의자 요한 게오르크 엘저가 다하우에서 죽임을 당했다. 디트리히 본회퍼, 카나리스 제독, 오스터 장군은 플로센뷔르크 수용소에서, 한스 폰 도나니는 작센하우젠에서 처형당했다.

"복수의 시간이 오고 있다!"가 보복 무기를 위한 나치의 선전 구호였다. 하지만 맹렬한 반격을 기다리고 있던 오데르강 전선의 장교들에게 이 구호는 이제 공허한 메아리였다. 다가오고 있는 것은 소련의 복수였다. 그들은 자신을 구해줄 기적의 무기가 더 이상 없다는 사실을 알았다. 상부의 심한 압박으로 많은 장교가 부하들에게 기적의 무기, 적의 단결에 생긴 균열, 증원군이 올 전망에 대해 패배를 당하기 전보다 더 많은 거짓말을 했다. 이런 분위기는 전쟁 말기에 기강이 해이해지는 데 한몫했다.

무장친위대조차 병사와 장교들 사이의 전례 없는 적개심에 시달렸다. 나치 친위대 1월 30일 사단의 행정병 에버하르트 바움가르트[23]가 보고서를 처리하러 사단 본부에 가자 보초병들이 들어가지 못하게 막았다. 창문을 통해서 이유를 금세 알 수 있었다. 나중에 그는 "꿈을 꾸고 있는 줄 알았다. 화려한 정장 군복을 입은 사람들이 잔뜩 꾸민 여자들, 음악, 시끌벅적한 소리, 웃음, 비명, 담배 연기, 쨍그랑 울리는 유리잔들 사이에서 흥청거렸다"라고 적었다. 이튿날 볼가어-독일어 통역관이 총통 관저에서 진탕 놀고 마시는 히틀러와 괴링, 괴벨스를 묘사한 『프라우다』의 만평을 보여주었을 때, 바움가르트의 기분은 나아지지 않았다. 만평에는 "독일의 병사들이 버티는 매일이 우리의 생명을 연장시킨다"라는 설명문이 달려 있었다.

많은 국민돌격대와 그 밖의 급조 부대들은 기적의 무기 대신 폭스한트그라나트[24]와 같은 쓸모없는 무기들만 받았다. 이 '국민 수류탄'은 작은 장약과 8호 뇌관 주위에 콘크리트를 입힌 덩어리에 지나지 않았다. 표적보다 던지는 사람에게 더 위험했다. 근위전차군과 맞선 한 사관생도 분견대는 1940년 프랑스군에게서 노획한 소총과 소총당 고작 다섯 발의 탄환을 받았다. 무언가에 돌격할 무기가 없는 돌격소대건, 걸어서 전차들에 접근해야 하는 대전차중대건 이름만 그럴싸한 부대들이 계속 만들어지는 것은 전형적인 나치의 허세였다.

대부분의 병사보다 포로로 잡혔을 때의 결과를 더 두려워할 만한 또 다른 대열은 블라소프 장군이 이끄는 러시아 해방군이었다. 블라소프 사단을 오데르 전선으로 보내자는 것은 힘러의 생각이었다. 그는 여전히 슬라브인 병사들을 이용하는 것을 싫어하는 히틀러를 설득하는 데 어려움을 겪었다. 전쟁 초반 독일군 참모들은 100만 명으로 이루어진 우크라이나군을 모집하자는 생각을 지지했지만, '지배 민족'과 '노예 민족'의 분리를 유지하겠다고 결심한 히틀러가 거부했다. 그 뒤 로젠베르크와 코흐 대관구 지도자 아래에서 우크라이나인들에게 혹독한 탄압이 가해지면서 독일군의 희망에 종지부를 찍었다.

4월 초 블라소프 장군이 하인리히 장군과 의논하기 위해 연락장교와 통역관을 대동하고 비스와집단군 사령부를 찾았다. 키가 큰 데다 다소 여윈 블라소프는 창백한 얼굴에 눈은 "지적으로"[25] 보였고 턱은 면도를 해도 희끄무레했다. 블라소프가 몇 마디 낙관적인 표현을 건네자 하인리히는 최근 결성된 사단이 어떻게 전투를 수행할 것인지 노골적인 질문을 던졌다. 독일 장교들은 이 러시아인 자원병들이 마지막 순간에 동포들과 싸우길 거부할까봐 걱정했다. 이제 제3제국은 파멸할 운명이기 때문에 블라소프의 자원병들에게 자포자기 말고는 싸울 동기가 거의 없었다.

블라소프는 하인리히를 속이려 하지 않았다. 그는 자신의 계획이 수용소의 전쟁 포로들 중에서 적어도 6개, 바라건대 10개 사단을 모집하는 것이라고 설명했다. 문제는 나치 당국이 너무 늦어버릴 때까지 생각을 바꾸지 않았다는 것이다. 그는 자신의 부하들을 겨냥한 소련의 선전 위험을 알고 있었다. 하지만 오데르 교두보들 중 하나의 공격에서 자신들을 입증할 기회가 주어져야 한다고 느꼈다.

부세 장군은 프랑크푸르트 안데르 오데르 남쪽에서 중요하지 않은 에를렌호프 구역을 선택해 블라소프 부대를 투입했다. 제33군 소속 소련 정찰대는 블라소프 부대의 존재를 즉각 알아차렸고 확성기로 선전 세례를 시작했다. 블라소프 부대의 진격은 4월 13일 시작되었다. 두 시간 반 동안의 전투에서 제1사단이 500미터 길이의 쐐기형 대형을 형성했지만 소련의 포화가 너무 강해서 그들은 엎드려 있어야 했다. 사령관인 부냐첸코 장군[26]은 독일군이 약속했던 항공 지원이나 포병 지원이 올 기미가 보이지 않자 부세의 명령을 무시하고 부하들을 후퇴시켰다. 블라소프 부대는 4명의 장교를 포함해 370명을 잃었다. 부세는 격노했다. 그의 권고에 따라 크렙스 장군은 부대를 전선에서 철수시키고 "더 나은 목적"[27]에 쓰일 무기들을 뺏으라고 명령했다. 블라소프치는 몹시 분개했다. 그들은 패배를 포병의 지원이 부족했던 탓으로 돌렸다. 하지만 아무도 그들에게 독일 포병이 대규모 공격에 대비해 그들의 최종 승부를 늦추고 있다고 알려주지 않았을 것이다.

🐻

4월 첫 두 주 동안 교두보에서 산발적인 전투가 계속되었다. 소련군의 공격은 교두보들을 강화하기 위한 목적이었다. 오데르강 뒤에서는 더 치열한 움직임이 있었다. 전부 합쳐 28개 소련 야전군이 15일 내에 재편성되어 배치되었다. 제70군 사령관 포포프 상장은 상부에서 최종 지시를 받기도 전에 군단 사령관들에게 명령을 내려야 했다.

몇몇 소련군 부대는 짧은 시간 안에 먼 거리를 돌파해야 했다. 소련군 야전 규정에 따르면 기계화 부대는 일일 150킬로미터를 이동하도록 되어 있었다. 하지만 제49군의 제200소총사단[28]은 24시간 만에

358킬로미터를 돌파했다. 포메라니아 작전으로 작전 지역이 바뀐 제3충격군의 병사들은 제때 베를린 공략 작전으로 복귀하지 못해 "다른 모든 사람이 [집에 가려고] 모자를 집어들고 있을 때에야 겨우 베를린에 도착할까봐"[29] 걱정했다. 어떤 베테랑 최일선 군인도 전쟁의 클라이맥스를 놓치고 싶어하지 않았다. 그들은 제1벨라루스전선군의 부대들이 나머지 붉은 군대에 불러일으킨 질투를 알고 있었다.

베테랑 최일선 군인들은 베를린에서 승리를 목격하기로 결심했지만 공격이 가까워지자 탈영병이 늘어났다. 사라진 사람들은 대부분 최근 징집된 병사들, 특히 폴란드인, 우크라이나인, 루마니아인이었다. 탈영의 증가는 민간인에 대한 강도 행위, 약탈, 폭력의 수준이 높아진다는 의미이기도 했다. "일부 탈영병은 현지 주민들의 수레를 훔쳐서 다양한 종류의 소지품을 싣고 전선에서 후방으로 이동하는 군대 소속의 수레인 척했다."[30]

제1우크라이나전선군 뒤의 NKVD 소총연대들은 4월 초 355명의 탈영병[31]을 체포했다. 4월 8일자 보고서는 제1벨라루스전선군의 기강에 관한 우려가 더 커졌음을 보여주었다. "많은 병사가 여전히 후방에서 떠돌면서 자신들이 부대와 떨어졌다고 설명한다. 사실 그들은 탈영병이다. 그들은 약탈, 강도 짓, 폭력 행위를 저지른다. 최근 제61군 구역에서 많게는 600여 명이 체포되었다. 모든 도로는 합법적 임무와 약탈 임무에 나선 군인들이 이용하는 차량과 수레로 붐빈다. 그들은 거리와 마당에 자신들의 차량과 수레를 놔두고 창고와 아파트 주변을 돌아다니며 물건을 찾는다. 많은 장교, 병사, 부사관들은 더 이상 붉은 군대의 일원처럼 보이지 않는다. 정규 군복에서 심하게 벗어난 차림새를 못 본 체한다. 병사와 장교, 그리고 병사와 민간인을 구별하기가 힘들어졌다. 고위 장교에 대한 위험한 불복종 사건도 벌어지고 있다."[32]

NKVD 소총연대들과 스메르시 역시 수상쩍은 사람들을 찾아 체포하는 일을 계속했다. 베리야가 보기에 그들은 부적절하게 선택적이고 지나치게 열정적이었다. 그들은 14만8540명의 포로를 소련에 있는 NKVD 수용소에 보냈다. 하지만 "그중 육체노동을 할 수 있는 상태인 사람은 절반도 되지 않았다".[33] 그들은 그저 "붉은 군대의 후방을 소탕해 체포된 사람들"을 수용소로 보냈다. 그러나 일부 우선순위는 바뀌지 않았다. 폴란드의 애국자들은 여전히 나치만큼 위험했다. NKVD 연대들은 포메라니아와 슐레지엔에서의 전투 이후 붉은 군대의 전선을 뚫고 몰래 빠져나가려는 작은 무리의 독일군 패잔병[34]들과 계속해서 맞닥뜨렸다. 이 작은 무리들은 달아나는 도중에 종종 식량을 구하려고 매복해 있다가 차량을 습격했다. 그러면 소련 당국은 독일군이 소련에서 했던 것처럼 가장 가까운 마을을 쑥대밭으로 만들고 민간인들에게 총을 쏘는 것으로 대응했다.

붉은 군대의 장교와 병사들의 분위기에는 긴장감이 흘렀지만 자신감도 있었다. 공병여단 부지휘관 표토르 미트로파노비치 세벨레프는 스물두 살에 갓 중령으로 진급했다. 그는 4월 10일 집에 편지를 썼다. "잘 지내시는지요? 아버지, 어머니, 슈라, 타야, 지금 이곳에는 평소와 다른, 그래서 무서운 정적이 감돕니다. 저는 어제 공연을 보러 갔습니다. 네, 놀라지 마세요, 모스크바에서 온 예술가들이 하는 공연이었어요! 공연을 보니 기운이 났습니다. 전쟁이 가능한 한 빨리 끝나면 얼마나 좋을까라는 생각을 하지 않을 수 없었습니다. 하지만 주로 우리한테 달려 있겠지요. 어제는 말씀드리고 싶은 사건 두 가지가 일어 났습니다. 저는 후방에서 온 사람과 최전선에 갔습니다. 우리는 숲에서 걸어 나와 모래 언덕에 올라가 엎드리고 적을 살폈습니다. 긴 모래톱이 튀어나와 있는 오데르강이 우리 앞에 있었습니다. 모래톱은 독일군이 차지했습니다. 오데르강 뒤에는 평범한 도시인 퀴스트린이 있습니다. 그런데 갑자기 사방에서 젖은 모래가 날리더니 곧 총성이 들렸습니다. 독일군이 우리를 발견하고 모래톱에서 총을 쏘기 시작한 것이었죠."

"두 시간 전 우리 정찰병이 포로로 잡힌 독일 상병을 데려왔습니다. 그 병사는 구두의 뒤꿈치를 딱 붙이더니 곧바로 통역관을 통해 제게 물었습니다. '여기가 어디입니까, 장교님? 주코프의 부대입니까? 아니면 로코솝스키의 무리입니까?' 나는 웃으며 그 독일인에게 말했습니다. '너는 주코프 원수가 지휘하는 제1벨라루스전선군의 병사들과 함께 있다. 그런데 왜 로코솝스키 원수의 부대를 무리라고 부르는가?' 그러자 상병이 이렇게 대답하더군요. '그들은 싸울 때 규칙을 따르지 않습니다. 그래서 독일군 병사들은 그들을 무리라고 부릅니다.'"[35]

"또 다른 소식이 있습니다. 제 부관인 콜리야 코발렌코가 팔에 부상을 입었지만 병원에서 빠져나왔습니다. 제가 꾸짖자 그가 욕을 하면서 '중령님은 제게서 전우들과 함께 제일 먼저 베를린으로 들어가는 사람 중 한 명이 되는 영광을 빼앗으려 하고 계십니다'라고 말하더군요. (…) 안녕히 계십시오, 모두에게 키스를 보냅니다. 표토르."

정말로 열성적인 대다수에게 가장 큰 걱정은 서방 연합군의 빠른 진격이었다. 제69군의 정치부는 병사들이 "우리의 진격이 너무 느려서 독일군이 영국인과 미국인들에게 자신들의 수도를 내줄 거야"[36]

라고 말한다고 보고했다.

제4근위전차군의 공산청년동맹 소속 대원들은 노련한 병사들이 신참들에게 전쟁의 실체에 관해 이야기해주도록 하며 공격을 준비했다. 이들은 또한 간신히 까막눈을 면한 사람들이 집에 편지 쓰도록 도와주었다. 그들은 T-34 전차를 자신들이 모은 돈으로 구입한 사실을 특히 자랑스러워했다. 그들의 전차 '콤소몰레츠'[37]는 이미 "적의 전차 몇 대와 그 외의 장갑차들을 파괴하고 많은 독일 놈을 전차 궤도로 깔아뭉갰다". 당원들은 회의에서 "모든 공산주의자는 약탈과 음주에 반대하는 목소리를 낼 의무가 있다"[38]는 것을 상기시켰다.

한편 포병연대들은 "사상자들의 보충에 특별한 관심"을 기울였다. 그들은 일단 베를린에 도착하면 포병이 개활지에서 발포할 것이기 때문에 자신들의 사상자가 증가할 것이라고 예측했다. 그래서 포병은 서로의 임무를 열심히 훈련해야 했다. 각 연대에서는 사상자를 보충할 준비가 된 훈련받은 조준수 예비대를 마련했다.

비밀 유지를 위해 "현지 주민들은 최전선에서 20킬로미터 밖으로 보내졌다".[39] 무선 침묵이 적용되었고 모든 야전 전화에는 "말해서는 안 되는 것들에 관해 말하지 마시오"라는 경고가 붙었다.

반면 독일의 준비는 계급과 상관없이 의무 수행에 실패한 모든 사람과 그들의 가족에게 가해질 보복을 강조했다. 쾨니히스베르크의 사령관인 라슈 장군이 궐석 재판에서 교수형을 선고받았다. 나치의 대의를 배반한 사람의 가장 가까운 친척들을 처형한다는 연좌제에 따라 그의 가족 전부가 체포되었다고 발표했다.

동프로이센이 최종적으로 겪은 극도의 고통은 오데르강에서 가해지는 위협에 맞먹을 만큼 베를린의 사기에 영향을 미쳤다. 4월 2일 소련 포병은 쾨니히스베르크 중심부에 대한 일제 엄호 사격을 완화했다. 소련 포병 장교 이노젬스테프 상위는 4월 4일 일기에 자신의 포대에서 발포한 60발의 포탄이 한 견고한 건물을 "돌무더기"[40]로 만들었다고 썼다. NKVD는 누구도 달아나지 못하도록 신경을 썼다. "쾨니히스베르크에서 포위당한 병사들이 민간인 복장을 하고 달아나고 있다. 동프로이센에서 더 주의 깊게 서류를 확인해야 한다."[41]

이노젬스테프는 4월 7일 "공군이 매우 효과적이다"[42]라고 썼다. "우리는 화염방사기를 대량으로 사용하고 있다. 건물에 독일인이 한 명만 있어도 그 사람은 화염에 쫓겨 밖으로 나온다. 층이나 계단을 차지하려는 싸움은 없다. 쾨니히스베르크 습격이 대도시 공격의 모범적 사례로 기록될 것은 이미 모두에게 명백하다"라고 썼다. 이튿날, 그의 전우인 사포노프가 전사하자 연대는 요새에 예포를 쏘았다.

파괴의 실상은 끔찍했다. 폭격으로 수천 명의 병사와 민간인이 잔해에 파묻혔다. 이노젬스테프는 "공기 중에 말 그대로 죽음의 냄새가 진동했다. 수천 구의 시신이 폐허 아래에서 썩고 있기 때문이다"라고 썼다. 사용 가능한 지하 저장고마다 부상자가 꽉꽉 들어차면서 라슈 장군은 가망이 없음을 깨달았다. 제11근위군과 제43군이 독일군과 싸우며 곧장 도시로 밀고 들어왔다. 코흐의 대관구 부지도자조차 도시를 버리자고 주장했지만 잠란트반도로 연결되는 모든 길은 끊겼다. 퇴로를 뚫기 위해 반격이 시작되었다. 하지만 4월 8일 밤 혼란 속에서 실패했다. 출발선으로 이어지는 모든 경로는 폭격으로 차단되었다. 지역 당 지도부가 라슈에게는 말하지 않고 민간인들에게 탈출 준비를 해 모이라고 알렸지만, 민간인들의 집결이 소련군 포병 관측 장교들의 관심을 끄는 바람에 그 자리에 모인 사람들은 학살당했다.

이튿날 도시가 어찌나 자욱한 연기에 휩싸였던지 보이는 것이라곤 카추샤 로켓이 발사되면서 내뿜는 불꽃뿐이었다. 살아남은 민간인들은 항복의 표시로 창문에 홑이불을 걸었고 심지어 독일군 병사에게서 소총을 뺏으려는 시도까지 했다. 라슈는 끝이 다가왔음을 알아차렸다. 그는 국가로부터 어떤 도움도 기대할 수 없었고 피란민과 시민들에게 더 이상 쓸데없는 고통을 주고 싶지 않았다. 나치 친위대만 계속 싸우길 원했는데 그들의 시도는 부질없었다. 4월 10일 아침에 라슈와 의원 역할을 하는 그 외의 독일 장교들이 바실렙스키 원수의 사령부에 도착했다. 3만 명이 약간 넘는 잔존 수비병들이 줄지어 나와 포로가 되었다. 붉은 군대 병사들은 그들의 시계와 그 밖의 쓸모 있는 물건들을 곧바로 낚아챘고 비축된 술을 찾아냈다. 폐허가 된 도시에서 여성과 소녀들에 대한 강간이 난무했다.

이노젬스테프는 연기가 피어오르는 동프로이센의 수도를 둘러보았다. "두상 일부가 포탄에 떨어져나간 비스마르크의 청동상이 교통정리를 하는 소련 여성과 지나가는 붉은 군대의 차량들, 그리고 말 탄 순찰병들을 남은 한쪽 눈으로 바라보고 있다. 비스마르크가 '러시아인들이 왜 여기에 있지? 누가 허락한 거야?'라고 묻는 것 같았다."[43]

동프로이센과 포메라니아의 최후는 끔찍한 방식으로 비극이 강조되었다. 4월 16일 밤 7000명의 피란민으로 꽉꽉 들어찬 병원선 고야호[44]가 소련 잠수함의 공격으로 침몰되었다. 구조된 사람은 165명뿐이었다.

베를린 공격이 금방이라도 시작될 것 같았다. 4월 6일에 비스와집단군 사령부는 전쟁 일지에 "제9군의 전선에서 활발한 적의 활동―퀴스트린 서남쪽의 라이트바인 구역과 키에니츠 근방 동북쪽 모두에서 들리는 엔진과 전차 궤도 소리"[45]라고 기록했다. 그들은 이틀 뒤 공세가 시작되리라 예측했다.

그러나 그들은 닷새 뒤에도 여전히 기다리고 있었다. 초센의 크렙스 장군은 4월 11일 하인리히에게 "총통은 소련군이 4월 12일이나 13일에 비스와집단군을 공격할 것이라고 예상한다"[46]는 전보를 보냈다. 이튿날 히틀러는 크렙스더러 하인리히에게 전화를 걸어 "총통은 공격이 하루에서 이틀 뒤, 그러니까 4월 13일이나 14일에 시작될 것이라고 본능적으로 확신한다"[47]고 강조할 것을 지시했다. 1년 전 히틀러는 노르망디 침공의 정확한 날짜를 예측하려 애썼지만 실패했다. 이제 그는 뛰어난 예지력을 보여주어 추종자들을 놀라게 하길 원했다. 이것은 사건에 대한 통제력을 보여주기 위해 그가 시도할 수 있는 몇 안 남은 방법 중 하나였다.

4월 12일 저녁에 베를린 교향악단이 마지막 공연을 했다. 공연을 준비한 알베르트 슈페어가 되니츠 대제독과 히틀러의 보좌관인 폰 벨로를 초대했다. 전기가 끊겼지만 공연장은 임시로 적절하게 불이 밝혀져 있었다. 벨로는 "연주회가 우리를 또 다른 세상으로 데려갔다"[48]라고 썼다. 프로그램에는 베토벤의 「바이올린 협주곡」, 브루크너의 「교향곡 8번」(슈페어는 나중에 이 곡이 교향악단에게 국민돌격대에 징집되는 것을 피하기 위해 공연이 끝나자마자 베를린에서 달아나라는 자신의 경고 신호였다고 주장했다)이 포함되었다. 피날레는 바그너의 「신들의 황혼」이 장식했다. 바그너가 관객들을 현실로 다시 데려오지는 않았지만, 현실 도피의 순간은 오래가지 않았다. 공연이 끝난 뒤, 나치당은 제복을 입은 히틀

러 유겐트 대원들이 청산가리 캡슐이 든 바구니를 들고 서 있다가 관객들이 떠날 때 나눠주도록 했다.[49]

여전히 공격이 벌어지지 않은 4월 14일 히틀러가 비스와집단군에게 '일일 명령'[50]을 내렸다. 예상대로 이 명령에서는 "자신의 의무를 수행하지 않는 사람은 누구든 우리 국민에 대한 반역자로 취급할 것이다"라고 강조했다. 그리고 제멋대로의 역사 왜곡과 튀르크족이 빈에 도착하기 전에 격퇴되었다는 언급이 이어졌다. "이번에는 볼셰비키가 옛 아시아인들의 운명을 겪을 것이다." 그러나 실제로는 빈이 동양의 무리에게 함락되었고 탈환의 희망도 없었다.

이튿날, 디터 보르콥스키라는 열여섯 살 된 베를린의 한 소년은 안할터 반호프의 붐비는 전차 안에서 다음과 같은 광경을 목격했다. "사람들의 얼굴에는 공포가 어려 있었다. 그들에겐 분노와 절망이 가득했다. 그런 욕은 난생처음 들었다. 그런데 시끄러운 소리 위로 갑자기 누군가가 소리쳤다. '입 닥쳐!' 우리는 두 개의 철십자 훈장과 독일 금십자장을 단 작고 지저분한 군인을 쳐다보았다. 소매에는 네 개의 금속 전차 배지를 달고 있었다. 그가 백병전에서 네 대의 전차를 파괴했다는 뜻이었다. '내가 너희한테 해줄 말이 있다.' 그가 소리쳤고 객차는 조용해졌다. '내 말 듣기 싫어도 그만 징징대. 우린 이 전쟁에서 이겨야 돼. 용기를 잃어선 안 돼. 다른 놈들이 전쟁에 이기고 만약 그놈들이 우리가 점령지에서 했던 짓의 아주 조금만이라도 우리에게 한다면 몇 주 안으로 독일 사람은 단 한 명도 안 남을 거다.' 객차가 어찌나 쥐죽은 듯 조용하던지 바늘 떨어지는 소리도 들릴 정도였다."[51]

엘베강의
미군

13

양쪽에서 연합군이 독일의 심장부로 다가오면서 베를린 시민끼리 낙관론자들은 "영어를 배우고 비관론자들은 러시아어를 배운다"[1]고 농담했다. 유머 감각이라곤 없던 나치의 외무장관 요아힘 폰 리벤트로프는 한 외교 만찬에서 "독일은 전쟁에서 졌지만 누구에게 질지 결정할 권한을 아직 가지고 있다"[2]라고 선언했다. 4월 초 스탈린을 불안하게 만든 것은 이 생각이었다.

4월 2일 30만 명이 넘는 모델 장군의 B 집단군이 루르에서 포위되자 심프슨이 이끄는 미 제9군의 사단들이 베를린 맞은편의 엘베강을 향해 돌진하기 시작했다. 병사들과 군사령관은 자신들의 목표가 나치 수도라고 확신했다. 영국과의 다툼 이후 아이젠하워는 베를린 점령을 분명히 가능성 있는 일로 열어두었다. 심프슨에게 내려온 명령의 두 번째 부분에서 제9군은 "엘베강의 교두보를 장악할 어떤 기회라도 이용하고 베를린이나 동북쪽으로 진격을 계속할 준비를 하라"는 지시를 받았다.

"지옥을 달리는 바퀴"라는 별명으로 불리던 제2기갑사단은 미 육군에서 가장 강했다. 이 사단에는 대공황 때 입대한 거친 남부 사람이 많았다. 사단장 아이작 D. 화이트 소장은 베를린으로 가는 경로를 오래전부터 계획했다. 그는 마그데부르크 근처에서 엘베강을 건널 생각이었다. 미 제9군은 수도로 가는 고속도로를 공세 축선으로 이용할 참이었다. 이 경주에서 가장 강력한 경쟁자는 포획한 갖가지 차량과 장비들에 올리브색 페인트를 뿌리고 흰 별을 그려놓아 "오합지졸 서커스단"이라 불리던 제83보병사단이었다. 두 사단 모두 4월 5일 베저강에 도착했다.

두 사단의 북쪽으로는 제5기갑사단이 탕어뮌데로 향했다. 심프슨의 전선 맨 왼쪽에는 제84군과 제102보병사단이 하펠강과의 합류지점의 양쪽에서 엘베강을 향해 밀고 나갔다. 저항하는 지역들, 대개 나치 친위대 분견대들 때문에 진격 기세가 일시적으로 둔화되긴 했지만, 대부분의 독일 병사는 안도하며 항복했다. 미군 병사들은 물자 보충이나 차량 수리를 위해서만 멈추었다. 병사들은 지저분하고 면도도 하지 않은 상태였다. 진격의 흥분으로 잠자는 것조차 잊었다. 제84사단은 하노버를 점령하라는 명령을 받고 지체되었지만 48시간 뒤 다시 나아갈 채비를 갖췄다. 4월 8일 일요일 아이젠하워가 하노버에 있던 사단장 알렉산더 볼링 소장을 방문했다.

"알렉스, 다음에는 어디로 갈 건가?"[3] 아이젠하워가 물었다.

"장군님, 우린 앞으로 밀고 나갈 겁니다. 우리는 분명 베를린으로 갈 거고 그 무엇도 우리를 막을 순 없습니다."

"계속하게", 최고 사령관이 볼링의 어깨에 손을 얹으며 말했다. "세상의 모든 행운이 함께하고 누구도 자네를 막지 않길 바라네." 볼링은 아이젠하워의 이 말을 그들의 목표가 베를린임을 명확하게 확인해주는 것으로 받아들였다.

미 제9군의 좌측에서는 템프시 장군이 이끄는 영국 제2군이 첼레에 도착해 벨젠 강제수용소를 해방시키기 직전이었다. 심프슨의 우측에서는 하지스 장군의 제1군이 데사우와 라이프치히로 나아갔다. 조지 패튼 장군의 제3군은 남쪽의 라이프치히를 우회해 하르츠산맥으로 가장 멀리 밀고 나아갔다. 4월 5일에 마르틴 보어만은 일기에 이렇게 썼다. "빈 근방에 볼셰비키들. 튀링거발트에 미국인들."[4] 대독일의 붕괴에 관해 더 이상의 말은 필요 없었다.

패튼의 진격 속도는 의도치 않은 부작용을 낳았다. 나치 친위대가 대개 지역 국민돌격대의 도움을 받아 강제수용소의 포로와 강제노동자들 다수에 대한 대학살을 저질렀기 때문이다. 라이프치히 동북쪽으로 3킬로미터 떨어진 곳에서 비행기 날개를 제작하던 테클라 공장에서는 나치 친위대와 국민돌격대 보조원들이 300명의 포로를 외딴 건물에 몰아넣고 창문까지 다 잠근 뒤 소이탄을 던져넣었다. 간신히 건물 밖으로 탈출한 사람들은 기관총으로 살해했다. 살아남은 사람은 프랑스인 세 명뿐이었다. 라이프치히 교도소의 마당에서 100명이 넘는 연합군 포로들—주로 프랑스 정치범들—이 처형당했다.[5] 라이프치히에서 동북쪽으로 2킬로미터 떨어진 HASAG 그룹의 공장들에서는 다양한 국적의 여성 6500명이 드레스덴을 향해 줄지어 걸어야 했다. 도중에 연합군 정찰기가 이 무리를 발견했다. 걷기에는 너무 쇠약한 포로들은 나치 친위대 간수들에게 총살당했고 시신은 길가의 도랑으로 던져졌다. 파란색과 흰색 줄무늬로 된 강제수용소 죄수복이 "이 불행한 여성들이 가는 길과 고난의 표시가 되었다".

독일 남부에서는 패치 장군의 제7군과 드라트르 드타시니 장군 휘하의 프랑스 제1군으로 구성된 디버스 장군의 제6집단군이 검은 숲을 가로질러 밀고 나가던 중이었다. 이 집단군의 좌익은 슈바벤으로 진격했다. 이들은 카를스루에를 점령한 뒤 슈투트가르트를 향해 이동했다. 여전히 알프스 국가 요새에 관해 걱정하던 아이젠하워는 두 군이 동남쪽으로 잘츠부르크 지역을 향해 나아가 다뉴브 계곡에서 소련군과 만나길 원했다.

독일 민간인들은 미군 병사들을 놀란 눈으로 쳐다보았다. 미군은 지프차에 팔다리를 아무렇게나 벌리고 앉아 담배를 피우거나 껌을 씹고 있었다. 독일인들이 생각하는 군인 이미지와는 딴판이었다. 올리브색으로 칠해진 미군 차량들, 심지어 전차에도 여자 이름이 붙어 있었다. 하지만 일부 군인다운 습관은 만국의 공통이었다. 독일군 병사들은 후퇴할 때 파렴치하게 약탈을 했고, 이제 해방군 차례였다.

연합군의 약탈은 독일 국경을 건너기도 전에 시작되었다. 아르덴 지역에 관한 미군의 한 보고서는 "벨기에 민간인의 재산에 대한 미군 병사들의 약탈이 실제로 상당한 규모로 벌어졌다는 사실을 조사 결과에 근거해 명확히 말할 수 있다"[6]라고 언급했다. 폭발물로 금고를 폭파시킨 사례도 많았다. 미군이 독일의 중부와 남부로 진격할 때 미 헌병대는 마을 입구에 "속도 위반 금지, 약탈 금지, 독일 민간인과의 친목 금지"[7]라고 적힌 표지판을 세웠지만 전적으로 거의 효과가 없었다.

좀더 북쪽에서는 나중에 판사가 된 스코틀랜드 근위대의 한 장교가 라인강을 건널 때의 작전명인 플런더(약탈) 작전[8]이 매우 적절한 명칭이었다고 썼다. 그는 박살 난 상점들의 창문이 어떻게 "약탈자의 천국"을 활짝 열어주었는지 묘사했다. "전리품을 작은 물건들로 제한하는 것 외에는 할 수 있는 일이 많지 않았다. 타자기부터 라디오 세트까지 모든 물건을 실을 수 있는 전차가 승리자였다. (…) 나는 내 소대에게 집을 수색하는 게 아니라 약탈을 하고 있다고 욕하다가 나 역시 노획한 쌍안경 두 개를 걸고 있다는 사실을 깨달았다!"

SAS 부대[9]처럼 독립적으로 행동하는 부대들은 훨씬 더 야심이 컸다. 한 장교는 "몽고메리는 약탈에 관해 굉장히 고리타분했다"[10]라고 말했다. 알렉산더 육군 원수는 "훨씬 더 관대"했던 것 같다. 독일의 시골집에서 무모하게 총구를 들이대고 좋은 보석들을 빼앗은 어느 사례는 전설적인 약탈자 래플스 경[11]도 혀를 내두를 정도였다. 나중에 한 SAS 부대는 괴링의 아내가 사재기한 그림들을 발견했다. 대대장은 자신이 먼저 그림들을 선택한 뒤, 다음으로 부하 장교들에게 선택권을 주었다. 이들은 나무틀에서 캔버스들을 떼어낸 뒤 말아서 박격포 통에 밀어넣었다.

전쟁에 대한 태도는 군대마다 달랐다. 이상주의적인 미군과 캐나다군은 구세계를 구한 뒤 가능한 한 빨리 귀국할 임무가 있다고 느꼈다. 그들의 좀더 냉소적인 전우들은 암시장에 면밀한 사업적 관심을 기울였다. 프랑스 정규군 장교들은 1940년에 당한 굴욕에 대한 복수와 국민적 자부심 회복에 특별히 관심이 많았다. 그러나 영국군에서는 새로 도착한 장교가 자신은 "민주주의와 세계의 자유를 위한 생사가 걸린 투쟁"[12]에 참여하러 왔다고 생각했을 수 있지만, 오히려 전쟁이 "연대 역사에서 상당히 공정한 상대에 맞선 사건으로 취급된다는"

사실을 발견했다. 말할 필요도 없이, 소련군의 생각은 전혀 달랐다.

중부에서 미군의 갑작스러운 진격은 크렘린에 의심과 도덕적 분노가 뒤섞인 반응을 불러일으켰다. 연합군의 제2전선 형성이 느리다고 그토록 불평했던 소련 지도부는 이제 연합군이 먼저 베를린에 도착할 수도 있다는 생각에 간담이 서늘했다. 독일군 병사들이 슈투르모비크보다 타이푼 전폭기와 머스탱 전투기를 훨씬 더 두려워하는데도 모스크바에서는 연합군 공군력의 실체를 고의적으로 못 본 체하는 것 같았다. 자연스러운 설명을 원치 않는 스탈린은 독일군이 대복수를 외치면서 실행 중인 소련군보다 서방 연합군에게 항복하는 쪽을 선호하기 마련이라는 사실을 받아들이지 못했다.

일리야 에렌부르크는 『크라스나야 즈베즈다』에 "미군 전차병들은 그림 같은 하르츠산맥에서 유람을 즐기고 있다"[13]고 썼다. 그는 독일 병사들이 "광적으로 끈질기게" 항복하고 있다며 씁쓸한 농담을 했다. 또한 독일 병사들이 마치 "어떤 중립적 상태"에 속한 것처럼 미군을 대한다고 주장했다. 애버럴 해리먼을 가장 화나게 했던 말은 미국인들이 "카메라로 정복하고 있다"[14]는 에렌부르크의 발언이었다.

아마 자기중심적으로 다른 사람들을 평가했을 스탈린은 서방 연합군이 베를린에 먼저 도착하고 싶어서 나치 도당과 거래하는 유혹에 넘어갈 것이라고 의심했다. 스탈린은 베른의 앨런 덜레스와 상급집단지도자(병과 대장) 볼프가 이탈리아에서 항복 문제로 접촉한 일을 그들의 표리부동한 언행을 보여주는 증거로 여겼다. 덜레스는 칼텐브루너의 대리인에게도 연락을 받았다. 대리인은 나치 친위대가 전쟁을 계속하려는 나치당과 나치 친위대 내 극우주의자들에 맞서 쿠데타를 원한다고 말했다. 쿠데타가 성공하면 나치 친위대는 "서구 열강에 행정 기능을 질서 있게 넘겨줄 준비"[15]를 할 수 있다고 했다. 칼텐브루너의 대리인은 서부 전선을 미국과 영국에게 열어주는 한편 독일 병사들을 동부로 전환시키는 문제도 이야기했다. 정확히 스탈린이 두려워하던 시나리오였다. 다행스럽게도 스탈린은 이 이야기를 나중에 알게 되었다. 하지만 나치 권력이 갑자기 무너지면 미국과 영국의 공수부대들이 베를린에 낙하할 준비가 되어 있다는 사실을 알고 있었다. 실제로 제101공수사단은 템펠호프 비행장을 낙하 지점으로 배정받았다. 제82공수사단은 가토 비행장에, 영국군은 오라니엔부르크에 낙하할 계획이었다. 하지만 엘베강에서 정지한다는 결정 이후 작전 전체가 일시적으로 중단되었다. 그런 긴급사태에 대한 대책은 독일군의 평화 타진과는 아무런 관계가 없었다. 독일의 무조건 항복을 주장한 카사블랑카 회담의 선언 이후 루스벨트도, 심지어 처칠도 나치 지도자들과의 은밀한 거래를 진지하게 검토한 적은 없었다.

2월과 3월 루스벨트와 아이젠하워는 스탈린의 신뢰를 얻을 수 있다고 생각했지만, 이 모든 낙관주의가 틀렸음은 4월 첫 주에 입증되었다. 앞서 언급했듯이, 아이젠하워는 3월 28일 스탈린에게 보낸 논란 많은 전문에서 자기 계획의 개요를 상세하고 정확하게 알렸지만 답례로 아무것도 얻지 못했다. 오히려 4월 1일 스탈린은 베를린이 이전의 전략적 중요성을 잃었다고 말하면서 고의적으로 아이젠하워를 속였다. 스탈린은 소련의 공세가 5월 하반기에(4월 중순이 아니라) 시작될 것이고 붉은 군대가 더 남쪽에 공격을 집중해 아이젠하워의 군과 합류할 것이며 베를린에는 '2급 부대'만 보낼 것이라고 말했다.

속았다는 사실을 몰랐던 아이젠하워는 몽고메리에게 베를린은

"하나의 지리적 장소에 지나지 않게 되었다"고 무뚝뚝하게 알렸다. 마셜 장군의 강력한 지지를 업은 그는 미군과 영국군이 "가능한 한 멀리 동쪽에서 러시아군과 합류해야 한다"는 처칠의 주장을 계속해서 거부했다. 그는 베를린이 독일 국기 아래에 있는 동안은 "독일에서 가장 결정적인 장소"가 될 수밖에 없다는 처칠의 주장을 받아들이지 않았다. 아이젠하워는 독일을 둘로 나누는 라이프치히-드레스덴 축이 가장 중요하다고 완강하게 믿었고 스탈린도 그렇게 생각한다고 확신했다.

아이젠하워는 폴란드에 대한 스탈린의 속임수에 영향을 받는 것도 거부했다. 안전을 보장한다며 주코프와의 회의에 초대되었던 폴란드 민주당 지도자 16명이 3월 말 NKVD에 체포되어 모스크바로 보내졌을 때 처칠이 가장 우려했던 것이 옳았음으로 증명되었다. 하지만 아이젠하워가 거짓말에 속아넘어갔음에도 스탈린은 전혀 느긋하지 않았다. 진정한 스탈린식 편집증에 사로잡힌 그는 아이젠하워가 이중 속임수를 쓰고 있을 수 있다고 생각했다. 아무튼 미국인들이 죄의식을 느끼게 만들겠다고 굳게 마음먹었다. 4월 7일 스탈린은 루스벨트에게 보낸 공격적인 전보에서 스위스에서 서방 연합군이 독일과 접촉한 일을 다시 문제 삼았다. 또한 붉은 군대가 서방 연합군보다 훨씬 더 많은 독일 사단과 맞서고 있음을 강조했다. 스탈린은 루스벨트에게 "[독일군은] 죽은 사람에게 찜질약이 필요 없는 것처럼 자신들에게 그리 필요하지도 않은 체코슬로바키아의 이름 모를 교차로에서는 소련군을 상대로 맹렬하게 싸움을 계속하면서 오스나브루크, 만하임, 카셀 같은 중부 독일의 중요한 도시들은 저항 없이 내줍니다. 그런 행동이 이상하고 이해할 수 없다는 데 동의하지 않으십니까?"라며 의혹을 제기했다.

아이러니하게도, 베를린이 위협받고 있는데 제6친위기갑군을 계속 빈 근처에 두겠다는 히틀러의 잘못된 결정이 알프스 국가 요새 이론에 힘을 실어주는 것처럼 보였다. 연합군 최고 사령부의 합동정보위원회는 4월 10일 "독일군 상급 사령부의 전략이 궁극적으로 소위 국가 요새를 차지하겠다는 생각으로 수행되고 있음을 보여주는 어떤 증거도 없다"[16]고 인정했다. 하지만 그들은 요새의 목적이 서방 연합군과 소련의 사이가 틀어지길 바라며 전쟁을 다음 겨울까지 질질 끌려는 것이라고 말을 이었다. 같은 날, 또 다른 보고서가 이 대단히 뿌리 깊은 생각을 끝장냈다. "최근 붙잡힌 다양한 독일 장교와 고위 장교들을 심문한 결과 그들은 국가 요새에 대해 들은 적이 없는 것으로 나타났다. 다들 그런 계획이 '우스꽝스럽고 부적절하다'고 생각했다."[17]

스탈린도, 처칠도 자신들이 보낸 전보에 미국 대통령이 직접 답변을 하기는커녕 읽을 상태도 아니라는 사실을 몰랐다. 3월 30일 성금요일에 루스벨트는 기차로 조지아주의 웜스프링스로 옮겨졌다. 그것이 루스벨트 생전의 마지막 여행이었다. 그는 기다리고 있던 리무진에 거의 의식이 없는 채로 실렸다. 루스벨트를 본 사람들은 그의 상태에 큰 충격을 받았다. 그 후 2주도 지나지 않아 루스벨트가 죽고 부통령인 해리 트루먼이 미국의 다음 대통령이 되었다.

4월 11일 미군이 마그데부르크에 도착했다. 그들은 이튿날 데사우 남쪽에서 엘베강을 건넜다. 48시간 내에 베를린에 도착할 수 있다는 예상에 따라 계획이 세워졌다. 이 예상은 비현실적인 추정이 아니었다. 수도 서쪽에는 나치 친위대 부대들이 더 이상 남아 있지 않았다.

같은 날 독일인들은 프랑스 국영 라디오 방송국이 쾰른에서 내보낸 잔인한 방송에 충격을 받았다. "독일인이여, 네가 사는 방이 이제 네가 죽을 방이다."[18] 이런 발언은 일리야 에렌부르크한테서나 예상했던 말이었다.

그날 에렌부르크는 『크라스나야 즈베즈다』에 가장 논란이 된 그의 마지막 기사를 실었다. "충분하다"[19]라는 제목이 붙은 기사였다. "독일은 연민을 자아내는 힘이나 존엄성도 없이 비참하게 죽어가고 있다. 히틀러가 세상을 정복하겠다고 부르짖곤 했던 베를린 슈파트팔라스트에서의 기세등등한 행진을 기억하자. 그는 지금 어디에 있는가? 어떤 구멍에 숨어 있는가? 그는 독일을 절벽으로 몰고 가놓고 이제 모습을 드러내지 않으려 한다." 에렌부르크가 아는 한 "독일은 존재하지 않는다. 거대한 갱단만 있을 뿐이다".

에렌부르크가 동부에서 독일군의 저항과 서부에서의 항복을 신랄하게 비교한 것도 이 기사에서였다. 그는 서방 연합군이 알고 싶어 하지 않던 "소련의 끔찍한 상처"를 환기시켰다. 그런 뒤 오라두르 학살 사건처럼 독일군이 프랑스에서 저지른 소수의 잔혹 행위들을 언급했다. "프랑스에는 그런 마을이 네 군데 있다. 그러니 벨라루스에는 얼마나 많겠는가? 레닌그라드 지역의 마을들을 상기시켜주겠다……."

에렌부르크의 선동적인 수사법은 종종 그 자신의 견해와 일치하지 않았다. 붉은 군대에서 쓰는 약탈이라는 단어에는 대개 강간이라는 의미가 암암리에 내포되어 있음에도 불구하고 그는 "독일 여성들은 훔친 모피 코트와 숟가락들을 잃고 있다"라고 쓰며 약탈을 암묵적으로 용납했다. 하지만 그는 최근 프룬제 군사학교에서 장교들에게 동프로이센에서 붉은 군대가 저지른 약탈과 파괴를 비판하며 군의 "극도로 저속한" 문화를 탓하는 강연을 했다는 점에서 약탈과 파괴 행위를 좋아하지 않았다. 그러면서도 강간에 대한 언급은 소련 병사들이 "독일 여성들의 '칭찬'을 거부하지 않고 있다"[20]는 말뿐이었다. 스메르시 수장인 아바쿠모프가 스탈린에게 에렌부르크의 "그릇된 의견들"을 보고했다. 스탈린은 그 의견들이 "정치적으로 해롭다"고 생각했다. 이 일은 NKVD가 통제하는 자유 독일 국가위원회의 부위원장인 아인지델 백작이 동프로이센에 관해 내놓은 비슷한 보고서와 합쳐지면서 소련의 정책에 대한 심각한 재평가를 촉발한 일련의 사건들과 논의에 시동을 걸었다.

에렌부르크가 쓴 4월 12일자 기사의 어조와 내용은 이전의 통렬한 비난보다 더 살기등등하지는 않았다. 그런데 이 기사가 당 노선의 변화를 알리고자 하는 당의 상층부로부터 공격받으면서 에렌부르크에게 충격을 주었다. 분개한 에렌부르크는 훗날 독일인을 괴롭히는 자신의 역할 때문에 그런 상황에서 상징적인 희생양이 되었음을 인정했다. 소련 지도부는 뒤늦게야 붉은 군대가 민간인에게 가한 공격이 불러일으킨 공포가 적의 저항력을 키우고 있으며 전후 소련군의 독일 점령을 곤란하게 만들 것임을 인정했다. 에렌부르크의 표현에 따르면 그들은 "히틀러의 명령을 수행한 일반 병사들에게는 면책을 약속함으로써"[21] 적의 전투 의지를 약화시키길 원했다.

4월 14일 중앙위원회의 위원이자 소련 선전선동부 인민위원장인 게오르기 알렉산드로프가 『프라우다』에 "에렌부르크 동지의 지나친 단순화"[22]라는 제목의 기사를 실어 응수했다. 스탈린이 직접 불러주고 받아쓰게 하진 않았다 해도 확인했을 게 분명한 이 매우 중요한 글에서 알렉산드로프는 서부에서의 신속한 항복에 대한 에렌부르크의 설명과 독일을 "거대한 갱단"으로 묘사한 것을 받아들이지 않았다. 일부 독일 장교는 "야만적 정권을 위해 싸우지만 다른 사람들은 히틀 러와 그의 도당에게 폭탄을 던지거나[7월 음모자들] 독일군에게 무기 를 내려놓으라고 설득한다[폰 자이들리츠 장군과 독일 장교 연맹]. 게슈타 포가 정권 반대자들을 색출하러 다니고 독일인들에게 그런 사람을 고발하라고 호소하는 사실은 모든 독일인이 똑같지 않다는 것을 보 여준다. 거국일치를 필사적으로 요구하는 것은 나치 정부였다. 사실 국민적 단결을 매우 강력하게 호소한다는 것 자체가 얼마나 단결이 안 되는지를 입증한다"는 것이다. 알렉산드로프는 또한 "히틀러는 오 락가락하지만 독일과 독일인들은 그대로다"라는 스탈린의 말을 인용 했다. 이 구호는 1942년 2월 23일에 처음 만들어졌지만 1945년에만 실제로 사용되었다.

모스크바의 라디오가 알렉산드로프의 기사를 방송했고『크라스 나야 즈베즈다』가 그대로 옮겨 실었다. 엄청난 충격을 받은 에렌부르 크는 자신이 정치적으로 불확실한 상태라는 것을 깨닫고는 부당함에 항의하며 스탈린에게 편지를 보냈지만 답신을 받지 못했다. 하지만 에렌부르크는 자신이 부하들을 통제하지 못하는 장교들과 붉은 군대 에 대한 다른 비판들 때문에 비난받았다는 사실을 알아차리지 못했 을 것이다. 그는 한 소련 장군이 소파에서 가죽 조각을 잘라낸 병사에 게 그 소파를 소련 가정들이 사용할 수 있다고 나무라자 병사가 "장 군님의 부인은 그 소파를 얻을 수도 있겠죠, 하지만 제 마누라는 아닙 니다"[23]라고 쏘아붙이며 계속 소파를 찢었다고 보도한 적이 있었다. 그러나 아바쿠모프가 가장 심각하게 비난한 부분은 에렌부르크가 프 룬제대학에서 장교들에게 "'노예생활'을 하다 돌아온 러시아인들은 건강해 보였다. 소녀들은 잘 먹고 잘 입었다. 독일에 끌려간 사람들의 노예생활에 관한 우리 신문의 기사들은 확실하지 않다"라고 말한 사실이었다. 에렌부르크에게 붉은 군대의 열렬한 지지자들이 없었다면 그는 틀림없이 굴라크로 사라졌을 것이다.

한편 전선에서는 정치부들이 전황에 대해 분명히 불안을 느끼고 있었다. 그들은 일부 장교가 에렌부르크를 지지하고 여전히 "우리는 독일인들, 그리고 독일인과 시시덕거리기 시작한 서방 연합국들에게 무자비해야 한다"[24]고 믿는다고 보고했다. 그러나 당의 노선은 분명했다. "우리는 더 이상 우리 나라에서 독일인을 쫓고 있지 않으며 '독일인은 보는 족족 죽여라'라는 슬로건이 전적으로 정당해 보이는 상황도 아니다. 대신 이제 각 독일인이 저지른 모든 악행에 대해 적절한 처벌을 내릴 때다." 하지만 정치장교들이 "히틀러는 오락가락하지만……"이라는 스탈린의 말을 인용해도 병사들에게 그리 큰 영향을 미치지는 못했다. 한 정치장교는 "많은 병사가 내게 에렌부르크가 계속 글을 쓰는지 물었다. 그리고 그들이 보는 모든 신문에서 그의 기사를 찾고 있다고 말했다"라고 보고했다.

대공세 직전 정책의 변화는 지난 3년간 선전활동이 부추기고 개인적으로도 쌓인 증오에 물든 병사들에겐 너무 늦은 일이었다. 본의 아니게 가장 의미심장한 발언을 한 사람은 주코프의 사단장 중 한 명인 마슬로프 장군이었다. 그는 불타는 도시에서 절박하게 부모를 찾으며 우는 독일 아이들을 보면서 이런 글을 남겼다. "놀라운 건 그 아이들이 우리 아이들과 똑같이 운다는 것이다."[25] 독일인을 인간이라고 생각한 소련 병사나 장교는 드물었다. 슬라브인들이 열등 인종이라며 인간 취급을 하지 않는 나치의 선전이 있은 뒤 가해진 소련의 보복 선전은 국민에게 모든 독일인은 먹이를 찾아 날뛰는 짐승이라고 확신시켰다.

소련이 서방 연합군의 진격을 걱정한 것에는 또 다른 이유가 있었다. 그들은 공산 제1폴란드군과 제2폴란드군 대다수가 런던의 망명 정부에 충성할 의무가 있는 자유 폴란드군에 합류하길 원할까봐 불안해했다. 4월 14일에 베리야는 주코프의 제1벨라루스전선군의 NKVD 부장인 세로프 장군의 보고서를 스탈린에게 전달했다. 세로프는 "서부 전선에서 연합군의 신속한 진격과 관련해 제1폴란드군의 병사와 장교들 사이에 불건전한 분위기가 생겨났다"[26]라고 전했다. 스메르시가 행동에 나서 집단 검거를 실시했다.

세로프는 "제1폴란드군의 정보기관들은 안데르스군1941~1942년 동부에서 활동한 폴란드군에 소속되었던 2000여 명의 병사와 폴란드 국방군의 병사, 그리고 안데르스군에 가까운 친척을 둔 병사들을 찾아 통제하고 있다[원문 그대로]"고 보고했다. 소련에 대한 폴란드인의 "적대적 태도"는 가족에 대한 보복을 막기 위해 진짜 주소를 소련 당국에 숨겼다는 사실로 분명히 나타났다. 세로프는 또한 폴란드 공산군 4만 3000명이 굴라크 수용소에서 바로 차출되었기 때문에 소련에 대한 그들의 감정이 좋을 것 같지 않다는 사실을 언급하지 않았다. 폴란드에서는 NKVD 병사들이 체포된 폴란드 국내군에게 시베리아의 강제 노동수용소와 공산군 중에서 선택을 하게 했다.—"시베리아로 갈래, 군대에 갈래?"[27]

스메르시의 정보원들은 관리자들에게 폴란드 병사들이 '런던 라디오'를 정기적으로 듣는다고 경고했다. 또한 정보원들은 폴란드 병사들이 "안데르스군이 영국군과 함께 반대쪽에서 베를린으로 오고 있다"고 확신한다는 보고도 했다. 한 장교는 무심코 정보원에게 "안데르스군을 만나면 우리 병사와 장교 대다수가 안데르스군으로 넘어갈 것이다. 우리는 시베리아에서 소련인들에게 충분히 고통을 겪었다"라고 말했다. 한 대대 참모는 "종전으로 독일이 최후를 맞아도 우리는 여전히 소련과 싸우고 있을 것이다. 우리에겐 300만 명의 안데르스 병사들과 함께 영국군이 있다"라고 말했다고 한다. 또한 제2포병여단의 한 지휘관은 "그들은 그들의 '민주주의'를 우리 면전에 밀어넣고 있다. 우리 병사들이 안데르스의 병사들과 만나자마자 [소련이 통제하는] 임시 정부에 안녕을 고할 수 있다. 런던 정부가 다시 권력을 잡고 폴란드는 1939년 이전으로 되돌아갈 것이다. 영국과 미국이 폴란드를 도와 러시아인을 제거할 것이다"라고 말했다. 세로프는 제1폴란드군의 지휘관들이 "정치 교육을 강화하지 않는다"고 비난했다.

미 제3군과 제9군이 엘베강을 향해 돌진하는 동안, 루르 고립 지대에 있던 발터 모델 원수의 B 집단군은 공습으로 고통을 겪고 있었다. 모델은 히틀러가 전적으로 신뢰하는 몇 안 되는 육군 사령관 중 한 명이었다. 그러나 동료 장군들은 그가 "극도로 무례하고 무원칙하다"[28]고 생각했다. 모델은 상황이 몹시 나쁜 곳에 등장하는 습관 덕분에 병사들에게 "재앙의 장군"이라고 불렸다. 루르는 모델 장군의 마지막 재앙이었다. 그는 탈출을 거부했고 부하 병사들이 대거 항복하기 시작한 4월 21일에 권총으로 자살했다. 히틀러가 사령관들에게 그토록 요구하던 방식이었다.

끝이 오기 한참 전 B 집단군의 작전 참모장인 귄터 라이히헬름이 여러 다른 주요 인사와 함께 비행기로 루르 포위망을 탈출했다. 17대의 비행기 중 베를린 남쪽의 비행장인 위터보크에 도착한 건 3대 뿐이었다. 라이히헬름은 차를 타고 초센의 육군 총사령부로 향했고 도착한 뒤 탈진해 쓰러졌다. 그가 깨어나 보니 구데리안의 전 부관인 벵크 장군이 침대에 앉아 있었다. 존넨벤데 작전 중에 당한 자동차 사고에서 완전히 회복되기도 전에 작전에 다시 투입된 벵크는 제12군의 사령관으로 막 임명되었다. 미군에 대항해 엘베강 전선을 지키는 임무가 주어졌지만 벵크는 이 새로운 군이 실재하는 것이 아니라 서류상으로만 존재하는 것은 아닌지 의심했다.

"자네는 내 참모장으로 온 것이네."[29] 벵크가 말했다. 하지만 라이히헬름은 먼저 루르 포켓에 있는 B 집단군의 상황을 보고해야 했다. 요들이 그에게 총통 관저의 벙커로 오라고 지시했다. 벙커에 갔더니 히틀러는 괴링, 대제독 되니츠와 함께 있었다. 라이히헬름은 히틀러에게 B 집단군에 더 이상 탄약이 없고 남아 있는 전차들은 연료가 바닥 나 움직이지 못한다고 보고했다. 히틀러는 한참 동안 말이 없더니 마침내 입을 떼었다. "모델은 나의 가장 훌륭한 육군 원수요." 라이히헬름은 드디어 히틀러가 이제 다 끝났다는 사실을 깨달았다고 생각했지만 그렇지 않았다. 히틀러가 말했다. "귀관은 제12군의 참모장이 될 것이오. 어리석은 참모들의 지침에서 벗어나야 하오. 모스크바 앞에 선 독일군을 순전히 의지력만으로 이겨낸 소련군에게서 배워야 하오."

히틀러는 독일군이 하르츠산맥의 나무들을 베어 패튼의 진격을 막고 그곳에서 유격전을 개시해야 한다고 말을 이었다. 자신의 주장이 옳다는 걸 보여주려고 중대장들이 사용하는 축척 2만5000분의 1 지도를 가져오라고 했다. 요들이 그의 생각을 바로잡아주려 했지만 히틀러는 자신이 하르츠를 잘 안다고 우겼다. 그러자 평소 자제력을 잃지 않던 요들이 날카롭게 대꾸했다. "저는 그 지역을 전혀 모릅니다. 하지만 상황은 알고 있습니다." 라이히헬름은 괴링이 그 와중에 지도를 얼굴에 얹고 의자에서 잠든 것을 알아차렸다. 그는 괴링이 약에 취한 게 아닌가 하고 생각했다. 히틀러는 마침내 라이히헬름에게 제12군에 합류하라고 명령했지만, 먼저 제12군을 위해 폴크스바겐 크로스컨트리 퀴벨바겐 소형차량 200대를 구할 수 있는 되베리츠의 진지로 가라고 했다.

라이히헬름은 정신병원에서 벗어나는 것에 안도감을 느끼며 그곳을 나왔다. 하지만 라이히헬름이 되베리츠에서 구할 수 있었던 차량은 고작 12대였다. 벵크와 제12군의 사령부를 찾는 건 더 힘들었다. 그는 데사우의 엘베강 맞은편 둑에 있는 로슬라우의 공병학교에서 마침내 벵크를 찾아냈다. 라이히헬름은 오랜 친구인 후베르투스 폰 훔볼트-다크뢰덴 대령이 작전 참모장인 것을 알고 몹시 기뻤다. 그는 제12군의 일부가 "장교 학교에서 반년 동안 훈련받은 놀라울 정도로 적극적인 젊은 병사들"일 뿐 아니라 전선에서의 경험이 있는 부상 후 복귀한 부사관들로 이루어졌다는 이야기를 들었다. 두 장교 모두 자신들의 군사령관을 몹시 존경했다. 벵크는 젊고 융통성 있으며 "병사들을 직시할 수 있는" 훌륭한 야전사령관이었다.

사령부가 급조된 데다 무선 설비도 거의 없었지만, 그들은 아직 제대로 기능하는 현지 전화망을 사용할 수 있다는 사실을 알았다. 제12군은 알텐그라보에 있는 군 탄약 기지와 하펠제에 발이 묶인 많은 바지선과 보트 덕분에 다른 대부분의 부대보다 물자가 더 풍부했다.

벵크는 히틀러의 '초토화' 명령을 따르길 거부하고 데사우 동남쪽의 골파에 있는 발전소의 파괴를 막았다. 이 발전소는 베를린의 주된 전력 공급원이었다. 벵크의 지시에 따라 보병사단 후텐이 광신적인 히틀러 추종자들의 발전소 파괴 시도를 막기 위해 보초들을 세웠다.

제12군의 주된 임무는 "하노버-마그데부르크 구간 고속도로 양쪽을 따라"[30] 미 제9군의 공격에 대비하는 일이었다. 미군은 엘베강 동쪽 둑에 교두보를 마련한 뒤 베를린으로 향하리라 예상되었다. 첫 공격은 예상보다 빨리 시작되었다. "4월 12일 쉬네베크와 바르비 근방에서 강을 건너려고 시도하는 적에 관한 첫 번째 보고가 들어왔다." 이튿날 샤른호르스트 사단이 한 개 대대와 몇 대의 돌격포로 반격을 시도했다. 독일군은 첫날 맹렬하게 저항했다. 하지만 적군, 특히 미군 항공대가 너무 강했다.

라이히헬름은 미군이 대거 엘베강을 건너면 "항복 외에는 다른 가능성이 없다"[31]는 점을 절감했다. 제12군은 "하루나 이틀 이상" 싸움을 계속할 수 없었다. 훔볼트도 똑같은 의견이었다. 미군은 여러 지점에서 엘베강을 건넜다. 4월 14일 토요일에 연합군 최고 사령부는 "제9군이 마그데부르크에서 북쪽으로 100킬로미터 떨어진 비텐베르게를 점령했다. 제83보병사단의 세 개 대대가 마그데부르크 동남쪽의 카메리츠에서 엘베강을 건넜다"[32]고 기록했다. 한편 미 제5기갑사단이 탕어뮌데 근방의 25킬로미터에 걸친 전선에서 엘베강에 도착했다. 4월 15일 벵크의 제12군이 체르브스트 근방에서 제83보병사단에 대해 강력한 반격에 나섰지만 격퇴되었다.

엘베강 건너편의 교두보들은 아이젠하워에게 기회라기보다는 골칫거리를 만들었다. 그는 집단군 사령관인 브래들리 장군에게 베를린으로 밀고 나가는 문제에 대한 의견을 물었다. 아이젠하워는 도시를 점령하면서 나올 사상자에 대한 브래들리의 생각을 알고 싶어했다. 브래들리는 10만 명의 사상자가 나올 수 있다고 추정했다(나중에 그는 이 수치가 너무 높았다는 것을 인정했다). 그리고 일단 독일이 항복하면 다시 철수해야 하는 상황에서 명성을 얻기 위해 치르는 대가가 너무 클 것이라고 덧붙였다. 이 의견은 아이젠하워의 생각과 정확히 일치했지만 훗날 그는 "이 나라의 최종 점령을 위한 우리의 군사 작전이 나중의 독일 분할에 영향을 주었던 것은 아니다"[33]라고 주장했다.

아이젠하워는 병참선의 확장도 걱정했다. 영국 제2군이 브레멘의 경계 부근에 있었다. 미 제1군은 라이프치히로 접근 중이었다. 패튼의 선두 부대들은 체코슬로바키아 국경 가까이에 있었다. 거리가 너무 멀어서 다코타 수송기로 보급을 받았다. 교도소와 강제수용소 수감자들을 포함해 많은 민간인에게도 식량을 공급해야 했다. 상당한 자원이 필요했다. 다른 많은 사람처럼 아이젠하워는 강제수용소의 참상에 전혀 대비가 되어 있지 않았다. 그런 믿기지 않는 고통을 직접 목격한 것은 이 해방자들에게 생존자의 죄책감을 심어주어 이후 여러 해 동안 많은 사람에게 영향을 끼쳤다.

서부 전선의 사령관들은 동부 전선의 상황을 거의 몰랐다. 그들은 독일군이 붉은 군대보다 미군이 먼저 베를린에 들어오기를 얼마나 바라는지 제대로 이해하지 못했다. 육군 총사령부의 데메지에르 대령은 "병사와 장교들은 서방 연합국에 지는 쪽이 훨씬 낫다고 믿었다. 만신창이가 된 독일군은 순전히 소련군에게 가능한 한 적은 영토를 넘겨주기 위해 끝까지 싸웠다"[34]라고 말했다. 심프슨과 제9군 예하 부대 지휘관들의 직관이 최고 사령관보다 훨씬 더 정확했다. 그들은 포위된 채 저항하는 지역이 있을 거라고 추정했지만 100킬로미터도 떨어져 있지 않은 독일 수도로 진격할 때 이런 곳은 우회할 수 있었다.

제83보병사단은 제2기갑사단의 전차들이 건널 수 있도록 다리를 이미 건설했다. 4월 14일 토요일 밤 내내 차량들이 계속해서 강을 건넜다. 이제 체르프스트까지 뻗어나간 교두보의 부대들이 신속하게 병력을 증강하기 시작했다. 미군 병사들 사이의 홍분은 전염성이 있었다. 그들은 출동 명령을 간절히 바랐다. 하지만 4월 15일 일요일 아침 일찍 브래들리 장군이 비스바덴에 있는 집단군 본부로 그들의 군 사령관인 심프슨 장군을 불렀다. 브래들리는 비행장에서 심프슨을 만났다. 심프슨이 비행기에서 내리자 두 사람은 악수를 했다. 브래들리는 심프슨에게 제9군이 엘베강에서 멈춰야 한다고 단도직입적으로 말했다. 베를린 방향으로 더 나가지 말라는 말이었다.

"대체 어디서 그런 이야기를 들으셨습니까?"[35] 심프슨이 물었다.
"아이크아이젠하워의 애칭한테서." 브래들리가 대답했다.

낙담하고 망연자실한 심프슨은 지휘관과 부하들에게 이 일을 어떻게 이야기할지 고민하며 사령부로 다시 날아갔다.

루스벨트 대통령의 뜻밖의 서거 소식이 들렸다. 곧이어 엘베강에서 움직이지 말라는 명령까지 내려지자 미군의 사기는 심한 타격을 입었다. 루스벨트는 4월 12일에 세상을 떠났지만 이튿날까지 뉴스로 보도되지 않았다. 퀴스트린 근방의 전선을 방문했다가 돌아오는 길에 이 소식을 들은 괴벨스는 몹시 기뻐하며 당장 총통 관저의 벙커에 있는 히틀러에게 전화를 걸었다. "총통 각하, 축하드립니다!"[36] 괴벨스가 말했다. "루스벨트가 죽었습니다. 4월 하반기가 우리에게 전환점이 될 운명입니다. 이번 주 금요일, 4월 13일. 그날이 전환점입니다!"

불과 며칠 전 괴벨스는 히틀러가 우울증에서 벗어나도록 칼라일의 『프리드리히 대왕전History of Friedrich II of Prussia』을 큰 소리로 읽어주었다. 7년 전쟁에서 재난에 맞닥뜨린 프리드리히 대왕이 독을 마실 생각을 하는 구절이었다. 그런데 갑자기 러시아 엘리자베타 여제의 사망 소식이 당도했다. "브란덴부르크가의 기적이 일어났습니다." 그 말을 들은 히틀러가 눈물을 글썽였다. 괴벨스는 점성술을 믿지 않았지만 쇠락하는 총통의 기운을 북돋우기 위해서라면 뭐든 이용할 각오였고 히틀러를 광적인 낙관주의 상태로 끌어올렸다. 벙커의 은둔자는 이제 그를 위해 가지고 내려온 프리드리히 대왕의 초상화를 다정하게 바라보았다. 이튿날인 4월 14일 군대에게 내린 일일 명령에서 히틀러는 완전히 흥분했다. "운명이 역대 최악의 전범을 지구에서 제거한 순간, 이 전쟁에서 결정적 사태 전환이 일어날 것이다."[37]

프리드리히 대왕과 관련된 또 다른 상징적 사건이 일어났지만 히틀러는 그 일에 대해서는 한마디도 언급하지 않았다. 그날 밤 대규모 공습에서 연합군 폭격기들이 포츠담을 폭격했다. 지하실에 숨어 있던 한 히틀러 유겐트 대원은 주위 벽들이 "배처럼 흔들리는 것"[38]을 느꼈다. 폭탄이 프로이센의 군인 계급과 귀족의 정신적 고향이던 위수교회를 포함해 유서 깊은 도시의 많은 부분을 파괴했다. 우르줄라 폰 카르도르프는 이 소식을 듣고 거리에서 눈물을 터뜨렸다. 일기에 "교회와 함께 온 세상이 무너졌다"[39]라고 썼다. 하지만 많은 장교는 히틀러를 지지한 데 대한 독일군 수뇌부의 책임을 인정하길 여전히 거부했다. 강제수용소들이 해방되면서 자신들이 지키기 위해 싸웠던 정권의 본질이 드러나자 독일 장교의 명예에 대한 이야기는 심지어 가장 공정한 상대들에게서도 공감을 불러일으킬 것 같지 않았다.

전투 전야

14

붉은 군대는 위장을 위한 온갖 노력과 뛰어난 솜씨에도 불구하고 오데르와 나이세 전선에서 벌어질 대규모 공격을 숨길 수는 없었다. 주코프의 제1벨라루스전선군과 코네프의 제1우크라이나전선군은 4월 16일에 공격을 개시하기로 했다. 북쪽에서는 로코솝스키의 제2벨라루스전선군이 오데르강 하류를 건너 그 뒤를 이내 뒤따를 참이었다. 소련군 병력은 250만 명에 이르렀고, 4만1600문의 야포와 중박격포뿐 아니라 6250대의 전차와 자주포, 네 개의 항공군이 지원했다.[1] 지금까지 쌓인 화력이 최대한 집결했다.

4월 14일 퀴스트린 교두보에서 무력 정찰이 큰 성공을 거두었다. 추이코프의 제8근위군이 제20기갑척탄사단을 도처에서 2~5킬로미터 밀어냈다. 몹시 화가 난 히틀러는 그들이 훈장을 다시 받을 만한 행동을 할 때까지 사단에서 모든 이의 훈장을 박탈하라는 명령을 내렸

다.[2]

교두보의 확대는 병력 보강에도 도움이 되었다. 그날 밤 제1근위 전차군이 어둠을 틈타 휘하 여단들을 오데르강 너머로 옮기기 시작했다. "밤사이 전차, 대포, 탄약을 실은 스튜드베이커 트럭, 병사들의 대열이 끊임없이 이어졌다."[3] 젊은 여성 교통 통제관들이 전차들에게 흰색 테이프로 표시된 선 안으로 들어가도록 요구하며 필사적으로 원판을 흔들었다. 전차의 엔진 소리를 숨기기 위해 제7국의 확성기들이 시끄러운 음악과 선전 권고 방송을 울렸지만 독일군은 무슨 일이 일어나는 중인지 알고 있었다.

4월 15일 내내 붉은 군대의 병사들은 독일군 진지를 향해 마지막 증원군이 오거나 변화가 일어나는지 보려고 "눈이 아플 때까지" 감시했다. 오데르브루흐에서는 작은 언덕들에 4월의 꽃이 피었지만 커다란 얼음덩이와 나뭇가지와 잡초가 여전히 강 아래로 떠가다 무너진 철교에 걸렸다. 낮에는 "기이하게 조용한" 동쪽 둑의 소나무 숲에서 잘라낸 나뭇가지들로 수천 대의 기갑차량과 대포를 위장했다.

남쪽의 나이세 전선에서는 제1우크라이나전선군이 마지막 순간까지 끈질긴 정치활동을 준비했다. "적극적인 공산청년동맹 대원들이 젊은 병사들에게 전차를 사랑하고 이 강력한 무기의 모든 잠재력을 이용하려고 노력하라고 가르치는 중이었다."[4] 알렉산드로프의 메시지는 심지어 정치부도 완전히 이해하지 못했다. 가장 최근 구호에는 보복의 메시지가 명백히 있었다. "동정은 없을 것이다. 놈들은 되로 주고 말로 받고 있다."[5]

제1우크라이나전선군은 나쁜 무전 습관에 물들어 있었다. 심지어 NKVD 연대들도 최근 들어서는 "암호화하지 않은 채 무전을 주고

받고 구식 암호를 사용하는가 하면 무전을 보내도 응답하지 않았다".[6] 어떤 하급 부대들도 무전기 사용이 허락되지 않았다.[7] 그들의 무선 설비는 수신만 하고 발신은 하지 못하도록 맞춰져 있었다. 1945년 5월 말이 되어서야 일선 부대에 새로운 주파수와 암호가 발급되었기 때문에 4월 15일 밤에는 보안상의 실수에 대한 우려가 더 심할 수밖에 없었다.[8]

심지어 장교들에게조차 공격 3시간 전까지 이번 작전에 대해 명령을 내리지 말라는 지시가 내려졌다. 하지만 스메르시는 막판에 붉은 군대의 병사가 탈영해 적에게 공격을 알려주는 것까지 막자고 결의했다. 제1벨라루스전선군의 스메르시 대표는 모든 정치장교에게 최전선의 병사들을 전부 확인해 의심스러워 보이거나 "도덕적, 정치적으로 불안정한"[9] 사람은 누구든 밝혀내라고 명령했다. 초기 검거 작업에서 스메르시는 협동농장에 대해 부정적인 언급을 했다고 고발당한 사람들을 체포했다.[10] "우리 병사들이 독일군으로 달아나지 않게 막고 독일군이 '혀'들을 붙잡아가지 못하도록" 특수 저지선이 설치되었다. 하지만 모든 노력은 헛수고로 돌아갔다. 4월 15일 퀴스트린 남쪽에서 붉은 군대의 한 병사가 자신을 붙잡은 독일군에게 이튿날 아침 일찍 대규모 공격이 시작될 것이라고 털어놓았다.

패배가 임박했다는 점을 고려할 때 병사들이 탈영하거나 항복할까봐 더 걱정해야 하는 쪽은 독일군이었다. 비스와집단군은 같은 지역 출신의 병사들을 분리시키라는, 하인리히가 서명한 명령을 내렸다.[11] 동향 출신끼리는 전우의 탈영을 막기 위한 노력을 거의 하지 않았기 때문이다. 급조 대대를 지휘한 그로스도이칠란트 친위연대의 한 장교는 젊은 병사들이 국가사회주의를 위해 싸울 생각이 별로 없다고 말했다. "많은 병사가 야전병원으로 후송되기 위해 부상당하길 원했다."[12] 그들은 단지 즉결 처형에 대한 두려움으로 짜낸 "시체 같은 복종심"으로 자리를 지켰다. 소련의 확성기가 전선 너머로 방송을 한 뒤 독일군 병사들이 자세한 내용을 물어보느라 고함을 지를 때면 장교들은 간담이 서늘해졌다. 우리는 시베리아로 보내지나? 독일의 피점령 지역에서 민간인들이 어떤 대우를 받았나?

코네프의 제1우크라이나전선군과 맞선 독일 제4기갑군의 몇몇 독일 장교는 병사들이 항복의 표시로 사용하지 못하도록 흰색 손수건을 압수했다. 탈영을 시도하다 붙잡힌 병사들은 어떤 경우에는 위험한 개활지에서 참호를 파야 했다. 가족들이 히틀러의 명령으로 정해진 처벌을 피할 수 있도록 눈에 띄지 않게 항복하고자 많은 병사가 울창한 숲으로 몰래 달아나고 싶어했다.

독일군 중대장들은 병사들에게 버티라고 설득하기 위해 물불을 가리지 않았다. 일부는 4월 14일 저녁 루스벨트의 죽음을 알렸다. 장교들은 병사들에게 이 소식은 미군의 전차들이 더 이상 공격하지 않을 것이라는 뜻이라고 말했다. 실제로 그들은 서방 연합군과 소련의 관계가 너무 악화되어 이제 미국과 영국이 독일과 손을 잡고 소련군을 격퇴할 것이라고 주장했다. 구벤 근방에 있던 제391보안사단의 보충병들은 루스벨트의 죽음과 프리드리히 대왕을 구한 기적 사이의 연관관계를 마치 성경 내용이라도 되는 양 떠드는 1월 30일 사단 나치 친위대 대원들의 강의를 들었다. 전혀 설득력이 없었음에도 많은 독일군 병사가 여전히 버틴 이유는 총통의 생일인 4월 20일에 비밀에 부쳐진 새로운 '경이로운 무기'로 대규모 반격이 벌어지리라 기대했기 때문이다.

분노하고 원한을 품은 일부 장교는 고참병들에게 동부 전선의 참사를 상기시키며 소련군이 베를린으로 뚫고 들어가면 어떻게 되겠냐고 되새겨주었다. 한 중위는 아내에게 "여기서 얼마나 끔찍한 증오가 끓고 있는지 당신은 상상도 못 할 거요. 약속하는데, 우리가 언젠가는 그놈들을 처리할 거요. 여성과 아이들을 강간한 놈들은 또 다른 경험을 하게 될 거요. 이런 짐승들이 저지른 짓은 도저히 믿기 힘들지. 우리는 한 사람당 10명의 볼셰비키를 죽이기로 맹세했소. 이 맹세를 이루도록 신이 우리를 도와줄 거요."[13]라고 했다.

변변한 훈련도 없이 최근에 전선으로 배치된 어린 징집병일수록 설득될 가능성은 훨씬 낮았다. 그들은 그저 살고 싶었다. 제303되베리츠보병사단에서 한 연대장이 휘하의 대대장 중 한 명에게 이렇게 조언했다. "우리는 어떤 대가를 치르더라도 전선을 지켜야 한다. 귀관에게 책임이 있다. 병사 몇 사람이 달아나기 시작하면 그들에게 총을 쏘아야 한다. 많은 병사가 달아나는데 막을 수 없고 상황이 가망 없다면 자신을 쏘는 편이 낫다."

젤로 고지는 약간의 기총소사를 빼면 "폭풍 전야처럼 평화로웠다".[14] 전선에서 돌아온 독일군 병사들은 무기를 확인하고 손질했으며 밥을 먹고 몸을 씻었다. 일부 병사는 야전우편국이 업무를 재개할 때를 대비해 집에 편지를 쓰려고 앉았다. 하지만 많은 병사의 고향이 이미 적에게 점령당했다. 다른 병사들은 가족이 어디에 있는지도 몰랐다.

부스트 선임 중위는 수하의 공군 기술 훈련병들을 2차 참호선 바로 뒤의 마을에 있는 야전 취사차에 여러 무리를 지어 보냈다. 그리고 자신의 중대 원사와 함께 전투호에 남아 공격이 시작될 오데르브루흐와 소련군 진지들을 내려다보았다. 부스트는 갑자기 몸이 떨렸다. "저", 부스트가 중대 원사를 돌아보며 물었다. "원사님도 춥습니까?"

"추운 게 아닙니다, 중위님", 원사가 대답했다. "우린 겁이 나는 겁니다."

전선 뒤쪽의 베를린에서는 마르틴 보어만이 대관구 지도자들에게 전투 전날 메시지를 보냈다. 보어만은 그들에게 "겁먹은 토끼 심장"[15]들을 추려내라고 명령했다. 도심에서는 애써 노면전차들을 거리를 가로질러서 옮긴 뒤 벽돌과 잡석으로 채워 간이 바리케이드를 만들었다. 국민돌격대가 불려 나왔다. 그중 일부는 프랑스군의 청회색 철모와 군복을 착용했다. 1940년과 1941년 독일이 거둔 대승리에서 마지막으로 남은 전리품들이었다.

히틀러만 7년 전쟁을 되돌아본 것이 아니었다. 『프라우다』는 1770년 10월 9일 러시아군이 5개 카자흐스탄 연대를 선봉에 세우고 베를린에 입성했음을 자랑스레 알리는 기사를 게재했다. "도시의 열쇠들을 카잔 대성당에 영구 보존하기 위해 상트페테르부르크로 가져왔다. 우리는 이런 역사적 사례를 기억하고 조국과 스탈린 동지의 명령을 수행해야 한다."[16] 추이코프의 제8근위군은 공격에 들어갈 준비를 하는 병사들에게 이때를 상기시키기 위해 마분지를 오려 만든 커다란 열쇠를 나누어주었다.

좀더 현대적인 상징들도 붉은 깃발 형태로 배포되었다. 공격 사단들에게 교부된 이 붉은 깃발들은 베를린의 주요 건물들에 걸기로 했다. 전선의 공병들이 제작한 도시의 도형에 위치가 표시되었다. "사회주의적 경쟁"이 병사들을 더 큰 희생으로 몰아넣을 것임이 분명했

베를린 함락 1945

다. 그중 가장 큰 영광은 스탈린이 "파시스트 짐승의 소굴"에 대한 완전한 정복을 나타내는 상징으로 정한 독일 제국의회 의사당에 돌격한 병사들의 차지가 될 예정이었다. 그날 저녁, 대규모 세속 세례식이나 마찬가지인 행사에서 제1벨라루스전선군에 속한 붉은 군대 병사 2000명 이상이 공산당에 입당했다.

소련 사령관들은 적진을 돌파할 것을 의심하지 않았지만 미군과 영국군이 베를린에 먼저 도착하지 않을까 극도로 불안해했다. 그런 만일의 사태가 굴욕보다 더 나쁘게 여겨졌다. 정복의 권리뿐 아니라 고통의 권리에 의해서도 베를린은 소련의 것이었다. 각 군사령관은 크렘린에서 초조하게 기다리는 중인 총사령관의 감정을 공유하고 있음이 분명했다. 하지만 그들은 스탈린이 얼마나 불안해하는지는 잘 몰랐다. 서방 언론의 부정확한 신문 보도들은 미군 선봉이 4월 13일 저녁 베를린에 도착했지만 모스크바의 항의로 이 소부대가 이 철수했다고 주장했다.[17]

주코프와 코네프, 그리고 그들의 최측근 몇 명만 베를린 작전이 미국과 영국에게 접근하지 말라고 경고하기 위해 도시를 포위하도록 설계되었다는 사실을 알고 있었다. 하지만 두 전선군의 사령관들도 스탈린과 베리야가 핵 연구소, 특히 달렘에 있는 카이저 빌헬름 물리학 연구소를 차지하는 것을 얼마나 중요하게 여기는지까지는 알지 못했다.

전투 전날, 모스크바의 스탈린은 거짓말이라는 방패를 유지했다. 딘 장군은 "아이젠하워에게 보내는 일급 기밀" 전보로 크렘린에서 열린 또 다른 회의에 관해 보고했다. "다른 문제(극동 지역에서 일본군에 맞선 향후 소련군의 배치)"에 관한 긴 회의 마지막에 "해리먼은 소련이 베를린을 겨냥한 공격을 당장 재개할 계획이라는 독일의 발표를 언급했다.[18] 원수[스탈린]는 러시아군이 실제로 공격을 개시할 것이며 그 공격이 얼마나 성공적일지 모르지만 아이젠하워에게 언질을 준 것처럼 주된 공격은 드레스덴 방향이 될 것이라고 장담했다".

스탈린과 측근들은 자신들의 불안을 감쪽같이 감춘 게 틀림없었다. 딘도, 해리먼도 속고 있다고 느끼지 못했다. 그 전날 저녁, 스타프카와의 회의에서 안토노프 장군은 아이젠하워가 서방 연합군과 붉은 군대 사이의 혼란을 방지하기 위해 한 가장 최근의 메시지 한 줄을 물고 늘어졌다. 그는 "이 언급이 이전에 합의한 점령 구역의 변화를 가리키는지" 즉시 알고 싶어했다. 이 언급은 전술적 지역들을 가리키는 것이고 점령 구역에 대한 어떤 변화도 암시되지 않았다는 장담을 받자 "안토노프는 이 점에 대한 아이젠하워의 확인을 요구했다". 그런 뒤 소련의 총참모장은 "전술적 작전이 완료되면 이전에 합의된 소련 점령 구역에서 영국군과 미군이 철수할 것을 확인하길 원했다". 이 문제는 4월 16일 아이젠하워가 보낸 전보에서 재확인되었다.

붉은 군대 병사들에게 최우선 순위는 남 보기에 추레하지 않은 정복자가 되기 위해 면도를 하는 것이었다.[19] 비번인 병사들은 아직 햇빛이 충분할 때 눈을 가늘게 뜨고 깨진 거울 조각을 보며 칼날이 긴 면도기로 턱을 긁어댔다. 거의 누구도 잠들지 못했다. 제3군의 한 장교는 "일부 병사는 코트로 손전등을 가리고 집에 편지를 썼다"고 기록했다. 병사들의 편지는 짧았고 정보를 담지 않았다. 전형적인 한 편지에는 "전선에서 인사를 보냅니다. 저는 살아 있고 건강합니다. 우리는 베를린에서 멀지 않은 곳에 있습니다. 격렬한 전투가 벌어지고 있지만 곧 명령이 내려질 것이고 베를린으로 진격할 겁니다. 우리가 베를린을 급습했을 때 저는 아직 제가 살아 있는지 알게 될 겁니다"라고 쓰여 있었다.[20]

많은 병사가 부모나 약혼자가 아니라 펜팔 친구들에게 편지를 썼다. 의지할 곳 없는 젊은 여성 수천 명이 징발되어 우랄산맥이나 시베리아의 군수공장에서 일했다. 서로 친분을 쌓아가다 어느 단계에서 사진이 교환되었지만 꼭 성관계를 기대해서만은 아니었다. 군인들에게 고국 어딘가에 있는 여성은 정상적인 생활이 여전히 존재할 수 있다고 알려주는 유일한 존재였다.

제1우크라이나전선군의 블라지엔코는 편지 형태의 펜팔 노래를 썼다. 이 노래는 "죽음을 단 네 발짝 앞둔" 얼어붙은 벙커에서 시작된 유명한 전쟁 노래인 「움막집Zemlyanka」의 잊히지 않는 선율에 맞춰 지어졌다.

> 허리케인 램프가 어둠을 내쫓아
> 내 펜이 갈 길을 열어줘.
> 그대와 나는 이 편지를 통해 가까이 있어.
> 우리는 오빠와 누이 같아.
>
> 나는 전선에서 그대를 그리워해.
> 그리고 이 전투의 날들이 끝나면 그대를 찾을 거야.
> 조국의 깊숙한 곳으로.
> 내가 살아 있기만 하다면.

그리고 만약 최악의 일이 벌어진다면,

내가 살았던 날들을 헤아릴 수 있게 된다면,

가끔 나를 기억해줘.

다정한 말로 나를 기억해줘.

음, 오늘은 이만 안녕.

독일군을 공격하러 갈 시간이야.

내 전투 함성에라도 그대의 이름을 담고 싶어.

"우라!"[21]

가장 인기 있는 전쟁 노래 중 하나였던 「나를 기다려줘Wait for Me」
는 1942년 콘스탄틴 시모노프를 유명하게 만든 시를 바탕으로 했다.
이 노래는 여자친구가 변심하지 않는 병사는 살아남을 것이라는 붉은
군대의 유사종교적 미신을 떠올리게 했다. 당국이 이 노래를 허가한 유
일한 이유는 군대의 애국심을 강화시켰기 때문이다. 많은 병사가 「나를
기다려줘」의 가사를 쓴 종이를 왼쪽 가슴의 주머니에 간직했고 공격
에 들어가기 전 기도문처럼 조용히 혼자 읽었다.

군인인 남자친구에게 작별 인사를 하는 신의 있는 소녀에 관한
노래인 「푸른 숄Blue Shawl」 역시 강한 충성심을 불러일으켰다. 많은 병
사가 공식적인 전투 함성에 추가해 "조국이여, 스탈린이여, 푸른 숄이
여!"를 외쳤다. 많은 공산청년동맹 소속원은 "독일인들에게 고문을 당
해 목숨을 잃은"[22] 공산청년동맹 소속의 젊은 파르티잔인 조야 코스
모뎀얀스카야의 사진을 신문에서 오려내 들고 다녔다. 또 많은 병사가
전차와 항공기에 "조야를 위하여"라고 써넣었다.

베를린 함락 1945

반면 시모노프의 또 다른 시는 "품위 없다" "저속하다" "사기를 떨어뜨린다"며 비난을 받았다. 아이러니하게도 이 시에는 "서정적인Lir-icheskoe"[23]이라는 제목이 붙었다.

> 그들은 이름들을 한 시간쯤 기억한다.
> 이곳에서는 기억이 오래가지 않는다.
> 남자는 "전쟁은……"이라고 말하면서 부주의하게 여자를 끌어안
> 는다.
> 그는 '자기야'라고 불리길 원하지 않으면서
> 멀리 떨어져 있는 다른 누군가를 그토록 쉽게 대체하는
> 그들에게 감사한다.
> 이곳에서 그녀는 다른 여자들의 연인에게
> 최대한 동정을 베푼다.
> 그리고 그녀의 속박받지 않는 관대한 몸으로
> 힘든 시기의 그들을 따뜻하게 해준다.
> 그리고 공격에 들어가길 기다리는 사람들,
> 살아서는 연인을 보지 못할 수 있는 사람들은
> 어제 적어도 누군가의 팔이 그들을 안았다는 것을
> 더 쉽게 기억한다.

바람 피우는 여자친구들에 관한 노래나 시를 당국이 아무리 못마땅해도 우상 파괴자들은 항상 공식적으로 승인된 노래의 야한 버전을 생각해냈다. "남몰래 눈물을 닦으며" 아이의 침대 옆에 서 있는 군인의 아내에 관한 서정적인 노래인 「어두운 밤Dark Night」은 소련이 전

전투 전야

353

시에 사용하던 성병 치료제인 "스트렙토치드streptocide를 남몰래 먹는"
으로 바뀌었다.

공식적인 애국 노래들은 거의 인기를 얻지 못했다. 유일한 예외
가 영화「전쟁이 끝난 뒤 저녁 6시At Six o'clock in the Evening after the End of the
War」에 나온「포병의 노래」였다. 베를린 전투 직전 전선의 병사들에
게 이 영화가 상영되었다. 영화에서는 살아남은 한 포병 장교가 승리
의 축제가 벌어지는 동안 모스크바에서 진정한 사랑을 만난다. 이 영
화는 어떤 면에서는 사기 진작에 좋았을 수 있지만 전쟁이 거의 끝나
가는 시기에 죽을지도 모른다는 지극히 본능적인 두려움에 떨던 병
사들에게는 분명 도움이 되지 않았다.

다른 노래들 역시 전쟁이 끝난 뒤를 내다봤다. 제4근위전차군
의 병사들은 1943년 봄에 대인기를 누린 노래인「다바이 자쿠님Davai
Zakunim」의 속편을 지었다.

> 우리는 곧 집으로 돌아갈 거야.
> 여자들이 우리를 맞이하겠지.
> 그리고 우랄산맥의 별들이 우리를 비춰줄 거야.
> 언젠가 우리는 이날들을 기억할 거야.
> 카네메츠-포돌츠크와 루른 카르파티아산맥,
> 전차들의 우레 같은 소리,
> 르부프와 비스와강 뒤의 초원 지대.
> 넌 이번 해를 잊지 못하리니
> 아이들에게 이 이야기를 해주겠지.
> 언젠가 우리는 이날들을 떠올릴 거야.[24]

붉은 군대의 병사들은 전쟁을 끝내고 싶은 억누를 수 없는 열망을 느꼈지만 승리가 가까워질수록 살고 싶은 마음 또한 한층 커졌다. 그러면서도 병사들은 집에 들고 갈 훈장을 원했다. 훈장은 자신들이 속한 공동체, 특히 가족 내에서의 입지에 큰 차이를 가져올 것이었다. 하지만 그들이 온갖 역경에 맞서 지금까지 살아남은 뒤 전쟁 막바지에 죽는 것보다 훨씬 더 두려워한 한 가지가 있었다. 바로 팔다리를 잃는 것이었다. 사모바르samovar, 러시아에서 찻물을 끓일 때 쓰는 큰 주전자라고 불리는, 팔다리가 없는 상이용사들은 따돌림을 당했다.

4월 15일 저녁에 해가 진 뒤, 제47군 정치위원인 칼라슈니크 대령은 포로가 되었다가 전선으로 다시 돌아온 첫 병사들을 면담하기 위해 블라디미르 갈 대위와 젊은 중위 콘라트 볼프를 최전선으로 보냈다. 독일인 코니 볼프는 1933년 나치가 권력을 잡았을 때 '모스크바 이민단' 중 한 명이던 공산주의자 극작가인 프리드리히 볼프의 아들이었다. 코니의 형인 미샤는 냉전 시대에 동독의 스파이 활동의 수장인 마르쿠스 볼프로 악명을 떨쳤다.

권총만 가진 두 동료가 숲을 지나 오데르 강둑을 향해 나아갈 때 주위는 캄캄했다. 사방에 깔린 전차와 병사들은 위장을 했다. 두 젊은 장교가 나무들 사이를 걸어갈 때 어두워서 아무것도 보이지 않았지만 "주위에 온통 거대한 군대가 집결해 있다"는 사실을 느꼈다. 갈 대위는 분위기가 마치 "튀어오르기 직전의 거대한 용수철 같았다"[25]고 회상했다.

다른 사람들은 훨씬 더 위험한 작업에 참여했다. 공병들은 해질 녘 몰래 무인 지대에 들어가 지뢰를 제거했다. 제3충격군의 쇼타 술크하니슈빌리 대위는 "모든 보병에게 우리가 지금 하고 있는 작업을 알

렸지만 작업을 마치고 돌아오는 내 공병 중 한 사람에게 어떤 보병이
수류탄을 던졌다. 그 보병은 자고 있다가 발자국 소리를 듣고 공포에
사로잡혔다. 나는 분통이 터져서 그놈을 죽기 직전까지 두들겨 팼다.
내게 모든 부하, 특히 지뢰를 제거하는 병사들은 금만큼 소중했다"[26]
라고 말했다.

　　시계를 구한 사람들은 시간을 보고 싶은 마음이 간절했다. 공격
이 시작될 때까지 몇 분이나 남았는지 알고 싶었다. 그러나 어떤 불빛
도 허락되지 않았다. 다른 어떤 것도 생각하기 힘들었다.

라이트바인
슈푸어의 주코프

제8근위군 사령관 추이코프 장군은 라이트바인 슈푸어에 있는 전방 지휘 본부에서 오데르브루흐와 젤로의 절벽이 가장 잘 보였다. 그는 주코프 원수가 그곳으로 와서 첫 포격과 공격을 관람하는 것이 탐탁지 않았다. 추이코프는 스탈린그라드에서부터 자신과 함께했던 참모 장교 메레즈코 대위에게 오데르강 건너편으로 돌아가서 전선군 사령관과 그의 수행단을 진지로 안내하라고 명령했다.

주코프의 차량 호송대가 아주 멀리서 전조등을 켠 채 다가오고 있었다. 그것은 추이코프를 분노케 했다.[1] 추이코프는 1942년 겨울 이후 주코프에 대해 편견을 갖고 있던 게 확실했다. 그는 스탈린그라드에서 제62군의 영웅적 역할은 간과되고 주코프에게 너무 많은 관심이 집중됐다고 생각하고 있었다. 더 최근에는 자신이 포즈난 요새를 함락하는 데 걸린 시간을 두고 나온 발언에 분개했다. 그리고 2월 초,

베를린으로 곧장 진격하는 데 실패한 것에 대한 자신의 언급은 주코 프를 화나게 만들었다.

한 장교는 오데르브루흐에 있는 그들 아래에 펼쳐진 참호 안이 달그락거리는 냄비로 가득했다고 기억했다. 그들은 공격에 앞서 취사 병들이 병사들에게 떠주는 수프 냄새를 맡을 수 있었다. 냉기가 가득 한 전선 참호 속에서 진흙 범벅이 된 병사들은 배급받은 보드카를 홀 짝였다.

지휘 본부에서는 야전 전화기들이 계속 울려댔다. 통신원들은 바 쁘게 왔다 갔다 했다.

주코프는 카자코프 장군과 포병 사령관 그리고 전선군 정치위원 텔레긴 장군을 포함한 수행단과 함께 도착했다. 그들은 돌출부의 측면 을 돌아 길을 따라 올라가서 추이코프의 공병들이 관측소 아래에 있 는 작은 언덕 옆에 파놓은 벙커에 도착했다. 추이코프는 훗날 다음과 같이 기록했다. "시곗바늘이 이렇게 느리게 돌아간 적은 없었다. 어떻 게든 남아 있는 시간을 채우기 위해 우리는 같은 벙커에 있는 어린 여 군이 타준 뜨겁고 맛이 강한 차를 마시기로 했다. 나는 그녀가 러시아 식이 아닌 마고라는 이름을 갖고 있었기 때문에 기억할 수 있었다. 우 리는 말없이 차를 마셨다. 다들 자기만의 생각에 잠겨 있었다."[2]

카자코프 장군은 돌파 구역에 킬로미터당 야포 270문에 이르는 비율로 도합 8938문의 포를 갖고 있었다. 152밀리와 203밀리 곡사 포, 중박격포 그리고 카추샤 다연장 로켓포 연대를 포함해 4미터마 다 야포 한 문씩 배치되었다는 것을 의미했다. 제1벨라루스전선군에 는 700만 발 이상의 포탄이 비축되어 있었다. 그중 123만 6000발이 첫날 발사됐다. 포병의 과도하고 압도적인 힘의 우위 때문에 주코프는 그들과 마주하고 있는 장애물의 규모를 과소평가하는 실수를 저질렀다.

주코프는 보통 대규모 공격을 앞두고 현지 확인을 위해선 직접 전선을 방문해야 한다고 강조했다. 하지만 이번에는—주로 스탈린의 계속되는 압박 때문에—주로 정찰 사진에 의존했다. 이 평면 사진은 오데르브루흐 위의 교두보를 굽어보고 있는 젤로 고지가 그가 알고 있는 것보다 훨씬 더 가공할 만하다는 사실을 보여주지 못했다. 주코프는 새로운 아이디어에 매료되었다. 143개의 서치라이트가 전면에 배치돼 공격 순간 독일 수비군의 눈을 멀게 할 준비를 했다.

포병이 준비를 시작하기 3분 전 원수와 휘하의 장군들은 벙커에서 줄지어 나갔다. 그들은 가파르고 좁은 길로 올라와 위장망으로 은폐된 언덕 꼭대기의 관측소로 갔다. 그들 아래에 있는 오데르브루흐는 동트기 전의 엷은 연무 때문에 어두침침했다. 주코프는 시계를 봤다. 모스크바 시간으로 오전 5시 정각이었다. 베를린 시간으로는 오전 3시였다.

"곧이어 모든 지역이 수많은 야포, 박격포 그리고 우리의 전설적인 카추샤 로켓에 의해 환해졌다." 전쟁을 통틀어 어떤 포격도 이렇게 집중적으로 이루어진 적은 없었다. 카자코프 장군의 포병들은 광분한 상태에서 대포를 쏘았다. 제3충격군 소속의 한 포대장은 이렇게 썼다. "무시무시한 천둥이 주위의 모든 것을 흔들어놓았다. 여러분은 우리 포병들이 이런 교향곡에도 두려움을 느끼지 않을 거라고 생각할 수도 있다. 하지만 이번에는 나 역시 귀를 막고 싶었다. 내 고막이 터질 거라는 생각이 들었다."[3] 포병들은 귀에 가해지는 압력을 낮추기 위해선 입을 벌려야 한다는 사실을 기억해야 했다.

첫 번째 우르릉거리는 소리에 참호 속에 있던 독일 징집병들은, 이른 아침부터 성가신 불빛이 잠을 깨우듯이, 분명 또 다른 '아침 음악회'라고 생각하면서 잠에서 깼다. 하지만 동부 전선에서 실제 경험했던 병사들에게는 '병사의 직감'이 있었다. 그들은 대규모 공격이라는 사실을 깨달았다. 부사관들은 당장 자기 위치로 가라고 큰소리로 명령했다. "비상사태! 즉각 각자 위치로!"[4] 당시 생존자들은 내장과 입이 바짝 말라가던 느낌을 여전히 기억했다. 그들은 "이제 우리는 골치 아프게 됐네"라고 혼잣말로 중얼거렸다.

무시무시한 포격에서 간신히 살아남은 목표 지점의 참호에 갇혀 있던 소수의 병사는 훗날 이 경험을 '지옥'이나 '불바다' '지진'이라는 말로만 묘사할 수 있었다. 많은 병사가 청각을 완전히 잃어버렸다. 제27공수연대 소속의 게르트 바그너는 "몇 초 만에 내 동료 10명이 모두 죽었다"[5]라고 기록했다. 바그너는 정신을 차렸을 때 자신이 연기 나는 폭탄 구덩이 안에 누워 있는 것을 발견했다. 그가 할 수 있는 일은 버둥대며 제2선으로 물러나는 것밖에 없었다. 참호를 박살 내고 그곳에 있던 병사들을 살았든 죽었든 파묻어버린 포병의 일제사격에서 목숨을 건진 병사는 몇 되지 않았다. 반세기 이상이 지난 후에도 이곳에서는 여전히 많은 시신이 발견되고 있다.

땅의 진동을 느낀 후방의 병사들은 쌍안경이나 참호 잠망경을 붙잡았다. 제502친위중기갑대대 지휘관은 티거 전차 잠망경으로 밖을 바라보았다. "시야에 들어온 동쪽 하늘은 활활 타오르고 있었다."[6] 또 다른 목격자는 "눈으로 볼 수 있는 모든 농가와 마을이 불타서, 연기 기둥이 피어오르고 있었다"[7]라고 기록했다. 사령부의 한 행정병은 "맙소사, 저 불쌍한 전투병 놈들"[8]이라고 중얼거릴 수밖에 없었다.

"전쟁은 전쟁이고 술은 술이다"라고 외치던 혈기 왕성한 독일 전사들의 시대는 끝났다. 생존자들은 완전히 정신을 잃진 않았지만 감정적으로나 정신적으로나 엄청난 충격을 받았다. 포격 이후, 친위선전중대와 함께했던 한 특파원은 무기를 버린 채 멍하니 숲속을 헤매는 한 병사를 보기도 했다. "파리에서 장교들의 면도를 해줄"[9] 정도로 좋았던 이번 전쟁의 가장 멋진 시절을 보냈던 그 병사에게 동부 전선은 처음 경험하는 일이었다.

젤로 전방 독일군 진지 거의 모든 곳이 포격에 의해 파괴되었다. 하지만 사상자는 생각보다 많지 않았다. 퀴스트린 남부에서 붉은 군대 병사를 심문해 정보를 캐낸 하인리히 장군이 제9군 병력 대부분을 2선 참호로 후퇴시켰기 때문이다. 반면 프랑크푸르트 안데르 오데르의 남쪽 구역에서 소련 제33군과 마주하고 있던 병사들은 운이 없었다. 국민돌격대와 헝가리 분견대는 친위사단 '1월 30일'의 전방 진지들을 점령하기 위해 파견됐다. 상급돌격지도자(중위) 헬무트 슈바르츠는 훗날 정규군을 지키기 위해 "이들은 사령부에 의해 총알받이로 희생됐다"[10]고 썼다. 대부분의 국민돌격대는 제1차 세계대전 참전용사들이었다. 그들 중 상당수가 군복은 고사하고 무기도 없었다.

주코프는 눈에 띄는 저항이 없다는 사실에 지나치게 고무되어 독일군들이 분쇄됐다고 생각했다. 훗날 그는 "포격이 시작된 지 30분이 지나자 적군 중에는 살아남은 이가 단 한 명도 없는 것 같았다"[11]라고 썼다. 그는 총공격을 시작하라고 명령했다. "여러 색상의 수많은 조명탄이 하늘로 쏘아올려졌다. 200미터당 하나씩 설치된 143개의 서치라이트를 작동시키는 젊은 여군들에게 보내는 신호였다.

한 러시아인 공병 대령은 그날 밤 집으로 보내는 편지에 "지평선 전체가 대낮처럼 밝았소. 독일군 쪽은 모든 것이 연기와 굳은 상태로 날아오른 흙더미로 덮였소. 겁먹은 채 하늘을 날아다니는 거대한 무리의 새들, 계속 윙윙대는 소리, 천둥, 폭발이 있었소. 우리는 고막이 터지는 것을 막기 위해 귀를 막아야 했다오. 그다음 전차들이 그르렁댔소. 서치라이트들이 독일군의 눈을 마비시키기 위해 모든 전선에 비춰졌지. 병사들이 여기저기서 '베를린으로!'라고 외쳤다오"[12]라고 썼다.

경이로운 무기에 대한 선전에 분명 과도하게 영향을 받은 몇몇 독일군은 이 서치라이트가 그들의 눈을 멀게 하는 신무기라고 생각했다. 소련군 병사 중에서는 이 빛이 공격 부대의 후퇴를 막기 위한 장치라고 잠시 의심하는 이도 있었다. 제3충격군의 술크하니슈빌리 대위는 "빛이 너무 눈부셔서 뒤돌아볼 수 없었다. 무조건 앞으로 나아갈 수밖에 없었다"[13]라고 썼다. 하지만 주코프가 매우 자랑스러워한 이 발명품은 포격으로 인한 연기와 먼지에 빛이 반사되는 바람에 수비대를 눈부시게 하는 대신 공격군들의 방향 감각만 잃게 만들었다. 전방 부대 지휘관들은 후방에 라이트를 끌 것을 명령했지만 많은 병사가 야맹증을 호소하자 라이트를 도로 켜라는 정반대의 명령을 내려야 했다. 하지만 주코프는 더 심각한 실수를 했다. 그의 제1선에 대한 집중 포격은 대부분 버려진 참호들을 계속 때리고 있었다. 그는 자신의 회고록에서 이런 사실과, 진격이 본격적으로 시작되자마자 독일군이 가한 집중 사격에 의외로 놀랐다는 사실을 인정하지 않았다. 그에게는 상당히 짜증나는 일이었음에 틀림없다. 왜냐하면 중요 정보회의에서 몇몇 고위 장교는 그에게 제2선에 대한 사격에 집중해줄 것을 권고했기 때문이다.

좌익을 맡은 추이코프의 제8근위군과 우익을 맡은 베르자린의 제5충격군의 진격이 퀴스트린 교두보에서 시작되었다. 나흘 전, 주코프는 스탈린의 허락을 받아 카투코프의 제1근위전차군이 추이코프를 지원하도록 스타프카의 계획을 변경했다. 그들은 베를린 남쪽 교외로 밀고 들어갈 참이었다. 베르자린의 오른쪽에는 제2근위전차군, 제3충격군, 제47군이 있었다.

주코프의 우측 멀리 있던 제1폴란드군과 제61군에게는 교두보라고 할 만한 것이 없었다. 그들은 사격을 뚫고 직접 오데르강을 건너야만 했다. 선두 대대들은 수륙양용차—여군들이 운전하는 미국 DUKW[14]—를 이용했지만, 대부분의 병력은 일반적인 보트로 강을 건넜다. 강을 건너는 과정에서 많은 사상자가 발생했다. 공격 주정들은 물이 새거나 심지어 가라앉기도 했다. 이른바 "생산적 손실"[15]이었다. 독일군의 저항 또한 격렬했다. 제12근위소총사단의 한 대대가 강을 건넜지만 "8명의 병사만이 오데르강 서쪽 둑에 도착했다". "몇몇 정치장교가 강을 건널 때 우유부단함을 보였다"는 언급을 고려해보면 병사들 사이에 극심한 공포가 만연했다는 얘기였다.

왼쪽 끝에 있는 제33군은 프랑크푸르트 안데르 오데르의 남쪽 교두보에서, 그리고 제69군은 북쪽에서 진격해 독일 수비대가 지키고 있는 이 도시를 고립시킬 생각이었다.

여러 색깔의 신호탄들이 흐린 하늘에 기다란 자국을 내자마자 땅에 엎드려 있던 소련군 소총수들이 몸을 일으켜 앞으로 나아갔다. 장군들 중에서 가장 감정이 없는 주코프는 전차 부대를 진격시키기 전에 반드시 제거해야 하는 지뢰밭으로 보병들을 보냈다. 한 대위는 "아,

인간이 대전차지뢰로 산산조각 나는 모습을 본다는 것은 얼마나 끔찍한 일인가!"라며 그때를 회상했다. 하지만 제8근위군의 진격은 처음엔 순조로웠다. 병사들은 저항이 없는 것에 힘을 얻었다. 제16항공군의 지상 공격기 슈투르모비크들이 절벽 위에 있는 진지들을 공격하기 위해 날카로운 소리를 내며 병사들의 머리 위로 낮게 날았다. 제18항공군의 중폭격기연대는 다른 목표물들과 더 뒤쪽에 있는 통신소들을 공격하기 위해 비행했다. 그날 제1벨라루스전선군 구역에 대한 6500회의 출격이 있었다. 하지만 강의 옅은 안개, 짙은 연기 그리고 폭발로 인한 먼지 때문에 시야 확보가 어려워 목표물들을 제대로 볼 수가 없었다. 결과적으로 방어 진지에 대한 폭격과 기총 소사는 그다지 큰 피해를 입히지 못했다. 그 대신 탄약 상황이 안타까울 정도로 처참한 상태에 이른 제9군의 레부스 서쪽 알트 체흐도르프에 있는 주요 포탄 저장고는 공격으로 파괴되었다.

적에게 노출된 병력은 당연히 가장 취약한 상태에 놓였다. 열흘 전에야 소집된 마흔 살의 에리히 슈뢰더가 소속된 국민돌격대 중대는 '최고의 경계 태세'[16] 명령을 받고는 오전 7시 트럭을 타고 전선으로 달려갔다. 공습이 시작되기 전에 참호를 팔 시간도 없었다. 그는 거의 동시에 두 개의 폭탄이 폭발한 것을 기억했다. 폭탄 파편 하나에 엄지발가락이 잘려나갔고, 다른 파편 하나는 그의 왼쪽 종아리를 관통했으며, 세 번째 파편은 허리를 찔렀다. 그는 몸을 숨기기 위해 절뚝이며 앞으로 나아가려고 했다. 그들이 방금 타고 왔던 차량 대부분은 불길에 휩싸였다. 차량들 위에 남아 있던 판처파우스트들이 폭발하기 시작했다. 결국 그는 불타지 않은 차량에 실려 퓌르스텐발데에 있는 응급치료소로 갔다. 하지만 그날 밤 소련군의 폭격으로 그들이 몸을 피하고 있던 지하실을 제외한 건물 전체가 파괴됐다.

젊은 독일 징집병과 신병들은 포격과 서치라이트 때문에 공황 상태에 빠졌다. 경험 많은 군인들만이 사격을 시작할 준비를 했다. 하지만 강의 옅은 안개, 연기, 그리고 포탄의 폭발로 공중의 비산 먼지가 섞이면서 앞이 안 보이는 상황에서 목표물을 확인하는 것이 문제였다. 수비대는 소련군이 진격하면서 서로를 부르는 소리를 들을 수 있었지만, 그들을 볼 수는 없었다. 멀리서 소련 전차의 엔진이 내는 굉음도 들렸다. 사실 T-34의 넓은 무한궤도는 물을 잔뜩 먹은 범람원의 진흙에 대처하는 데 어려움을 겪었다. 무기를 버리고 전방 진지에서 살아남은 자들은 "이반이 온다"라고 소리치면서 제2선으로 도망쳤다. 뒤로 도망가던 한 젊은 군인은 앞에 누군가가 있는 것을 보고 그에게 소리쳐 경고를 했다. 돌아보는 사람은 붉은 군대의 병사였다. 그들은 몸을 숨기기 위해 재빠르게 움직이고는 서로에게 총을 쏘기 시작했다. 놀랍게도 독일 소년병은 이 소련 군인을 죽일 수 있었다.

대규모 포격으로 땅이 어찌나 파헤쳐졌던지 소련 대전차포와 사단 포병들은 보병을 따라가기가 몹시 버거웠다. 뒤쪽에 카추샤 포대를 장착한 트럭은 특히 더했다. 그럼에도 카추샤 로켓포를 발사하는 근위 박격포연대는 다른 어떤 것보다 독일군에게 많은 공포심을 불러일으킨 이 무기를 보면서 움츠러든 채 후방으로 호송되는 첫 독일 포로들을 흐뭇하게 바라보았다.

하지만 이 포로들이 봤을 법한 모습은 추이코프의 제8근위군과 베르자린의 제5충격군이 진흙 속에서 돌파구가 열리길 기다리면서 만들어낸 엄청난 교통 체증이었다. 그날 아침의 진전은 매우 느렸다. 라이트바인 슈푸어 관측소에 있던 주코프는 화를 내고 욕하면서 강등을 무기로 지휘관들과 죄수 부대를 협박했다. 그는 제8근위군이 절벽 아래 오데르브루흐에서 교착상태에 빠지자 참모 장교들 앞에서 추이코프 장군과 격렬한 언쟁을 벌였다.

대낮이 되면서 점점 더 자포자기 상태에 빠진 주코프는 스탈린과 무선전화로 나누는 다음 대화를 두려워하면서 자신의 작전 계획을 변경하기로 결정했다. 전차 부대들은 보병이 독일 방어선을 뚫고 젤로 고지에 도착할 때까지 전진하지 않을 예정이었다. 하지만 주코프는 기다릴 수 없었다. 추이코프는 이 일이 야기할 혼란을 예상하면서 겁에 질렸지만, 주코프는 요지부동이었다. 오후 3시, 주코프는 스타프카에 전화를 해 스탈린과 얘기를 나눴다. 스탈린은 그의 보고를 듣고는 "그래서 장군은 베를린의 적을 과소평가했군요. 나는 장군이 이미 베를린에 접근했다고 생각하고 있었습니다만, 아직도 젤로 고지에 있군요. 코네프는 일을 더 성공적으로 시작했습니다"[17]라고 말했다. 그는 주코프의 계획 변경을 냉철하게 처리하는 것처럼 보였지만, 주코프는 모든 것이 결과에 달려 있다는 사실을 아주 잘 알고 있었다.

오후에 카투코프는 제1근위전차군과 함께 젤로 방향으로 공격하라는 명령을 받은 반면, 보그다노프의 제2근위전차군은 노이하르덴베르크 구역을 공격하라는 명령을 받았다. 전차들이 너무 빨리 이동하게 되면 땅이 패여 방위 거점들을 처리하기 위해 소총사단들에 필요했던 근접지원 포병이 전진할 수 없었다. 추이코프가 예측한 대로 수많은 기갑차량이 교두보를 가득 메우는 혼란이 일어났다. 서로 다른 장비와 부대를 분류하는 일은 교통 통제관들에게는 악몽이었다.

오른쪽에서는 보그다노프의 전차들이 판처파우스트로 무장한 소규모 부대의 맹렬한 역습과 노이하르덴베르크 아래 참호 속에 숨어 있던 88밀리 포 때문에 상당한 고통을 받았다. 제111훈련여단의 바히테마이스터 게르네르트가 이끄는 돌격포 소대가 노이트레빈 근처에 있는 오데르브루흐의 연기 속에서 갑자기 나타나 한 무리의 소련 전차들과 교전을 벌였다. 게르네르트 혼자 7대의 전차를 처리했다. 그는 개인적인 기록을 이튿날 44대의 적 전차를 격파하는 것으로 상향시켰다. 하인리히 장군은 기사 십자장을 승인하면서 "그의 뛰어난 용맹함과 전략적으로 현명한 통솔력이 여단의 측면을 구했다"[18]고 말했다. 하지만 그가 4월 28일 훈장을 승인할 때 이 여단, 그리고 제9군은 더 이상 부대로서 존재하지 않았을 것이다.

마침내 전차 부대의 선두 여단이 젤로 고지 아래에 도착해 경사면을 오르기 시작했다. 엔진이 힘을 쓰면서 굉음을 냈다. 많은 곳에서 경사가 너무 가팔라 전차 지휘관들은 다른 길을 찾아야 했다. 그러면서 그들은 독일군 방어선 쪽으로 향하는 실수를 저질렀다.

좌측에 있던 카투코프의 선두 여단은 젤로 동남쪽 돌겔린-프리더스도르프 간 도로로 전진하면서 가장 끔찍한 피해를 입었다. 전열을 유지한 채 기다리고 있던 제502친위중기갑대대의 티거 전차들을 발견하면서 치열한 전차전이 시작됐다. 소련 전차여단들은 깊은 배수로에 막혀 많은 사상자를 냈다.

반면 전선의 중간, 젤로와 노이하르덴베르크 사이에 있던 괴링의 영예로운 제9공수사단은 맹공격에 굴복했다. 그날 아침 포격이 시작되자, 제27공수연대는 그들의 본부를 능선 위에 있는 구소 성城 뒤쪽 숲의 벙커로 옮겼다. 하우프트만 핑클러는 야전 전화가 설치된 영주의 저택에 남아 있었다. 그는 연기 때문에 거의 볼 수 없었지만, 무기를 버린 채 전선에서 도망치는 일단의 젊은 독일 공군 병사들을 통해 전선이 붕괴되고 있다는 사실을 알 수 있었다. 마침내 한 중위가 와서 소련군이 마을 가까이로 진격 중이라고 경고했다. 연대장 멩케 대령은 즉각적인 반격을 명령했다. 핑클러는 전방 지휘소에서 10여 명의 병사를 모아 적을 향해 정면으로 달려나갔다. 대부분의 공수부대원이 쓰러졌다. 핑클러와 경고를 했던 중위는 버려진 헤처 구축전차를 발견하고 그 안으로 몸을 숨겼다.

호엔촐레른담에 있는 베를린 방어구역 사령부에서 라이만 장군의 참모장인 레피오어 대령은 그날 아침 "동쪽에서 나는 둔탁하고도 지속적으로 우르릉거리는 천둥소리"[19] 때문에 잠에서 깨면서도 "놀라지 않았다". 포격 강도가 얼마나 대단했던지 목표 지점에서 60킬로미터 떨어진 베를린 동부 교외에서 느끼는 충격조차 작은 지진 같았다. 집이 흔들리고 벽에 있던 그림들이 떨어졌으며 전화벨이 저절로 울렸다. 거리에서 사람들은 불안한 목소리로 서로에게 "시작됐네!"라고 중얼거렸다. 이것이 의미하는 바에 대해 누구도 그 어떤 환상조차 갖고 있지 않았다. 흐린 그날 아침 회색빛 속에서 "여자와 소녀들은 두려움에 떨며 멀리 전선에서 들려오는 소리를 들으면서 옹기종기 모여 우두커니 서 있었다".[20] 가장 자주 하는 질문은 미군이 제때 베를린에 도착해 자신들을 구해주겠느냐 하는 것이었다.

당국이 수도에 허겁지겁 바리케이드를 설치하고 방어 지점들에 인원을 배치하는 등 분주하게 소동을 벌인 탓에 그토록 호언장담했던 오데르강 방어선에 대한 확신은 상당히 약화되었다. 괴벨스는 자신들의 방어벽에 온몸으로 달려드는 몽골족의 새로운 폭풍에 대해 열정적이지만 설득력은 없는 연설을 했다. 당장 베를린 주민들이 직면한 문제는 도시를 포위하는 작전이 개시되기 전에 자신들의 식량 저장고를 채우는 일이었다. 빵집과 식료품점 앞의 대기 줄은 그 어느 때보다 길었다.

현실에 대한 광적인 부정이 최고조에 달한 가운데, 다행히 몇몇 사람이 기지를 발휘해 포츠담 병원의 아동 병동을 수도에서 멀리 옮기라고 명령했다. 포츠담 병원은 4월 14일 밤에 있었던 연합군 공습 때 거의 완전히 파괴됐다. 불운하게도 역에 정차해 있던 탄약 열차에 폭탄이 떨어지면서 피해는 더 커졌다. 아동 병동에 있는 어린이 환자들은 야윈 두 마리 말이 천천히 끄는 독일 적십자 앰뷸런스를 타고 잔해 가득한 거리를 지나 체칠리엔호프 궁전으로 옮겨졌다. 다소 고령이었던 옛 황태자는 이미 몇 주 전 그곳을 떠났다. 하지만 구프로이센 군 출신의 몇몇 장교와 그들의 부인은 계속 지하실에 대피해 있었다. 그들은 포츠담이 소련에 점령당할 거라는 생각은 눈곱만큼도 하지 않았다.

4월 16일 아침, 간호사들은 어린이 환자들을 벨리츠 근처에 있는 하일슈테텐 서남쪽으로 옮겨야 한다는 소리를 들었다. 샤리테와 오귀스트-빅토리아, 로베르트-코흐를 포함한 대부분의 베를린 병원은 위장된 석조 건물을 할당받아 환자를 수용하고 있었다. 이 건물은 제1차 세계대전 때에도 병원으로 이용되었다. 히틀러 역시 1916년 말 부상을 당해 이곳에서 두 달을 보낸 적이 있다. 하지만 어린이 환자들은 아직 위험에서 벗어난 것이 아니었다. 그들이 버스에서 내렸을 때 "숨어! 비행기다!"라는 고함이 들렸다. 소련 복엽기—독일인들이 '커피 분쇄기'라고 부르는 구식 Po-2 농약 살포기—가 나무 키쯤 되는 높이에서 나타나 사격을 시작했다.

초센 지하 사령부에서 전화가 계속 울렸다. 기진맥진한 크렙스 장군은 자신의 사무실 금고에 보관해놓았던 베르무트vermouth, 포도주에 향료를 넣어 우려 만든 술 한 병을 통째로 마셔댔다. 소련 대포와 항공기가 지휘 본부들을 파괴하고 전화선을 끊으면서 보고를 하는 사령부는 줄었지만 총통 관저 벙커에 있는 장관들과 부르크도르프 장군의 전화는 늘어났다. 베를린 정부의 사람들은 모두 새로운 소식을 원했다. 하지만 참모 장교들은 전선에 있는 이들과 마찬가지로 자신들에게 무엇이 닥쳐오고 있는지 생각하고 있었다.

오전 11시 회의에서 장교들은 대피 계획이 어떻게 되는지를 알고 싶어했다. 그들 모두는 제1우크라이나전선군이 나이세강을 돌파하는 순간 베를린 남부에 위치한 초센은 매우 취약한 상태에 놓인다는 사실을 잘 알고 있었다. 히틀러가 베를린 공격은 양동작전일 뿐이며 붉은 군대의 실제 목표는 프라하라고 예상하자 신랄한 비평이 하나둘 튀어나왔다. 심지어 하인리히의 우려에도 불구하고 히틀러는 세 개 기갑사단을 최근 육군 원수로 진급한 쇠르너의 지휘로 옮겼다.

제9군 사령관 부세 장군은 반격을 위한 예비대로 그 세 개 기갑사단이 절대적으로 필요했다. 그의 세 개 군단—좌측의 제101군단, 중앙의 헬무트 바이틀링 장군의 제56기갑군단 그리고 우측의 제11친위기갑군단—은 전차가 크게 부족했다. 그들은 패배할 때까지 앉아서 기다리는 수밖에 없었다. 프랑크푸르트 안데르 오데르 남쪽의 제5친위산악군단은 소련군의 두 주요 공세만큼은 피했지만 제69군의 공격에 직면하면서 간신히 막아내고 있는 형편이었다.

오데르브루흐와 젤로 고지 전투는 혼돈 속에서 계속되었다. 시야가 제대로 확보되지 않아 많은 살상 행위는 근거리에서 이루어졌다. 그로스도이칠란트 친위연대의 한 대원은 훗날 이 습지대가 "학살 현장이 아니라 도축장"[21]이었다고 썼다.

소련 공병 장교 표트르 세벨레프는 그날 밤 집으로 보내는 편지에 "우리는 포탄 구덩이가 잔뜩 생긴 지역을 가로질렀습니다. 도처에 부서진 독일 대포와 차량, 불타는 전차 그리고 많은 시체가 있었습니다. 이 시체들을 우리 병사들이 한곳으로 끌고 가 묻었어요. 날씨는 흐립니다. 이슬비가 내리며 지상 공격기들이 독일 전선 위를 간간이 날아다니고 있습니다. 많은 독일군이 투항합니다. 그들은 히틀러를 위해 목숨 바쳐 싸우기를 원치 않습니다"[22]라고 썼다.

다른 붉은 군대 장교들은 좀더 의기양양했다. 제3충격군의 클로치코프 상위는 그곳을 "그렇게도 기세등등하던 히틀러 전사들의 시체로 뒤덮여 있는"[23] 땅으로 묘사했다. 그러고는 이렇게 덧붙였다. "우리 병사들을 대경실색게 한 것은 몇몇 시체가 참호 바닥에서 비틀거리며 일어나 손을 드는 장면이었다." 하지만 이런 묘사는 자신들의 사상자를 간과한 것이었다. 소련의 제1벨라루스전선군은 독일 수비대보다 거의 세 배나 많은 병사를 잃었다.

그날 있었던 전투에 대한 사후 조사는 소련군의 수많은 문제점을 드러냈다. 제5충격군은 분명히 '형편없는 준비'[24]로 고통받았다. 무선 규칙은 없었고 통신 상태가 매우 좋지 않아 "지휘관들은 무슨 일이 벌어지고 있는지도 모르면서 잘못된 정보를 보고했다". 설상가상으로 암호화된 통신이 급증하자 군사령부는 제대로 해독할 수조차 없었다. 이 때문에 많은 긴급한 상황에 대한 응답이 지연되었다. 지휘관들은 아직 도달하지 못한 목표를 완수했다고 주장하기도 했다. 이것이 혼란 때문인지 아니면 상급 사령부에서 내려오는 성과에 대한 엄청난 압박 때문인지는 말하기 어려웠다. 여기서 압박이란 야전 전화기에 대고 군사령관에게 고함치는 주코프를 가리켰다. 그러면 군사령관들은 소련의 남성 상급자가 일반적으로 그러하듯 군단장이나 사단장에게 훨씬 더 무섭게 소리 질렀다. 제26근위소총군단의 지휘를 맡은 장군은 매우 곤란한 상황에 처했다. 그는 베르자린 장군에게 자신의 부대가 한 마을을 점령한 다음 마을을 향해 2킬로미터를 전진했다고 보고했다. "이것은 사실이 아니었다."

제248소총사단에서는 한 연대장이 자신의 연대를 잃어버렸다. 다른 사단에선 어느 대대가 잘못된 방향으로 보내지는 바람에 결과적으로 연대 전체의 공격이 지연되었다. 일단 진격이 시작되면 옅은 안개와 연기 때문에 연대 간의 연락이 두절됐을 뿐 아니라 독일군 포좌를 발견할 수조차 없었다. 이런 상황은 "보병이 진격하는 동안 계속되면서 소련군에 막대한 피해를 입혔다". 지휘관들은 그들의 정신 상태에 대해서도 비난을 받았다. 그들은 적을 분쇄하는 가장 효과적인 방법을 강구해야 할 때조차 무턱대고 전진하는 데에만 열을 올렸다. 이런 문제는 상급 지휘부의 가차 없는 압박만이 아니라 동기 부여된 당원의 부족 때문에 발생했다.

또한 처음 있는 일은 아니지만, 포병 지원에 의한 사상자들도 발생했다. 어떤 경우에는 이 문제가 지휘관들이 프리즘 나침반과 무전기를 포함한 "여러 기술적 장치를 다룰 줄 모른다"는 식으로 묘사되었다. 첫째 날인 4월 16일, 제266소총사단이 숲 언저리에 도착했을 때 아군 포병에 의해 심각한 타격을 입었다. 이튿날 제248소총사단과 제301소총사단도 똑같은 운명을 겪었다. 제5충격군은 포로 3만 3000명을 잡았다고 주장했지만, 자신들의 사상자는 밝히지 않았다.

한편 제8근위군은 "심각한 불편"을 겪었다. 이 표현은 재앙에 가까운 무능력을 완곡하게 표현한 것이었다. 게다가 이 잘못은 추이코프가 아니라 주코프 탓이었다. "적 전선에 대한 공격준비사격은 잘 작동해 보병이 첫 번째 전선을 돌파했다. 하지만 우리 포병은 적의 포병 진지, 특히 젤로 고지의 포병 진지를 파괴할 수 없었다. 심지어 항공기를 이용하는 것조차 이를 보완하지 못했다." 또한 소련 항공기가 자국 군인들에게 폭격과 기총소사를 하는 경우도 있었다. 선두 소총대대들이 "우리 전선을 보여주기 위해 사용하는 신호탄을 제대로 알지 못했기" 때문이다. 신호는 흰색과 노란색 조명탄이었지만 노란색 조명탄을 발사하는 일이 거의 없었기에 그런 실수는 그리 놀라운 일이 아니었다.

또한 보고서는 포병이 전선의 보병을 지원하기 위해 전진하는 데 실패했으며 작전 입안자들이 대규모 포격이 안 그래도 잔뜩 물 먹은 땅을 사실상 통과 불능으로 바꿔놓으리라는 사실을 예측하지 못한 탓이라고 꼬집었다. 의료 서비스는 완전히 사라졌다. "몇몇 연대에서는 전장에서 부상자들을 대피시키는 과정이 형편없었다."[25] 한 기관총 사수는 도움을 받지 못한 채 20시간 동안 누워 있었다. 제27근위소총사단의 부상자들은 "의료 지원 없이 4~5시간 동안 방치됐고", 부상자 치료소에는 수술대가 네 개밖에 없었다.

프랑크푸르트 안데르 오데르 남쪽에 있던 소련 제33군은 독일 제5친위산악군단을 상대로 진격에 어려움을 겪었다. 그들 역시 부상자를 치료할 의료 지원이 부족했다. 장교들은 총구를 겨누면서 독일군 포로들에게 소련군 부상자들을 후방으로 이송하고 탄약을 가져오라고 강요했다. 나중에 독일군 포로들을 직접 데려가지 않은 것에 대해 자신의 정치장교들을 비난한 군 정치부는 포로들을 세뇌한 다음 "사기를 떨어뜨리고자 포로들을 그들의 동료들에게 돌려보냈다". 붉은 군대 당국이 부상자들에게 준 우선권은 정말 낮았다. 야전병원이 아무리 바빠도 스메르시는 자해 여부를 조사하기 위해 수술 중인 의사를 끌어내는 것을 결코 주저하지 않았다. 왜냐하면 일단 전투가 시작되면 그런 경우가 "훨씬 더 빈번하게 발생하기 때문이었다".[*][2627]

젤로 고지 전투가 주코프 원수의 전성기 때 일어난 일이 아니다 보니 작전 계획과 지휘는 불완전했다. 하지만 대부분의 붉은 군대 병사와 하급 장교들의 용기, 체력 그리고 자기희생에는 의심의 여지가 없었다. 진정한 영웅적 행위—생동감 없는 선전 형태와는 별개의 것으로 미래 세대를 위한 정신적 교육으로서 제시되어야 할—는 안타깝게도 상급 지휘관과 소련 정치 지도자들의 본질적인 냉담함을 줄이는 데는 아무런 도움도 되지 않았다. 전화 통화 중 은연중에 병사들에 대한 언급이 드러났다. 지휘관들은 사상자 추정치를 물어보면서 다음과 같이 얘기하곤 했다. "얼마나 많은 성냥이 타버렸는가?"[28] 혹은 "얼마나 많은 연필이 부러졌는가?"

• 이런 끔찍한 시간을 보내는 바람에 많은 의료진이 전쟁 말기에 의료 행위를 포기했다.

독일 쪽도 이런 상황에서 부세 장군과 비스와집단군 사령관인 하인리히 장군이 훨씬 더 잘할 것을 기대하지는 않았다. 이번 전투의 독일군 생존자들은 포격 바로 직전 최전방 진지에서 대부분의 병력을 철수시켜 수많은 생명을 구한 것에 대해 부세 장군과 하인리히 장군에게 고마워했다. 하지만 몇몇 고위 장교는 여전히 아돌프 히틀러를 신뢰했다. 4월 16일 해가 진 다음 제56기갑군단의 포병 지휘관인 한스-오스카어 뷜러만 대령은 자신의 상관인 바이틀링 장군을 만나러 뮌헤베르크 서북쪽에 있는 발트지베르스도르프를 찾았다. 바이틀링 군단 사령부는 어느 베를린 가족의 주말 별장에 설치되어 있었다. 1층에는 촛불 하나만 켜져 있었다. 히틀러의 전쟁 지휘에 대해 환상을 갖고 있지 않았던 바이틀링은 자신의 생각을 말했다. 외알 안경을 낀 뷜러만은 동요했다. 훗날 그는 "나는 헌신적이고, 물불 가리지 않고, 연대 내에서 알려져 있듯이 '매우 단단한' 이 군인마저 우리 최고 지도부에 대한 믿음을 상실했음을 알고는 몹시 실망했다"[29]라고 썼다.

그들의 대화는 폭격으로 갑자기 중단되었다. 그들과 제11친위기갑군단 사이에 구멍이 뚫렸다. 왼쪽으로 또 다른 틈새가 형성되면서, 베를린 장군의 제101군단과의 연결이 끊기기 직전이라는 보고가 들어왔다. 괴벨스가 말한 몽골족에 맞선 장벽은 급속도로 무너졌다.

이날 밤은 주코프 인생에서 최악의 밤 중 하나였다. 군대의 시선이, 그리고 더 중요한 크렘린의 시선이 자신이 손에 넣지 못한 젤로 고지에 쏠렸다. 그의 부대들은 지금 "작전 6일째 되는 날 베를린을"[30] 점령하는 임무를 수행할 수 없었다. 추이코프의 소총연대 중 하나가 젤로시 외곽에 도착하고 카투코프의 전차 몇 대는 젤로 고지의 꼭대기

근처까지 와 있었다. 하지만 그 정도로는 스탈린을 확실히 만족시키지 못할 것이었다.

오후에만 해도 상당히 여유로워 보였던 이 소련 지도자는 자정 직전 주코프가 고지를 점령하지 못했다는 사실을 무선으로 짧게 보고하자 꽤 크게 화를 냈다. 스탈린은 스타프카의 계획을 바꾼 것을 두고 그를 비난했다. 스탈린은 "당신은 내일 젤로 전선을 확보할 것이라고 확신합니까?"[31]라고 물었다.

주코프는 차분하게 말하려고 애쓰면서 "4월 17일 내일이 끝날 무렵이면, 젤로 고지 방어선은 무너질 겁니다. 우리를 막으려고 적이 더 많은 병력을 이곳에 보낼수록 베를린 점령은 더 쉬워질 겁니다. 요새화된 도시에서보다 탁 트인 개활지에서 전투를 벌이는 게 훨씬 더 수월할 것이 분명합니다"라고 대답했다.

스탈린은 미덥잖아하는 것처럼 보였다. 아마도 그는 수도 동쪽의 독일군보다 서남쪽에서 다가올 수 있는 미군을 더 신경 쓰는 듯했다. 스탈린은 "우리는 코네프에게 리발코와 렐류셴코의 전차 부대를 남쪽에서 베를린으로 보내라고 명령하고, 로코숍스키에게는 속도를 올려 북쪽에서 공격하라고 말할 참이오"라고 말했다. 스탈린은 퉁명스럽게 "안녕히 계시오"라고 말하면서 전화를 끊었다. 얼마 지나지 않아 주코프의 참모장인 말리닌 장군은 스탈린이 실제로 코네프에게 전차 부대를 베를린 남쪽 측면으로 보내라고 말했음을 알아냈다.

소련 병사들은 1814년과 마찬가지로 1945년에도 서부 유럽의 강들을 무시했다. 그 강들은 소련의 강들에 비해 초라해 보였다. 하지만 그들이 건넜던 각각의 강은 침략자들에 대항한 끈질긴 저항의 진보를 상징하고 있기 때문에 특별한 의미가 있었다. 마슬로프 소위는 "스탈린그라드 근처 볼가강에서 부상을 당했을 때에도, 나는 전선으로 돌아가 결국 저주받은 슈프레강을 볼 것이라고 확신했다"[32]라고 썼다.

포르스트와 무스카우 사이에 있는 나이세강은 폭이 오데르강의 반 정도밖에 되지 않았다. 하지만 자리를 잡고 준비한 적군을 상대로 강을 건너는 일은 간단하지 않았다. 코네프 원수는 제1우크라이나전선군을 위한 최고의 전략이 선봉 부대가 강을 건너는 동안 적을 혼란에 빠뜨리고 그들의 판단력을 마비시키는 것이라고 판단했다.

포병의 포격은 모스크바 시간으로 오전 4시, 베를린 시간으로 오전 6시에 시작됐다. 포병은 킬로미터당 249문의 포를 자랑했다. 전쟁 중 최고의 집중도였다. 여기에 제2항공군의 강력한 융단 폭격을 더해 전력을 한층 강화했다. 한 장교는 "항공기의 윙윙대는 소리 그리고 대포와 폭발하는 포탄의 천둥 같은 소리가 어찌나 컸던지 병사들은 1미터 옆의 동료가 소리치는 것을 듣지 못할 정도였다"라고 기록했다. 주코프의 포격보다 훨씬 더 긴 집중포화였다. 총 145분 동안 계속되었다. 한 포대장은 잠시 쉬면서 "전쟁의 신이 오늘 아주 멋지게 벼락을 치고 있다"[33]고 말했다. "파시스트의 소굴을 향하여—발사!" "미치광이 히틀러를 향하여—발사!" "우리 인민의 피와 고통을 위하여—발사!"[34]라고 명령하는 지휘관들의 격려를 받은 포수들은 기쁜 마음으로 자신들의 앙갚음에 집중했다.

전투가 시작되는 것을 보기 위해 코네프는 슐레지엔 주도에 대한 혹독한 포위 공격이 여전히 계속되고 있는 브레슬라우 근처에 위치한 자신의 전선 사령부에서 이곳으로 왔다. 그는 곧장 푸호프 장군이 지휘하는 제13군의 관측소[35]로 향했다. 방공호와 참호로 구성된 관측소는 강을 내려다보는 언덕 위의 소나무 숲 가장자리에 있었다. 나이세강 서쪽 둑 위에 있는 적 진지의 소화기 사격 범위 내에 있었기 때문에 그들은 참호용 잠망경으로 상황을 주시했다. 하지만 그들의 전투 관람은 제2항공군 크라솝스키 장군의 조종사들이 강의 서쪽 둑 위로 빠르고 낮게 날아와 연막탄을 투하하는 2단계 국면이 시작되면서 끝났다. 이 연막은 정면 390미터에 걸쳐 펼쳐졌다. 이로 인해 방어군인 제4기갑군은 주요 공격 지점을 빨리 확인하지 못했다. 코네프는 운이 좋았다. 산들바람이 이 연막을 너무 빨리 흩어지게 하지 않은 채 넓게 펼쳐주었다.

선두 부대들은 공격 주정들을 들고 앞으로 나와서 물 위에 띄운 다음 열심히 노를 저었다. 제1우크라이나전선군은 "포격이 멈추기 전에 공격 주정들을 진수시켰다.[36] 공산당 운동가들과 공산청년동맹 일원은 이 보트에 가장 먼저 타려고 했다. 그들은 전우들을 향해 '조국을 위하여! 스탈린을 위하여!'라며 힘을 북돋는 구호를 외쳤다"고 보고했다. 첫 상륙은 서쪽 둑에서 이루어졌다. 다음 상륙부대를 격려하기 위한 작은 붉은 깃발들이 세워졌다. 몇몇 대대는 헤엄쳐서 강을 건너기 시작했다. 전에 우크라이나를 가로질러 진격하는 과정에서 경험 있는 군인들이 몇 번 한 행동이었다. 다른 병사들은 미리 답사한 여울을 이용해 무기를 머리 위로 올린 채 강을 걸어서 건넜다. 첫 연락선과 부교를 책임진 공병은 물로 뛰어들어 먼 기슭으로 나아갔다. 몇 문의 85밀리 대전차포들이 첫 소총대대를 따랐다. 작은 교두보들이 만들어졌다.

대규모 포격은 최전방 진지에서 효과적인 저항을 할 수 있는 독일군을 사실상 소멸시켰다. 많은 독일군 병사가 심각한 충격을 받았다. 카를 파플리크 병장은 자신을 포로로 잡은 소련군에게 "우리는 숨을 곳이 어디에도 없었습니다.[37] 하늘은 온통 휘파람과 같은 날카로운 소리와 폭발로 가득 찼죠. 우리는 상상할 수 없을 만큼의 손실을 입었습니다. 생존자들은 목숨을 구하려고 참호와 벙커에서 미친 사람처럼 이리저리 뛰어다녔어요. 우리는 공포에 질려 말을 할 수 없었습니다"라고 했다. 많은 병사가 연기와 혼란을 틈타 항복했다. 최소 25명의 제500형벌연대 병사들이 집단 항복했다. 그들은 대부분의 투항자보다 탈영할 이유가 충분히 있었다. 독일군은 서툰 피진pidgin, 서로 다른 언어를 사용하는 사람들이 협동해서 일해야 할 때 만들어지고 발전되어온 단순하고 초보적인 기초 언어-러시아어로 "이반, 쏘지 마. 우리는 죄수야"[38]라고 외치며 단독으로 혹은 집단으로 손을 들곤 했다. 제500형벌연대 소속의 한 탈영병은 자신을 심문하는 이들에게 유명한 베를린 진술을 남겼다. "히틀러가 지킨 유일한 약속은 그가 권력을 쥐기 전에 했던 '내게 10년을 주면, 여러분은 독일을 알아볼 수 없게 될 것입니다'라는 것뿐이다." 다른 병사들은 장교들이 자신들에게 V-3 혹은 V-4 로켓이 나올 것이라며 속였다고 주장했다.

케이블이 고정되자마자 연락선들은 보병을 지원하기 위한 T-34 전차들을 실어 날랐다. 제1우크라이나전선군의 공병 부대는 주요 공격 지역에 최소한 133개의 도하 지점을 만든다는 계획을 세웠다. 그들은 나이세강 도하작전 전반을 떠맡았다. 제3·제4근위전차군에 배속된 공병은 이어서 건너야 할 슈프레강을 위한 모든 장비를 준비하라는 명령을 받았다. 정오 직후, 제5근위군 주둔 지역에 60톤급 다리중 첫 번째가 놓이자 렐류셴코가 이끄는 제4근위전차군의 선두 부대들이 강을 건너기 시작했다. 낮 동안 남아 있는 전투부대 대부분이 강을 건너 진격을 계속했다. 전속력으로 전진하라는 명령을 받은 전차

여단들은 독일 제21기갑사단을 선봉으로 하는 제4기갑군의 반격에 맞설 준비가 돼 있었다. 이 구역의 남쪽 지역에서는 제2폴란드군과 제52군 역시 성공적으로 강을 건너 전진을 계속했다. 그들이 받은 명령은 드레스덴 쪽으로 가는 것이었다.

코네프는 공격 첫날 만족감을 느낄 만한 이유가 있었다. 그의 선두 부대들은 슈프레강을 반쯤 건너가 있었다. 나중에 밝혀진 유일한 결점은 부상자들을 병원으로 후송하는 것이 "너무 느리게"[39] 이루어졌다는 것이다. 하지만 대부분의 다른 지휘관처럼 코네프는 동요하는 것 같지 않았다. 자정에 그는 무선 전화로 스탈린에게 제1우크라이나 전선군의 진격은 성공적으로 전개되고 있다고 보고했다. 방금 주코프와 얘기했던 스탈린은 "주코프는 아주 잘해나가고 있지는 못하오. 리발코[제3근위전차군]와 렐류셴코[제4근위전차군]를 첼렌도르프(베를린의 서남쪽 교외 지역)로 향하게 하시오. 기억할 것이오. 우리가 스타프카에서 조정했던 것처럼 말이오"[40]라고 말했다. 코네프는 그 회의 내용을 너무나 잘 기억하고 있었다. 특히 스탈린이 제1우크라이나전선군이 남쪽에서부터 베를린을 공격할 가능성을 열어두면서, 뤼벤에서 자신과 주코프 사이의 경계를 허물었던 순간을 말이다.

스탈린이 기준점으로 첼렌도르프를 선택했다는 사실은 매우 흥미롭다. 그는 분명 코네프가 가능한 한 빨리 베를린의 가장 서남쪽 지역으로 가도록 독려했다. 왜냐하면 체르브스트의 교두보에 있는 미군이 베를린으로 들어오는 길목이었기 때문이다. 핵 연구 시설인 카이저 빌헬름 연구소가 있는 달렘이 첼렌도르프 안에 위치해 있는 것 역시 우연은 아니었을 것이다.

3시간 전인 오후 9시, 스타프카 회의에서 스탈린의 지시를 추호도 의심하지 않는 안토노프 장군은 미국인들이 베를린에 대한 전면적인 공격에 관한 보도를 언급했을 때, 또다시 의도적으로 오해를 조장했다. 워싱턴 D.C. 국무부에 보낸 전문에는 "[안토노프]는 러시아군이 실제로 독일 수비대의 세부 정보를 파악하기 위해 전방의 중부 지역에서 대규모 무력 정찰을 하고 있다"[41]라고 쓰여 있었다.

젤로와
슈프레강

16

4월 16일 자정에 스탈린의 전화 통화가 두 차례 있은 뒤, 주코프와 코네프 간의 경쟁이 본격적으로 시작되었다. 스탈린에게서 자극을 받은 코네프는 매우 열심히 경쟁에 임했다. 주코프는 젤로 고지에서 차질을 빚은 것 때문에 당황했지만, 베를린은 당연히 자신이 차지할 거라고 믿었다.

4월 17일 화요일에는 전날의 흐렸던 하늘과 이슬비가 화창한 날씨로 바뀌었다. 슈투르모비크 지상 공격기들은 젤로 고지에 남아 있는 독일군 진지들을 훨씬 더 정확하게 공격했다. 오데르브루흐 아래와 절벽 위에 있는 작은 마을 및 개인 농가들은 여전히 불타고 있었다. 소련 포병과 폭격기들은 지휘소가 될 만한 건물이라면 어디든 목표로 삼았다. 사방이 불에 탄 살코기 냄새였다. 희생자의 대부분은 마을 사람들과 농장의 가축이었다. 창고와 지휘소로 추정되는 농장 건물에 대한 포격은 산 채로 불에 타는 것을 피할 수 없는 동물들을 끔찍하게 학살했다.

뒤죽박죽된 독일 전선 후방의 응급치료소들은 의사들이 도저히 감당할 수 없을 만큼의 부상자로 가득 찼다. 복부 부상은 수술 시간이 너무 오래 걸렸기 때문에, 부상자 분류 시스템에서는 사형 선고나 마찬가지였다. 치료의 최우선 순위는 전투를 계속할 수 있는 병사들이었다. 특히 특임 장교들은 걸을 수 있고 사격할 수 있는 부상자들을 찾아 야전병원을 샅샅이 훑고 다녔다.

임시 검문소에 배치된 헌병대는 급조 부대에 강제로 배치시킬 수 있는 건강하거나 가벼운 부상을 입은 낙오병들을 부지런히 찾아 다녔다. 적당한 인원이 채워지면, 그들은 전선으로 끌려갔다. 군인들은 이 헌병대를 '쇠줄에 묶인 사냥개'라고 부르거나 '의적'이라는 뜻의 '헬덴클라우엔Heldenklauen'이라고 불렀다. 원래 이 용어는 집에서 사용하기 위해 정부의 석탄을 훔친 자들을 공격하는 데 이용된 나치 용어 '석탄 도둑'을 조롱하는 의미였다.

악랄하게도 헌병대는 진심으로 자신들의 부대로 복귀하려는 병사들을 종종 체포해서, 낙오병이나 여전히 몇몇은 반바지를 입고 있는 15~16세의 히틀러 유겐트와 섞어놓았다. 소년병들을 위한 작은 크기의 철모가 있었지만 생산량이 충분치 않았던 터라 귀까지 가리는 큰 철모를 쓴 소년병들의 긴장으로 창백해진 얼굴은 제대로 보이지 않았다. 지뢰 제거를 위해 투입된 한 무리의 소련 제3충격군 소속 공병들은 10여 명의 독일군이 항복하기 위해 참호에서 나오는 것을 보고 깜짝 놀랐다. 갑자기 한 소년이 벙커에서 나타났다. 술크하니슈빌리 대위는 "그 소년은 긴 트렌치코트를 입고 모자를 쓰고 있었다. 그가 기관단총을 발사했다. 하지만 내가 쓰러지지 않자 자신의 기관단총을 떨어뜨리고는 흐느껴 울기 시작했다. 그러고는 '히틀러는 패배했다! 스탈린은 좋은 사람이다!'라고 외치려 했다. 나는 그 소년의 얼굴에 단 한 방만을 날렸다. 가엾은 애들…… 나는 그들이 안됐다고 생각했다"[1]고 기록했다.

히틀러 유겐트 중 가장 위험한 대원은 보통 독일 동부에 있는 가족들이 붉은 군대에게 산산조각 난 소년들이었다. 그들의 유일한 소망은 증오의 대상인 볼셰비키들을 전투에서 가능한 한 많이 죽이고 나서 죽는 것인 듯했다.

주코프와 그의 부대가 큰 대가를 치르고 깨달았듯, 독일군의 전투력은 아직 와해되지 않았다. 4월 17일 아침, 카투코프와 보그다노프의 전차군이 다시 진격에 나섰다. 하지만 뒤따르는 포병의 포격과 항공기의 폭격은 주코프가 스탈린에게 약속한 성공에 미치지 못했다. 88밀리 대공포와 판처파우스트로 무장한 독일군 대전차보병은 많은 소련 전차의 발을 묶어놓았다. 정오에 카투코프의 전차여단들이 돌겔린과 프리데르스도르프로 진격하자마자 쿠르마르크 기갑사단의 반격에 직면했다.

반면 유슈크 장군의 제11전차군단은 베를린에서 이제는 폐허가 된 동프로이센의 수도 쾨니히스베르크까지 이어진 옛 프로이센의 간선도로인 라이히슈트라세 1번을 따라 양쪽에 펼쳐져 있는 젤로를 가까스로 포위했다. 하지만 유슈크의 전차들은 곧 인근에 있는 제5충격군 포병의 오인 사격을 받았다. 베르자린의 사령부와 "분명 교양 없는"[2] 언쟁이 발생했다. 피해를 본 것은 전차부대만이 아니었다. 한 보고서는 이 전투에 관해 이렇게 표현하고 있다. "보병의 주장에 따르면,[3] 포병은 선별한 목표물을 노리지 않고 마구잡이로 포격을 가하고 있다."

젤로에서 벌어지는 혼란스러운 전투 중에 유슈크의 전차들은 근거리에서 발사하는 판처파우스트 공격을 지속적으로 받았다. 소련군 병사들은 인근 가정에서 철사 용수철이 든 매트리스를 가져와 포탑과 측면 쪽에 고정하는 것으로 맞섰다. 이 즉흥적이고 독특한 장갑 장비는 판처파우스트의 성형 작약탄이 차체나 포탑을 때리기 전에 폭발하게 만들었다.

근위전차군 양측의 T-34 전차와 스탈린 전차는 자신들이 맞닥뜨리는 참호들이 비록 조금 전에 버려진 것이지만 "깔아뭉개서 평평하게 만들어버렸다". 오데르브루흐의 더 북쪽에서는 제47군에 의해 우측을 지원받는 제3충격군이 독일 제101군단의 전방 부대들을 밀어붙였다. 독일의 많은 연대는 대부분 젊은 신병과 장교 후보생들로 이루어져 있었다. 노이트레빈 근처에서 재집결한 '포츠담' 연대는 오데르강의 습지 둑 뒤로 더 물러났다. 지점의 폭은 10미터 정도밖에 되지 않았다. 그곳엔 34명의 소년만이 서 있었다.

그들은 또다시 전차 엔진 소리를 들었다. "우리 보병은 다시 한 번 바보가 됐다. 다른 모든 병력이 서쪽으로 후퇴하고 있을 때, 우리가 소련군의 진격을 막아야 했다."[4] 소련 전차와 대결을 펼칠 자주 돌격포는 몇 문밖에 남아 있지 않았다. 사단 포병은 마지막 남은 포탄 몇 발을 발사한 후 대포를 파괴하고 떠났다. 많은 보병이 철수하는 병력과 함께 슬쩍 빠져나갔는데, 놀라운 일도 아니었다. 규율이 무너지기 시작했다. 이런 현상은 서방 연합군과의 휴전이 이미 시작됐다는 뜬소문이 돌자 더 확산되었다.

중부에서는 독일 제9공수사단이 완전히 붕괴됐다. 이 사단의 치욕적인 지휘관은 크레타섬에서 헤라클리온 공습을 지휘했던 브루노 브로이어 장군이었다. 궐련용 파이프를 사용하는 품위 있는 남자였던 브로이어는 얼마 후 크레타섬의 주둔군 사령관이 되었다. 하지만 공수부대원의 테 없는 철모와 적절한 장비를 갖춘 초인적인 전사들에 대한 괴링의 터무니없는 자랑에도 불구하고, 브로이어는 사실상 독일 공군의 지상 요원 부대를 지휘하고 있었다. 그들 대부분은 평생 비행기에서 낙하를 해보기는커녕 낙하 장면을 본 적도 없었기 때문이다. 포격과 공격이 시작되자 장교들은 공황 상태에 빠진 병사들을 통제할 수 없었다. 특히 카추샤 로켓포 공격을 당했을 때 더 심했다.

제27공수연대장 멩케 대령은 T-34 전차들이 자신의 본부 근처를 돌파할 때 전사했다. 판터 전차, 4호 전차, 그리고 반궤도차량이 뒤섞인 기갑 지원 부대가 도착한 4월 17일 늦은 아침에야 사단 재결집이 일부 이루어졌다. 하지만 금세 다시 붕괴되기 시작했다. 제56군단 포병 지휘관인 뵐러만은 브로이어를 우연히 만났을 때 그가 "자기 병사들의 도주에 엄청난 충격을 받았다"[5]고 생각했다. 극도로 예민해진 브로이어는 신경쇠약에 걸렸고 지휘권을 박탈당했다. 그는 운이 없었다. 전쟁 직후 크레타섬에서 다른 장군이 저지른 잔혹 행위로 아테네에서 재판을 받고 유죄판결이 내려져 1947년에 처형됐다.

오후 6시 30분, 리벤트로프는 예고 없이 바이틀링의 사령부에 도착해 상황 브리핑을 요구했다. 그때 뵐러만이 우연히 도착했다. 바이틀링은 "이 사람이 이제 막 전선에서 도착한 나의 포병 지휘관입니다"[6]라고 말했다. 뵐러만은 이 외무장관의 맥없는 악수를 받았다. 바이틀링은 "그가 상황을 보고할 수 있습니다"라고 덧붙였다. 그런 다음 자신의 부하가 아무것도 숨기지 않을 것이라고 말한 뒤 리벤트로프 옆에 앉았다. 뷜러만의 보고는 "외무장관에게 엄청난 충격을 주었다". 리벤트로프는 알아듣기 어려울 정도의 쉰 목소리로 한두 가지 질문을 던졌다. 자신이 할 수 있는 일이라곤 가능한 한 '12시간' 내에 일어날 수 있는 상황 변화에 대해 얼버무리고 미국 그리고 영국과의 협상을 암시하는 것뿐이었다. 부세 장군이 "이틀만 더 버티면 모두 해결될 것이다"라고 말했던 이유도 아마 리벤트로프의 이런 암시 때문이었을 것이다. 서방과의 협상에 대한 암시는 나치 지도부가 한 최악의 거짓말이었다.

오데르강 범람원에서 온 패잔병들은 젤로 급경사면의 절벽 위에 있는 숲속으로 후퇴했다. 종종 그들 앞을 지나가는 소련 보병들과 전차 부대를 볼 수 있었다. 긴장한 한 무리의 군인들은 아군을 공격했다. 소련 포병과 항공기들도 독일군을 공격하는 것만큼이나 자국 병사들을 향해 포격과 폭격을 퍼부었다. 독일 공군은 그날 최대한 많은 포케불프 전투기를 띄워 소련의 맹공을 막아냈다. 저녁 무렵에는 오데르강 위의 부교들을 공격했지만 허사였다.[7] 한 정체불명의 보고서는 "독일 조종사들이 곧잘 소련 폭격기에 죽음의 다이빙을 감행해 양쪽 다 불길에 휩싸인 채 지상으로 추락한다"고 주장했다. 사실이라면, 바르바로사 작전 첫날 용감한 소련 조종사들이 독일 공군의 공격기들을 들이받았던 1941년과 입장이 완전히 바뀐 셈이었다.

더 주목할 만한 정보는 오데르강을 가로지르는 소련 다리에 가미카제식 공격을 가하는 비행대가 투입되었다는 보고다. 독일 공군은 '자기희생 임무'라는 고유의 용어를 만들어냈다.[8] 위터보크에 기지를 두고 하이너 랑게 중령의 지휘를 받는 레오니다스 비행중대 조종사들은 아마도 "나는 그 임무가 나의 죽음과 함께 끝나리라는 걸 무엇보다 확신한다"는 말과 함께 끝나는 선언서에 서명했다. 4월 16일 저녁, 레오니다스 비행중대[9] 조종사들은 통신 부대 소속의 젊은 여성들과 마지막 무도회를 열었다. 무도회가 피날레 곡과 함께 끝났을 때, 지휘관 푹스 소장은 "눈물을 참고" 있었다.

　이튿날 아침, 소위 '총체적 임무'를 맡은 첫 부대가 소련 공병들이 수리하거나 건설한 32개의 '수상 다리와 잠수 다리'를 향해 날아갔다. 독일군은 포케불프 190, 메서슈미트 109 그리고 융커스 88 등 가용할 만한 모든 항공기를 동원했다. 500킬로그램의 폭탄을 싣고 포케불프를 몰고 나간 에른스트 바이클도 '자기희생 조종사들' 중 한 명이었다. 그의 목표물은 첼린 근처에 있는 부교였다. 이후 정찰 비행을 통해 이 부교가 파괴됐다고 보고됐지만, 총 17개의 부교가 사흘 동안 파괴됐다는 주장은 상당히 과장된 듯하다. 확실하게 타격을 입은 것으로 보이는 유일한 다리는 퀴스트린에 있는 철교였다. 35명의 조종사와 항공기들은 이런 제한적이고 일시적인 성공을 위해서 값비싼 대가를 치렀다. 그렇다고 푹스 소장이 "곧 쉰여섯 번째 생일을 맞을 총통에게" 보내는 특별한 생일 메시지에 그들의 이름을 보내는 일을 주저한 것은 아니었다. 그것은 총통이 가장 환영하는 선물 중 하나였다.

　하지만 생각지도 않게 코네프 원수의 전차 부대가 서남쪽에서 베를린을 향해 진격하면서 위터보크에 있는 레오니다스 부대의 기지를 위협했기 때문에 모든 작전은 갑자기 취소되었다.

　나이세강을 건너 공격한 후, 전쟁의 행운은 여전히 코네프의 제1우크라이나전선군 편이었다. 제13군과 제5근위군은 독일군의 제

2방어선을 돌파했다. 양측에서 격전이 계속되는 와중에도, 코네프는 자신의 선두 전차여단들을 보내 콧부스와 슈프렘베르크 사이의 슈프레강을 질주하도록 했다. 재개된 포병의 포격과 지상 공격기 슈투르모비크의 폭격으로 소나무 숲의 상당한 면적은 불바다가 되었다. 이런 불길은 예비 연료통을 뒤에 묶어놓은 전차에는 위험했다. 하지만 그들은 제4기갑군이 새로운 방어선을 재편성하기 전에 슈프레강 장벽을 돌파했던 터라 속도가 빨랐다. 코네프의 병사들은 승리를 직감했다. 제4근위전차군 내에선 "만약 독일군이 나이세강 방어선을 지켜내지 못하면, 그들이 할 수 있는 것은 아무것도 없다"[10]는 말도 나돌았다. 지휘관들은 공격에 앞서 무기 검사를 실시했다. 한 젊은 병사의 무기에 녹이 슨 것이 발견되었다. 장교는 그에게 "이걸 쏠 수는 있나?[11] 너는 모두한테 본보기가 돼야 하는데, 네 무기는 관리가 안 돼 있군!"이라고 소리쳤다.

베를린을 향한 기갑부대의 돌파에는 독일군이 보급로에 반격을 가할 수 있다는 위험이 따랐다. 그래서 코네프는 자도프의 제5근위군을 슈프렘베르크를 향해 왼쪽으로, 그리고 독일군을 콧부스로 후퇴시키기 위해 제3근위군을 오른쪽으로 움직였다.

그날 저녁 제3근위전차군의 선두 여단들이 슈프레강에 도착했다. 적극적으로 앞장서는 것에 자부심을 느끼던 군사령관 리발코 장군은 가교 장비가 도착하기를 기다리지 않았다. 그는 너무 깊지 않을 것 같은 지점을 선택한 다음, 곧바로 폭이 50미터쯤 돼 보이는 곳으로 전차 한 대를 보냈다. 물이 전차의 무한궤도 위로 차올랐지만, 그 이상은 아니었다. 전차여단은 기병대처럼 일렬로 강을 건넜다. 하지만 기병대와는 달리 그들은 저 멀리 둑에서 자신들을 향해 쏘는 기관총 사격을 무시할 수 있었다. 그날 밤, 제3, 5근위전차군의 전차들은 대부분 슈프레강을 건널 수 있었다.

코네프는 자신의 전차들이 라우시츠 지역의 호수, 습지, 수로, 그리고 소나무 숲을 통과하는 데 어려움을 겪겠지만 빠르게만 진군한다면, 베를린으로 이어지는 길은 방어가 허술할 것이라는 사실을 알고 있었다. 독일 제4기갑군은 제2방어선을 유지하기 위해 이미 예비 부대를 투입했다. 베를린의 사령관들은 주코프 군의 위협에 더 신경 쓰고 있었다.

코네프는 주코프와 비슷한 결론에 이르렀다. 적을 나중에 베를린에서 상대하는 것보다 개활지에서 일찌감치 격파하는 것이 더 수월하다는 사실이었다. 하지만 그는 그날 저녁 주변 소나무 숲 너머가 보이는 작은 언덕 위에 자리 잡은 지휘 본부에서 무선 전화로 스탈린과 통화할 때 이 얘기를 하지는 않았다.

코네프가 보고를 거의 마칠 때쯤 스탈린이 갑자기 말을 끊었다. "주코프 장군 쪽의 상황은 아직 잘 진행되고 있지 않소. 그는 여전히 적 방어선을 돌파하는 데 묶여 있소." 긴 침묵이 이어졌다. 코네프는 굳이 이를 방해하지 않을 생각이었다. 이어서 스탈린은 "주코프의 기동 부대를 재배치해서 장군의 전선 구역에 형성된 틈 사이를 통해 베를린으로 보낼 수 있지 않을까?"라고 말했다. 이것은 진지한 제안이라기보다 코네프로 하여금 자신의 계획을 내놓게 하려는 술책이었다.

코네프는 "스탈린 동무, 그렇게 하면 시간이 너무 많이 걸릴 테고 상당한 혼란이 뒤따를 것입니다…… 우리 전선 상황은 양호하게 진행되고 있습니다. 우리는 충분한 병력을 보유하고 있고, 두 전차군을 베를린으로 향하게 할 수도 있습니다"라고 대답했다. 그런 다음 코네프는 자신이 초센을 경유해 진격할 거라고 말했다. 두 사람은 초센이 독일 육군 총사령부의 거점이라는 사실을 알고 있었다.

스탈린은 "아주 좋아요. 동의합니다. 전차 부대를 베를린으로 돌리시오"라고 대답했다.

4월 17일, 베를린 정부에는 한층 더한 처형 위협이 수반된 선동적인 선언문의 작성 외에 무엇을 해야 하는지 제대로 아는 사람이 아무도 없었다. 힘러가 전 군 지휘관들에게 보낸 훈령에는 이렇게 쓰여 있었다. "독일의 어떤 도시도 그냥 방치되지 않을 것이다. 모든 마을과 모든 도시를 가능한 모든 방법으로 방어할 것이다. 국가에 대한 이 명백한 의무를 위반하는 독일인은 자신의 명예뿐만 아니라 목숨도 잃게 될 것이다."[12] 힘러는 독일 포병에게 사실상 탄약이 바닥났고, 전차들은 연료 부족으로 버려지고 있으며, 병사들에게 배급할 식량이 없다는 사실을 무시했다.

멸망에 직면해서조차 나치 관료들의 행태는 직위가 아무리 낮아도 바뀌지 않았다. 4월 17일, 베를린에 이르는 라이히슈트라세 1번 도로 정남쪽의 작은 도시인 볼터스도르프는 피란민으로 넘쳐났다. 하지만 지방 당국은 여전히 "직장이 없는 [주민]과 국민돌격대 복무 책임이 없는 사람들"[13]만 떠날 수 있도록 했다. 피란민이 주거하는 곳의 주인이 써준 확인서를 소지하고 있을 경우에만 방공호를 이용할 수 있었다. 또한 각자 나치 구역 책임자의 허락을 얻어야 했다. 하지만 이 지역의 저항 정신은 광적인 것과는 거리가 멀었다. 이 도시의 비상 국민돌격대 소대는 초과 근무를 면제해줄 것을 요구했다.

코네프 부대는 초센에 있는 독일 육군 총사령부와 국방군 총사령부에서 서남쪽으로 80킬로미터가 채 떨어지지 않은 곳까지 진출했다. 하지만 독일 제4기갑군과 쇠르너 원수의 중부 집단군 모두 소련 제3근위기갑군과 제4근위기갑군이 일제히 슈프레강을 건너고 있다는 사실과 자신들에게 그들을 막을 더 이상의 여력이 없다는 사실을 보고하지 않았다. 초센 참모 장교들의 관심은 주로 젤로 고지 전투에 집중되었다.

하인리히 장군은 포위된 부세의 제9군을 지원하기 위해 이미 자신의 집단군 주요 예비대인 슈타이너의 제3친위기갑군단 '게르마니셰'를 출동시켰다. 제11친위사단 노르트란트는 4월 17일 정오에 젤로를 향해 남쪽으로 이동하라는 명령을 받았다. 노르트란트 사단은 주로 덴마크인과 노르웨이인으로 이루어졌다. 하지만 스웨덴인, 핀란드인, 에스토니아인들도 섞여 있었다. 몇몇 사람은 소수의 영국인도 있었다고 주장하지만 극히 의심스럽다. 여단지도자(소장)인 요아힘 치글러의 지휘를 받는 이 부대는 정찰대대와 헤르만 폰 잘차 기갑대대를 중심으로 50대의 기갑차량을 보유했다. 나머지 병력의 대부분은 '단마르크'와 '노르게' 기갑척탄병연대와 공병대대였다. 노르트란트 사단은 쿠를란드의 포위망에서 철수한 뒤 슈테틴 동쪽 오데르강 어귀에서 벌어진 격전에 투입되어온 1월 초 이후 4500명의 사망자 및 실종자를 포함해 한 1만5000명의 사상자가 발생했다.[14]

하인리히는 또 다른 외국인 무장친위대인 네덜란드 사단을 훨씬 더 남쪽으로 파견했다. 이 부대가 향한 곳은 제5친위산악군단의 지휘를 받게 될 프랑크푸르트 안데르 오데르와 밀로제의 서남쪽이었다. 친위대와 독일 국방군의 관계는 악화됐다. 힘러는 하인리히가 자신의 가장 강력한 전력 중 하나인 슈타이너의 친위군단을 빼앗은 것에 격노했다. 그리고 육군 지휘관 밑에서 복무하기를 크게 꺼렸던 노르트란트 사단은 새로운 부대에 합류하는 일을 결코 서두르지 않았다.

4월 18일 새벽, 동쪽 지평선을 따라 붉은 하늘이 나타났다. 젤로 고지를 수호하기 위해 싸움을 계속하고 있던 병사들은 불길한 예감에 휩싸였다. 얼마 지나지 않아 전차 엔진과 마구 휘도는 무한궤도의 묵직하고도 거친 소리를 들었다. 곧바로 공습이 시작됐다. 지상 공격기 슈투르모비크는 노르트란트 사단이 아직 전선에서 멀리 떨어져 있을 때, 그들 종대 행렬에 급강하 폭격을 가했다. 천막이 없는 트럭에 타고 있던 친위 기갑척탄병들은 흙을 뒤집어썼다. 치글러는 바이틀링의 사령부로 먼저 가서 차량 연료가 떨어졌다는 사실과 이로 인해 그를 만나는 데 많은 시간이 걸렸다는 사실을 보고했다. 바이틀링은 크게 화를 냈다.

그날 아침 주코프 역시 분위기가 심상치 않음을 느꼈다. 그는 이제 코네프의 전차 부대들이 베를린을 향해 기세 좋게 북상할 수 있게 됐다는 사실을 알고 있었다. 스탈린도 주코프와의 야간 통화에서 로코솝스키의 제2벨라루스전선군을 북쪽으로 오데르강을 건너게 해 베를린으로 향하게 할 참이라고 슬쩍 내비쳤다. 베르코프니는 스타프카에 주코프의 부대인 제1벨라루스전선군을 어떻게 운영해야 하는지 조언해 그를 더 자극했다. 주코프가 그날 아침 군사령관들에게 내린 명령은 단호했다. 명령은 전선을 직접 정찰하고, 정확한 상황을 보고하라는 것이었다. 포병은 시야가 확보된 독일 거점들을 공략하기 위해 전진할 예정이었다. 진격은 속도를 높이고 밤낮으로 계속될 참이었다. 또다시 병사들은 상부의 압박을 받는 오만한 지휘관이 저지른 실수 때문에 자신의 목숨을 잃어야 했다.

강력한 집중포화와 폭격이 있은 다음, 주코프의 지친 병사들은 그날 아침 다시 공격을 감행했다. 제47군은 오른쪽에서 브리첸을 공격했다. 제3충격군은 브리첸-젤로 간 도로로 전진했지만, 쿠너스도르프 주변에서 강력한 저항에 부딪혔다. 제5충격군과 제2근위전차군은 가까스로 노이하르덴베르크 북쪽 길을 가로질러 전진했지만, 이들 역시 저지되었다. 추이코프의 제8근위군과 카투코프의 제1근위전차군은 젤로의 시가지와 프리더스도르프-돌겔린 구역에서 맹공을 이어갔다. 추이코프는 자신의 왼쪽에 인접한 제69군이 거의 진격하지 못한 것에 크게 화를 냈다. 이로 인해 그의 측면이 위험에 노출되었기 때문이다. 하지만 추이코프에게는 다행스럽게도 부세의 모든 부대는 맹공을 받아내느라 정신이 없었다.

주코프의 양쪽 맨 끝 측면은 거의 성과를 거두지 못했다. 프랑크푸르트 남쪽에 있는 제33군은 여전히 제5친위산악군단 소속의 친위사단 '1월 30일'의 방어 시설에 압박을 가했다. 오데르브루흐 북쪽 맨 끝에 있는 제61군과 제1폴란드군은 브리첸이 함락될 때까지 진격을 할 수 없었다.

라이히슈트라세 1번 도로에 있는 젤로 바로 뒤에서 갑자기 돌파구가 마련됐다. 4월 18일 오전 9시 40분, 비스와집단군 사령부의 아이스만 대령은 "적 선두 기갑부대가 디더스도르프를 돌파했다"는 전갈을 받았다. 그들은 라이히슈트라세 1번 도로를 따라 뮌헤베르크로

베를린 함락 1945

향하고 있었다. 보병들은 도망치는 중이었다. 20분 후, 하인리히의 주장에 따라 아이스만은 독일 육군 총사령부의 데메지에르 대령에게 제7기갑사단에 무슨 일이 있었는지 알아보라고 전화를 걸었다. 제9군의 왼쪽 측면과 제3기갑군의 오른쪽 측면 사이의 틈새를 막는 데 필요했기 때문이다.

정오에 부세는 하인리히에게 전화를 걸었다. 그는 "오늘은 위기의 순간입니다"[15]라고 보고했다. 두 개의 주요 공격이 브리첸의 동남쪽에서, 그리고 라이히슈트라세 1번 도로를 따라 다가오고 있었다. 부세는 자신의 군대가 무너지고 있는 것을 지켜보았다. 소련의 제3충격군과 제5충격군 때문에 브리첸과 젤로 사이의 독일군 방어선이 뚫리고 있었다. 젤로에서 서쪽으로 6킬로미터 지점인 알트 로젠탈 마을 근처에서 독일군은 보병과 전차를 동원해 반격에 나섰다. 제5충격군 제248소총사단의 안드레예프 소령은 독일군의 공격을 저지하기 위해 두 개 중대를 앞에 남겨놓고, 자신은 나머지 한 개 중대를 이끌고 독일군을 뒤에서 공격했다. 그 결과 "그의 대대는 153명의 병사와 장교 그리고 두 대의 전차를 격파했다".

전투는 무자비했다. 노이하르덴베르크 서남쪽에 있는 헤르머스도르프에서 소련 보병들은 판처파우스트에 피격돼 여전히 불타고 있는 T-34 한 대를 지나 진격했다. 인근의 개인 참호에 있던 한 독일 병사가 도와달라고 소리쳤다. 참호에 떨어진 수류탄 한 발이 그의 발을 날려버리는 바람에 참호에서 빠져나올 힘이 없었다. 하지만 그의 울부짖음에도 불구하고 붉은 군대 병사들은 불에 탄 전차 대원들에 대한 복수로 그곳에 그냥 내버려두었다.[16]

오후 4시 20분, 제9공수사단의 붕괴에 격분한 괴링은 비스와집단군 사령부로 전화를 걸어 브로이어 장군의 지휘권을 당장 박탈하라고 명령했다. 오후 6시 45분, 부세 장군은 하인리히에게 전화를 했다. 이제 자신의 군이 두 쪽으로 쪼개지는 것은 불가피했다. 그는 "지휘 관점에서 북쪽과 남쪽 중 어디가 더 중요할까요?"라고 물었다.

오후 7시 50분, 독일 공군의 연락장교는 비스와집단군 작전참모에게 자신들의 항공기가 적기 53대, 전차 43대 그리고 "파괴가 확실시되는 공격 목표물" 19개를 파괴했다고 알렸다. 여기에 대해 일부 참모는 전쟁일지에 연필로 회의감을 드러내는 메모를 남겼다. 전투는 치열했지만, 붉은 군대의 손실에 관한 독일의 주장은 매우 과장되었다. 나치 신문 『데어 안그리프Der Angriff』는 이날 하루 만에 '426대의 소련 전차'[17]가 파괴됐다고 주장했다. 실제로 소련군 사상자가 독일군의 피해보다 훨씬 더 많았다. 필사적으로 젤로 고지를 점령하려던 과정에서 주코프의 손실은 3만 명 이상에 달한 반면, 독일군은 1만2000명이 목숨을 잃었다.

후방으로 보내진 독일군 포로들은 끊임없이 이어진 전차, 자주포, 무한궤도 차량들의 전진 행렬을 보고 기가 죽었다. 그들 중 몇몇은 '이들은 1941년 최후의 순간을 맞기로 돼 있었던 군대였다'[18]라고 생각했다. 길 반대편에서 오던 소련 보병들은 그들을 향해 목을 따는 동작을 하며 "히틀러는 마아아앙했다!Gitler kapuuutt!"라고 외쳤다.

독일군 포로 중 한 명은 자신들이 지나쳤던 많은 시체는 "독일군 전차에 깔려 죽은 소련군 병사들"이라고 확신했다. 그는 소련 병사들이 노획한 판처파우스트를 반쯤 폐허가 된 집 벽에 발사해서 시험하는 장면도 보았다. 다른 병사들은 죽은 병사의 코트를 벗기고 있었다.

한 마을에서는 소련군 병사 몇 명이 둥지를 짓는 황새들에게 총을 쏘았다. 전투가 끝난 뒤에도 사격 연습은 강제적인 것처럼 보였다. 매우 아름다운 노이하르덴베르크 성으로 끌려간 포로 중 몇몇은 자신들을 호송한 병사가 '대단히 훌륭한 샹들리에'를 발견하고는 기관단총을 들어올려 집중 사격을 해대는 것을 보고 놀랐다. 한 고위 장교가 꾸짖었지만, 그리 개의치 않는 것 같았다.

제5충격군의 한 분견대는 "우리는 구소에서 16명의 소련 여자를 풀어주었다. 사병 친발루크가 고향에서 알고 지내던 소녀를 알아보았다. 그녀의 이름은 타티아나 셰스테리야코바였다. 이 소녀는 그녀들이 노예생활을 하던 중에 당한 끔찍한 고통을 병사들에게 이야기해주었다. 그녀들은 풀려나기 전에 전 주인인 피슈케 부인이 '우리에게 러시아인들은 죽음보다 더 끔찍하다'라고 했다고 말하기도 했다"[19]고 보고했다. 정치부는 붉은 군대 병사들이 독일 여자들을 공산당원들로부터 지키자는 '파시스트 선전' 구호가 벽에 붙어 있는 광경에 분노했다고 주장했다.

4월 18일 코네프는 베를린 남쪽에서 불안한 시간을 보냈다. 슈프레강 돌파에 놀란 중부 집단군 총사령관 쇠르너 원수는 괴를리츠 인근에서 드레스덴으로 향하는 제52군의 측면에 반격을 가했다. 하지만 쇠르너가 자신의 부대들을 집중시키는 데 실패하는 바람에—서두른 나머지 이 부대들을 주먹구구식 공격에 투입했다—제52군은 비교적 쉽게 이들을 물리칠 수 있었다. 제2폴란드군은 처음에는 진격을 멈출 필요가 없었다. 하지만 이후 며칠 동안 계속되는 공격으로 진격 속도는 상당히 느려졌다.

코네프는 제13군을 슈프레강 너머 자신의 두 개 전차군 뒤로 계속 밀어붙였다. 이때까지 고르도프의 제3근위군은 콧부스 근방의 독일군을 계속 압박했다. 자도프의 제5근위군은 슈프렘베르크를 계속 공격했다. 이렇게 함으로써 방어선의 틈새를 장악할 수 있었다. 코네프 역시 참모들에게 할 수 있는 한 모든 트럭을 모으라고 지시했다. 증원 부대로 도착한 제28군의 선두부대들은 막 나이세강 건너편에 자리를 잡았다. 그는 베를린으로 진격하는 전차부대를 지원하기 위해 서둘러 전진하려고 했다. 그날이 끝날 때쯤 리발코의 제3근위전차군은 슈프레강 너머 35킬로미터를 진격한 반면, 렐류셴코는 줄어든 저항 덕분에 45킬로미터를 진격했다.

오후에 베를린 방어군 사령관 라이만 장군은 제9군이 새로운 방어선을 강화할 수 있도록 모든 국민돌격대 부대를 도시 밖으로 내보내라는 명령을 받았다. 라이만은 베를린이 무방비가 된다는 사실에 간담이 서늘해졌다. 괴벨스가 베를린 방위총감으로서 이 명령을 수락하자 라이만은 "독일 수도의 방어는 이제 불가능해졌다"[20]고 경고했다. 라이만은 슈페어와 하인리히가 베를린을 구하기 위해 그토록 원했던 것임을 알아채지 못했다. 결국 10개도 채 안 되는 대대와 몇 문의 대공포가 동쪽으로 보내졌다. 그들은 이튿날 아침 일찍 도시 밖으로 진격했다. 슈페어에 따르면, 이 명령이 내려졌다는 소식이 전해지면서 "베를린은 사실상 무방비 도시가 될 것이다"[21]라는 추측이 널리 퍼져나갔다.

바이틀링 장군은 베를린에서 온 또 다른 거만한 방문객 때문에 몹시 화가 났다. 이번에는 제국청년단장인 아르투어 악스만이었다. 바이틀링은 그에게 15~16세밖에 되지 않은 소년들을 판처파우스트로 무장시켜 전투에 내보낸다는 것은 쓸모없는 짓이라고 설득하려 했다. 그것은 "이미 운이 다한 대의를 위한 어린이들의 개죽음"[22]이었다. 악스만은 자신의 아이들이 충분한 훈련을 받지 못했다는 점만은 인정할 준비가 되어 있었다. 그는 바이틀링에게 아이들을 써먹지 않겠다고 약속했지만 그들을 전투에서 철수시키기 위한 어떤 조치도 확실히 취하지 않았다. 나치의 절망감을 더더욱 오싹하게 만든 조치는 플뢰첸제 감옥에서 30명의 정치범을 참수한 사실이었다.

제9군의 북쪽 측면에 있던 제101군단은 4월 18일 인근 부대들보다 덜 후퇴했다. 하지만 이는 이 군단의 많은 대대가 자신들의 후방으로 진출한 소련군 부대를 곧 보게 될 것이라는 의미였다. 교도 연대의 생존자들로 이루어진 한 분견대는 그날 저녁 동료 두 명을 연대본부로 보내 자신들의 식량 상황이 어떤지를 확인토록 했다. 둘은 숨을 헐떡이며 돌아와 몸을 떨었다. 그들은 "소련군이 지금 우리 저녁을 먹고 있다"[23]고 했다. 누구도 적이 어디를 돌파했고, 현재 전선이 어디에 형성돼 있는지 전혀 몰랐다. 그들은 장비를 챙긴 다음 불길에 휩싸인 마을을 돌아 어둠을 뚫고 후퇴했다. 소용돌이치는 검은 구름은 불길에서 나오는 새빨간 불빛을 반사시켰다.

그날 밤 대규모 카추샤 로켓포 공격으로 노이하르덴베르크 뒤에 있는 불코 마을이 파괴되어 불길에 휩싸였다. 이곳의 대다수 집들은 지쳐 잠든 독일 병사로 가득했다. 화상을 입고 공황 상태에 빠진 생존자들의 상태는 끔찍했다. 노르트란트 사단의 정찰대대 역시 카추샤 로켓포 공격을 당했다. 그들은 몇 주 전 슈테틴 근처에서 있었던 격렬한 전투에서보다 더 많은 병력을 단숨에 잃었다.

4월 19일, 부세 장군이 우려했던 대로 제9군은 크게 세 토막으로 분리되었다. 붉은 군대가 브리첸을 점령하고 제3충격군이 노이하르덴베르크 뒤에 있는 고지를 향해 더 서쪽으로 진격함에 따라 제101군단은 에베르스발데와 베를린 북쪽 시골 지역으로 물러났다. 우측에 있던 제11친위기갑군단은 퓌르스텐발데를 향해 서남쪽으로 후퇴하기 시작했다. 쿠르마르크 사단에는 12대도 안 되는 판터 전차만 남았다.

그날 제1근위전차군과 추이코프의 제8근위군은 라이히슈트라세 1번을 따라 젤로에서 주요 도시 중 하나인 뮌헤베르크를 향해 진격했다. 전날 모여든 제9공수사단의 생존자들은 "소련군이 몰려온다"[24]고 소리치면서 또다시 공포에 질려 달아났다. 마침내 전선에 도착한 친위 노르트란트 사단 정찰대대는 낙하산병을 몇 명 모아서 탄약을 준 다음 일시적으로 반격에 성공하고 있던 전투에 투입했다.

라이히슈트라세 1번을 따라 양쪽으로 상당한 거리를 두고 시작된 후퇴는 금세 혼란과 고통으로 무너졌다. 누구나 "네가 마지막이니?"라고 물었다. 그리고 대답은 늘 같았다. "우리 바로 뒤에 소련군이 있어." 병사들은 병과에 상관없이 서로 뒤섞여 있었다. 독일 국방군과 무장친위대도 마찬가지였다. 병사들은 나무 아래에 완전히 털썩 주저앉아 다리를 뻗었다. 전선이 붕괴됐다는 소식을 들은 현지 주민들은 베를린에서 피란처를 찾으려고 도로로 몰려나왔다. 병사들은 부서진 차축이나 바퀴 때문에 잠시 멈춘 수레들—종종 군대의 통행을 방해했다—과 함께 있는 피란민들을 지나쳤다. 장교들은 퀴벨바겐에 서서

베를린 함락 1945

가엾은 사람들에게 장애물을 길에서 치우라고 소리치거나 쉬고 있는 병사들에게 그 일을 같이 하라고 명령했다. 후퇴하는 과정에서 장교들은 자신의 명령에 병사들을 복종시키려면 권총을 점점 더 자주 뽑아 들어야 한다는 사실을 느꼈다.

야전헌병대와 친위대는 계속 탈영병들을 수색했다. 도로변 사형 집행에 관한 기록은 남아 있지 않지만, 히틀러 유겐트를 포함한 많은 병사가 매우 엉성한 증거로 나무에 교수형을 당했다는 입증되지 않은 증거가 제시되었다. 이것은 살인이나 다름없었다. 소련 자료는 1945년에만 2만5000명의 독일 병사와 장교가 비겁한 행동을 했다는 이유로 즉결 처형됐다고 주장한다. 이 수치는 지나치게 과장되었음이 거의 확실하지만, 1만 명 이하는 아닌 듯하다.[25]

덴마크 국경 근처에 있는 '슐레스비히-홀슈타인주—소련군과 맞서 싸우기에 그다지 최적의 장소는 아니었다—에 재집결하라는 명령을 받고' 후퇴할 것이라는 이야기가 떠돌았기 때문에 친위대가 행한 처형은 더욱 용서할 수 없었다. 그들은 영국 제2군이 그날 함부르크의 정서남 쪽 라우엔부르크에 있는 엘베강에 도착했다는 사실을 모르는 듯했다.[26]

4월 19일은 소련 항공기에 완벽한 시야를 확보하게 해주는 또 하나의 아름다운 봄날이었다. 지상 공격기들이 기총소사와 폭격을 가하면서 다가올 때마다 사람들이 배수로로 뛰어들면서 길은 텅 비었다. 붉은 군대를 무서워하는 인근 마을에서 온 여자와 소녀들은 병사들에게 자신을 데려가달라고 애원했다. "우리를 데려가줘, 제발!" 하지만 전선 아주 가까이에 사는 사람 중 일부는 임박한 재앙의 수준을 제대로 인식할 능력이 없어 보였다. 4월 19일, 잘보른 씨는 볼터스도르프 시장에게 편지를 보내 국가보안법Reichsleitungsgesetz(1939년 9월 1일 판) 제5조에 따라 국민돌격대가 가져간 자신의 자전거를 돌려줄 것을 요구했다.[27]

제101군단 소속의 신병과 교도 대대들의 생존자들은 자신들이 마을과 마을을 지나 서쪽으로 베를린 정북쪽의 베르나우로 후퇴하고 있음을 알아챘다. 이들 중 대부분은 체력의 4분의 3을 소진했다. 그들은 지쳤고, 배가 고팠으며 완전히 혼란에 빠져 있었다. 쉬려고 잠시 멈추자마자 그들 모두는 깊은 잠에 빠져들었다. 장교들은 다시 이동해야 할 때 몇 번이고 발로 차 깨워야 했다. 전선이나 후방, 양쪽 다 무슨 일이 일어나고 있는지 누구도 알지 못했다. 무전기와 야전 전화는 버려졌다. 다른 부대의 패잔병들을 붙잡아 자신들의 작은 지휘부에 편입시켰던 좀더 경험 많은 장교들의 노력에도 불구하고 효과적으로 전선을 재구축할 희망은 없었다.

하인리히 장군은 이제 발트해 연안과 오데르브루흐 끝에 있는 호엔촐레른 운하 사이의 오데르강 방어선 북쪽 지역에 집중해야 했다. 경정찰기를 타고 로코솝스키 부대의 전방 지역 상공을 비행한 폰 만토이펠 장군은 적의 준비 상황을 탐지하는 데 어려움이 없었다. 제2벨라루스전선군은 만만찮은 일에 직면했다. 슈베트 북쪽에서 오데르강은 양쪽과 중간에 습지를 두고 두 개의 물줄기를 따라 흘렀다. 4월 19일 저녁, 로코솝스키는 스탈린에게 이튿날 아침 동이 트자마자 공격은 강력한 폭격과 포대의 포격으로 시작될 것이라고 보고했다.

로코솝스키는 단치히와 비스와강 어귀에 병력을 재배치하면서 전선 지휘관들 중에서 가장 어려운 시간을 보냈다. 거대한 병참 문제는 3월 29일 주코프가 스탈린에게 무엇이 연관되었는지를 경고하도록 부추겼다. 스탈린은 "그래요. 우리는 로코숍스키의 전선군을 기다리지 않고 작전을 시작해야 할 겁니다. 설령 그가 며칠 늦는다고 해도, 큰 문제는 아닙니다"[28]라고 대답했다. 분명 스탈린은 그때는 걱정하지 않았다. 하지만 베를린 점령에 로코숍스키의 부대가 필요한 지금에 와서는 훨씬 더 걱정을 했다.

총통의
마지막 생일

4월 20일 금요일, 나흘째 날씨가 좋았다. 이날은 아돌프 히틀러의 쉰여섯 번째 생일이었다. 이날의 아름다운 날씨는 거리의 낯선 사람들이 '총통의 날씨'와 이것이 암시하는 기적을 환영하도록 부추겼다. 이제 가장 정신을 못 차리는 나치 당원들만이 여전히 히틀러의 초자연적인 힘을 넌지시 떠들었다. 하지만 이 행사를 축하하려고 시도하는 완고한 극우주의자들은 충분히 남아 있었다. 나치의 깃발들이 폐허가 된 건물들 위에 게양되었다. 현수막엔 "베를린 시민들이 총통 각하의 생일을 축하합니다!"라는 문구가 쓰여 있었다.

과거에는 총통의 생일 때마다 수많은 축하 인사가 총통 관저로 쇄도했다. 6년 전, 베를린 동물원의 루츠 헤크 박사는 총통에게 "진심 어린 축하와 함께"[1] 스크램블드에그를 만들기 위한 1230그램짜리 타조 알을 하나 보냈다. 하지만 1945년에는 아주 적은 양의 편지와 소포만이 도착했다. 우편 체계가 붕괴됐기 때문만은 아니었다. 베를린 동물원 역시 반쯤 파괴됐고 많은 동물이 굶주렸다.

미국과 영국의 폭격기 부대들은 이날이 어떤 날인지 잘 알고 있었다. 총통 생일맞이 대규모 공습을 위해 대편대가 접근하자 베를린에서는 사이렌이 울렸다. 미군 항공대와 영국 공군에게는 겹경사였다. 소련군이 베를린에 다가오면서 독일 수도에 대한 두 번째이자 마지막 공습이었다.

괴링은 베를린 북쪽에 있는 자신의 시골 저택 카린홀에서 로코숍스키 부대의 첫 포격에 잠이 깼다. 독일 공군의 트럭 호송대는 더 시급한 임무가 있음에도 불구하고 약탈된 보물들을 실은 채 대기하고 있었다. 오토바이 분견대가 그들을 남쪽으로 호위할 예정이었다. 괴링은 병사들에게 간단한 연설을 한 뒤 그들이 떠나는 것을 지켜보았다. 그런 다음 카린홀을 폭파하기 위해 폭약을 설치한 공병 장교가 독일 제국 원수를 폭파 장치가 준비된 곳까지 안내했다. 그동안 괴링은 그곳을 자신이 직접 폭파하겠다고 말하곤 했다. 폭발은 밖으로 거대한 먼지구름을 일으켰다. 허영심에 가득 찬 이 기념물은 무너졌다. 괴링은 뒤도 돌아보지 않고 자신의 커다란 전용차로 걸어가 베를린으로 향했다. 그는 총통의 생일을 축하하기 위해 정오에는 총통 관저에 있어야 했다.

전날 밤, 힘러는 호엔리헨에 있는 휴양지로 돌아와 자정에 샴페인을 주문해 총통의 생일을 축하했다. 그는 적십자의 폴케 베르나도테 백작 그리고 그날 일찍 템펠호프 비행장으로 날아온 세계유대인회의 대표 노르베르트 마주어와 개별 회담을 준비했다. 베르나도테와 마주어는 힘러가 포로 석방 가능성에 관해 논의하길 원한다고 판단했지만, 힘러의 속셈은 서방 연합군 측과 대화 통로를 구축하는 일이었다. SS제국지도자는 히틀러에 대한 충성심을 여전히 갖고 있으면서도 자신만이 총통을 대신할 수 있다고 생각했다. 그는 서방 연합군과 협상을 할 수 있는 지도자가 될 것이었다. 그가 해야 할 일은, 최종 해결책이 양측 모두 뒤로 물러나야 하는 것임을 유대인들에게 납득시키는 것이었다.

쓰라린 결말이 올 때까지 히틀러와 함께 베를린에 남아 있으려는 계획을 세운 유일한 나치 지도자 괴벨스는 그날 아침 생일 축하 연설을 방송했다. 그는 모든 독일인에게 우리를 어려움에서 벗어나게 해줄 총통을 무조건 신뢰하라고 요구했다. 우르줄라 폰 카르도르프는 일기에 "나는 그가 미쳤는지, 혹은 무슨 냉혹한 속임수를 쓰는 건 아닌지 생각해봤다"[2]라고 썼다.

괴링, 리벤트로프, 되니츠, 힘러, 칼텐브루너, 슈페어, 카이텔, 요들 그리고 크렙스는 정오가 되기 전에 차를 타고 총통 관저로 갔다. 그들은 무리 지어 문이 거의 천장까지 닿고 표면은 광택으로 번쩍이는 대리석으로 만든 거대한 방들을 지나갔다. 권력에 대한 이 영화 같은 기념물은 이제 반쯤 파괴된 채 경박해 보였지만, 여전히 매우 불길하게 남아 있었다.

그날 많은 축하객은 자신의 생일 소원을 전달하면서 히틀러가 나이보다 적어도 20년은 더 늙어 보인다고 생각했다. 그들은 자신들의 지도자에게 아직 시간이 있을 때 바바리아(독일어명 바이에른)로 떠나라고 권했다. 히틀러는 소련군이 베를린에 도착하기 전에 혹독한 패배를 맛볼 것이라고 자신 있게 말했다. 히틀러에게서 독일 북부를 지휘하라는 명령을 받은 되니츠는 애정 어린 작별 인사를 받았다. 하지만 바이에른에서 저항 세력을 조직할 거라고 주장했던 괴링은 냉대를 받았다. 채 한 달도 지나지 않아 슈페어는 미국 심문관들에게 히틀러는 "괴링과 다른 사람들의 비겁함에 실망했다"[3]고 말했다. 히틀러는 항상 자신의 측근들이 용기 있는 사람들이라고 확신해왔었다.

그날 상황회의에서 나온 주요 질문은 독일이 베를린 남쪽 두 곳에서 얼마나 버틸 수 있느냐 하는 것이었다. 아직 점령당하지 않은 이 지역은 매일 그 면적이 줄어들었다. 영국군은 루네부르크 헤아트에서 함부르크로 향했다. 엘베강 중부와 체코슬로바키아 국경에 있는 미군은 바이에른으로 향하는 중이었고 프랑스 제1군은 독일 남부로 진격했다. 동남쪽의 붉은 군대는 빈 서쪽에 있었다. 이탈리아의 연합군은 포 계곡을 가로질러 북쪽으로 이동했다. 베를린을 포기한 나치 고위층의 문제가 다시 불거졌다. 슈페어는 "히틀러 자신이 끝까지 베를린에 남아 있다가, 마지막 순간에 비행기를 타고 남쪽으로 갈 것이라고 말하자 자리에 참석한 대다수의 사람은 놀라움을 금치 못했다"라고 말했다. 그의 측근들은 "대피에 관한 논의가 구체적이지 않다는 사실"에 놀랐다. 나머지 지도부는 공식적인 업무로 베를린을 떠난다는 "온갖 변명을" 늘어놓기 시작했다. 힘러, 리벤트로프, 칼텐브루너는 서로 다른 방향으로 출발했다. 총통 관저의 많은 참모는 이튿날 베르고프로 떠나라는 지시를 받았다. 보어만은 일기에 "총통의 생일[4]인데, 안타깝게도 축하하는 기분이 들지 않았다. 선발대는 비행기를 타고 잘츠부르크로 가라는 명령을 받았다"라고 썼다.

그날 오후 폐허가 된 총통 관저 정원에서 총통은 히틀러 유겐트—이들 중 몇몇은 소련 전차들을 공격한 공훈으로 철십자 훈장을 받았다—의 열을 따라 천천히 나아갔다. 히틀러는 메달을 직접 수여할 수 없었다. 왼팔이 너무 심하게 떨리는 것을 막기 위해 그는 왼팔을 등 뒤로 돌려 오른팔로 꼭 붙잡고 걸었다. 잠시 그는 팔을 풀 여유가 있었 다. 자신이 음흉한 웃음을 짓고 있다는 사실을 알아차리지 못한 채, 그는 억눌린 소아성애자의 강렬한 욕망을 참지 못하겠다는 듯 아이 들의 뺨을 만지고 귀를 꼬집으려고 했다.

그날 저녁 벙커에 있는 작은 거실에서 측근들을 접견한 후, 히 틀러는 평상시보다 훨씬 더 일찍 잠자리에 들었다. 에바 브라운은 다 른 사람들을 총통 관저로 안내했다. 그들 중에는 보어만과 모렐 박사 도 있었다. 파티를 하기에는 낯설고 마땅치 않은 구성이었다. 슈페어 가 디자인한 크고 둥근 테이블 중 하나에는 음식과 음료가 놓여 있었 다. 그들은 샴페인을 마시고 춤을 추는 척했다. 하지만 축음기 레코드 판은 오직 「피로 물들인 장미가 행복을 말해주네Bloodred Roses Tell You of Happiness」 한 장밖에 없었다. 히틀러의 비서 트라우들 융게에 따르면, 미 친 듯이 웃는 사람이 많았다. "끔찍했습니다. 저는 같이 있기가 힘들어 서 곧 내려와 잠자리에 들었습니다."[5]

대피 문제는 매우 불안했다. 4월 15일 일요일, 에바 브라운은 히 틀러에게 개인 주치의인 카를 브란트 박사가 자신의 가족을 튀링겐 주로 이동시키고 있다고 말했다. 놀랍게도 히틀러는 그가 곧 서방 연 합군에게 점령당할 장소를 선택했다고 말하며 버럭 화를 냈다. 그건 배신이었다. 보어만은 이 사건을 조사하고 "브란트를 대신할 헌신적 인 친위대 외과의인 슈툼프페거 박사"[6]를 에바 브라운과 함께 면담 하라는 지시를 받았다. 에바 브라운은 가장 친한 친구 헤르타 오스테 르마이어에게 보낸 편지에서 이 사건을 "정말로 더러운 속임수"[7]라고 묘사했다. 권력의 중심에 있었음에도, 그녀는 국가사회주의의 실체를 이해하지 못하고 있었다.

브란트는 이튿날 패배주의적 행동으로 기소됐다. 브란트는 법원장이던 악스만에 의해 사형을 선고받았다. 하지만 형 집행은 법정에서 보어만이 자신의 이름을 더럽혔다는 사실을 마침내 깨달은 힘러를 포함한 보어만 반대자들에 의해 연기된 것으로 보인다. 브란트는 나치 당원들에 의해 사형을 면했지만, 훗날 연합군에 의해 사형을 당했다.'

오베르잘츠부르크 그룹과 친했던 브란트는 '애시칸' 심문소에서 자신을 억류하고 있는 미군들에게 "히틀러 주변의 여인들"에 관한 재치 있는 기록을 남겼다. 그는 히틀러가 결혼한 적이 전혀 없는 이유는 "그가 독신으로 있는 한 독일 국민의 마음속에 살아 있는 신비한 전설로 남을 수 있고, 수많은 독일 여성 누구라도 히틀러의 측근이라는 높은 영예를 얻을 기회가 존재하기를"[8] 원했기 때문이라고 했다. 히틀러는 심지어 에바 브라운 앞에서도 이렇게 얘기했던 것으로 보인다. 1934년 그는 그녀가 있는 자리에서 "남자가 위대할수록 여자는 더 하찮은 존재가 되어야 한다"라고 말하기도 했다.

브란트는 이 둘 사이의 관계가 스승과 제자의 관계보다 훨씬 더 강한 아버지와 딸의 관계라고 믿었다. 하지만 그의 생각이 옳든 그르든 한 가지 사실만은 확실했다. 이 총통의 직함이 없는 내연녀는 폼파두

• 1944년 10월 히틀러에게 위험한 약물을 제공했다고 브란트가 모렐 박사를 비난한 후 얼마 안 있어 브란트가 국가 위생보건 위원으로 임명되면서 갈등은 해결됐다. 나중에 연합군은 안락사 살인과 포로들에 대한 의학 실험에 대한 책임을 물었고, 자신은 이런 일이 발생한 시설들에 대해 관여하지 않았다는 그의 변론을 받아들이지 않았다.

르[9]와 같은 사람과는 정반대였다. 그녀는 관저에서 음모를 꾸민 적이 전혀 없었다. 하지만 독일을 위해 총통의 독신주의 신화를 유지하고자 하인처럼 정체를 숨겼던 몇 년의 시간이 지난 후, 그녀가 가끔 위대한 여인 행세를 하려 했던 것은 전혀 놀랄 일이 아니었다. 브란트에 따르면, 그녀는 자신이 페겔라인과 결혼시킨 마음 약한 여동생 그레틀을 "개인 가정부처럼" 취급했다.

근래에 히틀러의 성생활 문제는 많은 학문적 관심을 받았다. 하지만 그가 남성적인 총통이라는 이미지를 위해 동성애적 측면을 억눌렀다는 사실에는 의심의 여지가 없다. 이런 억압은 엄청난 광기 어린 에너지와 신화들을 설명해줬다. 히틀러의 가족 중 몇몇은 그가 에바 브라운과 성관계를 가진 적이 전혀 없다고 주장하지만, 그녀의 개인 가정부는 히틀러가 베르고프에 올 때마다 에바가 월경주기를 억제하는 피임약을 사용한 것으로 미루어, 히틀러가 그녀와 성관계를 가졌다고 확신했다. 히틀러의 생애 막바지 무렵에는 끔찍한 입 냄새가 육체적 매력을 이전보다 훨씬 덜하게 했을 것임이 분명하다. 하지만 에바 브라운은 분명 다른 친한 여자친구들과 마찬가지로 그에게 푹 빠져 있었다. 두 주장 모두 증거는 없다. 하지만 그녀가 벙커를 떠나 안전한 바이에른으로 피신하는 것을 거절했을 때, 히틀러가 그녀에게 바친 정열적인 키스는 둘 사이에 어떤 성적 접촉도 없었다는 주장을 신빙성 없게 만든다.

히틀러와 마찬가지로 에바 브라운은 늘 영화의 매력에 흠뻑 빠져 있었다. 영화는 그들 사이에서 대화의 주요 주제였다. 그녀가 은둔 생활 중 느낀 가장 큰 좌절감 중 하나는 나치 부인들의 일상적인 컬렉션에 세련미를 더하기 위해 괴벨스가 초대한 영화배우들과 어울리지 못하는 것이었음이 틀림없다. 에바 브라운은 그녀와 히틀러의 운명을 영화의 결말이라는 측면에서 본 것 같았다. 그녀의 마지막 편지들이 멜로드라마에 오염된 것은 아니지만, 그녀가 훌륭한 배역을 찾아냈음을 보여주었다. 다년간 사랑하는 남자들로부터 굴욕과 무시를 당하다가 결말에 와서 그녀의 헌신이 밝혀지고 정당함을 인정받는 여자 주인공 말이다.

그녀의 가구는 4월 15일 총통 관저 지하에 있는 히틀러의 방 옆으로 옮겨졌다. 그때부터 그녀도 그곳에서 잤다. 히틀러의 공군 보좌관인 니콜라우스 폰 벨로는 "그녀는 항상 완벽하게 옷을 입었다. 그녀는 매력적이고 친절했으며, 마지막 순간까지도 나약함을 보이지 않았다"[10]라고 썼다. 소련군에게 생포될 위험 때문에 그녀와 히틀러의 비서들은 외무부 안뜰에서 권총 사격 연습을 했다. 그녀들은 자신들의 기량에 의기양양했다. 장교들에게 벙커에서 사격 시합을 하자고 도전하기도 했다.

에바 브라운은 헤르타 오스테르마이어에게 "우리는 벌써 전선의 총소리를 들을 수 있어. 나는 인생 전부를 벙커에서 보냈단다. 네가 상상할 수 있듯이 우리는 잠이 몹시 부족하지만 나는 정말로 행복해. 특히 그와 함께 있는 지금 이 순간은 말이야. 어제 그레틀한테 전화했어. 아마 이게 마지막일 거야. 이제 궁지에서 벗어날 방법은 없는 것 같아. 하지만 나는 모든 게 잘될 거라는 흔들리지 않는 믿음을 갖고 있단다. 그리고 그는 유난히 희망에 차 있어"[11]라고 썼다.

그날 아침 베를린의 여성들이 공습 이후에 나타나 식량 배급을 받기 위해 줄을 섰다. 멀리서 들려오는 포격 소리는 그녀들이 식량을 비축해둘 마지막 기회일 수도 있다는 공포감을 불어넣었다. 햇빛은 많은 사람을 기분 좋게 했다. 그날 오후 한 젊은 여자는 "갑자기 한 사람이 지금은 봄이라는 것을 기억해냈다. 불로 새까맣게 탄 폐허 사이로 주인 없는 정원에서 라일락 향기가 물결치며 다가온다"[12]라고 썼다.

신문이 배포되기도 전에 사람들이 작은 무리를 이루어 가판대 앞에서 신문을 기다리는 것은 뉴스에 대한 절박함이 얼마나 큰지 보여주는 장면이었다. '신문'은 이제 양면으로 인쇄한 종이 한 장이 전부였지만, 그마저 정보보다 선전이 훨씬 더 많았다. 유일하게 볼 만한 부분은 독일군의 일일 성명이었다. 얼버무리는 완곡한 표현에도 불구하고 언급된 도시를 보면 적이 어디까지 진격했는지 알 수 있었다. 그날 라이히슈트라세 1번의 중간에 있는 젤로에서 서쪽으로 17킬로미터 떨어져 있는 뮌헤베르크가 언급되었다는 것은 소련군이 독일군 방어선을 확실히 돌파했다는 의미였다.

하지만 당장은 음식을 구하는 것이 가장 중요했다. 슐레지엔에 갇힌 동포들이 뿌리와 풀을 뜯어 먹을 수밖에 없는 처지에 이르렀다는 소문이 베를린에 퍼졌다. 식료품점 앞에 서 있는 사람들이 나누는 얘기를 들어보면, 소련군이 베를린 시민들도 굶겨 죽일 것이라고 했다. 우선순위가 뚜렷해졌다. 먹거나 마실 수 있는 것이나 음식과 물물교환할 수 있는 물건들만이 이제 쓸모 있었다. 이날 베를린 시민들은 '응급 식량'을 받기로 돼 있었다. '응급 식량'은 약간의 소시지나 베이컨, 쌀, 말린 완두콩, 콩이나 렌즈콩, 약간의 설탕과 기름을 의미했다. 당국은 도시가 포위당했고 전투 준비 중임을 간접적으로 인정했다.

수도, 가스, 전기가 가차 없이 중단되거나 차단되면서 베를린 시민들은 갑자기 원시적인 생활로 돌아갔다. 그들 중 많은 사람은 발코니 바닥에 벽돌 세 개로 만든 작은 모닥불로 반쯤 썩은 감자를 요리했다. 앞날을 대비하는 주부들은 다가올 전투에서 살아남기 위해 지하실로 내려보낼 필수 식량을 여행 가방에 채우기 시작했다. 이런 모습은 2월 초 이후 여든세 차례의 공습이 있은 뒤부터 나타났다. 사람들이 날마다 폭탄으로 부서진 사무실로 출근하던 결연한 일상생활은 갑자기 중단되고 말았다.

주코프 원수는 4월 20일 오후 "제3충격군의 제79소총군단의 장사정포가 베를린에 포격을 시작했다"[13]고 기록했다. 하지만 그 도시에서 이런 사실을 알고 있는 사람은 거의 없었다. 주코프는 그날이 히틀러의 생일인 줄 몰랐던 듯하다. 그는 자신이 코네프보다 먼저 베를린을 공격했다는 것을 보여줄 무언가를 간절히 원했다. 대포는 사정거리 끄트머리에서 발사되어 서남부 교외지역만이 피해를 입었다.

주코프는 코네프의 전차 부대 가운데 일부가 남쪽에서 베를린으로 진격한다는 소식을 듣고 그날 저녁 제1근위전차군과 제2근위전군 사령관인 카투코프와 보그다노프에게 긴급명령을 전달했다. 그는 그들에게 "우선 베를린을 침공해 승리의 깃발을 들어올리는 역사적인 임무"[14]를 부여했다. 그들은 각 군단의 최고 여단을 파견해 이튿날 오전 4시까지 베를린 외곽을 돌파하고, 즉시 이를 보고해 스탈린이 곧바로 알 수 있게 한 다음 언론에 발표되도록 할 작정이었다. 실제로는 그의 전차여단들은 4월 21일 저녁까지 베를린 외곽에 도착할 수 없었다.

한편 베를린 동남부에서는 코네프 원수가 두 개 전차군에게 슈프레발트강을 건너도록 강하게 닦달하는 중이었다. 그의 주요 관심사는 제3근위전차군이 베를린 남쪽 측면을 목표로 하는 일이었다. 리발코의 선두 전차군단들은 정오에 초센 남쪽에서 정확히 20킬로미터 떨어진 도시 바루트로의 돌격을 시도했지만, 첫 시도는 실패했다. 코네프는 "리발코 동무, 장군은 또다시 벌레처럼 움직이고 있습니다. 한 개 여단만 싸우고 있을 때, 전군이 꼼짝 못 하고 있단 말입니다. 나는 장군에게 확장된 전투 대형으로 몇 개의 도로를 이용하면서 습지를 통해 바루트-루켄발데 사이의 전선을 돌파할 것을 명령합니다. 임무 달성 여부를 내게 알려주시오"[15]라는 암호문을 보냈다. 이 도시는 두 시간도 안 돼 점령됐다.

서남쪽으로 더 멀리 떨어져 있던 렐류셴코의 제4근위전차군은 제3근위전차군과 거의 나란히 한 채 위터보크와 포츠담으로 향했다. 스탈린은 여전히 미군이 갑자기 다시 진격하지 않을까 걱정했다. 스타프카는 그날 주코프, 코네프 그리고 로코솝스키 원수에게 서방 연합군과 맞닥뜨릴 가능성을 경고한 다음 식별 신호를 전달했다.[16] 하지만 코네프도 스타프카도 동남쪽에서 진격하는 제1우크라이나전선군이 베를린 남쪽을 돌아 후퇴하려는 부세의 제9군과 마주치게 된다는 사실은 잘 모르는 것 같았다. 주코프와 마찬가지로 코네프도 베를린에만 집착하고 있었기 때문이다. 그날 밤 코네프는 두 개 전차군 사령관들에게 다음과 같은 암호문을 보냈다. "리발코 동무와 렐류셴코 동무 앞. 오늘밤 무조건 베를린으로 진입할 것을 명함. 결과 보고할 것. 코네프."[17]

4월 19일과 20일, 독일군은 전선을 형성하지 못한 채 젤로 고지에서 철수했다. 지친 패잔병들은 있는 힘을 다해 후퇴했다. 급조된 전

베를린 함락 1945

투부대들은 위협을 받는 어느 곳에서나 국지적 교전을 치열하게 벌였다. 제9군 사령부는 하인리히에게 '방어선'[18]을 알렸지만, 지도 위에 연필로 표시된 선에 불과했다—혼란에 질서라는 허울을 씌우려는 한 참모 장교의 시도였다.

베르자린이 이끄는 제5충격군은 4월 19일 저녁 슈트라우스베르크 변두리에 도착했다. 후퇴하는 독일군에게 더 곤란한 점은 서쪽으로 향하는 모든 길이 점점 더 공포에 질린 피란민들로 막힌다는 사실이었다. T-34 전차들이 베르노이헨 비행장에 도착했을 때, 대공방어포대는 지상 목표물을 공격하기 위해 88밀리 포들을 아래로 향했다. 하지만 베를린 동쪽에서의 모든 전투에 참가했던 한 베테랑 군인은 "우리 병사들은 이 전투가 오래갈 수 없다는 사실을 분명히 알고 있었다"[19]라고 썼다.

4월 19일 아침, 노르트란트 사단은 뮌혜베르크 서북쪽 지역에서 전투를 계속하고 있었다. 바이틀링 장군의 사령부는 그곳에서 급히 후퇴해야 했다. '노르게' 연대가 프리츠하겐에서 후퇴하는 동안, 그들의 남쪽 부코 숲에 있던 '단마르크' 연대는 히틀러 유겐트와 제18기갑척탄병사단의 잔류병들과 섞여 있었다.

바이틀링은 그들에게 부코 숲에서 반격을 명령했지만, 반격은 실패로 끝났다. 노르트란트 사단의 정찰대는 포위된 채 심하게 타격을 입었다. 히틀러 유겐트 분견대는 불이 난 숲의 한쪽에서 나머지 병력과 분리되는 훨씬 더 나쁜 불운을 겪었다. 소련 전차들은 조심스럽게 판처파우스트의 사정거리 밖에 머물렀다. 슈트루만 베커는 "그런 뒤 전차들은 나무 꼭대기에 포격을 가하기 시작했다. 위에서 날아온 파편들은 그 아래의 진지에 있던 우리를 덮쳤다"[20]라고 보고했다.

생존자들은 소나무 숲을 지나 작은 길을 따라 슈트라우스베르크 쪽으로 후퇴했다. 소련군 보병은 배수로를 따라 빠르게 추격했다. 소련 전차들이 뒤에서 따라오면서 엄호사격을 가했다. 스칸디나비아 무장친위대는 보병 무기와 2문의 박격포밖에 가지고 있지 못했다. 독일군 자주 돌격포 1문이 나타나 T-34 전차들을 공격하려 했지만 대번에 파괴되었다. 하지만 그 직후 킹 티거 전차 한 대가 숲속에서 나타나 T-34 전차 두 대를 파괴하고 절박한 상황을 해결했다.

정찰대대의 잔존 병사들은 슈트라우스베르크 근처 숲에서 재집결했다. 그들은 상처를 치료하고 차량을 수리하며 무기를 닦았다. 황량한 현장에서도 돌격대지도자(소령) 잘바흐는 총통의 생일과 자신들이 참전한 반볼셰비키 사상 전투의 의미에 대한 연설을 했다.

부상을 입은 상급돌격대지도자(중령) 랑겐도르프는 친위대 야전병원으로 후송됐다. 그는 의사가 그를 치료하는 동안 히틀러의 생일을 기념하는 괴벨스의 연설을 들었다. 이 의사는 "알아서 하겠지"[21]라며 투덜거렸다. 간호사들은 네덜란드, 핀란드, 덴마크 그리고 특히 노르웨이에서 온 자원봉사자들이었다. 한 젊은 노르웨이 간호사는 후송된 중상자들 사이에서 무장친위대원인 자신의 애인을 발견하기도 했다. "그녀는 그를 껴안은 채 머리를 자기 무릎에 누이고 심각한 머리 부상으로 사망할 때까지 함께 있었다." 친위대에 자원했던 모든 외국 파시스트와 국가사회주의자들처럼 그들은 조국을 잃었고, 이제 명분을 잃었다. 볼셰비키 사상에 대한 본능적인 증오와 결합되면서 그들을 베를린 전투에서 무시무시한 전사로 만든 것이다.

그날 최고의 순간은 '단마르크' 연대와 '노르게' 연대가 카투코프 전차들의 공격을 막아내 슈트라우스베르크 비행장을 지켜낸 일이었다. '단마르크' 연대의 연대장인 상급돌격대지도자(중령) 클로츠는 자신의 차량이 직격탄을 맞으면서 사망했다. 부하들은 근처 묘지의 작은 예배당 안에 마련된 곳에서 병사들 옆에 클로츠를 함께 눕혔다. 그를 매장할 시간은 없었다. 부대원들은 베를린 환상 고속도로 서남쪽으로 후퇴했다.

노르트란트 사단은 후퇴하는 과정에서 간선도로들을 피했다. 라이히슈트라세 1번 도로는 특히 뤼더스도르프 근처에서 서쪽으로 향하는 수많은 차량으로 인해 혼란에 빠졌다. 슈투르모비크 지상 공격기의 기총소사를 받은 피란민을 가득 태운 농장 수레들 때문에 자주 길이 막혔다. 닷새 동안 식량 배급을 받지 못한 병사들은 주인이 버리고 간 집에 난입했다. 몇몇 병사는 너무 지친 나머지 발견한 것을 되는대로 먹고는 침대 위로 쓰러졌다. 그들의 군복엔 여전히 참호의 진흙이 잔뜩 묻어 있었다. 너무 오래 자는 바람에 어떤 이들은 적이 도착한 뒤에야 잠에서 깨기도 했다. 한 히틀러 유겐트 단원은 지친 나머지 깊디깊은 잠을 잔 후, 사방에서 전투가 벌어진 것을 알고는 놀라서 일어났다.

장교들은 권총을 겨누면서 다시 명령을 내리려고 했다. 한 소령은 부상자를 후송하는 자주대공포를 멈춰 세웠다. 그는 운전병에게 포신을 적 방향으로 돌리라고 명령했다. 운전병은 포신이 피격을 당해 쓸모없다고 말했지만, 소령은 계속 부상자들에게 내리라고 우겼다. 근처에 있던 몇몇 돌격포 병사가 이렇게 외쳤다. "그를 쏴버려! 쏴버리라고!" 소령은 물러날 수밖에 없었다. 헌병대의 기관총 지원을 받지 않는 장교의 권위는 후퇴하는 상황에서는 거의 의미가 없었다.

도로 위의 혼란은 소문과 공포 때문에 점점 더 가중되었다. "소련군이 온다!"는 거짓 외침도 있었다. 어떤 경우에는 실제로 소련 전차들이 나타나 덮치기도 했다. 독일 병사들은 "자이들리츠독일 제51군단장으로 스탈린그라드 전투에 참전했다가 군대에서 이탈한 장군 같은 반역자"가 후퇴하는 병사들 사이를 헤집고 다니면서 베를린 건너편에 있는 포츠담까지 물러나라는 명령을 내렸다고 주장했다. 이 주장은 사실일 수 있었다. 붉은 군대의 제7국이 '반파시스트' 포로들에게 거의 모든 위험을 감수하도록 압박을 가하고 있었기 때문이다.

붉은 군대의 병사들은 베를린 동쪽 소나무 숲에서 싸우는 것에 분명 편안함을 느꼈다. 비록 따뜻한 날씨 때문에 여전히 털 우샨카ushanka, 귀 덮개가 달린 러시아식 털모자와 솜 넣은 상의를 착용한 병사들이 벌써 여름 군복을 입은 병사들을 질투했을지라도 말이다. 한 러시아 병사는 "베를린에 가까워질수록, 모스크바 주변의 시골과 더 비슷해 보인다"[22]라고 적었다. 하지만 붉은 군대는 특유의 습관 때문에 진격 속도를 내지 못했다. 4월 20일, 뮌헤베르크는 "주로 특정[즉 전차와 포병대] 연대의 장교와 병사들에 의해 심하게 약탈당했다…… 하루 사이에 50명이 넘는 병사가 체포됐다. 이 중 몇몇은 소총 중대로 보내졌다. 그들은 지역 주민들이 보는 앞에서 옷과 신발 등등을 약탈했다. 병사들은 이 물건들을 집으로 보내고 싶어서 그랬다고 변명했다".[23]

바이틀링의 제56기갑군단이 베를린 동쪽 교외로 후퇴하는 동안, 제101군단의 잔여 병력은 베를린 북쪽으로 철수했다. 그중 일부는 4월 19일 밤사이 베르나우 지역으로 후퇴했다. 연료가 남아 있는 차량이 너무 적었기 때문에, 부상병들은 길가에 버려졌다. 많은 수가 뒤따른 포격 때 누워 있던 자리에서 즉각 사망한 것으로 보인다.

베르나우에 있던 대다수 병력은 급조된 연대 소속의 수습 장교와 정비병들이었다. 학교 건물과 가옥에 숙영지가 정해지자마자 그들은 그대로 쓰러져 잠들었다. 한 무리의 실습 통신병들이 버려진 막사를 발견했다. 하지만 4월 20일 이른 시간에 소련 제47군 제125소총군단이 공격을 시작하자, 한 병장은 이 마을을 방어하기 위해 돌아다니면서 병사들을 발로 차 깨워야 했다. 몇 년이 지난 후, 지휘관 중 한 명은 "그것은 너무 어리석은 짓이었다"[24]라고 언급했지만, 당시 독일군은 아무도 그들에게 이제는 총을 내려놓아도 된다고 말해주지 않았기 때문에 계속해서 싸웠다.

베를린 전투가 본격적으로 시작되기 이전의 실질적인 마지막 방어전이었던 베르나우 전투는 혼란스러웠지만 금방 끝났다. 젊은 훈련병을 지휘하는 독일 장교들은 자신들이 더 이상 완전한 붕괴를 막을 수 없다는 사실을 깨달았다. 많은 병사가 단독으로 혹은 작은 무리를 지어 슬쩍 전투에서 빠져나와 탈출했다. 소련 제47군이 베르나우를 점령하자, 제30근위포병여단[25]은 베를린을 향해 승리의 예포를 발사했다. 보그다노프의 제2근위전차군은 순환고속도로 바로 바깥쪽인 도시의 서북쪽 교외를 지나 진격했다. 많은 소련 병사는 독일의 고속도로가 대단한 공학적 위업이라고 들었지만, 스탈린주의자의 대표작을 본 이들은 비웃었다.

소련 제7국은 탈영을 부추기기 위해 점점 더 많은 포로를 앞잡이로 이용했다. 4월 20일, 제3충격군이 담당하는 전선에서 국민돌격대 대대 소속이었다가 포로가 된 병사 5명이 그들의 동료들에게로 보내졌다. "그들은 이튿날 거의 대대 전체를 이끌고 돌아왔다."[26] 하지만 정치부의 약속에도 불구하고, 소련 병사들은 복수를 하기 위해 무장

친위대 병사들을 찾는 데 집착하는 것처럼 보였다. 그들이 "너는 친위대야!"라고 비난하듯 소리치면, 지목당한 병사는 놀란 가슴으로 웃을 수밖에 없었다. 그리고 통제할 수 없는 매우 위험한 상황에 놓였다. NKVD 부대에 체포되거나 베어볼프 단원이라는 이유로 스메르시에 의해 기소된 병사 중 몇몇은 자신들이 "독극물로 우물과 강을 오염시켰다"[27]는 사실을 자백하라고 강요받았다.

오데르강의 방어선을 절대 포기해서는 안 된다는 총통의 명령에도 불구하고, 부세 장군은 제9군의 과반을 차지하는 병력—제11친위기갑군단, 제5친위산악군단, 프랑크푸르트 안 데르 오데르 주둔군—과 함께 곧 슈프레발트를 향해 서남쪽으로 철수하기 시작했다.

4월 20일 저녁, 주코프와 코네프가 전차 부대 지휘관들에게 더 빨리 진격하라고 압박을 가하고 있던 그때, 총통의 마음속에서는 반격을 시작하려는 충동이 되살아났다. 히틀러는 포위를 막기 위해 베를린 서쪽에서 코네프 부대를 공격하라고 크렙스 장군에게 말했다. 제3근위전차군과 제4근위전차군을 '분쇄할'[28] 것으로 기대되는 부대는 국가노동봉사단 분견대의 소년들로 구성된 프리드리히 루트비히 얀 사단과 여섯 대의 훈련소 전차로 무장한 소위 '뷘스도르프 기갑부대'였다.

한 헌병대대는 슈트라우스베르크 지역으로 가서 "탈영병들을 잡아 처형하고, 명령 없이 후퇴하는 병사가 발견되면 사살했다".[29] 하지만 처형자 자격으로 파견된 병사들조차 전방이 가까워지자 탈영하기 시작했다. 소련군에 자수한 병사 중 한 명은 소련 심문관에게 "소련군이 진격하기 전에 약 4만 명의 탈영병이 베를린에 숨어 있었으며,

지금도 급격하게 증가하고 있다"고 말했다. 또한 헌병과 게슈타포는 상황을 통제할 수 없다고 말을 이었다.

황금 꿩들의
도주

18

4월 21일 토요일 아침, 연합군의 마지막 공습이 끝난 직후 호엔 촐레른담에 있는 라이만 장군의 사령부는 갈색 군복들로 가득했다. 나치당 고급 장교들이 베를린을 떠나는 데 필요한 허가증을 얻기 위해 서둘러 왔다. '황금 꿩들'은 이번만큼은 군대의 허락을 요청해야 했다. 베를린방위총감인 괴벨스가 "무기를 들 수 있는 자는 베를린을 떠날 수 없다"[1]는 명령을 내렸기 때문이다. 오직 베를린 방위 사령부만이 면제 증명서를 발부할 수 있었다.

"쥐들이 침몰하는 배에서 달아나고 있다"라는 라이만의 참모장인 폰 레피오어 대령의 반응은 너무나 당연했다. 라이만과 참모 장교들은 이런 장면을 보면서 일시적인 만족감을 느꼈다. 후퇴하는 군대를 늘 비난할 준비가 되어 있던 당의 '안락의자 전사들'을 위해 2000개가 넘는 통행증이 발급되었다. 라이만은 통행증에 서명하는 것을 기쁘게 생각한다고 공개적으로 말했다. 이런 겁쟁이들을 없애버리는 쪽이 차라리 베를린을 방어하는 데 더 나았기 때문이다.

이런 생각은 이틀 후 쾨니히스 부스터하우젠에 있는 괴벨스의 베어볼프젠더에서 발송한 "베를린과 브란덴부르크의 베어볼프들"[2]에게 적에 대항해서 일어날 것을 호소하는 방송에서 분명히 드러났다. 이 방송은 모든 겁쟁이와 반역자는 베를린을 떠났다고 주장했다. "총통은 베를린 남쪽으로 도망치지 않았다. 그는 베를린에 있으며, 이 역사적인 순간에 그의 옆에서 싸울 만한 가치가 있다고 생각하는 모든 사람이 총통과 함께하고 있다. 지금 전선의 병사와 장교 여러분은 독일의 결정적이고 가장 위대한 결전을 치르는 것만이 아니라, 전투를 통해 국가사회주의 혁명을 완수하고 있다. 오직 강경한 혁명 전사들만이 남아 있다." 이는 마지못해 입단한 국민돌격대와 교수대의 올가미 혹은 총살형의 위협 때문에 싸울 수밖에 없는 징집병의 수가 훨씬 더 많다는 사실을 의도적으로 무시한 것이었다.

포병의 집중 포격은 연합군의 마지막 공습이 끝난 뒤 두 시간쯤 지난 후인 오전 9시 30분에 시작되었다. 히틀러의 친위대 전속 부관인 오토 귄셰는 총통이 잠에서 깬 지 몇 분 뒤, 면도도 하지 않고 화가 난 채 대기실로 쓰이던 벙커 복도에 나타났다고 보고했다. 그는 부르크도르프 장군, 폰 벨로 대령 그리고 귄셰에게 "무슨 일이야? 이 포격은 어디에서 하는 거야?"[3]라고 소리쳤다.

부르크도르프는 베를린 중심부가 소련군 중포의 포격을 받고 있다고 대답했다. 히틀러는 "소련군이 벌써 그렇게 가까이 왔단 말인가?"라고 물었다. 그는 떨고 있는 것이 분명했다.

카자코프 장군은 돌파구를 열 포병사단, 152밀리 곡사포와 203밀리 곡사포를 보유한 중포병들을 밀어붙였다. 포탄에는 '쥐새끼 괴벨스를 향하여'[4] '스탈린그라드를 위하여' '괴링의 뚱뚱한 배를 향하여' '고아와 과부들을 위하여!'라는 글귀가 쓰였다. 포수들은 정치장교들에게서 힘을 얻어 미친 듯이 발사 속도를 높였다. 고급 포병 장교들은 특히 자부심을 느꼈다. 그들은 '잔혹한 전쟁의 신'[5]에 대한 자기만족적 연설을 했다. 소련 포술에 대한 완곡한 표현이었다. 그날 아침부터 5월 2일까지 그들은 도시에 180만 발의 포탄[6]을 퍼부을 작정이었다.

특히 여성 사상자가 많았다. '응급 식량'을 바라면서 가랑비 속에서 계속 줄을 서 있었기 때문이다. 사람들이 카르슈타트 백화점 밖에서 줄 서 있을 때, 베를린 서남부의 헤르만플라츠 도처에는 심하게 훼손된 시체들이 나뒹굴었다. 다른 많은 사람은 양수기 앞에 줄을 서 있다가 몰살됐다. 길을 건넌다는 것은 안전하지 않은 대피소에서 다른 대피소로 돌진한다는 의미로 바뀌었다. 대부분의 사람은 포기하고 자신들의 지하실로 돌아갔다. 한편 어떤 이들에게는 은과 다른 귀중품들을 정원이나 인근 농장에 묻어둘 마지막 기회처럼 보였다. 하지만 무자비한 포격과 아무 데나 떨어지는 포탄 때문에 대부분의 주민은 곧 지하로 돌아올 수밖에 없었다.

낮에는 '미군'이, 밤에는 '영국군'이 강렬한 공습을 이어간 2년 동안, 지하실과 방공호에서는 독특한 파생 문화가 자라났다. 한 일기 저자는 기이한 사회의 축소판이라고 평가했다. 이 '지하실 종족'[7]은 매우 부유한 지역에서든, 아주 가난한 지역에서든 다양한 특성을 만들어냈다. 항상 지하실에는 완전히 따분한 사람이 적어도 한 명씩은 있었던 듯하다. 대개는 이 나치 당원은 총통과 최후의 승리를 정당화하려고 했다. 몇몇 베를린 시민은 무슨 이유에서인지 히틀러를 갑자기 '그자'

라고 부르기 시작했다. 하지만 이것이 반드시 히틀러를 욕하는 용어라고 할 수는 없었다.

사람들은 행운을 가져다주는 주문이나 부적에 집착했다. 한 어머니는 포위된 브레슬라우에 여전히 갇혀 있는 아들의 여분의 의족을 갖고 다녔다. 많은 지하실 종족은 특별한 미신이나 생존 이론을 발전시켰다. 예를 들면, 어떤 사람들은 머리에 수건을 두르면 폭탄의 직접적인 타격도 견뎌낼 수 있다고 믿었다. 또 다른 사람들은 첫 번째 폭탄이 터질 때, 몸을 앞으로 굽히면 폐가 찢어지는 것을 막을 수 있다고 확신했다. 우울한 독일인들의 독특함이 충분히 표현된 것처럼 보였다. 폭격이 끝난 뒤 공습경보 해제 사이렌이 울리면, 지하실과 방공호에는 불안한 웃음과 억지스러운 농담이 횡행했다. 그중 나이 많고 말 많은 여자들이 좋아하는 농담은 "머리 위의 미군보다는 배 위의 러시아군이 낫다"는 것이었다.

하루 종일 산산이 부서진 독일 부대와 패잔병들이 후퇴하는 동안 히틀러는 여전히 부세가 이틀간 붕괴되고 있었던 전선을 유지했다고 주장했다. 부세의 좌측 진영인 제101군단의 잔류병들은 베르나우 지역에서 철수했다. 그로스도이칠란트 친위연대의 볼프람 커츠는 베를린 서남쪽 블룸베르크 고속도로 교차로에서 부상을 당했다. 1000여 명의 친위연대 병사 중 40명만이 베를린에 도착했다. 많은 병사의 목숨이 '군인의 행운'에 달려 있었다. 커츠는 소련군이 자신을 발견했을 때, 어떤 교회 벽에 몸을 기대고 있었다. 그들은 목에 걸린 기사철십자 훈장을 보고는 "당신, 장군인가?"[8] 하고 물었다. 그들은 말이 끄는 수레를 불러 그를 본부로 데려가 심문했다. 한 고위 장교는 히틀러가 아직 살아 있는지, 그리고 붉은 군대에 대항해 미군과 함께하는 독일의 반격 계획에 대해서 무엇을 알고 있는지 물었다.

이것은 크렘린의 편집증을 보여주는 증거였다. 미군은 베를린 축을 포함한 독일 도처에서 계속 전투를 벌이고 있었다. 그들의 지상군과 미군 항공대의 머스탱 전투기는 데사우 북쪽 제12군의 샤른호르스트 사단[9]에 지속적인 공격을 시작했다. 엘베강 횡단 지점과 교두보에 대한 독일 공군의 예상치 못한 공격에 대한 응답이었다. 샤른호르스트 사단의 한 대대를 지휘하고 있던 페터 레티히에게는 4월 21일 겨우 50명의 병사만 남아 있었다.

제9군의 중심에 있던 바이틀링의 제56기갑군단의 잔존 병사들 역시 후퇴해 베를린 순환고속도로의 동쪽 측면을 가로질렀다. 시체들이 고속도로 양쪽 배수로에 널려 있었다. 대부분은 지상 공격기 슈투르모비크의 기총소사 공격에 희생된 병사들이었다.

지선 도로와 간선도로 모두 손수레, 유아차 그리고 농장의 말을 끌고 나온 민간인들 때문에 꽉 막혔다. 적군의 진격 소식을 알고 싶은 민간인들이 군인들을 에워쌌지만, 군인들 대부분도 제대로 알지 못했다. 교차로에 있는 헌병 보초들은 또다시 패잔병들을 붙잡아 급조된 중대를 만들었다. "나는 겁쟁이였습니다"라고 쓰인 종이를 가슴에 단 채 길옆 나무에 매달려 교수형에 처해진 병사들도 있었다. 길 양쪽의 가옥을 지키는 임무를 맡은 병사들이 가장 운이 좋았다. 주민들은 그들에게 음식을 주고 면도하거나 몸을 씻을 수 있도록 뜨거운 물을 제공했다. 여러 날에 걸쳐 처음 있는 일이었다.

페터스하겐에서 돌격대지도자(소령) 로렌츠 휘하의 노르트란트 사단의 한 중대는 몇 대의 정찰 차량 지원을 받아 소련 제8근위군에 맞설 준비를 했다. 하지만 갑자기 대규모 카추샤 공격을 받고 완전히 혼비백산했다. 한 보고에 따르면 소련군은 포탄에 즉흥적으로 네이팜탄을 장착했다. 정찰 차량들은 화염에 휩싸였고 일부는 폭발하기도 했다. 공포에 휩싸인 생존자들은 파괴되지 않은 차량으로 뛰어들어 부상자들—그들 중 많은 수가 심각한 화상을 입었다—을 그냥 남겨둔 채 차를 몰고 그 자리에서 벗어났다. 로렌츠와 그의 무전병만이 남아 부상자들을 보살폈다. 그들은 유일하게 남은 반무한궤도 차량에 생존 가능성이 가장 높은 부상병들을 싣고는 치료소로 데려갔다. 치료소는 지휘 본부 옆 분지에 있는 헛간에 설치돼 있었다. 로렌츠는 '몹시 불길한 기분'[10]이 들었다. 잠시 뒤 소련 근위 포병이 또 다른 카추샤로 정밀한 포격을 가했다. 다치지 않고 살아남은 사람은 거의 없었다. 로렌츠 자신도 오른쪽 어깨에 파편이 박혔다.

근처에 있던 교도대대의 생존자 중 한 명인 게르하르트 틸러리는 호페가르텐에 있는 경주마 마구간 밖에서 사단 소속 대령을 만났다. 대령은 이 놀란 병사에게 "아무 일 없이 건강하게 집으로 돌아갈 수 있도록 주의하게나. 이런 일에는 더 이상 아무 의미도 없어"[11]라고 말했다. 하지만 틸러리는 이 충고를 당장 따를 수 없었다. 급조된 그의 중대는 보병 경험이 전혀 없는 매우 결단력 있는 젊은 포병 장교가 지휘하고 있었다. 그는 중대를 말스도르프로 후퇴시킨 후 그곳의 한 공동묘지에 방어 진지를 구축했다. 전투가 다시 시작되기 전 잠시 소강상태가 되자 틸러리는 다른 몇 명의 병사와 함께 민간인이 제공하는 음식을 가지러 갔다. 그들은 음식을 대형 우유 통에 담아가지고 돌아왔다. 틸러리는 그들의 오른쪽에 국민돌격대 몇 명과 헌병대대가 있는 것을 보았다. 그들은 오래지 않아 방어 진지의 박격포 지원을 받으면서 신중하게 전진하는 소련군들이 나타나리라는 사실을 알았다.

베를린 동쪽에서 독일 제9군의 잔류병들은 소련 제5충격군 및 추이코프의 제8근위군과 마주했다. 하지만 주코프는 제8근위군을 슈프레강 쪽인 더 남쪽으로 옮겼다. 그는 여전히 긴밀하게 협조하고 있는 추이코프와 카투코프의 제1근위전차군이 서남쪽에서 베를린으로 들어가길 원했다. 이렇게 함으로써 이 방향에서 베를린을 공격하려는 코네프의 의도를 미연에 방지하리라 기대했다. 4월 21일, 몇몇 코네프 전차여단이 제8근위군의 보병과 함께 진격해 뤼더스도르프 정남쪽에 있는 에르크너를 함락했다.

주코프는 베를린의 북쪽 측면을 둘러싸기 위해 제47군을 슈판다우 쪽으로, 제2근위전차군을 오라니엔부르크로 전진시켰다. 스탈린의 압박에 못 이긴 그는 다음과 같은 암호문을 보냈다. "우리의 진격 속도가 느린 관계로, 연합군은 베를린에 접근하는 중이고 곧 베를린을 점령할 것입니다."[12] 전날 밤 베를린에 도착하기로 되어 있던 선두 기갑여단들은 4월 21일 저녁까지 베를린 교외에 겨우 도착했다. 주코프는 이런 상황에서 전차로 성급하게 진격하면 많은 사상자가 발생할 수 있다는 사실을 인정하지 않았다. 길옆에 있는 모든 집과 농장, 정원, 그리고 대부분의 덤불은 판처파우스트로 무장한 히틀러 유겐트와 국민돌격대 대원이 숨기에 적당한 곳이었다. 제3충격군과 제5충격군 소속의 소총 연대들 역시 그날 밤 말호와 호엔쇤하우젠 서남쪽 교외에 도착했다.

베를린에서 남쪽으로 20킬로미터 떨어진 초센의 거대한 지하

본부에는 깊은 불안감이 감돌았다. 전날 남쪽에서 접근해오는 소련 전차들이 위협으로 다가들면서 크렙스 장군은 독일 육군 총사령부의 소규모 방어분견대를 정찰 차량에 태워 보내 조사토록 했다. 4월 21일 오전 6시, 크렙스의 제2보좌관 볼트 대위는 전화가 오는 바람에 잠에서 깼다. 방어분견대를 지휘하고 있던 선임 중위 크렌켈이 조금 전 소련 전차 40대가 바루트 방면 도로를 따라 초센으로 향하는 모습을 목격했다. 크렌켈은 그들과 교전을 벌일 참이었다. 볼트는 크렌켈의 경장갑차들이 T-34 전차에 대항할 수 없음을 알고 있었다. 그는 크렙스에게 이 사실을 알렸고, 총통 관저에 전화를 걸어 육군 총사령부의 이전을 허가해달라고 요청했다. 하지만 히틀러는 거절했다. 오전 11시 상황회의 직전에 멀리서 전차의 포격 소리가 분명하게 들렸다. 한 참모 장교는 소련군이 30분 안에 초센에 도착할 수 있다고 말했다. 또 다른 전보가 크렌켈에게서 도착했다. 그의 공격은 많은 사상자를 내면서 실패로 돌아갔다. 이제 적의 전차를 막을 것은 아무것도 남아 있지 않았다.

크렙스 장군이 자신의 사무실에서 나와 모습을 드러냈다. 그는 "여러분, 준비되셨습니까?"라고 물었고, 독일 참모 장교들의 마지막 회의가 시작됐다. 소련 기갑부대에게 곧 포로로 잡힌다는 사실과 소련에서 그들을 기다리고 있는 포로수용소에 대한 생각을 떨쳐버리기가 힘들었다. 하지만 더 이상의 포격은 없었다. 전차들은 디젤 연료가 다 떨어지는 바람에 바루트 북쪽에서 멈췄다. 오후 1시, 총통 관저에서 부르크도르프 장군이 전화를 걸었다. 독일 육군 총사령부는 본부를 포츠담 근처의 아이헤에 있는 독일 공군 비행장으로 옮기기로 했다. 근처 독일군 총사령부에 있는 동료들은 멀지 않은 크람프니츠의 전차

기지로 이동할 계획이었다. 결정은 시간에 맞춰 이루어졌다.

더 많은 차량 호송대와 꼭 필요하지 않은 직원들은 초센을 떠나 서남쪽으로 위험한 이동을 하다가 바이에른으로 향했다. 그들은 렐류셴코의 전차여단들이 자신들의 진로를 앞에서 가로지르는 것을 알지 못했다. 그 대신 마지막으로 출격한 독일 공군의 공격을 받았다. 독일 조종사들은 우군 차량을 오인했다. 더 적은 수의 이동 집단은 렐류셴코의 전차들과 같은 경로를 따라 포츠담으로 향했다.

그날 늦은 오후 소련 병사들은 조심스럽고 놀라운 마음으로 초센의 숨겨진 막사에 들어갔다. 마이바흐 I과 마이바흐 II로 알려진 이 두 건물은 나무와 위장망으로 모습을 감춘 채 나란히 서 있었다. 그들을 놀라게 한 모습은 지그재그로 페인트가 칠해진 낮은 콘크리트 건물 안에서 흩날리는 종이 뭉치가 아니라, 거주지 관리인의 안내를 받아 둘러본 것들이었다. 관리인은 그들을 미로를 통해 갱도가 있는 지하 벙커로 안내했다. 그곳엔 발전기, 자료가 기입된 지도, 한 줄로 늘어선 전화기 그리고 전신 타자기들이 있었다. 그중 최고의 경이로움은 제3제국이 볼가강에서 피레네산맥까지 그리고 노르웨이의 최북단에서 사하라 사막까지 뻗어나갔을 때, 두 최고 사령부를 독일군 부대들과 연결했던 전화교환실이었다. 관리인을 제외한 남아 있는 수비병은 네 명뿐이었다. 그들 중 세 명은 즉각 항복했다. 네 번째 병사는 항복할 수 없었다. 인사불성으로 취해 있었기 때문이다.

갑자기 전화가 왔다. 소련 병사 한 명이 전화를 받았다. 전화를 건 사람은 무슨 일이 있는지를 묻는 독일 고위 장교임이 분명했다. 그 병사는 러시아어로 "이반이 여기 있다"고 대답하고는 독일 장교에게 뒈져버리라고 말했다.

베를린 함락 1945

크렙스의 참모 장교들이 꼴사나운 모습으로 서둘러 베를린 서쪽으로 이동하고 있던 그 순간 바이틀링 장군 역시 자신의 본부를 포츠담 정북쪽에 있는 되베리츠로 옮겼다는 소문이 나돌았다. 히틀러는 처음엔 바이틀링을 반역과 비겁함으로 처형하려고 했지만, 이틀 만에 베를린 방어사령관으로 임명하면서 그의 행동은 블랙 코미디가 되고 말았다.

히틀러는 소련군의 베를린 포격을 개인적인 모욕으로 간주했다. 소련군 포탄에 쓰인 구호를 고려해보면 그의 반응은 이해할 만했다. 그가 반사적으로 보인 반응은 이런 일이 벌어지도록 방치한 독일 공군에 대한 비난이었다. 그는 콜러 장군을 처형하겠다고 위협했다. 이런 일이 처음 있는 것은 아니었다. 히틀러는 독일 공군에 가용할 항공기가 거의 남아 있지 않고 항공기 연료의 수급 상황은 더 좋지 않다는 사실을 감안하지 않았다. 그는 분노가 자신에게 영감을 주었다고 확신했다. 북쪽에서 베를린을 포위하려는 소련군의 시도로 인해 그들의 오른쪽 측면이 노출됐다. 히틀러는 반격을 명하고 그들을 갈기갈기 찢을 생각이었다. 그는 상황 지도를 보면서 상급집단지도자(병과대장) 펠릭스 슈타이너가 지휘하고 에베르스발데 서북쪽에 있는 제3친위기갑군단 '게르마니셰'를 생각해냈다. 히틀러는 하인리히가 제9군을 돕기 위해 그의 사단 대부분을 투입했다는 사실을 받아들이지 않았다. 비스와집단군 사령부에 따르면 슈타이너의 군단은 불과 "세 개 대대와 몇 대의 전차"[13]가 전부였다.

히틀러는 현실을 망각한 채 슈타이너 분견군에 대해 떠들기 시작했다. 그의 기준에서도 엄청난 자만이었다. 그는 이 분견군이 베를린 북쪽으로 후퇴한 제101군단 소속의 모든 부대로 보강될 수 있다고 주장했다. 그는 카린홀에 있는 괴링의 독일 공군 호위대까지 생각했지만, 그들은 이미 사라지고 없었다. 긁어모을 수 있는 모든 육군, 해군, 공군은 전투에 투입될 것이며 자신의 병사들을 제지하는 모든 지휘관은 5시간 이내에 처형될 것이었다. 항상 히틀러는 "마지막 대군을 투입하는 자가 싸움의 승자가 될 것이다"라는 프리드리히 대왕의 말을 복음처럼 받아들였다. 이 말은 타인의 목숨을 걸고 무모한 도박을 하는 것이 위대함의 증거라는 환상에 힘을 실어주었다.

슈타이너는 총통 벙커에서 걸려온 전화를 받고 히틀러의 공격 명령에 말문이 막혔다. 생각을 정리한 후에 그는 크렙스에게 전화를 걸어 실제 상황을 알려주려고 했지만, 크렙스는 히틀러 편을 들었다. 때는 이미 너무 늦었다. 슈타이너는 제1벨라루스전선군의 오른쪽 측면에 반격을 가하라는 공식적인 명령을 받았다. 만약 따르지 않는다면 부하 장교들과 함께 처형될 거라는 협박까지 받았다. 잠시 뒤 이 소식을 들은 하인리히는 총통 관저에 전화를 걸어 이 미친 짓에 항의했다. 크렙스는 하인리히에게 결정은 이미 났고 총통은 자신과 얘기할 시간이 없을 정도로 바쁘기 때문에 총통에게 전달할 수 없다고 말했다.

이 광란의 밤이 지나는 동안 히틀러는 라이만 장군을 베를린 방어 사령관에서 해임했다. 부르크도르프 장군은 히틀러에게 라이만이 쓸모없다며 음해했다. 베를린 방위총감인 괴벨스는 라이만이 본부를 동물원 벙커 안에 있는 자신의 사령부 옆으로 옮기기를 거부한 이후 줄곧 반감을 품었다. 대신 라이만은 포츠담에 있는 한 빈약한 사단의 사단장이 되었다. 이 사단은 슈프레집단군이라는 호칭을 받았다. 라이만의 후임으로 두 명이 물망에 올랐지만 히틀러는 둘 다 거절하고 그 대신 케터 대령을 선택했다. 그의 주요 경력 중 하나는 소련 군사위원을 본뜬 국가사회주의 운영위원이었다. 케터는 소장으로 진급한 다음 중장으로 진급했다. 하지만 이튿날 지명은 철회되었다. 붉은 군대가 교외로 들어오는 그 순간 베를린에는 사령관이 부재중이었다.

주코프가 보기에 진격 속도는 여전히 너무 느렸다. 4월 22일 일요일이 베를린 점령 목표일이었다. 하지만 그의 선두 사단들은 여전히 도시 주변에 머물고 있었다. 이날 아침 그는 예하 지휘관들에게 "베를린 방어가 약함에도 우리 부대들의 작전은 매우 느리다"[14]라는 암호를 보냈다. 그는 '하루 24시간 진격'[15]을 명령했다. 하지만 이날이 레닌의 생일이었기 때문에 정치 부서들은 눈에 잘 띄는 건물 위에 내걸 좀더 상징적인 붉은 깃발들을 배포하는 데 여념 없었다.

소련군은 슈프레강에 감명을 받지 않았다. 한 장교는 "더럽고 늪이 많은 작은 강"[16]이라고 묘사했다. 하지만 주코프가 젤로 고지의 방어력을 과소평가했던 것처럼, 그는 숲으로 뒤덮인 브란덴부르크 지역의 강, 운하, 호수의 연결망을 과소평가했다. 진격하는 데 시간이 많이 걸리지 않았던 것은 2년에 걸친 진격 과정에서 강을 헤엄쳐 건너 공격했던 정찰 중대들의 훌륭한 경험, 그리고 소련 공병들의 교량 건설 기술과 용기 덕분이었다. 제1근위전차군은 시간이 많이 걸림에도 불구하고 쾨페니크 근처에 슈프레강을 가로지르는 부교를 놓을 준비를 했다.

전차들과 함께 움직이고 있는 소련 제8근위군은 바이틀링의 독일 제56군단을 단숨에 도시 안으로 후퇴시켰다. 그들의 오른쪽에선 제5충격군이 동쪽 교외로 진격했다. 더 가까이에 있던 제3충격군은 중북부 교외로 진격한 다음 중앙으로 내려오라는 명령을 받았다. 오른쪽에 있던 제2근위전차군은 지멘슈타트를 거쳐 샤를로텐부르크로 향할 계획이었다. 제47군은 낙타들이 끄는 수레와 급수차로 오라니엔부르크에 있는 프랑스 전쟁 포로들을 놀라게 한 뒤 도시 북부 절반에 대한 포위를 마무리하기 위해 서쪽으로 더 전진했다.

일요일 아침 일찍 바이틀링 장군은 사단장들을 소집해 그들과 상황에 대해 논의했다. 한 명을 제외한 그들 모두는 부세 장군 그리고 제9군의 다른 두 개 군단과 합류하기 위해 남쪽으로 계속 싸움을 이어나가길 원했다. 반대하는 유일한 사람은 친위 노르트란트 사단의 여단지도자(소장) 치글러였다. 그는 슈타이너와 다시 합류하고 싶다는 생각을 숨기지 않았다. 바이틀링은 분노했다. 전적으로 친위대의 집단주의에서 촉발되었는지, 아니면 그의 스칸디나비아 의용군들을 덴마크 국경 인근에 있는 친위대 요새로 철수시키기 위한 술수였는지는 아무도 알 수 없었다.

노르트란트 사단은 말스도르프와 베를린으로 향하는 라이히슈트라세 1번 도로의 진입로를 방어했다. 노르트란트 사단의 한 분견대는 프리드리히스펠데에서 프랑스 전쟁 포로들을 모아 총을 겨누고는 참호를 파도록 했다. 한낮에 강력한 공격이 있은 다음, 이 사단은 카를스호르스트로 후퇴했다. 분견대 중 하나는 박격포 진지를 만들기 위해 마차 경기장 옆에 참호를 팠다. 하지만 얼마 지나지 않아 그들은 강력한 포격을 받았다. "소련군의 포탄이 관중석과 마구간에서 폭발했다."[17]

병사들은 마지막 비상 휴대 식량을 받은 지 거의 일주일이나 지났다. 휴대 식량은 가공 치즈 한 통, 장기 보존용 빵 그리고 커피나 차로 가득 채워진 수통 하나가 전부였다. 병사들이 당장 구할 수 있는 최고의 먹을거리는 버려진 집 선반 위에 남겨진 돼지고기 통조림이었다. 그들은 이 통조림을 총검으로 찔러 열었다. 그들은 불결하고 수염이 자랐으며 눈은 충혈돼 있었다.

동남쪽에 있는 제9군의 상황은 더 심각했다. 오데르강 방어선을 고수하라는 히틀러의 명령은 어리석은 짓이었다. 제11친위기갑군단, 제5친위산악군단 그리고 프랑크푸르트 수비군의 잔존 병사들은 제각기 다른 방향에서 슈프레발트로 후퇴하기 시작했다. 병사들은 혼자서 혹은 무리 지어 이동했다. 제대로 모습을 갖춘 부대는 거의 남아 있지 않았다. 부세의 명령을 받을 능력도 없었다. 연료가 떨어지면서 차량들은 길가에 버려졌다.

가용한 분견대들이 엄호 병력으로 남겨졌지만, 저항은 오래가지 못했다. 올림픽 경기장에서 훈련받은 히틀러 유겐트 중 한 명인 라인하르트 아펠은 뮐로제에서 멀지 않은 곳에 주둔하고 있던 1월 30일 사단 병력을 보충하기 위해 파견된 부대의 일원이었다. 동부 전선에서 많은 훈장을 받은 한 노련한 병장이 아펠의 목숨을 구했다. 아펠이 목숨을 값지게 마감하려는 필사적인 마음으로 수류탄을 던지기 위해 몸을 일으키자 병장은 팔을 잡고 손에서 수류탄을 빼앗았다. 그는 소년에게 절망적인 상태에서 용감해지려는 것은 미친 짓이라고 소리쳤다. 소련군은 벙커에 있는 사람들을 전부 몰살시킬 참이었다. 소련 병사들이 자동소총을 들고 나타나자 그는 흰 손수건을 막대기에 꽂은 다음 항복의 표시로 팔을 들어올렸다. "전쟁은 끝났다!" 한 소련 병사가 "히틀러는 끝났다!"라고 외치며 앞으로 달려와 어린 병사들의 무기를 빼앗아 한쪽으로 던진 다음 시계를 약탈했다. 소년들과 이 노련한 병장은 오데르강을 향해 동쪽으로 행진하라는 명령을 받았다.

그들 뒤로 80킬로미터 떨어져 있던 제3근위전차군의 정찰분견 대들은 전날 저녁 쾨니히스 부스터하우젠에 도착했다. 엿새도 안 돼 나이세강에서 174킬로미터를 진군했다는 얘기였다. 그들은 호수와 수로 때문에 뮈겔제 호수 북쪽 둑에서 제8근위군과 떨어지고 말았다. 소련의 두 부대와 장애물들을 감안하면 부세의 제9군에서 잔존 병력이 사실상 포위되었음을 의미했다.

코네프 원수는 항공 정찰로 우측의 슈프레발트에 주둔한 적 대규모 부대에 대한 경고를 받자 트럭으로 제28군의 진군 속도를 높였다.[18] 이 사단들은 콧부스 주위의 독일군을 궤멸시키고 있는 고르도프의 제3근위군과 베를린으로 진격하는 제3근위전차군 사이의 틈을 메울 예정이었다. 코네프는—'강력한 망치'인—포병돌파군단과 한 개 대공사단으로 리발코의 전차군을 보강하기로 결심했다.

4월 22일 저녁 리발코의 세 개 군단 전체는 베를린 방어선의 남쪽 가장자리에 있는 텔토 운하에 도착했다. 독일 수비대는 "자신들이 소련 전차들과 마주하고 있다는 사실을 알아차리고는 매우 놀랐다".[19] 제3근위전차군은 이례적인 시적 문장으로 자신들의 도착을 "한여름의 눈처럼 예상하지 못했던 것"[20]이었다고 묘사했다.

독일군의 정보 공유가 너무 형편없다보니 비스와집단군 사령부조차 소련군의 진격에 대해 아는 게 없었다. 그래서 운하 남쪽에 있는 독일군 대형 식량 창고에서는 "보급품을 옮기기 위해 아무것도 하지 않았다". "오히려 첫 번째 소련 전차가 불과 수백 미터밖에 떨어져 있지 않았을 때도 행정관은 규정에 맞게 발급된 서류가 아니라는 이유로 운하 북쪽 둑에 있는 국민돌격대에 식량을 배급하는 것을 거부했다." 대신 그는 식량에 불을 질렀다.

제9기계화군단은 리히텐라데를 지나 돌진했다. 제6근위전차군단은 텔토를 장악했으며 좌측의 제7근위전차군단은 슈탄슈도르프를 점령했다. 더 서쪽에서는 렐류셴코의 제4근위전차군이 포츠담에서 10킬로미터 떨어져 있었다. 더 먼 곳에서는 두 개 군단 이상이 베를린 서쪽 끝 주위를 꿈틀대며 나아가고 있었다. 북쪽에서 진격 중인 주코프의 제47군과 40킬로미터도 떨어져 있지 않았다.

소련군이 텔토 운하 가까이에 있는 포로수용소 스탈라크 III를 향해 돌진하고 있을 때, 프랑스 포로들은 봄의 따뜻함을 즐기고 있었다. 그들 중 한 명은 "오후 5시경 처음으로 소련 병사가 나타났다. 그는 몸을 똑바로 세우고 허리에 찬 기관총으로 사격할 준비를 한 채 의기양양하게 걷고 있었다. 그는 길옆의 배수로를 따라 걷고 있었다. 우리 수용소를 쳐다보지도 않았다"[21]고 기록했다. 하지만 잠시 뒤에 소련 장교들이 수용소로 들어왔다. 소련군 포로들에게 집합하라는 명령이 떨어졌다. 그리고 그들에게 소총이나 기관총이 지급되었다. 당장 전장에 투입될 것처럼 보였다.

도시의 서남쪽에 있던 또 다른 프랑스 전쟁 포로는 우연히 "참호에서 판처파우스트를 든 채 앳된 얼굴로 철모를 쓴 13~14세의 히틀러 유겐트"를 보았다. 그 소년은 땅에 있는 구덩이가 이튿날 자신의 무덤이 될 거라는 사실을 의심하지 않는 듯했다.

코네프의 전차여단들은 북쪽으로 빠르게 전진하면서 민간인을 태운 수레를 추월했다. 자세히 보면 민간인 중 일부는 군복을 숨긴 독일군 병사들임을 알 수 있었다. 렐류셴코의 후방에서 간신히 서쪽으로 빠져나간 이 병사들은 제4근위전차군의 진격 소식을 퍼뜨렸다. 베를린을 서쪽에서 둘러싸고 있는 세 개 군단 외에도 제5근위기계화군단은 벵크의 제12군이 부세의 제9군과 합류하는 것을 막기 위해 엘베강쪽으로 향했다.

포츠담에서 아픈 아이들을 대피시키는 것을 도왔던 루트 슈바르츠 수녀는 벨리츠-하일슈테텐 인근 건물 안에 있는 임시 병원에서, 4월 21일 소련군이 벌써 위터보크에 있다는 소식을 듣고는 몹시 놀랐다. 병원에서 40킬로미터도 채 떨어져 있지 않았던 것이다. 초콜릿, 마른 소시지, 얇은 비스킷 등 비상 휴대 식량이 병동마다 배급됐다. 간호사들은 최소한 네 명이 한방에 모여서 잤다. 이렇게 해야 소련군 병사들이 나타났을 때 자신을 보호할 수 있으리라고 믿었기 때문이다. 그녀들은 소련군의 진격 소식에 "두려움에 사로잡혔다".[22]

4월 22일, 붉은 군대가 10킬로미터밖에 떨어져 있지 않은 쇠네펠트에 도착했다는 소식이 전해졌다. 직원, 성인 환자 몇 명과 함께 포츠담에서 도착한 수녀원장 엘리자베트 폰 클레베는 양초로 제단을 차린 다음 수백 명의 환자를 휠체어에 태워 그들을 위로하기 위한 예배를 드렸다. 그들이 「내 주는 강한 성이요Ein fest burg ist Burg ist unser Gott」를 부를 때 눈물이 뺨 위로 흘렀다. 유일한 희망은 벨리츠-하일슈테텐이 스위스의 감독을 받는 국제 지역으로 선포된다는 소문의 실현 여부에 달려 있는 듯했다. 하지만 희망은 이튿날 아침 소련군이 벨리츠에 도착해 '약탈, 방화, 강간'을 일삼고 있다는 소식이 들려오면서 사라졌다. 루트 슈바르츠 수녀는 "나는 만약에 대비해 즉시 손톱 가위를 꺼냈다"고 썼다. 간호사들은 자신의 일을 계속했다.

소련군 후방에도 문제가 있었다. 젤로 고지를 우회한 독일 장교와 병사들이 서쪽으로 후퇴하려고 시도 중이었다. 식량이 절실했던 그들은 매복해 있다가 말이 끄는 보급품 수레나 심지어 붉은 군대 병사들의 빵 가방을 습격했다.[23]

전쟁이 정점을 향해 치닫는 상황에서, NKVD 소총연대들은 평상시 받는 의심의 눈초리와 함께 상대적으로 열악한 대접에 계속 대응해나갔다. 한 연대는 "4월 22일 붉은 군대 취사병 마리아 마주르케비치는 이전에 근무했던 사단 장교들을 만나 함께 차를 타고 사라졌다. 그녀가 탈영을 했다는 의미였다. 우리는 그녀를 찾기 위해 모든 조치를 취하는 중이다"[24]라고 보고했다. 이때는 사실상 강간이나 약탈, 심지어 살인을 막기 위한 어떤 조치도 취해지지 않았을 때였다.

모스크바에서 제1벨라루스전선군으로 돌아가고 있던 바실리 그로스만은 란츠베르크에 있는 주코프의 후방 사령부를 거쳐갔다. 그는 공책에 "아이들이 평평한 지붕 위에서 군인 놀이를 하고 있다. 이제 독일 제국주의가 베를린에서 끝나가는 순간이지만, 여기서는 뒷머리를 짧게 깎고 금발 앞머리는 길게 드리운 긴 다리의 어린이들이 목검과 곤봉을 들고 소리 지르며, 뛰고, 달리고, 찌르면서 놀고 있다. (…) 전쟁은 끊임없이 이어진다. 이것은 인류에게서 결코 사라지지 않을 것이다"라고 썼다. 하지만 비관적 분위기는 오래가지 않았다. 그는 햇빛 가득한 브란덴부르크와 베를린에 더 가까운 곳에 있는 시골 별장들을 보고는 당황했다. 그는 "모든 것이 꽃, 튤립, 라일락, 사과나무, 자두나무로 덮였다. 새들은 노래하고 있었다. 자연은 파시즘의 말로를 불쌍하게 여기지 않는다"[25]고 적었다. 그는 전쟁 포로였던 병사들이 수레를 타거나, 두 발로 걷거나, 막대기에 의지한 채 절뚝이거나, 유아차나 외바퀴 손수레를 밀거나 하면서 이동하는 긴 줄을 보았다. 그들 역시 즉석에서 만든 국기를 내보였다. 그는 "프랑스 병사들 Poilus은 그들의 담배 파이프를 잘 간직했다"고 말했다.

파시즘 몰락의 징조 중 하나는 독일 선전부의 붕괴가 빠르게 진행되고 있다는 사실이었다. 4월 21일 트랜스오션 통신사는 침묵했다. 베를린 국영방송도 마찬가지였다. 아일랜드-편집국의 친나치 아일랜드 민족주의자들은 유럽을 소련의 영향권 내에 둔 것을 두고 영국과 미국을 비난했다. 그들에게는 마지막 방송이나 다름없었다. 이틀 후 나우엔에 있는 송신기를 빼앗겼기 때문이다.

점점 더 많은 베를린 시민이 위험을 무릅쓰고 BBC 라디오 방송을 들었다. 심지어 뉴스 내용을 놓고 토론을 벌이기도 했다. 하지만 전기가 끊기는 것은 이 경찰국가가 실행했던 어떤 행위보다 더 효과적인 외국 방송에 대한 차단 수단이 되었다. 런던은 소련의 대규모 공세에 대해 거의 알지 못했다. 하지만 베를린 바로 북쪽의 작센하우젠-오라니엔부르크 강제수용소가 해방됐다는 발표 덕분에 붉은 군대의 진격과 베를린을 포위하려는 소련의 의중을 잘 알게 되었다. 베를린 시민들이 느끼는 공포심은 도시가 직면한 복수에 대한 또 다른 암시이기도 했다. 그럼에도 이는 대부분의 베를린 시민이 강제수용소 이야기는 적의 선전임에 틀림없다고 확신하는 것을 막지는 못했다.

전지로 작동되는 라디오 방송과 식량 배급 포스터에 첨부된 사소한 안내문 외에 대부분의 소식은 입에서 입으로 전해졌다. 뜬소문과 사실은 더더욱 구분하기 힘들어졌다. 봄 햇살이 내리쬐고 폭우가 쏟아지던 그날, 이 도시가 종말을 기다리고 있을 때, 악몽 같은 비현실감이 도시에 넘쳐났다. 유럽을 점령한 제국의 수도로서 베를린이 누렸던 지위와 현재의 처지를 비교하는 것은 피할 수 없는 일이었다. 한때 거창했던 건물들은 일부만 남았다. 창문 위쪽으로는 하늘이 보였다. 그리고 기계화 군대의 쇠락은 작은 폴란드 말이 끄는 건초 수레를 몰고 가는 독일 병사들의 모습에서 분명하게 드러났다.

카자코프의 계속된 포격에 사람들은 신경을 곤두세웠다. 사람들은 '대포의 천둥'이라는 표현이 과장된 상투적 문구의 하나가 아니라, 매우 정확한 표현이라는 사실을 알게 되었다. 폭발 소리는 특히 건물 뒤 안마당에서 폭풍처럼 쿵쿵 울리며 퍼져나갔다. 모두가 두려워했지만, 여자들이 가장 겁에 질렸다. 이름을 알 수 없는 일기의 주인공은 식량 배급 줄에 서 있던 여자들이 적의 진격에 대한 모든 것을 의논했지만, 거기엔 한 가지 무언의 동의가 있었다고 썼다. "어느 여자도 '그것'에 대해서는 말하지 않았다."[26]

이 여성 기록자는 일기장으로 사용하고 있던 커다란 장부에 "지금은 기묘한 시기다. 사람들의 하루하루 경험이 역사를 만들어간다. 언젠가 이러한 일들이 역사책을 채울 것이다. 하지만 그 하루하루를 사는 동안은 모든 것이 소소한 걱정과 두려움에 파묻히고 만다. 역사는 정말 따분하다. 내일 나는 쐐기풀과 석탄을 찾으려고 애써야겠지"라고 덧붙였다.

반면 히틀러는 이제 역사가 자신에게 남은 모든 것임을 깨달았다. 그의 역사관이 전적으로 불멸에 대한 강박적인 열망에 지배되었다는 사실을 빼놓는다면 말이다. 힘러와는 달리 히틀러는 자신의 인상을 굳이 바꾸려 하지 않았다. 오히려 학살과 파괴에 대한 중독이 심해졌다. 그가 베를린에 남겠다고 결정한 중요한 이유 중 하나는 단순했다. 베르히테스가덴[27]이 함락된들 베를린 함락과는 의미가 다를뿐더러, 기념물의 파괴나 불타는 건물과 같은 극적인 모습도 제공할 수 없었다.

4월 21일 밤, 히틀러는 슈타이너에게 반격을 명령한 뒤 쓰러졌다. 주치의인 모렐이 히틀러가 너무나 기운이 없다면서 활력을 불어넣는다는 명목으로 주사를 제안했지만 그는 광분했다. 히틀러는 장군들이 자신에게 모르핀을 투여한 다음 비행기에 태워 잘츠부르크로 보내려 한다고 확신했다. 그는 상황회의에도 참석하지 않고 방에 앉아 종종 프리드리히 대왕의 초상화를 보면서 생각에 잠긴 채 하루의 대부분을 벙커에서 보냈다. 그림은 그의 우상이 되었다.

4월 22일, 아침 내내 히틀러는 슈타이너가 북쪽을 공격했다는 소식을 전해오길 손꼽아 기다렸다. 그는 독일 공군 참모총장인 콜러 장군에게 항공기를 띄워 슈타이너의 부대들이 벌써 이동을 시작했는지 확인하라고 요구했다. 히틀러는 힘러에게도 물어보기 위해 연락을 취했다. 하지만 SS제국지도자는 무슨 일이 벌어지고 있는지 아무것도 몰랐다. 힘러와 지조 없는 집단지도자(중장) 발터 셸렌베르크는 여전히 베르나도테 백작을 통해 서방 연합군에 비밀 제의를 할 생각에 몰두해 있었다. 힘러가 무심코 낙관적으로 답변하자 히틀러는 이를 사실로 받아들였다.

하지만 정오 상황회의에서 히틀러는 슈타이너가 움직이지 않았다는 보고를 분명하게 들었다. 소련군은 베를린 북쪽의 방어선도 파괴했다. 히틀러는 비명을 지르고 고함을 쳤다. 친위대는 독일 국방군

만큼이나 그를 배신했다. 이번 분노는 그가 구데리안과 벌인 말다툼보다 더 심각했다. 그는 결국 안락의자에 쓰러졌고, 기진맥진한 채 눈물을 흘렸다. 그는 이번 전쟁에서 졌음을 공개적으로 처음 시인했다. 카이텔, 요들, 크렙스, 부르크도르프는 동요했다. 히틀러는 자신이 싸우다가 죽을 순 없기 때문에, 자신은 너무 약하기 때문에, 자신은 적에게 체포되는 것을 피하기 위해 권총으로 자살할 거라고 거듭해서 말했다. 그들은 히틀러에게 베르히테스가덴으로 떠나라고 설득하려 했지만, 그는 마음을 굳혔다. 히틀러가 카이텔, 요들, 보어만에게 남쪽으로 떠나라고 명령하자 그들은 거절했다. 히틀러는 가길 원하는 사람은 누구든 갈 수 있다고 말했지만, 자신은 끝까지 베를린에 남을 작정이었다. 그는 그런 의미로 발표하기를 원했다.

총통 관저로 불려온 괴벨스는 베를린을 떠나도록 히틀러를 설득하는 데 도움을 줄 것을 요청받았다. 하지만 그를 고른 것은 최악의 선택이었다. 괴벨스 자신이 이미 베를린에 남을 생각이었기 때문이다. 그는 히틀러를 진정시키면서 잠시 그의 방에서 둘이서만 이야기를 나누었다. 괴벨스는 방에서 나와 밖에서 기다리고 있던 사람들에게 총통이 자신의 가족을 벙커로 데리고 오라고 요구했다고 말했다. 괴벨스는 대화 중 히틀러에게 자신과 부인 마그다는 자기네 자녀 6명을 죽이고 자신들도 자살하기로 결심했다고 말했던 것 같다.

히틀러는 좀더 진정된 모습으로 다시 나타났다. 혼란스러웠던 주변 사람들은 히틀러의 모습에 놀랐다. 요들은 엘베강에서 미군과 대치하고 있는 벵크 장군의 제12군을 돌려 베를린을 구출하라고 명령할 것을 제안했다. 히틀러는 건의를 받아들였다. 요들은 "카이텔 원수가 제12군과 포위망을 벗어나는 중인 제9군의 전투를 조율하라는 명령을 받았다"고 썼다. 카이텔은 즉시 떠나려고 했다. 하지만 히틀러는 여행 중 먹을 음식과 샌드위치 그리고 비상식량으로 코냑 반병과 초콜릿을 가지고 올 때까지 앉아 있으라고 강요했다. 그런 다음 카이텔은 벵크의 본부로 떠났다. 요들은 포츠담 북쪽의 크람프니츠에 있는 새로운 국방군 총사령부로 떠났다.

히틀러의 정신 상태에 대한 논쟁은 결코 결론 날 수가 없을 것이다. 하지만 4월 22일 일요일 저녁 그 자리에 있었고 수많은 상황회의에서 히틀러를 가까운 곳에서 지켜보았던 데메지에르 대령은 "그의 정신병은 독일 국민과 자신을 동일시하는 과대망상이었다"고 확신했다. 이런 관점은 히틀러가 왜 베를린 주민들이 자신과 함께 자살해야한다고 생각했는지를 잘 설명해주었다. 1942년 SS라이브슈탄다르테 아돌프 히틀러 사단에서 많은 사상자가 나왔다는 보고를 받았을 때, 히틀러가 폰 라이헤나우 원수에게 "사상자는 아무리 많아도 괜찮아! 그들은 미래를 위한 영광의 씨를 뿌리는 거야"라고 소리친 사실로 미루어 적군 사상자뿐만 아니라 자기 병사들의 사상자에서도 즐거움을 느낀 것 같다.

베르히테스가덴으로 철수하는 세라글리오 작전에 가속도가 붙었다. 일부는 이튿날 일찍 떠날 준비를 했다. 히틀러의 해군 보좌관인 폰 푸트카머 제독은 베르그호프에 있는 히틀러의 모든 공식 문서를 파기하는 임무를 부여받았다. 총통 관저와 벙커에 있는 문서를 취급했던 히틀러의 개인 부관 율리우스 샤우브는 개인 편지들을 파기해야 했다. 4명의 비서 중 2명은 이미 남쪽으로 향했다. 두려움으로 떨고 있던 모렐 박사는 간신히 이 무리에 합류할 수 있었다. 그는 히틀러의 의료 기록으로 가득 찬 군용 짐가방을 들고 갔다.

연합군 정보부는 베를린 탈출에 관해 훨씬 더 과장된 소문을 들었다. 워싱턴 D.C.의 미 국무부는 마드리드에 있는 미 대사관으로부터 "나치 수뇌부는 노르웨이를 거쳐 일본으로 달아날 계획을 세우고 있다. 하인켈 177 중폭격기로 일단 노르웨이로 갔다가, 거기서 기다리고 있는 일본으로 논스톱으로 날아갈 비행기—아마도 바이킹[28]—를 탈 것이다"라는 보고를 받았다. 독일 U-보트 잠수함들이 독일로 식량을 나르고 나치 지도자들을 탈출시키려 준비하고 있다고 믿었던 스페인 나치 당원들의 희망 사항임이 분명했다. "스위스에는 부상이나 질병을 이유로 독일인들이 입원하는 병원이 몇 군데 있다. 실제로는 이들이 보호가 필요한 중요 인사다." 하지만 독일 위장 비행기들이 유명 인사들을 [스페인]으로 계속 들여오고 있다는 주장이 훨씬 더 진실에 가깝다. 비시 프랑스1940년 7월부터 1944년 9월까지 연합군에 의해 파리가 해방될 때까지 페탱 원수가 통치했던 프랑스의 친독일 정부의 전 총리였던 피에르 라발은 표식이 없는 군용 수송기 융커스를 타고 독일에서 바르셀로나로 가는 사람들 사이에 있었다. 프랑코는 라발을 프랑스로 돌려보내기로 결심했지만, 그 밖의 많은 나치 당원은 스페인에서 피란처를 얻었다.

이런 대탈출은 벙커와 총통 관저에 있는 방들이 비었다는 의미였다. 크렙스 장군과 함께 벙커로 들어갔던 프라이타크 폰 로링호벤 소령은 통풍 시스템이 잘 작동하고 있다는 것을 확인했다. 하지만 15~20명이 있는 작은 회의실의 공기는 숨을 제대로 쉴 수 없을 정도였다. 히틀러 혼자만 자리에 앉아 있었다. 다른 사람들은 미동도 없이 서 있었다. 폭격과 포격으로 인해 벽에 금이 가면서 먼지가 공기에 스며들었다. 더 아래쪽에 있는 총통 벙커에서의 흡연은 절대 금지돼 있었기 때문에 담배를 피우고 싶으면 바닥을 기어올라 위쪽 벙커로 가야 했다. 이런 불편함에도 불구하고 벙커와 총통 관저의 지하 저장실들은 음식과 술로 '훌륭하게 채워져' 있었다. 술의 넉넉한 공급은 명료한 사고에 도움이 되지 않았다. 데메지에르 대령은 "벙커 안은 붕괴의 분위기가 만연했다. 술에 취하고 낙담하기도 했지만, 이들 모두는 계급을 막론하고 정신없이 움직이기도 했다. 규율은 더 이상 존재하지 않았다"고 적었다. 괴벨스 부인이 여섯 자녀와 함께 도착했을 때, 이런 방탕은 나치의 가족 중심 가치관과 명확하게 대조적이었다. 그렇다 하더라도 양쪽 다 자기 연민과 잔인함이라는 똑같은 공감대는 있었다.

프라이타크 폰 로링호벤은 계단 아래에서 마그다 괴벨스가 그녀의 여섯 아이를 데리고 콘크리트 계단을 내려가는 모습을 언뜻 보았다. 그녀는 "매우 품위 있어" 보였다. 뒤에 있던 여섯 아이의 나이는 열두 살부터 다섯 살까지였다. 헬가, 힐데, 헬무트, 홀데, 헤다, 하이데, 모두 같은 문자로 시작되는 아이들의 이름은 군함 이름 붙이듯이 선택된 것이 아니라 총통의 이름에 들어간 문자를 기리기 위함이었다. 아이들은 행렬을 지어 계단을 내려왔다. 아이들의 창백한 얼굴이 어두운 외투와 대조돼 금방 눈에 띄었다. 가장 나이가 많은 헬가는 매우 슬퍼 보였지만 울지는 않았다. 히틀러는 요제프 괴벨스와 마그다 괴벨스가 아이들을 죽이고 자신들 역시 자살할 것이라고 결심했음을 알고 여기에 동의했다. 히틀러는 이런 충성심의 입증에 대해 자신이 언제나 튜닉에 달고 다니던 황금 나치당 배지를 그녀에게 선물했다. 아이들이 벙커에 도착했다는 사실은 일시적으로 정신이 번쩍 들게 하는 효과를 냈다. 아이들이 들어오는 모습을 본 모든 사람은 총통의 마지막 일부로서 자신들의 부모에 의해 살해된다는 사실을 알고 있었다.

이른 오후 끔찍한 감정의 폭풍이 지나간 후, 히틀러는 자신의 작은 벙커 거실에서 에바 브라운과 함께 휴식했다. 그는 남은 두 명의 비서, 게르다 크리스티안과 트라우들 융게, 그의 오스트리아인 영양사 콘스탄체 만치알리 그리고 보어만의 비서 엘사 크뤼거를 불렀다. 히틀러는 그녀들에게 다른 사람들처럼 베르그호프로 떠날 준비를 해야 한다고 말했다. 에바 브라운은 미소를 지으며 히틀러에게 다가갔다. 그녀는 "나는 당신을 절대 떠나지 않으리라는 걸 아시죠? 나는 당신 곁에 있을 거예요"라고 말했다. 히틀러는 그녀의 머리를 아래로 끌어당겨서는 모든 사람 앞에서 그녀의 입술에 정열적인 키스를 했다. 이런 행동은 그를 알고 있는 모든 사람을 놀라게 했다. 트라우들 융게와 게르다 크리스티안은 자신들도 남겠다고 말했다. 히틀러는 그들을 애정 어린 눈으로 바라봤다. 그는 "나의 장군들이 너희처럼 용감했으면 좋았을 텐데……"라고 말했다. 그는 그들에게 작별 선물로 청산가리 알약을 나누어주었다.

에바 브라운이 자신의 가장 친한 친구인 헤르타 오스테르마이어에게 마지막 편지를 타자로 치러 간 것은 아마도 그 직후였던 듯하다. 그녀의 모든 보석도 함께 보내기 위함이었다. 비행기로 남쪽으로 갈 사람 중 한 명이 그녀의 상자를 가져가기 위해 기다리고 있었다. 에바는 편지에서 헤르타에게 보석은 자신의 유언에 따라 나누어주라고 말했다. 보석은 친구들과 가족이 앞으로 "빚을 지지 않고" 살 수 있도록 해줄 것이었다. 그녀는 "이게 다소 당황스럽다면 나를 용서해줘. 하지만 나는 지금 G[괴벨스]의 여섯 아이에 둘러싸여 있어. 그들은 조용히 있지 않을 거야. 네게 무슨 말을 해야 할까? 어떻게 모든 일이 이렇게 됐는지 이해할 수가 없어. 하지만 더 이상 신을 믿는다는 것은 불가능해"라고 썼다.

베를린 함락 1945

포격을 당한
도시

4월 23일 프라하의 나치 산하 라디오 방송국은 독일의 수도에 잔류키로 한 총통의 결정이 전투에 유럽적인 의의를 부여했다고 주장했다. 그날 아침 제3충격군 신문의 헤드라인은 "조국이여, 기뻐하라! 우리는 베를린 거리에 있다!"였다. 국가사회주의가 국제주의의 명분을 내건 반면 국제공산주의는 뻔뻔하게도 애국주의로 탈바꿈했다.

베를린 시민들에게는 이념적 대의명분은 더 이상 별 차이가 없었다. 포격에서 살아남는 것이 중요했다. 더 나쁜 일이 닥쳤다. 카자코프 장군은 도시 동쪽에 있는 슐레지허반호프로 이어지는 방어선을 따라 특별히 넓힌 선로 위로 600밀리 공성포를 배치했다. 포탄 한 발의 무게만 해도 500킬로그램이었다.

세 개의 선전탑을 제외한 베를린에서 가장 큰 대피소는 중앙역 옆 안할터 반호프 구역의 벙커였다. 지상 3층 지하 2층으로 된 이 철근 콘크리트 건물의 벽은 두께가 4.5미터에 달했다. 소나무로 만든 의자와 테이블 그리고 비상 보급품으로 정어리 통조림을 당국이 제공했지만, 물량이 턱없이 부족해지면서 연료와 식량 모두 공급은 오래 지속되지 않았다. 안할터 벙커의 큰 장점은 열차 운행이 중단되었지만 지하철인 우반U-Bahn 터널로 직접 이어진다는 사실이었다. 사람들은 몸을 외부에 전혀 노출하지 않고도 노르트반호프까지 5킬로미터를 걸어갈 수 있었다.

3600제곱미터 안에 1만2000명에 이르는 사람들이 몰려들면서 벙커 안의 상황은 끔찍했다. 혼잡이 얼마나 극심했던지 화장실 문이 열려 있어도 화장실을 이용하는 사람은 한 명도 없을 정도였다. 한 여성은 어떻게 자신이 계단 한쪽에서 엿새를 지냈는지를 설명했다. 위생적인 독일인에게는 큰 시련이었지만, 물 공급이 끊기면서 물을 마시는 것일 훨씬 더 우선시되었다. 역 밖에 여전히 작동하고 있는 펌프가 하나 있었기에 입구 근처에 있던 젊은 여자들은 위험을 무릅쓴 채 들통을 들고 달려가 물을 가져왔다. 이 역은 소련 포병의 제1목표물이었기 때문에 많은 사람이 죽었다. 하지만 살아서 물을 갖고 온 사람들은 몸이 약해 스스로 물을 갖고 올 수 없는 사람들에게 끊임없는 찬사를 받거나, 스스로 집중 공격을 받을 용기가 없는 사람들과 물물교환을 했다. 교환 대상은 식량과 몇 모금의 물이었다.

주요 교차로에 설치된 대전차 방어벽에서 헌병대는 탈영병들의 체포와 처형 준비를 하고 서류를 검사했다. 대피소에는 민간인 복장을 하고 나타나는 독일 장교와 병사의 수가 점점 늘어났다. 한 여성 일기 저자는 4월 23일 월요일 아침에 "탈영이 갑자기 자연스러운 일처럼, 마치 찬사를 보낼 일처럼 되었다"라고 적었다. 그녀는 학교에서 자주

들었던 테르모필레Thermopylae, 기원전 480년에 스파르타의 왕 레오니다스가 인솔하는 병사 300명이 페르시아군과 싸워 전멸한 그리스의 옛 싸움터에서 싸웠던 레오니다스의 3스파르타 전사 300명을 떠올렸다. "어쩌면 여기저기서 300명의 독일 병사는 같은 방식으로 행동할 수도 있다. 하지만 300만 명은 그렇지 않을 것이다. 군중이 많을수록 교과서적인 영웅적 행위의 기회는 줄어든다. 본래 우리 여자들로서는 어느 쪽도 그다지 고마울 일은 아니다. 우리는 합리적이고 현실적이고 기회주의적이다. 우리는 살아 있는 사람들을 좋아한다."

그날 늦은 아침 에스반S-Bahn의 철도 선로를 따라 석탄을 찾아 나섰을 때, 그녀는 도시의 남쪽 가장자리에 있는 소련 병사들에 의해 남쪽으로 가는 터널이 이미 막혔다는 사실을 알았다. 그녀는 구경꾼들에게서 탈영 혐의를 받은 한 병사가 터널 반대쪽 끝에서 교수형에 처해졌다는 말을 들었다. 그 병사는 그리 높지 않은 곳에 목이 매달리는 바람에 몇몇 소년이 그 시체를 빙글빙글 돌렸다가 다시 반대 방향으로 돌아가게 하면서 즐거워했다고 한다.

집으로 돌아오는 길에 그녀는 "너무 작고 말라서 군복이 턱없이 커 보이는, 커다란 철모 밑에 매끈한 얼굴을 한 어린이들"을 보고는 깜짝 놀랐다. 그녀는 만약 그들이 몇 살만 더 나이가 들었어도 마음이 훨씬 덜 아팠을 거라고 생각하면서, "이런 아동 학대"에 왜 이렇게 분노를 느끼게 되는지 궁금했다. 그녀는 어린이들을 전투에 내던지면서 종의 생존을 보호하는 어떤 자연의 법칙이 깨지는 중이라고 결론지었다. 이런 행동을 한다는 것은 '광기의 징후'였다.

아마도 죽음과 성적 조숙을 연관 짓는 이 법칙의 부작용으로 도시 주위에 적이 도착하면서 젊은 병사들은 자신들의 동정을 필사적으로 바치려 했던 듯하다. 강간을 당할 가능성이 매우 크다는 사실을 잘 알고 있던 소녀들은 술 취한 자나 난폭할 수도 있는 소련 병사보다는 차라리 상대가 누구이건 독일 소년에게 자신의 처음을 주고자 했다. 마주레날레에 있는 그로스도이처 라디오 방송국의 방송센터에 있는 500명의 유능한 직원 중 3분의 2가 젊은 여성들이었다. 그중 많은 수가 열여덟 살이 겨우 넘었다. 4월 마지막 주에는 음향 기록물 더미 사이에서 만취 상태로 무분별한 성관계가 벌어지는 등 "실제적인 붕괴 분위기"가 있었다. 또한 불을 켜지 않은 지하실과 벙커에서 다양한 연령대의 사람들 사이에 많은 성행위가 일어나기도 했다. 죽음의 위험이 성욕을 일으키는 효과는 그동안 알려지지 않은 역사적 현상이었다.

한 노르웨이 기자는 도시의 분위기를 묘사하면서 군복을 입은 소년과 소녀들이 "열광적으로 쾌락을 추구"하면서 쉽게 "자신들의 본능에" 굴복했다고 주장했다. 이건 이해의 부족이었다. 특히 강간의 가능성에 직면한 소녀들에 대해서는 더욱 그러했다. 동물원 벙커 주위와 잔해 속에서 이제 막 꽃피기 시작한 티어가르텐의 진달래속屬 식물 덤불에서 성행위를 하는 사람들 외에도, 다른 많은 이들은 안심하기 위한 절박한 필요에 의해 그저 서로를 껴안았다.

그 순간의 또 다른 본능은 다람쥐처럼 식량을 비축하는 일이었다. 루프트한자독일 항공사 소속 19세 비서인 게르다 페테르손은 어느 에

스반 역에서 멀지 않은 노이쾰른의 집에 있었다. 독일 공군의 식량 배급 열차가 선로 위에서 꼼짝 못 하고 있다는 소문이 주위에 퍼졌다. 그러자 여자들이 득달같이 달려들어 열차를 약탈했다. 그녀들은 종이 상자와 나무상자가 쌓여 있는 곳으로 뛰어들어 닥치는 대로 손에 쥐었다. 게르다는 소련 비행기들이 기총소사를 하고 작은 폭탄들을 투하하면서 폭격하는 그 순간, 근처에 있던 한 여자가 화장실 휴지를 양팔에 가득 들고 있는 모습을 보았다. 게르다는 열차 밑으로 굴러 들어갔다. 양팔에 휴지를 들고 있던 여자는 죽었다. 게르다는 "죽어도 싸네!"라고 생각했다. 그녀가 아파트로 달려오기 전에 마지막으로 집은 것은 쇼카-콜라와 작은 맥아 알약을 담은 조종사의 비상식량 꾸러미였다. 이 알약은 예상치 못한 방식으로 매우 유용함을 증명했다.

헤르만플라츠에 있는 카르슈타트 백화점 약탈에 관한 드라마틱한 이야기가 있었다. 이곳에서는 4월 21일 첫 포격이 가해지는 동안 줄을 서 있던 쇼핑객들이 몰살됐다. 한 이야기에 따르면 친위부대는 이곳이 포격받기 전 사람들에게 원하는 대로 가져갈 수 있도록 허락했다. 그 포격으로 극성스러운 약탈자가 많이 죽었다는 얘기였다. 하지만 며칠 뒤 친위 노르트란트 사단이 이 백화점을 인계받았을 때, 그들은 이 백화점이 파괴되기를 원치 않았다. 그들에게는 노이쾰른으로 진격하는 소련군과 템펠호프 비행장을 감시하기 위해서 카르슈타트의 쌍둥이 탑이 필요했기 때문이다.

일단 전기 공급과 무선통신이 중단되면, 소문을 만들어내는 곳만이 유일하게 뉴스를 접할 수 있는 장소가 됐다. 사실보다는 거짓 얘기가 더 많이 베를린에 퍼졌다. 사람들은 모델 원수가 자살한 것이 아니라 게슈타포에 의해 비밀리에 체포됐다고 주장했다. 정권 자체의 거짓말 연막은 아무리 부정확해도 대부분 믿게 만들었다.

　제1벨라루스전선군의 제7국은 독일 병사들에게 "싸움을 계속하는 것은 가망성 없는 일"이라고 말하는 전단을 비행기로 뿌리면서 베를린에 대한 선전전에 나섰다. 파시스트 정부를 위해 바치기에는 너무 아까운 그들의 생명을 살릴 유일한 방법은 소련군의 포로가 되는 것이었다. 다른 방법은 항복할 때 붉은 군대에게 "안전 통행권"을 제시하는 것이었다. 제7국은 이 선전전이 성공적이라고 주장했다. "베를린에서 항복한 독일군의 거의 절반"이 전단 중 하나를 지닌 채 소련 점령군에게 보여주었기 때문이다. 총 95종류의 서로 다른 전단이 뿌려졌다. 모두 합치면 거의 5000만 장에 이르렀다. 166여 만 장에 달하는 다른 전단은 독일 시민과 방어선 너머로 보내진 투항병들에 의해 배포됐다. 베를린 작전 기간에 2365명의 시민이 돌려보내져 도시로 숨어들었다. 또한 2130명의 전쟁 포로가 돌려보내졌다. 그중 1845명은 8340명의 포로들을 데리고 돌아왔다. 이 전술은 매우 성공적인 것으로 받아들여지면서 제3충격군 지휘관은 정치장교들의 감독 아래 독일군 전쟁 포로들을 대량 석방할 것을 명령했다.

　세뇌된 이전 전쟁 포로들—독일 당국이 '자이들리츠-부대'라고 칭한—은 최근 포로가 된 병사들이 가족에게 보내는 편지를 지니고 독일군 방어선을 넘어 베를린으로 향했다. 예를 들면 상병 막스는 부모에게 "사랑하는 내 가족들. 저는 어제 소련군의 포로가 됐습니다. 우리는 소련군이 포로들을 총살한다고 들었지만, 사실이 아닙니다. 소련군은 포로들을 아주 잘 대접하고 있습니다. 그들은 저에게 먹을 것을 주고 저를 따뜻하게 대해주었습니다. 제 건강 상태는 좋습니다. 전쟁은 곧 끝날 것입니다. 저는 사랑하는 여러분을 곧 다시 만날 것입니다. 저는 살아 있고 건강합니다"라고 썼다. 표현과 형식으로 보아 이 편지는 소련 장교가 받아쓰게 한 것임을 알 수 있었다. 그렇다 하더라도 이런 편지들의 입소문 효과는 수만 장의 전단보다 훨씬 더 가치가 있었다.

다음과 같은 내용을 담고 있는 전단이 수도에 떨어져 베를린 여성들의 손에 들어갔다. "파시스트 도당은 처벌을 두려워하기 때문에 전쟁이 연장되기를 바라고 있다. 하지만 당신네 여성들은 두려워할 것이 아무것도 없다. 그 누구도 여러분을 건드리지 않을 것이다." 그런 다음 이 전단은 그들에게 독일군 장교와 병사들을 항복하도록 설득하라고 강력히 권고했다. 정치장교들은 독일 영토 곳곳을 진격하면서 드러난 대규모 범죄 행위를 알고 있었기 때문에, 대부분의 전시 선전 기준으로 보더라도 놀라울 정도로 현실을 무시하는 말이었다. 소련 선전원들은 청취자들에게 그들은 아무런 피해를 입지 않을 것이라고 안심시키기 위해 '여자, 배우, 성직자, 교수'로 이루어진 라디오 방송을 편성하기도 했다.

더 효과적인 것은 '프리드리히스하펜 주민들이 베를린 주둔군에게 보내는 편지'와 같은 메시지였다. 거기에는 "붉은 군대가 도착한 이튿날 삶은 일상으로 돌아갔습니다. 식량 보급이 다시 시작됐습니다. 프리드리히스하펜 주민들은 여러분께 붉은 군대에 관한 괴벨스의 거짓 선전을 믿지 말라고 당부드립니다"라고 쓰여 있었다. 굶주림, 특히 어린이들의 굶주림에 대한 공포는 많은 여성에게 강간의 위험보다 더 큰 공포였다.

전날 저녁 히틀러가 세심하게 챙겨준 샌드위치, 초콜릿 그리고 코냑을 들고 총통 벙커를 떠났던 카이텔 원수는 차를 몰고 수도의 서남쪽으로 향했다. 다행히 그는 렐류셴코의 전차와 전혀 맞닥뜨리지 않았다. 카이텔은 먼저 체르브스트의 미군 교두보에서 30킬로미터밖에 떨어져 있지 않은 바이젠부르크의 제20군단 본부로 향했다. 쾰러 장군의 군단은 주로 '신편' 사단들로 이루어져 있었다. 그들은 대부분 국가노동봉사단에서 사전 군사 훈련을 받기 위해 소집된 병사들이었다. 그들은 제대로 된 훈련을 거의 받지 못했지만, 벵크 장군이 금방 알아차렸듯이 용기가 부족하지는 않았다.

4월 23일 이른 시간에 카이텔은 한 삼림 주둔지에 있는 제12군 사령부 인근으로 이동했다. 그는 벵크 장군과 그의 참모장인 라이히헬름 대령을 만났다. 이 육군 원수와 장군 사이에 이보다 더 큰 차이가 날 순 없었다. 카이텔은 거만하고, 자만심 강하고, 어리석고, 잔혹하며, 게다가 총통에게 알랑거렸다. 흰 머리카락에도 불구하고 젊어 보이는 벵크는 매우 현명했다. 동료와 그의 병사들 모두 그를 아주 좋아했다. 참모장인 라이히헬름 대령은 카이텔을 향해 "육군 원수가 아니라 걸출한 병장"이라고 평가했다. 이것은 완곡한 비난이었다. 히틀러 편에 맹목적으로 섰던 장군 중 한 명인 카이텔은 "군대의 무덤을 파는 자"의 우두머리로서 증오를 받았다.

카이텔은 벵크와 라이히헬름에게 베를린에 있는 총통을 구하기 위해 제12군이 해야 할 일이 무엇인지 강의하기 시작했다. 그는 마치 나치당 집회에서 연설하는 것처럼 고함을 지르면서 육군 원수의 지휘봉을 흔들었다. 훗날 라이히헬름은 "우리는 그가 말하게 놔두었고, 떠날 때도 그냥 내버려두었다"고 말했다. 한편 벵크는 다른 생각을 하고 있었다. 실제로 그는 베를린을 공격할 작정이었지만, 히틀러를 구하기 위함은 아니었다. 그는 엘베강에서 억지로 통로를 열어 병사와 민간인들이 이 의미 없는 전투와 붉은 군대 양쪽 모두로부터 탈출할 수 있기를 원했다. 이것은 '구출 작전'이 될 것이었다.

어떤 장군도 믿지 않았던 히틀러는 제12군에 대한 총통으로서의 명령이 라디오로 방송되어 "벵크 부대의 병사들"에게 전달되어야 한다고 주장했다. 전투 중에 군사 명령이 고의로 공개된 일은 아마도 이번이 역사상 유일했을 것이다. 베어볼프젠더 라디오 방송국은 즉각 "총통은 미군과 싸우고 있는 부대들이 베를린을 방어하기 위해 즉시 동쪽으로 이동하라는 명령을 내렸다. 16개 사단이 이미 이동 중이며 곧 베를린에 도착할 것이다"라고 방송했다. 모든 목적은 베를린 주민들을 속여 미군이 붉은 군대에 대항해 독일군을 원조하고 있다고 믿도록 하는 것이었다. 우연히 그날 엘베강 중부에 대한 미군의 항공 활동이 갑자기 멈췄다. 제12군 병사들에게는 큰 위안이었다.

벵크와 참모들은 카이텔이 히틀러만큼 몽상가라는 사실을 알고 있었다. 전투력을 갖춘 전차들이 부족한 현실에서 소련의 두 개 전차군을 맞상대하라는 명령은 터무니없었다. 작전 참모장 홈볼트 대령은 "그러니 우리가 직접 명령을 내립시다"라고 말했다. 벵크는 군대의 대부분이 베를린 남부를 향해 동진하는 동안 한 부대만 포츠담으로 돌진해 부세와 합류한 다음 제9군이 탈출하는 것을 도울 계획이었다. "우리는 부세와 무선으로 접촉했고, 그가 어디 있는지 알고 있었다." 소규모 견제 부대 하나만이 미군과 대치하기 위해 남겨질 작정이었다.

구체적인 명령들이 즉시 발표되었다. 그날 늦게 벵크 장군은 퀴벨바겐을 몰고 가 젊은 병사들에게 연설을 했다. 이들은 포츠담을 향해 서북쪽으로 공격하거나 병원 건물이 위협을 받고 있는 트로이엔브리첸과 벨리츠 쪽으로 공격에 나설 병력이었다. 벵크는 그들에게 "젊은이들이여, 여러분은 한 번 더 전투에 참가해야 한다. 더 이상 베를린을 위해서도, 독일 제국을 위해서도 아니다"라고 말했다. 그들의 임무는 소련군과 싸워서 국민을 구하는 일이었다. 제12군의 젊은 공병한스-디트리히 겐셔는 자신들이 느꼈던 감정을 "충성심, 책임감 그리고 동료애"라고 묘사했다.

비록 인도주의적 작전을 믿는 병사들과 서방 연합군 대신 소련군과 대결하기를 원하는 병사들 사이의 반응은 다양했지만, 벵크의 지도력은 강한 울림을 주었다. 미군으로부터 맹공격을 당한 샤른호르스트 사단의 페테 레티히 대대장은 "자, 뒤로 돌아! 그리고 소련군을 향해 동쪽으로 진격!"이라고 썼다.

베를린 전투가 벌어지고 있는 이 시점에 나타나야 할 또 다른 중요한 독일 장군은 제56기갑군단 사령관인 헬무트 바이틀링 장군이었다. 바이틀링은 머리 모양이 에리히 폰 슈트로하임오스트리아 출신의 미국 영화감독 겸 배우을 상당히 닮은 사람이었다.

4월 23일 아침 바이틀링이 총통 벙커로 전화를 걸어 보고했다. 크렙스 장군은 "매우 냉담한" 목소리로 대답했고 그가 사형 선고를 받았다고 알렸다. 바이틀링은 놀라운 정신적, 육체적 용기를 드러내면서 그날 오후 총통 벙커에 나타났다. 히틀러는 분명 감동을 받았다. 감동받은 나머지 자신이 비겁하다는 이유로 처형하고자 했던 장군이 제국의 수도 방어를 지휘할 사람이라고 판단했다. 레피오어 대령이 진술한 대로 정권의 전형적인 "비극적-코미디"였다.

바이틀링의 제56기갑군단은 상당히 줄어 있었다. 제9공수사단은 일부만 남아 있었다. 뮌헤베르크 기갑사단은 잔류 병력 수준으로 줄어들었다. 제20기갑척병사단은 좀더 나은 형태를 유지하고 있었지만, 사단장인 숄츠 소장은 베를린으로 들어가기 직전에 자살했다. 노르트란트 사단과 제18기갑척탄병사단만이 그런대로 전투력을 갖추었다. 바이틀링은 반격을 준비하기 위해 제18기갑척탄병사단을 예비부대로 남겨두기로 결정했다. 다른 부대들은 "지원군" 역할로서 여러 방어 구역에 배치됐다.

도시 방어는 알파벳 A부터 H를 붙인 8개 구역으로 나뉘어 진행됐다. 각 구역은 장성이나 대령의 지휘를 받았다. 그들 중 소수만이 실전 경험이 있었다. 방어선 안으로는 내부 방어 고리가 에스반 도시 철도 순환 선로를 따라 형성됐다. 가장 안쪽 지역은 남쪽의 란트베어 운하와 북쪽의 슈프레강으로 둘러쳐져 있었다. 진정한 방어 거점은 세 개의 콘크리트 대공포 탑—동물원 벙커 탑, 훔볼트하인 탑, 프리드리히샤인 탑—뿐이었다. 이 탑들은 128밀리 포와 20밀리 포용 탄약을 충분히 갖추고 있었다. 지하 전화선으로 통신도 원활했다. 가장 큰 문제는 포탑 아래의 방공호가 부상자와 민간인들로 넘쳐났다는 사실이다.

바이틀링은 자신이 150만 명에 달하는 소련군을 자신의 군단을 포함한 약 4만 5000명의 독일군과 친위대 병력 그리고 4만 명이 조금 넘는 국민돌격대로 막아내야 한다는 사실을 깨달았다. 이 도시에 남은 60여 대의 전차는 거의 모두 그의 휘하에 있었다. 또한 각기 여섯 발의 대전차 로켓을 설치할 수 있는 폴크스바겐 장갑차들을 갖춘 대전차대대가 참전하기로 되어 있었지만, 이 부대는 온데간데없었다. 정부 청사 구역에서는 여단지도자(소장) 몬케가 총통 관저에 있는 자신의 거점에서 2000명이 넘는 병력을 지휘했다.*

바이틀링이 4월 23일 오후에 맞닥뜨린 가장 직접적인 위협은 제5충격군, 제8근위군, 제1근위전차군이 도시 동쪽과 서남쪽을 공격한 것이었다. 그날 밤 아직 전투력을 유지하고 있던 기갑차량들은 연료를 보급받기 위해 템펠호프 비행장으로 돌아오라는 명령을 받았다. 망가진 독일 공군의 전투기—주로 포케불프—들이 곳곳에 널브러진 가운데 기갑차량들이 거대한 관리 건물 옆의 보급소에 가득 찼다. 그들은 브리츠를 향해 동남쪽으로 반격을 준비하라는 명령을 받았다. 그들은 몇 대의 킹 티거 전차와 몇 문의 네벨베르퍼 로켓포로 전력이 강화됐다. 하지만 실질적으로 주요 대전차 무기는 "걸어다니는 슈투카"였다. 판처파우스트의 익살스런 별명이었다.

🐻

제12군을 방문한 다음 카이텔은 오전 3시에 총통 관저로 돌아왔다. 그와 요들은 마지막으로 히틀러를 보러 갔다. 크람프니츠에 있는 임시 국방군 총사령부로 돌아왔을 때, 그들은 소련군이 북쪽에서 다가오고 있으며—제47군이었다—, 임시 주둔지는 이른 아침에 버려졌다는 소식을 들었다.

바이틀링이 떠난 후 총통 벙커에서는 혼잡스러운 오후가 계속됐

• 소련군은 독일군을 18만 명으로 추정했다. 비무장 국민돌격대, 도시 경찰, 철도 공무원 그리고 독일 노동청 직원을 포함해 나중에 포로로 잡은 모든 사람을 포함했기 때문이다.

다. 히틀러는 카이텔의 제12군 방문에 대한 보고서를 읽은 뒤 자신에게 또다시 낙관적인 환상을 주입했다. 가망 없는 중독자였던 그는 붉은 군대가 패할 수 있다는 새로운 확신을 갖게 되었다. 그 후 모든 사람이 놀라는 가운데—그리고 어느 정도는 자신도 놀라는 가운데—알베르트 슈페어는 마지막으로 히틀러를 보러 베를린으로 돌아왔다. 히틀러의 생일날, 많은 사람에게 둘러싸인 상태에서 작별을 고하는 일은 슈페어에게 불만스러운 일이었다. 자신의 총통이자 후원자에 대한 감정이 바뀌었음에도 불구하고, 그는 분명 여전히 이 특별한 우정으로부터 이기적 책임을 느꼈다. 어떤 사람들은 동성애적이라고 칭했다.

슈페어는 피란민들로 막힌 도로를 피해가면서 함부르크에서 차를 몰고 출발했다. 하지만 결국 길이 완전히 막혔다. 붉은 군대가 나우엔에 도착했기 때문이다. 그는 독일 비행장으로 돌아가, 거기서 2인승 포케불프 교관을 차출한 다음 비행기를 타고 베를린 서쪽 끝의 가토 비행장으로 날아갔다. 그곳에서 관측용 항공기 피젤러 슈토르흐를 타고 중부로 향해 해질녘에는 동-서 축선 위에 있는 브란덴부르크 문 가까이에 착륙했다. 항상 슈페어를 흠모하던 에바 브라운은 그를 보고는 매우 기뻐했다. 어느 정도는 자신이 그가 돌아온다고 예언했기 때문이기도 했다. 시기심 때문에 슈페어를 혐오했던 보어만마저 그를 보고 기쁜 듯이 계단 아래에서 맞이했다. 아마도 슈페어는 이 늦은 시간에 베를린을 떠나라고 히틀러를 설득할 수 있는 유일한 인물이었을 것이다. 주변 사람들, 특히 괴벨스의 자살에 대해 공감하지 않았던 보어만으로서는 자신의 목숨을 구할 유일한 희망이기도 했다.

슈페어는 히틀러가 죽음을 각오하고 있는 노인처럼 조용하다는 것을 깨달았다. 대제독 되니츠에 관해 질문한 슈페어는 히틀러가 그를 자신의 후계자로 임명할 참임을 느꼈다. 히틀러는 그에게 비행기로 베르히테스가덴으로 갈지 아니면 베를린에 남을지를 물었다. 슈페어는 "전설이 만들어지기 어려운" 피란처에서보다는 베를린에서 모든 일을 끝내는 게 낫다고 생각한다고 말했다. 히틀러는 슈페어가 자신의 결정에 동의했다는 점에 대해 안심하는 듯했다. 그런 다음 자신과 함께 죽기로 결정한 에바 브라운의 결정에 대해서 논의했다.

보어만이 바이에른에서 보낸 괴링의 전문을 듣고 벙커로 뛰어들어온 4월 23일 저녁 슈페어는 여전히 벙커에 있었다. 괴링은 전날 있었던 히틀러의 좌절과 베를린에 남아 자살할 것이라는 선언에 관한 간접적인 설명을 콜러 장군을 통해 들었다. 괴링은 여전히 법적인 후계자였다. 그는 보어만, 괴벨스 혹은 힘러가 자신과 상충되는 권리를 주장하지 않을까 걱정했음이 분명했다. 그는 되니츠가 만장일치로 후계자로 선택되었다는 사실을 분명 모르고 있었다. 괴링은 총통 벙커에서 무슨 얘기가 있었는지 제대로 파악하지 못한 채 그날 아침 베를린에서 비행기로 날아온 콜러 장군 그리고 고문들과 함께 이 상황에 관해 반나절 이상 논의했다. 그런 다음 그날 밤 베를린으로 전송할 전문의 초안을 작성했다. "총통 각하! 베를린 요새에 있는 각하의 자리에 그대로 남아 있기로 한 결정을 고려했을 때 총통께서는 자신이 제정한 1941년 6월 29일 법령에 따라 총통의 대리인으로서 제가 국내외의 행동의 자유를 가진 제국의 모든 지휘부를 즉시 인계받는 것에 동의하십니까? 오늘 밤 10시까지 답이 없으면, 저는 총통께서 행동의 자유를 상실했다고 보고, 법령의 조건들이 이행된 것으로 간주하여 조국과 우리 국민의 최고 이익을 위해 행동할 것입니다. 제 인생의 가장 중요한 순간에 총통을 어떻게 생각하는지 총통께서는 알고 계십니다. 저는 제 자신의 심정을 말로는 표현할 수 없습니다. 신께서 총통을 보호해주시길, 그리고 빨리 이곳으로 올 수 있도록 해주시길 바랍니다. 총통의 충성스런 헤르만 괴링."

보어만이 히틀러의 의심을 불러일으키는 것은 어려운 일이 아니었다. 회담을 소집하면서 괴링이 리벤트로프에게 보낸 두 번째 전문은 히틀러로 하여금 노골적인 반역이라고 확신을 갖도록 했다. 보어만은 즉시 답장 초안을 작성할 것을 제안했다. 신랄한 비난과 함께 괴링은 모든 책임과 지위, 권한을 박탈당했다. 하지만 그는 건강상의 이유로 자신의 모든 직위에서 스스로 은퇴할 수 있는 선택권 또한 제안받았다. 이것은 그를 훨씬 더 심각한 책임에서 구해주게 되었다. 괴링은 동의하는 것 말고는 선택의 여지가 없었다. 그럼에도 친위대 한 부대가 베르그호프를 포위했고, 괴링은 사실상 포로가 됐다. 더 굴욕적인 일은 부엌이 잠겨 있었던 것이다. 아마 실각한 제국 원수가 음독자살하지 못하도록 막기 위함이었을 것이다.

극적인 사건이 끝난 후, 슈페어는 마그다 괴벨스를 찾아갔다. 그녀는 협심증 발작으로 창백해진 채 작은 콘크리트 방의 침대에 누워 있었다. 괴벨스는 잠시라도 그들을 함께 있게 내버려두려 하지 않았다. 나중에 히틀러가 잠자리에 들자, 한 당번병이 슈페어에게 자신을 찾아오라고 부탁하는 에바 브라운의 편지를 들고 도착했다. 그녀는 두 사람을 위한 샴페인과 케이크를 주문했다. 그들은 뮌헨에서 함께 보냈던 스키 휴가와 베르그호프에서의 생활 등 지나간 일들을 떠올리며 담소를 나누었다. 슈페어는 언제나 에바 브라운―'천진난만한 뮌헨 소녀, 평범한 사람'―을 좋아했고, 이제는 그녀의 "품위, 그리고 일종의 화사한 고요함"에 감탄했다. 당번병은 오전 3시에 돌아와서 히틀러가 다시 일어났다고 말했다. 슈페어는 자신을 유명하게 만들어준 사람에게 마지막 작별 인사를 하기 위해 그녀를 떠났다. 작별 인사는 잠시였다. 히틀러는 무뚝뚝하고 쌀쌀맞았다. 이전에 자신이 좋아했던 슈페어는 더 이상 마음속에 없었다.

그날 저녁 언제쯤인가에 에바 브라운은 여동생인 그레틀 페겔라인에게 마지막 편지를 썼다. 그녀는 그레틀의 남편에 대해 "헤르만은 우리와 같이 있지 않아. 그는 대대나 아니면 그와 같은 것을 모으기 위해 나우엔으로 떠났어"라고 썼다. 그녀는 나우엔으로 가는 페겔라인의 일정이 서방 연합군과 평화로운 관계를 맺으려고 하는 계획의 일환이었던 힘러와의 실패한 비밀 회담이었다는 사실을 몰랐다. "그는 그래도 바이에른에서 당분간 저항을 계속하기 위해 힘든 싸움을 이어가길 바라고 있어." 그녀는 분명 잘못 알고 있었다. 그녀의 매부는 한낱 게릴라가 되기에는 너무 높은 자리에 올라 있었다.

세상 물정을 모르고 살던 에바 브라운은 이후 현실적인 문제에 집중했다. 그녀는 그레틀이 자신과 주고받은 개인 편지들을 모두 파기하길 바랐다. "무슨 일이 있어도 하이제의 계산서가 발견되면 안 돼." 하이제는 그녀의 양재사였다. 그녀는 자신이 총통의 경비를 얼마나 허투루 썼는지 대중에게 알려지기를 원치 않았다. 다시 한번 그녀는 자신의 보석을 처분하는 일을 걱정했다. 그녀는 "안타깝게도 내 다이아몬드 시계는 수리 중이야"라고 썼다. 그레틀은 어떤 시계 제작자—최후의 죽음의 행진 중 하나인 오라니엔부르크 강제수용소에서 탈출한 유대인임이 분명했다—에게 시계 수리를 맡긴 것으로 보이는 하급분대지도자(하사) 슈테게만을 찾아낼 작정이었다.

헛된 희망

겁먹은 베를린 시민들은 벵크의 군대가 자신들을 구하러 올 거라고 단언한 괴벨스의 말을 믿지 않을 수 없었다. 또한 미군이 소련군에 대항하는 전투에 참가하고 있다는 소문을 통해 힘을 얻었다. 많은 사람이 4월 23일 밤 동안 도시 위로 항공기들이 폭탄을 투하하지 않은 채 비행하는 소리를 들었다. 그들은 이것이 미군 항공기들이며, 아마 공수부대를 낙하시키고 있을 것이라는 이야기를 했다. 하지만 두 개 미 공수사단은 비행기에 타지 않았다.

베를린으로 향하고 있던 부대는 미군도 독일군도 아닌 프랑스군이었다. 4월 24일 화요일 오전 4시, 여단지도자 크루켄베르크는 '샤를마뉴' 사단의 잔류병들이 포메라니아 참사 이후 본부를 두고 있던 노이슈트렐리츠 근처의 친위대 훈련소에서 전화 벨소리에 잠을 깼다. 전화는 비스와집단군 사령부에서 왔다. 바이틀링 장군은 하인리히에게 여단지도자 치글러의 노르트란트 사단의 지휘권을 박탈하겠다고 알렸다. 크루켄베르크는 치글러가 곧 베를린으로 향할 것이라고 들었다. 이유는 분명하지 않았다. 단지 총통 관저에 있는 집단지도자 페겔라인에게 전달하라는 말을 들었을 뿐이다. 이 참모 장교는 그에게 베를린까지 가는 데 어려움이 있을 수 있으니 호위대를 대동하라고 조언하기도 했다.

살아남은 대대장 앙리 페네는 즉시 잠에서 깨어나 자신의 병사들을 깨웠다. 크루켄베르크는 가죽으로 된 긴 무장친위대 외투를 걸친 다음 모여 있는 장교와 병사들에게 연설을 했다. 그는 프랑스인 의용군들에게 베를린까지 자신과 함께 가자고 부탁했다. 대다수는 가기를 원하는 듯했다. 크루켄베르크와 페네는 90명만 골라냈다. 가지고 있는 차량으로는 그 정도만 수용할 수 있었기 때문이다. 사단 목사인 마욜 드루페 백작의 부하들을 포함해 대부분은 장교였다. 전쟁이 끝난 후, 크루켄베르크는 그들 중 누구도 국가사회주의자가 아니었다고 주장했다. 엄밀히 따지면 사실일 수도 있지만, 프랑스식 파시즘은 이탈리아 혹은 스페인의 변종보다는 나치즘에 더 가까웠을 것이다. 제3제국의 폐허 속에서 죽을 준비가 된 이 의용군들은 신유럽을 믿었든 '구프랑스'를 믿었든 모두 광적인 반볼셰비키주의자였다.

선발된 의용군들은 주머니와 배낭을 탄약으로 채우고 대대에 남아 있던 판처파우스트를 휴대했다. 차에 오르기 위해 길가에 정렬해 있을 때, 그들은 SS제국지도자가 벤츠 무개차를 직접 운전해서 지나가는 모습을 보았다. 힘러는 자신의 부하들을 아는 척도 안 하고 그냥 지나갔다. 그에게는 근위병도 호위병도 없었다. 몇 년 후에야 크루켄베르크는 힘러가 은거지로 가기 위해 뤼베크에서 호엔리헨으로 돌아가고 있었음이 분명하다는 것을 깨달았다. 그는 전날 저녁 스위스 적십자 대표인 베르나도테 백작을 만났다.

두 대의 병력 수송용 장갑차와 장비를 잔뜩 실은 세 대의 트럭으로 이루어진 대열이 베를린을 향해 출발했다. 그들은 소련 전차들이 벌써 오라니엔에 도착했다는 소식을 들었다. 그러자 크루켄베르크는 좀더 서쪽으로 향하는 길을 택하기로 결정했다. 베를린까지 가는 일은 쉽지 않을 듯했다. 분견대든, 패잔병이든, 피란민이든 혹은 외국인 노동자든 모두가 다른 방향으로 가고 있었다. 많은 독일군 병사는 '샤를마뉴' 사단의 의용군들이 잘못된 방향으로 향하고 있다고 말하며 그들을 조롱했다. 어떤 이들은 그들을 가리켜 미쳤음을 표현하기 위해 자신의 관자놀이를 톡톡 두드렸다. 다른 이들은 전쟁이 끝난 것이나 마찬가지라고 소리쳤다. 그들은 심지어 노르트란트 사단의 통신 분견대와 맞닥뜨리기도 했다. 이 부대 지휘관은 그가 슐레스비히-홀슈타인주로 이동하라는 명령을 받았다고 주장했다. 크루켄베르크는 연락해볼 방법이 없기 때문에 확인할 수가 없었다. 또한 그는 치글러와 바이틀링 사이의 말다툼에 대해서도 아는 게 아무것도 없었다.

소련 전투기의 기총소사 공격으로 한 명이 사망한 뒤 크루켄베르크는 중간 지점에서 포성을 듣자 전쟁 전 베를린에서 장교로 근무할 때 알고 있었던 작은 길로 차량들을 안내했다. 그들은 적 항공기로부터 숨겨주는 소나무 숲을 이용해 베를린에 접근했다. 하지만 장애물과 부서진 다리들 때문에 앞으로 나가기가 점점 더 어려워졌다. 그러자 크루켄베르크는 트럭들에 노이슈트렐리츠로 돌아가라고 명령했다. 그는 두 대의 병력 수송용 장갑차를 보유하고 있었지만, 대부분의 프랑스인 의용군은 20킬로미터를 더 걸어가야 했다.

그들은 오후 10시에 올림픽 경기장 바로 옆에 있는 독일 제국 경기장 구역에 도착했다. 지친 병사들은 독일 국방군 물품 창고를 발견했다. 벤제드린암페타민의 상표명, 각성제이 가미된 조종사용 특수 코코아를 마시는 바람에 잠들 수 있는 병사는 거의 없었다. 크루켄베르크는 부관 파쿠어 대위를 데리고 언뜻 보기에도 인적이 끊긴 베를린을 가로질러 총통 관저에 있는 페겔라인에게 보고하기 위해 출발했다. 프랑스인 의용군들 사이에서 히틀러가 그들을 시찰하기 위해 직접 나올 것이라는 소문이 퍼졌다.

그날 아침, 차를 몰고 지나갔던 그들의 직속 상관인 힘러는 결국 루비콘강을 건넜다. 총통 관저에서 재미 삼아 '충직한 하인리히'로 불렸던 힘러는 공모자로서의 운명을 맞았다. 그는 음모를 꾸밀 능력이 없었다. 자신의 명분에 대한 확신도 부족했다. 유일한 장점은 "나의 영광은 충성심이다"라는 친위대의 좌우명을 자랑스럽게 창안한 이 SS 제국지도자가 히틀러에 의해 반역자로 낙인찍혔다는 사실을 전혀 몰랐다는 것뿐이었다.

슈페어에 따르면 힘러는 히틀러가 헝가리에 있는 무장친위대 사단들에게서 특권을 박탈하라고 명령한 일에 대해 여전히 화가 나 있었다. 만약 히틀러가 그를 자신의 측근으로 도로 불러들였거나 마르틴 보어만보다 더 높이 평가한다는 어떤 암시를 했다면, 그의 눈에는 눈물이 가득했을 것이며 그 자리에서 총통에 대한 헌신 맹세를 다시 했을 것이다. 결과적으로 그는 우유부단함 때문에 무기력한 존재가 되었다. 하지만 적과의 협상에서 힘러의 가장 큰 오산은 "자신만이 질서를 유지할 수 있기 때문에" 서방 연합군에게 자신이 꼭 필요한 존재라는 믿음이었다.

베르나도테 백작과의 첫 회담에서 힘러는 강제수용소 포로 석방 이상의 대화를 할 엄두조차 내지 못했다. 베르나도테는 히틀러 생일 이튿날에 열린 회담을 마친 뒤 셸렌베르크에게 "제국지도자는 현실을 모르고 있습니다"라고 말했다. 힘러는 자신이 그토록 충성스럽게 대했던 사람을 퇴진시키거나 심지어 죽이라고 강요하는 셸렌베르크의 충고를 받아들이길 거부했다.

셸렌베르크는 그날 오후 페겔라인에게서 총통이 광분했다는 소식을 들은 후, 4월 22일 힘러에게 히틀러를 만나기 위해 벙커로 돌아오지 말라고 힘겹게 설득했다. 셸렌베르크는 자신의 상관이 총통을 다시 만나는 순간 그의 결심이 약해지지 않을까 두려웠다. 힘러는 중재자를 통해 친위근위대대를 베를린 방어를 위해 제공했다. 히틀러는 즉각 받아들이고 지도에 독일 제국의회 의사당 가까이에 있는 티어가르텐의 어디에 이 대대가 배치돼야 하는지 표시했다. 그는 패전할 경우 죄다 몰살시키기 위해 중요한 죄수들—저명인사들—을 옮기라고 명령했다.

4월 23일 밤, 힘러와 셸렌베르크는 뤼베크에서 베르나도테를 다시 만났다. 이제 힘러는 히틀러가 베를린에서 자신을 죽일 결심을 했다는 사실을 알고 자리에 앉아 본격적으로 협상을 시작했다. 그는 공식적으로 베르나도테에게 자신을 대신해 서부 전선에서 휴전을 주선할 수 있도록 서방 연합군에 접근해달라고 요청했다. 그는 모든 스칸디나비아 포로들을 스웨덴으로 보내주기로 약속했다. 힘러의 가장 큰 관심사가 아이젠하워 장군을 만났을 때 그에게 머리를 숙일지 아니면 악수를 할 것일지였다는 것은 그가 현실을 기묘하게 이해하고 있다는 전형적인 예였다.

마지막으로 베를린에 포로로 잡혀 있던 유대인들에게 붉은 군대가 오고 있다는 소식은 10여 년에 걸친 악몽의 종식 혹은 마지막 순간의 처형을 의미했다. 포츠담에서 체포됐던 한스 오스카어 뢰벤슈타인은 베딩 북쪽 지구에 있는 유대인 병원에 만들어진 슐슈트라세 임시 수용소로 끌려갔다. 두 개 층에 가득 수용된 포로 약 600명에게 제공된 것은 감자 껍질과 익히지 않은 비트 그리고 약간의 '맹물 수프' 뿐이었다. 그들 중에는 뢰벤슈타인과 같은 반¥ 유대인이 많았다. 나치는 '잡종들'이라고 불렀다. 슈츠유덴Schutzjuden이라고 하는 나치의 보호를 받는 유대인 특권층도 있었다. 예를 들면 베를린 올림픽을 준비했던 유대인들이 포함됐다. 중립국 국적을 소지한 외국 국적의 유대인들, 특히 남미 유대인들은 친위대 행정부에 커피콩을 보내는 본국에 있는 친척들 덕분에 목숨을 부지했다.

수용소 소장인 상급돌격대지도자(중령) 도베르케는 모든 포로를 사살하라는 명령을 받았다. 하지만 그가 두려워하자 포로들의 대변인이 다가와 간단한 거래를 제안했다. 그는 도베르케에게 "전쟁은 끝났습니다. 우리 목숨을 살려주신다면, 우리는 당신 목숨을 살려줄 것입니다"라고 말했다. 포로들은 상급돌격대지도자 도베르케가 우리의 목숨을 구했다고 적혀 있는, 그들 모두의 서명이 담긴 커다란 서류를 준비했다. 서류가 전달된 지 두 시간 뒤 문이 열리고 친위대 보초들이 사라졌다. 하지만 석방이 아주 즐거운 일만은 아니었다. 소련 병사들은 수용소에서 유대인 소녀와 여자들이 나치에 의해 박해를 받았다는 사실을 모른 채 그들을 강간했다.

소련군이 베를린으로 진격하는 동안 그들은 모두 반대 방향에서 다가오는 노예 노동자, 즉 독일로 끌려온 여자와 소녀들 및 "소련, 프랑스, 미국, 노르웨이 전쟁 포로들"의 "진정 국제적인" 환호를 받았다. 남쪽에서 베를린에 도착한 코네프 원수는 적어도 지뢰를 걱정할 필요가 없을 거라는 사실을 알고 전차의 무한궤도가 만들어놓은 바퀴 자국 안을 걸으면서 감명을 받았다.

동쪽에서 오고 있던 그로스만 역시 "여자 및 아이들과 함께 있는 수염 기른 수백 명의 러시아인 농부들"을 봤다. 그는 "수염 기른 '아저씨들'과 헌신적인 마을 어른들의 얼굴에 암울한 절망감이 드리워져 있었다. 이들은 슈타로스티[독일인들이 임명한 마을 지도자]와 줄곧 베를린으로 도망쳐 있다가 이제 해방될 일만 기다리는 범죄자들이었다"라고 적었다.

또한 그로스만은 수첩에 "한 늙은 여자가 베를린을 떠나 걷고 있다. 그 여자는 머리에 작은 숄을 쓰고 있었다. 꼭 순례하는 것 같았다. 러시아의 광활한 공간에 있는 순례자. 그녀는 손잡이에 커다란 알루미늄 냄비가 매달려 있는 우산을 어깨에 걸치고 있었다"라고 기록했다.

비록 히틀러는 붉은 군대를 상대하기 위해 서부 전선에서 군대를 이동시켜야 한다는 생각을 여전히 받아들일 수 없었지만, 카이텔과 요들은 이제 다른 대안이 없다는 것을 인정했다. 이 독일 국방군 작전부장은 명령을 내렸다. 스탈린의 의심은 소련의 보복 정책과 결합돼 자기실현적인 예언이 됐다.

스탈린은 눈엣가시인 폴란드에 골몰하기도 했다. 그는 임시정부 구성을 두고 양보할 생각이 전혀 없었다. 그에 관한 문제는 명백했다.

폴란드 국민이 원하는 바는 중요하지 않았다. 4월 24일, 그는 트루먼 대통령에게 "소비에트 연방은 폴란드에 친소비에트적인 정부가 서도록 노력할 권한이 있습니다"라고 편지를 썼다. 물론 폴란드를 완전히 소련의 통제하에 두겠다는 의미였다. "또한 폴란드는 소련과 국경을 접하고 있다는 사실을 고려할 필요가 있습니다. 이것은 영국과 미국이 관여할 사안이 아닙니다." 베를린은 사실상 포위됐고 서방 연합군의 진격이 제대로 이루어지지 않은 상황에서 스탈린은 더는 유화적인 자세를 취할 이유가 없다고 생각했다. 그동안 미 항공대에 대해 소련이 그토록 비난했음에도 그날 오후 미국 항공기 두 대가 소련 전투기 여섯 대의 공격을 받아 그중 한 대가 격추되었지만 사과는 없었다.

스탈린은 여전히 휘하 원수 두 명의 경쟁심을 자극하면서 압력을 가했다. 4월 23일 새벽부터 주코프의 제1벨라루스전선군과 코네프의 제1우크라이나전선군 사이의 경계선이 뤼벤에서부터 확장되었다. 하지만 그 경계선은 이제 베를린의 중심을 향해 북쪽으로 방향을 바꾸었다. 코네프의 오른쪽 경계선은 안할터 반호프까지 뻗어 있었다. 텔토 운하에 접한 마리엔도르프의 리발코 전차 군단은 남쪽으로 정확히 5킬로미터 떨어져 있었다. 주코프는 동쪽에서 다가오는 카투코프의 제1근위전차군 소속의 한 연락장교가 연락한 4월 23일 늦게까지도 리발코 부대가 베를린에 도착했다는 사실을 전혀 몰랐다.

4월 22일 저녁 텔토 운하에 도착한 다음 리발코의 세 개 군단은 운하를 건너 총공격을 가하기 위해 하루 동안 준비 시간을 가졌다. 운하의 콘크리트 제방과 북쪽의 방어 시설들은 만만찮은 장애물로 보였다. 맞은편 국민돌격대 분견대들은 제3근위전차군의 상대가 되지 않겠지만, 그들은 제18기갑척탄병사단과 제20기갑척탄병사단으로 전력이 "보강되었다". 돌파 임무를 맡은 포병들은 이틀 전에 전진하라는 명령을 받았지만 초센으로의 도로가 말이 끄는 보급품 수레를 포함한 운송 수단들로 극심하게 정체되는 바람에 전진 속도가 느렸다. 만약 독일 공군이 이용 가능한 항공기를 여전히 가지고 있었다면, 완벽한 목표물이 되었을 것이다. 루친스키의 제48근위소총사단이 제시간에 도착해 운하 건너편의 교두보들을 장악할 준비를 했고, 포병이 서둘러 배치됐다. 하지만 쉬운 문제는 아니었다. 4월 23일 저녁 약 3000문의 야포와 중박격포가 배치돼야 했다. 152밀리 곡사포와 203밀리 곡사포를 포함해 전선 1킬로미터당 650문의 포가 집결했다는 얘기였다.

4월 24일 오전 6시 20분, 텔토 운하에서 포격이 시작되었다. 나이세강이나 비스와강 도하 때보다 훨씬 더 강력한 집중 포격이었다. 포격이 거의 끝나자 코네프는 리발코의 지휘 본부에 도착했다. 8층짜리 사무실 건물의 평평한 지붕에서 한 무리의 제1우크라이나전선군 지휘관들은 중포 부대가 운하 건너편 건물들을 부수는 장면과 항공군의 폭격기들이 지원차 연이어 날아오르는 모습을 바라보았다. 보병들은 접을 수 있는 강습주정과 나무 노를 젓는 보트를 타고 운하를 건너기 시작했다. 오전 7시에는 첫 소총대대들이 건너와 교두보 하나를 구축했다. 정오가 지나자마자 첫 부교가 설치되면서 전차들이 그 위를 건너기 시작했다.

베를린 방어 시설의 동남쪽 지역에 대한 압박은 텔토 운하를 건너기 전부터 대단했다. 4월 23일 새벽, 추이코프의 일부 소총 부대는 쾨페니크 남쪽에서 슈프레강과 다메강을 건너 팔켄베르크까지 진격했다. 그들은 노 젓는 스컬양쪽의 노로 젓는 가벼운 경주용 보트에서부터 유람 론치

(모터가 달린 대형 보트)에 이르기까지 다양한 배를 발견했다. 이날부터 이튿날 저녁까지 추이코프의 근위소총사단들과 카투코프의 선두 전차여단들은 브리츠와 노이쾰른을 향해 진격했다. 제28근위소총군단은 완전히 겁을 먹고 비굴해진 민간인들이 "[우리의] 부츠를 핥고 있었다"[1]고 보고했다. 4월 24일 이른 아침 드네프르 소함대 포함砲艦의 지원을 받는 제5충격군의 한 군단은 슈프레강을 건너 북쪽의 트렙토 공원으로 향했다.

4월 24일, 여명이 밝아오자 전날 밤 템펠호프 비행장에서 연료를 보급받은 바이틀링 군단의 잔류 병력이 이 양쪽 위협을 향해 반격을 가했다. 노르트란트 사단 '헤르만 폰 잘차' 중기갑대대의 남은 킹 티거 전차들이 소련 전차 몇 대를 파괴했지만, 적군은 너무 강력했다. 제5충격군의 한 사단장은 "세 시간 동안 친위대는 여섯 차례나 공격했지만, 검은 군복을 입고 땅바닥에 널브러진 시체들을 남겨둔 채 매번 후퇴할 수밖에 없었다. 판터 전차와 페르디난트 자주포들은 불탔다. 정오가 돼서야 우리 사단은 다시 진격할 수 있었다. 병사들이 트렙토 공원 전체를 확보했다. 우리는 해질녘이 되어서야 [에스반] 순환 선로에 도착했다"[2]라고 썼다. 한 독일군 참전자는 "자비라고는 없는 피비린내 나는 격렬한 전투였다"[3]고 기록했다. 또한 양심의 가책이 없는 전투였다. 소련 병사들은 정치장교들에게서 "블라소프와 그의 병사들이 베를린 전투에 참가하는 중이다"[4]라는 말을 들었다. 물론 전혀 사실이 아니었다. 그들은 그때쯤 프라하에서 대부분 죽은 뒤였다.

코네프의 전차 부대들이 텔토 운하 방어선을 밀고 나가는 동안 후방과 측면이 위협을 받았다. 서쪽에서는 벵크의 부대들이 트로이엔브리첸과 벨리츠를 향해 진격했고 오른쪽에서는 제9군이 베를린 동남쪽 숲의 포위망을 뚫으려 하고 있었다.

루친스키 장군은 독일 제9군과 맞서기 위해 제28군의 일부를 베를린 방어선—콧부스 고속도로—을 따라 동쪽으로 돌리기 시작했다. 여태까지 고립된 제9군에 제대로 대응하지 못했던 스타프카는 그제야 빠르게 대응했다. 소련 공군 수장인 노비코프 원수는 숲속을 이동하고 있는 8만 명의 독일군에 대비해 제2, 제16, 제18항공군의 집결을 독려하라는 명령을 받았다. 소련 지휘관들은 독일군이 싸움을 계속하면서 베를린으로 향할지, 아니면 벵크 장군의 제12군과 합류하기 위해 서쪽으로 탈출할지 여전히 몰랐다.

4월 24일 아침 벨리츠-하일슈테텐[5] 병원에 있는 간호사들이 가장 두려워하는 상황이 벌어졌다. 전차 엔진과 무한궤도 소리가 커지면서 갑자기 땅이 흔들리기 시작했다. 렐류셴코 부대의 전차 대열 하나가 스위스 적십자 대표들을 옆으로 밀어내고는 건물 구내로 곧바로 들어왔다. 기관단총으로 무장한 병사들이 첫 건물을 급습했다. 일단 시계에만 관심이 있었던 그들은 "우리Uri! 우리!"라고 소리쳤다. 하지만 그때 벨리츠에서 강간, 약탈, 무차별 학살에 관한 소식이 들려왔다. 간호사와 성인 환자들은 최악의 상황에 대비해 마음을 단단히 먹었다. 포츠담 병원에서 온 아이들은 무슨 일이 벌어지고 있는지 거의 모르고 있었다.

간호사들은 벵크의 젊은 병사들에 의해 곧 구조될 것이라는 사실을 알지 못했다. 반면 히틀러는 이제 자신과 베를린이 벵크의 군대에 의해 구조될 거라고 확신했다. 슈타이너의 이른바 육군 분견대는 총통 벙커에서 더 이상 언급되지 않았다. 충성스러운 대제독 되니츠는 히틀러의 간청에 응답했다. 베를린에서 벌이는 독일의 운명을 위한 싸움을 지원하기 위해 모든 해군 병사를 파견하겠다는 것이었다. 하지만 융커스 52 수송기를 베를린 한가운데에 불시착시켜서 병사들을 투입한다는 계획은 그들의 생명에 무관심한 것만큼이나 현실을 고려하지 않은 발상이었다.

자정에 총통 벙커에 도착한 여단지도자(소장) 크루켄베르크를 본 사람들의 반응을 살피면, 벙커에 있는 이들 가운데 외부에서 누군가가 도착할 것이라고 예상한 사람은 거의 없었음이 분명했다. 크루켄베르크가 1943년 중부 집단군에 있을 당시 알고 지냈던 크렙스 장군을 만나러 갔을 때, 크렙스는 자신의 놀라움을 공개적으로 인정했다. 크렙스는 지난 48시간 동안 많은 장교와 부대에게 베를린으로 오라는 명령을 전했다면서 "그 명령을 이행한 사람은 장군이 유일합니다"라고 말했다.[6]

건설에 들어간 그 모든 노력과 비용에도 불구하고 총통의 벙커는 적절한 통신 시설이 부족했다. 총통의 상황회의를 준비하는 프라이타크 폰 로링호벤 소령과 볼트 대위에게 붉은 군대의 위치를 확인할 수 있는 방법은 단 하나밖에 없었다. 그들은 베를린 주소 인명록에서 전화번호를 찾아 도시 주변의 민간인 아파트로 전화를 걸었다. 주민이 전화를 받으면 그들은 부대가 진격하고 있는 모습을 봤는지 물었다. 그리고 소련군 목소리가 들리면—보통은 마구 퍼붓는 욕설과 함께—결과가 분명했다. 유럽의 상황을 알기 위해 그들은 히틀러의 최고 공보비서인 하인츠 로렌츠에게서 최근 로이터 통신사 보도를 비밀리에 입수했다. 프라이타크 폰 로링호벤 일행이 벙커에 도착하자 그동안 그들을 무시했던 모든 사람이 이제는 합리적으로 의지할 수 있는 출처에서 나온 정보에 접근하기 위해 상냥하게 변해 있었다.

벙커에 있는 이들 대부분은 할 일이 없었다. 그들은 둘러앉아 술을 마시고, 복도에서 어슬렁거리며 자살할 때 권총으로 하는 것과 청산가리로 하는 것 중 어느 게 나은지 상의했다. 대개는 벙커에서 살아서 나갈 수 있는 사람은 아무도 없다고 가정하는 듯했다. 비록 서늘하고 축축했지만 벙커 안의 상황은 베를린의 다른 지하실이나 방공호보다는 여전히 훨씬 더 좋았다. 벙커에 있는 사람들에겐 물과 발전기가 만들어내는 전깃불이 있었다. 식량과 마실 것도 부족하지 않았다. 총통 관저 위쪽에 있는 주방들은 여전히 이용 가능했다. 식사로 스튜가 계속해서 나왔다.[7]

베를린 시민들은 이제 자신들의 도시를 "제국의 화장용 장작더미"라고 불렀다. 이미 민간인들은 시가전과 가택 수색 과정에서 죽어나갔다. 바그다노프의 제2근위전차군 소속 툴라 출신 장교인 라텐코 대위는 서북부 구역의 라이니켄도르프에 있는 어느 지하실 문을 두드렸다. 아무도 문을 열어주지 않자 그가 문을 걷어찼다. 대번에 기관단총 사격이 쏟아지면서 그는 총에 맞아 죽었다. 함께 있던 제2근위전차군 병사들은 문과 창문으로 즉각 사격을 시작했다. 그들은 민간인 옷을 입고 있던 젊은 독일군 장교로 보이는 총 든 남자를 사살했다. 하지만 사망자엔 여자와 어린이들도 있었다. 보고서에는 "우리 병사들은 그

건물을 포위한 다음 불태워버렸다"고 적혀 있었다.

스메르시는 은신한 독일군 장교들에 관한 문제에 즉각적인 관심을 보였다. 스메르시는 1927년부터 나치당의 일원이었던 탐정 한 명을 포함한 특별 수색 그룹을 조직했다. 그는 스메르시를 위해 장교들을 찾아내겠다는 약속을 했다. 의심의 여지 없이 자신의 목숨을 살려준다는 조건을 내걸었다. 그들은 대령 한 명을 포함해 20명을 체포했다. 보고서는 "방첩대가 문을 두드렸을 때 다른 한 장교가 자신의 아내를 살해한 다음 자살했다"[8]고 기록했다.

붉은 군대 병사들은 전화망을 이용하기로 결정했다. 정보보다는 재미를 위한 것이었다. 아파트를 수색하는 동안 그들은 베를린에 있는 번호로 무작위로 전화를 걸곤 했다. 독일인의 목소리가 대답할 때마다, 그들은 분명한 러시아 어조로 자신들의 존재를 알렸다. 한 정치장교는 이것이 "베를린 시민들을 매우 놀라게 했다"[9]고 썼다. 오래지 않아 제5충격군의 정치부는 "비정상적인 현상"[10]에 관해 보고하기 시작했다. 여기엔 약탈에서부터 음주운전에 의한 부상 그리고 "비도덕적인 현상"에 이르기까지 모든 일이 망라돼 있었다.

많은 성실한 일선 병사들은 문제를 일으키지 않았다. 제3충격군의 한 공병 분견대가 아파트에 들어가자, "몸집 작은 할머니"[11]가 병사들에게 딸이 아파서 침대에 누워 있다고 말했다. 할머니는 딸이 강간당하는 것을 막으려고 했음이 분명하지만, 공병들은 이런 사실을 깨닫지 못한 것처럼 보였다. 공병들은 약간의 음식을 전달하자 조용히 자리를 떴다. 하지만 다른 일선 병사들은 인정사정없는 행동을 할 수도 있었다. 이것은 "전쟁 자체의 비인간적인 폭력성"[12]의 결과이자 여성을 "적군의 패배에 대한 전리품"[13]으로 취급하려는 충동으로 설명되었다. 한 역사학자는 소련군이 수많은 폭력[14] 사건을 일으키고, 매우 빠르게 지나갔지만, 새로운 부대가 들어올 때마다 종종 이런 과정은 되풀이되었다고 적었다.

4월 24일, 제3충격군은 독일군이 맹렬하게 저항하고 있는 좁은 지역에 제5돌격포병사단을 투입했다. 이 사단의 중포들은 열일곱 채의 집을 부수고 12명의 수비병을 사살했다. 소련군은 그중 네 채에서 독일군이 항복의 의미로 백기를 내걸고도 발포했다고 주장했다. 이런 일은 전투 중에 자주 발생했다. 어떤 병사들, 특히 국민돌격대는 항복하기를 원했고, 몰래 흰 손수건을 흔들었다. 반면 더 광적인 대원들은 여전히 싸움을 계속했다.

독일군은 3문의 돌격포로 반격을 시작했지만, 정찰병인 슐제노크[15]의 영웅적 행동으로 여지없이 좌절됐다. 슐제노크는 판처파우스트 세 개를 회수한 다음 부서진 집에 자리를 잡았다. 독일군 포탄 한 발이 옆에서 폭발하면서 그는 귀가 먹먹해졌고 파편들로 뒤덮였다. 그렇다고 해서 돌격포가 다가왔을 때 그들과 싸우기를 멈춘 것은 아니었다. 그는 첫 번째 돌격포를 격파했고 두 번째 돌격포에 손상을 입혔다. 세 번째 돌격포는 황급히 후퇴했다. 그는 이 전투로 소비에트 연방의 영웅이 됐지만, 이튿날 "민간인 복장을 한 테러리스트에게 사살당했다". 당시 상황으로 볼 때 장비를 제대로 갖추지 못한 국민돌격대 대원을 의미할 수도 있지만, 테러리스트에 관한 소련군의 정의는 바르바로사 작전 당시 독일군의 그것과 거의 다르지 않았다.

이런 사건들이 있은 지 얼마 지나지 않아 작가 바실리 그로스만은 제3충격군의 중심축 위에 있는 동북 베를린의 바이센제 구역에 자신의 지프차를 세웠다. 잠시 후 지프차는 사탕을 달라면서도 그로스만의 무릎 위에 펼쳐진 지도를 호기심 어린 눈으로 바라보는 소년들로 둘러싸였다. 그로스만은 그들의 대담함에 놀랐지만, 한편으로는 주위를 둘러보고 싶었다. 그는 "우리는 베를린을 하나의 커다란 막사로 생각했지만, 그곳에는 꽃이 활짝 핀 정원과 시민 농장이 많다.[16] 하늘에서 큰 포성이 울렸다. 하지만 정적의 순간에는 새가 지저귀는 소리를 들을 수 있었다"라고 적었다.

4월 25일 새벽 크루켄베르크가 부서진 총통 관저를 떠날 때, 하늘은 맑았고 날은 차가웠다. 서부 베를린은 이상하게도 여전히 조용하고 텅 비어 있었다. 호엔촐레른담에 있는 바이틀링 사령부의 보안은 느슨했다. 보초들은 신원을 확인할 때 급료 지불 장부만 요구했다. 바이틀링은 크루켄베르크에게 심하게 피해를 입은 자신의 기갑군단들이 히틀러 유겐트 분견대와 제대로 무장하지 못한 국민돌격대 부대들—이들 모두는 격렬한 전투를 벌일 수 없을 것으로 여겨졌다—을 강화하기 위해 어떻게 나뉘었는지 설명했다. 크루켄베르크는 제11친위기갑척탄병 노르트란트 사단을 포함해 베를린 동남부의 방어 구역 C를 떠맡아야 했다. 그는 치글러가 자신의 병사들을 단결시키지 못해 노르트란트 사단 지휘권을 박탈당했다는 느낌을 받았다.

치글러의 해임에 대한 설명은 매우 다양했다. 바이틀링의 참모장인 레피오어 대령은 "치글러가 슐레스비히-홀슈타인주로 후퇴하라는 힘러의 비밀 명령을 받았고"[17] 이 때문에 체포됐다고 믿었다. 치글러는 싸움을 계속하는 것이 무의미함을 간파한 몇 안 되는 지휘관 중 한 명임이 분명했다. 해임되기 직전 치글러는 최고돌격지도자(대위) 페르손에게 스웨덴 대사관으로 가서 대사관 직원들이 잔류한 스웨덴 사람들의 귀국을 도울지 확인하도록 했다.

한 목격자는 치글러가 그날 아침 늦게 템펠호프 비행장 정북쪽의 하젠하이데슈트라세에 있는 자신의 사령부에서 이름이 알려지지 않은 한 여단지도자(소장)에게 체포됐다고 주장했다. 그는 사단 본부를 봉쇄하는 경기관총으로 무장한 호송대에 의해 붙들린 후 차량으로 호송됐다. 치글러는 입구에 선 채 놀란 표정의 장교들에게 인사하고 경의를 표했다. "여러분, 행운을 빕니다!"[18] 체포된 그는 차를 타고 총통 관저로 떠났다. 장교 중 한 명인 돌격대지도자(소령) 폴머는 "무슨 일이야? 이제 우리에게 지휘관이 없는 건가?"라고 외쳤다. 반면 크루켄베르크는 보고서에서 치글러가 혼자 차를 몰고 총통 관저로 갔으며 지휘권 이양이 정상적으로 이루어졌다고 묘사했다.

공백은 오래가지 않았다. 정오 직후 크루켄베르크가 도착했다. 잠시 뒤 '샤를마뉴' 대대 소속 페네의 병사들도 왔다. 크루켄베르크는 그들에게서 '노르게'와 '단마르크' 기갑척탄병연대가 한 개 대대에 불과하다는 사실을 알고 충격을 받았다. 헤르만플라츠의 한 저장용 지하실에 설치된 응급치료소로 이송된 부상자들은 안도감을 느끼지 못했을 것이다. 그들은 "정육점의 대형 도마처럼 피로 얼룩진 탁자 위에 뉘였다".[19]

크루켄베르크가 새로운 사령부에 도착한 그때 브리츠에 있는 텔토 운하 남쪽의 마지막 남은 독일군 교두보는 공포에 휩싸인 채 버려졌다.[20] '노르게' 연대와 '단마르크' 연대의 잔류 병력은 운하 옆에서 초조하게 수송 차량들을 기다리고 있었다. 이 차량들은 도로가 돌무더기로 막혀 그들을 데리러 가는 데 어려움을 겪고 있었다. 마침내 트럭들이 도착한 순간 경고의 외침이 들려왔다. "전차가 나타났다!" 이 외침은 심지어 단련된 경험 많은 병사들 사이에서도 '전차 공포증'을 불러일으켰다. 그들 모두 차량으로 혼란스럽게 돌진했다. 갑자기 나타난 두 대의 T-34 전차에게는 쉬운 목표물이었다. 도망친 트럭 중에는 차체 바깥에 매달린 병사들도 있었다.

그들은 헤르만슈트라세 북쪽으로 탈출했다. 그곳에는 어느 집 벽에 "전쟁을 연장하는 친위대 반역자들!"[21]이라는 문구가 휘갈겨져 있었다. 병사들의 마음속에서 누가 범인인지는 의심의 여지가 없었다. "독일 공산주의자들의 활동. 우리는 내부의 적과도 싸워야 하는가?"

소련 전차들은 포케불프 전투기들의 파괴된 기체로 가득한 템펠호프 비행장에 있는 뮌헤베르크 기갑사단의 잔여 병력도 공격할 예정이었다. 붉은 군대가 이 항공기들에게 '골조Paмa, frame'라는 별명을 붙인 것은 정확했다. 카추샤 로켓포의 일제 사격도 간간이 섞인 포병과 전차의 포격이 노르트란트 사단의 지휘 본부까지 확대되었다. 크루켄베르크는 포탄 파편에 맞아 얼굴에 가벼운 부상을 입었다.

노이쾰른이 소련군의 격렬한 공격을 받자, 크루켄베르크는 헤르만플라츠 주위에 후방 진지를 준비했다. 카르슈타트 백화점의 쌍둥이 탑은 소련 네 개 군—트렙토 공원에서 오는 제5충격군, 노이쾰른에서 오는 제8근위군과 제1근위전차군, 마리엔도르프에서 오는 코네프의 제3근위전차군—의 진격을 감시할 수 있는 훌륭한 관측소 역할을 했다.

크루켄베르크는 소련군 전차 공격에 대비하기 위해 페네 휘하의 프랑스 의용군의 절반을 판처파우스트로 무장시켜 헤르만플라츠 반대편에 배치했다. 페네 부대에 배속된 히틀러 유겐트는 100명이 넘었다. 그들은 가까운 거리나 포탑을 향해서만 사격을 하도록 교육받았다.

무장친위대는 포탑에 직접 사격을 가하면 전차병들이 무력해지기 때문에 포탑을 조준하는 것이 더 낫다고 믿었다.

그날 저녁과 밤 동안 페네 휘하의 프랑스 의용군은 열네 대의 소련 전차를 파괴했다. 강력하게 저항하는 모습에 놀란 소련군은 후퇴할 수밖에 없었다. 쿠르퓌르스텐담 서쪽 끝에 있는 할렌제 다리 옆에서는 국가노동봉사단대대 출신의 젊은 병사 세 명이 기관총 한 정만으로 48시간 동안 모든 공격을 힘겹게 물리쳤다.

소련군 포병과 카추샤 로켓이 정부 청사 건물들을 폭파하면서 템펠호프 비행장 확보를 위한 전투는 하루 더 이어질 참이었다. 건물 내부 복도에선 부상자들의 비명이 울려 퍼졌다. 화학물질이 타면서 나는 연기와 냄새로 가득했다. "포격이 끝난 후 이어진 고요함은 새로운 전차 공격을 알리는 엔진의 굉음과 무한궤도의 덜컹거림에 대한 전주곡이었다."[22]

🐻

심한 공격을 받은 바이틀링 군단이 4월 25일 오후 중심가로 후퇴하자, 히틀러는 그를 총통 벙커로 불러 전세를 바꾸라고 강력히 요구했다. 그는 바이틀링에게 "상황이 개선되어야 하오. 서남쪽에서 벵크 장군의 제12군이 베를린으로 올 것이오. 그러면 제9군과 함께 적에게 결정적인 타격을 가할 것이오. 쇠르너가 지휘하는 부대도 남쪽에서 올 것이오. 이렇게 타격을 가하면 우리 쪽에 유리하게 상황이 바뀔 게 틀림없소"[23]라고 말했다. 하지만 동부 전선 전체에 걸친 재앙을 강조하기 위해 폰 만토이펠 장군은 로코숩스키의 제2벨라루스전선군이 슈테틴 남쪽의 자신의 방어선을 산산이 부쉈다고 보고했다. 국방군 총사령부 지휘참모부의 데틀레프센 소장 역시 그날 총통 벙커를 방문해 "최면에 가까운 자기기만"[24]을 확인했다.

그날 저녁 크루켄베르크는 크렙스 장군에게서 노르트란트 사단이 'Z(Zentrum, 도심)' 구역을 방어하기 위해 후퇴할 것이라는 통지를 받았다. 게슈타포 본부에서 북쪽으로 한 블록 떨어진 빌헬름슈트라세에 있는 공군부에서 보낸 것이었다. 크루켄베르크가 연락을 취하러 공군부를 방문했다. 공군부 지하는 아무것도 하지 않는, 통제되지 않는 독일 공군 병사로 가득했다. 그는 버려진 소련 대사관에서 남쪽으로 수백 미터 떨어진 운터 덴 린덴 대로에 있는 국립 오페라 하우스로 갔다. 이 대사관은 데카노초프가 리벤트로프에게서 독일군이 소비에트 연방을 침공했다는 소식을 듣자 1941년 6월 22일 해가 뜨자마자 떠난 곳이다. 시야에 들어오는 운터 덴 린덴 대로는 텅 비어 있었다. 크루켄베르크는 오페라 극장 지하실에 자신의 사령부를 만들었다. 옛 귀빈석에서 가져온 왕좌와 비슷한 커다란 안락의자는 그를 두어 시간 편안하게 잠들 수 있게 했다. 그들은 적의 공격으로부터 상대적으로 평화로움을 누렸다. 그날 밤에는 소형 폭탄을 투하하는 Po-2 복엽기가 나타나지 않았다.

베를린 함락이 임박하자 랭스에 있는 연합군 최고 사령부는 그날 모스크바의 스타프카에 다음과 같은 청원서를 보냈다. "아이젠하워 장군은 붉은 군대가 베를린을 점령한 후 연합국이 승인한 최소 23명의 종군 기자를 베를린에 파견하길 원합니다. 그는 가능하다면 이보다 더 많은 기자를 보내고 싶어합니다. 그의 말대로 '베를린 함락은 세계 최고의 뉴스거리 중 하나가 될 것이기 때문입니다'.[25] 크렘린에서는 답이 없었다. 스탈린은 분명 베를린에 기자들이, 특히 통제할 수 없는 서방 기자들이 들어오는 것을 원치 않았다. 하지만 그는 전혀 예상치 못한 곳에서 기자들 때문에 골머리를 앓아야 했다.

그날 주요 나치 방송국인 도이칠란트젠더[26]는 침묵을 지켰다. 하지만 4월 25일이란 날짜는 곧 전 세계로 퍼져나간 한 사건 때문에 알려지게 되었다. 엘베 강변에 위치한 토르가우에서 블라디미르 루사코프 소장이 이끄는 제58근위소총사단 선두 부대들이 미 제69보병사단 소속 병사들과 맞닥뜨렸다. 나치 독일이 반으로 나뉜 것이었다. 전문이 양쪽 지휘 계통—연합군은 브래들리, 그다음 최고 사령부의 아이젠하워에게, 그리고 소련은 코네프, 그다음은 스타프카의 안토노프 장군에게—으로 전달됐다. 국가 지도자들은 즉각 보고를 받았다. 스탈린과 트루먼은 이 사건을 발표하는 데 동의하는 전문을 교환했다. 아이젠하워의 첫 반응은 기자들을 파견하는 것이었다. 그는 곧 이 결정을 후회하게 된다.

제34군단장 글레프 블라디미로비치 바클라노프는 전형적인 소련식 연회를 준비하라고 명령했다. 정치부는 테이블과 단상을 장식할 기다란 붉은 천을 제공했다. 스탈린의 커다란 초상화들과 그보다 약간 작은 트루먼의 초상화들이 즉석에서 제작되어 재미난 변화를 준 성조기와 함께 장식되었다. 많은 술이 나왔다. 제5근위군에서 가장 매력적인 여군들이 산뜻한 군복을 입고 토르가우로 갔다.

바클라노프 장군은 승리, 평화, 국가들 간의 우정, 그리고 파시스트 괴수의 영원한 몰락을 위해 일상적인 소련식 순회 건배를 할 준비가 되어 있었다. 하지만 그는 이 축하연에 진정한 변화를 주길 간절히 바라는 한 무리의 떠들썩한 미국 기자들을 위한 준비는 하지 않았다. 붉은 군대 병사들도 보드카를 충분히 배급받았기 때문에 보안은 평소만큼 효과적이지는 않았다.

축하연이 절반쯤 흘러 소련 장교들이 "아름다운 러시아 여군들과" 춤을 추고 있을 때, 『보스턴 트레블러』의 앤드루 툴리는 『세인트루이스 포스트 디스패치』의 버지니아 어윈에게 "베를린으로 계속 갑시다"라고 "장난스럽게 말했다". 그녀가 "오케이"라고 말하자 그들은 파티에서 슬쩍 빠져나와 지프차를 몰고 엘베강으로 갔다. 거기서 두 사람은 연락선을 운항하는 소련 병사들에게 연합군 최고 사령부에서 발급해준 신분증을 보여주었다. 그들은 "지프!"라고 외치더니 수영하는 동작을 취했다. 이 문제에 관해 아무런 지시를 받지 못한 보초들은 당황한 나머지 그들이 차를 몰고 연락선에 오르게 한 다음 강을 건너게 해주었다.

두 기자는 루켄발데까지 표시된 지도를 갖고 있었다. 매우 유동적인 전선에서 "간첩 취급"을 받는 것이 두려웠던 그들은 소련군이 토르가우에 세워놓은 미국 국기들 중 하나를 훔쳐 지프차 옆에 묶었다. 미심쩍어하는 보초나 교통통제관이 저지할 때마다, 그들은 다정하게 웃으면서 "미국인!"이라고 소리쳤다. 툴리는 "계속 웃어"라고 버지니아 어윈에게 말했다.

그들은 해가 지기 전에 베를린에 도착해서 머리가 새하얀 젊은 군인 코발레스키 소령을 만났다. 그들은 더듬거리는 프랑스어로 의사소통을 했다. 코발레스키는 처음엔 수상쩍어했지만, 그들이 "우리는 종군 기자입니다. 우리는 베를린[으로] 가려고 합니다"라고 말하자 믿기로 했다. 운이 없는 코발레스키는 그들의 여행이 허가를 받은 것이 아니며 나중에 책임을 질 수도 있다는 사실을 모른 채 반쯤 파괴된 집에 마련된 자신의 지휘 본부로 데려갔다. 전형적인 러시아식 환대를 하면서 그는 "왼쪽 뺨에 커다란 상처가 있는 험악한 몽골인" 당번병을 향해 뜨거운 물을 손님들에게 갖다주라고 말했다. 버지니아 어원을 위해 4분의 1쯤 채워진 오드콜로뉴(연한 향수의 일종) 한 병, 금이 간 거울 그리고 약간의 페이스파우더도 제공되었다. 그런 다음 코발레스키는 연회를 열라고 명령했다. 테이블은 병에 꽂은 봄꽃과 뒤집은 우유병 위에 밝힌 촛불로 꾸몄다. 축하연은 훈제 연어, 검은 러시아 빵, 숯불에 익힌 양고기, "고기 지방을 뿌린 거대한 으깬 감자 덩어리", 치즈 그리고 큰 접시에 가득 담긴 러시아식 패스트리[27]와 함께 시작됐다. 건배를 할 때마다 소련 장교들은 자리에서 일어서서 군화의 양 뒤꿈치를 부딪쳐 딸칵하는 소리를 냈다. 그리고 머리를 깊이 숙인 다음 보드카 잔을 쭉 비웠다. 보드카 외에도 코냑과 다이너마이트와 같은 폭발력을 가진 술도 있었다. 소령은 간단하게 "독한 술"이라고 설명했다. 각 코스가 끝난 후 "고인이 된 위대한 루스벨트 대통령, 스탈린, 트루먼 대통령, 처칠, 붉은 군대 그리고 미국 지프차를 위한" 건배가 있었다.

자신들의 영웅적 행위로 기분이 들뜬 두 기자는 이튿날 토르가우로 돌아왔다. 툴리는 그것을 "내가 해본 것 중 가장 미친 짓"이라고 설명했다. 분명 그는 일이 이 정도로 끝나지 않으리라는 것을 상상하지 못했다. 미군 당국은 화가 났지만, 소련 당국만큼은 아니었다. 이 문제는 랭스, 워싱턴 D.C. 그리고 모스크바 사이에서 오간 통신에 의해 드러났다. 몹시 화가 난 아이젠하워는 두 사람이 베를린에 허가 없이 들어갔기 때문에 그들의 기사는 모스크바의 검열을 거치지 않으면 발표할 수 없다고 결정했다. 전황이 매우 빠르게 진행되고 있다는 것을 감안해보면, 사건을 발표할 수 있을 때쯤이면 이미 철 지난 것이 된다는 의미였다. 아이젠하워가 특히 화난 이유는 기자들의 베를린 여행이 항복 과정 취재를 위해 다른 기자들을 베를린으로 보내려는 제안에 초를 쳤다고 믿었기 때문이다. 하지만 가장 큰 피해를 입은 사람들은 툴리와 어윈[28]을 돕고 대접한 순진한 소련 군인들이었다. 토르가우에서 있었던 축하연에 참가한 장교들까지 자본주의 외국인들과 접촉했다는 이유로 전후 숙청 과정에서 NKVD의 의심을 받아야 했다.

스탈린은 베를린이 가능한 한 빨리 차단선으로 포위되길 원했다. 향후 소련 지역의 일부로 할당된 엘베강에 이르는 모든 영토를 재빨리 점령한다는 의미였다. 베를린 공격이나 독일 제9군과 제12군에 맞선 전투에 참가하지 않았던 코네프 부대는 서쪽으로 이동했다. 4월 24일과 25일 사이 토르가우 외에 엘베강의 많은 지점에 소련군 부대들이 도착했다. 제5근위군 산하 부대들, 스탈린그라드 전투로 명성을 얻은 로딤체프 장군이 지휘하는 제32근위소총군단, 제4근위전차군단 역시 엘베강에 도착했다. 바라노프 장군의 제1근위기병군단은 한 발 더 나갔다. 스탈린의 승마 친구인 세묜 부덴니 원수의 특별 요청에 따라 코네프는 바라노프 장군에게 특별한 임무를 부여했다. 소련군 정보부는 1942년 독일로 수송된 북부 캅카스의 가장 중요한 종마 사육장의 종마들이 리자 근처 엘베강 서쪽에 남아 있다는 소식을 들었다. 근위기병들은 강을 건너 종마들을 뒤쫓았다. 이것은 리오그란데강(미국과 멕시코 국경을 흐르는 강)을 건너는 국경 습격이 될 수 있었다.

베를린에 관한 자세한 내용에 조바심을 내고 있는 스탈린을 만족시키기 위해 제1벨라루스전선군의 NKVD 책임자인 세로프 장군은 베를린 상황에 관한 매우 상세한 보고서를 준비했다. 4월 25일 베리야는 이것을 스탈린의 책상 위에 두었다. 세로프는 소련 포병의 포격으로 건물들이 여전히 불타고 있는 도시 중심부 쪽이 훨씬 더 파괴되었다고 보고했다. "건물 벽에 큰 글자로 'Pst'[조용]라고 써놓은 것이 자주 보인다."[29] 베를린 시민들은 난국의 시기에 나치의 군사적 노력에 대한 비판을 억누르기 위한 나치 정부의 시도라고 분명하게 설명했다. 그들은 이미 도시에 세워질 새로운 정부의 형태에 대해 질문을 던졌다. 하지만 그는 "10명의 독일인에게 그들이 현지 시장 역할을 할 수 있을지 질문을 받았지만, 서로 이런저런 핑계를 대면서 한 명도 동의하지 않았다"고 썼다. "그들은 결과를 두려워하고 그 일을 떠맡는 것을 두려워했다. 우리 수용소에 억류되어 있는 베를린 출신 전쟁 포로 중에서 시장을 뽑을 수밖에 없을 것 같다." 물론 정치 훈련으로 세뇌된 반파시스트들로 선출됐다.

"체포된 국민돌격대 대원들을 심문하는 과정에서 흥미로운 사실이 드러났다. 왜 그들 사이에 정규 군인이 한 사람도 없느냐는 질문에 소련에서 한 짓에 대한 책임을 질 것을 두려워하기 때문이라는 대답이 돌아왔다. 따라서 아무런 죄가 없는 국민돌격대는 소련군에 항복할 수 있지만, 정규 군인들은 미군에게 항복하길 원하고 있다." 세로프는 지체 없이 제105, 제157, 제333 NKVD 국경경비연대를 이용해 베를린 주변에 경계선을 설치했다.

베를린의 방어 상태에 가장 놀란 사람은 아마 세로프였을 것이다. "베를린 주변 10~15킬로미터 지역 안에는 진정한 의미에서 영구

적인 방어 시설이 없었다. 그곳에는 전투호壕와 요형 포좌凹型砲座, 포와

포병을 엄호하는 참호가 있었다. 일부 구역의 고속도로에 지뢰가 매설된 것

이 전부였다. 도시로 들어올 때 참호가 몇 개 있긴 했지만, 붉은 군대

가 점령한 다른 도시에 비해선 숫자가 적었다." 국민돌격대 병사들을

심문하면서 베를린에 정규 부대가 얼마나 적었고, 탄약이 얼마나 부

족했으며, 국민돌격대가 얼마나 전투를 꺼렸는지가 밝혀졌다. 세로프

는 독일군 대공 방어 시설이 거의 기능을 하지 못해 붉은 군대의 항

공기들이 도시를 확실하게 쓸어버릴 수 있었다는 사실도 알았다. 이

모든 기록은 당연히 비밀에 부쳐졌다. 소련의 선전 단체는 자신들이

베를린에서 얼마나 무시무시한 적과 맞닥뜨렸는지를 강조해야 했다.

세로프는 정치적으로 논란이 되는 발언은 피하면서 독일군의 저

항이 이어지는 이유를 지적했다. "포로와 민간인들을 심문하면서 소

련군에 대한 두려움이 여전히 크다는 사실이 명백해졌다." 베리야는

흥미로운 논리로 민간 업무의 군정 통제를 위한 기반으로서 "독일 포

로와 민간인들에 대한 붉은 군대 병사들의 태도"[30]에 대한 변화의 필

요성을 이용했다. 그는 "독일 영토에서 작전 중인 붉은 군대 후방에서

정상적인 분위기를 만들어내기 위해" 민간 업무를 담당할 새로운 전

선 부사령관을 임명해야 한다고 권고했다. 말할 필요도 없이 각 전선

부사령관은 NKVD 책임자—제1벨라루스전선군의 세로프, 제1우크

라이나전선군의 메시크 장군, 제2벨라루스전선군의 차나바 등—였다.

"전선 부사령관은 소비에트 연방의 NKVD 대표임과 동시에 적 부대

제거 작업에 있어 소비에트 연방의 NKVD에 책임을 진다"는 것이 지

도 원칙이 되어야 했다. 그는 굳이 핵심 내용을 추가할 필요가 없었

다. 스탈린과 베리야 둘 다 대승리를 거둔 장군들을 두려워하는 시기

에 이 책임자들은 군사 지휘 계통에 따를 의무가 없었다.

지시의 필요성은 소비에트 연방이 아무것도 하지 않는 동안 미군은 이미 점령 지역을 관리할 준비를 했다는 사실에 의해 정당화되었다. "참고 사항: 서부 독일 영토에서 연합군은 민간 업무를 담당하기 위해 연합군 총사령관의 특별 보좌관 자리를 만들었습니다. 루셔스 클레이 소장은 이 자리에 임명되기 전까지 미국 군사자원 동원국의 부국장이었습니다." 베리야는 "경제 분야와 행정 분야에서 경험을 갖춘" 특별 훈련된 장교 3000명이 자기 휘하에서 일하게 될 거라는 말을 듣고 감명을 받았다. NKVD식 통제에 중점을 두고 있는 소련 측 당사자들은 전혀 다른 권한을 갖게 될 것이었다. 그 보고서는 평범한 형식으로 끝났다. "결정을 부탁드립니다. 베리야."

시가전

21

베리야의 부관들로부터 관리를 받아야 할 시민들은 소련 통치의 실체를 거의 몰랐다. 거리, 아파트 그리고 심지어 시민들이 대피한 지하실에서도 전투가 벌어지면서, 그들에겐 더 시급하고 중대한 일이 있었다. 4월 26일 목요일 이른 시간에 천둥을 동반한 많은 비가 내리면서 불이 일부 꺼진 것이 유일하게 좋은 일이었다. 기묘하게도 폭우는 타는 냄새를 줄이기보다 더 확산시키는 것 같았다.

민간인 사상자는 이미 많이 발생했다. 나폴레옹의 보병들처럼 식량을 구하기 위해 줄을 서 있던 여자들은 포탄 한 발이 터지면서 많은 사람이 몰살된 후에도 죽은 사람들의 자리를 메울 뿐이었다. 누구도 자신의 자리를 빼앗기려 하지 않았다. 어떤 사람들은 그 여자들이 묻은 피를 간신히 닦은 배급카드를 내밀었다고 주장했다. 한 여성 일기 저자는 "사람들이 그곳에 마치 벽처럼 서 있었다. 그들은 얼마 전만 해도 독일 중부 상공에 전투기 세 대가 나타났다는 방송을 듣고 황급히 벙커로 달려갔었다"[1]라고 적었다. 여자들은 버터와 마른 소시지를 배급받기 위해 줄을 섰던 반면, 남자들은 단지 슈냅스네덜란드 진으로 독한 술의 일종를 받기 위해서만 줄을 섰다. 이것은 상징처럼 보였다. 여자들은 생존의 긴박함에 관심을 가졌던 반면, 남자들은 전쟁의 결과에서 도피하길 원했다.

수도 공급이 중단되면서 대기 줄은 더 위험해졌다. 여자들은 가장 가까운 도로에서 펌프 손잡이의 녹슨 연결 부위로부터 끊임없이 울리는 삐걱대는 소리를 들으며 들통과 에나멜 주전자를 든 채 줄을 섰다. 그녀들은 포화 속에서 자신들이 변했다는 사실을 깨달았다. 전에는 절대 입 밖에 내지 않았을 욕설과 냉정한 말들이 이젠 자연스럽게 튀어나왔다. 이 여성 일기 저자는 "이 순간 나는 나뿐만 아니라 대다수의 여자가 남자에 대한 감정이 바뀌었다는 것에 주목했다. 남자들은 매우 애처롭고 힘이 없어 보였으며 우리는 이를 안타깝게 생각했다. 연약한 남자들 같으니…… 여자들 사이에서 일종의 집단적 실망감이 커지는 듯했다. 강한 남성을 찬양하는 남성 지배적 나치세계가 비틀거리고 있었다. 그와 함께 '남성'이라는 신화도 비틀거렸다"고 썼다.

전쟁 혹은 육아에 방해되는 어떤 것에 의해서도 여자들의 본분이 훼손되기를 원치 않았던 나치 정권은 이제 젊은 여자들도 남자들과 함께 전투에 참여할 것을 필사적으로 호소했다. 여전히 방송을 하고 있는 몇 안 되는 라디오 방송국 중 한 곳에서는 여자와 소녀들에게 이렇게 호소했다. "부상당하거나 쓰러진 병사들의 무기를 들고 전투에 참여하시오. 여러분의 자유, 여러분의 명예 그리고 여러분의 생명을 지키시오!"[2] 베를린으로부터 멀리 떨어진 곳에서 이 호소를 들은 독일인들은 "전면전의 가장 극단적인 결과"에 충격을 받았다. 하지만 극소수의 젊은 여자들만이 무기를 들었다. 대부분 친위대 소속의 보조원들이었다. 그중 일부는 자신들이 특별한 상황이나 낭만주의에 의한 무분별한 판단 때문에 전투에 휘말렸음을 깨달았다. 힐데가르트 크네프는 연인 에발트 폰 데만돕스키독일의 영화 제작자와 함께 머무르기 위해 군복을 입고 슈마르겐도르프에서 합류해 급조 부대와 함께 화물 하치장의 방어에 참여했다.

아파트 단지 지하실에서는 위층에 사는 여러 부부가 서로의 시선을 피하면서 자신들의 음식을 먹었다. 마치 먼 여행을 떠나는 기차 객실에서 사생활을 가장한 채 다른 사람들 앞에서 도시락을 먹는 것과 비슷한 분위기였다. 하지만 인근 건물이 버려졌다는 소식이 전해지면, 예의라곤 찾아볼 수 없었다. 법을 준수하던 시민들은 광란의 약탈자들이 됐다. 남자, 여자, 아이들 할 것 없이 너도나도 약탈에 가담했다. 그들은 뭐든 약탈할 수 있었다. 일단 상자를 들고 밖으로 나가면 서로 다른 사람의 불법적인 습득물을 훑어보면서 자연스럽게 물물교환이 시작됐다. 암시장의 가격은 정해져 있지 않았다. 그것은 유동적인 상황 혹은 특별한 요구—빵 한 덩어리는 슈냅스 한 병, 손전등 배터리 한 개는 치즈 한 덩어리—에 달려 있었다. 버려진 가게들 또한 약탈당했다. 1918년 겨울의 베를린 출신 사람들과 그들에 대한 개인적인 기억은 강렬했다. 이들은 다가올 재앙에 대비해 식량을 저장하는 또 다른 '햄스터' 세대였다.

하지만 굶주림은 주요 위험 요소가 아니었다. 많은 사람이 소련군의 복수에 대한 선전을 들었지만, 고지식하게도 대비를 전혀 하지 않았다. 루프트한자의 비서 게르다 페테르손은 "우리는 무슨 일이 벌어질지 전혀 몰랐다"[3]고 회고했다. 동부 전선에서 군복무를 하고 있던 친척들은 독일군이 소련 국민에게 무슨 일을 저질렀는지 말한 적이 전혀 없었다. 끈질기게 이어지는 선전이 베를린 여자들에게 강간의 위험을 일깨울 때조차, 많은 사람은 시골이라면 몰라도 이런 도시의 모든 사람이 보는 앞에서 집단적으로 일어나지는 않을 것이라며 마음을 놓았다.

노이쾰른에서 약탈된 보급 열차에서 독일 공군의 맥아 알약을 가져왔던 열아홉 살의 게르다와 같은 건물에 또래의 소녀가 살고 있었다. 이름은 카르멘이었다. 그녀는 히틀러 유겐트에 준하는 여성 단체인 독일여성청년단의 일원이었다. 카르멘은 침실 벽에 국민돌격대 우수 전사들의 사진 포스터를 붙여놓았다. 그중 가장 유명한 몰더스가 죽었을 때는 엄청나게 울기도 했다.

4월 25일 밤, 붉은 군대가 평소와 달리 매우 조용하게 노이쾰른으로 진격했다. 건물 주민들은 지하실로 대피했다. 잠시 후 그들은 전차 한 대가 도로를 내려오는 진동을 느꼈다. 곧 한 줄기 바람이 불어오고 촛불을 깜빡이게 하면서 그들에게 문이 열렸음을 전했다. 건물 주민들이 처음 들은 러시아 단어는 "멈춰!"였다. 기관단총을 든 한 중앙아시아 출신의 병사가 들어와 반지, 시계, 보석을 빼앗았다. 게르다의 어머니는 게르다를 세탁물 더미 밑에 숨겼다. 나중에 또 다른 젊은 병사 한 명이 들어와서는 게르다의 언니에게 그녀를 데려가기를 원한다고 말했다. 하지만 그녀는 자신의 아이를 무릎 위에 올려놓고는 고개를 숙이고 있었다. 그 젊은 병사는 옆에 있던 한 남자에게 자신이 한 말을 전하라고 했지만, 그 남자는 알아듣지 못하는 척했다. 그 병사는 그녀를 지하실 근처의 작은 방으로 데려가고 싶어서 계속 그 방을 손가락으로 가리켰지만, 아기를 무릎 위에 올려놓은 채 움직이지 않았다. 당황한 병사는 주눅이 들어 퉁명스럽게 자리를 떴다.

4월 26일 아침이 밝자 밖으로 나온 그들은 상당히 가볍게 상황을 모면했음을 알게 되었다. 그들은 밤사이 있었던 끔찍한 이야기를 들었다. 열네 살 된 정육점 주인의 딸은 반항하다가 살해당했다. 또 가까운 곳에 살고 있던 게르다의 올케가 병사들에게 집단 강간을 당하자 가족 모두가 목을 매 자살을 시도했다. 부모는 죽고 게르다의 올케는 이웃이 발견해 구조한 뒤 페테르손의 아파트로 옮겨놓았다. 게르다의 가족들은 올케의 목둘레에 난 밧줄 자국을 볼 수 있었다. 이 젊은 여인은 정신이 들자 부모는 죽고 자신만 목숨을 건졌다는 사실을 알고 미쳐버렸다.

이튿날 밤, 이 집에 있는 가족들은 지하실로는 피하지 않기로 결정했다. 그들은 안전하다고 여긴 한 거실에 모이기로 했다. 20명이 넘는 여자와 아이들이 모였다. 페테르손 부인은 위험을 무릅쓰고 게르다와 자신의 또 다른 딸, 며느리를 바닥까지 닿는 긴 천이 덮인 테이블 밑에 숨겼다. 머지않아 게르다는 소련 군인들의 목소리를 들을 수 있었다. 소련군은 손을 뻗으면 닿을 수 있을 만큼 가까운 곳에 서 있었다. 이 병사들은 방에서 카르멘을 포함한 젊은 여자 세 명을 끌고 갔다. 카르멘은 곧 비명을 지르기 시작했다. 카르멘이 비명을 지르면서 게르다의 이름을 외치고 있었기 때문에 게르다는 이상한 기분이 들었지만, 그녀가 왜 자신의 이름을 외치는지 알지 못했다. 비명은 결국 흐느낌 속으로 사라졌다.

병사들이 여전히 자신들의 희생자에 정신이 팔려 있는 동안, 페테르손 부인은 결단을 내렸다. 그녀는 테이블 밑에 있는 세 사람에게 "그들은 다시 올 거야. 그러니 나를 따라오너라"라고 속삭이고는 한 노파가 살고 있는, 폭탄으로 파괴된 꼭대기 층으로 데리고 갔다. 게르다는 만약 소련 병사들이 그들을 잡으러 다시 온다면 뛰어내려 죽을 결심을 하고는, 발코니에서 몸을 움츠린 채 밤을 지새웠다. 하지만 그들의 걱정거리는 언니의 아기가 우는 것을 어떻게 막느냐 하는 것이었다. 그때, 게르다가 독일 공군의 맥아 알약을 기억해냈다. 아기가 제대로 잠들지 못할 때마다 아기 입에 맥아 알약을 하나씩 밀어넣었다. 새벽이 되자 아기 얼굴이 갈색으로 얼룩져 있었지만, 이 방법은 효과가 있었다.

소련군 병사들이 잠을 자느라 탐욕적인 행동을 못 하거나 전쟁터로 돌아가는 아침에는 안전했다. 그녀들은 살금살금 기어 내려와 자신의 아파트로 돌아갔다. 기괴한 골디락스_{영국의 전래동화 주인공인 금발 소녀}적 분위기가 풍기는 가운데 자신의 침대가 소련군 병사들이 그 짓을 하는 데 사용되었음을 알게 되었다. 또한 소련군 병사들이 오빠의 독일 국방군 군복을 바닥에 가지런히 놓고 그 위에 대변을 본 것을 발견하기도 했다.

게르다는 위로의 뜻을 전하기 위해, 또 왜 자신의 이름을 그토록 외쳤는지 궁금해 카르멘을 찾아갔다. 하지만 카르멘은 게르다를 본 순간 격렬한 적개심을 내비쳤다. 카르멘의 심정은 금세 분명해졌다. "왜 네가 아니고 나였지?" 이것이 카르멘이 게르다의 이름을 외쳤던 이유였다. 이 둘은 결코 다시는 서로 말을 섞지 않았다.

그런대로 보편적인 행동 양식이 있었던 것으로 보이지만 실제로 소련군이 도착했을 때 무슨 일이 벌어질지는 쉽게 예측할 수 없었다. 다른 지역에서는 놀란 시민들이 전투 소음이 사라진 뒤 자신들의 벙커 문을 두드리는 소리를 들었다. 기관단총을 소지한 붉은 군대 병사 한 명이 들어왔다. 그는 "안녕하시오, 러시아인입니다"[4]라며 그들에게 반갑게 인사하고는 시계를 빼앗지도 않은 채 나가버렸다. 두 시간 뒤에 들어온 다른 많은 병사는 좀더 호전적이었다. 그들은 키가 185센티미터에 금발인 열네 살 소년 클라우스 뵈슬러를 붙잡았다. 그들 중 한 명이 "너는 친위대야!"라고 소리쳤다. 그것은 질문이라기보다는 주장이었다. 소련군 병사들이 어떻게든 소년을 처형하려 했기에 소년은 두려움에 떨었다. 하지만 지하실에 있던 다른 사람들이 손짓으로 소년을 가리키며 학생이라고 소련 병사들을 설득했다.

뵈슬러는 덩치가 아주 큰 소년이었기에 배가 고팠다. 그는 양심의 가책 없이 포탄에 맞아 죽은 말의 고기를 썰어 식초에 절일 수 있게 어머니에게 가져다주었다. 소련 병사들은 "고리대금업자와 지주"[5]가 아닌, 도시에서 자란 베를린 시민들이 죽은 말의 고기를 뼈가 드러날 때까지 벗겨내는 속도에 놀람과 동시에 감명을 받았다. 러시아인들이 어린아이를 좋아한다는 것을 알게 된 뵈슬러는 자신의 세 살배기 여동생을 근처 소련 병사들의 야영지로 데리고 갔다. 병사들은 뵈슬러와 여동생에게 빵 한 덩어리와 함께 버터 한 조각도 덤으로 주었다. 이튿날 그들은 수프도 받았다. 하지만 그 후 근처에서 집단 강간 사건이 발생했다는 말을 들은 뵈슬러는 어머니와 이웃 한 명을 사흘 동안 지하 석탄고에 숨겨주기도 했다.

독일인의 청결 기준은 심각한 타격을 입었다. 그들의 옷과 피부는 건물의 회반죽과 깨진 석조에서 나온 먼지로 범벅이 되었다. 이를 닦는 데 쓸 물조차 없었다. 신중한 베를린 시민들은 앞으로 믿을 만한 식수가 가장 필요할 것이라는 사실을 알고 물을 저장용 항아리에 넣고 끓였다.

대피하지 못한 채 베를린에 남아 있던 몇몇 병원에는 사상자가 감당하지 못할 정도로 넘쳐나는 바람에 새로운 부상자들은 대부분 되돌려 보내졌다. 병동이 지하실로 한정되는 바람에 상황은 더 악화되었다. 폭격이 있는 날에는 사이렌이 울리면 직원들이 환자들을 아래층으로 옮길 수 있었지만, 포병의 지속적인 포격이 이루어지면서, 이젠 아무런 경고도 없이 포탄이 날아왔다. 봉사하러 간 한 여자는 혼란과 "피로 얼룩진 붕대로 감싼 밀랍 같은 얼굴"[6]을 보았다. 동료 전쟁 포로들을 수술하고 있던 한 프랑스 군의관은 그들이 지하실 나무 탁자 위에서 "소독약은 거의 없이 그리고 거의 삶지 않은 도구로"[7] 어떻게 수술을 했는지 설명했다. 수술복을 세탁할 물은 없었다. 조명은 두 대의 자전거에 달린 발전기에 의존했다.

공식적인 도움을 받는 일이 사실상 불가능했던 터라 많은 부상병과 민간인들은 어머니와 애인의 집 지하에서 보살핌을 받았다. 하지만 소련군은 한 지하실에서 병사가 발견되면 건물 전체가 방어 진지인 것처럼 대응했기 때문에 위험한 일이었다. 이런 상황을 피하기 위해 여자들은 부상병들의 군복을 벗기고 태운 다음 여분의 옷을 제공했다. 또 다른 위험은 국민돌격대 대원들이 소련군이 도착하기 직전 대부분의 무기와 탄약을 남겨둔 채 집에서 도망치면서 발생했다.[8] 총을 발견한 여자들은 즉각 처리해야 했다. 붉은 군대가 무기가 발견된 건물의 주민들을 모두 처형한다는 소문이 퍼졌기 때문이다.

공동 우물은 정보를 교환하는 주요 장소가 됐다. 공식 뉴스는 믿을 만한 것이 못 되었다. 베를린의 상징에서 따온 "갑옷을 두른 곰"이라는 뜻인 한 장짜리 신문 『판처베르』는 오라니엔부르크와 같은 도시들을 탈환했다고 주장했다. 베를린 시민들이 '프로미'라고 부르는 괴벨스의 선전부는 라디오 송신기가 적군의 손에 들어가는 바람에 할 수 있는 일이 전단지 배포밖에 없었다. "베를린 시민 여러분! 버티세요. 벵크 장군의 부대가 우리를 구하기 위해 진격하는 중입니다. 며칠만 더 버티면, 베를린은 다시 자유로워질 것입니다."[9] 소련군 부대들이 도시 중심부로 다가오면서, 단 하나의 독일군 부대가 베를린을 해방시킨다는 생각에 확신을 갖는 사람은 점점 더 줄어들었다. 하지만 스탈린이 도시를 포위함으로써 구조의 희망을 좌절시켰음에도 불구하고, 많은 사람은 미군이 말을 타고 와 자신들을 구하리라는 생각에 여전히 집착했다.

도시 북쪽의 지멘슈타트에 있는 제2근위전차군 소속의 공병 대령 세벨레프는 잠시 시간을 내 가족에게 편지를 썼다. "나는 한 건물 5층에서 장교들과 앉아 부대들에 보낼 명령서를 작성하고 있소. 통신병과 전령들은 계속 왔다 갔다 하고 있소. 우리는 베를린 중심가로 이동 중이오. 사방에서 포격과 사격이 이루어지고 있고, 연기가 피어오르고 있다오. 병사들은 이 건물에서 저 건물로 뛰어다니거나 조심스레 건물 안뜰을 기어다닌다오. 독일군은 창문과 문에서 우리 전차들에 사격을 가하고 있지만, 바그다노프 장군의 전차병들은 현명한 전술을 구사했소. 그들은 도로 중앙이 아닌 보도로 이동하는 중이오. 그들 중 일부는 도로 오른쪽에, 나머지는 도로 왼쪽에 포와 기관총 사격을 가하는 중이오. 독일군은 창문과 문에서 도망치고 있소. 주택 안뜰에선 병사들이 차량에서 굶주린 도시 주민들에게 식량을 나누어주고 있다오. 독일인들은 굶주렸지만 참을성 있는 모습을 보이고 있소. 베를린은 아름다운 도시가 아니라오. 도로는 좁고, 바리케이드와 부서진 전차와 차량들이 사방에 널려 있소. 모든 사람이 지하실에 있기 때문에 집들은 텅 비었소. 여러분이 벌써 씨앗을 뿌리고 있다는 걸 알고 나니 여기 있는 우리 모두는 기쁘오. 내가 감자, 토마토, 오이, 호박 등의 씨앗을 뿌릴 수 있다면, 얼마나 기쁠까. 안녕히 계시오. 키스와 포옹을 보냅니다. 여러분의 표트르가."[10]

세벨레프는 처음부터 전술이 현명하지 못해서 사상자가 많이 나왔다는 사실을 언급하지 않았다. 속도에 대한 절박함 때문에 주코프는 도시 안으로 두 개 전차군을 곧장 투입했다. 전차들은 도로 한복판을 따라 일렬로 진격했다. 스탈린그라드에서 시가전을 경험한 것에 대해 자긍심을 지녔던 추이코프의 제8근위군조차 처음엔 많은 실수를 저질렀다. 물론 이번에는 서로의 역할이 완전히 뒤바뀌었다. 붉은 군대는 기갑부대의 전투력과 공군력의 엄청난 우위를 즐기는 공격자 역할이었다. 독일 국방군은 방어자이자 매복자 역할을 맡았다.

무장친위대는 도로 모퉁이 가까이에 만들어진 간이 바리케이드 뒤에 서는 것이 좋다고 생각하지 않았다. 그들은 이 별 효과 없는 장애물이 제일 먼저 포격으로 폭파될 것임을 알고 있었다. 전차는 주포를 충분히 들어올릴 수 없기 때문에 위층 창문이나 지붕에 소총수들을 배치하는 게 좋은 방법이었다. 하지만 독일군은 판처파우스트를 들고 건물 1층과 지하실 창문에 매복했다. 판처파우스트가 위에서 정확히 사격하기는 매우 어려웠기 때문이다. 히틀러 유겐트는 친위대를 열심히 모방했다. 곧 국민돌격대—제1차 세계대전에 참전했고 자신의 주둔 부대에 남아 있던 대원들—도 똑같이 행동했다. 붉은 군대의 병사들은 '총동원'의 결과물이라는 이유로 히틀러 유겐트와 국민돌격대를 "총집단totals"이라고 불렀다. 독일 국방군 장교들은 그들을 "캐서롤조리한 채 식탁에 내놓을 수 있는 서양식 찜 냄비"[11]이라고 불렀다. 그들이 오래된 고기와 푸른 야채의 혼합체였기 때문이다.

전차의 손실, 특히 제1근위전차군에서 전차 손실이 너무 커 전술을 재빨리 재검토해야 했다. 처음으로 나온 '새로운 전술'[12]은 전진할 때 기관단총 사수들이 전방의 모든 창문과 작은 구멍에 총알을 퍼부음으로써 전차를 보호하는 것이었다. 하지만 전차에 붙어 있는 병사가 너무 많아 포탑의 방향을 거의 바꿀 수가 없었다. 그래서 그들은 판처파우스트 탄환이 미리 폭발하도록 전차들을 침대 스프링과 다른 금속으로 가리려고 재료를 찾아 다시 집으로 들어갔다. 하지만 그들은 시야에서 벗어난 곳에 있는 바리케이드와 건물들을 폭파시키기 위해 점점 더 중포, 특히 152밀리와 203밀리 곡사포에 의지했다. 제3충격군 역시 옥상을 향해 대공포 사격을 퍼부었다.[13]

많은 부분을 추이코프의 메모에 기반한 보병 전술은 스탈린그라드 전투 이후 발전했으며 포즈난 돌격 이후 급격히 향상됐다. 그는 "주요 대형에서 이루어지는 공격 작전이 마치 정상적인 전투 상황에서처럼 이루어진다면, 그 작전은 성공할 가능성이 없다"[14]는 인식에서 출발했다. 이것이 두 개 전차군이 시작된 방식이었다. 추이코프는 당연히 접근로와 예상되는 적의 탈출 경로 모두에 대한 신중한 정찰의 필요성을 강조했다. 보병이 목표물 30미터 지점 이내에 들어갈 때까지 연기나 어둠을 이용해 보병의 접근을 은폐해야 했다. 그렇지 않으면 사상자가 엄청나게 많이 발생할 수 있었다.

6~8명의 병사로 이루어진 공격조는 반격에 대처하기 위해 지원조, 그다음엔 예비조의 엄호를 받아야 했다. 스탈린그라드 전투에서처럼 공격조는 "수류탄, 기관단총, 단검 그리고 백병전에서 도끼 대용으로 쓰일 날카로운 삽"으로 무장했다. 지원 그룹은 기관총과 대전차 무기로 '중무장'했다. 그들은 가옥의 벽을 폭파하기 위해 폭약과 곡괭이로 무장한 공병이 필요했다. 위험한 일은 그들이 벽에 구멍을 뚫자마자 반대편에 있는 독일 병사가 먼저 수류탄을 투척할 것이라는 점이었다. 하지만 대부분의 붉은 군대 병사들은 국민돌격대가 버린 판처파우스트가 '측면 전진'을 위한 최고의 수단을 제공한다는 사실을 깨달았다. 폭발은 방 너머에 있는 사람들을 납작 엎드리게 하기에 충분했다.

몇몇 공격조가 지상에서, 집에서 집으로 나아가는 동안 다른 조들은 옥상을 따라, 그리고 또 다른 조들은 한편에 있는 판처파우스트 매복병을 제거하기 위해 지하실에서 지하실로 이동했다. 화염방사기 사용은 끔찍한 결과를 낳았다. 공병대 또한 최종 공격의 조력자 역할을 위해서 철도 선로 구역에 다이너마이트를 설치할 준비를 했다.[15]

민간인의 존재는 문제가 아니었다. 붉은 군대 병사들은 그들이 십자 포화나 포격에 당하든 말든 상관치 않고 총구를 겨눈 채 지하실에서 거리로 내몰았다. 이런 혼란에 좌절감을 느낀 많은 소련 장교는 독일 제6군이 스탈린그라드 전투에서 시도했던 것처럼 모든 독일 민간인을 강제로 대피시키려고 했다. 한 장교는 "우리는 누가 누구인지 구별할 시간이 없었다. 가끔 우리는 지하실에 수류탄만 던지고 그냥 지나갔다"[16]고 말했다. 이런 주장은 독일군 장교들이 민간인 복장을 하고 여자와 어린이들과 함께 숨어 있었다는 사실을 근거로 대개 정당화됐다. 하지만 민간인들의 설명은 지하실이나 대피소에 숨기를 원하는 장교나 병사는 군복뿐만 아니라 무기도 버려야 했음을 보여주었다. 독일군 병사들이 정말로 붉은 군대를 등 뒤에서 공격하기 위해 민간인들 사이에 숨은 경우는 매우 드물었다.

추이코프는 가택 수색을 할 때 무자비할 것을 강력하게 촉구했다. "수류탄을 던지고 철저히 추적하라. 예상치 못한 일이 반드시 일어날 것이기 때문에 너희는 속도, 방향 감각, 훌륭한 진취성 그리고 체력이 요구된다. 너희는 위험으로 가득한 방과 복도의 미로에 있게 될 것이다. 너무나 안타까운 일이다. 모든 모퉁이에 수류탄을 투척하라. 전진하라. 아직도 남아 있는 천장 부분에 기관총 사격을 가하라. 옆방에 도착하면 또 다른 수류탄을 투척하라. 그런 다음 너희의 기관단총으로 방을 정리하라. 절대 시간을 낭비하지 마라."

경험 있는 병사들에게는 이 모든 것이 적절했다. 하지만 단기 과정을 졸업한 수많은 젊은 장교는 익숙지 않은 상황에서 어떻게 자신의 병사들을 훈련시키고 통제해야 할지 몰랐다. 게다가 오데르강 전투와 주코프의 명령에 따른 혹독한 '24시간'의 진군 이후 소련 병사 대부분은 기진맥진했다. 위태롭게도 피로는 병사들의 반응을 느리게 했다. 박격포 신관이 가끔 잘못 맞춰지는 바람에 포탄이 포열 안에서 폭발하고 독일군 수류탄을 사용하려던 병사들은 종종 자신과 동료들에게 상해를 입히기도 했다.

아군의 공격으로 인한 사상자는 부대 차원에서 훨씬 더 큰 규모로 발생했다. Po-2 복엽기들이 적 포대들의 위치를 알려주었음에도,

야전군 예하 포병과 카추샤 로켓 포대는 베를린 중심가로 접근 중인 다른 부대에 포격을 퍼부었다. 리발코의 제3근위전차군을 지원하는 제28군 사령관인 루친스키 장군은 "우군끼리 서로 포격을 가하는 경우가 자주 있었다"[17]라고 썼다. 시가전의 포연 때문에 주코프 전선군과 코네프 전선군에 소속된 서로 다른 세 개 항공군은 곧잘 다른 붉은 군대에 폭격을 가했다. 이런 상황은 특히 도시 남쪽에서 심했다. 제1우크라이나전선군을 지원하는 항공연대들은 자주 제8근위군을 공격했다. 추이코프는 "우군"의 철수를 요구하며 주코프에게 항의했다.

제8근위군과 제1근위전차군에 맞서 템펠호프 비행장을 지키기 위한 전투는 4월 26일 내내 계속되었다. 반격을 가해야 하는 뮌헤베르크 기갑사단에는 남은 전차가 너무 적었다. 이 때문에 보병과 판처파우스트로 무장한 히틀러 유겐트로 이루어진 소부대의 지원을 받으며 단독으로 작전을 수행해야 했다. 생존자들은 저녁 무렵에 탈출했다. 돌격대 지도인인 잘바흐는 노르트란트 사단 정찰대의 남은 차량들을 안할터 반호프로 철수시켰다. 사단의 남아 있는 기갑부대인 '헤르만 폰 잘차' 대대의 티거 전차 여덟 대와 몇몇 돌격포는 티어가르텐으로 철수하라는 명령을 받았다.

아침은 집중 포격과 함께 시작됐다. 프렌츨라우어베르크에 있던 한 여성 일기 저자는 멀리서 우레와 같은 포 소리가 들려오자 "불쌍한 도심지역"[18]이라고 썼다. 클라인 티어가르텐에 대한 포격은 특히 심했다. 폭발로 혼란에 빠진 이 공원은 아이들이 좋아하는 놀이터라고 상상하기가 힘들었다.

추이코프와 카투코프는 예하 부대들을 벨-알리안스플라츠—위털루 전투에서 이름을 따왔고, 공교롭게도 프랑스인 나치 의용군이 방어하고 있는—와 두 전선군의 진격을 가르는 이정표 역할을 하는 안할터 반호프로 진격하라고 명령했다. 코네프와의 경쟁심은 비록 농담으로 감춰지긴 했지만 치열했다. 추이코프의 군단장 중 한 명은 바실리 그로스만에게 "이제 우리는 적이 아닌 전우들을 두려워해야 합니다"[19]라고 말했다. "나는 불탄 전차들을 이용해 우군이 제국의회 의사당에 먼저 도착하는 것을 막아야 한다고 명령했습니다. 베를린에서 우군의 성공을 알게 되는 것만큼 우울한 일은 없습니다."

추이코프는 이 문제를 그렇게 가볍게 여기지 않았다. 이후 이틀에 걸쳐 그는 좌익 측면을 제3근위전차군의 정면을 가로지르게 밀어붙여 의도적으로 이 부대가 제국의회 의사당으로 이어지는 길에서 벗어나게 했다. 그는 심지어 이 사실을 리발코에게 통보도 하지 않았다. 이 때문에 제1우크라이나전선군의 포탄과 로켓포에 의해 많은 병사가 사망하는 결과로 이어진 점은 틀림없는 사실이다.

🐻

카추샤 로켓—"하늘에서 내려오는 벼락"[20]—은 계속 국지적인 표적을 타격하기 위해서뿐만 아니라 심리 무기로도 활용됐다. 4월 26일 이른 아침 호엔촐레른담에 있는 사령부에서 깊은 잠에 빠져 있던 베를린 방어군 참모장 레피오어 대령은 빠르게 일렬로 날아오는 포탄들 때문에 갑자기 잠에서 깼다.(소련군은 "틀 짜기"라고 불렀다.) 레피오어는 "노련한 최전선 산토끼들"[21]은 카추샤 로켓을 일제 사격하기 전의 "인사"라는 사실을 알고 있었다고 기록했다. 만약 그들의 본부가 카추샤 로켓의 사정거리 안에 있다면, 피신할 시간이었다. 바이틀링 장군은 이미 벤들러슈트라세에 있는 옛 육군 본부인 '벤들러블록'을 선택했다. 이곳은 7월 음모가 실패로 끝난 뒤 대령 폰 슈타우펜베르크 백작이 처형됐던 곳이다. 방공호가 잘 갖춰져 있었고, 바이틀링이 거듭 불려가야 했던 총통 관저 가까이에 있었다.

벤들러블록 깊숙한 곳에서 바이틀링의 참모진은 밤낮을 전혀 분간하지 못했다. 그들은 커피와 담배로 잠을 쫓았다. 발전기 덕분에 항상 불을 켤 수 있었지만 공기는 축축하고 무거웠다. 그곳에서 그들은 점점 더 늘어나는 지역 지휘관들의 긴급 지원을 요청하는 전화를 계속해서 받았다. 하지만 남은 예비 병력은 없었다.

그날 저녁 바이틀링은 더 이상의 파괴와 인명 손실을 피하기 위해 히틀러에게 베를린에서의 대규모 탈출을 권고했다. 그의 계획은 히틀러의 호위대 역할을 하는 주둔군이 서쪽으로 탈출해 비스와집단군과 합류하는 것이었다. 전투 가능한 잔여 전차 40여 대와 전투 사단의 대부분이 선봉에 서고, 히틀러와 총통 관저의 참모진 그리고 '저명인사'로 이루어진 '총통조組'가 그 뒤를 따를 참이었다. 후위 부대는 한 개 보충 사단이 맡았다. 탈출은 4월 28일 밤에 이루어져야 했다. 바이틀링이 말을 마치자, 히틀러는 고개를 저었다. "장군의 제안은 전적으로 옳소. 그런데 요점이 뭐요? 나는 숲속을 헤맬 생각이 전혀 없소. 나는 여기 남아 있을 것이고 내 군대의 선두에서 죽을 것이오. 장군은 방어를 계속하시오."[22]

이 모든 것의 공허함은 벽에 쓰인 구호로 요약됐다. "베를린은 독일로 남는다." 그중 하나는 줄을 그어 지워졌다. 그 아래에는 키릴 문자로 이렇게 휘갈겨져 있었다. "하지만 나는 이미 여기 베를린에 있다. 시도로프가."

붉은 군대는 단지 베를린에 머물기만 하는 것이 아니었다. 이미 기본적인 행정 업무를 재작동시키기 위해 임시 행정 기관을 설립하고 있었다. NKVD로 하여금 민사 업무를 운영하게 하는 베리야의 계획을 여전히 모르고 있던 주코프는 제5충격군 사령관 베르자린 상장을 베를린 사령관으로 임명했다. 18세기의 수보로프 원수는 도시에 가장 먼저 들어간 군대 지휘관이 도시의 사령관이 되어야 한다고 주장했다. 붉은 군대는 이 전통[23]을 유지했다. 자신의 경쟁자에 대한 추이코프의 질투심은 대단했을 것이 틀림없었다.

4월 26일 그로스만은 사령부에 있는 베르자린을 찾아갔다. 그로스만은 수첩에 "베를린 사령관은 음흉한 갈색 눈에 살이 쪘다. 나이에 걸맞지 않게 머리가 희끗했다. 그는 매우 영리하고 안정감이 있었으며 술수가 뛰어났다"[24]고 썼다. 그날은 "세상을 창조하는 날"이었다. 시장과 전기, 물, 하수관, 우반, 전차, 가스의 책임자들, 공장주, 유명 인사들이 소집됐다. "그들 모두는 사무실에서 자신의 직위를 받았다. 부국장들은 국장이 됐고, 현지 기업주들은 국가적으로 중요한 지위의 거물이 됐다." 그로스만은 말이 아닌 "발을 끌며 걷는 모습, 인사하는 모습, 속삭이는 모습" 등 몸짓에 매료됐다. 나치가 집권하기 전 옛 독일 공산주의자들이 감투를 기대하면서 모습을 드러냈다. "한 늙은 페인트공이 자신의 [독일 공산당] 카드를 보여주었다. 그는 1920년부터 당원이었다. 하지만 베르자린의 장교들은 '앉으시오'라고 말했을 뿐 별다른 반응을 보이지 않았다."

거리를 청소할 작업반을 제공하라는 말을 들은 시장이 "인부들은 돈을 얼마나 받게 됩니까?"라고 묻자, 그곳에 있던 다른 소련인들과 마찬가지로 그로스만은 깜짝 놀랐다. 소련 국민이 독일에서 노예노동자 대우를 받았으므로 대답은 뻔했다. 그로스만은 "여기 있는 모든 사람은 분명 그들의 권리를 매우 강하게 믿는 것 같다"고 말했다. 하지만 독일 민간인들은 이튿날인 4월 27일 소련군이 남부 교외에서 독일 여성 2000여 명을 징용한 뒤 템펠호프 비행장의 활주로에서 망가진 기계들을 치우게 했다는 소식을 듣고 충격을 받았다. 소련 공군은 비행장을 24시간 이내에 사용할 수 있기를 원했다.

중심가의 Z 구역으로 후퇴하는 동안 전투는 격렬해졌다. 독일군이 판처파우스트로 소련 전차를 파괴할 때마다, 현지 소련 지휘관은 항상 카추샤 로켓으로 보복하려고 했다. 하지만 이런 국지 제압용 무기로 복수한다는 것은 게릴라 공격에 대응해 인질들을 죽이는 일과 유사했다.

프랑스인들로 구성된 나치 친위대의 소규모 판처파우스트 부대가 소련군에 붙들렸다. 프랑스인 부사관들은 붉은 군대가 오데르강 공격을 시작했을 때 독일군에 의해 군복을 강제로 입은 강제 노동자들이라고 주장했다. 그들의 주장은 운 좋게도 받아들여졌다. 소련군은 친위대의 문신을 알지 못했기 때문이다.

그날 저녁 제3제국의 몰락을 제대로 보여주는 기괴한 멜로드라마 같은 사건 하나가 발생했다. 괴링에게서 독일 공군 지휘권을 빼앗기 위해 히틀러가 뮌헨에서 소환한 리터 폰 그라임 장군은 들것에 실려 벙커 대기실로 들어갔다. 그는 소련군 대공포 포격으로 다리에 부상을 입었다. 그의 내연녀이자 시험비행 조종사이며 총통의 헌신적인 추종자인 한나 라이치가 그와 동행했다. 그들은 극도로 위험한 여행의 마지막 구간에서 피젤러 슈토르히를 타고 비행하던 중 그루네발트 상공에서 피격당했다. 한나 라이치는 부상당한 그라임의 어깨를 감싸 안은 채, 작은 비행기를 브란덴부르크 문 가까이에 간신히 착륙시켰다. 상당한 용기와 기술을 요하는 곡예였다. 하지만 히틀러가 이 상징적인 이양을 고집해 사실상 존재하지 않는 조직의 최고 수장으로 승진시키길 원했던 그 사람을 하마터면 죽일 뻔했다는 사실을 바꾸지는 못했다.

이튿날인 4월 27일 크렙스 장군은 휘하 부대들을 기만하고 있는 나치 지도자들을 수행하면서 협상 문제는 얼버무렸지만, "미군은 엘베강에서 베를린까지 90킬로미터를 가장 짧은 시간 안에 가로지를 수 있습니다. 그러면 모든 것이 좋게 바뀔 겁니다"[25]라고 주장했다.

거기 있던 모든 사람은 병력 규모나 실효성은 고려하지 않은 채 무턱대고 증원 부대에 집착했다. 몬케는 크루켄베르크에게 한 해군 중대가 비행기를 타고 날아와 빌헬름슈트라세에 있는 외무부 정원에 포진했다는 얘기를 하면서 열광했다. 크루켄베르크는 제503친위중기갑대대 소속의 돌격포 8문이 노르트란트 사단을 지원하도록 배치됐다는 소식을 듣고 힘을 얻었다. 다른 증원 부대에는 라트비아인 친위대의 한 부대가 포함돼 있었다. 더 힘을 얻은 크루켄베르크는 자신들의 구역이 범유럽적이 될 것이라고 선언했다. 1945년까지 무장친위대의 절반이 독일인이 아니었다는 사실을 고려하면, 그렇게 놀랄 만한 일은 아니었다. 공산주의자와 파시스트들이 상대방을 무분별하게 자극해 세계에 국제적인 내전을 강요한 상황에서 베를린의 몰락은 당연히 남은 유럽에서 극우파들의 종말을 의미했다.

크루켄베르크의 사단 본부는 전등도 없고 전화도 없는 우반 역 슈타트미테에 있는 지하철 객차로 옮겨야 했다. 병사들은 인근 젠다르 멘마르크트베를린에 있는 광장에 있는 식료품점을 약탈해 버렸다. 이제 그들의 전투력은 총통 관저 지하실에 있는 임시 무기고에서 나온 대량의 판처파우스트에 의존했다. 다른 무기와 탄약이 부족했던 프랑스인 부대는 다른 많은 부대와 마찬가지로 이 무기를 공식적인 대전차 공격뿐만 아니라 비좁은 주택 전투에서도 사용했다. 최고돌격지도자(대위) 페르손은 총통 관저를 지키기 위해 붉은 군대에서 빼앗은 병력 수송용 차량 네 대와 노르트란트 사단의 독창적인 반半 무한궤도 차량 두 대를 가지고 도착했다. 다른 차량들은 연료가 떨어지면서 폭파되거나 노이쾰른에서 후퇴하는 과정에서 고장났다.

Z 구역에서는 부상당한 병사들이 아들론 호텔 지하실에 설치된 응급치료소로 보내졌다. 친위대 병사들은 같은 소속의 군의관들이 지휘하는 총리 관저 지하실의 응급치료소로 보내졌다. 전투가 끝날 때쯤 그곳에는 500여 명의 부상병으로 가득했다. 더 큰 응급치료소인 토마스 켈러 병원은 '도살장'을 방불케 했다. 민간 병원과 마찬가지로 군 야전병원도 마취제뿐만 아니라 음식과 물이 부족했다.

소련군의 베를린 진격은 순탄치 않았다. 서북쪽에서 코네프의 제4근위전차군과 만나면서 베를린을 완전히 포위한 소련 제47군은 이제 슈판다우로 접근하고 있었다. 소련 장교들은 그곳의 거대한 성채 안에서 독일군이 신경가스의 하나인 타분과 사린을 연구하고 있다는 사실을 몰랐다. 가토 비행장에서도 격렬한 전투가 벌어졌다. 국민돌격대와 독일 공군의 간부 후보생들은 부서진 항공기의 잔해 뒤에 은폐한 채 88밀리 대공포를 사용해 전투를 벌였다.

북쪽에서는 제2근위전차군이 지멘슈타트 밖으로 거의 진격하지 못했다. 반면 제3충격군은 티어가르텐과 프렌츨라우어베르크 쪽의 북쪽 요새에 도착했다. 제3충격군은 매우 강력한 훔볼트하인 대공포 벙커를 우회했다. 이 벙커는 중포부대와 폭격기의 표적으로 남겨졌다. 시계 방향으로 계속 돌면서 동쪽 지역으로 전진하던 제5충격군도 마찬가지로 프리드리히스하인 벙커를 우회했다. 예하 제9군단이 트렙토로 건너간 뒤에는 소련 병력 대부분이 프랑크푸르터알레와 슈프레강 남쪽 둑 사이에 포진했다.

4월 27일 제8근위군과 제1근위전차군은 남쪽에서 올라와 란트베어 운하에 도착했다. 주코프의 모든 군대가 스탈린의 목표물인 총통 관저에 집착하고 있었지만 이곳은 정부 구역에 이르는 마지막 주요 장애물이었다. 총통 관저에선 2킬로미터도 채 떨어져 있지 않았다. 서남쪽에선 그루네발트를 통과한 소련 제3근위전차군이 독일 제18기갑척탄병사단의 잔여 병력에 맞서 좌익 측면을 공격하면서 샤를로텐부르크에 진입했다.

붉은 군대는 4월 24일 달렘에, 이튿날에는 카이저 빌헬름 물리학 연구소에 도착했다. 넓은 저택들과 깔끔한 가로수 길 사이에서 카추샤 로켓포가 발사되고 전차가 진격하는 이 전투는 묘한 대조를 만들어냈다. 털이 덥수룩한 작은 조랑말과 심지어 낙타 떼가 끄는 아주 흔한 소형 마차들이 최전방 부대들을 뒤따랐다.

리발코의 지휘관들 혹은 리발코 자신조차 이 연구소의 중요성에 대해 통지를 받았다는 사실을 보여주는 증거는 아무것도 없었다. 하지만 볼츠만슈트라세에서 벗어나 있는 이 건물 단지를 이틀 만에 확보한 NKVD와 전문가들의 능력에 대해선 알고 있었음이 틀림없다.

맨해튼 프로젝트를 따라하려는 시도를 막고 있는 단 한 가지 이유는 우라늄 부족이었다. 스탈린과 베리야는 실험실과 실험실에 들어가는 공급품 확보에 상당한 정성을 들였다. 또한 그들은 우라늄을 다룰 수 있는 독일 과학자들을 원했다. 베를린 작전을 위한 베리야의 준비는 방대했다. 마흐네프 상장은 특별한 임무를 맡았다. 실험실과 우라늄 저장고 확보를 위한 수많은 NKVD 휘하 군대는 붉은 군대 전체를 위한 후방 작전 사령관인 크룰레프 장군 못지않은 인물이 직접 감독했다. NKVD의 수석 금속공학자인 아프라미 자베냐긴 장군은 베를린 가장자리에 기지를 세웠다. 주요 연구팀의 과학자들은 재료 이동과 실험실 해체를 감독했다.

NKVD는 보고서를 작성했다. 그들은 카이저 빌헬름 연구소의 모든 장비뿐만 아니라, "250킬로그램의 금속 우라늄, 3톤의 산화 우라늄, 20리터의 중수"를 발견했다. 달렘으로 잘못 보내진 3톤의 산화 우라늄은 횡재였다. 속도를 내야 하는 특별한 이유가 있었다. 베리야와 말렌코프는 이미 수행된 행동을 다시 확인하면서 다소 불필요할 정도로 다음과 같은 사실을 스탈린에게 상기시켰다. 카이저 빌헬름 연구소는 "미래의 연합군 지역에 자리 잡고" 있다는 점이었다. 그들은 "위에 언급한 장비와 재료의 소비에트 연방에 대한 극단적인 중요성을 고려해, 우리는 이곳 기업과 연구소에서 소비에트 연방으로 향할 장비와 다른 품목들의 분해 및 철거에 대한 동지의 결정을 요구합니다"라고 썼다.

국방위원회는 "마흐네프 동지가 이끄는 NKVD"가 "베를린에 있는 카이저 빌헬름 연구소의 모든 장비와 재료, 공문서를 소비에트 연방 과학 아카데미의 2번 실험실과 NKVD 특별 금속 부서로 철수할 것"을 허락했다. 마흐네프의 병사들은 페터 티센 교수와 루트비히 베빌로구아 박사[26]를 붙든 다음 비행기에 태워 모스크바로 보냈다. 하지만 카이저 빌헬름 연구소의 중요 인물들─베르너 하이젠베르크, 막스 폰 라우에, 카를 프리드리히 폰 바이츠제커 그리고 몇 달 전 노벨 화학상을 수상한 오토 한─은 체포를 면했다. 영국은 그들을 확보해 동東앵글리아영국 동남부에 있던 고대 왕국에 있는 독일 과학자들을 위한 브리핑 센터인 팜 홀에 거주시켰다.

중요도가 떨어지는 다른 실험실과 연구소들 역시 약탈을 당했다. 더 많은 과학자는 체포되어 작센하우젠 강제수용소에 있는 특별 유치장으로 보내졌다. 교수인 폰 아르덴 남작은 스스로 강제수용소로 갔다. 자베냐긴 장군은 "그가 소련 물리학자들과 함께 연구하고 연구소와 자신은 소련 정부의 처분에 맡겨지길 원한다는 소비에트 연방 인민위원회에 보내는 신청서"를 쓰도록 설득했다.

베리야와 쿠르차토프의 과학자들은 마침내 연구를 본격적으로 시작할 약간의 우라늄과 우라늄을 가공할 전문가들을 확보했다. 하지만 그들이 보기엔 여전히 더 많은 우라늄이 절실하게 필요했다.

베를린에 있는 NKVD의 부장인 세로프 장군은 체코슬로바키아, 그리고 무엇보다 드레스덴 남쪽 작센 지방에 있는 우라늄 매장층의 확보에 집중하라는 명령을 받았다. 타협을 모르는 조지 패튼 장군의 미 제3군이 이 지역에 주둔하고 있다는 사실은 이 소련 당국의 상당한 우려를 빚어냈음이 틀림없다. 또한 미군이 이전에 합의한 점령 지역으로 철수할지에 대해 그들이 그토록 불안해하는 이유를 설명해줬다.

 달렘에서는 리발코의 몇몇 장교가 조산원과 고아원으로 이용되는 하우스 달렘[27]의 수녀원장 쿠니군데를 찾아갔다. 그녀는 소련군 장교들에게 독일군 병사를 절대 숨기지 않았다고 알렸다. 그 장교와 병사들은 흠잡을 데 없이 행동했다. 실제로 이들은 쿠니군데 수녀에게 자신들 뒤에 오고 있는 제2열의 병력들에 대해 경고했다. 장교들의 경고는 완전히 정확한 것으로 드러났지만, 수녀원에 머물고 있는 사람들이 탈출할 기회는 없었다. 간호사, 어린 소녀, 임신한 여자 그리고 막 아이를 출산한 산모들 모두 무참하게 강간당했다. 한 여자는 달렘에서의 사건[28]을 "중세의 공포"[29]에 비유했다. 다른 사람들은 30년 전쟁 1618~1648년 독일을 무대로 신교와 구교 사이에 벌어진 종교 전쟁을 떠올렸다.

 병사들이 벙커에 옹기종기 모여 있는 여자들의 얼굴에 손전등을 비추면서 희생자를 고르는 방식은 베를린 작전에 참가한 모든 소련 병사의 공통된 모습 같았다. 동프로이센에서 나타난 즉각적인 성폭행과는 달리 이런 선택 과정은 결정적인 변화를 보여주었다. 이 단계에서 소련 병사들은 독일 여자들을 독일군에 대한 분노를 터뜨리기 위한 대체물이라기보다는 전쟁의 성적 전리품으로 취급하는 경향이 훨씬 더 강했다.

 강간은 종종 이 주제를 다루는 작가들에 의해 성행위와는 별 상관없는 폭력 행위로 규정되어왔다. 하지만 이것은 희생자의 관점이다. 이런 범죄를 이해하기 위해선 가해자의 관점에서도 볼 필요가 있다. 특히 1월과 2월에 매우 잔인한 경향을 띠었던 강간이 그리 잔혹하지 않게 바뀐 두 번째 단계에선 더 그랬다. 병사들은 전선에서 쉬지 않고 복무하는 중에 휴식의 일환으로 성적 욕구를 충족시키고 있다고 생각했던 듯하다. 이 단계에서 강간한 병사들은 여자들이 저항하지 않는다면 불필요한 폭력을 보이지 않았다. 앞으로 보게 될 텐데, 세 번째 단계, 심지어 네 번째 단계가 이후 몇 주 안에 전개되었다. 하지만 기본적인 면은 전쟁에서 징벌에 대한 두려움이 없는 규율 빠진 병사들은 성적인 면에서 원시적인 남성으로 재빨리 되돌아갈 수 있다는 사실이다. 동프로이센에서의 일관성 없는 성폭력과 베를린에서 전리품으로서 성욕 사이의 개념 차이는 모든 것을 아우르는 범죄에 대한 정의는 있을 수 없음을 보여주었다. 반면 사회적 그리고 규율상의 제약이 없는 전쟁에서 남성의 어두운 부분이 너무 쉽게 나타날 수 있다는 사실 또한 암시했다. 많은 부분은 해당 군대의 문화에 달려 있다. 붉은 군대의 사례가 보여주듯이, 심지어 집단 강간은 병사들 사이의 유대감을 형성하는 한 가지 방법일 수도 있었다.

소련 정치장교들은 여전히 "복수라는 명분 아래서의 성폭행"[30]에 관해 얘기했다. 제1벨라루스전선군 정치부는 "우리가 베를린으로 밀고 들어갔을 때, 몇몇 병사는 약탈과 민간인에 대한 폭력에 빠져 있었다. 정치장교들은 통제하려 했다. 그들은 '붉은 군대 전사의 명예와 위엄' '약탈자는 붉은 군대의 최악의 적이다' '복수하는 문제를 정확하게 이해하는 방법'과 같은 주제에 골몰하는 회의를 준비했다"[31]고 보고했다. 하지만 정치적 경고를 통해 병사들을 통제한다는 발상은 특히 당의 기본 방침이 갑자기 바뀌면서 결국 실패하고 말았다. 독일인들은 병사들을 즉석에서 사살하는 극단적인 경우를 제외하고는, 붉은 군대의 규율 결여와 병사들을 통제하는 장교들의 무능력에 깊은 충격을 받았다. 여자들은 강간에 대해 항의할 때 소련군 병사들이 전적으로 무관심하거나 도리어 재미있어하는 모습을 자주 목격했다. 베를린의 한 현지 지휘관은 반복되는 공격에 보호를 요청하러 온 한 무리의 여자들에게 "그거요? 글쎄, 그건 당신들한테 분명 해를 끼치지 않았고, 우리 병사들도 모두 깨끗합니다"[32]라고 대답했다. 하지만 안타깝게도 상당수의 여자가 질병에 감염되면서 훨씬 더 큰 대가를 치러야 했다.

숲속에서의
전투

22

샤른호르스트 사단의 한 대대장은 벨리츠로 진군하면서 "단 하루만에 서부 전선에서 동부 전선으로 행군하게 될지 누가 알았겠어! 이게 우리 상황에 대한 모든 것을 말해주지"[1]라고 말했다.

4월 24일 벵크 산하 제20군단은 포위망을 뚫어 코네프의 보급선 너머 숲속에 포위된 독일 제9군과 접촉하기 위해 동쪽으로 공격을 시작했다. 그날 저녁 국가노동봉사단의 청소년들로 구성된 테오도어쾨르너 사단은 트로이엔브리첸 인근에 있는 예르마코프 장군의 제5근위 기계화군단을 공격했다. 이튿날 샤른호르스트 사단은 벨리츠에 접근했다. 그들은 울창한 신생 조림지와 다 자라고 간격이 잘 잡혀 있는 소나무 숲이 어우러진 지역을 통과하면서 그 앞에 무엇이 있는지 전혀 알지 못했다. 대대장이 주의를 기울이고 있는 이 작전은 "무력 정찰의 성격을 띠고 있었다". 벨리츠 몇 킬로미터 앞에서 그들은 하일슈테텐의 병원 구역과 맞닥뜨렸다.

전날 소련 병사와 해방된 노예 노동자들에게 철저하게 당했던 간호사와 환자들은 대포 소리를 들었다. 하지만 전투가 어디에서 벌어지고 있는지는 아무도 몰랐다. 포탄 한 발이 건물에 맞자, 아이들은 지하실로 대피했다. 간호사들은 미군이 도착한 것 아니냐며 서로 수군거렸다. 이후 갑자기 서쪽에서 독일군 병사들이 전투 대형을 갖춘 채 나타나 숲속으로 전진해가자, 간호사 중 두 명이 밖으로 뛰어나가 "러시아 놈들을 날려버려!"[2]라고 소리쳤다. 전투가 격렬해지자 병원장 포치카 박사는 엘베강에서 미군과 접촉하기로 결정했다. 스위스는 그들을 도와줄 수 없는 게 확실했다.

벨리츠를 점령하기 위한 전투는 며칠간 계속됐다. 이 전투와 이전의 잔혹 행위 때문에 아이 15명을 포함한 민간인 76명이 사망했다. 샤른호르스트 사단의 대대장은 "전투는 매우 격렬했고, 포로는 한 명도 없었다"[3]라고 썼다. 그와 병사들은 부상당한 동료들이 지하실에 누워 있는 집을 소련군이 장악하자 큰 충격을 받았다. 어린 병사들—그중 몇몇은 너무 어려 벨리츠의 민간인들은 "어린이 병사"라고 불렀다—은 T-34 전차나 스탈린 전차와 처음 마주쳤을 때는 '전차 공포'에 시달렸지만 며칠 지나지 않아 스탈린 전차들이 판처파우스트에 의해 파괴되자 자신감을 회복했다. 대대장 페터 레티히는 어린 병사들의 "엄청나게 용기 있는 행동"과 그들의 "헌신"을 칭찬한 다음 "이렇게 어린 소년들을 가장 파괴적인 지옥으로 내던진 건 엄청난 수치이며 범죄"라고 덧붙였다.

4월 28일 울리히 폰 후텐 사단 병사들이 부상병과 어린이 환자 3000명을 정기 왕복 화물열차에 태웠다. 열차는 바르비를 향해 서서

히 출발했다.[4] 그곳에 소아과 병원이 다시 설립됐다. 미국인들은 부상자들을 전쟁 포로로 받아들였다. 하지만 벵크는 독일 제12군에 더 중요한 임무들을 부과했다. 그중 하나는 탈출로를 열기 위해 후텐 사단대부분과 함께 포츠담으로 향하는 것이었다. 다른 하나는 독일 제9군이 스스로를 구하도록 돕는 것이었다.

베를린 동남쪽의 거대한 슈프레 숲에 있는 독일군은 심하게 와해된 사단들과 붉은 군대를 피해 도망친 겁먹은 민간인들이 뒤섞여 통제하기 힘든 집단이었다. 8만 명의 병사는 제각기 출신 부대와 주둔지가 달랐다.[5] 대부분은 부세 장군의 제9군—오데르브루흐강에 있는 제11친위기갑군단과 프랑크푸르트 남쪽의 제5친위산악군단—출신이었다. 부세가 바라던 대로 프랑크푸르트 주둔군도 탈출해 합류했다. 그들은 코네프의 베를린 진격으로 쪼개지고 후퇴하기 전까지 제4기갑군의 북쪽 측면을 형성했던 제5군단과 남쪽에서 합류했다.*[6]

벵크 장군과 상의한 후, 부세는 베를린 남부의 키 큰 소나무 숲을 통해 정서쪽으로 탈출하기로 결정했다. 그는 독일 제12군과 합류해 함께 엘베강으로 후퇴할 생각이었다. 부세의 문제점은 후위 부대가 주코프 군과의 계속되는 전투에 발목이 잡혀 있다는 점이었다. 부세는 벵크에게 자신의 군대가 "애벌레처럼 서쪽으로 진군하는 중"[7]이라고 통보했다. 그와 벵크 누구도 베를린 쪽으로 공격을 감행하라는 히틀러의 막무가내식 명령을 따름으로써 더 이상 생명을 희생시킬 생각이

• 소련 자료는 부세의 병력이 300대의 전차와 2000문의 포를 포함해 20만 명에 달했다고 주장하지만, 선전을 위한 터무니없는 과장이다. 한 상세한 미군 보고서는 그 수치를 훨씬 더 적게 잡은 4만여 명으로 본다.

전혀 없었다. 4월 25일 자정이 지나자마자 부세는 "최선의 공격 방향을 직접 결정할 수 있는"[8] 권한을 부여받았다. 그때부터 그는 대부분의 통신을 무시하는—비록 수시로 무선 통신이 끊기긴 했지만—넬슨 제독의 전술을 채택했다.

그의 병사들, 함께 피신처를 찾았던 민간인들에겐 먹을 것이 거의 남아 있지 않았다. 차량은 연료가 떨어지거나 고장이 날 때까지 계속 움직였다. 그런 다음 파괴하거나 재사용이 가능한 부품은 따로 떼어내기도 했다. 하지만 그에겐 서른한 대의 전차가 남아 있었다. 쿠르마르크 사단의 판터 전차 여섯 대, 한스 폰 루크 장군의 제21기갑사단의 잔여 전차들, 제502친위중기갑대대의 킹 티거 전차 열 대 등이었다. 그는 이 전차들을 선봉에 세워 베를린을 공격 중인 코네프 군대의 후위를 돌파하고자 했다. 전차의 연료 탱크는 길가에 버려진 트럭에서 빼낸 연료로 가득 채워졌다. 그에게 남은 포병들은 마지막 포탄으로 일제 포격을 가한 다음 대포를 폭파할 작정이었다.

부세의 병사들은 제1벨라루스전선군과 코네프의 제1우크라이나전선군 부대에 의해 퓌르스텐발데 서남쪽 호수와 숲들을 따라 포위되었다. 4월 25일 오후 주코프는 자신의 부대를 보내 북쪽과 동쪽에서 공격하도록 했다. 이 부대에는 제3군, 숲속 전투에 적응돼 있는 제2근위기병군단, 제33군 그리고 제69군이 포함되어 있었다.

코네프는 지도를 살펴본 다음 독일군이 탈출할 길은 거의 없음을 알았다. 그들은 토이피츠에서 시작되는 일련의 호수 남쪽 베를린-드레스덴 고속도로를 건너야 했다. 4월 25일 고르도프의 제3근위군은 베를린-드레스덴 고속도로 근처의 진지들로 급파돼 "동쪽에서 서쪽으로 이어지는 모든 숲길을 막았다".[9] 그들은 전차 장벽을 만들기 위해 키 큰 소나무들을 베었다. 하지만 고르도프는 자신이 맡은 구역의 남쪽을 점령하지 못했다. 소련 제28군이 명령에 따라 바루트 동쪽 지역을 강화했다. 그래도 두 부대 사이에는 약간의 틈새가 남아 있었다.

4월 26일 아침 할베를 지나 진격하고 있던 부세의 선봉은 이 두 부대 사이의 약점, 즉 틈새를 우연히 발견했다. 그들은 고속도로를 건넌 다음 베를린에 있는 리발코의 공급선인 바루트-초센 도로에 도착했다. 루친스키 장군은 위험을 피하기 위해 "상황에 대한 정보도 없이"[10] 제50근위소총사단과 제96근위소총사단을 반격에 투입했다. 전투는 혼란스러웠다. 하지만 제2항공군의 강력한 폭격과 기총사격, 지상에서의 가차 없는 반격으로 독일군은 고속도로를 넘어 할베 숲으로 후퇴할 수밖에 없었다. 전차병들은 무한궤도가 소나무 숲의 모래흙을 제대로 움켜쥐지 못한다는 사실을 알았다. 이 때문에 그들은 계속되는 공습 속에서 숲길을 피해야만 했다.

고속도로와 바루트-초센 도로를 겨우 건넌 소련군 부대가 독일 항공기에 탐지되었다. 비스와집단군과 요들 장군에게 보고됐다. 히틀러는 그들이 서쪽으로 향하고 있다는 말을 듣고는 격노했지만, 부세가 감히 자신에게 복종하지 않을 것이라는 사실을 여전히 믿지 못했다. 그날 밤 요들을 통해 통신문이 하나 전달됐다. "총통은 제9군과 제12군의 집중 공격은 제9군을 구하는 것뿐만 아니라 베를린을 구하는 데 더욱 기여해야 한다는 명령을 내렸다."[11] 이어진 통신문들은 더 노골적이었다. "베를린의 총통은 이 부대가 임무를 완수하길 기대한다. 역사와 독일 국민은 이런 상황에서 사태를 수습하고 총통을 구하는 데 최선을 다하지 않는 모든 병사를 경멸할 것이다."[12] 히틀러의 일방적인 충성 개념이 확실하게 드러났다. 통신문은 이튿날까지 반복됐다.

숲에서는 아무런 대답이 없었다.

그날 밤과 이튿날인 4월 27일 독일군은 두 개의 축을 따라 공격을 재개했다. 남쪽에선 할베에서, 북쪽에선 토이피츠에서 각기 바루트로 향했다. 북쪽에선 전차 지원을 받는 수천 명의 독일군이 소련 제54근위소총사단을 파고들어 체슈 암제를 점령하고 제160소총연대의 일부를 포위했다. 남쪽에선 바루트를 향한 공격으로 라델란트에서 안드류센코 중령이 지휘하는 제291근위소총연대를 포위했다. 소련군 병사들은 다락방과 지하실을 장악하고는 바루트에서 온 제150근위소총연대에 의해 구출될 때까지 싸웠다. 다시 한번 독일군은 "매우 큰 인명 손실을 입었다".

이번 성과의 깔끔한 해석은 "혼돈에서 질서 만들기"라는 참모장교의 요약으로 대체되었다. 하지만 숲속에서, 특히 할베 내부와 주변 전황은 소련군 포병대와 공중 폭격 때문에 끔찍했다.

제35친위경찰척탄병사단의 제90연대 지휘관인 딜 소령은 붙들렸다. 심문관이 자신에게 질문을 던지자 "포위망을 뚫고 탈출하려는 첫 시도는 성공을 거두었다. 하지만 우리는 즉각 소련 항공기와 포병에 의해 괴멸됐다. 사상자는 엄청났다. 말 그대로 머리를 들 수 없을 정도였다. 나는 전혀 전투를 지휘할 수가 없었다. 내가 할 수 있는 것이라곤 내 부관과 함께 전차 밑에서 지도를 보는 것이 전부였다"[13]라고 말했다.

가슴과 배에 부상을 입은 병사들은 과다출혈로 사망했다. 대부분의 부상은 18세기 해상 전투에서처럼 나무 파편에 의한 것이었다. 소련군 전차병과 포병은 의도적으로 포탄이 나무 높은 곳에서 폭발하도록 대포를 겨냥했다. 그 아래에 있는 병사들은 거의 보호를 받지 못했다. 나무뿌리가 가득한 모래흙에 참호를 파는 것은 삽을 가진 병사들에게도 불가능했다. 필사적으로 엄폐하려고 했던 몇몇 병사는 철모나 소총 개머리판으로 미친 듯이 땅을 팠지만, 조가비만큼 팠을 뿐, 파편에서 몸을 보호하는 데 전혀 도움이 되지 않았다.

이런 상황에서 공중 폭격과 포격은 심지어 경험이 많은 병사들조차 공포를 느끼게 했다. 소련 정찰기나 지상 폭격기가 머리 위에 나타나면, 차량에 타고 있던 독일군 병사들은 기관단총과 소총을 그들을 향해 마구 쏘아댔다. 장갑차나 트럭이 다니는 길목에 쓰러진 부상병이나 기진맥진한 병사들은 트럭 바퀴에 깔리거나 전차 무한궤도에 뭉개졌다.[14]

4월 마지막 주에 전투가 계속되면서 넓은 숲에는 전선이 거의 남아 있지 않았다. 전차 한 대가 방화대 혹은 탈것에 사격을 가하고 있는 적을 갑자기 급습하면서 교전은 격렬해졌다. 반무한궤도 차량들이 뒤따르고 외부에는 지친 병사들이 가득 타고 있던 티거 전차 한 대와 판터 전차 한 대가 소련 전차 한 대의 포격을 받았다. 혼란 속에서 모든 병사가 반격을 시도했다. 전차 바깥쪽에 있던 보병들은 포탑이 돌아가면 뛰어내려야 했다. 하지만 소련 전차가 한발 빨랐다. 이 전차의 다음 포탄이 반무한궤도 차량들 중 한 대에 명중했다. 이 차량은 우연찮게도 예비 연료통을 싣고 있었다. 이 차량이 폭발하면서 불덩어리가 되었고, 주변 숲으로 불이 옮겨붙었다.

소나무가 불타면서 발생한 연기가 숲속에 가득했다. 소련군 지휘관들은 부인했지만, 소련군 포병이나 항공연대들은 틀림없이 인燐을 함유한 폭탄이나 소이탄을 사용하고 있었던 것 같다. 보급품 수레나 대포의 앞차, 대포를 끄는 말들은 겁을 먹고 금세 도망쳤다. 성당의 기둥처럼 크고 곧게 뻗은 나무들로 에워싸여 어두컴컴한 숲속에서 연기는 시야를 크게 좁혔다. 병사들이 우군과 연락이 닿길 바라면서 서로를 부르는 소리가 끊임없이 이어졌다. 식별 가능한 부대에 명령을 내리려는 모든 시도에도 불구하고, 독일 국방군과 친위대는 불안 속에서 서로 뒤섞여 행군했다. 서로의 의심도 늘어났다. 친위대 장교들은 국방군 장교들이 친위대 부상병을 차에 태우는 것을 거절했다고 주장했다. 하지만 방해가 되면 무한궤도로 짓이기는 것 외에 친위대 장교들이 국방군 병사들을 위해 무언가를 했다는 증거는 거의 없었다. 친위대를 이질적인 조직으로 간주하면서 국방군의 분노는 터지기 일보 직전이었다. 무기를 들고 검정 군복을 입은 여성 친위대 대원들도 티거 전차를 타고 있었다.

첫 탈출이 실패한 이후, 부대들은 서로 다른 방향으로 빠져나오려고 했다. 한 분견대는 전날 반무한궤도 차량들에게 급습을 받은 소련 포병 진지와 우연히 마주쳤다. 그들은 고속도로를 건넌 다음 참호에서 죽어 있는 소련군 병사들을 발견했다. 다른 부대와 마찬가지로 그들은 숲을 지나 쿠머스도르프 근처의 만나기로 한 장소를 향해 계속 나아갔다. 첫 번째로 돌파한 분견대는 대부분 이곳에 도착하는 데 성공했다. 고속도로 이후 가장 위험한 부분은 소련군 소총사단과 포병으로 이루어진 또 다른 저지선이 전투를 벌이는 바루트-초센 도로를 건너는 일이었다.

4월 28일 밤, 할베 지역에서 대규모로 탈출하려는 또 다른 용감한 시도가 있었다. 필사적으로 싸운 독일군은 소련 제50근위소총사단의 저지선을 간신히 돌파했다. 루친스키 장군은 "이 과정에서 그들은 많은 사상자를 냈다"[15]고 썼다. 나머지 병력을 격파해야 한다고 판단한 코네프는 측면을 강화했다. 서쪽으로 이어지는 숲길 맞은편의 나무들이 베어졌다. 각 소총사단은 마치 거대한 멧돼지 사냥을 하는 것처럼 방화대나 숲길 뒤에 숨어 대전차포 방어선을 구축했다. 소규모 전차 분견대들의 지원을 받는 소총 연대들은 고속도로 동쪽 숲을 공격했다.

부세의 병사들은 할베 주변의 대부대들, 후위가 여전히 주코프 부대에 대항하고 있는 슈토르코로 돌아오는 길 대부분에 뻗어 있는 다른 부대들과 함께 넓은 지역에 흩어져 있었다. 소련군의 공격은 부세의 군대를 여기저기 흩어지게 만들기 위함이었다. 주간 내내 소련의 Po-2 복엽기들은 나무 위를 낮게 비행하며 포병과 항공기가 공격할 수 있도록 도망치는 독일군을 찾아내려 했다. 제1우크라이나전선군을 지원하는 항공사단들은 총 "2459번의 공격 임무와 1682번의 폭격 출격"[16]을 했다.

숲속의 독일군이 지도나 나침반 없이 길을 찾는다는 것은 거의 불가능했다. 연기와 나무들은 태양을 보고 서쪽이 어디인지 판단하는 것조차 어렵게 만들었다. 대부분의 지친 병사들은 지휘관 없이 길을 잃은 채 모랫길을 따라 터벅터벅 걸었다. 깨끗한 군복을 입고 퀴벨바겐을 타고 가면서도 부상병이나 쓰러진 병사들을 태우지 않는다는 "참모 님들"에 대한 원성이 자자했다. 교차점 주변에는 사방에 "시체들, 회녹색의 시체들이 널브러져"[17] 있었다. 바르샤바의 폭동을 진압한 것으로 악명 높은 오스카어 디를레방거 소장이 지휘하는 제36친위척탄병 사단 소속 병사 여섯 명이 처형당할 위험을 무릅쓰고 항복했다. 그들 중 한 명은 "우리는 장교를 못 본 지 벌써 닷새나 지났다. 우리는 전쟁이 곧 끝날 거라고 생각하고 있다. 이런 생각이 강해질수록 우리는 더 죽고 싶지 않다"[18]고 말했다. 친위대가 항복하는 일은 드물었다. 그들 대부분이 걱정하는 사실은 포로가 된다는 것이 "목 뒤에 총을 맞는 것" 혹은 시베리아 수용소를 의미한다는 점이었다. 4월 28일과 29일 이틀 동안 소련군이 카추샤 로켓포, 포병과 함께 남쪽에서 공격을 가하면서 큰 마을인 할베 주변에선 끔찍하고도 일방적인 전투가 벌어졌다. 마을 주민 하르디 불에 따르면, 많은 어린 독일군 병사들은 두려움에 떨며 "그야말로 깜짝깜짝 놀라고" 있었다. 현지 주민들은 집 지하실에 대피해 있었다. 이 겁먹은 소년들이 몸을 피해 지하실로 들어오자 주민들은 옷을 주었다. 하지만 무슨 일이 벌어지고 있는지를 알아차린 친위대 병사들은 보복하겠다며 그런 행동을 막았다. 하르디 불은 가족과 함께 40여 명의 다른 가족과 병사들이 꽉 차 있는 자신의 집 지하실에 있었다. 한 친위대 병사가 판처파우스트를 들고 나타나 떨고 있는 사람들을 겨누었다. 이런 제한된 공간에서 폭발이 일어난다면 모두 죽을 수밖에 없었다. 하지만 그가 무기를 발사하기 전에 계단에서 가장 가까운 모퉁이에 있던 한 독일군 병사—어두워서 그의 모습은 잘 보이지 않았다—가 친위대 병사의 목 뒤를 쏘았다.[19] 할베 근처에서 친위대와 국방군 사이에 총격전이 있었다는 소문이 났지만, 확인하긴 어렵다.

중앙 그룹에 의해 할베에서 서쪽으로 탈출하려는 또 다른 시도가 있었다. 제1239 교도연대와 함께 있던 한 젊은 사관후보생 지크프리트 위르크스는 선두 전차를 본 장면을 일기에 묘사했다. 누구의 도움도 받지 못한 부상병들이 선로 옆에 남겨진 채 비명을 지르고 있었다. "나는 세 시간 후 내가 그들 중 한 명이 될 거라고는 전혀 생각하지 못했다."[20] 한 소련군 방어 분견대를 공격하면서, 그는 다른 보병들과 함께 전차에서 뛰어내려 배수로에 자리를 잡았다. 하지만 그다음에 박격포탄이 터졌다. 커다란 파편 조각이 등을 관통했다. 또 다른 폭발로 그는 어깨, 가슴 그리고 또다시 등에 파편을 맞았다. 위르크스는 전에 봤던 부상병들보다는 운이 좋았다. 몇 시간 뒤 그는 한 트럭에 실렸다. 하지만 이 차량들은 부상자로 넘쳐났다. 갑자기 기울어지거나 숲길 위의 움푹 팬 곳 안팎을 덜거덕거리며 지나가면 뒤에선 고통의 비명이 들려왔다. 움직일 수 없을 정도로 중상을 입은 병사들은 자신이 누워 있던 곳에 남겨진 채 고통을 겪어야 했다. 사망자를 묻을 힘이 남아 있는 병사는 거의 없었다. 기껏해야 시체들을 배수로나 포탄 구멍으로 굴려넣은 다음 그 위에 모래흙을 뿌리는 것이 전부였다.

숲길과 도로에서 다른 병사들이 고통에 경련을 일으키고 몸부림치는 동안, 차량들은 불에 탔고 말들은 바퀴 자국이 난 곳에서 죽어 있었다. 땅바닥에는 버려진 무기와 철모, 유아차, 손수레, 여행용 가방 등이 어지럽게 널려 있었다. 목격자들은 할베 자체를 전쟁이 만들어낸 지옥의 또 다른 모습으로 묘사했다. 열일곱 살의 에리카 멘체는 "전차들이 린덴슈트라세로 들어왔다. 전차의 차체는 부상병으로 가득했다. 그중 한 명이 전차 뒤로 떨어졌다. 뒤따라오던 전차가 완전히 깔아뭉갰다. 그다음에 오던 전차는 커다란 피 웅덩이 위를 지나갔다. 그 병사의 흔적은 남아 있지 않았다"[21]고 기록했다. 빵집 바깥쪽 포장도로는 시체들로 덮여 있었다. 시체들 사이에는 공간이 없을 정도였다. 누르스름한 회색 머리들은 납작하게 뭉개져 있었고, 손은 잿빛이 도는 검은색이었다. 단지 결혼반지만이 금색과 은색으로 희미하게 빛났다.

남은 차량의 수는 매일 점점 줄어들었다. 결국 전차와 8륜 장갑 정찰 차량, 반무한궤도 차량 몇 대만 남게 됐다. 대부분의 병사는 걸어서 이동했다. 4월 29일 동이 튼 이후 비가 그치고 햇빛이 조금 비쳤다. 방향을 대략 파악하기에는 충분했다.

생존자들은 지친 상태에서 꿈을 꾼 것인지 나중에 의아해할 정도로 너무도 비현실적인 순간들을 기억했다. 뮈켄도르프 근처에 있던 한 사관후보생은 숨어 있던 한 기관단총 사수가 옆으로 사격을 가하자 함께 있던 다른 병사들과 마찬가지로 땅바닥에 몸을 던졌다. 그들은 목표물을 구분하지 못한 채 덤불 속에서 대응 사격을 시작했다. 갑자기 검은 군복을 입고 권총을 든 두 명의 젊은 여성 친위대가 나타났다. 두 여자는 그들에게 "일어나!"[22]라고 소리쳤다. "공격해, 이 겁쟁이들아!" 매우 당황스러운 교전이 끝났을 때 두 "광신도"의 흔적은 전혀 없었다.

작가 콘스탄틴 시모노프는 주요 전투 직후 지프차를 타고 고속도로로 접어들어 베를린으로 가고 있었다. 토이피츠 남부 지역에서 그는 절대 잊을 수 없는 광경을 목격했다. "그곳에는 고속도로 양쪽으로 벌써 녹색으로 변해가는 반은 침엽수, 반은 낙엽수로 된 숲이 상당히 우거져 있었다. 넓지 않은 샛길이 고속도로 양쪽 숲을 관통했다. 그 끝은 보이지 않았다…… [그 길은] 믿기 힘든 광경으로 가득 차 있었다. 승용차, 트럭, 전차, 장갑차, 승용차, 구급차 등으로 극심한 정체를 빚고 있었다. 그들 모두는 서로 밀착했을 뿐만 아니라, 말 그대로 서로 밀치고, 뒤집히고, 곤두서고, 주위의 나무를 부러뜨렸다. 이 금속 난장

판 속에서, 나무와 알 수 없는 무언가가 극심한 고통에 시달리는 인간의 육신을 끔찍하게 짓이겼다. 그리고 이 모든 것은 길을 따라 끊임없이 계속됐다. 나는 갑자기 주변 숲에 시체, 시체, 시체들이 아직 살아있는 사람들과 섞여 있다는 것을 알 수 있었다. 부상자들이 외투와 담요 위에 누워 있거나 나무에 기대어 앉아 있었다. 어떤 사람들은 붕대를 감고 있었지만 다른 사람들은 여전히 아무런 조치도 받지 못하고 있었다. 부상당한 사람이 너무 많아서 누구도 그들에게 아무것도 해주지 못했던 것 같다."[23] 어떤 사람들은 심지어 잔해로 반쯤 막히고 기름, 휘발유 그리고 피로 뒤덮인 고속도로 가장자리에 누워 있기도 했다. 함께 있던 장교들 중 한 명은 이들이 "중포 연대와 카추샤 로켓 연대의 집중 포격을 받은" 사람들이라고 설명했다.

소련 정치부는 생존자들에게 항복하라고 열심히 설득하고 있었다. 25만 장의 전단이 숲에 뿌려졌다. 확성기로 '반파시스트' 독일 포로들이 미리 녹음해둔 메시지를 틀었다. 그리고 소련군 병사들은 나무 사이로 "'전쟁'은 끝났다. 집에 갈 시간이다. 전쟁은 끝났다!"라고 외쳤다. 제1우크라이나전선군 정치부는 "격파된 독일군의 잔존 병력이 숲속을 야수처럼 헤매고 있으며, 어떤 대가를 치르더라도 베를린에 도착하려 할 것이다. 하지만 그들은 그렇게 하지 못할 것이다"[24]라는 메시지로 병사들의 투지를 북돋았다. 실제로 독일군의 대부분은 베를린에 도착하지 못했다. 3만 명에 가까운 병사가 할베 공동묘지에 묻혔다. 매년 수십 구의 시체가 숲에서 발견된다. 1999년 6월에는 독일 제9군의 에니그마독일어로 '수수께끼'라는 뜻을 가진 암호 기계의 한 종류 기계도 고속도로 옆에 있는 얕은 무덤에서 발견됐다. 얼마나 많은 피란민이 병사들과 함께 죽었는지 확실하지 않지만, 1만 명 정도 될 것이다. 적어도 2만 명의 붉은 군대 병사도 사망했다. 대부분은 바루트-초센 간 도로에 있는 한 공동묘지에 묻혀 있지만, 수많은 그들의 시신 역시 여전히 숲속 깊은 곳에서 발견되고 있다.

이 이야기의 가장 놀라운 부분은 죽거나 항복한 이들의 숫자가 아니라, 2만 5000명의 병사와 수천 명의 민간인이 소련군의 세 개 전선을 통과해 벨리츠 주변에 있던 뱅크 부대에 도착하는 데 성공했다는 것이다. (코네프 원수는 '3000~4000명' 이상이 자신의 부대 사이를 빠져나갔다는 사실을 받아들이지 않았다.)[25] 숲 그리고 멀리 떨어진 둑에 있는 미군과 함께 안전이 보장된 엘베강 사이에서, 그들은 전쟁의 마지막 시기에 희망과 절망 사이에서 더 많은 갈등을 마주하게 되었다.

할베 근처에서 격전이 벌어지고 있을 때 비스와집단군 사령부는 부세 장군과의 모든 연락이 끊긴 게 틀림없다고 판단했다. 피젤러 슈토르히 경비행기[26] 한 대가 장교 한 명과 함께 연락을 하기 위해 파견됐다. 하지만 이 시도는 완전히 실패했다. 제9군은 따로 움직였다. 단일화된 편제로서 비스와집단군은 와해된 셈이었다.

하소 폰 만토이펠 장군이 지휘하는 제3기갑군의 운명은 로코솝스키의 제2벨라루스전선군이 오데르강 하류를 건너 돌파하자마자 결정됐다. 하인리히 장군은 만토이펠이 서쪽 메클렌부르크로 철수하는 것을 허락했다. 하지만 총통 벙커에 있는 카이텔 육군 원수나 크렙스 장군에게는 일부러 입을 다물었다. 히틀러의 명령에 정면으로 위배되는 것이기 때문이었다.

로코솝스키가 베를린과 발트해 사이 서쪽으로 진격하자 하인리히와 참모진은 프렌츨라우 근처 하슬레벤에 있는 자신들의 사령부를 포기해야 했다. 철수 과정에서 그들은 호엔리헨에 있는 힘러의 은신처 근처를 지나갔다. 거기서 평균 나이가 열네 살쯤 되는 한 히틀러 유겐트 대대를 보았다. 소년들은 무기와 배낭의 중량에 비틀거리면서도 용감한 표정을 지으려고 했다. 한 참모 장교가 그들의 지휘관에게 "이 어린애들을 전투로 단련된 적에 맞서라고 하는 것"[27]은 범죄라고 얘기했지만, 씨알도 먹히지 않았다. 제3제국은 파멸의 고통 속에서 상식과 공통의 인간성을 거스르는 광적인 분노를 드러냈다.

하인리히는 만토이펠에게 철수를 허가한 다음 머지않아 "독일군을 죽음으로 몰아넣는 사람들"인 두 명의 상관으로부터 달갑잖은 연락을 받으리라는 사실을 알고 있었다. 카이텔 육군 원수는 무슨 일이 있었는지를 알아차린 다음 4월 29일 하인리히에게 전화를 걸어 "불복종과 군인답지 않은 나약함"[28]을 비난했다. 그는 하인리히에게 지휘권을 당장 박탈하겠노라고 말했다. 카이텔은 폰 만토이펠 장군을 하인리히의 후임으로 임명하려 했지만 거절당했다. 얼마 지나지 않아 요들 장군이 전화를 걸었다. 그 역시 냉담하게 하인리히의 비겁함과 나약하고 무능한 지도력을 비난했다. 하인리히는 국방군 총사령부의 새로운 본부로 출두하라는 명령을 받았다. 그가 처형되거나 로멜처럼 자살하지 않을까 두려워하던 참모들은 보고 일정을 질질 끌 것을 간청했다. 그는 충고를 따랐고, 종전과 함께 목숨을 구했다.

의지의
배신

23

베를린 중심가로 철수하는 동안 친위대 처형 분대는 상황의 급박함과 냉혹한 광신주의로 처형 집행인의 업무를 계속해나갔다. 쿠르퓌르스텐담 주변에서 한 친위대 분대는 흰 깃발이 걸린 집으로 들어가 자신들이 찾아낸 병사들을 사살했다. 붕괴의 기세에 겁을 먹은 괴벨스는 이런 항복의 표시를 "페스트균"이라고 불렀다. 하지만 뮌헤베르크 기갑사단장 무메르트 장군은 친위대와 헌병대 분대에 자신의 구역인 안할터 반호프와 포츠다머플라츠에서 나가라고 명령했다. 그는 철수하지 않으면 그 자리에서 사살하겠다고 협박했다.

전투에 참가한 병사들의 상황은 점점 더 나빠졌다. 독일군은 식수 펌프 근처에 갈 수 없었다. 그들은 연기와 먼지로 악화된 갈증을 강물로 해결해야 했다. 탈진과 끊임없는 포격으로 인한 신경쇠약 사례 또한 점점 더 늘어났다. 안할터 벙커 안에 있는 부상자 수가 너무 많이 늘어나자 젊은 여자들은 침대보와 립스틱을 이용해 적십자 깃발을 만들었다. 하지만 쓸데없는 노력이었다. 설사 소련군 포병 관측병들이 적십자의 상징을 봤다 할지라도 포격 방향을 바꿀 일은 없었다. 벙커는 벙커일 뿐이었다. 그 안에 민간인들이 있다는 사실은 알 바 아니었다. 4월 27일 밤사이 여자와 아이들이 우반과 에스반 터널을 따라 탈출하면서, 그 안에 남아 있는 사람의 수는 급속히 감소했다. 소련 제5충격군과 제8근위군 소속 병사들이 말 그대로 코앞에 다가와 있었다.

동쪽에서 란트베어 운하 북쪽으로 진격하던 소련 제5충격군은 노르트란트 사단 그리고 벨-알리안스플라츠에서 온 뮌헤베르크 사단 잔존 병력의 공격을 저지한 다음 안할터 반호프로 계속 진격했다. 제28군의 제61소총사단[1] 역시 다른 방향에서 그곳에 도착했다. 제5충격군은 제8근위군이 남쪽에서 자신들의 왼쪽 후방 측면 쪽으로 운하를 도하해 적을 공격하고 있다는 사실을 알게 되었다. 제301소총사단 지휘관인 안토노프 대령은 즉각 군단장 로슬리 장군에게 만나고 싶다는 전화를 했다. 그들은 즉시 미제 지프차를 타고 출발했다. 안토노프는 "평소 매우 침착한 로슬리 장군이 근심 어린 표정을 하고 있었다. 상황을 곰곰이 따져본 그는 '도대체 어떻게 하면 제8근위군을 란트베어 운하 너머로 되돌려 보낼 수 있을까? 자네는 부대가 저 근위군과 섞여서 공격하지 않도록 명령을 하게. 빌헬름슈트라세와 자를란트슈트라세를 따라 계속 진격해서 게슈타포 본부, 공군부, 총통 관저를 급습하게'라고 말했다"[2]고 썼다. 안토노프는 시간을 낭비하지는 않았다. 하지만 주코프의 사령부가 혼란스러운 상황을 정리하고 서로 다른 군대 사이에 새로운 경계를 정하는 데 30시간이나 걸렸다. 코네프의 병력 대부분은 베를린에서 철수했고—포상을 거부당한 자신들의 분노를 강조하기 위해 그들은 '호구짓'이라고 말했다—프라하로 방향을 틀었다.

4월 28일 북쪽 지역에서 진격하던 제3충격군은 티어가르텐에 있는 전승기념탑 기둥이 보이는 곳에 당도했다. 붉은 군대 병사들은 꼭대기에 날개 달린 승리의 조각상 때문에 탑에 '키 큰 여자'라는 별명을 붙였다. 독일 수비대가 지키는 구역은 이제 폭 5킬로미터, 길이 15킬로미터도 안 되는 면적으로 줄어들었다. 이 구역은 동쪽 알렉산더플라츠에서 서쪽 샤를로텐부르크와 제국 경기장까지 이어졌다. 이곳에서 아르투어 악스만의 히틀러 유겐트 분견대들은 하펠강 위 다리들을 필사적으로 지키고 있었다. 바이틀링의 포병 지휘관인 뷜러만 대령은 거대한 콘크리트 동물원 대공포 탑 꼭대기에 있는 포대 위에서 겁을 먹은 채 주위를 둘러봤다. "불타고, 검게 그을리고, 연기 나는 대도시의 전경이 눈에 들어왔다. 그 장면은 계속 사람의 마음을 심하게 흔들어놓았다."[3] 하지만 크렙스 장군은 벵크의 군대가 서남쪽에서 곧 도착할 거라는 히틀러의 믿음을 여전히 이용하고 있었다.

보어만은 저항의 불씨를 계속 유지하기 위해 괴벨스와 리벤트로프처럼 서방 연합군과의 협정에 대한 헛소문을 퍼뜨렸다. 4월 26일 아침 일찍 그는 대관구 지도자들에게 "빨리 일어나서 미친 듯이 싸워라"[4]라고 명령했다. "우리는 포기하지 않을 것이다. 우리는 항복하지 않을 것이다. 우리는 해외 정책의 진전을 감지하고 있다. 히틀러 만세! 제국위원 보어만." 이 거짓말은 곧 서양 열강들과의 진정한 휴전을 모색하는 힘러의 시도에 대한 히틀러와 괴벨스의 반응에 의해 강조됐다.

트루먼과 처칠은 즉각 베르나도테 백작을 통한 독일의 접근을 크렘린에 알렸다. 4월 26일 스탈린은 트루먼에게 "나는 대통령께서 힘러에게 제안한 답변이…… 전적으로 옳다고 생각합니다"[5]라고 답했다. 벙커 안에 있는 누구도 무슨 일이 일어나고 있는지 전혀 눈치채지 못했음에도 불구하고, 배신이라는 막연한 의심이 보어만을 확실히 사로잡았다. 4월 27일 금요일 밤 그는 자신의 일기에 "힘러와 요들이 우리가 투입할 사단들을 막고 있다. 우리는 싸울 것이다. 우리는 우리의 총통과 함께 죽을 것이다. 죽어서도 우리는 총통에게 충성할 것이다. 많은 사람이 '더 고귀한 동기'에 근거해 행동할 것이다. 그 작자들은 자신들의 총통을 희생양으로 만들고 있다. 에라! 비열한 인간들. 그들은 명예를 잃었다. 총통 관저는 폐허로 변하고 있다. '세상은 지금 위기에 처해 있다.' 연합군은 무조건 항복을 요구하고 있다. 이것은 조국에 대한 배신을 의미한다. 페겔라인은 자신의 품위를 떨어뜨렸다. 그는 민간인 복장을 하고 베를린에서 도망치려 했다"[6]고 썼다. 보어만은 재빨리 자신의 가까운 친구와 거리를 뒀다.

히틀러는 오후 일찍 열린 상황회의에 헤르만 페겔라인이 불참한 것을 알아차렸다. 보어만은 그가 업무를 보는 데 이용했던 샤를로텐부르크의 아파트를 알고 있었다. 아마 그들이 사우나에서 서로 자랑을 하는 과정에서 알게 된 듯했다. 그를 붙잡아오기 위해 히틀러의 게슈타포 경호원팀이 파견되었다. 그들은 내연녀와 함께 있는, 만취한 듯한 페겔라인을 찾아냈다. 그의 가방들에는 돈, 보석, 위조 여권이 들어 있었고 떠날 채비를 한 채 꾸려져 있었다. 그는 벙커에 전화를 걸 것을 고집했다. 자신의 처형인 에바 브라운과 이야기해보겠다고 요구했지만, 자신이 사랑하는 총통을 페겔라인 역시 저버리려고 했다는 사실에 충격을 받은 브라운은 개입을 거절했다. 그녀는 출산을 앞둔 그레틀과 함께 있기 위해 떠나려고 했을 뿐이라는 페겔라인의 주장을 믿지 않았다. 페겔라인은 즉각 체포되어 끌려왔다. 그는 총통 관저 지하실의 한 방에 감금됐다.

4월 28일 오후 한낮에 히틀러는 스톡홀름 라디오를 통해 힘러가 연합군과 접촉했다는 보도를 들었다. '충성스러운 하인리히'가 연합국과 협상을 시도했다는 생각은 터무니없어 보였지만, 히틀러는 슈타이너가 베를린을 구하는 데 실패한 이후 친위대를 의심하기 시작했다. 그는 되니츠에게 전화를 걸었다. 되니츠는 힘러에게 얘기했다. SS 제국지도자는 그 사실을 철저히 부인했다. 하지만 그날 저녁 히틀러의 공보 담당관인 로렌츠가 로이터 통신의 이야기에 관한 확인 사본을 가지고 도착했다. 히틀러의 모든 분노와 의심이 폭발했다. 그는 분노와 충격으로 얼굴이 창백해졌다. 페겔라인은 게슈타포 수장인 집단지도자(중장) 뮐러에게 심문을 받았던 것 같다. 그는 힘러가 베르나도테에게 접근했다는 사실을 알고 있었다고 인정했다. 프라이타크 폰 로링호벤은 페겔라인이 친위대의 엄중한 호위를 받으며 위층으로 당당하게 걸어가는 것을 봤다. 모든 계급장, 그의 기사철십자 훈장, 그 밖의 휘장들이 군복에서 뜯겨 있었다. 당당하게 걷던 페겔라인의 모습은 곧 사라졌다. 그는 총통 관저 마당에서 처형됐다.[7] 히틀러는 이제 친위대가 1년 전의 국방군처럼 자신에 대한 음모로 들끓고 있다고 확신했다.

히틀러는 새롭게 원수로 승진한 리터 폰 그라임이 다친 다리를 치료하고 있는 벙커 방으로 갔다.[8] 히틀러는 그에게 비행기로 베를린을 출발해 포츠다머플라츠에 도착한 소련 전차들을 공격할 독일 공군의 공격을 준비할 것과 힘러가 처벌을 면하는 일이 없도록 하라고 명령했다. 그는 그라임에게 "반역자가 절대 내 뒤를 이어 총통이 되어선

안 돼. 자네가 나가서 힘러가 그 짓을 못 하도록 해야 해!"[9]라고 소리
쳤다. 일은 급박하게 진행됐다. 한나 라이체가 부름을 받고 와서 그라
임이 목발을 짚고 콘크리트 계단을 오르도록 도왔다. 외부에서 특별히
주문한 아라도 96 훈련기가 대기하고 있는 브란덴부르크 문 근처까
지 데려가기 위해 장갑차 한 대가 기다리고 있었다. 티어가르텐에 막
진입한 제3충격군의 소련군 병사들은 눈앞에서 비행기가 이륙하자
놀라서 쳐다봤다. 그들이 사격을 퍼부으면서도 즉각적으로 느낀 두려
움은 히틀러가 비행기에 타고 탈출한 것은 아닌가 하는 것이었다. 다
소 늦은 대공포와 기관총 사격은 목표물을 명중시키는 데 실패했다.
리터 폰 그라임과 한나 라이치는 탈출하는 데 성공했다.

총통 벙커에서의 파란만장한 밤은 끝나지 않았다. 훨씬 더 놀라
운 사건이 있었다. 아돌프 히틀러는 방금 전 자신이 사형을 선고했던
남자의 처형妻兄과 결혼하기로 했다. 괴벨스는 민간인 결혼식을 거행
할 자격이 있는 베를린 대관구의 간부인 발터 바그너라는 남자를 히
틀러의 개인 거실로 데려왔다. 자신의 책임에 어리벙벙해지고 위압을
당한 바그너는 나치당 갈색 제복을 입고 국민돌격대 완장을 찬 채 보
초 근무를 마치고 막 오는 길이었다. 히틀러는 평상시의 튜닉을 입고
있었다. 에바 브라운은 검은색 긴 태피터광택이 있는 빳빳한 견직물. 특히 드레스
를 만드는 데 쓰임 실크 드레스를 입었다. 히틀러는 이 드레스를 입고 있는
그녀를 칭찬하곤 했다. 드레스의 색은 그 상황에 꽤나 어울렸다. 몹시
긴장한 바그너는 총통과 브라운 양이 순수 아리아인 혈통이고 유전
적 질병이 없는지를 물어야 했다. 결혼 절차는 간단한 선언만 하는 전
시 방식에 따라 2~3분 정도밖에 걸리지 않았다. 그런 다음 괴벨스와
보어만을 증인으로 하는 결혼 등록부의 서명이 있었다. 무심코 평소

이름을 쓰기 시작했던 에바 브라운은 쓰던 걸 멈추고 'B'자를 지운 다음 "에바 히틀러, 친정의 성geb[orene]. 브라운"이라고 고쳤다. 히틀러의 서명은 읽기가 힘들었다. 그의 손이 너무 떨리고 있었기 때문이다.

이 부부는 벙커 회의실로 쓰이던 대기실 복도로 나왔다. 장군과 비서들이 그들을 축하했다. 그런 다음 그들은 새로운 히틀러 부인—그녀는 자신을 이렇게 부르라고 고집했다—을 위한 샴페인을 곁들인 결혼 아침 식사가 준비된 작은 거실로 돌아왔다. 마침내 그녀는 배신의 세계에서 자신의 충성심에 대한 보상을 받았다. 히틀러 부부는 보어만, 괴벨스와 그의 부인 마그다 그리고 남아 있는 두 명의 비서 게르다 크리스티안과 트라우들 융게를 만났다. 히틀러는 트라우들 융게를 다른 방으로 데리고 가서 자신의 정치적, 개인적 유언을 받아쓰게 했다. 그녀는 초조함 속에서 위대한 희생의 진정한 목적에 관한 마지막 심오한 설명을 듣기를 기대했다. 하지만 그와 달리 일련의 정치적인 진부한 생각, 망상, 비난이 줄줄이 튀어나왔다. 히틀러는 결코 전쟁을 원하지 않았지만, 국제적인 유대인들의 이익 때문에 자신으로선 어쩔 수 없었다는 것이다. 그는 "모든 좌절에도 불구하고"[10]이 전쟁은 "언젠가는 국민의 한 사람으로서 삶의 의지에서 가장 영광스럽고 영웅적인 표현으로 역사에 기록될 것이다"라고 주장했다.

해군의 수장인 대제독 되니츠는 제국 대통령에 임명됐다. 육군, 공군 그리고 친위대는 히틀러를 무시하거나 배신했지만, 나치에 충성을 다하는 되니츠는 「히틀러 유겐트 크벡스Hitlerjunge Quex」에 나오는 주인공처럼 음모를 꾸미는 자들과 맞섰다. 괴벨스는 제국 총리에 임명됐다. "나의 가장 충직한 당 동료 마르틴 보어만"은 히틀러의 개인 유언 집행인이자 당 총리가 됐다. 히틀러는 저승에서조차 지금까지 만들어진 가장 괴상한 행정 체계를 이끌고 분할 통치 정책을 계속 펼치길 원했다. 가장 기묘한 임명은 힘러의 SS제국지도자 자리에 대관구 지도자 카를 한케를 임명한 일이었을 것이다. 전쟁 이전에 마그다 괴벨스와 연인관계였던 한케는 여전히 브레슬라우에 포위되어 있으면서 무익한 자살 행위와 같은 저항을 강요했다. 괴벨스는 자신의 유언장을 썼다. 그는 가장 중요한 전쟁의 시기에 총통을 둘러싸고 있는 배반의 광란 상태에서 베를린을 떠나라는 히틀러의 명령을 거절하고 "죽을 때까지 무조건 그와 함께하는 것"이 자신의 의무라고 믿었다. 히틀러의 유언장 사본 중 하나는 믿을 만한 장교에 의해 신임 육군 총사령관인 쇠르너 원수에게 전달되었다. 동봉된 부르크도르프 장군의 편지는 "힘러의 배신에 관한 무척 충격적인 소식"이 히틀러에겐 최후의 결정타였음을 확인시켜주었다.

벙커 깊숙한 곳에서 열린 다소 차분한 결혼식 파티는 지상 근처에서 벌어진 훨씬 더 광적인 행동에 묻히고 말았다. 4월 29일 오전 4시경 타이핑을 다 끝내고 총통과 히틀러 부인이 자리를 뜨자, 트라우들 융게는 괴벨스의 아이들에게 음식을 갖다주려고 위층으로 올라갔다. 그녀는 부상병들이 누워 있는 총통 관저 지하 야전병원에서 멀지 않은 곳에서 맞닥뜨린 장면에 큰 충격을 받았다. "성적인 열기가 모두를 사로잡은 듯했다. 곳곳에서, 심지어 치과의사의 의자 위에서도 나는 음탕한 포옹에 열중해 있는 육신들을 목격했다. 여자들은 단정함을 모두 버리고 자신들의 은밀한 부위를 거리낌 없이 드러냈다."[11] 지하실과 거리에서 탈영병들을 찾아내 목을 매달던 친위대 장교들 역시 파티와 무궁무진한 음식, 샴페인 제공을 약속하면서 배고프고 감수성이 예민한 젊은 여자들을 총통 관저로 유혹했다. 전체주의적 부패가 맞은 종말의 모습이었다. 지옥을 위해 준비된 실존주의적 연극을 총통 관저의 지하세계인 콘크리트 잠수함에서 보여주었다.

평범한 베를린 시민들의 현실은 시시각각 더욱 끔찍해졌다. 4월 28일 소련군은 익명의 여성 일기 저자가 묘사한 한 거리에 도착했다. 그녀는 "나는 속이 메스꺼웠다. 그것은 내가 학창 시절 수학시험을 보기 전에 느꼈던 감정들—불편함과 불안함 그리고 모든 것이 끝났으면 하는 바람—을 떠올리게 했다"고 썼다. 위층 창문을 통해 시민들은 말이 끄는 수레로 이루어진 소련군의 보급 행렬을 보았다. 망아지들은 어미에게 코를 비벼대고 있었다. 이 거리에선 벌써 말똥 냄새가 났다. 맞은편 차고에 야전 취사장이 설치됐다. 독일 민간인은 전혀 보이지 않았다. "소련군들"은 주운 자전거로 자전거 타는 법을 배우고 있었다. 그 광경은 그녀를 안심시켰다. 그들은 덩치 큰 아이 같았다.

그녀가 위험을 무릅쓰고 밖으로 나왔을 때, 처음 받은 질문 중 하나는 "남편 있나요?"였다. 그녀는 러시아어를 조금 할 줄 알아서 그들의 '어설픈 농담'을 슬쩍 피할 수 있었다. 하지만 그다음 그녀는 그들이 서로 얼굴을 마주 보는 것을 알고는 두려움을 느꼈다. 그녀가 지하실로 돌아왔을 때 술 냄새를 풍기는 한 병사가 그녀를 따라왔다. 그곳에 있던 다른 여자들은 그가 그녀들의 얼굴에 손전등을 비추면서 비틀대며 걷는 동안 꼼짝 못 하고 앉아 있었다. 그는 이 여성 일기 저자에게 접근을 시도했다. 그녀는 마치 그를 이끌듯이 지하실에서 빠져나와 햇빛이 비치는 거리로 도망쳤다. 다른 병사들이 들어와 지하실에 있는 민간인들에게서 시계를 빼앗았지만, 폭력은 없었다. 하지만 저녁에 밥을 먹고 술을 마시자마자 그들은 사냥을 시작했다. 여성 일기 저자는 매복해 있던 세 명에게 습격을 당했다. 그들은 그녀를 번갈아가며 강간하기 시작했다. 두 번째 병사가 그녀를 강간하고 있을 때, 또 다른 세 명의 병사—그중 한 명은 여자였다—가 도착하자 그는 행동을 멈추었다. 하지만 여군을 포함한 그들 모두는 이 광경을 보고 웃기만 했다.

마침내 자기 방으로 돌아온 그녀는 모든 가구를 문 앞에 쌓아놓고 잠자리에 들었다. 아마도 강간을 당한 베를린의 모든 여자의 경우와 마찬가지로, 그녀는 나중에 몸을 씻을 수 있는 수돗물의 부족이 상황을 훨씬 더 악화시켰다는 것을 알게 되었다. 그녀가 침대에 충분히 누워 있기도 전에 그녀의 바리케이드가 한쪽으로 밀려났다. 한 무리의 병사들이 들어와 부엌에서 음식을 먹고 술을 마시기 시작했다. 그녀가 아파트에서 빠져나오려고 했을 때 페트카라는 이름의 한 거구가 그녀를 붙잡았다. 그녀는 그에게 다른 병사들이 자신을 강간하지 못하게 해달라고 애원했다. 그는 동의했다. 이튿날 아침 일찍 그는 동료 한 명이 거리에서 내려오라는 소리에 잠에서 깼다. 그는 부대에 복귀해야 한다고 말하고는 저녁 7시에 돌아올 거라고 장담하면서 작별 악수를 했다. 그녀의 손가락은 거의 으스러뜨려질 뻔했다.

다른 많은 여자도 집단 강간을 피하기 위해 한 병사에게 자신의 몸을 "허락했다". 스물네 살의 여배우 마그다 빌란트에게는 소련군이 쿠르퓌르스텐담 바로 옆의 기제브레히트슈트라세에 도착한 사실을 알았을 때가 "전쟁을 통틀어 가장 무서운 순간"이었다. 소련군이 방으로 들어오려는 것을 보고 조각 장식이 된 커다란 적갈색 장롱에 숨었다. 한 중앙아시아 출신의 젊은 병사가 그녀를 끌어냈다. 그는 아름답고 젊은 금발의 여자를 취할 수 있다는 생각에 너무 흥분한 나머지 조기 사정을 하고 말았다. 그녀는 손짓으로 그가 다른 소련 병사들로부터 그녀를 보호해준다는 조건하에 여자친구로서 몸을 허락했다. 그는 금발 여자친구가 생겼다는 생각에 흥분해 밖으로 나가 동료들에게 자랑을 했다. 그러자 다른 병사가 들어와 그녀를 난폭하게 강간했다.

지하실에서는 맹포격 이후 레르테르슈트라세 강제수용소에서 탈출해 그곳에 대피해 있던 마그다의 유대인 친구 엘렌 고에츠 역시 끌려나가 강간을 당했다. 다른 독일인들이 러시아 병사들에게 그녀는 유대인이고 박해를 받았다고 설명하려 했다. 하지만 그들은 "여자는 여자일 뿐이다"라는 간단한 대답만을 들었다. 이후 소련 장교들이 도착했다. 그들은 아주 올바르게 행동했지만, 병사들을 통제하지는 않았다.

기제브레히트슈트라세에는 베를린 생활의 여러 측면이 섞여 있었다. 폭격을 받은 지하실에서 시체 치우는 일을 하면서 유대인들을 숨겨준 것 때문에 처벌을 받은 적이 있는 유명 기자 한스 겐세케가 10번지에 살고 있었다. 그런가 하면 같은 건물 3층에는 금박을 입힌 문과 실크로 장식된 가구 그리고 유럽 점령 지역에서 약탈한 것이 분명한 태피스트리로 꾸민 아파트에서 칼텐브루너를 기쁘게 맞이하던 내연녀도 살고 있었다. 이웃한 11번지는 저명인사들을 위해 나치가 운영하던 사창가 '살롱 키티'[12]가 있는 것으로 유명했다. 열여섯 명의 젊은 매춘부가 있는 이 시설은 전쟁 초기 하이드리히와 셸렌베르크가 장악했다. 이곳은 친위대 정보부가 정부 고위층, 국방군 장교 그리고 외국 대사들의 정보를 캐내어 그들을 협박하는 데 이용되었다. 모든 방에는 도청 장치가 설치돼 있었다. 베를린을 점령한 직후 NKVD는 사용된 기술에 많은 관심을 갖고 시험해보았다. 또 베를린 방어 사령관이던 파울 폰 하제 상급대장은 7월 음모로 체포돼 처형될 때까지 맞은편 옆집에 살았다.

히틀러 유겐트와 친위대가 흰 깃발을 내건 집에 사격을 가하면서 민간인들은 양측의 극심한 비타협적 태도로 인해 자신들이 고통받고 있다고 생각했다. 건물 잔해 더미에서 시체 썩는 냄새가, 그리고 타버린 집들의 검게 변한 뼈대에서 시커멓게 그을린 살 냄새가 퍼져나갔다. 하지만 소련군의 태도에 영향을 끼친 지난 3년 동안의 선전물에서 묘사된 것만큼 끔찍하지는 않았다. 소련인들은 베를린을 "회색의 무섭고 음울하며 비인간적인 도시, 도적의 수도"[13]로 보았다.

독일 공산주의자들조차 용서받지 못했다. 1933년까지 좌파의 근거지였던 베딩에서는 윌리허슈트라세 출신의 활동가들이 밖으로 나가 12년간 몰래 숨겨두었던 자신들의 당 카드를 보여주면서 점령군을 지휘하는 소련군 장교들을 축하했다. 그들은 자진해서 아내와 딸들에게 씻고 요리하는 것을 돕도록 했다. 하지만 한 프랑스 전쟁 포로에 따르면, '바로 그날 저녁'[14]이 부대의 장교들은 그녀들을 강간했다.

🐻

총통 벙커에 있던 사람들이 포츠다머플라츠에서 진격해 빌헬름슈트라세로 올라가고 있는 T-34 전차와 스탈린 전차에 신경을 쓰는 동안 소련의 시선은 베를린 중심가 북쪽에 집중되었다. 제3충격군은 제국의회 의사당 공격을 준비하기 위해 슈프레강 정동북 쪽에 있는 모아비트를 지나 진격하는 데 총력을 기울였다.

제150소총사단장 샤틸로프 장군은 괴벨스가 모아비트 감옥 방어를 직접 지휘하고 있으며 자신들이 괴벨스를 생포할 수 있다고 생각했다.[15] 그는 모아비트 감옥을 "좁은 창문으로 악의를 품고 우리를 바라보고 있는"[16] 곳으로 묘사했다. (국경을 지날 때 독일 나무를 보고 느꼈던 것처럼, 소련군이 어떻게 이 건물들에서 악의를 느꼈는지는 놀라운 일이다.) 모아비트 감옥은 습격하기에 쉬운 대상이 아니었다. 소련 포병들은 중포를 앞에 배치했다. 대번에 감옥 안에서 미친 듯한 사격이 가해졌다. 첫 번째 포 사격수가 사망했고 두 번째 포 사격수도 사망했다. 하지만 오래지 않아 벽에 구멍이 하나 생겼다.

급습부대는 도로를 건너 돌진해 안마당으로 들어갔다. 그들이 내부로 진입하자마자 독일군 수비대는 곧바로 항복했다. 입구 근처에서 지뢰를 발견한 공병대원들은 폭발물을 확인하기 위해 안으로 뛰어 들어갔다.[17] 그들의 지휘관은 철제 계단을 뛰어 올라갈 때 무거운 금속성 메아리가 울려 퍼졌던 것을 기억했다. 손을 들고 나온 모든 독일군은 괴벨스가 변장했을 경우를 고려해 이병 군복을 입은 병사들까지 철저한 검사를 받았다. 감옥 문이 열리고 해방된 죄수들이 햇빛에 눈을 가늘게 뜬 채 밖으로 나왔다.

무차별 포격으로 인한 연기가 자욱한 한 도시에선 다른 목표들로 인해 훨씬 더 많은 사상자가 발생했다. 베를린 전투를 참관하던 군사 신문 『보인 로드니Voin Rodiny』의 편집장은 "승리를 위한 매 단계 얼마나 가혹한 대가를 지불하고 있는가"라고 말했다. 그는 이 말을 하고 몇 초 후 포탄 한 발이 폭발하면서 사망했다. 그토록 길고 격렬한 전쟁이 끝나갈 무렵에 죽는다는 것은 두 배로 가슴 아파 보였다. 젊고 존경을 받는 소대장 미하일 슈모닌의 죽음에도 연민을 보냈다. 그는 한 건물로 뛰어가면서 부하 병장에게 "나를 따라와!"라고 외쳤다. 그가 세 발도 채 쏘지 않았을 때, 소련군의 것이 확실한 커다란 포탄 한 발이 슈모닌 중위 앞에 있는 벽을 타격했다. 건물의 옆면이 무너졌고, '불그스레한 뺨, 맑은 안색 그리고 눈이 크고 맑았던' 이 중위는 잔해 아래에 묻혔다.

"바리케이드와 벙커 역할로 바뀐 석조 건물"과 "콘크리트 건물 근처에서 적이 판처파우스트"로 대응하는 베를린의 시가지(혹은 집안) 전투에서 "어떤 일이 일어날 수 있는지를 금방 배웠다고"[18] 하더라도, 붉은 군대는 152밀리와 203밀리 중곡사포를 근거리에서 시야가 확보된 목표물에 발사하는 방법에 점점 더 의존하기 시작했다. 그래야만 돌격대가 건물 안으로 들어갈 수 있었다. 하지만 소련군이 질색으로 여기는 유일한 전장은 지하철 터널과 벙커였다. 교외를 포함한 베를린 지역에는 이런 터널과 벙커가 1000개 이상 있었다. 소련군 병사들은 독일군이 매복 습격하거나 뒤에서 공격할 준비를 한 채 숨어 있을 거라고 확신하고 민간인 방공호로 들어가는 것을 극도로 조심했다. 그 결과 소련군 병사들은 자신들이 점령한 대피소를 사실상 봉쇄해버렸다. 지면으로 올라온 민간인들은 총살될 가능성이 높았다. T-34 전차들이 독일군 방어선 뒤로 나오기 위해 철도 터널에 진입했다는 얘기도 있었다. 이런 이야기들은 대개 독일인의 피해망상이 만들어낸 것이었다. 하지만 정말로 전차가 지하로 들어간 일도 있었다. 이것은 운이 지지리도 없는 T-34 전차 운전병이 알렉산더플라츠 지하철역 입구인지 모르고 계단 아래로 돌진한 유일한 경우였다. 경포輕砲가 역 계단을 하나씩 덜컹거리며 내려가 사람 손으로 철도 선로 위로 올라졌다는 이야기 또한 사실이라기보다는 민간인들 사이에 떠도는 이야기에 더 가까웠다.

모아비트 감옥에서 알트 모아비트로 내려가 슈프레강 위의 몰트케 다리까지 가는 거리는 800미터밖에 되지 않았다. 600미터 떨어진 곳에는 연기가 걷히면 가끔 보이는 제국의회 의사당이 있었다. 제150소총사단과 제171소총사단에게 이 건물은 이제 매우 가까워 보였다. 하지만 앞으로 닥칠 일에 대한 환상은 갖고 있지 않았다. 그들은 스탈린이 베를린의 상징으로 선택한 이 건물 위에 붉은 깃발을 올리기 전에 자신들 중 상당수가 죽으리라는 사실을 알고 있었다. 그들의 지휘관들은 스탈린 동지를 기쁘게 하기 위해 모스크바에서 오월제 기념행사가 발표되는 시간에 맞춰 건물을 점령하길 원했다.

몰트케 다리에 대한 공세는 4월 28일 오후에 시작됐다. 두 개 사단의 선두 대대들이 경쟁을 더욱 강조하면서 같은 선에서 출발했다. 다리에는 지뢰와 철조망으로 구성된 바리케이드가 양쪽에 설치되어 있었다. 양쪽 측면에서 기관총과 포병대의 엄호도 받고 있었다. 오후 6시 직전에 귀청이 떨어질 것 같은 폭발음과 함께 독일군이 몰트케 다리를 폭파했다. 연기와 먼지가 가라앉자 폭파가 성공적이지 않았음이 분명해졌다. 다리는 축 처졌지만 보병은 확실히 지나갈 수 있었다.

대대장 네우스트로예프 대위는 피아트니츠키 병장에게 그의 소대를 이끌고 가 탐색 공격을 실시하라고 명령했다. 피아트니츠키와 병사들은 다리로 이어지는 공터로 돌진해 독일군이 설치한 바리케이드 뒤로 몸을 피했다. 네우스트로예프는 다리를 건너기 위해 포병 지원을 요청했다. 포병 관측 장교들이 도착해 포대를 정리하는 데 다소 오랜 시간이 걸리기는 했지만, 해가 거의 질 때쯤 포격이 준비되었다. 근거리에서의 집중포격이 독일군 사격 진지들을 박살냈다. 선두 보병 소대들은 크론프린첸누퍼와 몰트케슈트라세에 있는 커다란 건물들 안에서 교전을 벌이기 위해 다리를 건너 돌진했다. 히틀러와 에바 브라운이 결혼하던 그 순간인 자정에 그들은 확실한 교두보를 구축했다. 그때부터 동이 틀 때까지 제150소총사단과 제171소총사단의 대부분이 슈프레강을 건넜다.[19]

제150소총사단은 몰트케슈트라세 남쪽에 있는 내무부를 급습했다. 이 거대한 건물은 곧 '힘러의 집'으로 밝혀졌다. 수비대에게 총안銃眼을 제공하기 위해 문과 창문이 막혀 있었기에 공격하기 어려운 요새임이 증명되었다. 대포와 로켓 포대를 앞으로 가져올 수 없었기 때문에 철도 구간에 임시로 1인용 카추샤 로켓 발사대를 만들었다.[20] 하지만 4월 29일 아침 내내 이어진 근접 전투의 기본 무기는 수류탄과 기관단총이었다.

소련군 병사들은 비록 전투의 마지막 시기에 죽는 것이 겁났지만, 집에 있는 모든 사람에게 감동을 주고 싶기도 했다. 베를린 정복자로서 그들은 자신이 전후 소비에트 연방의 엘리트라고 생각했다. 블라디미르 보리소비치 페레베르체프는 그날 이런 편지를 썼다. "전선에서 인사드립니다. 안녕하십니까. 나의 가장 가깝고 소중한 사람들. 지금까지 나는 살아 있고 건강하며 단지 약간 취해 있을 뿐입니다. 하지만 용기를 유지하려면 필요한 일입니다. 적당한 양의 별 세 개짜리 코냑 배급은 해가 되지 않습니다. 물론 우리는 자신의 능력[주량]을 모르는 자들을 처벌합니다. 지금 우리는 베를린 중앙을 둘러싸고 있는 원을 좁히는 중입니다. 나는 지금 제국의회 의사당에서 500미터밖에 떨어져 있지 않습니다. 우리는 벌써 슈프레강을 건넜습니다. 며칠 내에 프리체스와 한세스는 점령될 겁니다. 그들은 여전히 벽에 '베를린은 독일로 남는다'라고 쓰고 있지만, 우리는 '독일 전체가 망했다'고 말합니다. 그리고 우리가 말한 대로 될 겁니다. 예전에 찍은 제 사진을 보내드리고 싶습니다만, 필름을 현상할 기회가 없었습니다. 어깨에는 기관 단총, 벨트에는 마우저 권총이 한 자루 꽂혀 있고, 옆구리에는 수류탄 들을 매단 이 사진은 매우 흥미로울 텐데, 유감입니다. 독일군을 공격할 무기가 많습니다. 간단히 말해서 우리는 내일 제국의회 의사당에 들어갈 겁니다. 나는 소포[즉, 약탈물]를 보낼 수 없습니다. 그럴 시간이 없습니다. 그리고 우리 일선 부대는 다른 할 일이 있습니다. 부엌 천장 일부가 무너졌다고 편지를 보내주셨죠. 그건 아무것도 아닙니다. 6층 건물이 우리 위에서 무너져 우리는 아이들을 파내야 했습니다. 이것이 우리가 살아가고 독일군을 패배시키는 방법입니다. 이렇게 간단하게 제 소식을 전합니다."[21] 페레베르체프는 편지를 쓴 직후 심각한 부상을 입었다. 그는 승리가 발표되는 그날 사망했다.

마르틴 보어만은 일기에 "4월 29일 일요일, 엄청난 포격이 시작된 지 이틀째 되는 날. 4월 28일에서 29일로 이어지는 밤사이 외신은 힘러의 조건부 항복 제안에 대한 기사를 보도했다. 히틀러와 에바 브라운의 결혼. 총통은 자신의 정치적, 개인적 유언을 받아쓰게 했다. 반역자 요들, 힘러 그리고 장군들은 우리를 볼셰비키에 넘겨주려고 한다. 또다시 엄청난 포격. 적 정보에 따르면 미군이 뮌헨에 진입했다고 한다"[22]라고 썼다.

낙관주의와 비관주의가 밀려왔다 빠져나가곤 했지만, 히틀러는 결국 모든 것을 잃었다는 사실을 깨달았다. 그의 보안 무선 전화 통신은 총통 벙커 위로 안테나를 올리는 마지막 풍선이 격추됐을 때, 말 그대로 붕괴되었다. 덕분에 붉은 군대의 도청 시설들은 그날의 일반적인 통신을 엿들었다.[23] 보어만과 크렙스는 모든 지휘관에게 보내는 다음과 같은 메시지에 공동으로 서명했다. "총통은 쇠르너, 벵크 그리고 다른 사람들에게서 흔들리지 않는 충성심을 기대한다. 또한 그는 쇠르너와 벵크가 자신과 베를린을 구해주길 기대한다." 쇠르너 원수는 "후방은 완전히 혼란에 빠졌다. 민간인이 관리를 어렵게 한다"고 답했다. 결국 벵크는 제12군에게 기적을 기대해서는 안 된다는 점을 명확히 했다. "제12군 병력은 많은 사상자를 냈고, 무기가 심각하게 부족하다."

총통 벙커의 사람들은, 심지어 충성스러운 사람들조차 히틀러가 자살을 늦출수록 더 많은 사람이 죽게 되리라는 사실을 깨달았다. 힘러와 괴링의 몰락 이후, 총통이 자살할 때까지 누구도 휴전을 고려할 수 없었다. 문제는 그가 총통 관저 문 앞에 소련군이 도착할 때까지 기다린다면, 그들 모두는 살아서 나갈 수 없었다는 것이다.

프라이타크 폰 로링호벤은 이런 환경에서, 혹은 이런 동료들 사이에서 죽기를 원치 않았다. 세 명의 전령이 히틀러의 마지막 유언 사본을 가지고 떠난 후, 통신이 두절된 상황에서 로링호벤과 볼트는 베를린 외곽의 병력과 합류하는 것을 허가해달라고 요청할 수 있다는 생각이 떠올랐다. 그는 크렙스 장군에게 "장군님, 저는 여기서 쥐처럼 죽고 싶지 않습니다. 저는 전투부대로 돌아가고 싶습니다"[24]라고 말했다. 크렙스는 처음에는 주저했다. 그런 다음 그는 부르크도르프 장군에게 말했다. 부르크도르프는 남아 있는 참모들 누구라도 떠날 수 있도록 해야 한다고 말했다. 부관 바이스 중령은 프라이타크 폰 로링호벤 그리고 볼트 대위와 함께 갈 작정이었다.[25]

정오 상황회의가 끝난 후 허가를 받기 위해 히틀러에게로 다가 갔다. 그는 "어떻게 베를린을 빠져나갈 건가?"라고 물었다. 프라이타크

베를린 함락 1945

폰 로링호벤은 탈출 경로를 설명했다. 우선 총통 관저 지하실에서 나가 베를린을 가로질러 하펠강으로 가서 그곳에서 보트를 한 척 구하겠다고 했다. 히틀러는 그의 설명에 열중했다. "전기 모터보트를 타야 해. 왜냐하면 그건 소음이 전혀 안 나거든. 그러면 소련군의 전투 접경을 통과할 수 있으니까." 프라이타크 폰 로링호벤은 히틀러가 이런 세세한 부분에 집착하는 것을 걱정하면서 그것이 최선의 방법이라는 데 동의했다. 하지만 필요한 경우 그들은 다른 배를 이용할 수도 있다고 말했다. 갑자기 맥이 풀린 히틀러는 그들 한 명 한 명과 힘없이 악수한 다음 물러가게 했다.

노르트란트 사단이 매우 잘 알고 있었듯이 소련군은 벌써 총통 관저 코앞까지 진출했다. 전날 T-34 전차 세 대가 빌헬름슈트라세의 우반 역으로 돌격했다가 판처파우스트를 소지한 프랑스인 친위대의 매복 공격을 당했다.

총통 벙커에서 새로 결혼한 부부가 잠자리에 든 지 얼마 지나지 않은 4월 29일 새벽에 안토노프 대령의 제301소총사단은 본격적으로 공격을 시작했다. 두 개 소총연대는 2월 3일 공습으로 심한 타격을 입은 프린츠-알브레히트슈트라세에 있는 게슈타포 본부를 공격했다.[26] 표준 전술에 따라 203밀리 중곡사포들이 근거리에서 돌파구를 마련하기 위해 전면에 배치됐다. 두 개 대대가 기습을 감행해 붉은 깃발을 게양했다. 하지만 소련군 보고서는 격렬한 전투와 많은 사상자를 낸 후 그날 저녁 무장친위대의 맹렬한 반격으로 도로 물러나야 했다는 사실을 숨겼다. 소련군은 게슈타포의 죄수들이 안에 살아 있는지는 알지 못했다. 그곳에는 4월 23일 밤 발생한 참혹한 학살을 특별히 면할 수 있었던 7명만이 남아 있었다.

✴

총통 관저에서 몬케의 지휘를 받는 노르트란트 사단은 벵크 군의 진격과 연합군과의 협상에 관한 한층 더 강한 격려 메시지와 함께 "상부로부터 식량 지원"[27]을 받았다. 크루켄베르크가 받은 증원 부대는 고령의 경찰 관리들로 구성된 100여 명이 전부였다. 병사들은 녹초가 되어 총통 관저의 메시지에 관심을 가질 수가 없었다. 너무 피곤한 나머지 말도 할 수 없을 정도였다. 그들은 멍했고,[28] 세차게 흔들어야만 잠에서 깼다. 한 명은 나중에 전차 사냥은 "지옥으로의 추락"[29]이 되었다고 썼다.

프랑스인 '대전차 부대'는 베를린 방어에서 특히 효과적인 역할을 했다. 그들은 전체 구역에서 108대의 전차를 쳐부쉈다. 대대장인 앙리 페네는 로제라는 생나제르 출신의 열일곱 살 병사가 "소총 한 자루를 든 단독 병사처럼"[30] 판처파우스트를 들고 홀로 싸웠다고 묘사했다. '발전기'라는 별명을 갖고 있는 스무 살의 배관공인 하급분대지도자(하사) 외젠 반로는 전차 여덟 대를 파괴해 최고 기록을 세웠다. 그는 노이퀼른에서 T-34 전차 두 대를 파괴하고 24시간도 안 돼 또 다른 전차 여섯 대를 파괴했다. 4월 29일 오후, 크루켄베르크는 파괴된 우반 역 지하철 객차로 그를 불러 "칙칙대며 타는 토막 양초 불빛 옆에서" 마지막 남은 기사철십자훈장 두 개 중 하나를 수여했다. 다른 수령인은 제503친위중기갑대대의 지휘관 헤르치히 소령이었다. 몬케는 자신의 훈장을 주었다. 페네와 사관 후보생 아폴로 역시 각각

다섯 대의 전차를 파괴한 공로로 상을 받았다. 노르트란트 사단 소속의 한 스칸디나비아인 중위는 영웅들에게 건배하기 위해 약탈한 프랑스 포도주 세 병을 가져왔다.

발에 부상을 입은 페네는 독일인들의 머릿속엔 "공산주의자들을 막아야 한다"[31]는 단 한 가지 생각만이 존재하기 때문에 계속 싸운다고 설명했다. "심각하게 이야기할" 시간이 없었다. 적백내전에 참전했고 프랑스 동료들과 함께 베를린에 온 백장교 프로토포포프 역시 행동이 사실보다 더 중요하다고 믿었다. 살아남은 몇 안 되는 외국인 친위대 의용군들은 자신들의 불행한 전투가 미래를 위한 반볼셰비키 투쟁의 예를 제공하기 위해 필요했다고 합리화하려 했다. 그런 상황에선 소년들의 희생조차 정당화됐다.

빌헬름슈트라세 전투 지역 바로 서쪽에 있던 추이코프의 제8근위군은 북쪽으로 란트베어 운하를 건너 티어가르텐을 공격했다. 포병의 일제 엄호 사격과 연막 속에서 일부 병사는 헤엄쳐 운하를 건넜다. 다른 병사들은 즉석에서 만든 배를 이용했다. 한 무리는 하수관 입구를 이용해 수비대 뒤에 도달했다.

포츠담 다리에서는 교묘한 계략이 실행됐다. 기름에 흠뻑 젖은 누더기와 연막 통을 T-34 전차 바깥쪽에 달아놓았다가 전차들이 다리에 접근하자, 그것들에 불을 붙였다. 대전차포 사격수들과 참호 속에 있는 티거 전차 한 대는, 병사들이 직접 타격에 성공했다고 생각하고는 포격을 멈추었다. 하지만 수비대가 무슨 일이 일어났는지 알아차렸을 때, 불붙은 전차들은 상대적으로 가까운 거리에서 포격을 가했다. 그 뒤로는 다른 T-34 전차들이 질주하고 있었다.

이른 오후에 또 다른 책략이 시도됐다. 독일 민간인 세 명이 터널 단지와 3층 지하 방공호에서 흰 깃발을 들고 나타났다. 그들은 민간인들이 밖으로 나와도 되는지 물었다. 정치장교인 근위대 소령 쿠카레프는 통역병 한 명, 기관단총 사수 열 명과 함께 앞으로 나아가 그들과 협상했다. 이 민간인 세 명은 쿠카레프 소령을 터널 입구로 안내했다. 세 명의 독일군 장교가 나타났다. 그들은 그에게 눈가리개를 내놓으며 안에서 사태를 논의하자고 얘기했지만, 쿠카레프는 밖에서 협상할 것을 고집했다. 결국 안에 숨어 있던 1500명의 민간인을 밖으로 내보내기로 합의했다. 그들이 떠난 후, 독일군 대위 한 명은 남아 있는 독일군은 이제 끝까지 저항하라는 총통의 명령을 이행해야 한다고 선언했다. 그들은 터널 안으로 돌아갔다. 보고서는 "하지만 쿠카레프 동지는 그렇게 단순하지 않았다. 수완이 비상한 이 정치장교는 옷소매에 작은 권총을 숨겼다가 이 독일군 대위와 다른 두 명의 장교를 사살했다"[32]고 밝혔다. 그런 다음 제170근위소총연대 소속의 기관단총 사수들은 벙커로 돌격했다. 안에 있던 독일군들은 손을 들고 항복했다. 그들 중 많은 수가 젊은 간부 후보생이었다.

란트베어 운하에 있는 추이코프의 제8근위군 왼쪽 측면은 벤들러블록에 자리 잡고 있는 바이틀링 장군의 사령부 맞은편에 있었다. 하지만 소련군 사단장은 건물 단지의 중요성을 전혀 몰랐다. 종전이 가까워졌다는 것을 알고 있는 바이틀링은 자신의 사단장들을 소집했다. 바이틀링은 그들에게 포츠담에 있는 라이만 장군과의 마지막 무선 통신이 전날 있었다고 알려주었다. 벵크 장군의 제12군은 포츠담 정남쪽에 있는 페르히까지 돌진했지만, 탈출로가 아직 열려 있는지는 아무도 몰랐다. 바이틀링이 그들을 소집한 이유는 헤어슈트라세를 쭉 따라 서쪽을 돌파하는 방법을 논의하기 위해서였다. 공격 개시 시각은 이튿날 밤 10시였다.

총통의
새벽

제국의회 의사당에 대한 공격은 4월 30일 새벽으로 예정되었다. 소련군 지휘관들은 모스크바에서 있을 오월제 퍼레이드에 맞춰 제국의회 의사당을 점령하기 위해 필사적이었다. 하지만 결과에 대한 압박은 스탈린이 아니라 아무것도 바뀌지 않았다고 생각하는 한 무리의 지휘관들에게서 나왔다. 미군의 접근을 막으면서 베를린을 완전히 포위하자마자 긴장을 푼 스탈린이 현장의 결정에 일절 간섭하려 하지 않았다는 점은 주목할 만하다. 그럼에도 불구하고 제국의회 의사당은 여전히 '파시스트 야수'에 대한 승리를 위해 선택된 상징물이었다. 따라서 당연히 소련 선전의 핵심이었다.

몇 시간 전 제150소총사단 본부로 불려간 한 종군 기자는 권총을 넘겨달라는 말을 들었다. 그는 자신이 범법 행위를 명목으로 본국으로 송환되지 않을까 두려워하면서도 권총을 넘겨주었다. 하지만 권총을 건네받은 대위가 새로운 무기를 가지고 방으로 돌아오자 마음을 놓았다. 대위는 "제국의회 의사당으로 들어가려는 모든 사람은 기관단총으로 무장해야 한다는 명령이 내려왔습니다"[1]라고 말했다.

산발적인 사격이 이어지는 가운데 기자는 구불구불한 길을 따라 '힘러의 집-내무부'로 향했다. 위층에서는 여전히 전투가 계속되었고 수류탄 폭발과 기관단총 소리가 분명하게 들렸다. 하지만 지하실에서는 대대 취사병들이 소음이라 해도 좋을 정도로 소리를 내고 떠들면서 공격 부대를 위한 아침을 준비했다. 1층에서는 제국의회 의사당에 대한 공격을 이끌 대대장 네우스트로예프 대위가 현 위치를 파악하려고 애썼다. 그는 지도를 내려다본 다음 앞에 있는 회색 건물을 쳐다봤다. 공격이 연기되는 것에 짜증이 난 연대장이 나타났다.

네우스트로예프는 "회색 건물이 방해가 됩니다"[2]라고 설명했다. 연대장은 지도를 낚아챈 다음 위치를 다시 살펴보았다. 그는 화가 나서 "네우스트로예프, 저것이 제국의회 의사당이야!"라고 대답했다. 이 젊은 대대장은 최종 목표물이 이렇게 가까이 있으리라고는 상상도 못했던 것이었다.

기자 역시 창밖을 응시했다. 창밖의 쾨니히스플라츠는 "섬광과 불길, 폭발하는 포탄과 간헐적으로 이어지는 예광탄의 불빛으로 뒤덮여" 있었다. 제국의회 의사당은 400미터도 떨어져 있지 않았다. 그는 "전투가 없었다면, 이 거리는 몇 분 만에 지나갈 수 있었다. 하지만 포탄 구멍, 선로의 침목, 철조망 조각, 도랑 등으로 덮여 있어 도저히 갈 수 없는 곳처럼 보였다"라고 적었다.

독일 수비대는 제국의회 의사당 사방에 방어 시설을 구축했다. 가장 걱정스러운 것은 물이라는 장애물이 쾨니히스플라츠 한복판을 가로지른다는 사실이었다. 폭격으로 붕괴된 지하 수로에 슈프레강의 물이 채워져 만들어진 것이었다. 알베르트 슈페어가 게르마니아의 새로운 나치 수도의 가장 중요한 작품이 된 거대한 민중대회당을 만들면서 예비 공사의 일환으로 파놓은 수로였다. '히에로니무스 보슈의 풍경화'[3]와 같은 황량한 곳에서 짓궂은 장난을 하는 사람들이 연합군의 폭격으로 제국의회 의사당 정면에서 떨어져나간 여인상의 머리 부분들을 돌 위에 올려놓았다.

아침 식사가 나오자 "모두 자신의 무기와 예비 탄창을 확인하기 시작했다". 오전 6시 첫 번째 중대가 돌격했다. "50미터도 채 못 가서 적의 빗발치는 사격으로 그들은 바닥에 엎드릴 수밖에 없었다." 곧이어 다소 정수에 못 미치는 두 개 대대가 앞으로 돌격했지만, 많은 병사가 사망했다. 제국의회 의사당에서와 마찬가지로 쾨니히스플라츠 서쪽에 있는 크롤 오페라하우스에서도 집중 사격이 시작되었다. 돌격 부대가 십자포화에 갇히면서 크롤 오페라하우스를 처리하기 위해 다른 사단이 신속하게 배치됐다. 이 사단은 먼저 둑 뒤에 있는 건물들을 돌파해야 했다. 더 많은 자주포와 전차들 또한 쾨니히스플라츠에 있는 보병을 지원하기 위해 아침 시간 동안 몰트케 다리 위에 배치되었다. 포연과 먼지가 너무 자욱해 병사들은 하늘을 전혀 볼 수 없었다.

제150소총사단의 대대들은 중포와 전차의 지원을 받으면서 오전 11시가 막 지나자마자 물이 가득 찬 터널에 도착했다. 하지만 두 시간 후 또 다른 엄청난 성과를 거두고 났을 때, 오른쪽 후방에 집중 포격이 가해졌다. 2킬로미터 떨어진 곳에 위치한 동물원 벙커 꼭대기에 있는 독일군 대공포가 그들에게 쏟아졌다. 그들은 다시 몸을 숨긴 채 밤이 될 때까지 기다려야 했다. 오후에는 제171소총사단이 쾨니히스플라츠 북쪽에 있는 대사관 구역 건물들을 계속 수색했다. 더 많은 자주포와 전차들이 전투에 참가했다. 152밀리 곡사포와 203밀리 곡사포 그리고 카추샤 로켓을 포함한 90여 문의 포가 제국의회 의사당에 포격을 퍼부었다.[4] 이런 공격에도 견딘다는 것은 50년 전 제2제국 당시 건축됐던 이 건물의 견고함을 말해주었다.

그날 아침 강력한 포격을 받은 또 다른 유명 건물은 빌헬름슈트라세에 있는 괴링의 공군부였다. 공군부의 철근 콘크리트 건물 역시 잘 버텼다. 이 건물은 견고하고 총통 관저에서 가깝기 때문에 군복을 입은 나치 당원들이 대격전에 참여하는 척하면서 모여드는 집합소가 됐다. 뒤섞여 있는 군복들이 인상적이었다. 독일 공군, 무장친위대와 더불어 제1차 세계대전 당시 빌헬름주의_{빌헬름 2세(재위 1888~1918)의 원대함을 추구함} 시절의 군복을 입은 나이 든 국민돌격대 장교도 한 명 있었다. 그는 '밀랍인형 박물관에서 탈출한 것처럼'[5] 보였다.

정부 구역은 이제 그곳으로 후퇴한 모든 병력—상당수를 차지하는 외국 친위대를 포함해 총 1만 명 정도—으로 수비대가 탄탄하게 갖춰졌다. 하지만 서쪽으로의 탈출로는 사실상 차단되었다. 티어가르텐 남쪽 지역에 있는 소련 제8근위군과 북쪽에 있는 제3충격군은 거대한 동물원 대공포 탑의 포격만으로도 발이 묶였다. 그들 외에 남쪽에서 오고 있는 코네프 전차 부대의 남아 있는 한 개 군단과 북쪽에서 오고 있는 주코프의 제2근위전차군은 샤를로텐부르크의 대부분을 점령했다. 하지만 훨씬 더 서쪽에 있는 히틀러 유겐트 분견대들은 여전히 헤어슈트라세의 일부와 하펠강 위의 피헬스도르프 다리를 지켰다. 또한 북쪽으로 2킬로미터 조금 넘는 곳에 있는 슈판다우로 가는 다리에서도 버텼다.

춥고 비가 내리는 날 아침, 빌헬름슈트라세에 있던 프랑스인 친위대 병사 중 하나가 겁에 질린 소련군 병사를 한 명 데리고 오자 그들은 너무 배가 고픈 나머지 즉각 그 병사의 캔버스 천으로 만든 작은 식량 가방을 빼앗아갔다. 소련 병사는 독일군에게 계속해서 자신은 러시아인이 아니라 우크라이나인이며 이튿날 대규모 공격이 있을 거라고 말했다. 그때까지 '샤를마뉴' 대대는 병력이 30명 이하로 줄어 있었다. 총통 관저에서 지급받은 판처파우스트의 상당량도 소진했다. 한편 친위 '헤르만 폰 잘차' 대대의 마지막 남은 몇 대의 티거 전차는 소련 제3충격군과 제8근위군에 맞서기 위해 티어가르텐으로 철수했다.

총통 벙커에서 히틀러가 죽던 날 아침은 "다른 날과 마찬가지로 장교들이 왔다 갔다 하고"[6] 있었다. 하지만 분위기는 긴장되고 들떠 있었다. 독약이 효과를 못 낼까봐 겁먹은 히틀러는 전날 슈툼프페거 박사의 청산가리 캡슐 중 하나를 시험해볼 것을 고집했다. 히틀러가 좋아하는 블론디라는 이름의 독일 암컷 셰퍼드가 시험 대상이라는 것은 금방 알 수 있었다. 그 개에 대한 히틀러의 열정은 1921년까지 거슬러 올라갔다. 지독한 가난에 허덕였던 그는 그 개 한 마리를 얻었다. 그는 자신이 살고 있는 곳에 개를 기를 만한 충분한 공간이 없어 다른 곳에 맡겼지만, 그 개는 맡겼던 곳에서 달아나 히틀러에게로 돌아왔다. 이 사건은 히틀러가 무조건적인 충성심에 집착하는 데 크게 기여한 것으로 보인다. 하지만 블론디의 절대적인 헌신은 자신의 생명을 구하는 데 충분하지 않았다. 네 마리의 새끼들도 총통 관저 정원으로 끌려가 죽음을 맞았다. 괴벨스의 아이들은 얼마 전까지만 해도 발이 큰 이 강아지들과 놀고 있었다.

힘러의 배신 외에 히틀러가 또 매우 골몰하고 있는 부분은 소련 군에게 생포되는 것에 대한 두려움이었다. 무솔리니가 게릴라들에게 처형되고 그와 그의 정부 클라라 페타치의 시신이 밀라노에서 거꾸로 매달렸다는 소식이 전해졌다. 라디오 보도 사본이 히틀러가 안경을 쓰지 않아도 될 만큼 매우 큰 크기의 '총통 활자체'로 준비됐다. "거꾸로 매달렸다"[7]는 문구에 연필로 밑줄을 친 사람은 아마도 히틀러였던 듯하다. 어쨌든 히틀러는 자신의 시신이 모스크바에 전시되는 것을 막기위해 불태워져야 한다고 결정했다. 하지만 그는 역사적 기록에 대해서도 많은 걱정을 했다. 그의 신부는 기꺼이 자살을 함께할 동반자였다. 하지만 만약 그녀가 그렇게 하지 않는다면, 그는 분명 그녀가 살아남아 적의 심문을 받는 것을 원치 않았을 것이다.[8] 죽음은 계약에서 피할수 없는 조항이었다.

밤중에 히틀러는 카이텔 원수에게서 어떤 구조도 기대할 수 없다는 확인을 받았다. 그리고 그날 아침 여단지도자(소장) 몬케는 정부구역에 집중 포격이 쏟아진 다음 그들에게는 이틀 혹은 그 이하의 시간밖에 없다고 통보했다. 늦은 아침에 도착한 바이틀링 장군은 탄약부족으로 그날 밤이 되면 저항은 와해될 것이라고 보고했다. 그는 다시 베를린에서의 탈출을 허가해줄 것을 요청했다. 히틀러는 즉답을 하지 않았다.

바이틀링이 히틀러와 함께 있을 때쯤, 에바 히틀러는 트라우들 융게를 자신의 방으로 데리고 갔다. 그녀는 융게에게 분명 다시는 입을 수 없는 은빛 여우 털 망토[9]를 선물했다. 트라우들 융게는 히틀러와 부인이 단둘이 있을 때 무슨 얘기를 했는지 궁금했다. 그들에겐 대부분의 신혼부부가 하는 대화 주제가 부족했다. 또한 그녀는 은빛 여우 털 망토를 입고 어떻게 베를린 중심에서 탈출해야 할지 생각했다. (히틀러가 에바에게 준 선물은 최근 몇 년 동안 확실히 나아졌다. 1937년 그가 그녀에게 준 크리스마스 선물은 '이집트 무덤에 관한 책'[10]이었다.)

바이틀링 장군은 벤들러블록으로 돌아왔다. 포화를 뚫고, 잔해에서 잔해로 몸을 굽히고 이리저리 뛰어다녀야 했던 과정은 50대 남자에겐 진을 빼는 일이었다. 돌아온 지 한 시간도 지나지 않은 오후 1시 총통 관저에서 소규모 분견대의 호위를 받는 한 하급돌격지도자(소위)가 도착했다. 그가 편지 한 통을 전해주었다. 커다란 봉투에는 독수리와 나치당의 꺾인 십자 문양 그리고 '총통 각하'라는 글자가 금색 대문자로 양각돼 있었다. 히틀러는 바이틀링에게 항복에 관한 질문은 절대 있어서는 안 된다고 알렸다. 다른 전투부대들과 합류할 경우에만 탈출이 허용되었다. "만약 합류할 전투부대를 찾을 수 없다면, 전투는 숲속에서 소규모 부대로 계속되어야 한다." 여기서 얘기하는 숲은 총통이 "그 안에서 헤매고 다니기를" 거부했던 바로 그 숲이었다. 바이틀링은 기운이 났다. 노르트란트 사단의 정찰 차량 중 한 대가 파견돼 이 진지 저 진지를 돌아다니면서 지휘관들에게 준비하라고 통보했다. 그들은 그날 밤 10시에 샤를로텐부르크를 경유해 서쪽으로 탈출할 생각이었다.

점심 식사 전 히틀러는 개인 부관인 돌격대지도자(소령) 오토 귄셰를 불러 자신과 부인의 시신 처리에 관해 세심한 지시를 내렸다. (스메르시는 5월 초 매우 세밀한 조사를 통해 히틀러의 운전기사인 에리히 켐프카가 전날인 4월 29일 총통 관저 차고에 있는 휘발유 통을 보내라는 명령을 받았다고 결론 내렸다.)[11] 그런 다음 히틀러는 영양사 콘스탄체 만치알리, 두 명의 비서인 트라우들 융게, 게르다 크리스티안과 함께 점심 식사를 했다. 아마도 식욕이 없었을 것인 에바 히틀러는 그들과 함께하지 않았다. 히틀러는 매우 침착해 보였지만, 대화는 거의 없었다.

점심 식사 후 그는 침대에 누워 있는 부인에게 갔다. 잠시 뒤 둘은 대기실 복도로 나왔다. 거기엔 권셰가 불러 모은 핵심 측근들이 서 있었다. 괴벨스, 보어만, 크렙스 장군, 부르크도르프 장군 그리고 두 명의 비서가 직별 인사를 했다. 완전히 혼란 상태에 빠져 있던 마그다 괴벨스는 모렐 박사가 썼던 방에 남아 있었다. 히틀러는 다른 나치당 지도자들과 구분되는 흰색 셔츠를 입고 흰색 넥타이를 매고, 평상시 복장인 '검은색 바지와 회녹색 군용 재킷'[12]을 입고 있었다. 에바 히틀러는 '앞부분에 핑크색 꽃들'이 달린 어두운 색의 드레스를 입고 있었다. 히틀러는 최측근 동료들과 냉담한 모습으로 악수한 다음 떠났다.

그 후 아래 벙커는 조용해졌다. 하지만 위층 총통 관저 구내식당에선 음울한 고요함 대신 파티를 하는 큰 소리가 들려왔다. 친위대 전화 교환수 로후스 미슈는 명령을 받고 이런 경박함을 멈추라고 전화했지만, 아무런 대답이 없었다. 다른 위병이 위로 올라가 파티를 멈췄다. 권셰와 또 다른 친위대 장교 두 명이 총통의 마지막 사생활을 보호하라는 지시를 받고 복도에 서 있었다. 이번에는 마그다 괴벨스가 히틀러를 보기를 간청하면서 고요함은 또다시 깨졌다. 문이 열리자 그녀가 권셰를 밀치고 들어가려 했지만, 히틀러는 그녀를 쫓아 보냈다. 그녀는 흐느끼면서 자신의 방으로 돌아갔다.[13]

히틀러가 머리에 총을 쏘는 소리를 들은 사람은 아무도 없는 듯했다. 오후 3시 15분에서 얼마 지나지 않아 시종인 하인츠 링게에 이어 귄셰, 괴벨스, 보어만 그리고 얼마 전에 도착한 악스만이 히틀러의 거실로 들어갔다. 다른 사람들은 문이 닫힐 때까지 그들의 뒷모습을 바라봤다. 귄셰와 링게는 히틀러의 시신을 독일 국방군 담요로 싸서 복도로 나온 다음 계단을 올라가 총통 관저 정원으로 옮겼다. 어느 시점에선가 링게는 자기 주인의 시계를 가져갔다. 그가 소련군 포로로 잡히기 전에 시계를 없애야 했기 때문에 시계는 별 도움이 되지 않았다.[14] 에바 히틀러의 시신—그녀의 입술은 독극물로 오그라들었다고 했다—은 위로 옮겨져 벙커 출구에서 그리 멀지 않은 곳에 있는 히틀러의 시신 옆에 놓였다. 그런 다음 두 시신에는 휘발유가 듬뿍 뿌려졌다. 괴벨스, 보어만, 크렙스, 부르크도르프는 뒤따라가 마지막 경의를 보였다. 불붙은 종이 혹은 헝겊이 두 시신 위로 떨어지자 그들은 팔을 들어올려 히틀러식 경례를 했다. 구내식당에서 파티를 벌이며 술을 마시고 있었던 친위대 위병들 중 한 명이 옆문에서 지켜봤다. 그는 급히 계단을 내려와 벙커로 갔다. 그는 로후스 미슈에게 "총통이 불타고 있어. 가서 보지 않을래?"[15]라고 크게 소리쳤다.

제3충격군의 스메르시 분견대는 전날 정부 구역을 향해 진격하라는 명령을 받았다. 그들은 곧 최종 목적지가 히틀러의 총통 관저라는 것을 알게 됐다. 스메르시 부대의 통역관인 엘레나 르제프스카야는 "정보부 사람들이 갖고 있는 정보는 부족하고 자기 모순적이며 믿을 수 없다"[16]고 썼다. 한 정찰 중대는 히틀러를 생포하라는 임무를 부여받았지만, 히틀러가 아직 베를린에 있는지 확실히 알지 못했다. 스메르시 부대는 어느 "독일인"을 심문했다. 그는 "눈이 충혈되고 입술은 갈라진" 열다섯 살밖에 안 된 히틀러 유겐트에 지나지 않았다. 르제프스카야는 "그는 소련군에게 총을 쏘았다. 지금 그는 여기 앉아 주위를 둘러보고 있지만, 아무것도 이해하지 못한다. 그냥 어린 소년일 뿐이다"라고 적었다. 4월 29일 저녁 스메르시에는 더 많은 행운이 따랐다. 한 간호사는 방어선을 통과해 어머니에게 가려다가 붙잡혔다. 그녀는 자신의 야전 모자를 급히 벗었다. 전날 그녀는 부상병들과 함께 총통 관저 벙커에 있었다. 그곳에서 히틀러가 "지하실에" 있다는 말을 들었다.

르제프스카야는 어떻게 자신들이 미제 지프차를 타고 폭파된 바리케이드를 통과해 돌무더기와 진격하는 전차들이 떨어트린 빈 연료통들로 일부분이 채워진 대전차호tank ditch, 적의 관측 및 공격으로부터 전차를 방호하기 위해 구축한 인공 구조물를 넘었는지 설명했다. "중심가에 가까워지자 공기는 탁해졌다. 그 당시 베를린에 있었던 사람이라면 누구나 매캐하고 연기와 벽돌 가루로 어둑해진, 습기가 가득한 공기 그리고 입안에서 계속해서 느껴지는 껄끄러움을 기억할 것이다."[17]

그들은 곧 도로가 포격과 돌무더기로 막히면서 차량을 버려야 했다. 그들이 가지고 있던 도심지 지도는 전혀 도움이 되지 않았다. 도로 표지판은 포격으로 파괴돼, 독일인들에게 길을 물어야 했다. 길을 가다가 벽에 난 구멍 사이를 기어다니는 통신병들, 통신병들이 풀어놓은 통신 케이블, 사료를 흘리고 가는 건초 수레 그리고 후방으로 후송되는 부상병들과 마주쳤다. 머리 위로는 시트와 베갯잇이 항복의 표시로 창문에 걸려 있었다. 집중 포격이 가해지는 동안 그들은 지하실 여기저기를 전전하며 길을 갔다. 독일 여자들은 그녀에게 "언제 이 악몽이 끝날까요?"라고 물었다. 도로에서 그녀는 "모자를 쓰지 않고 눈에 금방 띄는 흰색 완장을 찬 채 작은 소년 소녀를 데리고 길을 건너는 중년의 여자"와 마주쳤다. 머리를 단정하게 빗은 여자아이와 남자아이도 흰 완장을 찼다. 옆을 지나칠 때, 그녀는 우리가 알아듣든 말든 관계없이 "이 아이들은 고아입니다. 우리 집은 포격을 당했습니다. 나는 이 아이들을 다른 곳으로 데리고 가는 중입니다. 이들은 고아입니다"라며 울부짖었다.

괴벨스의 아이 여섯 명은 고아가 될 위험이 없었다. 그들의 부모는 아이들을 함께 데리고 갈, 좀더 정확히 얘기하자면, 먼저 보낼 작정이었다.

괴벨스의 아이들은 벙커에서 신기한 생활을 꽤 즐긴 것 같다. 남자아이 헬무트는 폭탄이 떨어져 벙커가 흔들릴 때마다 마치 대단한 놀이인 것처럼 굴었다. "아돌프 아저씨"는 풀 먹인 모노그램 식탁보가 덮인 차 테이블에 차려지는 샌드위치와 케이크로 그들을 버릇없게 만들었다. 심지어 벙커에 하나밖에 없는 히틀러의 개인 침대를 사용할 수 있다는 허락을 받기도 했다. 하지만 부모는 아이들의 앞날을 결정했다. 4월 27일 저녁 마그다 괴벨스는 얼마 전에 도착한 친위대 의사 헬무트 쿤츠를 벙커 복도에서 만났다. 쿤츠는 상황이 끝난 직후 소련 심문관들에게 "그녀는 내게 말해야만 할 매우 중요한 일이 있다고 했습니다. 곧이어 그녀는 그녀와 내가 아이들을 죽여야만 할 것 같다고 덧붙였고, 나는 동의했습니다"[18]라고 말했다.

아이들은 4월 30일 오후에 무슨 일이 있었는지 듣지 못했지만, 나중에 어머니가 극도로 긴장한 모습에서 분명 무슨 끔찍한 일이 일어났다고 생각했을 것이다. 잔혹한 상황 속에서 트라우들 융게가 갑자기 아이들 생각을 할 때까지 누구도 그들에게 점심밥을 줄 생각을 하지 못했다.

위층의 파괴된 정원에 있는 시신들에서 여전히 연기가 나는 동안 벙커에 있는 사람 대부분의 기분은 밝아졌다. 많은 사람이 폭음을 하기 시작했다. 하지만 보어만은 총통의 계승과 차기 나치 정부 구성에 골몰했다. 그는 발트해 연안 킬 근처의 플뢴 사령부에 있는 되니츠 대제독에게 전문을 보냈다. 전문에는 되니츠에게 총통 계승자로 제국 원수 괴링 대신 그가 임명됐다는 사실만을 알렸다. "인가증이 오고 있습니다. 즉시 상황이 요구하는 모든 조치를 취하십시오." 그는 되니츠에게 총통이 죽었다는 사실을 말하지 않았다. 자신이 히틀러 없이는 실제적인 권력 기반을 갖고 있지 못했기 때문일 것이다. 최악인 점은 힘러가 되니츠와 함께 플뢴에 있으며 되니츠는 힘러를 반역죄로 체포하지 않았다는 사실이었다. 만약 보어만이 새로운 나치 정부에 가담해 힘러와 거래할 기회를 잡으려면 베를린을 빠져나와야 했다. 하지만 괴벨스, 크렙스, 부르크도르프는 남아서 자살할 작정이었다.

죽음을 거부하기로 결심한 이들 중엔 베를린 남쪽 숲을 돌파하려는 부세의 제9군의 잔여 병력도 있었다. 2만5000여 명의 병사와 수천 명의 민간인은 코네프 원수의 정지선을 돌파하거나 빠져나왔다. 비록 녹초가 됐지만 사냥감처럼 자신들을 억지로 몰아붙였다.

다른 부대들이 여전히 약속 장소로 향하는 동안 몇몇 부대는 이미 약속 장소인 쿠머스도르프에 도착했다. 전날 몇 대의 전차가 선봉에 서고 민간인들이 뒤에 정렬해 또 다른 탈출 시도를 했다. 하지만 그들이 앞에 있는 저지선을 공격하려는 순간 갑자기 날아온 소련군 포격에 시도는 와해되었다. 쿠머스도르프 근처 도로 교차점을 보병 지원

없이 지키라는 명령을 받은 소련 제530대전차포병연대는 돌파를 감행하는 독일군 병사들에게 제압될 뻔했다. 보고서엔 "포병들은 공격하는 보병들을 격퇴하기 위해 기관단총과 수류탄을 집어들어야 했다"고 적혀 있었다. 보고서는 이어서 적군이 "사격 진지 앞에서 1800여 명이 죽고, 아홉 대의 전차와 일곱 대의 반무한궤도 차량이 불탔다"[19]며 과장된 주장을 했다.

쿠르마르크 사단 소속 한 상병은 마지막 남은 킹 티거 전차 세 대가 연료 부족으로 인해 버려지고 폭파되는 모습을 지켜봤다. 제9군 사령부 장교들조차 퀴벨바겐 차량들을 버려두고 걸어서 이동해야 했다. 철모를 쓰고 카빈 소총을 든 채 넓고 빨간 줄무늬의 작전참모 바지를 입고 있는 그들의 모습은 낯설고도 눈에 금방 띄었다. 이 상병에 따르면 숲속에서의 근접전 가능성에 익숙지 않은 그들은 초조하게 주위를 둘러봤다고 한다. 하지만 진정한 위험은 공습 그리고 소련 포병들이 나무 높은 곳에서 포탄을 폭발시키는 것이었다. "우리는 전차 한 대가 남아 있는 빈터에 도착했다. 이 전차는 이미 부상병들로 덮여 있었다. 자리 하나를 두고 병사들이 싸우는 모습은 너무 무섭고, 슬프고, 고통스러웠기 때문에 우리는 이 모습을 외면했다."[20] 자리다툼의 승자들은 중상자들을 밀어내고 전차 꼭대기로 기어 올라갔다. 중상자 가운데 상당수는 총격을 받아 잘려나간 사지의 남은 부분에 감아둔 붕대가 풀려 있었다.

또 다른 붕괴의 조짐은 극도로 긴장한 병사들이 의혹을 품으며 감정을 폭발시키는 데서 나타났다. 그날 저녁 병사들 사이에서 앞으로의 방향에 대한 논쟁이 벌어졌다. 한 병사가 자신의 생각에 동의하지 않는 병사를 움켜잡고 나무로 몰아붙이며 "반역자인 너는 우리를 소런군의 손아귀에 넘겨주려 하고 있어. 너는 자유 독일의 첩자야!"라고 소리쳤다. 주변의 동료들이 말리기도 전에 권총을 꺼내 자신이 비난했던 병사의 머리를 쏘았다.

베를린 중심가에서는 방공호와 지하실에 갇힌 사람들이 극도의 밀실공포증을 느끼는 삶이 계속됐다. 체계화된 생활이 완전히 붕괴되자 사람들은 새로운 일상을 만들어냄으로써 마음을 진정시키려고 했다. 정부 구역과 매우 가까운 한 지하실에서는 한 재단사 부인이 정확히 정해진 시간에 냅킨을 무릎 위에 펼쳐놓고 빵을 작은 조각으로 자른 다음 거기에 약간의 잼을 발랐다. 그녀는 빵 조각들을 그녀의 남편, 딸 그리고 장애가 있는 아들에게 나누어주었다.

많은 사람이 신경쇠약에 걸릴 처지였다. 몸이 마른 어린 아들과 함께 있는 한 젊은 여자는 전선으로 파견된 소방관 남편에 대해 계속 떠들었다. 그녀는 남편을 2년 동안 보지 못했다. 그녀가 불안에 대처하는 방법은 아파트에서 남편이 해야 할 일—문고리와 창문 자물쇠 교체—목록을 작성하는 것이었다. 하지만 이제 그들의 집은 포격으로 불타버렸다. 통역관 르제프스카야는 총통 관저가 장악되길 기다리는 동안 "그 아이는 고통스럽게 얼굴을 찡그리고 있었다. 그 아이는 수없이 반복되는 어머니의 이야기를 견디기 힘들어하는 듯했다"[21]고 적었다.

혼란스러운 전투 상황에서 부당한 보복에 대한 두려움이 모두를 겁먹게 만들었다. 위층 아파트로 몰래 돌아갈 기회가 생기면 여자들은 히틀러의 사진 혹은 나치 정권을 지지한다는 사실을 나타낼 수도 있는 증거물들을 갈기갈기 찢거나 불태웠다. 그들은 심지어 남편, 형제 혹은 약혼자들의 최근 사진도 파기해야 했다. 그들이 독일군 군복을 입고 있었기 때문이다.

바깥세상은커녕 베를린에 있는 자기 주변에서 실제 무슨 일이 일어나고 있는지 아는 사람은 거의 없었다. 베를린 북쪽에 있는 라벤스브뤼크 여자 강제수용소는 그날 로코솝스키의 제2벨라루스전선군에 의해 해방됐다. 서방 연합군 역시 로코솝스키가 메클렌부르크를 가로질러 성급하게 진격함으로써 크렘린에 덴마크를 점령한다는 망상을 품게 했음을 알아차렸다. 영국군은 그들을 앞지르기 위해 함부르크와 발트해 연안의 킬을 향해 진격하면서 빠르게 대응했다.

또한 4월 30일 트루먼 대통령은 마셜 장군에게 붉은 군대가 도착하기 전에 프라하를 해방시키라는 명령을 패튼의 제3군에 내려야 한다는 영국의 요청을 알렸다. 마셜은 아이젠하워에게 "개인적으로 그리고 모든 논리적, 전술적 혹은 전략적 의미는 제쳐두고, 나는 정치적 목적으로 미군의 목숨을 위태롭게 하는 것을 정말 싫어합니다"[22] 라고 말했다.

미국 지도자들은 독일군이 무슨 수를 써서라도 붉은 군대에 저항하면서 미군에게 항복하기를 간절히 원하고 있다는 사실을 여전히 파악하지 못했다. 1933년에 히틀러가 권력을 잡게끔 해주었던 프란츠 폰 파펜은 4월 셋째 주에 미국 심문관들에게 독일인은 모든 남자가 소비에트 연방에 노예로 끌려가지 않을까 두려워했다고 말했다. 그들은 "얄타에서 비밀 협정이 체결됐고, 그 협정에 의해 소련은 필요로 하는 충분한 노동력을 약속받았다"[23]고 의심하고 있었다.

그날 아침 히틀러의 메시지를 갖고 왔던 하급돌격지도자(소위)가 오후 6시에 벤들러블록 아래에 있는 바이틀링 장군의 지휘 본부로 다시 찾아왔다. 바이틀링과 그의 참모진은 히틀러가 허락한 그날 밤의 탈출 계획을 마무리 짓고 있었다. 그런데 하급돌격지도자가 가지고 온 전문은 모든 탈출 계획을 취소하라는 것이었다. 바이틀링은 즉시 총통 관저에 가서 보고할 참이었다.

그는 총통 벙커에 도착해 괴벨스, 보어만, 크렙스를 만났다. 그들은 바이틀링을 히틀러 부부가 자살한 방으로 데리고 가서 히틀러 부부의 시신은 불태워진 다음 위 정원에 있는 큰 포탄 구멍에 묻혔다고 말했다. 바이틀링은 이 사실을 아무에게도 말하지 않겠다는 맹세를 강요당했다.[24] 외부 세계에서 이 사실을 전해 들은 유일한 사람은 스탈린이었다. 그날 밤 휴전 협정을 체결하기 위한 시도가 있을 계획이었다. 크렙스 장군은 소련군 사령관에게 알려 그가 크렘린에 알릴 수 있도록 할 생각이었다.

이 소식을 듣고 다소 얼이 빠진 바이틀링은 곧바로 벤들러블록 사령부에 있는 레피오어 대령에게 전화를 걸었다. 그는 레피오어 대령에게 무슨 일이 일어났는지 말할 수는 없지만, 참모장인 폰 두프빙 대령을 포함한 여러 참모와 합류해야 한다고 말했다.

🐻

중포들이 총통 관저 북쪽으로 1킬로미터도 채 떨어져 있지 않은 제국의회 의사당에 계속 포격을 가했다. 병장들은 서로 자신의 소대가 가장 먼저 목표 지점에 도착하는 영광을 누리길 원한다며 돌격대대 지휘관인 네우스트로예프 대위한테 졸라댔다. 그들은 제국의회 의사당 건물 위에 제3충격군의 붉은 깃발이 게양되기를 꿈꿨다. 영원한 소련의 영광이 그 행위에 달려 있을 것이었다. 공산청년동맹 단원들로 깃발 부대 하나가 만들어졌다. 네우스트로예프 대대의 정치부가 선발한 이 깃발 부대에는 '스탈린을 위한 특별 선물'[25]로 차출된 조지아인 한 명도 포함돼 있었다. 체첸인, 칼미크인, 크림 타타르인과 같은 민족은 엄격하게 배제됐다. 유배형을 받았던 민족 출신은 소비에트 연방 영웅에 추천되는 일이 금지됐기 때문이다.

잘못된 낙관론으로 전선군 사령부로 하여금 제국의회 의사당이 이미 점령됐다는—이 소식은 모스크바에 긴급 전달됐다—생각을 갖게 했던 사단장 샤틸로프 장군은 이젠 지휘관들에게 무슨 수를 써서라도 붉은 깃발을 건물 위에 올리라고 명령하고 있었다. 짙은 폭음 때문에 일찍 어두워졌다. 오후 6시경 제150소총사단의 세 개 소총연대는 강력한 전차 지원을 받으며 건물로 돌진했다.

창문과 문이 차단되거나 벽돌로 막혀 있다는 것을 알아차린 소총수들은 건물로 들어가는 데 중포의 포격이 필요했다. 그들은 중앙 홀로 진입했다. 독일 수비대원들은 위층 석조 발코니에서 판처파우스트를 발사하거나 수류탄을 던졌다. 공격군 중 한 명인 벨랴예프 상위는 거대한 석조 기둥에 피가 튀던 광경을 아직까지 생생히 기억했다.[26]

사상자가 엄청나게 발생했다. 하지만 붉은 군대 병사들은 일반적인 조합인 수류탄과 기관단총을 이용해 난간 뒤에서 사격을 하면서 널따란 계단을 올라가기 시작했다. 해군, 친위대, 히틀러 유겐트가 섞인 독일군 수비대 일부는 지하로 후퇴했다. 나머지는 교전을 하면서 위로 후퇴하거나 복도를 따라 물러났다. 판처파우스트와 수류탄으로 많은 방은 불길에 휩싸였고, 큰 홀들은 연기에 휩싸이기 시작했다.

마치 목숨을 건 럭비 경기 같았다. 이 느슨한 럭비팀들이 혼란 속에서 싸우는 동안, 깃발 부대의 두 병사는 혼란을 지나 붉은 깃발을 들고 지붕으로 달려갔다. 그들은 2층까지 간신히 올라갔다. 하지만 거기서 기관총 사격을 받아 꼼짝 못 하게 됐다. 이 연대는 오후 10시 50분 두 번째 공격에 성공했고 제국의회 의사당의 둥근 지붕에 붉은 깃발이 펄럭였다고 주장했다. 이런 주장은 신중히 받아들여야 한다. 소련 선전부가 5월 1일까지 제국의회 의사당을 점령하려는 생각에 집착했기 때문이다.

공식적인 보고조차 밤새 계속된 전투의 격렬함을 인정한 걸 보면, 정확한 시간이 어떻게 되었든 간에 '승리의 붉은 깃발 게양'은 그 단계에서 피상적인 행위에 지나지 않았다. 소련군 병사들이 싸움을 계속하며 위층으로 올라가고 있을 때, 지하실에 있던 독일군들이 뒤에서 공격했다. 어느 순간 클로치코프 중위는 병사 몇 명이 바닥에 있는 무언가를 검사하듯이 둥그렇게 쭈그리고 앉아 있는 것을 보았다. 갑자기 그들은 모두 일어나 뒤로 물러났고, 그는 거기에 구멍이 하나 있는 것을 보았다. 조금 전 병사들은 아래층에서 아무런 낌새를 못 챈 독일군 머리 위로 일제히 수류탄을 투척했다.[27]

그날 밤 베를린의 중심가에선 포격을 받은 건물들의 불길이 어두운 거리에 낯선 그림자와 붉은 불빛을 드리웠다. 공기 중의 그을음과 먼지는 베를린 중심부를 거의 숨 막히게 했다. 가끔 건물의 석조 부분이 무너져 내리는 소리가 크게 들렸다. 그리고 공포 효과를 더하기 위해 탐조등 불빛이 독일 비행기들이 사라진 밤하늘을 수색하며 상공을 돌아다녔다.

한 무리의 지친 외국인 무장친위대 병사들은 콘티넨탈 호텔 지하실로 피신했다. 그곳은 전투복을 입은 병사들을 불안하게 바라보는 여자와 아이들로 가득 차 있었다. 호텔 매니저는 그들에게 다가와 야코프슈트라세에 있는 방공호로 가는 게 더 낫지 않겠느냐고 물었다. 친위대 의용군들은 목숨을 바쳐 싸웠던 자신들이 이제 냉대를 받는 것에 씁쓸함을 느꼈다. 그들은 몸을 돌려 그곳을 떠났다. 전투 중인 병사들은 자신들이 버림받은 자들로 취급된다는 사실을 깨달았다. 그들은 더 이상 용감한 수비대가 아니라 위험 요소였다. 군 병원 하나를 포함한 병원들에서는 간호사들이 즉시 무기를 몰수했기 때문에 소련군이 도착했을 때 그들은 부상병들을 쏠 수단이 없었다.

몬케와 함께 총통 관저에 있었던 노르트란트 사단의 이전 지휘관인 여단지도자(소장) 치글러가 갑자기 빌헬름슈트라세에 있는 공군부에 나타났다. 그는 상황이 얼마나 절박한지 들을 필요가 없었다. 하지만 그다음 놀랍게도 한 벨기에인이 지휘하는 20명이 갓 넘는 한 무장친위대 소대가 도착했다. 그곳에 있던 또 다른 병사는 그들이 "마치 방금 전 전투에서 승리했다는 듯이"[28] 웃고 있었다고 썼다. 이 부대는 안할터 반호프 주변의 대전차 돌격대 소속이었다. 그들은 그곳이 "전차 폐기장"이 됐다고 주장했다. 독일 민족주의 최후의 보루를 지키는 외국인 의용군들 사이에서 지옥에 떨어진 사람들의 특별한 동지애가 자라났다. 공군부의 노르트란트 사단 부서에는 스칸디나비아인들뿐만 아니라, 세 명의 라트비아인과 '사랑하는 두 명의 이반'이 있었다. 이들은 전투부대에 받아들여진 대독 협력자들이었다는 데 의심의 여지가 없다.

벤들러블록의 레피오어 대령은 총통 관저에서 걸려온 전화를 받았다. 그는 베를린의 붉은 군대 지휘관에게 크렙스 장군이 협상을 위한 시간과 장소를 정하길 원한다는 사실을 알리는 통신문을 보내야 했다.

제8근위군 구역에서 휴전 조정을 위한 모든 과정은 오후 10시부터 벌써 5월 1일이 된 이튿날 이른 새벽까지 이어졌다. 추이코프 장군은 템펠호프 비행장 서쪽의 슐렌부르크링에 있는 반 도시형 주택인 자신의 사령부로 크렙스를 안전하게 안내하라는 명령을 내렸다. 추이코프는 작가 프세볼로트 비슈넵스키, 시인 돌마톱스키, 승리의 찬가를 작곡하기 위해 베를린으로 파견된 작곡가 블란터와 함께 축하를 하고 있었다.

크렙스 장군은 폰 두프빙 대령과 두프빙의 통역관으로 활동하는 라트비아인 상급돌격지도자(중위) 나일란디스를 대동하고 오후 10시경 전선으로 갔다. 크렙스 자신은 여전히 광신적인 저항의 사도로 남아 있으면서도, 한편으로는 매일 면도 거울을 보면서 몰래 러시아어를 다시 공부하고 있었다.

독일 전권 위원들은 오전 4시가 되기 직전 추이코프의 본부로 들어갔다. 상황을 즐기고 있던 사람들 중 유일하게 군복을 입지 않은 블란터는 벽장 쪽으로 밀려났다. 전쟁 특파원으로서 군복을 입고 있던 비슈넵스키와 돌마톱스키는 참모 장교인 척했다.

크렙스는 "앞으로 제가 하는 말은 절대 비밀입니다. 장군은 4월 30일 아돌프 히틀러가 자살했다는 사실을 아는 첫 외국인입니다"[29]라고 말문을 뗐다.

그러자 추이코프는 "우리는 그걸 알고 있습니다"라고 거짓으로 대답해 상대방을 당황하게 만들었다.

크렙스는 히틀러의 정치적 유언과 "이번 전쟁으로 가장 고통받은 국민을 위한 만족할 만한 출구"를 요구하는 괴벨스의 성명서를 읽었다. 추이코프 오른쪽에 앉아 있던 비슈넵스키는 수첩에 모든 대화를 기록했다.

추이코프는 슈트라우스베르크의 사령부에 있는 주코프 원수에게 전화를 걸어 현 상황에 관한 최신 정보를 제공했다. 주코프는 즉시 자신의 부사령관인 소콜롭스키 장군을 추이코프에게로 보냈다. 그는 가장 강력한 비판가인 추이코프가 독일의 항복을 받아냈다고 주장할 수 있게 되기를 원치 않았다. 주코프는 자신의 다차 러시아의 시골 저택에 있는 스탈린에게 전화를 걸었다. 스탈린의 경비대 대장인 플라시크 장군이 전화를 받았다. 그는 주코프에게 "스탈린 동무는 방금 잠자리에 들었습니다"[30]라고 말했다.

"스탈린 동무를 깨워주세요. 긴급한 문제여서 아침까지 기다릴 수 없습니다."

몇 분 뒤 스탈린이 전화를 받았을 때, 주코프는 그에게 히틀러의 자살 소식을 전했다.

스탈린은 "이제 그자는 끝장났구만"이라고 말했다. "그를 생포하지 못해 유감이구만. 히틀러의 시신은 어디 있는가?"

"크렙스 장군에 따르면 그의 시신은 불태워졌다고 합니다."

"소콜롭스키에게 크렙스나 히틀러의 다른 일당과 무조건 항복을 제외한 그 어떤 협상도 하지 말라고 하시오. 그리고 긴급한 일이 없으면 아침까지 내게 전화를 하지 마시오. 나는 퍼레이드 전에 잠시 휴식을 취하고 싶소."

주코프는 그날 아침 늦게 오월제 퍼레이드가 붉은 광장에서 있을 거라는 사실을 완전히 잊고 있었다. 심지어 베리야는 이 행사를 위해 특별히 모스크바의 통행금지령을 해제하기도 했다. 주코프는 수도 주둔군이 이 퍼레이드를 위해 이동해 자리를 잡고, 소련 지도자들이 레닌 영묘에 모인 다음 분열식이 이루어지는 광경을 떠올렸다.

독일 측에서 실제로 무슨 일이 일어났는지 전혀 모르고 있던 추이코프가 항복에 관한 주제를 끄집어낼 때마다, 크렙스는 군인이 아닌 외교관 역할을 했다. 그는 소비에트 연방이 되니츠 정부를 인정해야 한다고 주장하려 했다. 그다음에야 독일은 붉은 군대에 항복할 수 있으며 '배신자' 힘러가 미국 그리고 영국과 별도의 협정을 이루어내는 것을 막을 수 있었다. 하지만 농부의 영리함을 발휘하는 추이코프는 이런 전술이 어떤 것인지를 알고 있었다.

크렙스와 마주하고 있는 그룹에 참여했던 소콜롭스키 장군은 드디어 주코프에게 전화를 걸었다. 그는 주코프에게 "그들은 매우 교활하게 굴고 있습니다. 크렙스는 자신이 무조건 항복을 결정할 권한이 없다고 분명하게 말하고 있습니다. 그에 따르면 되니츠가 이끄는 새로운 정부만이 결정할 수 있습니다. 크렙스는 우리와 휴전을 하려고 합니다. 저는 그들이 즉시 무조건 항복에 동의하지 않는다면 마귀할멈에게로 보내야 한다고 생각합니다"라고 말했다.

주코프는 "자네 말이 맞네, 바실리 다닐로비치. 그에게 괴벨스와 보어만이 무조건 항복에 동의하지 않는다면, 우리는 베를린을 초토화시킬 거라고 말하게"라고 대답했다. 스타프카와 상의한 다음 주코프는 제한 시간을 5월 1일 아침 10시 15분으로 정했다.

답은 오지 않았다. 최종 시간으로부터 25분 지난 시점에서 제

1벨라루스전선군은 도시 중심가의 남아 있는 지역에 '집중포화'를 쏟아부었다.

총통 관저와
제국의회 의사당

오월제 새벽, 베를린 중심가에서는 녹초가 된 소련군 병사들이 건물 벽에 몸을 기댄 채 인도에서 잠을 자는 모습이 보였다. 총통 관저가 장악되기를 기다리고 있던 통역관 르제프스카야는 부서진 문 조각을 베개 삼아 배 속 태아 자세로 자는 한 병사를 보았다. 잠에서 깬 병사들은 그들의 발싸개를 다시 묶었다. 그들은 전날 오후 히틀러가 자살했다는 사실을 전혀 모르고 있었다. 그들 중 몇몇은 독일군 포로들에게 여전히 "히틀러는 멍청한 놈!"이라고 소리쳤다.

총통의 죽음은 독일 측에선 그날 밤과 몇 안 되는 고위 장교들이 그 사실을 알았던 이튿날 아침까지 극비 사항이었다. 크루켄베르크를 신임하던 여단지도자(소장) 몬케는 지독하게 거만한 나치의 화려한 문체를 포기할 수 없었다. 몬케는 크루켄베르크에게 "타오르던 혜성이 소멸했다"[1]고 말했다.

장교들은 협상 소식을 기다렸지만, 아침에 갑자기 다시 시작된 집중 포격이 상황을 대변했다. 크렙스 장군은 휴전을 이끌어내는 데 실패했다. 소련군 지휘관들은 무조건 항복을 주장했고 괴벨스는 거부했다. 집결한 제3충격군, 제8근위군, 제5충격군의 대포와 카추샤 로켓이 반쯤 폐허가 된 건물들을 향해 다시 불을 뿜었다.

몬케 역시 그날 아침 크루켄베르크에게 소련군이 지하철인 우반 터널로 들어와 제국의회 의사당 뒤로 올라오지 않을까 두려워한다고 말했다. 크루켄베르크는 "가장 먼저 나는 노르트란트 사단 공병대를 우반 터널을 통해 포츠다머플라츠로 보냈다"[2]고 썼다. 그는 그 이상의 자세한 명령 내용이나 정확한 시간을 밝히지는 않았지만, 아마도 베를린을 두고 벌어진 전체 전투에서 가장 논쟁적인 명령, 즉 트레비네르슈트라세 근처 란트베어 운하 밑의 에스반 터널을 폭파하라는 명령이었던 듯하다.

친위대 공병은 에스반 터널을 폭파하는 데 '성형작약탄'[3]을 사용한 게 분명했다. 폭발물을 천장에 큰 원 모양으로 설치해서 큰 덩어리를 떼어냈다는 의미였다. 상대적으로 적은 폭발물로 두꺼운 철근 콘크리트를 뚫을 수 있는 유일한 방법이었다. 폭발 시간과 심지어 날짜에 대한 추정은 매우 다양했다. 손목시계와 벽시계의 약탈이 있었던 데다 벙커와 터널에 대피해 있는 사람들에게는 밤이 끝없이 이어지기 때문에 낮과 밤을 잘 구별할 수 없었던 탓이다. 가장 믿을 만한 이야기는 5월 2일 이른 아침에 폭발이 일어났다는 것이다. 명령이 지연됐거나 노르트란트 사단 공병 분견대가 임무를 수행하는 데 상당한 어려움을 겪었다는 의미였다.

이 폭발로 물이 연결 통로를 지나 에스반과 우반 터널 25킬로미터를 침수시켰다. 사상자는 "적으면 50명에서 많으면 1만5000명 정도"[4]로 추산된다. 많은 베를린 시민은 소련 당국이 희생자들을 안할터 반호프 근처 작은 운하항으로 나른 다음 잔해 아래에 묻었다고 믿고 있다. 좀더 대략적인 추정치인 약 100명이라는 수치는 터널에 수천 명의 민간인과 부상자로 꽉 찬 지하철 객차인 '병원 열차' 몇 대가 있었지만, 물이 여러 방향으로 흘러나갔기 때문에 물이 빠르게 차오르지 않았다는 사실에 근거했다. 여자들과 어두운 터널을 뛰어다니던 아이들은 물이 차오르자 당연히 겁에 질렸다. 몇몇은 술로 모든 것을 잊어버리려는 많은 사람뿐만 아니라 지치거나 부상당한 병사들이 물 밑으로 미끄러져 들어가는 것을 봤다고 자세히 이야기한다. 몇몇 경우엔 사실일 수 있지만, 사상자 추정치는 믿기 어렵다. 대부분의 지점에서 물의 깊이는 1.5미터도 되지 않았다. 슈타트미테 우반 역 근처에 있는 '병원 열차'들을 대피시킬 충분한 시간이 있었다. 또한 발견된 시신 중 다수는 지하 응급치료소에서 부상으로 이미 사망해 옆 터널에 버려졌던 병사와 시민들이었을 가능성이 컸다. 홍수로 시체들이 물에 휩쓸렸을 것이고, 그 후에 누구도 실제 사인을 확인할 시간은 없었을 것이다. 죽은 사람 몇 명은 친위대 대원이었다. 그들은 그로세 함부르거슈트라세의 유대인 공동묘지에 묻힌 50여 명 사이에 있을 것이다.

제국의회 의사당 내부 전투는 여전히 격렬했다. 이로 인해 승리의 붉은 깃발을 오월제 자정 이전에 게양하는 일은 오히려 조롱거리가 되고 말았다. 독일군 수류탄을 다시 독일군에게 던지려던 한 소련군 병사가 조준을 잘못하는 바람에 수류탄은 문 상인방맨 위쪽 문틀을 맞고 튀어나와 발밑에서 폭발해 그곳에 있던 소련군 병사들을 날려버리는 경우도 있었다.[5] 양측 병사들은 지치고, 목이 마르며, 먼지와 연기로 목과 코에 쓰라림을 느끼면서도 싸움을 계속했다. 이 장면을 보면서 한 소련군 장교는 히틀러가 독일 공산당을 분쇄하기 위해 1933년 제국 의회 의사당에 불을 지른 사건을 계속 생각했다.

포격은 오후 늦게까지 잦아들지 않았다. 지하실에 있던 독일군 병사들은 고위 장교와 협상하길 원한다고 소리쳤다. 젊은 네우스트로예프 대위는 베레스트 중위에게 대령인 척하라고 말했다. 네우스트로예프는 브레스트에게 견장을 가리도록 양가죽 코트를 준 다음 그를 앞으로 보내 협상하도록 했다. 잠시 뒤 독일군들이 지하실에서 나왔다. 그들은 다 해진 군복을 입고 더러운 모습에 면도도 하지 못했으며 눈을 깜빡이면서 주위를 둘러보았고 "순종적인 개들처럼 웃고 있었다".[6] 300여 명의 독일군 병사와 장교들이 자신의 무기를 내려놓았다. 전투에서 200여 명이 사망했다. 지하에 임시로 마련된 응급치료소에는 또 다른 500여 명이 누워 있었다. 그들 중 많은 수가 제국의회 의사당 습격 이전에 부상을 당한 병사들이긴 했지만 말이다.

훨씬 더 큰 목표물은 티어가르텐 서남쪽 변두리에 있는 동물원 대공포 탑이었다. 이 탑은 203밀리 곡사포의 직격탄을 견딜 수 있을 만큼 강력했다지만, 공포에 떨고 있는 수천 명의 민간인이 있는 내부 상황은 이루 말할 수 없을 정도였다. 시설이 잘 갖춰진 야전병원 구역에도 1000명이 넘는 부상자와 환자가 있었다.

카투코프의 제1근위전차군과 추이코프의 제8근위군은 란트베어 운하를 건너 남쪽에서 티어가르텐을 공격했다. 하지만 동물원 대공포 탑을 공격하는 임무는 제79근위소총사단 소속의 두 개 연대에 맡겨졌다. 이 탑을 급습하기란 불가능한 일이었다. 4월 30일 그들은 독일군 포로들을 사절로 보내 그곳 지휘관에게 연필로 쓴 최후통첩장을 전달했다. "우리는 당신이 더 이상 싸우지 않고 요새를 포기할 것을 제안합니다. 우리는 친위대와 돌격대를 포함한 어떤 병사들도 처형하지 않겠다고 보장합니다."[7]

5월 1일 마침내 포로 중 한 명이 답장을 가지고 돌아왔다. "당신의 편지를 오후 11시에 받았습니다. 우리는 [오늘 밤] 자정에 항복할 겁니다. 주둔군 사령관, 할러." 할러는 사실 수비대 사령관이 아니었다. 답장이 오랫동안 지연된 이유는 그날 저녁 탈출을 준비하기 위해서였다.

그날 포위된 또 다른 요새는 베를린 서북쪽 끝자락에 있는 슈판다우 요새였다. 건축학적으로 볼 때 이 요새는 동물원 대공포 탑이 불러일으키는 실제적인 공포보다 훨씬 더 큰 공포를 불러일으켰다. 슈판다우 요새는 1630년 하펠강과 슈프레강이 합류하는 지점에 있는 한 섬 위에 벽돌로 지어졌다. 전쟁 중 이 요새는 육군 방독연구소로 이용됐지만, 다른 실제 작업을 숨기기 위한 위장이었던 것으로 보인다.

4월 30일 소련 제47군은 마침내 근처 하펠강 위의 두 다리를 모두 사정거리 내에 둘 수 있는 대포를 갖춘 이 엄청난 장애물과 맞붙었다. 군사령관 페르호로비치 장군은 전면전을 피하면서 선전전으로 적의 사기를 꺾기 위해 그리신 소령의 지휘를 받는 제7국을 앞으로 보냈다. 트럭에 실은 확성기로 매시간 정각에 방송을 했다. 독일군은 포격으로 응수했다.

이튿날인 5월 1일 페르호로비치는 독일 수비군 지휘관에게 항복 제안을 하라는 명령을 그리신 소령에게 내렸다. 그리신은 휘하의 장교들을 소집해 "이 임무는 매우 위험하기 때문에 누구에게도 명령을 내릴 수 없다. 나와 함께 갈 자원자 한 명이 필요하다"[8]고 말했다. 장교 일곱 명이 모두 자원했다. 그리신은 그중 훗날의 동독 영화 제작자이자 마르쿠스 볼프의 동생인 콘라트 볼프에게 그는 갈 수 없다고 말했다. 요새에는 친위대 장교들이 있었다. 만약 그들이 독일인인 볼프가 소련 군복을 입고 있는 것을 의심하게 되면 즉시 사살할 것이기 때문이었다. 볼프의 가장 친한 친구인 블라디미르 갈이 대신 선발됐다. 그와 그리신은 흰 깃발을 흔들면서 숲 가장자리에서 모습을 드러냈다. 그들은 천천히 해자 위의 벽돌 다리 앞에 있는 불탄 티거 전차 주위에 만들어진 바리케이드로 접근했다.

소련군이 오는 것을 본 독일군은 중앙 출입구 위 수십 미터 높이의 난간이 있는 석조 발코니에서 밧줄 사다리를 내려보냈다. 그리신과 갈은 그 밧줄 사다리를 타고 올라갔다. 사다리가 마구 흔들렸다. 그들은 발코니에 도착한 다음 상당히 불안한 마음으로 불이 켜져 있지 않은 발코니 너머의 방으로 들어갔다. 한 무리의 독일 국방군과 친위대 장교들이 눈에 들어왔다. 이 요새의 지휘관은 융 대령과 그의 부관 코흐 중령인 것 같았다. 금속 테 안경을 쓰고, 늙고 주름진 얼굴에, 회색 머리는 짧게 깎고 군복 깃이 목 주위에 늘어져 있는 융은 직업군인처럼 보이지 않았다. 하지만 그리신과 갈 모두 융의 진정한 직위가 무엇인지는 전혀 알지 못했다.

협상이 시작됐다. 그리신은 독일어를 거의 하지 못했기 때문에 소련군 쪽에선 유대인 철학자인 갈이 전적으로 협상을 맡았다. 코흐는 히틀러가 요새를 포기하려고 하는 장교는 모두 즉시 사살하라는 명령을 내렸다고 설명했다. 안타깝게도 제47군은 히틀러가 죽었다는 소식을 아직 듣지 못했다. 갈은 특히 친위대 장교들이 신경쇠약 상태에 빠져 있고, 결과가 어떻든 간에 누구라도 사살할 능력이 있음을 깨달았다. 갈은 베를린이 현재 거의 점령되었고 붉은 군대는 엘베 강변의 토르가우에서 미군과 합류했으며, 더 이상의 저항은 헛된 인명 손실을 의미할 뿐이라고 말했다. 만약 항복한다면, 처형은 절대 없을 것이고 식량이 모두에게 제공될 것이며 의료 지원이 부상자와 환자에게 제공될 것이었다. 그는 만약 항복을 거부하고 붉은 군대가 이 요새를 기습해 장악한다면, 이런 약속은 절대 보장되지 않을 거라는 사실을 분명히 했다. "우리 모두는 군인이며, 많은 피가 흐를 것이라는 사실을 알고 있습니다. 그리고 그 과정에서 우리 병사들이 죽는다 할지라도, 나는 그 결과에 책임질 수 없습니다. 또한 만약 당신이 항복을 거부한다면, 여기 있는 모든 민간인의 죽음에 대해 책임을 져야 할 겁니다. 독일은 너무 많은 피를 흘렸기 때문에 각자의 생명은 독일의 미래를 위해 분명 중요할 수밖에 없습니다."

친위대 장교들은 증오심에 가득 찬 눈빛으로 쳐다봤다. 긴장감이 너무 팽배해 있어 그는 "가장 작은 불꽃"이 폭발을 일으키지 않을까 두려웠다. 그리신의 지시에 따라 갈은 오후 3시까지 결정을 해야 한다고 말했다. 극도의 고요함 속에서 두 명의 장교는 몸을 돌려 빛이 비치는 창문 쪽으로 걸어갔다. 긴장으로 몸을 떨며 밧줄 사다리를 내려올 때 갈은 한 친위대 장교가 밧줄을 끊어버리지 않을까 싶어 겁에 질렸다.

땅으로 내려온 다음 요새 앞 공터를 가로질러 동료들이 기다리고 있는 안전한 숲속으로 달려가고 싶은 생각이 간절했지만, 단호하게 성큼성큼 걷는 모습을 보여주는 것으로 대신했다. 숲속에서 동료들이 달려와 그들을 껴안았다. 하지만 두 사람은 아무런 대답도 듣지 못했다고 설명해야 했다. 기다릴 수밖에 없었다. 그들은 친위대 장교들이 요새에 있다는 사실과 항복한 장교들을 사살하라는 히틀러의 명령 때문에 실망했다.

소련 제47군 사령부에 있던 페르호로비치 장군도 같은 질문을 했다. "그들은 항복할 것인가?"

"모르겠습니다. 지시받은 대로 우리는 15시까지 시간을 줬습니다. 동의한다면, 우리의 제1선 참호에 대표를 한 명 보낼 것이 분명합니다."

"그럼, 갈 동지, 항복할 경우를 대비해 확실하게 참호에서 준비를 하도록."

오후 3시가 다가오자 다시 긴장감이 높아졌다. 독일인의 시간 엄수에 대해 초조하게 농담을 주고받았다.

한 병사가 갑자기 "대위 동지! 보세요! 그들이 오고 있어요, 오고 있다고요"라고 소리쳤다.

그들은 발코니에서 독일군 두 명이 사다리를 타고 내려올 준비를 하는 모습을 보았다. 독일군 수비대는 항복할 작정이었다. 갈은 평범한 일상처럼 요새의 항복을 받아들이는 것에 아무렇지 않게 행동하자고 다짐했다.

두 명의 독일 사절, 에빙하우스 중위와 브레트슈나이더 중위가 나타났다. 소련 장교와 병사들이 달려가 축하의 의미로 그들의 등을 손바닥으로 찰싹 때렸다. 두 명의 독일 장교는 갈에게 항복 조건에는 동의하지만, 그 조건들이 먼저 기록되고 서명되어야 한다고 설명했다. 그들은 의기양양하게 제47군 사령부로 안내되었다. 거기서 오월제 기념으로 마신 빈 술병들이 여기저기 널려 있는 것을 보았다. 한 고위 장교는 바닥에 매트리스를 깔고 여전히 자고 있었다. 잠에서 깨어나자 그가 두 독일 장교를 흘끗 쳐다보더니 당번병들에게 그들을 위해 음식을 준비하라고 말했다. 그때 그리신 소령이 나타났다. 그는 주둔군이 항복의 세부 사항을 서면으로 작성해달라고 주장했다는 말을 듣자, "전형적인 독일인이구먼!"[9]이라고 중얼거렸다.

세부 사항이 서면으로 작성되고 서명까지 하자 소련군 장교들은 코냑 한 병을 가져와 건배를 위해 잔을 채웠다. 소련군은 잔을 한 번에 비웠다. 지난 한 주 동안 먹은 것이 아주 조금밖에 없었던 브레트슈나이더 중위가 조심스럽게 술을 조금만 마시자 떠들썩하게 웃은 다음 잔을 다시 채웠다. 소련군은 "전쟁은 끝났다!"라고 외쳤다.

축하 행사는 제1벨라루스전선군 사령부에서 참모 대령이 도착하면서 중단됐다. 그에게 상황이 보고되었다. 대령은 두 독일 중위 중 나이가 많은 에빙하우스 중위에게로 몸을 돌렸다. 그리고 붉은 군대가 집중 폭격과 포격을 가하면 그 요새는 얼마나 견딜 수 있을 것으로 생각하느냐고 물었다. 에빙하우스는 "최소 일주일"이라고 단호하게 말했다. 이 소련 대령은 에빙하우스 중위를 못 믿겠다는 표정으로 쳐다봤다.

그리신 소령은 "전쟁은 끝났다. 장교로서 당신의 임무도 끝났다"고 말했다. 테이블 위에는 리트미스터 시가 한 상자가 있었다. 에빙하우스 중위는 그것을 집어들었다.

두 시간 뒤, 그리신과 같은 발코니가 아닌 정문을 통해 요새로

들어갔다. 소련 병사들은 항복한 수비군의 무기들을 한군데에 쌓은 다음 밖에 정렬해 있는 독일 병사들에게 손을 흔들었다.

두 장교가 그 장면을 서서 지켜보고 있을 때, 융과 코흐가 다가왔다. 코흐는 완벽한 러시아어 발음으로 "우리는 여러분께 작별을 고하려고 합니다"라고 말했다. 그는 그리신과 같이 놀라는 표정을 보면서 미소를 지었다. "예. 저는 러시아어를 조금 합니다. 어렸을 때 상트페테르부르크에서 살았거든요."

같은 협상 중에 코흐가 그들 사이에 오간 모든 말을 이해했음이 틀림없다는 생각이 들자 갑자기 두려움이 밀려왔다. 하지만 그가 안도의 숨을 쉰 것은 그리신이 "그들이 원하는 것은 다 약속해줘. 그러면 우리가 나중에 그들을 처리할 거야"와 같은 말을 하지 않았다는 사실을 기억했기 때문이다.

뜰에서 갈과 그리신은 요새 지하실에서 모습을 드러내면서 창백한 표정으로 떨고 있는 민간인들을 보았다. 페르호로비치 장군은 갈에게 그들이 모두 고향으로 돌아갈 수 있다고 전하라고 말했다. 잠시 뒤 머리를 감지 않은 사람들이 흔히 그러하듯 챙이 없는 모자를 쓴 젊은 여자가 아기를 안고 다가왔다. 그녀는 독일군 장교들에게 항복하라고 설득해 유혈 사태를 피하게 해준 것에 감사했다. 그런 다음 그녀는 울음을 터뜨리고는 돌아갔다.

하지만 이 훈훈한 슈판다우 항복 이야기는 그 뒤의 폭로로 가치가 상당히 훼손됐다. 융 대령과 코흐 중령은 사린가스와 타분 신경 작용제를 개발한 핵심 과학자인 게르하르트 융 박사와 에드가 코흐였다. 단지 화학무기에 대한 방어에 관심이 있었다기보다는 이름에서도 연상할 수 있듯 육군 방독연구소의 첫 번째 임무는 "전쟁용 독가스의 야전 적합성에 대한 종합적인 실험"[10]이었다.

　제47군과 함께 있던 한 소련군 중령은 슈판다우에서 자신들이 발견한 것의 중요성을 즉시 깨달았다. 그리고 붉은 군대의 전문가— 그들은 견장 위에 톱니바퀴와 스패너 배지를 달고 있었다—위원회를 담당한 장군에게 이 사실을 알렸다. 장군은 이튿날 융과 코흐, 두 사람과 면담하기를 고대했다. 하지만 NKVD는 5월 1일 저녁에 발견 소식을 듣고, NKVD 장교들을 보내 융과 코흐를 체포했다. 담당 장군은 분노했다. 붉은 군대는 6월 중순에야 NKVD가 융과 코흐를 억류하고 있는 곳을 찾아내 빼낼 수 있었다. 결국 융과 코흐는 8월에 모스크바로 이송되었다.

　또 다른 두 명의 주요 과학자인 슈툴드레어 박사와 슐트-오베르베르크 박사는 슈판다우에서 감시를 받는 상태에서 "연구를 계속하라"는 명령을 받았다. 대전차 신경가스 공격 전문가인 슈툴드레어는 독일 제9군이 숲속에서 만나기로 한 장소였던 쿠머스도르프의 오래된 포병 훈습장을 사용했다. 그들 모두는 타분과 사린에 관해 알고 있는 사실을 부인했다. 붉은 군대가 베를린을 위협하자마자 모든 서류가 파기됐기 때문에 소련 전문가들은 아무것도 증명할 수 없었고 무슨 질문을 해야 할지도 몰랐다.

　그해 여름 슈툴드레어와 슐트-오베르베르크는 비행기로 소련으로 이송됐다. 그들은 크라스노고르스크의 특별 수용소에서 융, 코흐와 재회했다. 융의 지휘 아래 이 무리는 소련에 협력하기를 거절했다. 그들은 자신들이 전쟁 포로라고 주장했다. 소련은 다른 독일 과학자들을 데려와 마음을 바꾸도록 설득했지만, 거의 도움이 되지 않았다. 그렇지만 반항한다는 이유로 이들이 학대당하지는 않았다. 마침내

1954년 1월 마지막 포로 집단들과 함께 독일로 돌아왔다.

베를린 남부에서는 독일 제9군의 잔여 병력이 코네프의 마지막 저지선을 돌파하기 위한 최후의 노력을 하고 있었다. 독일 제12군은 포츠담 지역에 있는 라이만 장군의 소위 슈프레집단군 소속 병사 2만여 명에게 길을 열어주었다. 또한 엘베강으로 향하는 탈출로를 열기 위해 벨리츠에서 충분한 시간을 버텨냈다. 하지만 압박이 가중되고 있었다. 벨리츠는 그날 밤 포츠담에서 방향을 아래로 바꾼 소련 자주포의 집중포격을 받았다. 슈투르모비크 비행대들은 급강하 폭격과 기총소사 공격 횟수를 늘렸다.

한 소련군 소총연대는 벨리츠에서 남쪽으로 6킬로미터 떨어진 엘숄츠 마을을 점령했다. 이 마을은 지친 독일군 병사들에겐 중요한 교차점이었다. 쿠르마르크 사단의 마지막 남은 판터 전차 네 대가 갑자기 나타나 붉은 군대 병사들을 후퇴시켰다. 독일군에게는 다행스러운 일이었다. 연료 탱크가 거의 비어 있던 판터 전차들은 그곳에 버려야 했다. 하지만 이후 벌어질 상황은 뻔했다. 많은 패잔병이 너무 지치고 영양 상태가 좋지 않아 엘숄츠에서 쓰러졌다. 민간인들은 그들에게 음식을 나누어주고 부상병들을 학교 교사로 후송해 보살폈다. 그곳에선 베를린에서 온 의사와 현지 간호사 한 명이 최선을 다해 함께 일을 했다. 친위대 한 부대만이 쉬지 않고 마을을 지나 행군했다.

그들 뒤에 있는 숲속에선 여전히 전투가 벌어지고 있었다. 코네프의 병사들은 크고 작은 패잔병 무리를 계속 추적했다. 오월제 아침 제4근위군의 한 여단이 "헤매고 있는 많은 독일군을 소탕하기 위해"[11] 숲속으로 되돌아갔다. 보고서는 T-34 전차들이 독일군 전차 및 장갑차들과 우연히 맞닥뜨렸다고 주장했다. 보고서에는 "소련군 지휘관은 즉시 작전을 개시했다. 두 시간 만에 독일군은 병력 수송차 13대, 돌격포 3문, 전차 3대와 트럭 15대를 잃었다"고 기록했다. 하지만 단일 부대에서 여전히 그렇게 많은 차량을 이용할 수 있었다는 사실은 믿기 어렵다.

또한 소련군은 벨리츠를 공격했다. 마지막 남은 티거 전차 한 대와 돌격포 1문으로 무장한 200여 명의 독일군은 아스파라거스 밭을 통과하던 중 벨리츠 남쪽에서 자동화기의 사격을 받았다. 이제 남은 방법은 숲으로 가서 니플리츠강을 건너는 것뿐이었다. 바로 너머에는 브뤼크로 이어지는 길이 있었다. 그곳은 안전했다.

벵크 장군의 제12군 참모진은 지친 병사들을 수송하기 위해 트럭과 차량을 전부 모았다. 그들은 야전 취사부대를 만들어 2만5000여 명의 병사[12]와 수천 명의 민간인 피란민에게 음식을 제공했다. 벵크의 참모장인 라이히헬름 대령은 "병사들이 우리 앞에 도착하자 그대로 쓰러졌다. 가끔 우리는 그들을 때려야만 했다. 그렇게 하지 않았다면 그들은 트럭에 올라오지도 못했을 것이고 그냥 그들이 누워 있는 곳에서 숨을 거두었을 것이다. 끔찍했다"라고 말했다. 전에는 통통했던 부세 장군은 알아볼 수 없을 정도로 야위었다. "그의 체력은 완전히 한계에 다다라 있었다."

할베에서 포위의 공포를 경험했던 병사 가운데 많은 수가 세월이 흘러도 사라지지 않는 분노를 드러냈다. 그들은 모든 것을 잃었음에도 불구하고 전투를 계속한 고위 장교들을 비난했다. 한 생존자는 "그것은 정말 절대적인 복종이었는가, 아니면 자신들의 책임을 회피한 비겁함이었는가? 히틀러를 지지하는 장교들은 씁쓸한 뒷맛을 남겼다. 전쟁 마지막 기간에 오직 자신들의 목숨만 건지려 했고, 병사, 민간인 그리고 아이들은 포기했다"[13]고 썼다.

이 비난성 글은 많은 진실을 담고 있는 반면, 제12군이 병사와 민간인들을 구하기 위해 들인 노력을 생각하면 지나치게 단편적인 것도 사실이다. 제9군조차 온전히 흉악했던 것만은 아니다. 한 병사는 같은 날 군대의 패배와 함께 라이트바인 슈푸어 근처에 있는 자신의 집 땅이 파괴되는 광경을 보았던 오토 크리스터 그라프 폰 알베딜 소령이 중상을 입은 한 병사를 구하려다가 죽은 사실을 기록했다. "많은 사랑을 받은 지휘관"[14]인 그는 엘숄츠로 가는 길옆에 부하들에 의해 묻혔다.

라이히헬름 대령 스스로도 자신의 병사들을 포기한 한 고위 장교의 가장 끔찍한 사건에 대해 혹평을 했다. 제41기갑군단 사령관 홀스테 장군은 오전 2시 겐틴과 탕어뮌데 사이에 있는 제12군 사령부에 나타났다. 놀란 라이히헬름은 그에게 "지금 여기서 뭐하십니까, 장군님? 왜 장군님은 병사들과 함께 계시지 않는 겁니까?"[15]라고 물었다.

홀스테는 "내겐 남은 병사가 더 이상 없어"라고 대꾸했다.

그는 부인, 차 두 대 그리고 자신이 가장 아끼는 말 두 필과 함께 부대를 버리고 달아남으로써 병사들을 포기했다. 라이히헬름은 벵크 장군에게 즉시 이야기를 해야 한다고 말하고는 안으로 들어가 군사령관을 깨운 다음 홀스테를 체포해야 한다고 주장했다. 하지만 벵크는 너무 지쳐 있었다. 라이히헬름은 돌아와서 홀스테에게 "장군은 히틀러를 떠날 수 있습니다. 왜냐하면 그는 범죄자니까요. 하지만 장군께서는 자기 병사들을 떠날 수 없습니다"라고 말했다. 홀스테는 무시하고 엘베 강을 건너 계속 자신의 길을 갔다.

오후에 베를린에서는 노르트란트 사단을 지원하는 마지막 티거 전차가 후퇴해 "몬케 장군의 즉각적인 처분에 따르라는"[16] 명령이 총통 관저에서 내려왔다. 여기에 대한 아무런 구체적인 설명도 없었다. 아마 항복 제안을 단호하게 거절했던 괴벨스에게 말하지 않고 보어만과 몬케가 베를린 탈출을 계획한 것임이 틀림없었다. 끝까지 싸우지 않는 자들은 누구라도 즉각 처형하라는 명령을 내렸던 이 두 사람은 벌써 탈출을 준비하기 위한 민간인 복장을 벙커에 갖다놓았다.

다시 시작된 포격으로 크루켄베르크 분견대들과의 통신은 훨씬 더 어려워졌다. 부상당한 페네와 프랑스인 병사들은 여전히 프린츠-알브레흐트슈트라세에 있는 게슈타포 본부를 방어했다. '단마르크' 연대는 동쪽으로 몇백 미터 떨어진 프리드리히슈트라세 옆의 코호슈트라세의 우반 역 주변에 포진했다. '노르게' 연대는 라이프치거슈트라세와 슈피텔마르트 역 주변에서 왼쪽 후방을 방어했다.

괴벨스는 종말이 매우 가까워졌음을 깨닫고는 여섯 명의 아이를 죽이는 데 동의했던 친위대 의사 쿤츠를 불렀다. 괴벨스는 총통 관저에 있는 자신의 서재에서 새로 선전부 장관을 맡은 나우만과 이야기를 나누었다. 쿤츠는 10분간 기다렸다. 괴벨스와 나우만은 자리에서 일어나 쿤츠를 마그다 괴벨스에게 맡기고 자리를 떴다. 그녀는 쿤츠에게 총통의 죽음으로 그들은 결단을 내렸다고 말했다. 그날 밤 병사들은 포위망을 돌파할 계획이었다. 그렇게 되면 모든 가족은 죽을 수밖에 없었다. 훗날 쿤츠는 자신이 그녀에게 아이들을 병원으로 보내 적십자의 보호를 받도록 하자고 설득하려 했지만 거절당했다고 주장했다. 그는 "우리가 약 20분간 대화를 나눈 다음 괴벨스가 서재로 돌아와 내게 '박사님, 내 아내가 아이들을 죽이는 것을 도와준다면 정말 고맙겠습니다'라고 말했다"[17]고 했다. 쿤츠는 다시 아이들의 목숨을 구하자는 제안을 반복했다.

전 선전부 장관은 "그건 불가능합니다"라고 대답했다. "그들은 괴벨스의 아이들입니다." 그러고는 방에서 나갔다. 쿤츠는 한 시간 내내 인내심을 갖고 자신의 말을 들어준 마그다 괴벨스와 함께 방에 머물렀다.

얼마 후 괴벨스가 되돌아왔다. 부인은 "소련군이 언제든 도착해 우리 계획을 방해할 수 있습니다. 그러니 할 일을 서둘러 해야 합니다"라고 말했다.

마그다 괴벨스는 쿤츠를 침실로 데리고 간 다음 선반에서 모르핀이 채워져 있는 주사기를 가져왔다. 그런 다음 아이들 방으로 갔다. 여자아이 다섯 명과 남자아이 한 명은 벌써 잠옷을 입고 침대에 올라가 있었지만, 아직 잠들지는 않았다. 그녀는 아이들에게 "얘들아, 겁내지 마라. 의사 선생님이 지금 어린이와 군인들이 해야 하는 예방접종을 해주실 거야"라고 말했다. 그런 다음 그녀는 방에서 나갔다. 쿤츠는 방에 남아 아이들에게 모르핀을 주사하기 시작했다. 그는 스메르시 심문관들에게 "그 후 나는 다시 거실로 가서 괴벨스 부인에게 우리는 아이들이 잠들 때까지 10분간 기다려야 한다고 말했소. 내가 시계를 봤을 때는 오후 9시가 되기 20분 전이었소"라고 말했다.

쿤츠는 자신이 잠든 아이들에게 독약을 줄 순 없다고 말했다. 마그다 괴벨스는 그에게 히틀러의 주치의인 슈툼프페거를 찾아오라고 말했다. 슈툼프페거와 함께 그녀는 잠든 아이들의 입을 벌려 이 사이로 독약 앰풀을 넣은 다음 입을 다물게 했다. 나중에 첫째 딸인 헬가는 얼굴에 심한 타박상을 입은 채 발견됐다. 모르핀이 헬가에겐 큰 효과가 없었고, 헬가는 자신의 입을 억지로 벌리려고 하는 두 어른에게 대항해 몸부림을 쳤을 수도 있다는 얘기였다. 일이 끝난 후, 슈툼프페거는 자리를 떴다. 쿤츠는 마그다 괴벨스와 함께 괴벨스의 서재로 내려갔다. 괴벨스는 몹시 초조한 모습으로 왔다 갔다 했다.

그녀는 남편에게 "아이들 문제는 다 끝났어요. 이젠 우리 자신의 문제를 생각해야 해요"라고 말했다.

괴벨스는 "빨리 합시다. 시간이 없어요"라고 대답했다.

마그다 괴벨스는 4월 27일 히틀러가 찬양의 의미로 그녀에게 주었던 당 금배지와 "아돌프 히틀러, 1934년 5월 29일"이 새겨진 황금 담배 케이스를 집어들었다. 그런 다음 괴벨스와 부인은 부관 귄터 슈베거만과 함께 위층 정원으로 올라갔다. 부부는 두 자루의 발터 권총을 집어들었다. 요제프와 마그다 괴벨스는 히틀러 부부의 시신이 묻힌 곳에서 몇 미터 떨어진 곳에 나란히 서서 청산가리 앰풀을 씹었다.˙ 그 다음 권총으로 자신들을 쐈거나, 아니면 슈베거만이 마무리 차원에서 두 사람을 쏘았을 것이다. 두 자루의 권총은 시신과 함께 남겨졌다. 슈베거만은 약속한 대로 휘발유를 시신 위에 뿌리고 제3제국의 마지막 화장용 장작더미에 불을 붙였다.

오후 9시 30분 함부르크 라디오 방송국은 독일 국민에게 심각하고 중대한 발표가 곧 있을 거라고 예고했다. 상황에 맞게 바그너와

˙ 몇몇 역사학자는 모든 경우에 사용된 독약이 청산가리가 아니라 청산靑酸, prussic acid이라고 생각하지만, 청산은 청산가리의 일종이다. 아돌프와 에바 히틀러에 관한 소련 부검 보고서에는 "입안에서 청산가리 화합물을 포함하고 있는 유리 앰풀 조각이 발견됐다. 괴벨스와 그의 부인의 입안에서 발견된 것과 동일하다"[18]라고 쓰여 있다.

브루크너의 「7번 교향곡」의 구슬픈 음악이 대제독 되니츠가 국민에게 고하는 연설을 들을 준비를 하고 있는 청취자들에게 흘러나왔다. 그는 히틀러가 "군대의 선두에서"[19] 싸우다 사망했다고 말한 다음 자신이 그의 계승자임을 발표했다. 베를린에서는 전기 부족 때문에 극소수의 사람만 이 소식을 들었다.

보어만은 괴벨스 가족의 극적인 사건이 끝나길 몹시 초조하게 기다렸다. 바이틀링은 자정에 항복할 예정이었다. 슈프레강을 건너 북쪽으로 탈출하는 것은 한 시간 전에 시작할 예정이었다. 트라우들 융게, 게르다 크리스티안, 콘스탄체 만치알리를 포함한 총통 벙커의 직원들은 출발을 위해 집합하라는 말을 들었다. 나중에 권총으로 자살할 생각이었던 크렙스와 부르크도르프는 보이지 않았다.

일찍 몬케의 호출을 받은 크루켄베르크는 아르투어 악스만 그리고 노르트란트 사단의 전 사단장이었던 치글러와 맞닥뜨렸다. 몬케는 크루켄베르크에게 고위 장교로서 베를린 중심가를 계속 방어하기를 원하는지 물었다. 또한 바이틀링 장군에게는 소련군의 포위망을 뚫고 서북쪽으로 베를린을 탈출하라는 명령과 함께 휴전은 자정쯤에 효력이 발생할 것이라고 덧붙였다. 크루켄베르크는 탈출에 합류하는 것에 동의했다. 그와 치글러는 노르트란트 사단과 현지의 다른 부대들을 모으기 위해 출발했다. 크루켄베르크는 먼저 자신의 참모 중 한 명을 보내 멀리 떨어진 곳에 있는 분견대들에게 후퇴하라는 메시지를 전달했다. 하지만 프린츠-알브레흐트슈트라세에서 게슈타포 본부를 방어하고 있던 페네 대위가 지휘하는 부대는 아무것도 듣지 못했다. 다시 모습을 전혀 볼 수 없었던 크루켄베르크의 참모는 그들에게 도착하기 전에 사망한 듯했다.

보어만과 몬케가 모든 인원을 집단으로 조직하려 하자 벙커 안은 혼란에 빠졌다. 결국 그 계획보다 두 시간이나 지난 뒤인 오후 11시경에 떠날 수 있었다. 몬케가 지휘하는 첫 번째 무리는 총통 관저 지하실을 지나 프리드리히슈트라세 반호프로 이어지는 복잡한 길을 따라갔다. 다른 무리는 일정한 간격을 두고 그 뒤를 따랐다. 가장 통과하기 어려운 지점은 슈프레강을 건너야 하는 역의 정북쪽이었다. 폭격을 받은 건물들에 붙은 불길이 지역 전체를 환히 밝히고 있었기 때문에 어둠을 이용해 통과할 수가 없었다. 총통 관저를 출발한 몬케와 비서들을 포함한 첫 번째 그룹은 현명하게도 가장 큰 바이덴다머 다리를 피했다. 그들은 강 하류에 있는 300미터짜리 철제 인도교를 이용해 샤리테 병원으로 향했다.

노르트란트 사단의 티거 전차와 1문의 자주 돌격포는 바이덴다머 다리를 건너는 주공격의 선봉에 설 계획이었다. 탈출 소식이 퍼져나갔다. 수백 명의 친위대, 독일 국방군 병사, 시민들이 모여들었다. 소련군이 결코 놓칠 수 없는 군중이었다. 자정이 막 지난 후 티거 전차가 이끄는 첫 대규모 돌진이 있었다. 이 전차가 다리 북쪽 장벽을 간신히 돌파했을 때, 곧 치겔슈트라세 너머에서 강력한 포격을 받았다. 대전차포 한 발이 티거 전차를 타격했다. 그 뒤를 따르던 많은 민간인과 병사들이 사망했다. 악스만은 부상을 당했지만 비틀거리며 간신히 앞으로 나아갔다. 보어만과 슈툼프페거 박사는 이 전차가 타격을 받았을 때 폭발로 쓰러졌고 다시 일어나 길을 갔다. 보어만은 히틀러 유언의 마지막 사본을 가지고 있었다. 그는 분명 슐레스비히-홀슈타인주에 도착했을 때 되니츠 정부에서의 직책에 대한 자신의 주장을 정당화하기 위해 사용할 속셈이었을 것이다.

곧이어 다리 위로 20밀리 4연장 자주대공포 1문과 반무한궤도 차량 한 대를 이용해 또 다른 공격이 시작되었다. 이번 돌파 역시 참담한 실패로 끝났다. 세 번째 시도는 오전 1시경에 있었고 한 시간 뒤에는 네 번째 시도에 나섰다. 보어만, 슈툼프페거, 슈베거만, 악스만은 한동안 함께 있었다. 그들은 철도를 따라 레르테르슈트라세 반호프로 갔다가 거기서 헤어졌다. 보어만과 슈툼프페거는 동북쪽으로 방향을 틀어 슈테티너 반호프로 향했다. 다른 길로 갔던 악스만은 소련 순찰대와 마주치고 말았다. 그는 되돌아와 보어만이 간 길을 따라갔다. 얼마 지나지 않아 그는 시신 두 구와 마주쳤다. 그는 이 시신들이 보어만과 슈툼프페거의 것임을 확인했지만, 그들이 어떻게 죽었는지를 알아낼 시간은 없었다. 마르틴 보어만은 비록 스스로의 의지는 아니지만 볼셰비키라는 적의 총탄을 맞은 유일한 주요 나치당 지도자였다. 히틀러, 괴벨스, 힘러, 괴링 같은 사람들은 모두 제 손으로 목숨을 끊었다.

크루켄베르크는 자신의 프랑스인 친위 호위대 대부분을 집결시켰다. 그들은 치글러와 노르트란트 사단 소속의 훨씬 더 큰 집단과 합류했다. 크루켄베르크는 그중에 기사십자훈장을 받은 이가 네댓 명 있을 것으로 추정했다. 그들은 해가 뜨기 직전 슈프레강을 건너는 데 성공했다. 하지만 게준트브루넨 우반 역을 불과 몇백 미터 남겨두고 집중 사격을 받았다. 치글러는 총알 한 발을 맞아 중상을 입었다. 그 집단에 있던 다른 몇 명도 쓰러졌다. 그중에는 기사십자훈장을 받은 젊은 프랑스인 외젠 반로도 있었다. 그는 사흘 후 한 지하실 근처에서 사망했다.

이 지역의 소련군이 강력하게 보강되는 바람에 크루켄베르크와 남아 있는 동료들은 왔던 길로 되돌아갈 수밖에 없었다. 치겔슈트라세 끝에서 그들은 몬케가 자신들에게서 받은 티거 전차를 보았다. 승무원들의 흔적은 없었다. 크루켄베르크의 장교 중 한 명이 근처에서 가구류 작업장을 찾아냈다. 그곳에서 그들은 위장할 수 있는 작업복 몇 벌을 찾아냈다. 크루켄베르크는 간신히 달렘에 도착했고 친구 아파트에서 일주일 넘게 숨어 있었다. 결국 그는 항복했다.

제3충격군의 쿠즈네초프 장군에게서 탈출 시도 소식을 들은 주코프는 최고의 경계태세를 갖추라고 명령했다. 그는 고위급 나치 당원, 특히 히틀러, 괴벨스, 보어만이 탈출을 시도할 수 있다는 "불쾌한 기미"[20] 때문에 당연히 불안했다. 이런 일이 일어나면 스탈린의 분노를 자아내리라는 것을 상상하기란 어렵지 않았다. 소련 장교들은 술, 강제로 끌어낸 여자들과 함께 오월제를 축하하고 있던 병사들을 급히 불러 모았다. 제2근위전차군 소속 여단들이 추적에 투입되고 저지선이 급히 설치됐다. 요새 방어 구역 동쪽에서 쇤하우저랄레 북쪽을 돌파하려는 베렌펭거[21] 소장의 두 번째 시도는 좌절됐다. 헌신적인 나치 당원인 베렌펭거는 젊은 아내와 함께 골목길에서 자살했다.

할러 대령이 동물원 대공포 탑을 포기하겠다고 약속한 시간인 자정 직전, 뮌헤베르크 기갑사단과 제18기갑척탄병사단의 남아 있는 전차와 반무한궤도 차량들이 티어가르텐에서 서쪽으로 출발했다. 그런 다음 올림픽 경기장과 슈판다우를 향해 서북쪽으로 진군했다. 이번에도 소문이 빠르게 퍼져나갔다. 벵크의 군대가 베를린 서북쪽에 있는 나우엔에 있으며 부상병 후송 열차들이 병사들을 함부르크로 데려가기 위해 기다리고 있다는 소문이었다. 수천 명의 패잔병과 민간인이 걸어서 혹은 다양한 종류의 차량을 이용해 같은 방향으로 향했다. 그로스도이처 방송국의 50여 명으로 구성된 한 집단은 세 대의 트럭을 타고 왔다. 그중에는 방송실 최고 기술자인, 힘러와는 전혀 닮지 않은 그의 남동생 에른스트[22]도 있었다.

구시가지인 슈판다우로 이어지는 하펠강 위에 건설된 다리인 샤를로텐브뤼케는 여전히 건재했다. 히틀러 유겐트 분견대들이 지키고 있었다. 폭우가 쏟아지는 가운데 소련 제47군의 포격을 받으면서 장갑차량들이 다리를 가로질러 돌격했다. 그 뒤로 지친 수많은 병사와 민간인들이 따랐다. 학살은 끔찍했다. 탈출자 가운데 한 명은 "도처에 피가 낭자했고 트럭은 폭발했다"[23]고 말했다. 한 가지 전술만 본능적으로 실행되었다. 20밀리 4연장 자주대공포가 소련군의 기세를 누르기 위해 동쪽 둑에서 엄호 포격에 나섰다. 엄청난 포격이 길게는 1분 동안 이어지는 사이 또 다른 민간인과 군인들이 폐허가 된 반대편 집들에 숨으려고 몰려들었다. 동작이 느리거나 다리를 저는 이들은 소련군의 공격에 노출됐다. 계속 몰려오는 사람들의 물결뿐만 아니라 트럭, 자동차, 오토바이 역시 장갑차량의 무한궤도로 으스러진 시체들 위를 달리면서 다리를 건넜다. 에른스트 힘러는 샤를로텐브뤼케에서 총에 맞거나 필사적인 돌진에 짓밟혀 죽은 수많은 사람 중 한 명이었다.

다리에서의 대학살이 끔찍하긴 했지만, 독일인의 수적 우세 앞에서 소련군은 강둑에서 밀려났다. 하지만 슈판다우 시청 탑에 있던 기관총들은 계속 많은 사람을 쓰러뜨렸다. 티거 전차 두 대가 시청 건물을 향해 포격을 가하고 제9공수사단의 소부대가 탑을 급습했다. 장갑차량의 주력 부대는 슈타켄을 향해 서쪽으로 진격했지만, 대부분은 이후 이틀 동안 포위되거나 붙들렸다. 소수만이 엘베강에 도착해 안전을 손에 넣었다.

소련 장교들은 전선군 사령부의 명령에 따라 불탄 전차들의 잔해를 유심히 수색했다. 주코프는 "사망한 전차 승무원들 중에서 히틀러의 측근은 단 한 명도 발견되지 않았다. 솔직히 불탄 전차에 남아 있는 것이 무엇인지 확인하기란 불가능했다"[24]고 썼다. 소련군의 포로가 되지 않으려고 달아나는 과정에서 얼마나 많은 사람이 죽었는지는 아무도 모른다.

5월 2일 오전 1시 55분, 열여덟 살의 아나운서 리하르트 바이어는 마주레날레의 벙커에 있는 그로스도이처 방송국 스튜디오에서 마지막 방송을 했다. 테겔에 있는 송신기는 소련군이 못 보고 지나친 덕분이었다. 그는 대본에 따라 "총통께서 사망하셨습니다. 제국 만세!"[25]라고 방송했다.

전투의 끝

5월 2일 오전 1시가 막 지났을 때 추이코프 장군은 다시 잠에서 깨어나야 했다. 붉은 군대 통신부대가 휴전을 요구하는 독일군 제56기 갑군단의 반복되는 통신을 포착했다. 사절단이 흰 깃발을 들고 포츠 담 다리로 올 계획이었다. 폰 두프빙 대령이 두 명의 소령을 대동하고 모습을 드러냈다. 그는 추이코프의 지휘관들 중 한 명과 논의한 다음 바이틀링 장군에게 돌아갔다. 바이틀링은 참모들과 함께 오전 6시에 항복했다. 그는 추이코프의 사령부로 이송돼 그곳에서 남은 수비군 에게 항복하라는 명령을 준비했다.

쌀쌀한 그날 새벽 프린츠-알브레흐트슈트라세의 게슈타포 본 부에 남아 있던 마지막 죄수들은 여전히 자신들이 붉은 군대에 의해 석방될지 아니면 억류시킨 자들에 의해 처형될지 알 수 없었다. 라이 네케 목사는 일주일 전 학살을 모면한 유일한 성직자였다. 그는 편지에 "내가 지난 열흘 동안 경험했던 잔혹함은 여기에 다 설명할 수 없을 정도요"[1]라고 썼다.

생존자들은 여러 사람이 섞인 집단이었다. 같은 감방에 있던 동료 중 한 명인 공산주의자 프란츠 랑게는 열여섯 살 때부터 기독교와는 아무 관계가 없었음에도 불구하고 훗날 기도를 통해 생존할 힘을 찾은 라이네케의 능력을 결코 잊을 수 없다고 말했다. 또 다른 동료는 슐레지엔의 이전 대관구 지도자였던 요제프 바그너였다. 그는 자신의 신앙 때문에 나치 정권과 사이가 틀어졌다. 그는 7월 음모 이후 게슈타포에 체포되었다.

5월 1일, 감방 문이 열리고 "밖으로 나와! 밖으로 나와!"라는 소리가 들렸다. 그들은 친위대 위병들에 의해 아래층으로 내몰렸다. 이 과정에서 위병들은 동료 중 한 명인 독일 국방군 부사관을 사살했다. 그런 다음 나머지 여섯 명은 친위대 위병 숙소 옆에 있는 다른 감방에 투옥돼 물과 음식을 제공받았다. 랑게는 감옥의 관리를 맡은 소령이 부하 한 명에게 친위대의 독특한 논리로 "우리는 포로들을 절대 쏘지 않았다는 증거로 이들을 살려두고 있다"[2]고 말하는 것을 들었다. 오후에 생존자 여섯 명은 위병들이 철수를 준비하는 소리를 들었다. 해질녘이 되자 그들은 포로들이 중세 고문실과 같은 감방 벽에 비스듬하게 수갑에 묶여 있다는 사실 때문에 베를린 시민들로부터 "공포의 집"이라 불렸던 건물의 어둠 속에 남겨졌다.

5월 2일 동이 튼 지 얼마 지나지 않아 그들은 사람의 목소리를 들었다. 감방 창문 덮개가 열렸다. 러시아어로 문을 열 열쇠를 달라는 목소리가 들렸다. 러시아어를 조금 알고 있던 공산주의자 랑게는 "열쇠가 없어요. 우리는 포로입니다"라고 대답했다. 그 병사는 자리를 떴다. 몇 분 후 도끼로 문을 치는 소리가 들리면서 곧 문이 활짝 열렸다. 한 젊은 붉은 군대 병사가 그들을 바라보며 웃고 있었다.

젊은 병사와 동료들은 그들을 친위대 위병 구내식당으로 데려가 음식을 주었다. 그때 소련군이 가지고 있던 총 하나가 우연히 발사됐는데, 붉은 군대에서는 흔히 있는 비극적인 일이었다. 전 대관구 지도자 요제프 바그너는 라이네케 목사 옆에서 쓰러져 숨을 거두었다.

다른 붉은 군대 병사들은 위층에서 시간을 약간 허비했다. 그들은 힘러의 커다란 응접실 벽에 걸려 있는 실크 패널화를 널빤지에서 떼어낸 다음 5킬로그램짜리 소포로 집으로 보내기 위해 바로 옆의 꾸러미에 담았다.

총통 벙커에 있던 크렙스 장군과 부르크도르프 장군은 그날 이른 아침 나란히 앉아 루거 권총을 꺼내 자신의 머리를 쏘았다. 이 건물을 떠난 마지막 무장친위대 대원이었던 로후스 미슈는 그들이 함께 쓰러지는 것을 보았다. 그들은 갖고 있던 브랜디를 다 마신 뒤였기 때문에 그 자살을 편하게 할 수 있었다. 총통 관저의 무장친위대 위병 지휘관인 셰들레 역시 총으로 자살했다. 발에 부상을 당한 그는 보어만 일행과 함께 탈출할 수 없었다. 미슈가 몰래 빠져나오면서 의사, 간호사 그리고 부상병들을 제외하면 총통 관저는 버려진 것이나 다름없었다.

그날 아침 총통 관저 급습에 관한 소련군의 극적인 설명은 매우 조심스럽게 받아들여야 한다. 특히 몬케와 크루켄베르크 병사 대부분이 전날 밤 탈출에 가담했기 때문이다. 소련군이 곡사포 1문을 빌헬름 플라츠로 끌고 가서 정문을 폭파하고 복도와 계단에서 "치열한 전투"를 벌였다는 묘사는 제국의회 의사당 함락의 자매편처럼 들린다. 베르자린의 제5충격군 소속 제9소총군단 정치부 소속의 안나 니쿨리나 소령이 붉은 깃발을 지붕으로 가져갔다. 그와 함께 "고르바초프 병장[3]과 본다레프 이등병이 붉은 깃발 하나를 총통 관저 정문에 매달았다".

    전날 밤 총통 벙커에서 도망 나온 사람 중에서 첫 번째로 출발했던 집단만이 함께 머물렀다. 여단지도자(소장) 몬케가 이끄는 이 집단에는 히틀러의 개인 조종사 한스 바우어, 히틀러의 경호실장 한스 라텐후버, 비서들 그리고 히틀러의 영양사 콘스탄체 만치알리가 포함되었다. 5월 2일 이른 시간 소련군이 몰려들자 쉰하우저랄레에서 떨어져 있는 한 지하실에 숨어야 했다. 그들은 그날 오후까지 그곳에 숨어 있었지만 결국 소련군에게 발각되고 말았다. 저항은 의미가 없었다. 남자들은 즉시 체포됐던 반면 여자들은 길을 가게끔 내버려두었다.

    트라우들 융게와 게르다 크리스티안은 남자로 위장했다. 하지만 티롤(오스트리아 서부 및 이탈리아 북부의 산악 지대) 출신의 매력적인 콘스탄체 만치알리는 그 자리에서 헤어졌다. 한 이야기에 따르면 그녀는 한 덩치 큰 소련군 보병에게 붙잡혀 성폭행을 당했다. 그녀가 히틀러로부터 직원들에게 놋쇠 용기에 담아 작별 선물로 나누어준 청산가리 앰풀을 사용했는지는 아무도 모른다. 어쨌든 그녀의 모습은 다시는 보이지 않았다.[4] 트라우들 융게와 게르다 크리스티안은 두려운 모험임에도 불구하고 엘베강 반대편에 도착했다.

    많은 독일군 병사와 장교들이 맥주 양조장에서 자유롭게 마지막 밤을 보낼 궁리를 했다. 몬케와 그의 집단이 궁지에 몰려 있던 곳에서 머잖은 프렌츨라우어베르크의 한 맥주 양조장에서 핀클러 대위는 제

9공수사단 소속인 자신의 연대장을 만났다. 잔이 없었던 두 사람은 작별의 의미로 포도주 한 병을 번갈아 입에 대고 꿀꺽꿀꺽 마셨다.

그날 아침 슐타이스베를린을 대표하는 맥주 중 하나 양조장에 있던 한 젊은 독일군 대공포 부사수는 총소리를 듣자 무슨 일이냐고 물었다. 동료 한 명이 "뒤로 와봐. 친위대원들이 자살하고 있어. 보라고"[5]라고 말했다. 그중 많은 수는 무장친위대 소속 외국인이었다. 히틀러의 친위대 부관 오토 귄셰는 늦은 아침 그곳에서 붉은 군대에게 포로로 잡혔다.[6] 몬케, 라텐후버 그리고 다른 사람들과 마찬가지로 그는 즉시 스메르시에 넘겨져 심문을 받았다. 스탈린은 히틀러에게 무슨 일이 있었으며 여전히 살아 있는지를 확실히 알고 싶어했다.

소련 제3충격군 휘하의 스메르시 병력을 제5충격군 구역의 확실한 목표인 총통 관저로 파견하기로 한 4월 29일의 결정은 최고위층만이 알 수 있었다. 베리야와 스메르시의 대장인 아바쿠모프는 주코프와 군 수뇌부에 비밀로 했을 뿐만 아니라, 아바쿠모프의 경쟁자이자 제1벨라루스전선군의 NKVD 책임자인 세로프 장군 또한 배제했다.

자체 통신 분견대를 갖고 있던 스메르시 부대는 제5충격군의 무전을 엿듣고 있었을 것이다. 그들은 목표가 공격당했다는 보고가 있은 지 몇 분 만에 도착했다. 베르자린 장군은 히틀러의 시신을 발견하는 병사에게 소비에트 연방의 영웅 황금별을 약속했다.[7] 총통 관저를 점령한 병사들은 스메르시 장교들이 나타나 나가라고 명령하자 달가워하지 않았다. 단지 이 건물 둘레에 쳐진 외부 경계선만이 제자리에 남아 있었다. 제5충격군에게 추가적인 모욕은 스메르시가 제3충격군 소속의 공병 분견대를 불러들여서 총통 관저의 폭발물과 부비트랩을 찾도록 했다는 사실이다.

공병대를 지휘하던 쇼타 술크하니슈빌리 대위는 공병대가 스메르시와 함께 작업하는 것을 보고는 불안함을 느꼈다. 그는 "내 동료들과 나는 가능한 한 그들에게서 멀리 떨어져 있으려고 했다. 우리는 그들이 무서웠다"[8]고 말했다. 하지만 스메르시도 자신들이 폭파에 휘말리는 것을 두려워했다. 장소가 철저히 점검될 때까지 공병대는 자신들이 받은 명령을 정확히 실행했다. 발견된 유일한 폭발물은 신관이 장착된 세 꾸러미의 판처파우스트 예비품뿐이었다. 공병대는 샴페인과 '셀로판 꾸러미에 담긴 오렌지색 빵 덩어리'로 가득 찬 창고를 보고는 놀랐다. 스탈린그라드 전투에 참여했던 술크하니슈빌리는 도끼로도 자를 수 없었던 얼어붙은 빵을 생각했다. 정원에서는 "크기가 줄어들고 꼭두각시 인형처럼 보이는"[9] 새까맣게 그을린 시체 두 구를 우연히 발견했다. 임무를 마친 공병대는 신속히 철수했다. 스메르시 장교들은 소련 신문에 실린 캐리커처로 매우 큰 머리를 알아보았다. 또한 특이한 모양의 부츠로 시신이 누구의 것인지 확인할 수 있었다. 그 옆에는 황금 담배 케이스, 히틀러의 당 배지[10]와 함께 마그다 괴벨스의 시신이 함께 누워 있었다.

제1벨라루스전선군 스메르시 책임자인 알렉산드르 아나톨리예비치 바디스 중장의 면밀한 감독 아래 스메르시 분견대는 히틀러의 시신을 찾는 데 더욱 몰두했다. 모스크바에서 강한 압박이 내려왔다. 그날 아침 『프라우다』는 히틀러의 죽음에 관한 발표가 파시스트의 속임수라고 선언했다. 이러한 성명은 스탈린의 지시이거나 적어도 그의 동의가 있었다고 합리적으로 추정해볼 수 있다. 히틀러의 죽음에 관한 모든 문제는 사실이 밝혀지기 전부터 중요한 정치적 의미를 갖기 시작했다. 스탈린이 깊은 관심을 갖고 있다는 것을 잘 알고 있는 주코프 원수는 소식을 접한 그날, 심지어 베를린에서 포격이 멈추기도 전에 총통 관저를 찾아갔다. 20년 후, 결국 진실을 알게 된 주코프는 "그들은 나를 들여보내려 하지 않았다"[11]고 말했다. 스메르시는 주코프에게 "아래는 안전하지 않습니다"라고 말했다. 또한 그는 첫 번째 방문에서 "독일군이 모든 시신을 묻었지만, 누가 어디에 묻혔는지 아무도 모른다"[12]는 이야기를 들었다. 하지만 괴벨스의 시신은 묻히기는커녕 땅 위에서 금방 발견됐다. 이틀 후, 주코프는 다시 접근을 거부당했다. 제1벨라루스전선군은 괴벨스의 시신이 발견됐다는 통지를 받았다. 하지만 그 이상의 발견 소식은 없었다. 정치위원인 텔레긴 장군은 모스크바의 스타프카에 법의학 전문가들을 보내달라고 급히 요청했다.

히틀러에게 가장 가까이 다가갔다고 생각되는 스메르시의 장교들은 히틀러의 방에서 튜닉들과 히틀러가 빤히 쳐다보곤 했던 프리드리히 대왕의 초상화를 찾아냈다. 르제프스카야는 총통 관저 서류들을 연구하기 시작했다. 그녀는 1941년 7월까지 기록된 괴벨스의 일기를 포함한 열 권의 두꺼운 공책을 발견했다. (바디스는 자신이 발견했다고 주장했다.) 통신병 라야는 에바 브라운의 흰색 이브닝 드레스를 입으려고 했지만, 가슴과 어깨가 훤히 드러나는 디자인이기에 그 대신 그녀의 파란색 신발 한 켤레만 가질 수 있었다.

지하실에서는 하제 교수와 쿤츠 박사가 복도에 누워 있는 부상자들을 계속 보살폈다. 남아 있는 간호사는 두 명밖에 없었다. 제국 경기장에서 히틀러 유겐트 부상병들을 돕다가 온 많은 독일여성청년단의 조력자들이 불타고 있는 아들론 호텔 지하실에서 부상자들을 대피시키기 위해 빌헬름슈트라세로 급하게 달려왔다. 스메르시는 병원 구역에서는 절대로 소란을 피우지 않았다. 한 간호사는 이 장교들의 행동을 '모범적'[13]이라고 묘사했다. 심지어 한 고위 장교는 그녀들에게 자신의 병사들을 보증할 수 없기 때문에 그날 밤 문을 걸어 잠그라고 조언했다.

스메르시의 장교들은 포로들을 걸러내기 시작했다. 심문하기 위해 선택된 포로들은 오라니엔슈트라세에 있는 제국 맹인 연구소로 호송됐다. 하지만 이 스메르시의 심문관들은 히틀러의 자살에 관한 증언을 믿지 않았다. 바디스는 더 많은 병사를 투입해 상세한 조사를 마치려고 했다. 하지만 지하에서는 쉽지 않았다. 발전기가 고장 나는 바람에 손전등 외에 다른 불빛이 없었기 때문이다. 게다가 환기 시스템이 없어서 벙커의 공기는 무겁고 축축했다.[14]

기대대로 일이 진행되지 않자 스탈린은 명목상 스타프카 전체를 대표하는 다른 NKVD 장군을 파견해 조사를 감독하고 지속적으로 보고하게 했다. 스메르시의 작전 장교들조차 그의 이름을 알지 못했다. 비스트로프 소령과 동료들은 이 새로운 장군 앞에서 모든 심문을 다시 해야 했다. 면담이 끝나자마자 이 장군은 보안이 유지된 회선으로 베리야에게 전화를 걸어 보고했다. 비밀 유지에 대한 집착이 너무 심해 르제프스카야는 각 면담 기록에 자신이 들은 것을 한 마디라도 남에게 유출한다면 국가 안보를 배신하는 죄를 짓게 된다는 것을 인정하는 서명을 해야 했다.

마침내 강력한 동물원 대공포 탑 잔여 수비병 350여 명이 모습을 드러냈다. 할러 대령[15]은 한 소련군 장교에게 그들 중에 베를린을 빠져나가길 바라는 장군 두 명이 있다고 귀띔했던 것 같다. 한 명은 소련군 병사들이 4층에서 발견했을 때 이미 자살한 뒤였다. 소련군 병사들은 작가 콘스탄틴 시모노프를 그에게 안내했다.

시모노프는 5월 2일 이른 아침 베를린에 도착했다. 소련군 포병들은 주로 친위대가 여전히 항복을 거부하고 있는 건물들을 향해 산발적인 포격을 가했다. 시모노프는 "사후 경련"[16]이라고 묘사했다. 대공포 탑에는 전등이 없어서 그들은 손전등을 비추면서 앞으로 나아갔다. 한 중위가 작은 콘크리트 방을 보여줬다. "침상 위에는 짧은 머리에 잘생기고 차분한 얼굴을 한 45세 정도의 키 큰 장군이 눈을 뜨고 죽어 누워 있었다. 그의 오른손은 권총을 움켜쥔 채 몸과 나란히 놓여 있었다. 왼손으로는 옆에 있는 한 젊은 여자 시신의 어깨를 잡고 있었다. 그 여자는 눈을 감고 있었다. 젊고 아름다웠으며, 내 기억으로는 소매가 짧은 영국식 블라우스와 회색 군복 치마를 입고 있었다. 장군은 다림질한 셔츠를 입고 있었고 목이 긴 부츠를 신었다. 하이칼라 상의는 단추가 채워져 있지 않았다. 장군의 다리 사이에는 3분의 1 정도 남은 샴페인 병이 하나 세워져 있었다." 시모노프가 "옛 파시스트 제국의 도둑질한 영광"이라고 불렀던 것의 천박한 종말의 일부분이었다. 그는 제국의 항복을 받아낸 사람이 스탈린그라드 방어를 지휘했던 추이코프 장군이었다는 것 또한 당연하다고 생각했다. "마치 역사가 붉은 군대를 베를린으로 데리고 와 항복을 상징적으로 보이게 하도록 최선을 다한 것 같았다."

하지만 독일 민간인들은 상징 따위를 생각할 처지가 아니었다. 그들은 죽은 병사들의 얼굴을 신문지나 군복으로 가렸다. 베르자린의 명령에 따라 식량을 배급하기 시작한 붉은 군대 야전 취사장 앞에 줄을 섰다. 소비에트 연방 중앙아시아에서 가족끼리 서로 잡아먹을 정도의 기근이 있었다는 사실이 독일 국민을 회유하려는 새로운 정책에 영향을 미치지는 않았다.[17] 하지만 당 노선의 변화는 여전히 아래로 전달되지 않았다.

소련군 병사들은 기관단총을 들고 임시 야전병원으로 들어가 독일군 병사들의 가슴을 험악하게 찌르며 "너, 친위대냐?"라고 묻곤 했다. 그들 중 한 병사가 노르트란트 사단의 한 스웨덴 무장친위대 의용군에게 다가와 명치를 강하게 찌르면서 똑같은 질문을 던졌다. 스웨덴 병사는 자신이 독일 국방군 병사라고 주장했다. 그 붉은 군대 병사는 "너, 너. 너는 친위대야!"라고 우겼다. 소비에트 연방에 대항해 핀란드인들을 위해 싸웠다는 사실을 보여주는 여권을 포함한 모든 서류를 파기한 이 스웨덴 병사는 정말 터무니없다는 듯 어떻게든 웃어 보였다. 붉은 군대 병사는 상대가 식은땀을 흘리고 있는 것을 알아차리지 못한 채 그냥 포기했다. NKVD가 친위대 대원들이 "왼팔 안쪽에 혈액형을 문신으로 새겼다"[18]는 사실을 안 것은 그로부터 6개월 뒤였다.

알렉산더플라츠와 파리플라츠 양쪽에는 부상자들이 담요에 싸인 채 거리에 누워 있었다. 독일 적십자 간호사들과 독일여성청년단의 소녀들은 계속 그들을 치료했다. 정북쪽에선 슈프레 강가의 한 건물에서 여전히 저항하고 있던 여력이 다한 친위대 부대가 소련군 포격에 항복했다. 폐허에서 나온 연기가 사방으로 흩어지면서 하늘을 볼 품없게 만들었다. 붉은 군대 병사들은 독일 국방군, 친위대, 히틀러 유겐트, 국민돌격대를 숨어 있던 곳에서 나오게 했다. 그들은 먼지와 길게 자란 수염 때문에 시커멓게 변한 얼굴로 집, 지하실, 지하철 터널에서 모습을 드러냈다. 소련군 병사들은 "손 들어!"라고 소리쳤다. 포로들은 무기를 버리고 손을 가능한 한 높이 들었다. 몇몇 독일 민간인은 소련군 장교들에게 쭈뼛쭈뼛 다가가 계속 숨어 있는 병사들을 비난했다.[19]

바실리 그로스만은 베르자린 장군과 함께 도시 중심가로 갔다. 그는 미군과 영국군의 폭격기들이 얼마나 많은 폭격을 가했는지를 생각하며 주변의 파괴 규모에 충격을 받았다. 한 유대인 여자와 초로의 남편이 다가왔다. 그들은 나치가 강제 이송해간 유대인들의 운명에 관해 물었다. 그들이 가장 두려워하는 사실을 그로스만이 확인해주자, 노인은 울음을 터뜨렸다. 잠시 뒤 아스트라칸 모피_{특정 품종의 새끼 양의 아주 곱슬곱슬한 털로 만든 검은 모피. 또는 그와 비슷하게 만든 직물} 코트를 입은 한 말쑥한 독일 여자가 그로스만에게 다가와 말을 걸었다. 그들은 즐겁게 대화를 나누었다. 그러다 그녀가 갑자기 "하지만 당신은 분명 유대인 정치 장교는 아니시죠?"[20]라고 말했다.

포로수용소로 끌려가는 것을 피하기 위해 휘하 모든 병사의 징집해제 서류에 서명했던 독일군 장교들은 시간만 허비한 셈이었다. 제복을 입은 사람은 물론이고 심지어 소방관과 철도원조차 붙들려 동쪽으로 행군하는 첫 번째 대열에 합류하게 됐다.

그로스만은 "나는 끔찍한 인상을 받았다. 불길과 연기, 연기, 연기. 수많은 전쟁 포로. 얼굴엔 비참함이 가득했고, 많은 사람의 얼굴에 나타난 비통함은 개인적인 고통일 뿐만 아니라 붕괴된 나라에 속한 국민의 고통이기도 했다"라고 썼다. 행군을 앞둔 남자와 소년 그리고 뒤에 남겨진 여자와 소녀들 모두에게 미래에 대한 개인적인 고

통과 두려움은 실로 컸다. 그는 "포로, 경찰, 사무원, 노인과 어린이라고 할 수 있는 남학생들. 많은 남자가 젊고 아름다운 아내와 함께 걷고 있었다. 아내 중 몇몇은 웃으면서 남편을 위로하려 애쓰고 있다. 한 젊은 병사는 두 명의 아이, 소년 소녀와 같이 있다. 주위 사람들은 포로들에게 매우 친절하다. 그들은 슬픈 표정으로 포로들에게 물과 빵을 준다"[21]라고 썼다. 티어가르텐에서 그로스만은 부상당한 한 독일군 병사가 벤치에 앉아 옆에 있는 여자 간호사를 끌어안고 있는 것을 보았다. "그들은 아무도 쳐다보지 않는다. 그들에게 주변의 세상은 존재하지 않았다. 한 시간 뒤 내가 그들을 지나칠 때, 그들은 여전히 같은 자세로 앉아 있었다."[22]

"흐리고 춥고 비가 오는 이날은 연기 속에서, 불타는 폐허 사이에서, 거리에 어지럽게 널브러져 있는 수백 구의 시체 사이에서 분명 독일이 무너지는 날이다." 그는 어떤 시체들은 전차가 "튜브를 짜내듯" 깔아뭉개졌다고 적었다. 그는 "조용하고 영원한 슬픔을 간직한 채 현관 가까이에 있는 매트리스에 앉아 머리를 벽에 기대고 있는" 한 늙은 여자의 시신을 보았다. 조금 떨어진 곳에 있던 소련군 병사들은 독일 주부들의 철두철미함에 놀랐다. "적막이 감도는 거리에서는 잔해들이 정리되고 치워지고 있다. 여자들이 방을 청소하듯 빗자루로 도로를 청소하고 있다."

그로스만은 그날 대부분을 여기저기 돌아다녔을 것이 틀림없다. "거대하고 강력한"[23] 제국의회 의사당에서 그는 "현관 안의 홀에서 불을 피우고, 요리 냄비를 달가닥거리거나 총검으로 연유 통을 여는" 소련군 병사들을 보았다.

스메르시가 지하실과 총통 벙커에서 작업하는 동안, 그로스만은 다른 방문자들과 마찬가지로 총통 관저의 커다란 거실들에 들어가도록 허락받았다. 한 거실에선 히틀러의 커다란 금속 지구본이 으스러지고 부서져 있었다. 다른 거실에선 "광대뼈가 넓고 검은 피부를 한 젊은 카자흐족"이 자전거 타는 법을 배우고 있었다. 그로스만은 다른 방문자들처럼 모스크바에 가져가기 위해 기념품 몇 개를 챙겼다.

대공포 탑 가까이에서 격전이 벌어졌던 동물원에서는 "부서진 우리들과 원숭이, 열대 조류 그리고 곰의 사체를, 개코원숭이 언덕에서는 새끼들이 작은 손으로 어미의 배를 움켜쥐고 있는 모습을" 볼 수 있었다. 그는 죽은 고릴라가 있는 우리 앞에서 37년 동안 원숭이들을 돌보았다는 한 늙은 직원에게 말을 걸었다.

그로스만이 "저 고릴라는 사나웠나요?"라고 물었다.

영장류를 관리하던 그는 "아니요. 고릴라는 단지 큰소리로 으르렁댔을 뿐입니다. 인간이 훨씬 더 사납죠"라고 대답했다.

그로스만은 그날 많은 사람을 만났다. 풀려난 외국인 노동자들은 노래를 부르고 독일군 병사들에게 저주를 퍼부었다. 마침내 포격이 멈춘 그날 늦게야 "거대한 규모의 승리"[24]가 찾아들었다. 자발적인 축하 행사가 "키 큰 여인"이라 불리는 티어가르텐의 전승기념탑을 둘러싸고 열렸다. "전차들은 꽃과 붉은 깃발들로 덮여 차체가 보이지 않을 정도였다. 포신에는 봄 나무처럼 꽃들이 꽂혀 있다. 모든 사람이 춤추고 노래하고 웃고 있다. 수많은 색깔의 신호탄이 공중으로 발사됐다. 기관단총, 소총, 권총을 쏘며 승리를 환영한다." 하지만 그로스만은 나중에 그 자리에서 축하한 사람 중 많은 수가 '살아 있는 시체'였다는 것을 알게 됐다. 술에 전적으로 의존했던 병사들은 인근에서 발견된 금속 통 속에 들어 있는 공업용 메탄올을 마셨다. 그들은 적어도 사흘 뒤에 죽었다.

베를린 서남쪽에서 벵크 장군의 병사들은 완전히 진이 빠진 제9군 생존자들을 트럭과 화물열차에 태워 엘베강으로 이송했다. 제12군 병사들 역시 민간인과 함께 이후 며칠 동안 미군 쪽으로 건너갈 수 있기를 바랐다. 10만 명이 넘는 병사와 거의 비슷한 수의 민간인 피란민들이 엘베강을 향해 브란덴부르크 남쪽으로 이동했다. 더 북쪽, 특히 하펠베르크와 라테나우 사이에서 점점 더 강력해지는 소련군의 공격으로 고립될 위험에 처했다.

5월 3일 베를린에서 소식이 당도했다. 벵크 장군은 즉시 나치식 경례 대신 일반적인 군대식 경례로 바꾸라는[25] 명령을 내렸다. 샤른호르스트 사단의 대대장인 페터 레티히는 "다 끝났다! 히틀러는 총통 관저에서 사망했다. 베를린은 소련군에게 점령당했다. 붕괴의 모습이 여기저기서 드러나고 있다. 매우 충격적이지만, 어쩔 수 없다"[26]라고 썼다. 그와 얼마 남지 않은 병사들은 최대한 빨리 엘베강과 미군 쪽으로 후퇴하고 있었다. 그들이 겐틴을 지나갈 때 빈 슈냅스 병으로 가득 찬 운하가 보였다. 앞서간 병사들이 가게나 창고를 약탈한 것이 분명했다. 레티히는 일기장에 "붕괴의 징후다!"라고 기록했다.

벵크 장군의 참모진은 제12군 사단들에게 전투를 치르면서 철수할 것을 명령했다. 이는 소련군의 공격에 대항해 주위를 방어하기 위해서였다. 벵크는 군단장 가운데 한 명인 바론 폰 에델스하임 장군에게 미국 제9군과 협상할 것을 명령했다. 5월 3일 에델스하임과 참모는 수륙양용차를 타고 탕어뮌데 근처에서 엘베강을 건너 현지 미군 지휘관과 접촉했다. 항복 협상은 이튿날 슈텐달 시청에서 열렸다.[27]

미군 지휘관 윌리엄 심프슨 장군은 곤란한 처지였다. 인도주의적 배려뿐만 아니라 소련 동맹국에 대한 미국의 의무, 그리고 밀려드는 거대한 인파에 대한 식량 공급과 대처의 실질적인 문제도 고려해야 했다. 그는 부상자와 비무장 병사들을 받아들이기로 결정했지만, 대피를 돕기 위한 다리 건설과 수리를 도와달라는 에델스하임의 요구는 거절했다. 민간인 피란민들을 받아들이는 것 역시 거절했다. 그들은 전쟁이 끝나면 집으로 돌아가게 되어 있었다.

이튿날인 5월 5일 아침 세 지점에서 본격적인 엘베강 도하가 시작됐다. 세 지점이란 슈텐달과 쉰하우젠 사이에 있는 심각한 손상을 입은 철도교, 탕어뮌데 근처 도로교의 남아 있는 부분 그리고 남쪽으로 12킬로미터 떨어진 페르칠란트에 있는 선착장이었다. 제12군의 생존자들에게 최우선권이 주어졌다. 동쪽 둑에 남아 있는 모든 사람은 언제 자기 차례가 올지 궁금해했다. 제12군의 방어선은 소련군의 공격으로 이미 줄어들고 있었다. 방어선은 강 정면 폭이 25킬로미터가 채 되지 않았고 중앙 부분의 길이는 18킬로미터였다. 소련군 포병의 포격으로 병사들뿐만 아니라 민간인 피란민 사이에서도 많은 사상자가 발생했다.

제12군 병사들은 몹시 착잡했다. 그들은 구조 임무에 자부심을 느꼈고 붉은 군대에 치를 떨었으며 더 진군하지 않은 미군에 분개했다. 또한 자국 국민을 배신한 나치 정권을 증오했다. 이 모든 것이 탕어뮌데로 향하는 피란길에서 그들이 가졌던 생각을 압축적으로 보여주는 듯했다. 길옆에 있는 나치당 광고판은 여전히 "우리 총통 덕분이다!"[28]라며 히틀러를 찬양했다.

미군 분견대들은 친위대, 외국인 그리고 민간인들을 수색하며 다리 위로 몰려드는 병사들을 통제하고 걸러냈다. 그들 중 몇몇은 독일군 병사들에게서 무기뿐만 아니라 시계와 메달을 빼앗았다. 많은 독일군 병사가 몰래 숨어들 생각으로 자신들의 철모와 외투를 여자들에게 넘겼지만, 대부분은 발각돼 줄에서 빠져야 했다. 위협을 받는 다른 집단도 몰래 강을 건너려고 했다. 여전히 독일 군복을 입고 있는 소련 출신 '히비(부역자)' 역시 줄에 끼어들려고 했다. 그들은 소련군에 붙잡히면 끔찍한 응징을 당한다는 사실을 알고 있었다. 4월 초, 오데르 강가에서 제9군에는 히비가 9139명[29]에 달했지만, 그중 불과 5000명만이 살아남아 엘베강에 도착했다.[30]

무장친위대 병사들은 미군이 그들을 붉은 군대에 넘길 거라는 소리를 듣고 난 뒤 자신의 서류를 파기하고 배지를 뜯어냈다. 몇몇 외국인 무장친위대는 강제징용자인 척했다. 친위 노르트란트 사단에서 치과의사로 있었던 요스트 판 케텔은 할베 근처 숲에서 붉은 군대 병사들에게 저지당했을 때, 간신히 체포를 면했다. 그는 "친위대 아님, 러시아 동지. 네덜란드인"[31]이라고 말했다. 그는 붉은색, 흰색, 푸른색 줄무늬가 있는 통행증을 보여주었고, 이것이 받아들여졌다. 케텔은 더 남쪽 데사우 근처에서도 미군에게 같은 수법을 썼다. 하지만 그의 독일 동료는 즉시 체포됐다.

벵크 장군은 쉰하우젠의 공원에 있는 비스마르크 공작 저택에 본부를 설치했다. 독일은 무슨 수를 써서라도 러시아와의 전쟁을 피해야 한다는 비스마르크의 확고한 신념을 감안한다면 하필 그곳에서 전쟁이 끝나야 한다는 사실은 확실히 아이러니였다. 5월 6일 교두보는 폭 8킬로미터, 길이 2킬로미터로 줄어들었다. 방어선을 지키는 대대들은 거의 탄약이 떨어졌다. 소련군 전차, 대포, 카추샤 로켓의 포격은 단선 다리들을 건너려고 줄을 서 있는 많은 사람을 살상하고 있었다. 마지막 순간에 죽느냐 사느냐 하는 것은 '전쟁의 행운'에 관한 문제였다. 하지만 5월 6일 한층 더 맹렬한 공격으로 피란민을 걸러내던 미군 병사들 역시 위험에 빠졌다. 미 제9군은 소련군의 포격으로 병사를 잃지 않으려고 강을 건너 철수한 다음 엘베강에서 조금 떨어진 곳으로 후퇴시켰다. 피란민들이 원하던 기회였다. 피란민들은 다리를 건너기 위해 한꺼번에 밀려들었다.

벵크의 참모장인 라이히헬름 대령은 "다리를 건너지 못한 사람 중 상당수가 자살했다"[32]고 말했다. 다른 사람들은 소형 보트와 나무판자나 연료통을 서로 묶어서 만든 뗏목을 이용해 넓고 유속이 빠른 강을 건너려고 했다. 작전장교 폰 훔볼트는 카누, 소형 보트 그리고 사용 가능하다고 생각되는 모든 종류의 배를 기억하고 있다. 그는 "진짜 문제는 한 사람은 배를 다시 가져와야 했고, 탈출하려는 이들 중엔 자원자가 거의 없다는 사실이었다"[33]고 지적했다. 반대편에 있는 미군 분견대들은 여전히 그들을 돌려보내려고 했다. 하지만 피란민들은 또다시 도하를 시도할 생각이었다. 폰 에델스하임 장군은 미군 병사들이 민간인들이 탄 보트를 쏘라는 명령을 받았다고 주장했지만 사실이 아니다. 수영을 잘하는 사람들은 통신 케이블 선 끝부분을 입에 물고 강을 건넌 다음 반대편 둑의 나무나 밑바닥에 고정시켰다. 수영을 잘 못하는 사람과 여자 그리고 아이들은 임시변통으로 만든 줄을 끌어당기면서 강을 건넜지만 줄은 자주 끊어졌다. 많은 병사와 민간인이 강을 건너려다 익사했다. 아마 수백 명에 달했을 것이다.

5월 7일 아침 방어선이 무너졌다. 제12군은 마지막 남은 포탄을 다 쏜 다음 대포를 폭파시켰다. 레티히는 "포병에게는 가장 힘든 순간이었다"라고 썼다. 그는 몇몇 부대의 붕괴에 충격을 받았다. 또한 샤른 호르스트 사단—'아마 독일 북부에서 여전히 전투를 치르고 있는 마지막 독일 국방군 부대'—산하 간부 후보생들의 군인다운 모습에는 큰 자부심을 가졌다. 그들은 강을 건너 철수하기에 앞서 마지막 비품과 차량들을 파괴했다. 그는 '충직한 타트라 지프차'에 휘발유를 붓고 들고 있던 수류탄을 던져 그 차를 처리했다. 버려진 수백 마리의 말이 힘차게 주변을 뛰어다녔다. 병사들은 말들을 강으로 몰아 헤엄쳐 건너게 하려고 했지만, 헛된 바람일 뿐이었다. 그것은 '측은한 장면'이었다.

레티히는 함께 걸어온 힘든 행로에 대한 고별 연설을 하기 위해 쇤하우젠 다리 인근에 남아 있던 병사들을 집합시켰다. 그들은 패배를 절대 인정하지 않으면서, 출발하기 전 "영원히 헤어지기 위해 우레와 같은 목소리로 독일 '만세'"를 외쳤다. 구부러진 철교를 건너면서 무기, 쌍안경 그리고 남아 있는 다른 장비들을 엘베강의 거무스름한 물속으로 던졌다.

그날 오후 벵크 장군은 쇤하우젠에 있는 자신의 사령부에서 가까운 엘베강을 건넜다. 그와 참모진은 사령부를 마지막 순간까지 그대로 남겨두었다. 소련군이 그의 보트에 사격을 퍼부으면서 두 명의 부사관이 부상을 입었다. 그중 한 명은 중상이었다.

베를린에서는 히틀러의 시신을 찾으려는 노력이 계속되었지만 성공을 거두지 못했다. 괴벨스의 자녀 여섯 명의 시신은 5월 3일에야 2층 침대 세 개에서 담요에 덮인 채 발견됐다. 청산가리 때문에 얼굴에 검붉은 색이 남아 있어 아직도 살아서 잠을 자고 있는 것처럼 보였다. 스메르시는 그들을 확인하기 위해 히틀러의 해군 연락장교인 포스 중장을 데려왔다. 포스는 아이들의 시신을 보자 엄청난 충격을 받은 듯했다.

그날 제1벨라루스전선군 장군들이 총통 관저를 방문했을 때, 이상한 일이 일어났다. 끝부분을 네모지게 짧게 자른 콧수염에 앞머리가 눈썹 위까지 내려오는 남자의 시신이 발견됐다. 이 시신은 나중에 양말이 꿰매져 있다는 이유로 수사에서 제외됐다. 총통은 꿰맨 양말을 신지 않는다는 사실에 의견이 일치했던 것이다. 스탈린은 몇몇 병사가 괴벨스의 시신을 보도록 허락받았다는 얘기에 크게 우려했다. 관련 장교들은 처벌을 받았다.

히틀러 시신 확인에 관한 비밀의 베일에 대해 쓰고 있던 통역관 르제프스카야는 "스탈린 체제는 외부의 적과 내부의 적 모두 눈으로 확인해야 했다. 스탈린은 긴장이 풀리는 것을 두려워했다"[34]는 점을 강조했다. 대역은 아마도 반소비에트 음모의 증거로 쓰일 계획이었을 것이다. 이튿날 히틀러의 실제 시신이 발견됐을 때에도, 누구도 다른 사람에게 사실을 입 밖에 내지 말라는 명령이 크렘린에서 즉각 내려왔다. 스탈린의 전략은 영국이나 미국이 히틀러를 숨기고 있는 것이 틀림없다고 주장해 서구와 나치즘을 연관 지으려는 속셈임이 분명했다. 히틀러가 마지막 순간에 터널을 통해 혹은 한나 라이치와 함께 비행기를 타고 탈출해 미군이 점령하고 있는 바이에른에 숨어 있다는 소문이 고위층에서 떠돌았다. 서방 연합군이 자기 뒤에서 나치와 거래할 것이라는 스탈린의 의심으로부터 나온 흑색선전의 연장선임이 분명했다.

5월 5일 추가 심문이 있은 뒤 히틀러와 에바 브라운의 시신이 마침내 발견됐다. 그날은 바람이 많이 불고 하늘은 흐렸다. 총통 관저 정

베를린 함락 1945

원에 대한 새롭고 더 철저한 수색이 실시되었다. 한 병사가 어느 포탄 구멍 바닥에서 흙에 덮인 회색 담요 모서리를 발견했다. 새까맣게 탄 두 구의 시신이 발굴됐다. 독일 셰퍼드 한 마리와 강아지 한 마리의 사체 또한 같은 구덩이에서 발견됐다. 바디스 장군에게 즉시 보고됐다.

이튿날 아침 동이 트기 전 데리야빈 대위와 운전병은 히틀러와 에바 브라운의 시신을 시트로 싼 다음 베르자린의 저지선을 지나 몰래 빼내갔다. 그들은 차량으로 시신을 베를린 동북쪽 가장자리에 있는 부흐의 스메르시 기지로 가져갔다. 그곳에 있는 작은 벽돌 병동에서 괴벨스의 시신을 검사하기 위해 소환된 파우스트 박사, 크라옙스키 대령, 병리학자들이 제3제국의 가장 중요한 유물들에 대한 작업을 시작했다. 르제프스카야에 따르면, 법의학 전문가들은 히틀러의 시신과 관련해 절대적이고 영원한 비밀 유지를 명령받았을 때 당황했다고 한다. 텔레긴이 이 발견 여부를 알고 있었는지는 확실하지 않았다. 그는 나중에 다른 혐의로 베리야에게 체포됐다. 베르자린과 주코프 모두 히틀러의 시신이 발견됐다는 사실을 알지 못했다. 실제로 주코프는 20년 후에야 이 사실을 알고 깊은 배신감을 느꼈다.

베리야와 스탈린에게 알리기 전에 그들이 진짜 시신을 확보하고 있다는 사실을 확실하게 하고자 바디스는 추가적인 확인을 명령했다. 병사들은 히틀러의 치과의사의 조수를 찾아냈다. 그 여조수는 히틀러의 두개골에 연결된 턱을 조사한 다음, 그 턱이 실제 총통의 것이 맞는다고 확인했다. 그녀는 부분 의치를 알아보았다. 턱은 특별한 목적을 위해 분리돼 빨간 새틴으로 안을 댄 상자—르제프스카야는 이를 "값싼 보석에 쓰이는 종류"[35]라고 말했다—에 보관됐다. 5월 7일, 바디스는 비로소 자신이 확인한 사실에 대해 보고서를 쓸 만큼 확신했다.

히틀러의 죽음이 유럽에서의 즉각적인 종전으로 이어지지는 않았지만, 전쟁의 최후를 촉발한 것은 확실했다. 이탈리아 북부와 오스트리아 남부에서 100만여 명의 독일군이 5월 2일 항복했다. 처칠은 피우메크로아티아 서북부의 항만 도시로 돌진해 티토의 유고슬라비아 게릴라들이 트리스테아드리아해 북쪽에 면한 슬로베니아 유일의 항구 도시를 장악하기 전에 이 지역을 확보하길 원했다. 슐레스비히-홀슈타인주의 발트해 연안 지방을 향한 경주는 엘베강 북쪽에서 뤼베크와 트라베뮌데로 돌진한 영국 제2군의 승리로 끝났다. 연합군 병력은 덴마크를 해방시키기 위해 신속하게 이동 준비를 했다. 당시 덴마크에서 성과를 거두지 못했던 로코솝스키의 제2벨라루스전선군은 메클렌부르크[36] 대부분을 점령했다. 하지만 포로는 비교적 적었다. 만토이펠의 제3기갑군과 폰 티펠슈키르히 장군의 제21군의 잔여 병력이 영국군에 항복하기 위해 서쪽으로 이동하면서 소련의 분노를 샀다. 연합군에 대한 집단 항복으로 소련은 독일의 침략 기간에 입은 전쟁 피해의 보상으로 받을 셈이었던 노예 노동력을 빼앗겼다. 마지막 항복 직후, 여전히 크렘린을 자극하길 원치 않았던 아이젠하워는 스타프카에 쇠르너의 부대를 포함한 모든 독일군은 붉은 군대에 인계될 것이라고 통보했다. 안토노프는 "매우 만족스럽게 받아들였다".[37]

5월 4일 오후 폰 프리데부르크 해군 대장과 하인리히의 이전 참모장이었던 킨첼 장군은 독일 서북부, 덴마크, 네덜란드에 있는 모든 독일군 부대가 항복한다는 문서에 서명하기 위해 루네부르크 헤아트에 있는 몽고메리 육군 원수의 사령부에 도착했다. 5월 5일 브래들리 장군이 코네프 원수를 만나 그에게 모든 미군 사단의 위치를 표시한 지도를 건넸다. 하지만 브래들리는 답례로 미군은 체코슬로바키아를 건드리지 말라는 경고 외에 아무것도 받지 못했다.[38] 소련의 경고는 악랄하지는 않더라도 뻔뻔할 정도로 적대적이었다. 샌프란시스코에서 몰로토프는 국무장관 에드워드 스테티니어스에게 소련이 통치하는 임시정부와 논의하기 위해 파견된 16명의 폴란드 협상가가 붉은 군대 병사 200명을 살해한 혐의로 기소됐다고 말했다.

그런 와중에도 코네프의 제1우크라이나전선군은 남쪽으로 방향을 돌려 프라하를 점령하라는 명령을 받았다. 그곳에서 체코 저항군은 상황이 호전된 블라소프 장군 부대의 도움을 받아 쇠르너 육군 원수의 부대에 저항했다. 4월 30일 처칠은 붉은 군대가 도착하기 전에 패튼 장군의 제3군을 파견해 이 도시를 확보할 것을 미군에 요청했다. 하지만 마셜 원수는 거절했다. 빈, 베를린, 프라하가 소련 손에 넘어갔고, 중부 유럽 전체가 그러했다. 오스트리아의 소련 점령군 당국은 연합국과 상의도 하지 않고 임시정부를 세웠다. 슐레지엔의 수도 브레슬라우는 3개월간 지속된 끔찍한 포위 작전 끝에 5월 6일 항복했다.

블라소프 자신은 막판에 독일군을 배신한다는 생각을 처음에는 거부했지만, 그가 무슨 일을 하건 아무 가망이 없었다. 제1우크라이나전선군의 정치위원은 "1945년 5월 12일 체코슬로바키아 필젠 근처에서 제25전차군단 전차병들이 조국의 반역자 블라소프 장군을 체포했다. 상황은 이러했다. 대위 계급장을 단 블라소프 부대의 한 군인이 제25전차군단의 한 중령에게 다가와 서쪽으로 홀로 이동하는 자동차를 가리키면서 그 안에 블라소프 장군이 타고 있다고 말했다. 곧바로 추격이 이루어졌고 제25전차군 전차병들은 이 반역자를 체포했다"[39]고 보고했다. 담요 밑으로 숨으려 했던 것으로 보이는 블라소프는 "그의 이름으로 된 미국 여권"(반서방 선전을 이유로 목록에 추가됐을 수도 있는 항목), "그가 보관하고 있던 당 카드, 자신의 부대에게 전투를 멈추고 무기를 내려놓고 붉은 군대에 항복하라는 명령서 사본"이 발견됐다고 한다.[40] 블라소프는 코네프 사령부에서 비행기를 타고 모스크바로 이송되었다. 나중에 거기서 그는 끔찍하고도 기나긴 고문 끝에 사망했다는 이야기가 자랑스럽게 떠돌았다. 5월 13일과 14일에 블라소프 휘하 2만 명의 병사는 필젠 지역에서 붙들린 뒤 특별히 준비된 수용소로 보내져 스메르시의 심문을 받았다.

한편 남부의 미군은 뮌헨에서 동쪽과 동남쪽으로 향하는 한편 남쪽으로는 티롤까지 진격했지만, 아이젠하워의 명령으로 진격을 멈췄다. 프랑스군은 콘스탄스 호수에 인접한 브레겐츠를 점령했다. 폰 자우켄 장군은 독일 제2군의 잔여 병력과 함께 동프로이센 가장자리의 비스와 삼각주에서 계속 저항했다. 쿠를란드에서는 구데리안이 베를린 방어를 위해 되돌리고 싶어했던 사단들이 자신들을 포위하고 있는 소련군의 집중 포격에도 불구하고 저항을 이어갔다. 해군은 연료가 부족했지만, 헬라반도와 쿠를란드, 비스와 어귀에서 해상으로 철수했다. 하지만 가장 치열한 활동은 세 개 소련 전선군에 맞서는 쇠르너 육군 원수의 중앙 집단군과 함께 프라하 전역에서 계속됐다.

5월 7일 한밤중에 요들 장군은 랭스에 있는 아이젠하워의 사령부에서 되니츠와 국방군 총사령부를 대표해 항복 문서에 서명했다. 소련 측 대표로는 연합군 최고 사령부의 소련 측 최고 연락장교인 수슬로파로프 장군이 '소련군 최고 사령부The Soviet high command를 대표해'[41] 서명했다. 이 소식을 들은 스탈린은 격노했다. 마땅히 항복 문서는 베를린에서 전쟁의 피해를 가장 크게 입은 붉은 군대가 서명해야 했다. 스탈린을 더 화나게 한 일은 서방 연합국이 이튿날 유럽에서의 승리를 발표하길 원한다는 것이었다. 연합국은 언론들이 자세한 내용을 보도하는 것을 막을 수 없다는 이유에서였다. 스탈린은 시기상조라고 생각했다. 랭스에서 요들이 서명했음에도 불구하고 체코슬로바키아에 있는 쇠르너의 집단군은 격렬하게 저항을 계속했다. 폰 자우켄 장군과 쿠를란드에 갇힌 거대한 병력 역시 항복하지 않았다. 하지만 축하를 하기 위해 런던에 모인 군중은 처칠이 5월 8일 수요일에 성명을 발표할 것을 촉구했다. 어느 정도 타협을 했지만, 스탈린은 이제 베를린에서 완전한 항복을 한 후 자정이 막 지난 시간, 즉 5월 9일이 시작되는 순간에 성명이 발표되길 원했다.

하지만 소련 당국도 자국 병사들이 성급하게 축하하는 것을 저지하지는 못했다. 소련 제47군의 제7국 소속 코니 볼프는 5월 8일 하루 종일 라디오 다이얼을 만지작거렸다. 그는 런던에서 하는 발표를 듣고 동료들에게 소리쳤다. 이 소식은 베를린에 빠르게 퍼졌다. 붉은 군대 병사들이 미친 듯이 술을 찾아 나서는 동안, 젊은 여군들은 서둘러 옷을 세탁했다. 스메르시는 르제프스카야에게 파티를 준비하라고 소리쳤다. 히틀러의 턱을 잃어버린다면 "[그녀의] 머리로 대답해야 할 것"이라는 말을 들은 그녀는 한 손에는 화려한 붉은 상자를 부여잡은 채 다른 한 손으로 다른 사람들에게 술을 따라주느라 불편한 저녁을 보냈다. 그날 밤 여성에게 증거물을 맡긴 것은 현명한 결정이었다.

마지막 순간까지 싸움을 이어왔던 병사들에게 이 소식은 훨씬 더 기쁘게 받아들여졌다. 엘베 강가의 쉰하우젠 주변 제12군의 방어선을 공격하던 병사들은 많은 사상자를 냈다. 유리 그리보프의 대대는 5월 5일 샤른호르스트 사단의 잔여 병력을 공격하면서 병력의 절반을 잃었다. 소비에트 연방 영웅의 칭호를 받은 연대장은 이틀 후에 벌어진 마지막 교전에서 사망했다. 하지만 5월 8일 저녁 총격이 멈췄다. "우리는 숲속에서 승리를 축하했다. 다 같이 넓은 공터에 줄을 섰다. 허공에 총을 쏘아대는 바람에 사단장은 흥분된 연설을 끝내지 못했다. 우리는 행복에 취해 뺨 위로 눈물을 흘렸다."[42] 안도감은 늘 슬픔과 섞여 있었다. 붉은 군대 병사들은 "첫 번째 건배는 승리를 위하여. 두 번째 건배는 죽어간 전우들을 위하여"[43]라고 말했다.

작가 콘스탄틴 시모노프는 베를린에서 마지막으로 극적인 사건을 목격했다. 5월 8일 늦은 아침 그는 부서진 독일 항공기들이 말끔히 치워진 템펠호프 비행장 잔디밭에 누웠다. 300명에 달하는 소련군 의장대가 "작고 뚱뚱한 대령"[44]의 지휘하에 받들어 총 자세를 반복적으로 훈련하고 있었다. 그때 주코프의 부관인 소콜롭스키 장군이 도착했다. 곧이어 첫 번째 항공기가 나타났다. 여론 조작용 재판의 검사이자 이제는 외무인민 부위원장이 된 안드레이 비신스키가 소련 외교 수행단과 함께 도착했다. 그는 주코프의 정치 감독관이 될 예정이었다.

한 시간 반이 지난 후, 아이젠하워의 부사령관이자 대리인인 테더 영국 공군 원수와 유럽 주둔 미 항공대 사령관 칼 스파츠를 태운 또 다른 다코타 수송기가 착륙했다. 시모노프는 테더가 젊고 날씬하면서 정열적인 데다 "자주 미소를 띠었다. 왠지 억지로 웃는 듯한 모습이었다"고 적었다. 소콜롭스키는 서둘러 그를 맞이했고 일행을 의장대 쪽으로 안내했다.

세 번째 항공기가 착륙했다. 카이텔, 프리데부르크 제독 그리고 독일 공군을 대표하는 슈툼프 장군이 모습을 드러냈다. 세로프 장군은 서둘러 이 독일 장군들을 의장대 반대편으로 안내했다. 혹시라도 그들도 환영을 받기 위해 그곳에 온 것으로 오해받을까 싶었기 때문이다. 카이텔은 자신이 앞장서겠다고 고집했다. 정장을 차려입고 오른손에 원수 지휘봉을 든 그는 침착하게 정면을 바라보며 성큼성큼 걸어갔다.

머리 뒷부분에 베레모를 쓰고 등에 기관단총을 걸쳐 멘 젊은 여군들로 이루어진 말쑥한 차림의 교통 통제관들이 카를스호르스트에 있는 주코프의 새 사령부로 참모진의 차들이 자유롭게 통행할 수 있도록 모든 차량을 멈춰 세웠다. 독일인들이 옆길과 교차로에서 지켜보는 가운데 참모진 차량 호송대는 두터운 먼지구름을 내뿜었다. 시모노프는 독일 장군들이 최종 항복 문서에 서명하러 가는 모습을 지켜보면서 독일인들은 어떻게 생각할지 상상했다.

자정 직전 연합국 대표들이 '카를스호르스트의 이전 독일군사공과대학의 구내식당이었던 2층 건물'[45] 홀로 들어왔다. 제2근위전차군 사령관 보그다노프 장군과 다른 소련 장군은 실수로 독일 대표단이 앉을 자리에 잘못 앉았다. 한 참모 장교가 그들에게 귓속말을 하자 "그야말로 뱀에 물린 것처럼 벌떡 일어나"[46] 다른 테이블로 가서 앉았다. 서양 기자들과 뉴스 영화 촬영 기사들은 "미친 사람들처럼 행동했다"고 한다. 필사적으로 좋은 자리를 차지하려고 장군들을 밀치고 네 개 연합국 기가 꽂혀 있는 주빈 테이블 뒤로 몰려가려고 했다. 마침내 주코프 원수가 자리에 앉았다. 테더는 그의 오른쪽에 앉았다. 스파츠 장군과 드라트르 드타시니 장군은 왼편에 앉았다.

독일 대표단이 안내를 받으며 들어왔다. 프리데부르크와 슈툼프는 체념한 모습이었다. 카이텔은 가끔 주코프를 업신여기듯 훑어보면서 거만한 모습을 보이려고 했다. 그의 얼굴에 붉은 부스럼이 있다는 것을 알아챈 주코프도 마찬가지였다. 항복 문서가 주빈 테이블에 올려졌다. 첫 번째로 주코프, 다음은 테더, 스파츠 그리고 드라트르 장군이 차례로 서명했다. 카이텔은 주먹을 꽉 쥐고 의자에 꼿꼿이 앉아 있었다. 그는 고개를 점점 더 뒤로 젖혔다. 카이텔 바로 뒤에서 부동자세로 서 있던 키 큰 참모 장교는 "얼굴 근육을 조금도 움직이지 않은 채 울고 있었다".

주코프가 일어섰다. 그는 러시아어로 "우리는 항복 문서에 서명할 것을 독일 대표단에 요구합니다"라고 말했다. 통역관이 전달하자 카이텔은 조급한 손짓으로 그 말을 이해했고 서류를 가져다달라는 신호를 보냈다. 하지만 주코프는 자신이 앉아 있는 테이블의 끝을 가리켰다. 그는 통역관에게 "그들에게 이리로 와서 서명하라고 말하게"라고 했다. 카이텔이 일어서서 걸어갔다. 그는 보란 듯이 장갑을 벗고 펜을 집어들었다. 그는 자신이 서명할 때 어깨너머로 바라보던 소련 고위 장교가 베리야의 대리인인 세로프 장군이었다는 사실을 전혀 깨닫지 못했다. 카이텔은 장갑을 다시 낀 다음 자리로 돌아왔다. 다음으로 슈툼프, 그리고 프리데부르크가 서명했다.

주코프는 "독일 대표단은 이 홀을 떠나셔도 좋소"라고 말했다. 세 명은 자리에서 일어났다. "불독처럼 턱 아래로 살이 늘어진" 카이텔은 경례의 의미로 원수 지휘봉을 들어올린 다음 발길을 돌렸다.

그들 뒤로 문이 닫히자 방 안에 있는 모든 사람이 일제히 숨을 내쉬는 듯했다. 즉시 긴장이 풀렸다. 주코프는 미소를 띠고 있었다. 테더도 마찬가지였다. 모두 활기차게 얘기하며 악수를 했다. 소련 장교들은 서로를 힘차게 포옹했다. 이어진 파티는 노래와 춤과 함께 새벽까지 계속됐다. 주코프 원수는 장군들의 큰 환호에 맞춰 루스카야_{러시}_{아의 민속} 춤를 추었다. 홀 밖에서 장교와 병사들이 도시 전역에서 축하의 의미로 남은 탄약을 밤하늘에 쏘아올리는 소리를 분명하게 들을 수 있었다. 전쟁은 끝났다.

패자는
비참한 법!

27

　스탈린은 베를린 점령을 소련의 정당한 보상으로 여겼지만, 얻은 것은 실망스러웠고 잃은 것은 엄청났다. 주요 목표 중 하나는 독일 국립은행이었다. 세로프는 금 2389킬로그램,[1] 은화 12톤, 추축국에 점령당한 국가들의 지폐 수백만 장을 차지했다. 하지만 나치의 황금 보유고 대부분은 서쪽으로 향했다. 세로프는 나중에 NKVD '운영 비용' 조로 황금 일부를 숨겼다는 이유로 기소되었다.

　소련의 주요 목표는 독일에서 모든 실험실, 작업장, 공장들을 빼앗는 것이었다. 심지어 NKVD는 경찰 법의학 연구소[2]에서 원하는 물품 구입 목록을 제공하기도 했다. 보로디노 작전이라고 하는 소련 핵 프로그램이 최우선 과제였다. 소련의 군수산업이 미국을 따라잡는 데 도움을 줄 수 있는 V−2 로켓 과학자, 지멘스독일의 세계적 종합 전기제품 제조 회사의 공학자들, 그 밖의 기술자들을 찾아내는 데에도 많은 노력을 쏟아부었다. 신경가스에 대한 도움을 줄 것을 거부한 융 교수의 연구팀처럼 소수만이 소련의 압력에 저항했다. 다른 대부분의 사람은 비교적 좋은 조건과 가족을 소련으로 데려갈 수 있는 특권을 누렸다.[3]

하지만 독일 과학 장비는 그 장비를 만든 인간 설계자보다 다루기가 훨씬 어려운 것으로 드러났다. 모스크바로 가져간 대부분의 장비는 정밀 공학에 적합한 환경과 가장 순수한 원자재를 필요로 했기 때문에 쓸 수가 없었다. 베를린 약탈에 참여했던 한 소련 과학자는 "사회주의는 다른 나라의 기술 인프라를 죄다 가져가도 그 자체로는 이득이 될 수 없다"[4]고 잘라 말했다.

실험실과 공장에 대한 약탈 과정 대부분은 혼란과 재앙으로 끝을 맺었다. 메틸알코올을 발견한 붉은 군대 병사들은 그것을 마셨고 동료들에게도 나누어주었다. 작업장 안에 있는 장비들은 독일 여성 노동자들에 의해 해체된 다음 공터에 방치된 채 그곳에서 녹이 슬었다. 소련으로 무사히 이송된다 할지라도, 잘 활용된 것은 극히 일부분에 지나지 않아 스탈린의 산업 몰수 이론은 허무하기 그지없음을 보여주었다. 이런 현상은 대개는 독일의 자산에 대한 붉은 군대의 무지몽매한 사고방식 때문에 발생했다. 프랑스 전쟁 포로들은 "손질이 잘돼 있어 다시 쓸 수 있는 기계를 조직적으로 파괴하는 것"[5]을 보고 깜짝 놀랐다. 이것은 엄청난 자원 낭비이자 소련이 점령 독일을 다시는 재기할 수 없는 후진 국가로 만드는 행위였다.

개인적인 약탈은 좀더 색다른 방식으로 이루어지긴 했지만, 동프로이센에서 있었던 것만큼 소모적이었다. 소련 장군들은 옛 터키의 지체 높은 파샤고위 귀족처럼 행동했다. 바실리 그로스만은 마지막 전투가 벌어진 며칠 동안 있었던 추이코프 휘하 한 군단장의 행동에 대해 자신의 수첩에 이렇게 썼다. "닥스훈트(좋은 동료들) 두 마리,[6] 앵무새 한 마리, 공작새 한 마리, 뿔닭 한 마리를 불법으로 손에 넣고는 함께 이동한다. 그의 사령부는 아주 생기가 넘친다."

어느 장군의 약탈품은 대부분 부하 지휘관들의 상납품이었다. 부하들은 궁전이나 좋은 집을 점령하면 상관에게 바칠 가장 좋은 품목들을 재빨리 챙겼다. 주코프는 홀란드&홀란드명품 총기 제조 업체 산탄총 두 자루를 받았다. 주코프에게 총을 상납한 부하들은 나중에 그의 평판을 떨어뜨리려는 아바쿠모프스메르시의 국장의 시도에 가담했다. 스탈린의 지시에 따른 것임이 분명했다. 두 자루의 총은 비난할 때 전방위로 확대하는 이 스탈린주의자의 강요로 "골란드&골란드홀란드&홀란드에 빗대어 한 표현가 만든 단 20자루뿐인 산탄총"[7]이 되었다.

지휘 계통의 다른 쪽 끝에서는 붉은 군대의 병사들이 갖가지 흥미로운 약탈품을 모았다. 젊은 여군들은 남자가 부족한 세상에서 여전히 남편을 구할 수 있다는 희망을 품고 '일부 독일 여성'의 혼숫감을 모으는 데 관심을 보였다. 결혼한 병사들은 아내에게 보낼 옷가지를 모았을 뿐만 아니라, "독일 여성들이 사용하는 여자용 내의"를 약탈하기도 했다. 이런 종류의 선물은 본국의 고향 집에서는 최악의 질투심을 유발했다. 많은 소련인 아내는 베를린의 독일 여자들이 자신의 남편을 유혹하고 있다고 확신했다.

하지만 대부분의 병사는 5킬로그램이라는 무게 제한에 아랑곳하지 않고 집을 개조하는 데 필요한 품목들에 집중했다. 한 장교는 시모노프에게 자신의 병사들이 판유리들을 떼어낸 뒤 유리 양쪽에 나무 조각을 대고 철사로 묶어 집으로 보냈다고 말했다. 시모노프는 붉은 군대 우편 부서에서 본 장면을 이야기했다.

한 병사는 "어서 이걸 접수해줘, 어서! 독일군이 우리 집을 부쉈다고. 그래서 어서 이 소포를 보내야 해. 그렇게 해주지 못하면, 너희는 우편 부서가 아닌 거야!"[8]라고 말했다.

많은 병사가 못 가방을 보냈다. 어떤 병사는 톱 한 자루를 둥글게 말아서 가져왔다. 그러자 우편 담당 병사가 그에게 "최소한 톱을 포장해서 가져오라고"라며 투덜거렸다.

"어서, 보내줘! 시간이 없다고. 난 전선에서 왔단 말이야!"

"주소는 어디 있는데?"

"톱에. 여기, 보이지?" 주소는 톱날 위에 펜으로 알아보기 힘들게 쓰여 있었다.

다른 병사들은 노획품을 시트로 꿰매 꾸러미로 만들기 위해 빵으로 독일 여자들을 매수했다. 모자나 시계와 같은 특별한 선물을 고향에 있는 가족과 친구들에게 보내는 것은 자존심 문제였다. 시계에 대해 그토록 집착한 이유는 대단히 가치 있는 물건이라고 여겼기 때문이다. 병사들은 보통 몇 개의 시계를 차고 있었다. 적어도 하나는 모스크바 시간에 또 다른 하나는 베를린 시간에 맞춰져 있었다. 독일이 항복한 지 한참이 지난 후에도 병사들이 "시계! 시계!" 하고 요구하면서 기관단총으로 민간인들의 배를 쿡쿡 찔렀던 것은 이 때문이었다. 그러면 독일인들은 피진어—독일어의 러시아어 버전—로 시계는 이미 빼앗겼다며 설명하려고 애썼다.[9]

소련인 소년들—그들 중 몇몇은 열두 살밖에 안 됐다—이 약탈을 위해 베를린에 나타났다.[10] 그들 중 두 명은 체포된 후 자신들이 모스크바에서 상당히 북쪽으로 떨어져 있는 볼로그다에서 먼 길을 왔다고 인정했다. 그리 놀랄 일은 아니지만, 미군 보고서는 축제 분위기 속에서 외국인 노동자들이 해방된 모든 지역에서 "약탈의 상당 부분"[11]에 책임이 있다고 밝혔다. "남자들은 포도주 저장고로, 여자들은 옷가게로 향하고, 그들 모두는 도중에 챙길 수 있는 모든 음식을 챙긴다." 하지만 "외국인들에 의한 약탈이라고 알려진 것 중 상당 부분은 실제로는 독일인들이 한 짓이다".

강제 노동자들에 대한 독일인의 혐오와 두려움은 노골적이었다. 서방 연합군이 강제 노동자들에게 먼저 식량을 공급해야 한다는 입장을 고수하자 독일인들은 두려움에 떨었다. 5월 1일, 머피는 국무장관에게 "심지어 뮌스터의 한 주교는 모든 실향민을 러시아인이라고 부르면서 연합군이 '열등한 국민'으로부터 독일을 보호해야 한다고 요구한 것으로 알려졌다"[12]고 편지를 썼다. 하지만 독일인들의 예상과는 달리 강제 노동자들은 독일로 강제 이송된 다음 자신들이 당했던 고통에 비해서 놀랍게도 폭력을 거의 행사하지 않았다.

베를린에서 민간인의 감정은 매우 복잡했다. 그들은 약탈과 강간에 대해서는 분통을 터뜨리면서도, 붉은 군대가 자신들에게 식량을 공급하기 위해 노력하고 있는 모습에는 놀라워하기도 하고 고마워하기도 했다. 나치는 붉은 군대가 민간인을 계획적으로 굶주리게 만들 것이라고 선전했다. 붉은 군대 야전 취사장에 줄을 서 있는 독일인들과 대화했던 베르자린 장군은 자신의 병사들에게 그랬던 것처럼 베를린 시민들 사이에서도 영웅이 되었다. 음주 오토바이 사고로 인한 그의 죽음은 독일인들 사이에서 커다란 슬픔을 불러일으켰다. 그가 NKVD에 의해 살해됐다는 소문이 퍼졌다.

독일인들은 그리 이타적이지 않은 식량 원조 방식에 놀랐다. 소련 병사들은 고깃덩어리를 들고 나타나 고기를 나누어 먹는 대신 가

정주부들에게 고기를 요리해달라고 말했다. 모든 병사가 자기 집처럼 "정식으로 식탁에 앉기"를 원했다. 그들은 항상 술을 가져와 식사 후 평화를 위해 엄숙하게 술을 마신 다음 "숙녀들을 위해" 건배할 것을 고집하곤 했다.

독일 군사 당국의 최악의 실수는 붉은 군대가 진격하는 길목에 있는 술을 그대로 둔 것이었다. 이런 결정은 술 취한 적은 싸울 수 없다는 생각 때문이었다. 하지만 여자들에게는 비극적이었다. 술은 끔찍한 전쟁의 종식을 축하하는 것뿐만 아니라 붉은 군대 병사들이 강간할 수 있는 용기를 내는 데 필요한 것이기도 했다.

계속되는 승리 축하 행사가 베를린에서 공포의 종식을 의미하는 것은 아니었다. 많은 독일 여자가 연장된 축하 행사의 일부로서 강간을 당했다. 한 젊은 소련 과학자는 그가 사랑에 빠진 열여덟 살의 독일 소녀로부터 5월 1일 밤 한 붉은 군대 장교가 권총 총구를 그녀의 입에 강제로 밀어넣고는 그녀를 성폭행하는 내내 그녀가 반항하지 못하도록 총구를 입안에 그대로 넣고 있었다는 얘기를 들었다.[13]

여자들은 곧 저녁 '사냥 시간' 동안 사라지는 법을 배웠다. 어린 소녀들은 며칠에 걸쳐서 창고 다락방에 숨어 있었다. 어머니들은 소련 병사들이 전날 밤에 마신 술로 뻗어 있는 이른 아침에만 물을 가지러 거리로 나왔다. 가끔 발생하는 가장 큰 위험은 한 어머니가 딸들을 지키려고 필사적으로 노력하는 와중에 다른 여자아이들이 숨어 있는 곳을 폭로하는 것이었다.[14]

창문이 모두 깨진 상태였기 때문에 베를린 시민들은 매일 밤 비명을 들을 수 있었다는 사실을 기억하고 있다. 베를린의 두 개 주요 병원은 강간 피해자 수를 9만 5000명에서 13만 명 정도로 추산했다. 한 의사는 베를린에서 강간당한 10여 만 명의 여자 중 1만 명 정도가 사망했으며 대부분 자살이었다고 추론했다. 사망률은 동프로이센, 포메라니아 그리고 슐레지엔에서 고통받은 140만 명의 사망률보다 훨씬 더 높은 것으로 생각된다. 모두 합쳐 최소 200만 명의 독일 여성이 강간을 당한 것으로 추정되고, 다수는 아니더라도 상당수를 차지하는 여성들이 두 번 이상 당한 것으로 보인다.[15] 우르줄라 폰 카르도르프와 소련 스파이 슐체 보이젠의 친구는 "23명의 병사에게 잇따라"[16] 강간을 당했다. 그녀는 나중에 병원에서 봉합 수술을 받아야 했다.

강간을 당한 독일 여자들의 반응은 매우 다양했다. 많은 희생자, 특히 자신에게 무슨 일이 일어나고 있었는지 알지 못하는, 보호자가 필요한 어린 소녀들에게 미치는 심리적 영향은 엄청나게 충격적일 수 있었다. 그런 경우 남자들과의 관계는 평생 동안 어려워졌다. 대개 어머니들은 아이를 돌봐야 하는 우선시해야 할 일이 있었기 때문에 자신에게 일어난 일을 극복할 수 있었다. 다른 여자들은, 어린 여성이든 성인 여성이든 상관없이 경험한 일을 기억에서 지우려 했다. 한 여성은 이 문제에 관해 이야기하길 거부하면서 "살아가기 위해서 많은 것을 억눌러야만 한다"[17]고 인정했다. 저항하지 않고 발생한 사건에서 어떻게든 벗어났던 여자들은 훨씬 덜 고통스러웠던 것으로 보인다. 어떤 사람은 그것을 '유체 이탈' 경험의 관점에서 설명했다. 한 사람은 "그런 생각 때문에 그 경험이 나의 남은 인생을 지배하지 못하게 됐다"[18]고 썼다.

베를린이라는 도시가 갖고 있는 탄탄한 냉소주의 또한 도움이 된 것 같다. 5월 4일 익명의 일기 작가는 "대체로 우리는 서서히 전체적인 강간 사건을 비록 음울하긴 하지만 유머 감각을 갖고 바라보기 시작한다"[19]라고 썼다. 소련군 병사들은 뚱뚱한 여자를 좋아했다. 이것은 어느 정도 남의 불행을 기뻐하는 마음을 제공했다고 그들은 언급했다. 그런 여자들은 대개 나치당 간부나 유사한 특권을 가진 위치 덕분에 이득을 본 사람들의 아내였기 때문이다.

이 일기 저자에 따르면 강간은 집단 경험이 됐다. 따라서 그들끼리 이야기를 나눔으로써 집단적으로 극복해야만 했다. 하지만 집으로 돌아온 남자들은 그들이 없는 곳에서조차 이 문제를 언급하는 것을 금지하려 했다. 여자들은 자신에게 일어난 일을 받아들이는 법을 배워야 했지만, 남자들은 종종 상황을 훨씬 더 악화시켰다. 당시 그 자리에 있던 사람들은 그들을 보호하지 못했던 것을 부끄러워했다. 한나 게를리츠는 남편과 자신의 생명을 구하기 위해 술 취한 소련군 장교 두 명에게 굴복했다. 그녀는 "이후 나는 내 남편을 위로하고 그가 용기를 되찾도록 해야 했다. 그는 어린애처럼 울부짖었다"[20]라고 썼다.

포로가 되는 것을 피하거나 일찍이 포로수용소에서 석방돼 집으로 돌아온 남자들은 자신들이 없는 동안에 아내나 약혼자가 강간당했다는 소리를 듣고 마음이 얼어붙었던 것 같다. (소련 수용소에 더 오랜 기간 머물렀던 많은 포로 역시 굶주림으로 인한 '탈성욕dexualization'으로 고통받았다.)[21] 그들은 자신의 여자가 강간을 당했다는 사실을 받아들이기 어려워했다. 우르줄라 폰 카르도르프는 한 젊은 귀족이 약혼녀가 다섯 명의 러시아 병사에게 강간을 당했다는 사실을 알고는 파혼했다는 얘기를 들었다.[22] 익명의 일기 저자는 갑자기 나타난 옛 애인에게 건물 주민들이 어떻게 살아남았는지에 관해 이야기해주었다. 이야기를 다 들은 그는 "너희는 뻔뻔한 년이 됐어. 너희 모두. 난 이 이야기를 들을 수 없어. 너희는 모든 도덕적 규범을 잃었어. 너희 모두 다!"[23]라며 버럭 소리를 질렀다. 그러자 그녀는 그에게 읽어보라며 자신의 일기를 건네주었다. 그녀가 강간당하는 것에 관해 썼다는 사실을 안 그는 그녀가 미쳤다는 듯이 빤히 쳐다봤다. 이틀 후 그가 음식을 구하러 간다고 말하며 집을 나간 후, 그녀는 그를 다시는 보지 못했다.

베를린 외곽에서 다 같이 강간당해야 했던 딸과 어머니, 할머니는 아버지가 전쟁 중에 목숨마저 잃었다며 스스로를 위로했다. 그들은 그가 가족을 지키려다가 죽었을 것이라고 생각했다.[24] 하지만 실제로는 헛된 용기가 어떤 것인지를 분명하게 보여준 독일 남성은 거의 없는 것 같다. 유명 배우인 하리 리브케가 자신의 아파트에 대피해 있는 한 젊은 여자를 구하려다가 병으로 머리를 맞고 사망했지만, 그는 꽤 예외적인 사례였다. 익명의 일기 저자는 양수기 앞에 줄을 서 있던 한 여자로부터 붉은 군대 병사들이 지하실에서 그녀를 끌고 나올 때 같은 구역에 살던 한 남자가 "어서 가, 제발! 너 때문에 우리 모두가 곤란해지고 있어"[25]라고 말했다는 얘기를 들어야 했다.

소련군의 공격을 받는 여성을 보호하려는 사람은 보통 아버지이거나 자신의 어머니를 보호하려는 아들이었다. 사건이 발생한 직후 이웃 사람들은 "열세 살의 디터 샬은 자신이 보는 앞에서 어머니를 강간하는 소련군에게 달려들어 주먹을 휘둘렀다. 그는 아무것도 하지 못한 채 총에 맞았다"[26]고 썼다.

소련 선전부의 가장 터무니없는 믿음은 "독일 정보기관이 붉은 군대 장교들을 감염시킬 목적으로 베를린의 많은 여자를 성병에 감염시켰다는"[27] 생각이었다. NKVD의 또 다른 보고서는 이것을 베어볼프의 활약 때문으로 돌렸다. "지하 조직 베어볼프의 몇몇 단원—그들 대부분은 소녀였다—은 그들의 지도자로부터 소련군 지휘관들에게 해를 끼쳐 그 임무를 수행하지 못하게 만들라는 임무를 부여받았다."[28] 심지어 오데르강에서의 공격 직전에도 소련 군사 당국은 "적은 우리를 약화시키고 우리의 병사와 장교들의 전투력을 상실케 하기 위한 어떤 방법도 사용할 준비가 돼 있다"[29]는 사실을 근거로 성병 발병률의 증가를 설명했다.

많은 여자는 병원 앞에 줄을 서야 한다는 사실을 알게 되었다. 그렇게 많은 사람이 같은 처지라는 것이 작은 위안이라면 위안이었다. 한 여자 의사는 방공호 안에 성병 병동을 만들었다. 소련 병사들이 접근하지 못하도록 밖에 키릴 문자로 '장티푸스'라고 쓴 간판을 걸어두었다. 영화 「제3의 사나이The Third Man」에서 볼 수 있듯이 페니실린은 곧 암시장에서 가장 인기 있는 품목이 됐다. 낙태율 또한 급증했다. 임신한 피해자의 약 90퍼센트가 낙태했다고 추정되지만 지나치게 과장된 것으로 보인다. 출산한 많은 여자는 병원에 아이를 버리고 떠났다. 출산한 여성들이 남편이나 약혼자가 아이를 집에 데리고 오는 것을 절대 허용하지 않으리라는 사실을 알고 있었기 때문이다.[30]

소련군 장교들이 냉소주의 혹은 완전히 맹목적인 이상주의에 시달렸는지는 알기 어렵다. 한 상위는 공병 장교에게 "붉은 군대는 세상에서 최고로 도덕적인 군대야. 우리 병사들은 무장한 적만 공격하지. 우리가 어디에 있든, 우리는 항상 지역 주민들에게 인간성의 본보기를 보여주니까 성폭력과 약탈은 우리에게 완전히 낯선 것이지"[31]라고 말했다.

대부분의 최전방 소총사단들은 전차여단이나 후방 부대들에 비해 규율이 엄격했다. 그리고 입증되지는 않았지만 붉은 군대의 유대인 장교들이 독일 여자와 소녀들을 보호하기 위해 부단한 노력을 했다는 사실을 보여주는 많은 증거가 있었다. 하지만 대다수의 장교와 병사는 4월 20일 스타프카를 통해 스탈린이 내린 명령, 모든 부대는 "독일인에 대한 태도를 바꾸고 그들을 더 잘 대우하라"[32]는 명령을 무시했던 것 같다. 이런 지시가 내려진 이유는 '야만적인 대우'가 강력한 저항을 불러일으키고, "이런 상황은 우리에게 유리할 것이 없다"는 이유에서였다. 상당히 일리가 있는 말이었다.

5월 2일 석방된 한 프랑스인 전쟁 포로가 길거리에 있는 바실리 그로스만에게로 다가와서 "선생님, 저는 당신의 군대를 좋아합니다. 그래서 당신의 군대가 소녀와 여자들을 대하는 것을 보면 고통스럽습니다. 이런 상황은 소련의 선전에 큰 해가 될 겁니다"[33]라고 말했다. 이것은 사실로 입증되었다. 파리에서 붉은 군대에 대한 존경이 절정에 달했던 공산당 지도자들은 돌아온 전쟁 포로들이 그다지 영웅적이지 않은 사건들을 얘기했을 때 큰 충격을 받았다. 하지만 소련 당국이 이런 상황을 깨닫기까지는 오랜 시간이 걸렸다.

많은 사람은 붉은 군대가 처벌을 시작하기 전 2주 동안만 약탈과 강간을 일삼았다고 생각했다. 하지만 그것은 그리 간단하지 않았다. 베를린에서 항복이 있은 지 3개월이 지난 8월 3일 주코프는 "강도 행위" "물리적 폭력" 그리고 "불미스러운 사건들"[34]을 통제하기 위해 더 엄격한 규정을 발표해야 했다. "파시스트 패거리로부터의 해방"에 대한 소련의 모든 선전은 역효과를 낳기 시작했다. 독일 공산주의자들의 부인과 딸들이 다른 사람들처럼 부당한 대우를 받았을 때 더욱 그랬다. 명령서엔 "전쟁이 끝난 지금 독일 반파시스트주의자들이 보는 바로는 그런 행위와 허가받지 않은 행동이 우리를 매우 위태롭게 한다. 붉은 군대와 소련 정부에 대항하는 파시스트 운동을 크게 돕는 것이다"라고 규정되어 있었다. 지휘관들은 병사들을 아무런 제재 없이 돌아다니게 내버려둔 것에 대해 비난을 받았다. "허가받지 않은 외출"은 멈춰야 했다. 병장과 상병들은 매일 아침저녁으로 병사들의 출석을 점검해야 했다. 병사들은 신분증을 발급받았다. 병력은 정식 명령 없이는 베를린을 떠날 수 없었다. 그 명령서에는 서구 군대라면 주둔지에 있는 막사에서도 지극히 상식적으로 여길 만한 조치 목록까지 포함돼 있었다.

국제 신문 기사는 여름 내내 이 문제에 관심을 보였다. 공산당의 위신이 최고조에 달했던 때, 소련에 의존하는 해외 공산주의자들에게 미치는 영향은 크렘린을 불안하게 만들었다. 몰로토프의 부관은 "이런 비열한 운동은 붉은 군대의 매우 높은 명성을 손상시키고 점령 국가에서 일어난 모든 일의 책임을 소련에 전가하기 위한 것이다. (…) 전 세계에 걸쳐 있는 우리의 수많은 동지는 역선전을 위해 정보와 사실로 무장해야 한다"[35]고 썼다.

도덕 기준은 실제로 타격을 입었지만, 그런 상황에선 선택의 여지가 별로 없었다. 베를린으로 돌아온 우르줄라 폰 카르도르프는 브란덴부르크 문 근처에서 빈곤한 사람들이 물물교환을 하는 모습을 보았다. 그녀는 즉시 브레히트의 「서푼짜리 오페라」에 나오는 "음식이 먼저고 그다음이 도덕이다"[36]라는 가사를 떠올렸다.

브란덴부르크 문은 석방된 전쟁 포로와 강제 노동자들이 약탈품을 거래하면서 5월 초 물물교환과 암시장의 주요 본거지가 됐다. 우르줄라 폰 카르도르프는 많은 여자가 음식 혹은 담배를 구하기 위해 매춘을 하는 것을 보았다. 한 사람은 "상하이에 오신 것을 환영합니다"당시 상하이에선 매춘이 횡행했다고 함라며 빈정댔다. 한 여성 일기 저자는 서른 살의 젊은 여자들이 자기보다 더 늙어 보인다고 느꼈다.

생존에의 필요는 단순한 도덕 이상의 것을 왜곡했다. 전직 출판인이었던 이 익명의 일기 저자에게 한 소련 해군이 다가왔다. 그는 너무 어려서 여전히 학생처럼 보였다. 이 해군은 그녀에게 성격이 좋고 다정한, 깔끔하고 예의 바른 소녀를 찾아달라고 부탁했다. 그는 소녀에게 일상적으로 배급받는 빵, 청어, 베이컨과 같은 음식을 줄 생각이었다. 작가 에른스트 윙거는 점령지 파리에서 독일군 장교로 있었을 때, 음식이 힘이라는 사실을 깨달았다. 물론 프랑스에 있던 수많은 독일군 병사가 깨달았듯, 한 여자가 먹여 살려야 할 아이들이 있으면 그 힘은 더욱더 커졌다. 베를린에서 암시장의 환율은 '담배 화폐'[37]에 좌우되었기에 거의 무제한의 담배를 마음대로 가지고 올 수 있었던 미군 병사들은 애써 강간할 필요가 없었다.

강간의 정의는 성적인 압박으로 의미가 흐려졌다. 굶주림에 직면한 여자들에게는 총이나 육체적 폭력이 필요 없었다. 이것은 1945년 독일에서 전개된 강간 양상의 세 번째 단계로 설명된다. 네 번째 단계는 많은 소련군 장교가 소련 '운동원 아내'를 대체한 독일 '점령군 아내'[38]와 함께 정착한 이상한 형태의 동거였다. 소련의 고향 땅에 남아 있는 진짜 아내들은 '운동원 아내'라는 말을 듣고 격분했다. 하지만 그들이 새로운 상황에 관한 이야기를 들었을 때 도덕적 분노는 더 커졌다. 독일인 내연녀들과 함께 사는 데 여념 없던 많은 붉은 군대 장교가 조국으로 돌아갈 시간이 왔을 때 탈영을 선택했다. 소련 당국 역시 경

악하고 격분했다.[39]

젊은 해군이 다가온 다음 익명의 일기 저자는 한 교양 있는 소련 소령이 제공하는 보호와 풍부한 식량을 받아들여 스스로 매춘부가 될까 생각했다. 그녀가 알고 있는 독일 남자들은 대학을 다닌 여자를 싫어했던 반면, 이 소령은 소련의 대다수 남자처럼 그녀의 교육 수준을 존중했다. 하지만 무엇이 강간이고 무엇이 매춘인지에 상관없이, 음식을 얻고 보호를 받기 위한 이런 계약은 여자들을 원시적인, 태고의 상태로 돌려놓았다.

반면 우르줄라 폰 카르도르프는 독일 여성들이 독일 남성들보다 더 강인해질 수밖에 없었지만 남성들이 포로수용소에서 돌아오면 곧 정해진 역할로 되돌아가야 할 것이라고 내다봤다. 그녀는 "우리 여자들은 이 전쟁 국면에서 완전히 패배하고 절망에 빠진 남자들에게 이해와 위로, 지지와 용기를 주어야 한다는 가장 어려운 일에 직면해 있는지도 모른다"[40]라고 썼다.

패전은 "완전한 몰락"[41]이라고 믿었기 때문에 독일인들은 그토록 오랫동안, 그토록 치열한 싸움을 계속했다. 독일인들은 조국이 완전히 정복당하고 그들의 병사들은 시베리아에서 노예로 여생을 보내게 될 거라고 믿었다. 하지만 히틀러의 죽음과 함께 저항이 사라지자마자 변한 독일인의 태도에 베를린에 있는 소련군들은 놀라움을 금치 못했다. 그들은 소련 인민들이 그러했던 것처럼 격렬한 파르티잔 전쟁을 어느 정도 예상했기 때문에 "독일 국민의 유순함과 자제심에"[42] 충격을 받았다. 세로프는 베리야에게 독일 국민은 "절대적으로 복종하면서"[43] 행동하고 있다고 말했다. 추이코프의 한 참모 장교는 뿌리

깊은 "실세들에 대한 존경"[44] 때문이라고 설명했다. 붉은 군대 장교들은 수많은 독일 국민이 전혀 남의 눈을 신경 쓰지 않고, 가운데에서 만자 십자장을 도려낸 진홍색 나치 깃발로 공산당 기를 만드는 방법을 보고 놀랐다. 베를린 시민들은 이런 상황의 반전을 "스탈린 만세!"라고 불렀다.

하지만 복종에도 불구하고 스메르시와 NKVD는 모든 도망자 혹은 사건을 여전히 베어볼프의 활동 사례로 여겼다. NKVD 국경 경비연대들은 5월 초 매일 100명 이상의 독일인을 체포했다. 그중 절반 이상은 스메르시로 인계되었다. 소련 당국을 가장 맹렬하게 비난한 이들 중 일부는 옛 나치 당원이었다. 자신들의 정체가 드러나기 전에 비난을 퍼부으려는 시도였던 것 같다. 스메르시는 옛 나치 당원들을 협박해 NKVD 부대가 친위대와 독일 국방군 장교들을 색출하는 것을 돕도록 했다. 탐지견을 동반한 수색대는 최근 많은 독일군 탈영병이 친위대와 헌병대 분견대를 피해 숨어 있던 아파트와 시민 농장 헛간을 수색했다.

소련의 사보타주 이론에는 "파시스트 조직 지도자들이 베를린에서 독이 든 레몬 탄산음료와 맥주를 팔아 대규모 독살을 준비하고 있다"[45]는 생각도 포함되었다. 판처파우스트와 버려진 무기를 갖고 노는 아이들은 베어볼프 대원으로 의심받아 심문을 받았다. 스메르시는 오직 자백을 받아내려고만 했다. 단 하나의 명백한 저항의 증거는 리히텐베르크에서 발견된 "당은 살아 있다!"[46]고 선언하는 몇 장의 나치 포스터였다. 일반적인 복종 형식과는 전혀 다른 예외적인 사건도 하나 있었다. 5월 20일 밤 "인원을 알 수 없는 강도들"[47]이 NKVD의 제 10번 수용소를 공격해 466명의 포로를 풀어주었다. 수용소 소장 큐츠

킨 소령은 공격이 발생했을 때 "연회를 벌이고" 있었다. 베리야는 격노했다. 고위 장교들의 경계심 부족에 대한 NKVD의 강도 높은 비판이 쏟아지면서 이 사건은 상당히 난처한 국면을 맞았다.

베를린 여자들은 삶을 정상적인 모습으로 되돌리고 싶어했다. 베를린에서 가장 흔히 볼 수 있는 장면은 부서진 건물을 정리하고 벽돌을 가져가기 위해 양동이를 들고 인간 사슬을 만든 '돌무더기의 여자들'이었다. 베를린에 남아 있던 많은 독일 남성은 전투가 끝나자마자 숨거나 정신적으로 무너졌다.

대부분의 작업 단체와 마찬가지로 여자들은 처음에는 얼마 안 되는 감자를 지급받았다. 하지만 베를린 시민들의 유머 감각은 여전했다. 예를 들면 도시의 모든 구역에 이름을 다시 붙였다. 샤를로텐부르크는 "쓰레기 더미"를 뜻하는 "클라모텐베르크"[48]로, 슈테글리츠는 "모든 것이 무너졌다"는 뜻의 "슈테트 니히츠"로, 그리고 리히테르펠데는 "분화구의 땅"인 "트리히터펠데"로 바꾸는 식이었다. 체념과 조용한 절망을 감추기 위한 겉치레의 용기였다. 한 젊은 베를린 시민은 "사람들은 자신의 운명을 받아들이고 있었다"[49]라고 말했다.

직장인과 공무원들은 일터로 돌아가라는 베르자린 장군의 명령에 복종했다. 스메르시 장교들은 NKVD 병력을 이용해 마주레날레에 있는 그로스도이처 방송국[50] 건물에 저지선을 설치했다. 모든 직장인은 자기 자리에서 대기하라는 지시를 받았다. 직장인들은 소련군 병사들이 장비를 못쓰게 만들거나 파괴하려 하지 않았다는 사실에 크게 안도했다. 독일 공산주의자들과 동행한 스메르시 책임 장교 포포프 소령은 그들을 잘 대해줬다. 그는 병사들이 그 건물에 있는 많은 젊은 여자를 보호하도록 했다. 비록 며칠 뒤 집으로 돌아가는 것을 허락받았을 때, 이런 조치가 그녀들을 구하지는 못했지만 말이다.

'모스크바 이민'에서 돌아온 독일 공산주의자들은 소련인 상전들에게 완전히 복종했다. 그들은 승자 편에 속할 수도 있었지만, 깊은 패배의 감정이 뇌리를 떠나지 않았다. 독일 노동자 계급이 1941년 나치의 소련 침략을 막기 위해 아무것도 한 것이 없다는 사실 때문이었다. 소련 동지들은 이 사실을 잊도록 내버려두지 않았다. 1933년 이전에 공산당 당원이었다고 주장하며 모습을 드러낸 많은 독일인에 대한 통렬한 비판은 나치 정권에 대항해 무기를 든 사람이 거의 없었다는 성난 불신을 불러일으켰다. 히틀러에 대한 잘 알려진 유일한 저항운동이 '반동 집단'에 의해 일어났다는 사실은 그들의 기분을 더욱 위축시켰다.

베리야는 독일 공산주의자들을 '얼간이'와 '출세 제일주의자'로 여겼다. 그가 어느 정도 존중감을 갖고 있는 유일한 사람은 참전용사 지도자였던 빌헬름 피크였다. 그는 둥근 코에 네모난 두상 그리고 머리가 흰 건장한 남자였다. 모스크바에서 독일로 파견되는 집단은 출발하기 전 피크의 방에 모였다. 훗날 냉전 시대에 동독 정보부 수장이 된 마르쿠스 볼프는 "우리는 [독일 공산주의자] 당이 어떤 역할을 해야 하는지, 혹은 심지어 그 당이 허용될지조차 몰랐다. 우리 임무는 오직 소련 군사 당국을 지원하는 것이었다"[51]라고 기록했다. 그는 자신이 "대다수의 독일인이 나치 정권에서 벗어난 것을 기뻐하고 소련군을 해방자로 맞이할 거라고 순진하게 생각했다"[52]고 인정했다.

5월 27일 화창한 봄날, 독일 공산주의자들은 베를린 중심가를 지나 템펠호프 비행장에 착륙했다. 그들은 파괴된 도시의 모습에 충격을 받았다. 도시는 도저히 재건이 불가능할 것 같았다. 그들의 개인적인 감정 또한 엇갈렸다. 그것은 확신 없는 귀향이었다. 소련에서 자란 젊은 구성원들은 거리에서 독일인들에게 이상한 말을 들었다. 이때만 해도 볼프는 2주 전의 모스크바에서 있었던 승리 축하연에 참석한 "젊은 러시아인이 했을 법한" 생각에 빠져 있었다. 하지만 도착한 지 며칠 지나지 않아 그는 독일 공산주의자들로부터 붉은 군대가 주민들을 어떻게 대했는지에 대해 들었다. 5월 30일, 그는 일기에 "우리의 최전방 병사들은 큰 혼란을 일으켰다. 모든 여자가 강간당했다. 베를린 시민들은 모두 시계를 빼앗겼다"[53]라고 썼다. 붉은 군대에 대한 괴벨스의 선전은 끔찍한 공포를 불러일으켰다. "그런 다음 사람들은 선전을 현실로 경험했다. 독일인의 절대다수, 특히 엘베강 동쪽의 독일인은 매우 극단적인 반소주의자가 되었다."[54]

베를린에 있는 그들 집단의 지도자는 대단한 미움을 받고 있었다. 또한 경쟁자들을 비난하는 전술로 유명한 스탈린주의 관료인 발터 울브리히트를 경멸했다. 베리야는 그를 가리켜 "자신의 아버지와 어머니를 죽일 수 있는 악당"[55]으로 묘사했다. 볼프는 그의 영국식 억양과 큰 목소리를 기억했다. 볼프는 그를 소련 정책에만 충성하는 "비정한" 기계로 생각했다. 스탈린이 지시하는 모든 것은 "절대적인 명령"[56]이었다. 울브리히트는 볼프에게 소련으로 돌아가 항공기설계기사 공부를 계속할 꿈을 버리라고 말했다. 그는 마주레날레에 있는 방송국—그로스도이처 방송국은 곧바로 베를린 시민 방송국으로 이름이 바뀌었다—으로 파견돼 선전 업무를 수행했다. 그곳에서 볼프는 소련의 눈부신 산업적 업적을 찬양하는 「지구의 6분의 1」이라는 프로그램을 담당했다. 블라디미르 세묘노프 장군은 소련 당국을 대표해 독일인이 듣고 싶어하는 세 가지 주제에 대해 언급하는 것을 완전히 금지했다. 이 '금기시되는 주제들'[57]은 '강간, [독일] 전쟁 포로들의 운명 그리고 오데르강-나이세강 전선-동프로이센, 포메라니아 그리고 슐레지엔을 폴란드에 빼앗긴 것을 의미했다' 등이었다.

소련 선전부가 자체 프로그램을 방영하고 있긴 했지만, 베를린 시민들은 모든 라디오를 가장 가까운 군대 초소에 반납하라는 명령을 받았다. 마그다 빌란트는 라디오를 반납하러 현지 사령부에 갔다가, 밖에서 어슬렁거리던 병사들이 그녀를 위아래로 훑어보자 라디오를 길 한가운데 내던지고 뒤돌아 도망칠 수밖에 없었다.

베를린 시민들은 거리에 모닥불, 머리털이 덥수룩한 카자흐스탄 조랑말, 심지어 낙타까지 있는 광경을 보면서 자신들의 도시가 '몽골족'에 점령됐다고 확신하는 것 같았다. 대체로 괴벨스의 선전의 영향이었다. 베를린에 있던 소련군 병사를 찍은 수백 장의 사진을 보면 중앙아시아 출신은 극소수였다. 하지만 피지皮脂와 흙 때문에 거친 갈색으로 바뀐 피부와 바람에 계속 노출돼 가늘어진 눈은 많은 소련 병사를 동양인처럼 보이게 했다. 제1차 세계대전 말 영국과 프랑스 병사들의 사진도 이와 비슷했다. 베를린 거리의 이상한 모습들은 좀처럼 사라지지 않았다. "좌초된 배처럼 길가에 버려진 불타버린 전차들"[58] 안에서 수척해진 개구쟁이들이 놀고 있었다. 하지만 검게 그을린 차체는 곧 댄스 교습 광고 포스터로 뒤덮였는데, 베를린 시민들이 자신의 삶에서 상상할 수 있는 최악의 순간인 '제로 시점die Stunde Null(전무의 상태에서 새롭게 시작되는 시점. 특히 제2차 세계대전 후의 서독에서 통용되던 표현)'에서 경제적 부흥을 시도하려는 첫 번째 필사적인 노력이었다.

베르자린 장군이 가장 먼저 해야 할 일은 생활에 기본적으로 필요한 것들, 특히 전기, 물, 가스와 같은 필수 공공 사업을 복구하는 것이었다. 총 3만3000개의 병상 중 8500개의 병상만 사용 가능했다. 첫 번째 유대교 예배는 5월 11일 금요일에 이라니셰슈트라세에 있는 유대교 회당에서 한 붉은 군대 소속 랍비(유대교 지도자)[59]가 맡았다. 그 동안 숨어 있다가 모습을 드러낸 사람이나 직전에 구조된 사람들에게는 당연히 감동적인 행사였다.

베를린에서는 100만 명이 넘는 이들이 집을 잃었다. 그들은 계속 지하실과 방공호에서 지내는 수밖에 없었다. 여자들이 폐허 속에서 아이들을 위해 가정생활을 복원하려고 한 덕분에 잔해더미처럼 보이는 곳에서 요리 불 연기가 피어올랐다.

노면 전차의 95퍼센트가 파괴되고 철도의 많은 부분이 파괴로 여전히 물에 잠겨 있었다. 도시의 다른 지역에 있는 친구를 만나기 위해서는 얼마 안 남은 힘을 써야 했다. 거의 모든 사람이 제대로 먹지 못해 몸이 쇠약했다. 그들은 먹을 것을 찾는 데 에너지의 대부분을 써야 했다. 기차 운행이 시작되자마자 수많은 사람이 기차 지붕이나 바깥 쪽에 매달려 먹을 것을 찾아 시골로 향했다. 그들은 1918년 기아 상태에 근접했던 시기에 만들어진 '햄스터'라는 명칭으로 불렸다. 기차는 '햄스터-급행열차'[60]로 불렸다.

하지만 베를린 시민들은 동프로이센, 포메라니아, 슐레지엔에 있는 동포들보다는 훨씬 더 형편이 좋았다. 동프로이센에서는 탄압이 심해졌다. 5월 5일 베리야는 상장 아폴로노프를 그곳으로 보내 NKVD

9개 연대와 스메르시 공작원 400명을 지휘하도록 했다. 그들의 임무는 "스파이, 파괴 공작원, 그 외 또 다른 적들을 제거하는 것"[61]이었다. 이들 중 "5만 명 이상"은 1월 침략 이후 이미 제거되었다. 1940년 220만 명이었던 인구는 1945년 5월 말 19만 3000명으로 줄어 있었다.[62]

소련군의 증오를 정면으로 받은 동프로이센은 점령 지역 대부분이 끔찍한 운명을 맞았다. 땅은 수년 동안 황폐한 채로 방치됐다. 집은 불타거나 가장 기본적인 살림살이가 약탈당했다. 농부 출신 소련 병사들은 집에 전기가 들어오지 않음에도 심지어 전구까지 빼앗아갔다. 농장은 메말랐고 모든 가축은 도살되거나 소련으로 끌려갔다. 저지대는 다시 늪으로 변했다. 하지만 최악은 탈출에 실패한 민간인들의 운명이었다. 대부분의 여자와 소녀는 소련으로 끌려가 "숲, 토탄 늪지, 운하에서 하루 15~16시간씩"[63] 강제 노동을 했다. 2년 동안 그들 중 절반을 약간 웃도는 수가 죽었다. 생존자 중 절반을 약간 밑도는 여자들은 강간당했다. 1947년 4월 소련이 점령한 독일 지역으로 돌아온 사람들은 결핵과 성병 때문에 즉시 병원으로 이송되어야 했다.

반면 포메라니아에 남아 있는 독일 주민들은 많은 소련 점령자와 아주 친해졌다. 포메라니아 사람들은 폴란드인들이 지배권을 장악하고 복수하는 날이 빠르게 다가오는 것을 두려워했다. 식량 공급의 부족에도 불구하고 실제로 굶주린 사람은 거의 없었다. 비록 밀가루 공급이 달려 사람들은 빻은 자작나무 껍질을 밀가루에 섞어 먹었지만, 초여름엔 시금치와 쐐기풀, 민들레를 수확할 수 있었다. 비누는 구할 수 없어 세탁할 때는 너도밤나무 재를 사용했다.

하지만 동프로이센이 안정되자마자 스탈린의 명령에 따라 베리야가 가장 강력한 진압군을 집중했던 곳은 폴란드 영토였다. 세로프 장군이 패배한 독일을 점령하기 위해 NKVD 10개 연대를 지휘한 반면, 셀리바놉스키 장군은 NKVD 15개 연대[64]를 투입해 폴란드 동맹 지역으로 추정되는 곳을 감시했다. 베리야는 "셀리바놉스키 동지에게 NKVD 직책과 폴란드 사회 안전부 고문관 직책을 겸하라"고 명령했다. 얄타에서 스탈린이 소련은 "강력하고, 자유롭고, 독립적인 폴란드를 창조하는 데" 관심 있다고 했던 주장 뒤에 가려진 진실을 가장 잘 보여주는 증거였을 것이다.

백마 탄
남자

28

소련군 병사들은 무의식중에 자신이 살아남았다는 죄책감에 시달리는 듯했다. 그들이 죽은 전우들을 생각할 때, 마지막에 살아남은 사람 중 한 명이 되었다는 사실은 약간 당혹스러운 느낌이었던 것 같다. 그들은 안도하며 축하 인사로 "서로를 형제처럼 껴안았지만", 많은 병사가 포성이 멈춘 후 몇 주 동안 불면증에 시달렸다. 그들은 익숙하지 않은 정적을 불안해했다. 또한 경험하던 당시에는 감히 많은 생각을 하지 못했지만, 지금은 경험했던 모든 일을 이해해야 했다.

그들이 겪은 일은 자신의 삶에서뿐만 아니라 세계사의 측면에서도 가장 중요했다는 데 의심의 여지가 없었다. 그들은 고향 집, 여자친구, 아내 그리고 공동체에서 어떻게 존경받는 구성원이 될 수 있을지를 고민했다. 하지만 미래는 여군들에게 훨씬 더 비관적이었다. 주변에서 남성은 줄어들었다. 임신한 여성들은 임신 사실에 대해 의연한 척해야 한다는 사실을 알고 있었다. 한 젊은 여군은 친구에게 "그래, 닌카, 넌 딸이 있고, 난 아이를 낳을 거야. 그러니 남편이 없는 것을 슬퍼하지 말자"[1]라고 편지를 썼다. 대부분은 아이의 아버지가 전사했다고 주장하며 아이를 데리고 집으로 돌아왔다.

전쟁은 다른 의미에서 특별한 경험이었다. 전쟁은 1937년과 1938년의 숙청 이후 상쾌한 자유의 맛을 제공했다. 공포가 완전히 종식되길 바라는 희망이 생겼다. 파시즘은 패배했고 트로츠키도 사망했다. 서양 열강들과의 협정이 체결되고 있었다. NKVD를 더 이상 두려워할 이유는 없어 보였다. 하지만 소련으로 돌아온 사람들은 친구들이 갑자기 체포되는 모습을 보면서, 이른 아침 방문하는 NKVD 비밀경찰들과 함께 정보원이 다시 활동하고 있음을 깨닫기 시작했다.

전선에서 죽음을 가까이한다는 사실은 스탈린주의자들이 공포심을 조절하는 데 큰 기여를 했다. 장교와 병사들은 특히 자신의 미래에 대한 포부를 거리낌 없이 얘기했다. 시골 지역 출신들은 집단농장을 없애고 싶어했다. 1942년 가을, 정치장교들보다 우선권을 갖고 있던 장교들은 지금이야말로 소련 관료 엘리트인 노멘클라투라가 개혁을 직시할 때라고 믿었다. 가장 냉소적인 방법으로 스탈린은 더 큰 자유를 암시하면서 전쟁 중에 이런 소문을 부추겼지만, 전투가 끝나자마자 번번이 자유를 짓밟으려 했다.

스메르시와 NKVD는 붉은 군대 장교들이 승리가 가까워지면서 자만심에 빠지기 시작했다고 여겼다. 그리고 정치장교들은 스탈린그라드 전투 당시 그들이 강등됐을 때 붉은 군대 장교들이 가했던 모욕을 잊지 않았다. 또한 그 독일에서의 상황과 국내에서의 상황을 비교하는 병사들의 편지에 대해 우려했다. 아바쿠모프가 이끄는 스메르시는 장교들 사이에서 새로운 '데카브리스트Decembrist(1825년 러시아 최초로 근대적 혁명을 꾀한 혁명가들)'적인 분위기가 형성되지 않을까 두려워했다.

소련 당국은 1814년 프랑스를 침략했던 러시아군 병사들이 그곳의 모습과 조국의 비참한 삶을 비교했다는 사실을 정확히 알고 있었다. 한 보고서는 "당시 프랑스에서의 삶의 영향은 혁신적이었다. 프랑스의 삶은 러시아 국민에게 문화적 후진성, 전제 군주의 탄압 등을 볼 기회를 제공했다. 데카브리스트들[이들은 1825년 자유주의 쿠데타를 시도했다]은 군주 독재 정치에 맞서 싸워야 한다는 결론을 이끌어냈다. 지금은 상황이 전혀 다르다. 어떤 지주의 재산은 어떤 집단농장보다 더 많을 것이다. 정치적으로 낙후된 사람은 사회주의적 다양성에 반대되는 봉건 경제에 유리한 결론을 이끌어낸다. 이런 영향은 퇴보적이다. 이것이 이런 사고방식에 대항하는 무자비한 싸움이 필요한 이유다"[2]라고 설명했다.

정치 부서들 역시 가족이 고국에서 부당한 대우를 받는다고 불평하는 병사들의 '반소적인 언급'을 두려워했다. 한 병사가 "우리는 후방의 삶이 나아지고 있다고 믿지 않는다. 나는 그것을 내 눈으로 똑똑히 봤다"[3]고 말했다고 한다. 또한 그들은 자신들이 전선에서 얼마나 부당한 대우를 받았는지도 알고 있었다. 붉은 군대의 몇몇 부대는 전쟁이 끝나기 직전 죽은 병사들의 시신에서 속옷까지 벗기라고 적힌 지시가 내려오자 폭동을 일으킬 뻔했다. 장교들만이 복장을 완전히 갖춘 채 땅속에 묻혔다. 또한 평이 나쁜 장교들은 병사들이 등 뒤에서 쏜 총에 맞아 사망하는 사례가 증가했다는 말도 있었다.[4]

"조직적인 반소 대화와 테러 의도"[5]에 대한 스메르시의 체포 건

수가 전쟁 막바지 몇 달간 그리고 항복 직후 급격히 증가했다. 심지어 NKVD 소총대대의 참모 장교는 "병사들 사이에서 조직적으로 반혁명 선전을 했다"[6]는 이유로 체포되기도 했다. 그는 "당과 소련 지도자들을 비방했고", 독일에서의 생활을 찬양했으며, "소련 언론을 비방했다". NKVD 군사 재판소는 그에게 굴라크(1930~1955년 소련의 강제수용소) 8년 형을 선고했다. 붉은 군대에 대한 정치적인 체포 비율은 1944년으로부터 소비에트 연방이 4개월 조금 넘는 기간 동안 효율적으로 전쟁을 벌였던 1945년까지 두 배가 됐다. 승리를 거두었던 1945년에는 자그마치 13만5056명이나 되는 붉은 군대의 병사와 장교들이 '반혁명 범죄'[7]로 군사법정에서 유죄 판결을 받았다. 마찬가지로 소련 대법원 군사위원회는 1944년에는 123명, 1945년에는 273명의 고위 장교에게 유죄 판결을 내렸다.

게다가 이런 수치에는 독일군에게 붙들린 붉은 군대 병사들에 대한 처리가 포함되지 않았다. 1945년 5월 11일, 스탈린은 각 전선에 옛 전쟁 포로와 소련 추방자들을 수용하기 위한 수용소를 설립할 것을 명령했다. 각기 1만 명을 수용할 수 있는 100개의 수용소의 설립이 계획됐다. 옛 포로들은 'NKVD, 국가보안인민위원회NKGB 그리고 스메르시의 조사'[8]를 받아야 했다. 독일 국방군의 포로가 된 80명의 붉은 군대 장군 중 겨우 37명만이 붉은 군대에 의해 풀려날 때까지 살아남았다. 그들 중 11명은 스메르시에 의해 도로 체포돼 NKVD 군사법정에 의해 형을 선고받았다.[9]

1946년 12월 1일이 되어서야 모든 본국 송환 절차가 완료됐다. "그때까지 550만 명이 소련으로 돌아왔다. 그중 183만3567명이 전쟁 포로였다." 독일군에 포로가 된 150만 명이 넘는 붉은 군대 군인들은 굴라크(그들 중 33만9000명) 혹은 시베리아나 더 북쪽에 있는 노동 부대들—이곳 상황이 더 낫다고 할 수 없었다—로 보내졌다. 독일로 강제로 끌려간 민간인들은 NKVD의 감시를 받는 '잠재적인 국가의 적'이었다. 또한 그들은 모스크바, 레닌그라드 그리고 키예프 100킬로미터 이내로 들어가는 것이 금지됐다. 가족들은 혐의자로 남았다. 심지어 1998년까지도 러시아에 있는 연구소에 들어가기 위한 신고서에는 여전히 지원자 가족 중에 '적 포로수용소'에 있었던 사람이 있는지를 물어보는 항목이 있었다.

스탈린과 원수들은 병사들의 목숨을 신경 쓰지 않았다. 베를린 작전에 참가한 세 개 전선군의 사상자 수는 사망 7만8291명, 부상 27만4184명에 달했다. 러시아 역사학자들조차 이제는 이토록 많은 사상자가 불필요하게 발생한 이유가 어느 정도는 서방 연합군보다 먼저 베를린에 도착하기 위한 경쟁 때문에, 그리고 너무나 많은 병력을 베를린 공격에 투입함으로써 아군끼리 포격을 가한 탓임을 인정한다.

조국을 위해 싸우다가 불구가 된 사람들에 대한 대우 또한 비정했다. 운 좋게 살아남은 자들은 "보로디노(모스크바 서남쪽에 위치. 1812년 쿠트조프가 이끄는 러시아군과 나폴레옹의 프랑스군이 싸운 옛 전쟁터)에서 다리를 하나 잃은 사람들이 의지해 걷던 나무 조각 같아 보이는 의족을 받으려고 오랜 시간"[10] 줄을 서야 했다. 하지만 곧 주요 도시의 당국은 팔다리가 없는 '사모바르들' 때문에 도시의 거리가 흉해지는 것을 원치 않는다고 결정했다. 따라서 그들은 붙들려 추방됐다. 그들 중 많은 사람이 마치 그들 역시 굴라크의 죄수라도 되는 양 더 북쪽에 있는 벨라야 제믈랴로 보내졌다.

그해 여름 소련의 분노와 좌절은 여러 형태로 나타났다. 가장 끔찍한 것은 악랄한 반유대주의의 발생이었다. 중앙아시아에서 유대인들은 시장과 학교에서 갑자기 공격을 당했다. 현지 주민들은 "우리 애들이 전선에서 돌아올 때까지 기다려. 그런 다음 우리가 여기 있는 유대인들을 다 죽여버릴 거야"[11]라고 외쳤다. 지역 당국은 단지 "폭력 행위라고 불렀다. 종종 이런 범죄를 처벌하지 않고 [방치]"했다.

가장 심각한 반유대주의 폭행은 키예프에서 발생했다. NKVD 소속의 한 유대인 소령이 거리에서 "군복을 입은 두 명의 반유대주의자의"[12] 공격을 받았다. 그들은 술에 취했을 수도 있었다. 이 소령은 결국 권총을 뽑아 둘을 쏠 수밖에 없었다. 그들의 장례식은 순식간에 폭력 시위로 변했다. 관이 거리를 지날 때 갑자기 행렬이 최근 재건축된 유대인 시장으로 향했다. 그날 하루에만 100명에 가까운 유대인이 구타를 당했다. 그들 중 5명이 사망하고 36명은 심각한 부상을 입어 병원으로 이송됐다. 그 후에도 이 유대인 시장에 상시 경비 요원을 배치해야 할 정도로 불안은 계속됐다. 이제는 '난동꾼들'만 고약한 것이 아니었다. 심지어 우크라이나 공산당 중앙위원회 위원들까지도 "괴벨스의 훌륭한 후계자들"로 묘사됐다. 이듬해 그로스만과 에렌부르크가 만든 홀로코스트에 관한 '블랙 북Black Book, 비밀관리기록부'은 당국에 의해 유통이 금지되었다.

스탈린의 반유대주의가 얼마나 깊게 퍼졌는지 혹은 트로츠키에 대한 혐오감이 스탈린의 반유대주의에 얼마나 큰 영향을 미쳤는지를 파악하기는 매우 어렵다. 어느 정도는 트로츠키의 국제주의 때문에 스탈린은 유대인들을 국제 네트워크의 일부로 보고 의심했을 수 있다. '세계주의'는 배반을 암시했다. 스탈린이 사망하기 직전 '박사의 음모

Doctor's Plot, 스탈린에 의해 만들어진 반유대주의 음모론'에 자극을 받은 반유대주의 히스테리가 생기면서 절정에 이르렀다. 스탈린은 조지아 출신이었지만, 러시아인 우월주의자였다. 나폴레옹이나 히틀러와 같은 외국 인물들처럼 그는 자신을 국가라는 장막으로 감쌌다. 5월 24일 매우 유명한 연설에서 그는 "소비에트 연방 국가들"[13] 중에서 "맑은 정신, 체력 그리고 강인한 성격"을 갖고 있는 러시아인들을 찬양했다. 주로 남부의 비러시아계 민족들을 겨냥한 것이었다. 이곳의 많은 사람이 그의 명령에 따라 갑자기 추방돼 수만 명이 사망했다. 하지만 히틀러와는 달리 스탈린은 본질적으로 인종 청소자라기보다는 정치적 학살자였다.

'러시아의' 승리를 훼손할 수 있는 것은 아무것도 없었다. 당 노선은 "우리에게 역사적 승리를 안겨주신 우리의 위대하고 영명하신 군 지도자 스탈린 동지"[14] 오직 한 사람에게만 경의를 표했다. 스탈린은 뻔뻔하게도 전투가 승리를 눈앞에 두고 있을 때마다 전면에 나섰다. 재난 상황이 닥치면, 특히 자기 탓일 때면 사람들 눈에서 사라졌다. 지휘관들은 항상 스탈린의 현명함과 인도자로서의 손길을 인정해야 했다. 자기 자신에게 공적을 돌리는 것은 극히 위험했다.

스탈린은 소련 국민이 해외에서 칭찬을 받으면 의심을 품었다. 주코프가 미국과 영국 언론에서 극찬을 받자 스탈린은 더욱 불신했음에 틀림없다. 스탈린은 베리야의 권력—그는 곧 여기에 손을 쓸 생각이었다—을 두려워하기는 했지만, 주코프와 붉은 군대의 엄청난 인기에 훨씬 더 신경을 썼다. 아이젠하워가 소비에트 연방을 방문했을 때 주코프는 아이젠하워가 어디를 가든 함께했다. 심지어 아이젠하워의 개인 비행기를 타고 함께 레닌그라드로 날아가기도 했다. 이 두 위대한 지휘관은 가는 곳마다 열광적인 환영을 받았다. 나중에 아이젠하위는 주코프와 그의 '운동원 아내' 리디아 Z-오바를 미국으로 초청했다. 스탈린은 이 계획을 막기 위해 주코프를 즉시 모스크바로 불러들였다. 그는 주코프가 이 연합군 총사령관과 진정한 친분을 쌓았다고 생각했다.

주코프는 베리야가 자신의 명성을 훼손하려고 애쓰고 있음을 깨달았지만, 가장 큰 위협은 스탈린의 질투심이라는 사실을 알지 못했다. 6월 중순 베를린의 한 기자회견에서 주코프는 히틀러의 죽음에 대한 질문을 받았다. 그는 "우리는 아직 시신을 확인하지 못했다"[15]는 사실을 인정해야 했다. 7월 10일경, 스탈린은 주코프에게 다시 전화를 걸어 시신이 어디 있느냐고 물었다. 주코프를 이런 식으로 갖고 노는 것은 분명 스탈린에게 큰 즐거움이었다. 20년 후, 주코프는 마침내 르제프스카야에게서 진실을 듣고 알게 됐을 때에도 여전히 스탈린이 이런 식으로 자신에게 굴욕감을 주었다는 사실을 받아들이기 어려워했다.[16] 그는 "스탈린과 나는 아주 가까운 사이였다. 스탈린은 나를 지켜주었다. 나를 죽이려고 했던 건 베리야와 아바쿠모프였다"고 주장했다. 스메르시 국장 아바쿠모프가 반주코프 세력의 주역일 수도 있었지만, 스탈린은 무슨 일이 벌어지고 있는지를 정확히 알고 있었고, 또 이것을 승인했다.

소련의 수도에서 대중은 게오르기 콘스탄티노비치 주코프를 모스크바의 수호성인인 "우리의 성 게오르기우스"라고 부르며 맞이했다. 기쁨과 안도, 하지만 많은 눈물도 함께한 5월 9일 모스크바에서의 승리 축하연 이후 붉은 광장에서 승리를 기념하기 위한 최고의 퍼레이드가 계획됐다. 각 전선군에서 한 개 연대, 소련 해군에서 한 개 연대와 공군에서 한 개 연대가 각기 참가할 계획이었다. 제국의회 의사당에 게양되었던 붉은 깃발 또한 특별히 가져올 계획이었다. 이 깃발은 신성한 물건이었다. 독일군의 깃발들 또한 다른 목적으로 모아서 가져왔다.

소련군 원수와 장군들은 스탈린이 퍼레이드를 6월 24일에 실행할 것이라고 생각했다. 그는 이번 대승리의 주역이라고 할 수 있는 최고 사령관—베르코프니—이었다. 하지만 승리 퍼레이드는 말을 타고 하는 것이 러시아의 오랜 전통이었다.

퍼레이드 일주일 전 스탈린은 자신의 다차로 주코프를 불렀다. 스탈린은 제1차 세계대전과 내전에 기병으로 참전했던 그에게 아직도 말을 부릴 수 있는지 물었다.

주코프는 "저는 여전히 종종 말을 탑니다"[17]라고 대답했다.

스탈린은 "그러니까 우리가 할 일이 그것이오. 장군이 퍼레이드에 참여하고 로코솝스키가 퍼레이드를 지휘할 거요"라고 말했다.

주코프는 "이런 영광을 주셔서 감사합니다. 하지만 동지께서 퍼레이드에 참여하는 게 낫지 않을까요? 동지께선 총사령관이십니다. 퍼레이드에 참여하는 건 동지의 특권입니다"라고 말했다.

"나는 퍼레이드에 참여하기엔 너무 늙었소. 장군은 나보다 젊지 않소. 장군이 참여하시오." 작별 인사를 하면서 그는 주코프에게 부됸니 원수가 보여주는 아랍 종마를 타고 퍼레이드를 하라고 말했다.

이튿날 주코프는 퍼레이드 예행연습을 보기 위해 중앙 비행장으로 갔다. 거기서 그는 스탈린의 아들 바실리를 만났다. 바실리는 주코프를 한쪽으로 데리고 갔다. 바실리가 그에게 말했다. "장군께 엄청난 비밀을 하나 말씀드리겠습니다. 원래 아버지도 승리 퍼레이드에 참가할 준비를 하고 계셨지만, 기이한 일이 있었습니다. 사흘 전 아버지가 박차를 제대로 사용하지 못하는 바람에 말이 조련장에서 날뛰며 달아 났습니다. 아버지는 갈기를 움켜잡고 안장에 앉아 있으려고 했지만, 결국 말에서 떨어졌습니다. 떨어지면서 어깨와 머리에 부상을 입었습니다. 일어난 뒤 아버지는 침을 뱉고는 '퍼레이드를 주코프에게 맡기도록 해. 그는 노련한 기병이야'라고 말씀하셨습니다."

"그런데 아버지께서 어떤 말을 타셨던 겁니까?"

"흰색 아랍 종마로, 장군이 퍼레이드에서 탈 말입니다. 하지만 여기에 대해 한마디 언급도 하지 말아주세요." 주코프는 그에게 고맙다고 했다. 남은 며칠 동안 그는 기회가 있을 때마다 그 말에 올라 말을 길들였다.

퍼레이드가 있는 날 아침에 비가 끊임없이 내렸다. "하늘이 죽은 자들을 위해 울고 있다"는 것은 모스크바 사람들이 흔히 하는 말이었다. 모자챙에서 물이 뚝뚝 떨어졌다. 모든 병사와 장교는 새로운 군복과 메달을 받았다. 10시 3분 전 주코프는 크렘린의 구원의 문 근처에서 그 아랍 종마에 올라탔다. 당과 소련 정부의 지도자들이 레닌 영묘 위에 자리를 잡았을 때, 그는 우렁찬 박수 소리를 들었다. 시계가 정각을 알리자 그는 말을 타고 붉은 광장으로 나갔다. 밴드가 갑자기 글린카1804~1857. 러시아 민족주의 음악의 아버지의 「당신께 영광 있으라!Siav'sya!」를 연주하기 시작했다. 그런 다음 조용해졌다. 똑같이 긴장한 로코솝스키는 자신의 검은 군마를 단단히 통제했다. 그가 명령하는 말은 똑똑하게 들렸다. 퍼레이드의 절정은 200명의 참전용사가 영묘까지 행진한 뒤 거기서 스탈린의 발아래에 자신들이 들고 있던 나치 깃발을 내동댕이쳤을 때였다. 훌륭한 아랍 군마 위에서 군중의 환호를 받고 있던 주코프는 아바쿠모프가 자신의 몰락을 준비하고 있다는 사실을 알지 못했다.

주코프의 다차는 도청되었다. 승리를 축하하기 위해 그곳에서 그가 가까운 친구들에게 제공한 간단한 만찬 때 나눈 대화가 기록되었다. 그들의 죄는 첫 번째 건배를 스탈린 동지를 위해 들지 않았다는 것이었다. 이로 인해 기병 지휘관 크류코프 장군은 나중에 고문을 받고 투옥됐다. 그의 아내이자 유명 민요 가수 리디아 루슬라노바는 아바쿠모프의 사악한 구애에 퇴짜를 놓고는 굴라크로 보내졌다. 그녀가 보내졌던 굴라크의 소장은 그녀에게 자신과 장교들을 위해 노래를 부르라고 명령했다. 그녀는 모든 동료, 즉 다른 수감자들의 참석이 허락되는 경우에만 노래를 하겠다고 대답했다.

승리 퍼레이드로부터 일주일 후, 스탈린 원수는 "대조국 전쟁에서 뛰어난 공헌을 인정받아"[18] 대원수로 임명됐다. 그에게는 소비에트 연방 영웅 메달들, 레닌 훈장 그리고 135개의 다이아몬드와 5개의 커다란 루비가 박힌 오각형 별 모양의 백금 승리 훈장이 주어졌다. 축하연과 시상식은 중앙아시아의 기근에 대한 러시아식 전제군주제의 무관심이 진정으로 어떤 것인지를 보여주었다.

이듬해 주코프의 동료들을 고문해 자백을 받아낸 아바쿠모프는 주코프를 지방으로, 그다음에는 다차로 유배시켰다. 흐루쇼프 치하에서 한 짧은 국방장관 시절을 제외하고 그는 독일이 카를스호르스트에서 항복한 지 20주년이 되는 1965년 5월 9일까지 국내에서 유배생활을 했다. 그날 크렘린궁에서 성대한 연회가 열렸다. 레오니트 브레즈네프가 자신의 수행원들 맨 앞에 서서 들어오자 원수, 장군, 대사들을 포함한 모든 손님은 자리에서 일어섰다. 그 뒤로 주코프가 모습을 드러냈다. 브레즈네프가 마지막 순간에 그를 초대했던 것이다. 이 소련 지도자는 곧 자신의 행동을 후회했을 것이 틀림없다. 주코프가 나타나자마자 박수가 쏟아지고 환호성이 터져나왔기 때문이다. 사람들은 탁자를 치면서 "주코프! 주코프! 주코프!"[19]를 연호했다. 브레즈네프는 표정이 없었다.

주코프는 자신의 다차로 돌아와야 했다. 이곳은 여전히 엄격한 도청을 당했다. 비록 공식적으로는 복권됐지만, 그는 남은 9년 동안 주요 공개석상에 다시는 모습을 드러내지 않았다. 하지만 가장 끔찍한 상처는 자신이 히틀러의 시신 문제에 있어서 스탈린에게 속았다는 사실을 뒤늦게 알았다는 것이었다.

대부분의 평범한 독일인은 조국의 참담한 패배, 삶과 가정의 파괴에 엄청난 충격을 받은 반면, 제3제국의 정치 지도자와 군사 지도자들은 자신들이 한 짓에 대한 책임을 받아들이기를 거부했다. 미국과 영국의 심문관들은 독일 고위 장교들이 서방 연합군이 자신들을 대단히 오해하고 있는 것이 분명하다며 부당하게 누명을 쓴 사람들이라고 표현하는 것에 깜짝 놀랐다. 그들은 '실수'는 인정하지만 범죄는 인정하지 않을 각오를 하고 있었다. 모든 범죄는 나치와 친위대에 의해 저질러졌다는 것이었다.

블루멘트리트 장군은 스탈린주의자의 에둘러 말하는 방식을 뛰어넘는 완곡한 표현으로 나치의 반유대주의를 "1933년 이후 잘못 전개된 국면"[20]이라고 불렀다. 그는 "이렇게 유명한 과학자들을 잃게 되면서 우리 연구에 많은 손상을 입혔고, 그 결과 1933년 이후 연구는 감소했다"고 말했다. 그의 일련의 생각에는 나치가 유대인들을 박해하지 않았다면 아인슈타인과 같은 과학자들이 더 나은 무기, 어쩌면 소련이 독일을 침략하는 것을 막을 수 있는 원자폭탄 같은 "기적의 무기"를 만들어내는 데 도움을 주었을지도 모른다는 생각이 포함돼 있는 듯하다. 블루멘트리트는 순진한 궤변 때문에 종종 그가 독일 국방군을 나치로부터 거리를 두게 하려는 자신의 시도를 스스로 방해하고 있다는 사실을 깨닫지 못했다. 그는 1918년 혁명으로 인한 혼란과는 대조적으로 1945년에는 폭동이 없었던 것이 히틀러 치하에서 독일이 얼마나 통일된 사회였는지를 분명하게 보여주었다고 주장했다.

한 독일 장교의 명예에 관해 끊임없이 얘기하는 장군들에 대한 심문을 통해 놀라운 논리적 왜곡이 드러났다. 연합군 최고 사령부의 공동 정보위원회는 '왜곡된 도덕 관념'[21] 때문이라고 했다. 300번 이상의 면담을 근거로 한 보고서는 "이 장군들은 '성공한' 모든 행동은 인정한다. 성공은 정당한 것이다. 성공하지 못한 것은 잘못된 것이다. 예를 들어 전쟁 전에 유대인을 박해한 것은 영국인과 미국인들로 하여금 독일에 등을 돌리게 했다는 면에서 잘못된 것이었다. 반유대인 운동을 조금 미루었다가 독일이 전쟁에서 승리한 다음 시작하는 것은 옳은 일이 될 수 있었다. 1940년 영국을 폭격한 것은 잘못된 것이었다. 만약 자신들이 자제했더라면, 영국은 히틀러와 함께 소련에 대항하는 전쟁에 참여했을 것이라고 믿고 있다. 소련과 폴란드 [전쟁 포로들]을 소처럼 대하는 것은 잘못이었다. 이제 독일인을 같은 방식으로 대할 것이기 때문이었다. 미국과 소련에 대해 전쟁을 선포한 것은 잘못되었다. 이 나라들은 독일보다 강했기 때문이다. 친나치 장군들의 진술만은 아니었다. 그들은 독일 국민 사이에 널리 퍼져 있는 공통된 생각을 대변했다. 한 종족을 말살하거나 포로들을 학살하는 것은 도덕적으로 옳지 않다는 생각을 거의 하지 않는다. 독일의 범죄에 대해 그들이 느끼는 유일한 공포는 연합군이 어떤 터무니없이 부당한 이유로 자기들더러 연루됐다고 생각할 수 있다는 것이다"라고 결론 내렸다.

또 다른 미군 보고서에 의하면, 심지어 민간인들조차 나치가 선전에 사용한 문구를 무의식적으로 사용함으로써 그들의 생각이 나치의 선전에 얼마나 깊은 영향을 받았는지를 드러냈다. 예를 들어 그들은 연합군의 폭격을 일반적인 용어인 "공습" 대신 "테러 공격(괴벨스가 쓴 표현)"이라고 부르곤 했다. 이 보고서는 이를 "잔여 나치즘"[22]이라고 불렀다. 많은 민간인은 독일의 고통, 특히 폭격으로 인한 고통을 얘기할 때 자기 연민적인 생각을 갖곤 했다. 그들은 충격적인 전술로서 도시의 대량 파괴를 고안해낸 장본인이 독일 공군이라는 사실을 기억하고는 분개하며 입을 다물었다.

이미 발생한 일에 대한 전반적인 책임 회피가 있었다. 나치 당원들은 자신들이 강제로 당에 가입했다고 주장했다. 지도부만이 일어날 수도 있었던 일에 대해 유죄였다. 보통 독일인들은 그렇지 않았다. 그들은 "기만당했고 배신당했다". 심지어 독일 장군들조차 히틀러가 전쟁에 그렇게 형편없이 간섭하지 않았더라면, 절대 패배하지 않았을 것이며 자신들 역시 나치즘의 희생자였음을 넌지시 내비쳤다.

민간인과 장군들 모두 무죄를 입증하는 것에 만족하지 않고 심문관들에게 나치 독일의 세계관이 옳다는 것을 설득하려 했다. 민간인들은 미국이 도대체 왜 독일에 전쟁을 선포했는지 이해하지 못했다. 그들은 미국에 먼저 전쟁을 선포한 쪽은 독일이라는 말을 듣자 믿으려 하지 않았다. 독일인들이 전쟁의 진정한 희생자라는 자신들의 신념에 모순되었기 때문이다.

장교와 민간인 모두 심문관들에게 '볼셰비즘'이라는 공동의 위험에 맞서 미국과 영국이 독일과 협력할 필요가 있다고 설교하려 했다. 그들은 1917년에서 1921년 사이 모든 공산 혁명이 완전히 실패했던 중부 유럽과 동남부 유럽에 공산주의가 전파된 이유는 1941년 소련에 대한 나치 독일의 침공 때문이었다는 사실을 여전히 이해하지 못했다. 오히려 소수의 볼셰비키가 독재 정치에 대한 소련의 길들이기를 무자비하게 이용했기 때문에 나치 당원들은 원인과 결과를 혼동하는 조국의 치명적인 경향에 매달렸다. 몇몇 역사학자가 강조했듯이, 1933년에 그렇게 법과 질서를 원했던 이 나라는 역사상 가장 범죄적이고 무책임한 나라 중 하나가 됐다. 그 결과는 그 국민, 무엇보다 동프로이센의 여자와 아이들이 독일이 폴란드와 소련 민간인들에게 가했던 고통과 비슷한 고통에 직면했다는 것이다.

냉전 시대에 새로운 양상이 나타나면서 많은 제3제국 출신의 옛 친위대들은 자신들이 저지른 모든 죄는 시기를 잘못 선택한 탓이라고 믿게 되었다. 하지만 패망 30여 년 후, 불편한 역사에 대한 토론과 독일의 경제 기적 덕분에 대다수의 독일인은 자국의 과거사를 받아들일 수 있게 되었다. 아픈 유산을 갖고 있는 다른 어떤 나라도 진실을 인정하기 위해 그렇게 많은 노력을 기울이지 않았다. 동독 정부는 또한 나치즘과 그 지도자에 대한 모든 성지를 막기 위해 극도로 경계했다. 하지만 히틀러의 시신은 그가 전쟁 마지막 순간에 서구로 도망쳤을 수도 있다는 스탈린주의자들의 허위 정보 작전 이후 오랫동안 철의 장막이라는 저승에 남아 있었다. 1970년 크렘린은 마침내 이 시신을 극비리에 처리하기로 결정했다. 제3제국 지도자의 장례식은 정말 섬뜩했다. 르제프스카야가 베를린에서 승리 축하연이 진행되는 동안 빨간 상자에 매우 조심스럽게 보관했던 히틀러의 턱은 스메르시가 간직했다. 두개골은 NKVD가 보관했다. 이 유물들은 최근 옛 소련 기록 보관소에서 다시 발견되었다. 마그데부르크에 있는 소련군 연병장 아래 숨겨져 있던 시신의 나머지 부분은 다시 파내 불태워졌다. 재는 도시 하수도로 흘러들어갔다.

확인 가능한 무덤이 없는 것은 히틀러의 시신만이 아니었다. 수많은 전투 희생자—양쪽의 병사와 민간인들—는 폭탄과 포탄에 매몰됐다. 1945년부터 매년 약 1000구의 시신이 젤로 고지, 도시 남쪽 조용한 소나무 숲 그리고 통일 독일의 새로운 수도 건설 현장에서 발견된다. 히틀러의 포악한 허영심에서 비롯된 무분별한 학살은 역사가 "(과정이 아닌) 최후의 모습"을 강조해야 한다는 슈페어의 주장이 완전히 날조임을 보여준다. 나치 정권의 무능, 광기 상태에서 현실 수용의 거부 그리고 비인간성이 그 과정에서 아주 분명하게 드러났다.

감사의 말

많은 분의 도움이 없었다면 이 책을 위한 조사를 하지 못했을 것이다. 먼저 수많은 기록보관소의 관리자와 직원들에게 깊은 감사를 드린다. 포돌스크에 있는 국방부 중앙 기록보관소의 슈바신 대령과 직원들, 러시아 국립 문학 및 예술 기록보관소의 나탈리야 보리스브나 볼코바와 직원들, 러시아 국립 군사 기록보관소의 블라디미르 쿠제렌코프 박사와 블라디미르 코라타예프 박사, 러시아 국립 사회정치사 기록보관소의 키릴 미하일로비치 안데르손 교수와 올레크 블라디미로비치 나우모프 박사, 프라이부르크에 있는 연방기록보관소-군사 분과의 소장인 만프레드 케리그 박사와 바이블, 포츠담에 있는 MGFA의 롤프-디터 뮐러 박사와 하웁트만 룩스자트, 막스 플랑크 학회 역사 기록보관소의 에크하르트 헤밍 박사, 베를린 국가기록보관소의 불프-에케하르트 루케 박사, 슈투트가르트에 있는 현대역사도서관의 이리나 렌츠, 스톡홀름의 군사기록보관소의 라르스 에릭손과 페르 클라손, 메릴랜드주 칼리지파크에 있는 제2국립 기록보관소의 월버트 마니와 로빈 쿡슨, 미 육군 군사 역사 센터의 제프리 클라크 박사에게 감사드린다.

크로토스 필름의 창립자 벵트 폰 주어 뮐렌은 기록 영상과 테이프에 녹음된 인터뷰를 아낌없이 제공해주셨다. 또한 게르하르트 람과 베를린 지하세계 연합의 디트마르 아르놀트가 준 도움에도 큰 감사를 드린다.

내가 여행하는 동안 조언과 소개를 해주고 환대해주며 너무나 많은 도움을 주신 분들에게 진심으로 감사드린다. 러시아에서는 갈리야 비노그라도바 박사와 루바 비노그라도바 박사, 아나톨리 알케산드로비치 체르노바에프 교수, 사이먼 스미스, 시안 스티킹스, 독일에서는 윌리엄 더리, 카를 귄터 폰 하제 전 장관 부부, 앤드류 김슨과 샐리 김슨 부부, 미국에서는 수전 메리 알솝, 찰스 비비안 소장 부부, 브루스 리, 카를 폰 루티차우 부부, 마틴 브루멘슨이 도움을 주셨다.

BBC 타임워치와의 협력 작업은 내게 큰 즐거움이었을 뿐 아니라 책에도 대단히 큰 도움이 되었다. 이 아이디어를 낸 로런스 리스, 함께하며 내가 매우 즐겁게 많은 것을 배운 틸먼 렘, 책의 초기 단계에 조언을 해주고 인터뷰 대상자들과 관련해 아낌없이 많은 도움을 준 데틀레프 지베르트에게 깊은 고마움을 전한다. 앤 애플바움, 크리스토퍼 아켈, 클라우디아 비스마르크, 레오폴트 그라프 폰 비스마르크, 로드릭 브레이스웨이트 경, 크리스토퍼 단데커 교수, 베를린 자유대학교 기록보관소의 엥겔 박사, 존 에릭슨, 볼프 게브하르트, 존 할리데이, 니나 라보노프-로스톱스키, 캐서린 메리데일 박사, 올레크 알렌산드로비치, 뉴욕 감리교 병원의 모쉬 셰인, 카를 슈바르츠, 사이먼 세벅 몬테피오리, 기아 술카니쉬블리, 갈리야 비노그라도바 박사, 이언 웨스턴-스미스도 소개를 해주고 정보와 도움, 조언을 주셨다.

이 책은 러시아의 루바 비노그라도바와 독일의 안젤리카 폰 하제로부터 받은 훌륭한 도움이 없었다면 말 그대로 세상에 나오지 못했을 것이다. 그분들과 함께 일하는 것은 특권이고 기쁨이었다. 또한 사진 조사와 관련한 세라 잭슨의 모든 작업과 보충적인 기록 조사 작업을 해준 독일의 베티나 폰 하제, 영국의 데이비드 리스트에게도 진심으로 감사드린다. 샤로테 솔퍼드는 몹시 친절하게도 스톡홀름의 군사 기록보관소의 문서들을 번역해주었다.

타자기로 친 원고의 전부 혹은 일부를 읽고 아주 유용한 비판을 해준 마이클 벌리 교수, 노먼 데이비스 교수, 캐서린 메리데일에게도 깊이 감사드린다. 토니 르 티시에도 몹시 너그럽게 상세한 의견을 내주었다. 남아 있는 실수가 있다면 당연히 전적으로 내 책임이다.

도메인 투기꾼으로부터 antonnybeeovr.com. antonybeevor.org, antonybeevor.net을 되찾아준 마크 르 파누와 작가협회에게는 아무리 감사를 드려도 모자라다. 이제 이 웹 사이트들을 '저자 판(편집자 판에 대한 작가의 대응)'을 제공하는 데 사용해 이 책의 출판본에는 넣을 자리가 없던 기록 자료나 그 외의 자료들을 이용하도록 해둘 수 있게 되었다.

항상 그렇듯 처음에 주저하던 나를 이 길로 이끌어준 대리인 앤드루 넌버그와 펭귄북스의 편집자 엘레오 고든에게 큰 신세를 졌다. 또한 아내이자 집필 파트너이며 제일 먼저 의지할 수 있는 편집자인 아르테미스 쿠퍼는 또다시 나의 끊임없는 부재와 많은 추가적인 부담들을 견뎌야 했다. 언제나 고마운 마음이다.

1. 새해를 맞은 베를린

1. Klemperer, ii, 4 September 1944, p.431
2. Loewe, 대화, 2001년 10월.
3. Kardorff, p.153
4. Schmidtke, 대화, 2000년 7월 15일.
5. NA RG 338 B-338
6. SHAT 7 P 128
7. AWS p.86
8. 요들은 청색작전 중이던 1942년 8월 히틀러가 캅카스로 전선을 확대하려고 하자 무리한 작전이라며 반대했다가 히틀러의 분노를 샀다. 히틀러는 좀더 순종적인 제6군 사령관 프리드리히 파울루스로 교체할 생각이었지만 그는 스탈린그라드에서 패배했다. 덕분에 요들은 전쟁이 끝날 때까지 자리를 보존할 수 있었다. 하지만 포로가 된 파울루스는 목숨을 부지한 반면, 요들은 카이텔과 함께 전범으로 체포되어 처형당했다.
9. Guderian, pp.310-311
10. Below, p.398
11. 위의 책, p.399
12. SHAT 7 P 128
13. Oven, p.198
14. HUA-CD 2600 Charité Dir.421-424/1 BF x, p.125
15. IfZ MA 218, pp.3725-3749

2. 비스와강의 '카드로 만든 집'

1. *IVMV*, p.38
2. Sajer, p.382
3. TsAMO 233/2374/337, p.64
4. TsAMO 233/2374/337, p.64
5. Freytag von Loringhoven, 대화, 1999년 10월 4일.
6. Guderian, p.315

7. General Schaal 보고, 1946년 2월 20일, 2e Buruea, SHAT 7 P 163

8. 소련군에서는 '포르트얀키portyanki'라고 부른다. 표트르 대제가 처음 도입하여 오늘날 러시아 군에서도 비공식적으로 사용되고 있을 정도로 인기를 누린다.

9. 스탈린이 해리먼에게, 1944년 12월 14일, NA RG334/Entry 309/Box 2

10. RGVA 38680/1/3, p.40

11. Senyavskaya, 2000, p.174 인용.

12. Senyavskaya, 995, p.111

13. Grossman papers, RGALI 1710/3.51, p.221

14. RGALI 1710/3/47, p.19

15. *VOV*, iii. p.232, n.8

16. 필자는 추가 정보에 대해 Norman Davies에게 가장 감사드린다.

17. Rokossovsky, p.297

18. Zukov, p.174

19. 비스와강에 있는 소도시로 바르샤브 동남쪽에서 약 190킬로미터 떨어져 있다.

20. Beria, p.130

21. Erickson, pp.177-179 참조.

22. Colonel Liebisch, AWS, p.617

23. 21군. TsAMO 233/2374/337, p.70

24. *VOV*, iii, p.236

25. Kone, p.5

26. 사전에 정해진 순서에 따라 포격하는 방식.

27. TsAMO 307/246791/2, pp.225-227

28. TsAMO 307/15733/3, pp.37-38

29. Grossman papers, RGALI 1710/3/51. pp.237-238

30. Bormann diary, GARF 9401/2/97, pp.32-48

31. NA RG 334/Entry 309/Box 2

32. ViZh 93, No.6, pp.30-31

33. NA RG334/Entry 309/Box 2

34. RGALI 1710/3/47, p.14

35. Grossman papers, RGALI 1710/3/51, pp.237-238

36. Duffy, p.103

37. Humboldt, 대화, 1999년 10월 11일.

38. Humboldt, 대화, 1999년 10월 11일.

39. GARF 9401/2/97, pp.32-48

40. Guderian, p.327

41. Klochkov, p.28

42. *VOV*, iii. p.240

43. Grossman, *Kransnayz Zvezda*, 2월 9일.

3. 불과 칼과 '고결한 분노'

1. 애국적 노래인 'Sacred War'에 나온 표현. Arise vast country/ arise for the mortal battle/ with the dark fascist force/ with the accursed horde/ Let the noble fury/ boil up like a wabe/ the people's war is going on/ the sacred war.

2. Ehrenburg, p.100

3. Ehrenburg, p.100

4. 1월 16일, BA-B R55/793, p.9

5. *Krasnaya Zvezda*, 1944년 11월 25일.

6. General der Artillerie Felzmann, XXVII Corps, NARG 228, D-281

7. Ramm, 1994, p.164

8. Kershaw, 2000, p.406

9. Dönhoff, p.18

10. Agranenko papers, RGALI 2217/2/17, p.22

11. Kopelev, p.10

12. Tkatchendo to Beria, GARF 9401/2/94, p.87

13. TsAMO 372/6570/76, Senyavskaya, 1995, p.99 인용.

14. Kopelev, p.56

15. TsAMO 372/6570/78, pp.199-203

16. Agranenko papers, RGALI 2217/2/17, p.42

17. Kopelev, p.50

18. Maltsev, 대화, 2001년 10월 29일.

19. Werth, p.964

20. RGVA 32925/1/100, p.58

21. Bark and Gress, p.33

22. *Life and Fate*, p.241

23. Kon, p.23

24. Yuri Polyakov, Kon, p.26 인용.

25. Kovalenko, 대화, 1999년 9월 21일.

26. Agranenko papers, RGALI 2217/2/17, p.22

27. Agranenko papers, RGALI 2217/2/17, p.26

28. Scheglov, p.299

29. Solzhenitsyn, 2000, p.125 참조.

30. TsAMO 372/6570/76, pp.92-94

31. TsAMO 372/6570/68, p.12

32. N. Reshetnikova, 2월 9일, Senyavskaya, 2000, pp.180-181 인용.

33. Agranenko papers, RGALI 2217/2/17

34. Solzhenitsyn, 1983, p.67

35. Kopelev, p.52

36. Krivenko to Beria, Leonid Reshin, 'Tovarisch Ehrenburg uproshchaet': The Real Story of the Famous Pravda Article', Novoe Vremya, No.8, 1994

37. Senyavskaya, 2000, p.273 인용.

38. Shikin to Aleksandrov, 1월 28일, RGASPI 17/125/320, p.18

39. Shcheglov, p.289

40. BA-B R55/616, p.184

41. KA-FU, EI:18, Vol.6

42. GARF 9401/2/93, p.343

43. Merridale, p.293

4. 겨울 대공세

1. General Blumentritt, NA RG 338 B-338

2. 고위 나치 간부들의 제복과 배지의 색깔인 금색, 갈색, 적색이 마치 황금 꿩金鷄의 화려한 깃털 색을 연상케 한다는 이유로 독일인들이 공공연히 비꼬았던 멸칭.

3. Serov to Beria, GARF 9401/2/93, p.334

4. KA-FU, EI:18, Vol.6

5. HUA-CD 2600 Charité Dir. 421-424/I Bd x, pp.114-115

6. NA RG 338, B-627

7. SHAT 7 P 128, Direction Générale et Inspection des P.G. de l'Axe, Paris, 2월 2일.

8. NA RG 338, B-627

9. BA-B R55/995, p.166

10. Kee, pp.228-9

11. Duffy, p.45

12. Grossman papers, RGALI 1710/3/51, p.65

13. Freytag von Loringhoven, 대화, 1999년 10월 4일.

14. Klochkov, p.31

15. Grossman papers, RGALI 1710/3/47, p.3

16. Chuikov, p.91

17. GARF 9401/2/92, p.263

18. Shikin의 아우슈비츠 보고서, 2월 9일, RGASPI 17/125/323, pp.1-4

19. RGA-SPI 17/125/323, p.73

20. Krockow, p.45

21. Libussa von Oldershausen, 위의 책 48-49 인용.

22. 1월 30일, BA-B R55/616, p.158

23. Gun, pp.237-238

24. 1월 29일, BA-B R55/616, p.153

25. 2월 11일, BA-B R55/616, p.188

26. 2월 19일, BA-B R55/616, p.211. 여기에는 동프로이센에서 온 163만5000명, 단치히와 서프로이센에서 온 48만 명, 포메라니아에서 온 88만1000명, 바르텔란트에서 온 9만3000명, 남부 슐레지엔 295만5000명, 북부 슐레지엔에서 온 74만5000명이 포함되었다.

27. Menzel, p.116

28. Löwenstein, 대화, 2000년 7월 14일.

29. BA-B R55/916, p.57

30. BA-B R55/616, p.155

31. 나치의 한 직책으로 지방 당 책임자 중에서 최상위 직급. 담당 지역의 나치당 활동을 총괄했으나 나치 정권 특성상 권한이 지역 행정기관과 중복되어 많은 문제점을 낳았다. 전쟁 말기에는 최대 43개 대관구가 있었다.

32. *Wilhelm Gustloff* and Marinesco, Senyavskaya, 2000, p.225, n.19

33. 스탈린 시절 운영했던 강제노동수용소. 원래는 제정 러시아 시절 정치범들을 시베리아 개척에 투입하기 위해 만들었고 스탈린도 젊은 시절 수년을 이곳에서 보내기도 했다. 그러나 스탈린은 소련을 공포로 통치하기 위해 훨씬 대규모로 운영했다. 정치범과 외국인, 소수민족, 강력범은 물론 심지어 사소한 규정 위반조차 무분별하게 굴라크로 보내졌다. 그의 통치 기간에 약 1400만 명이 나치의 유대인 수용소 못지않게 열악한 여건에서 강제노동에 종사했고 그중 적어도 100만 명 이상이 사망한 것으로 추정되고 있다. 스탈린의 죽음과 함께 폐지되었다.

34. BA-B R55/616, p.157

35. BA-B R55/616

36. 2월 18일, BA-B R55/616, p.208

37. 체코의 반응, 3월 10일, BA-B R55/616, p.243

38. 원래 '비스와Vistula강'은 영어식 이름이며 독일어로는 '바이흐젤Weichsel강'이다. 따라서 엄밀히

39. 말하면 '바이흐젤 집단군'이라고 해야 하지만 여기서는 원문을 존중해 '비스와 집단군'으로 통일한다.

    Guderian, p.397

40. 참모 장교 Hans Georg Eismann 대령의 진술, BA-MA MSg1/976

41. BA-MA MSg1/976, p.14

42. BA-MA MSg1/976, p.32

43. Krockow, pp.51-54

5. 오데르강으로의 돌격

1. Kardorff, p.281
2. Feuersenger, p.206
3. NA 740.0011 EW I 4-2445
4. rürup (ed.), 1997, pp.167-171 참조.
5. Freytag von Loringhoven, 대화, 1999년 10월 4일.
6. 여러 색상의 실로 그림을 짜 넣은 직물.
7. Freytag von Loringhoven, 대화, 1999년 10월 4일, Maizière, 1999년 10월 9일.
8. Konev, pp.38-39
9. Thorwald, 1950, p.103
10. KA-FU, EI:18, Vol.6
11. RGVA 32891/1/123. p.6
12. Thorwald, 1950, pp.109-113 참조.
13. TsAMO 233/2307/189, p.178
14. Zhukov, iv, p.194
15. Grossman papers, RGALI I710/3/49
16. GARF 940/2/93, p.334
17. RGALI I710/3/51, p.227
18. RGALI 1710/3/51, p.229
19. RGALI 1710/3/51, p.229
20. Merezhko, 대화, 1999년 11월 10일.
21. Klochkov, 대화, 2000년 7월 25일, Klochkov, pp.34-35
22. 제8근위군, TsAMO 345/5502/93, P.412
23. RGALI 1710/3/51, p.231
24. BA-MA RH 19 XV/9b, p.172
25. BA-MA MSg1/976, P.39
26. BA-MA RH 19 XV/9b, p.193
27. BA-MA RH 19 XV/9b, p.195
28. BA-MA RH 19 XV/28, pp.1-4
29. IfZ Fa 91/5, p.1253
30. Petrov and Kobulov to Beria, 1월 30일, GARF 9401/2/92, pp.283-288
31. 제2차 세계대전 당시 히틀러의 통치에 반대하는 독일 망명자들의 반나치 운동. 1941년 1월 30일 오토 스트라세르에 의해 시작되었고 드골의 '자유 프랑스 운동'에서 영향을 받았다. 그

는 심지어 자유독일군단을 결성해 연합군과 함께 싸우기를 원했으나 거의 지지를 얻지 못해 흐지부지되었다.

32. Le Tissier, *Zhukov on the Oder*, p.35

33. Walter Beier, Ramm, 1994, p.165

34. Oven, p.229

35. Harald Arndt 상병, Ramm, 1994, p.268 인용.

36. Baumgart, 위의 책 p.61 인용.

37. BA-MA 332, pp.656, 709-711

38. BA-MA R55/1305

39. BA-BR 55/1305

40. 구데리안, p.411

41. BA-B R55/916, p.63

42. BLHA Pr. Br. Rep.61B/20

43. Kardoff, p.291

44. 독일, 영국, 소련이 일찌감치 공군을 육군에서 독립시킨 반면, 미국은 보수적인 장군들의 반발로 인하여 제2차 세계대전 중에도 여전히 육군 소속의 항공대였다. 미 공군은 1947년 9월 18일에 독립했다.

45. 보어만의 일기, GARF 9401/2/97, pp.32-48

46. 2월 10일, BA-B R55/616, p.172

6. 동과 서

1. 얄타의 숙소, 알란 브루크, p.657

2. Gilbert, p.1187

3. Agranenko papers, RGALI 2217/2/17, p.22

4. *Tegeran. Yalta. Potsdam. Sbornik tiokumentov*, Moscow, 1970, p.22, Volkogonov, p.489 인용.

5. Erickson, p.508 참조.

6. 포로들에 대한 보복, Kershaw, 2000, p.779 참조.

7. 드레스덴 특별 휴가, Grenscher, 대화, 2000년 9월 4일.

8. Eisenhower, pp.406-407

9. Murphy, p.233

10. Dcane 1944년 12월 25일, NA RG334/Entry 309/Box 2

11. Shikin의 보고, RGASPI 17/125/323, pp.35-36

12. 폴란드 토룬에서 독일군이 운영한 포로수용소. 원래는 폴란드군의 오래된 요새였지만 폴란드 항복 후 폴란드군 포로를 수용하기 위한 포로수용소로 사용되었다. 이곳을 해방한 소련군

은 영, 미 포로와 소련 포로의 차별 대우에 분노했지만 독일군이 소련군만이 아니라 폴란드 군 또한 가혹하게 대했다는 사실에는 침묵했다.

13. 살아 있는 표적과 '스포츠 행진', *VOV*, iv, p.180, n.36

14. Stanford-Tuck, Larry Forrester, *Fly for Your Life*, London, 1956

15. Grossman papers, RGALI 1710/3/47, p.4

16. Shindel(ed.), p.125 인용.

17. Agranenko papers, RGALI 2217/2/17

18. BA-MA MSgi/976, p.32

19. BA-MA MSgi/976, p.35

20. Maizière, 대화, 1999년 10월 9일.

21. Guderian, p.412

22. 위의 책,. pp.413-415

23. 히틀러는 벵크에게 매일 왕복 300킬로미터가 넘는 거리를 오가면서 자신에게 상황을 직접 설명하기를 요구했고 그의 운전수는 과로로 쓰러졌다. 결국 벵크가 운전대를 넘겨받았지만 그 역시 졸음운전으로 사고를 당했다. 상관인 구데리안이 총통과 싸워서 히틀러의 참모장을 억지 로 맡은 대가를 톡톡히 치른 셈이었다.

24. Oberjäger R. Christoph. Ramm, 1994, p.186 인용.

25. GARF 9401/2/94, pp.159-165

26. 2월 27일, IfZ MA 485, p.20755

27. Tkachenko to Beria, 2월 28일, GARF 9401/2/93, p.324

28. 3월 10일, BA-B R55/616, p.243

29. Shvernik to Molotov, GARF 9401/2/96, pp.255-61

30. RGVA 32904/1/19

31. SHAT 7 P.146

32. RGALI 1710/3/47, p.25

7. 후방 소탕

1. Abakumov to Beria, 2월 15일, GARF 9401/2/93, pp.6-15

2. RGVA 38680/1/3, p.4

3. Solzhenitsyn, 1974, p.126

4. 스메르시의 Hans Rattenhuber 심문, *Voennye Arkhivy Rossii*, No.1, 1993. p.355

5. GARF 9401/2/93, p.15

6. Stalin to Tedder and Bull, 1월 15일, NARG 334/Entry 309/Box2

7. 3월 1일, GARF 9401/2/93, pp.255-259

8. Berezhkov, 1982, p.364

9. Kazakova, 대화, 1999년 11월 6일.

10. Zhukov, iv, p.183

11. RGVA 32925/1/100, p.143

12. BA-B R55/822, pp.5-8

13. GARF 9401/2/94, p.61

14. 3월 30일, NA RG334/Entry 309/Box 2

15. NA RG334/Entry 309/Box 2

16. 벨코프, NKVD 부대 차장, 제1벨라루스전선군, RGVA 32925/1/100, p.205

17. Antonov to Deane, NA RG334/Entry 309/Box2

18. RGVA 32981/1/123

19. RGVA 32925/1/100, p.80

20. 지뢰 탐지, 3월 12일, RGVA 32925/1/297, p.8

21. RGVA 38680/1/12, p.114

22. 3월 11일, GARF 9401/2/94

23. RGVA 38680/1/12, p.48

24. Edunov 중장, 2월 13일, RGVA 32904/1/19, p.99

25. RGVA 38686/1/21

26. 2월 18일, 제63소총사단 NKVD, RGVA 38686/1/20, p.49

27. RGVA 38680/1/4

28. RGVA 38686/1/20, p.31

29. GVA 32904/1/19

30. BA-BR 55/1296

31. 제3벨라루스전선군, RGVA 38680/1/3, p.255

32. Grossman papers, RGALI 1710/3/51, p.230

33. RGVA 38686/1/21, p.45

34. 교통 체증 상황에서 로코솝스키, Agranenko papers, RGALI 2217/2/17, p.31

35. RGVA 32925/1/100, p.47

36. GARF 9401/2/93, p.279

37. Agranenko papers, RGALI 2217/2/17, p.20

38. NA RG334/Entry 309/Box 2

39. RGVA 38680/1/3, p.104

40. GARF 9401/2/94, p.88

41. RGVA 38686/1/26, p.36

42. Senyavskaya, zooo, p.184, n.27

43. 강제 노동을 위해 끌려간 우크라이나 소녀들, RGVA-SA 1382/1/62

44. RGASPI 17/125/314

45. Inozemtsev, p.204

46. Senyavskaya, 1995 p.181 인용.

47. TsAMO 372/6570/76, 372/6570/68

48. Rezhevskaya, 대화, 2001년 10월 28일.

49. RGASPI 17/125/314, pp.40-45

50. to Aleksandrov, 2월 20일, RGASPI 17/125/320, p.36

51. RGASPI 17/125/314

52. RGASPI 17/125/314, p.33

53. 오펠른 사건, 3월 7일, KA-Fu, EI:18, Vol.6

54. Solzhenitsyn, 1974, p.240

55. TsAMO 2/176495/378, pp.32-33

56. *VOV*, iv, p.158

57. Grossman papers, RGALI 170/3/47, p.1

58. 강제수용소 간수들, RGV A 32904/1/19, pp.274-275

59. 63rd Rifle Division NKVD, RGVA 38686/1/20

60. Eugene Schirinkine, 31 July, SHAT 7 P 128

61. *VOV*, iv, p.161

62. RGA SPI 17/125/310, p.10

8. 포메라니아와 오데르강 교두보

1. Duffy, p.187

2. *VOV*, iii, p.252

3. Grossman papers, RGALI 1710/3/51, p.230

4. BA-MA MSg2/1283, & Fenet, 대화 1999년 5월 19일.

5. BA-MA MSg1/976, p.67

6. Erickson, p.522

7. Krockow, p.61

8. Boldt, p.81, Freytag von Loringhoven의 정정, 2001년 9월.

9. 3월 22일자 보고서, BA-B R55/616, p.248

10. Sajer, p.541

11. 4월 12일자 보고서, TsAMO 372/6570/68, pp.17-20

12. RGALI 2217/2/17, p.42

13. RGALI 2217/2/17, p.39

14. Krockow, p.99

15. 위의 책, p.76

16. 위의 책, pp.114-115

17. Agranenko papers,RGALI 2217/2/17, p.42

18. Agranenko papers,RGALI 2217/2/17, p.41

19. TsAMO 233/2374/337, p.158

20. TsAMO 233/2374/337, p.124

21. 3월 24일, IfZ MA 127/2, p.13025

22. TsAMO 236/2675/336, p.60

23. TsAMO 233/2374/194, p.8

24. TsAMO 233/2374/194 p.9

25. Senyavskaya, 2000, p.236, n.52 인용.

26. RGVA 32891/1/391, pp.345-346

27. TsAMO 236/2675/339

28. BA-MA MSg1/976, p.39

29. BA-MA MSg1/976

30. 2월 4일, GARF 9401/2/94, p.163

31. IfZ MA 325

32. IfZ Fa 600, p.14

33. 3월 13일, IfZ MA 127/2, pp.13031-13032

34. BA-MA MSg1/976, p.31

35. KA-FU, EI:18, Vol.6

36. KA-FU, EI:18, Vol.6

37. 2월 16일, KA-FU, EI:18, Vol.6

38. 포병 관측 및 물에 잠긴 다리들, SHAT 7 P 163

39. IfZ Fa 138, pp.15-16

40. BA-MA Msg1/976, p.61

41. BLHA Pr. Br. Rep.61A/443

42. 2월 21일, BLHA Pr. Br. Rep.61A/443

43. Dr Naumann에게 보내는 3월 14일자 보고서, IfZ Fa 600, p.14

44. BLHA Pr. Br. Rep.61A/16, 대관구 지도부 Mark Brandenburg, 3월 19일.

45. Guderian, p.420

46. BA-MA Msg1/784, p.2

47. Schwarz, Gosztony, p.92 인용.

48. Kempka, 위의 책, p.93 인용.

9. 목표 베를린

1. 스탈린의 장남 야코프는 독소전쟁 초반인 1941년 7월 스몰렌스크 전투에서 독일군의 포로가 되었다. 스탈린은 적에게 살아서 포로가 되어서 안 된다는 자신의 명령을 어긴 죄를 물어서 즉각 이전부터 '유대인'이라는 이유로 탐탁잖게 여겼던 며느리를 비롯한 장남 일가를 모조리 시베리아의 유형지로 보냈다.

2. Zhukov, iv, p.215

3. GARF 9401/2/93, p.276

4. Zhukov, iv, p.215

5. 위의 책, p.218

6. 1944년 10월 14일, NA RG334/Entry 309/Box2

7. 스탈린의 별장에서의 회의, 1942년 5월, Zaloga, pp.13-19

8. Dr. Engel, 대화, FU Archiv, 2001년 10월 8일.

9. TsAMO 233/2356/5804 pp.320-321 인용.

10. Alan-brooke, p.669

11. Robert Cowley (ed.), *What If?*, New York, 1999에 실린 David Qay Large의 'Funeral in Berlin' p.355에서 인용.

12. NA RG334/Entry 309/Box3

13. 3월 6일, Alanbrooke, p.669

14. NA RG 218 JCS Box 16

15. Eisenhower, p.433

16. 3월 25일, Churchill papers, 20/209, Gilbert, p.1264

17. NARG334/Entry 309/Box2, 안토노프의 편지.

18. Eisenhower, p.431

19. 위의 책, p.401

20. Eisenhower to Marshall, 3월 30일, 위의 책 p.438 인용.

21. 이 말과 모든 대화 내용, Zhukov, iv, pp.223-226

22. NA RG 334/Entry 309/Box2

23. Konev, p.79

24. Zhukov, iv, p.226

25. *VOV*, iii.p.267

26. 위의 책, p.269

27. 위의 책.

10. 총신絢癰과 참모

1. 3월 16일, KA-FU, EI:18, Vol.6

2. KA-FU, EI:18, Vol.6

3. Guderian, p.426

4. BA-MA Msg1/976, p.78

5. Maizière, 대화, 1999년 10월 9일.

6. Guderian p.420

7. Freytag von Loringhoven, 대화, 1999년 10월 4일.

8. BA-MA MSg1/976, p.99

9. BA-MA MSg1/976, p.107

10. Freytag von Loringhoven, 대화, 1999년 10월 4일, 이 회의에 대한 목격자들의 진술은 일부 세부 내용이 서로 다르다. 이 책에 실린 설명은 주로 구데리안과 프라이타크 폰 로링호벤의 진술을 근거로 했다.

11. Maizière, 대화, 1999년 10월 9일.

12. 로마 신화에 나오는 염소 얼굴을 한 농업과 목축의 신.

13. BA-MA MSg1/976, p.70

14. BA-MA MSg1/1207

15. Heinrici papers, BA-MA MSg2/4231

16. Freytag von Loringhoven, 대화, 1999년 10월 4일.

17. BA-MA MSg1/976, p.62

18. GARF 9401/2/97. pp.32-48

19. IfZ MA 127/2, p.13,024

20. 이 사람들과 이탈리아 강제 노동자들, Gellately, pp.237-238 참조.

21. IMT, xli, pp.430-431

22. Sereny, pp.485-486 인용.

23. 슈페어에 대한 심문, 5월 22일, NA 740.0011 EW/5-145

24. Sereny, p.491

25. 슈페어에 대한 심문, 5월 22일, NA 740.0011 EW/5-145

26. 낙태 관련 지시, IfZ MA 127/2, pp.13042-13043

27. 슈페어와 킨젤, 슈페어에 대한 심문, 5월 22일, NA 740.0011 EW/5-145

28. BA-MA MSg1/976, p.93

29. BA-MA MSg1/976, p.76

30. 1588년 칼레 해전에서 스페인 아르마다에 맞서 영국 해군이 사용한 화공선.

31. BA-MA MSg1/976, p.72

32. IfZ MA 305

33. BA-MA MSg1/976, p.116

34. GARF 9401/2/97, pp.32-48

35. 칼텐브루너와 다리우스, 3월 15일, BA-B, R55/1394, p.195

36. Tillery, Ramm, 1994, p.27 인용.

37. Gall, 대화. 1999년 11월 2일.

38. '아늑한' 벙커, Ramm 1994, p.27 인용.

39. Tillery, 위의 책 p.29 인용.

40. Lauden, 위의 책, p.52 참조.

41. TsAMO 236/2675/339, p.63

11. 최후의 일격을 준비하며

1. TsAMO 236/2674/194, p.29

2. Erickson, p.476

3. GARF/1914/1/146, p.21

4. 3월 29일자 Prikaz No.7942 ss, 또한 GARF 8131/38/236, pp.34-35

5. Merridale, p.266

6. Sulkhanishvili, 대화, 2000년 10월 12일.

7. TsAMO 233/2374/94, pp.11-13

8. TsAMO 233/2374/93, p.685

9. TsAMO 233/2374/93, pp.700-701

10. RGVA 38686/1/20 p.21

11. 4월 7일, RGVA 32925/1/100 p.174

12. RGVA 38680/1/16

13. Senyavskaya, 2000, p.236, n.50

14. RGVA 38686/1/20, p.26

15. Sulkhanishvili, 대화, 2001년 5월 16일.

16. Werth, pp.964, 965

17. Eugene Schirinkine, 7월 3일, SHAT 7 P I28

18. Gall, 대화, 1999년 11월 2일.

19. TsAMO 236/2675/267, pp.67-68

20. TsAMO 233/2674/194, p.24

21. Kazakova, 대화, 1999년 11월 6일.

22. 편지 분석, Gall. 대화, 1999년 11월 2일.

23. 화학무기, RGVA 32891/1/384, p.19

24. KA-FU, EI:18, Vol.6

25. Donovan to Secretary of State, 4월 1일, NA 740.0011 EW/4-145

26. 슈페어에 대한 심문, 5월 22일, NA 740.0011 EW/5-145

27. 판처파우스트 실험, Belyaev, 대화, 2000년 7월 29일.

12. 맹습을 기다리며

1. Major Juhlin-Dannfel, 4월 4일, KA-FU,EI:18, Vol.6
2. 4월 9일 보고서, SHAT 7 P 102
3. 4월 9일 보고서. SHAT 7 P 102
4. Staatssekretär Dr Naumann, BA-MA RHig/XV/9a, p.94
5. NA RG260 OMGUS, Stack 390 41/7/5-6 A2/S4
6. 익명, p.126
7. Kleine and Stimpel, p.9
8. 2e Bureau 보고서, 4월 21일, SHAT 7 P 128
9. Halder, NA RG338 MS P-36
10. BA-MA MSgi/976
11. Oberst i.G Hans Refior, BA-MA MSg1/976
12. Oberst i.G Hans Refior, BA-MA MSg1/976
13. Refior, BA-MA MSg1/976
14. NA RG338 Ms P-136
15. BA-MA MSg1/976, p.3
16. RGVA-SA 1367/1/218
17. BA-MA MSg1/976, p.15
18. BA-MA MSg1/976, p.15
19. Goebbels 연설, 2월 20, BA-B Rss/916, p.91
20. 대화, 2000년 7월 15일.
21. IfZ MA 485, p.20,755
22. KA-FU,EI: 18, Vol.6
23. Ramm, 1994, p.65 인용.
24. SHAT 7 P 102
25. BA-MA MSgi/976, p.100
26. Fröhlich, p.256
27. BA-MA MSgi/976, p.100, BA-MA M53/76, p.17
28. N.M.Ramanichev, '베를린 작전 준비 중 군의 재편성 경험Iz opyta peregruppirovki army pri podgotovke Berlinskoi operatsii', *ViZh*, No.8, 1979
29. Klochkov, p.72
30. 4월 7일, RGVA 38686/1/21P.40
31. RGVA 32891/1/120, p.250
32. RGVA 32925/1/100, p.184
33. Beria to Stalin, GARF 9401/2/95, pp.253-268
34. 4월 11일, RGVA 32925/1/130, p.240

35. Shindel (ed.), pp.158-159

36. TsAMO 233/2374/92, p.331

37. TsAMO 236/2675/440, p.6-8

38. TsAMO 233/2374/93, p.652

39. TsAMO 233/2374/93, p.695

40. Inozemstev, p.196

41. RGVA 38680/1/3. p.68

42. lnozemtsev, p.196

43. 위의 책, p.201

44. Duffy, p.291

45. BA-MA RG19/XV/9a, p.97

46. BA-MA RG19/XV/9a, p.207

47. BA-MA RG19/XV/9a, p.221

48. Below, p.409

49. Sereny, p.507

50. BA-MA RG19/XV/9b, p.34

51. Senyavskaya, 2000, p.275

13. 엘베강의 미군

1. 노획된 편지, Willi Klein to Lance Corporal Hans Gerl, Ehrenburg, *Krasnaya Zvezda*, 25 November 1944 인용.

2. Papen에 대한 심문, NA 740.0011 EW/4-2445

3. Bolling, Ryan p.229 인용.

4. GARF 9401/2/97. pp.32-48

5. 라이프치히 지역의 대학살, Claude Merry 대위의 보고, 4월 28일, SHAT 8 P 22

6. 3월 8일 보고, NA 740.0011 EW/3-845

7. SHAT 8 P 27

8. Elliott, pp.121, 125, 143

9. 영국의 대표적인 특수전 부대로 1941년 7월 북아프리카에서 로멜의 추축군에 맞서기 위해 창설되었다.

10. 익명인과의 대화, 2000년 12월 30일.

11. 토머스 스탬퍼드 래플스(1781~1826). 자메이카 출신 영국 정치인이자 귀족. 나폴레옹 전쟁 시절 네덜란드령 동인도(지금의 인도네시아)를 점령하여 총독이 되었다. 말라야반도 남쪽 끝에 영국군 주둔지로서 싱가포르를 처음 건설하여 '싱가포르의 국부'라고 불렸다.

12. Elliott, p.12

13. *Krasnaya Zvezda*, 4월 11일, p.3

14. NA 740.0011 EW/3-1345

15. NA 740.0011 EW/3-2745

16. NA 740.0011 EW/3-2345

17. 4월 10일 보고, SHAT 7 P 102

18. Kardorff, p.206

19. Krasnaya Zvezda, 4월 11일, p.3

20. Leonid Reshin, 'Tovarisch Ehrenburg uproshchaet', *Novoe Vremya*, No.8, 1994 참조.

21. Ehrenburg, pp.176-177

22. 'Tovarisch Ehrenburg uproshchaet', *Pravda*, 4월 14일.

23. Abakumov to Stalin, 3월 29일, Reshin, *Novoe Vremya*, No.8, 1994 인용.

24. TsAMO 233/2374/92, pp.360-361

25. Soyuz veteranov zhurnalistiki, p.447

26. GARF 9401/2/95. pp.31-35, 그리고 Serov to Beria, 4월 19일 GARF 9401/2/95, p.91

27. Andrzej Rey, Gerhard Gnauck in 'Wie die Horden Dschingis Khans', *Die Well*, 8 May 2001, p.31 인용.

28. 제 13군단의 von Oriola 장군에 대한 4월 8일자 심문, 2e Bureau, 21 April, SHAT 7 P 128

29. Reichhelm, 대화, 1999년 10월.

30. 출판되지 않은 원고, 제12군 샤른호르스트Scharnhorst 사단의 대대 지휘관 Peter Rettich의 일기, Reichhelm papers

31. Reichhelm, 대화, 1999년 10월 5일 & Humboldt, 대화 1999년 10월 11일.

32. 연합군 작전에 대한 SHAEF의 일일 보고, SHAT 8 P 19

33. Eisenhower, p.34

34. Maizière, 대화, 1999년 10월 9일.

35. Ryan, p.261 인용.

36. Trevor-Roper, pp.89-90

37. BA-MA RH19/XV/9b, p.34

38. Loewe, 대화, 2001년 10월 9일.

39. Kardorff, pp.306-307

14. 전투 전야

1. *Sovetskaya voennaya entsiklopediya*, Vol.i, Moscow, 1990, p.383

2. 제20기갑척탄사단에서 박탈한 훈장들, *VOV*, III, p.272

3. V. Makarevsky, '17-ya motorinzhenernaya brigada v Berlinskoi operatsii', *ViZh*, No.4, 1976년 4월.

4. TsAMO 236/2675/440, p.76

5. TsAMO 233/2374/92, p.240

6. TsAMO 236/2675/440, p.192

7. RGVA 32891/1/160

8. RGVA 32891/1/160, p.232

9. TsAMO 233/2374/93, p.454

10. TsAMO 233/2374/92, p.314

11. BA-MA RH 19 XV/9b, p.42

12. Kertz, 대화, 1999년 10월 11일.

13. TsAMO 233/2374/93, p.411

14. Wust, 대화, 1999년 10월 10일.

15. IfZ, MA 127/2, p.12949

16. Vsevolod Vishnevsky, RGALI, 038/1/1804

17. TASS의 반박, *Pravda*, 4월 25일자 참조.

18. NA RG334/Entry 309/Box 2

19. Klochkov, p.72

20. Junior Lieutenant of Medical Service Abdul Aziz Babalhanov, Soyuz veteranov zhurnalistiki, p.491

21. Senyavskaya, 1995, p.181

22. TsAMO 233/2374/92, p.314

23. Senyavskaya, 1995, p.101 인용.

24. TsAMO 236/2675/440, p.16

25. Gall, 대화, 1999년 11월 29일.

26. Sulkhanishvili, 대화, 2000년 10월 12일.

15. 라이트바인 슈푸어의 주코프

1. Merezhko, conversation, 10 November 1999

2. Zhukov, iv, pp.242-243

3. Klochkov, p.73

4. Ramm, 1994, p.33

5. Wagner, quoted ibid., p.200

6. Kleine and Stimpel, p.39

7. quoted Ramm, 1994, p.200

8. Baumgart, quoted ibid., p.67

9. SS Kriegsberichter Heinz Heering, BA-MA MSg2/3448, p.6

10. Obersturmführer Helmut Schwarz, quoted Ramm, 1994, p.170

11. Zhukov, iv, p.244

12. letter, Pyotr Mitrofanovich Sebelev, 2nd Sapper Bde, 16 April, quoted Shindel (ed.), p.160

13. Sulkhanishvili, conversation, 12 October 2000

14. 제2차 세계대전 중 미국 제너럴 모터스에서 만든 보트 모양의 6륜 구동 수륙양용차량. DUKW 는 "1942년에 생산된 다목적 전륜 구동 차량"의 약자다.

15. etc., TsAMO 233/2374/92, pp.257-258

16. Schröder diary, quoted Ramm, 1994, p.177

17. Zhukov, iii, p.245

18. BA-MA RH19/XV /24, p.36

19. BA-MA MSg1/976, p.17

20. Boldt, pp.108-109

21. Harald Arndt, quoted Ramm, 1994, p.270

22. Sebelev, Shindel (ed.), p.160

23. Klochkov, p.73

24. etc., TsAMO 233/2374/92, pp.27-30

25. TsAMO 233/2374/92, pp.31-32

26. TsAMO 233/2374/92, p.31

27. Medical personnel, Senyavskaya, 1995, p.124

28. Senyavskaya, 2000, p.227

29. BA-MA MSg2/1096

30. VOV, iii, p.270

31. Zhukov, iv, p.247

32. TsAMO 233/2374/194, pp.47-48

33. TsAMO 233/2374/194, p.32

34. TsAMO 233/2374/194, p.34

35. Konev, p.91

36. TsAMO 233/2374/194, p.35

37. TsAMO 233/2374/194, p.33

38. TsAMO 236/2675/336, pp.6, 55-56

39. TsAMO 233/2374/194, p.50

40. TsAMO TsGV/70500/2, pp.145-9, quoted Zhukov, iv, pp.226-227

41. NARG334/Entry 309/Box 2

16. 젤로와 슈프레강

1. Sulkhanishvili, conversation, 12 October 2001
2. Erickson, p.569
3. TsAMO 233/2374/92, p.355
4. Tillery, quoted Ramm, 1994, p.35
5. BA-MA MSg2/1096, p.4
6. BA-MA MSg2/1096, p.5
7. RGVA 32925/1/130, p.259
8. NA 740.0011 EW/4-2445
9. (2./II./KG 200), BA-MA MSg2/4429, pp.1-44
10. TsAMO 236/2675/149, p.258
11. TsAMO 233/2374/194, p.56
12. BA-MA RHI9/XV/9b, p.131
13. BLHA Pr. Br. Rep.61A/443
14. BA-MA RH 19 XV/9b, p.62
15. BA-MA RH19/XV/9, p.264
16. Kleine and StimpeJ, p.35
17. Der Angrijf, Nr. 92, 20 April
18. Kleine and Stimpel, pp.35-36
19. TsAMO 233/2374/92, p.356
20. BA-MA MSg1/976, p.18
21. Speer interrogation, 22 May, NA 740.0011 EW/5-145
22. BA-MA MSg2/1096, p.6
23. Martin Kleint, quoted Ramm, 1994, p.296
24. ibid., p.96
25. Wuth, conversation, 10 October 1999
26. BA-MA MSg2/3448, p.6
27. BLHA Pr. Br. Rep.61A/443
28. Zhukov, iv, p.224

17. 총통의 마지막 생일

1. RGVA-SA 1355/4/11, p.54
2. Kardorff, p.307
3. Speer interrogation, 22 May, NA 740.0011 EW 15-145
4. GARF 9401/2/97, pp.32-48

5. Traudl Junge, quoted Sereny, p.512

6. Bormann's diary, GARF 9401/2/97, pp.32-48

7. letter of 19 April, quoted Gun, p.247

8. Brandt paper, NA RG319/22/XE 23 11 00

9. 루이 15세의 애첩으로 국왕의 총애를 이용하여 정사에 깊숙이 개입한 것으로 유명하다.

10. Below, pp.407-408

11. letter to Herta Ostermayr, quoted Gun, p.252

12. Friday 20 April, Anonymous, p.9

13. Zhukov, iv, p.250

14. TsAMO 233/2307/193, p.88

15. TsAMO 236/2712/359, p.35

16. TsAMO 132a/2642/38, pp.14-15

17. quoted Erickson, p.578

18. BA-MA RH19/XV/24, p.119

19. BA-MA MSg1/976, p.18

20. quoted Ramm, 1994, p.96

21. ibid., p.97

22. Grossman papers, RGALI 1710/3/51, p.240

23. TsAMO 233/2374/92, p.47

24. Wuth, conversation, 10 October 1999

25. Klochkov, p.77

26. TsAMO 233/2374/93, p.722

27. RGVA 32891/1/125, p.289

28. BA-MA MSg1/976, p.20

29. TsAMO 233/2374/93, p.412

18. 황금 꿩들의 도주

1. BA-MA MSg1/976, p.17

2. 24 April, NA RG 26o OMGUS, Stack 390 41/7/5-6 A2/S4

3. Günsche interrogation, quoted Bezymenski, pp.28-29

4. TsAMO 233/2374/92, p.255, and Zhukov, iv, p.258

5. K. M. Simonov, Notebook No.8, RGALI 1814/4/7

6. Zhukov, iv, p.255

7. Anonymous, pp.13-16

8. Kertz, conversation, 10 October 1999

9. Rettich war diary, Reichhelm papers.

10. Lorenz, quoted Ramm, 1994, p.98

11. Tillery, quoted ibid., p.40

12. 21 April, pp.359-360

13. BA-MA MSg1/976, p.143

14. TsAMO 299/17055/4, p.305

15. Zhukov, iv, p.276

16. TsAMO 233/2374/194, p.66

17. Wallin, quoted Ramm, 1994, p.99

18. A. Luchinsky, 'Na Berlin!', *ViZh*, No.5, May 1965

19. NA RG 338, P-136, p.49

20. TsAMO 233/2374/194, p.78

21. Rocolle, 1954, p.87

22. DRK-Schwester Ruth Schwarz, quoted Ramm, 1994, p.229

23. RGVA 32925/1/130, p.269

24. RGVA 32925/1/130, p.275

25. Grossman papers, RGALI, 1710/3/51, p.239

26. Anonymous, p.21

27. 독일-오스트리아 국경의 작은 산악 도시인 이곳에는 켈슈타인산 정상에 히틀러의 별장인 '독수리의 둥지Adlerhorst'가 있었으며 연합군은 히틀러와 나치의 잔당들이 여기서 최후의 항전을 벌일 것으로 생각했다.

28. 독일 6발 초장거리 수상비행기였던 블로홈 앤 보스 222Blohm&Voss BV 222 비행기를 가리킨다. 독일 항공사인 블로홈 앤 보스에서 1941년에 제작했으며 1000마력 엔진 여섯 개를 탑재하여 최대 항속거리가 6100킬로미터에 달했다. 독소전쟁의 발발로 독일-일본 간의 직항로가 끊어지자 독일 공군은 이 비행기를 이용하는 방안을 고려했고 노르웨이에서 사할린까지 논스톱으로 비행이 가능했다. 그러나 실제로 실현한 적은 없었다. 오히려 이탈리아 공군이 무솔리니의 명령에 따라 SM.75GA 수송기를 개조해 1942년 6월 29일 로마를 출발한 뒤 소련과 외몽골, 중국 북부를 거쳐서 7월 3일 일본 도쿄까지 1만700킬로미터를 비행하는 신기록을 세웠다.

20. 헛된 희망

1. TsAMO 233/2374/92, p.53

2. V. S. Antonov, 'Poslednie dni veiny', *ViZh*, No.7, July 1987

3. Ramm, 1994, p.102

4. RGALI 1710/3/51, p.239

5. DRK-Schwester Ruth Schwarz, quoted Ramm, 1994, p.229

6. BA-MA MSg2/1283, p.11

7. 4 October 1999, and Misch, 8 July 2000

8. TsAMO 233/2374/92, p.361

9. TsAMO 233/2374/194, p.78

10. TsAMO 233/2374/92, p.362

11. Sulkhanishvili, conversation, 12 October 2000

12. Glenn Gray, pp.66-67

13. Naimark, p.70

14. ibid., p.83

15. TsAMO 233/2374/92, p.333

16. Grossman papers, RGALI 1710/3/51, p.240

17. BA-MA MSg1/976, p.24

18. Roman Burghart, quoted Ramm, 1994, p.104

19. Wallin, quoted ibid., p.108

20. BA-MA MSg2/1283

21. Wallin, quoted Ramm, 1994, p.103

22. BA-MA N65/126

23. TsAMO 233/2356/5804, pp.201-203

24. BA-MA N65/126, p.165

25. 25 April, Deane to Antonov, NA RG334/Entry 309/Box 2

26. NA RG59 740.0011 EW /5-1045

27. 밀가루 반죽에 유지방을 넣고 밀대로 밀어서 여러 겹의 얇은 층으로 된 구운 과자 또는 빵.

28. NA RG334/Entry 309/Box 6

29. Serov via Beria to Stalin, 25 April, GARF 9401/2/95, pp.304-310

30. Beria to Stalin, G ARF 9401/2/95, pp.317-328

21. 시가전

1. Anonymous, p.28

2. Diary Uffz. Heinrich V., 27 April, BZG-S

3. Petersohn, conversation, 9 July 2000

4. Boeseler, conversation, 7 July 2000

5. TsAMO 233/2374/93, p.747

6. Anonyrnous, p.29

7. Rocolle, 1954, p.73

8. Toscano-Korvin diary-letter, 7 July, BZG-S

9. BA-MA MSg1/976, p.28

10. Pyotr Mitrofanovich Sebelev, quoted Shindel (ed.), p.161

11. Johannes Steinhoff, quoted Steinhoff et al. (eds.), p.245

12. TsAMO 233/2374/194, p.78

13. Nikolai Vasiliev, 'Krasnyi tsvet pobedy', in *Vsem smertyam nazlo*, Moscow, 2000

14. SHAT 7 P 163

15. TsAMO 233/2374/194, p.78

16. anonymous interview, 5 November 1999

17. A. Luchinsky, 'Na Berlin!', ViZh, No.5, May 1965

18. Eva Reuss in Schwerin, p.166

19. RGALI 1710/3/51, p.241

20. Grossman papers, RGALI 1710/3/51, p.240

21. BA-MA MSg1/976, p.25

22. BA-MA MSg1/976, p.25

23. Konev, p.236

24. RGALI 1710/3/51, p.240

25. BA-MA MSg2/1283, p.22

26. AGMPG II. Abt., Rep.1A, A2. lA 9/Havemann

27. Rocolle, 1992, pp.108-109

28. see also Naimark, p.82

29. Marianne Reinold, in Bollmann et al., p.67

30. TsAMO 233/2374/93, p.706

31. TsAMO 233/2374/93, p.650

32. Anonymous, p.49

22. 숲속에서의 전투

1. diary of Peter Rettich diary, Reichhelm papers.

2. Ruth Schwarz, quoted Ramm, 1994, p.231

3. Rettich diary, Reichhehn papers.

4. Beelitzer Heimatverein, p.18

5. NA RG 338 R-79, p.59

6. Soviet estimate of Busse's army, Konev, p.181, Erickson, p.592

7. quoted NA RG 338 R-79, p.14

8. quoted NA RG 338 R-79, p.19

9. TsAMO 684/492483/1

10. A. Luchinsky, 'Na Berlin!', *ViZh*, No.5, May 1965

11. NA RG 338 R-79, pp.37-38

12. NA RG 338 R-79, pp.37-38

13. TsAMO 236/2675/267, p.186

14. Lindner, conversation, 10 October 2001

15. A. Luchinsky, 'Na Berlin!', *ViZh*, No.5, May 1965

16. Konev, p.182

17. Baumgart, quoted Ramm, 1994, p.70

18. TsAMO 236/2675/267, p.189

19. Buhl, conversation, IO October 2001

20. Jürgs diary(8 May retrospective), quoted Ramm, 1994, pp.159-160

21. quoted Ramm, 1995. p.25

22. Kleint, quoted Ramm, 1994, p.306

23. K. M. Simonov, Notebook No.9, RGALI, 1814/4/8, p.80

24. TsAMO 233/2374/194, p.76

25. Konev, pp.181-182

26. Eismann, BA-MA MSg1/976, p.138

27. BA-MA MSg1/976, p.143

28. BA-MA MSg1/976, p.143

23. 의지의 배신

1. A. Luchinsky, 'Na Berlin!', *ViZh*, No.5, May 1965

2. V. S. Antonov, 'Poslednie dni voiny', *ViZh*, No.7, July 1987, and TsAMO 301sd/295514/1, p.158

3. quoted Schultz-Naumann, p.178

4. 26 April, 04.08 hours, GARF 9401/2/102, pp.13-17

5. 26 April, NA RG218 JCS Box 15 File 94

6. GARF 9401/2/97, pp.32-48

7. Freytag von Loringhoven, conversation, 4 October 1999

8. 1945년 4월 26일 괴링의 후임자에 임명된 그라임은 독일 제3제국에서 쇠르너에 이어서 마지막으로 원수가 되었다. 하지만 불과 나흘 뒤 히틀러는 자살하고 열흘 후인 5월 7일 독일이 패망하면서 최단기 원수이기도 했다. 게다가 미군에게 항복한 그는 소련으로 보내진다는 말을 듣고 5월 24일 청산가리를 먹고 자살했다.

9. quoted Trevor-Roper, p.152

10. ibid., pp.156-157

11. Gun, p.273

12. *Salon Kitty*, see Peter Norden, Munich, 1970, and documentary film 'Meine Oma hatte einen Nazi-Puff' by Rosa von Praunheim about Kitty's grandson, Jochen Mattei.

13. TsAMO 233/2374/194. p.83

14. Rocolle, 1954, p.69

15. Klochkov, conversation, 25 July 2000

16. Shatilov, 'U sten Reikhstaga', in *Vsem smertyam nazlo*, Moscow, 2000

17. Sulkhanishvili, conversation, 10 February 2001

18. TsAMO 233/2374/194. p.78

19. S. Neustroev, 'Shturm Reikhstaga', *ViZh*, No.5, May 1960, pp.42-45

20. Belyaev, conversation, 25 July 2000

21. quoted Shindel (ed.), p.151

22. GARF 9401/2/97, pp.32-48

23. TsAMO 233/2356/5804. p.147

24. Freytag von Loringhoven, conversation, 4 October 1999

25. Freytag von Loringhoven, conversation, 4 October 1999

26. V. S. Antonov, 'Poslednie dni voiny', *ViZh*, No.7, July 1987

27. Krukenberg, BA-MA MSg2/1283, p.30

28. Weisz, quoted Ramm, 1994, p.106

29. Bereznyak, quoted ibid., p.115

30. Fenet, conversation, 19 May 1999

31. Fenet, conversation, 19 May 1999

32. TsAMO 233/2374/92, p.70

24. 총통의 새벽

1. Shatilov, 'U sten Reikhstaga', in *Vsem smertyam nazlo*, Moscow, 2000

2. Vasily Subbotin, *How Wars End*, p.131

3. Kardorff, p.175

4. S. Neustroev, 'Shturm Reikhstaga', *ViZh*, No.5, May 1960, pp.42-45

5. BA-MA MSg2/3448, p.10

6. Misch, conversation, 8 July 2000

7. Rzhevskaya, 1986, p.44

8. see R. W. Leon, *The Making of an Intelligence Officer*, London, 1994

9. Sereny, p.538

10. RGVA-SA 1355/1/1, p.18

11. Kempka and petrol.

12. SMERSH protocol of investigation, Vadis to Beria, 7 May, GARF 9401/2/96, pp.175-182

13. Sereny p.539, and Misch, conversation, 8 July 2000

14. Misch, conversation, 8 July 2000

15. Misch, conversation, 8 July 2000

16. Rzhevskaya, 1986, p.36

17. ibid., p.31

18. Vadis to Beria, 7 May, GARF 9401/2/96, pp.175-182

19. TsAMO 236/2675/149, p.274

20. Gefreiter Martin Kleint, 30 April, quoted Ramm, 1994, p.309

21. Rzhevskaya, 1986, p.31

22. Truman papers, quoted Martin Gilbert, *The Day the War Ended*, London, 1995, p.41

23. NA 740.0011 EW /4-2445

24. NA RG 338 R-79, p.ii

25. Klochkov, conversation, 25 July 2000

26. Belyaev, conversation, 25 July 2000

27. Klochkov, conversation, 25 July 2000

28. Weisz, quoted Ramm, 1994, p.120

29. Vishnevsky, 'Berlin Diary', in Sevruk (ed.), pp.162-193

30. Zhukov, iv, pp.269-270

25. 총통 관저와 제국의회 의사당

1. BA-MA MSg2/3448, p.15

2. BA-MA MSg2/1283, p.32

3. Karen Meyer, pp.47-83

4. Amt für die Erfassung der Kriegsopfer, 28 July 1947; I am also grateful to Dietmar Arnold for his comments on the debate.

5. Belyaev, conversation, 25 July 2000

6. Klochkov, conversation, 25 July 2000

7. TsAMO 233/2374/93, pp.458-459

8. Gall, conversation, 2 November 1999

9. Brettschneider's account, permanent exhibition, Zitadelle Spandau.

10. Operation Dragon's Return, STIB, 28 January 1954, PRO DEFE 21/42, p.4

11. TsAMO 236/2675/149, p.276

12. NA RG 338 R-79, p.49

13. Horst Haufschildt, quoted Ramm, 1994, p.291

14. ibid., p.150

15. Reichhelm, conversation, 5 October 1999

16. BA-MA MSg2/1283, p.34

17. Vadis to Beria, 7 May, GARF 9401/2/96, pp.175-182

18. Vadis to Beria, 7 May, GARF 9401/2/96, pp.175-182

19. Hamburg radio, Trevor-Roper, p.188

20. Zhukov, iv, p.272

21. Le Tissier, 1999, p.186

22. Beier, conversation, 9 October 2001

23. Loewe, conversation, 9 October 2001

24. Zhukov, iv, p.272

25. Beier, conversation, 9 October 2001

26. 전투의 끝

1. Rürup (ed.), 1997, p.184

2. Prinz-Albrecht-Gelände permanent exhibition

3. V. S. Antonov, 'Poslednie dni voiny', *ViZh*, No.7, July 1987

4. Musmanno, p.39

5. Lothar Rühl, quoted Steinhoff et al. (eds.), p.434

6. Rzhevskaya, 1986, p.212

7. Rzhevskaya, 2000, p.286

8. Sulkhanishvili, conversation, 12 October 2000

9. Sulkhanishvili, conversation, 12 October 2000

10. Vadis to Beria, 7 May, GARF 9401/2/96, pp.175-182

11. Rzhevskaya, 2000, p.295

12. Zhukov, iv, p.275

13. Erna Flegel debrief by OSS, 23 November

14. Rzhevskaya, conversation, 28 October 2001

15. TsAMO 233/2374/93, pp.458-459

16. K. M. Simonov, Notebook No.9, RGALI 1814/4/8

17. see GARF 9401/2/95, pp.57-62, 92-96

18. Beria to Stalin, 20 November, GARF 9401/2/100, p.492

19. Belyaev, conversation, 25 July 2000

20. RGALI 1710/3/51, p.240

21. RGALI 1710/3/51, p.242

22. RGALI 1710/3/51, p.245

23. RGALI 1710/3/51, p.243

24. RGALI 1710/3/51, p.244

25. Genscher, conversation, 4 September 2000

26. Peter Rettich diary, 3 May, Reichhelm papers.

27. Edelsheim, BA-MA MSg1/236 and Reichhelm, NA RG 338 B-006

28. Robert Ohlendorf, quoted Ranun, 1994, p.174

29. NA RG 338 R-79, p.58

30. Genscher, conversation, 4 September 2000

31. Herbert Fuchs, quoted Ramm, 1994. p.256

32. Reichhelm, conversation, 5 October 1999

33. Humboldt, conversation, 11 October 1999

34. Rzhevskaya, 2000, p.277

35. Rzhevskaya, conversation, 28 October 2001

36. 유틀란트반도와 인접한 독일 북부의 주.

37. Eisenhower to Antonov, 10 May, NA RG 334/Entry 309/Box 2

38. Bradley, p.551

39. Yashechkin, reported to GLAVPURKKA, RGASPI 17/125/310

40. Konev, p.230

41. Eisenhower to Antonov, 8 May, NA RG 334/Entry 309/Box 2

42. Yuri Gribov, 'Igral nam v Brandenburge grammofon', *Stroki s velikoi voiny*, Moscow, 2000

43. Inozemtsev, p.206

44. K. M. Simonov Diary, Notebook No.9, RGALI, 1814/4/8

45. TsAMO 233/2356/5804, pp.155-156

46. K. M. Simonov Diary, Notebook No.9, RGALI, 1814/4/8

27. 패자는 비참한 법!

1. GARF 9401/2/96, p.15

2. RGVA 32925/1/100, p.293

3. see PRO DEFE 41/116, and Counter Intelligence Corps NA 319/22/XE169886 and NA 3 19/22/XE 257685

4. Fedoseyev notes

5. report 2e Bureau, 21 April, SHAT 7 P 128

6. RGALI 1710/3/51, p.241

7. Abakumov to Stalin, 10 January 1948, 'Portrety bez retushi', Voennye Arkltivy Rossii, No.1, 1993, p.189

8. K. M. Simonov Diary, Notebook No.8, RGALI 1814/4/7

9. Toscano Korvin diary-letter, 7 July, BZG-S

10. RGVA 32925/1/121, pp.61, 93

11. Murphy to State Department, NA 740.0011 EW/4-2445

12. NA 740.0011 EW5-145

13. Zbarsky, p.134

14. Kardorff, p.358, and Lewin, conversation, 14 October 1999

15. Dr Gerhard Reichling, and Charité and Kaiserin Auguste Victoria, quoted Sander and Johr, pp.54, 59

16. Kardorff, p.358

17. Frau Irene Burchert, quoted Owings, p.147

18. Juliane Hartmann, quoted Steinhoff et al. (eds.), p.455

19. Anonymous, p.102

20. Hanna Gerlitz, quoted Steinhoff et al. (eds.), p.459

21. see Frank Biess, 'The Protracted War', CHI Bulletin, No.28(Spring 2001)

22. Kardorff, p.358

23. Anonymous, p.202

24. Frau Regina Frankenfeld, quoted Owings, p.405

25. Anonymous, p.66

26. Toscano-Korvin diary-letter, 7 July, BZG-S

27. 16 June, RGVA 32925/1/121, p.82

28. 29 May, RGVA 32925/1/116, p.428

29. 14 April, TsAMO 372/6570/68, pp.17-20

30. Sander and Johr, p.17

31. 26 April, TsAMO 233/2374/92, p.240

32. RGVA 32925/1/100, p.296

33. RGALI 1710/3/51, p.244

34. RGVA 32925/1/297. pp.30-31

35. 5 October, RGASPI 17/125/316, p.81

36. Kardorff, p.364

37. Werner, conversation, 15 October 1999

38. Nairnark, p.93

39. OMGUS, NA, RG260 A2 B1 C3 Box 363

40. Kardorff, p.341

41. Loewe, conversation, 10 October 2001

42. Zbarsky, p.129

43. Beria to Stalin, GARF 9401/2/95, pp.395-399

44. Merezhko, conversation, 10 November 1999

45. RGVA 32925/1/121, p.89

46. 7 May, RGVA 32925/1/121, p.41

47. RGVA 38680/1/4, p.43

48. Beier, conversation, 9 October 2001

49. Loewe, conversation, 9 October 2001

50. Beier, conversation, 9 October 2001

51. Wolf, conversation, 14 July 2000

52. Wolf, 1997. p.47

53. Wolf, 1998, p.33

54. Wolf, conversation, 14 July 2000

55. Beria, p.88

56. Wolf, conversation, 14 July 2000

57. Wolf, conversation, 14 July 2000

58. Kardorlf, p.356

59. LA-B 3928

60. 'Zeitung in der Zeitung', *Freie Welt*, July 1975, BA-MA MSg2/3626

61. Beria to Stalin, GARF 9401/2/95, p.374

62. 16 June, GARF 9401/2/96, pp.343-344

63. Caritas report, NA RG 260 OMGUS, Stack 390 41/7/5-6

64. Beria to Stalin, 22 June, GARF 9401/2/97, pp.8-10

28. 백마 탄 남자

1. TsAMO 372/6570/68, quoted Senyavskaya, 1995, p.191

2. TsAMO 372/6570/78, pp.30-32

3. TsAMO 233/2374/92, p.288

4. Kubasov, conversation, 27 October 2001

5. RGVA 38686/1/26, p.36

6. RGVA 32925/1/297, p.28

7. GARF 9401/1a/165, pp.181-183

8. *VOV*, iv, pp.191, n.59, and 193, n.65

9. Bezborodova, p.15

10. V. Kardin, quoted Senyavskaya, 2000, p.95

11. 12 July, letter from Jews of Rubtsovsk in Altai to chairman of Council of Nationalities of the USSR, RGASPI 17/125/310, p.47

12. RGASPI 17/125/310, p.50

13. quoted Werth, pp.1001-1002

14. TsAMO 233/2374/194, p.83

15. 'Zeitung in der Zeitung', *Freie Welt*, July 1975, BA-MA MSg2/3626

16. Rzhevskaya, 2000, pp.292, 301

17. Zhukov, iv, pp.297-298

18. BA-MA MSg2/3626

19. Kazakova, conversation, 6 November 1999

20. Blumentritt interrogation, NARG 338 B-338

21. 7 May, NA 740.0011 EW/5-1045

22. SHAEF Psychological Warfare Division report, passed Murphy to State Department, NA 740.0011 EW/4-2445

찾아보기

ㄱ

갈, 블라디미르Gall, Vladimir S. 355, 584

겐셔, 한스-디트리히Genscher, Hans-Dietrich 173, 458

겔렌, 라인하르트Gehlen, Reinhard 65~67, 72, 74

고르도프, V. N.Gordov, V. N. 398, 436, 521~522

괴링, 헤르만Göring, Hermann 68~69, 74, 112, 115, 117, 140, 182, 271, 277~279, 307, 310, 325, 336~337, 367, 386, 395, 405~407, 424, 432, 462~463, 509, 550, 559, 567, 598

괴벨스, 마그다Goebbels, Magda 271, 446, 463, 540, 563, 566, 593~595, 607

괴벨스, 요제프Goebbels, Joseph 56, 62~63, 69, 74, 92, 112~113, 136~137, 140, 155, 157, 159~160, 172~173, 195, 232, 237, 242, 244, 249, 271, 280, 289, 300, 302~304, 307, 310, 340~341, 369, 375, 398, 406, 410, 416, 422~424, 432, 443, 446~447, 455, 461~462~463, 465, 500, 535, 538~540, 544~545, 560, 563~564, 566~567, 571, 576~577, 580, 593~596, 598~599, 608, 619~621, 647~648, 657, 665

구데리안, 하인츠Guderian, Heinz 65~68, 73~75, 83, 86~88, 116~117, 126, 130, 138, 141, 181~183, 222~223, 238~240, 243, 264~270, 275, 336, 443, 624

구사콥스키, I. I.Gusakovsky, I. I. 82, 86, 116, 154

권셰, 오토Günsche, Otto 423, 563~564, 606

그라이저, 아르투어Greiser, Arthur 145, 147, 277

그라임, 로베르트 리터 폰Greim, Robert Ritter v. 509~510, 537~538

그로브스, 레슬리Groves, Leslie 248

그로스만, 바실리Grossman, Vasily 77, 86, 89, 91, 101, 118, 147~148, 150~151, 177, 203, 206, 217, 439, 471, 479~480, 506, 508~509, 612~614, 631, 640, 657

그리신Grishin 583~585, 587~588

ㄴ

네링, 발터Nehring, Walther 119~120, 143, 231

네우스트로예프Neustroev 547, 557, 572, 582

노비코프, A. A.Novikov, A. A. 475

ㄷ

덜레스, 앨런Dulles, Allen 253, 326

데메지에르, 울리히de Maizière, Ulrich 182, 269, 339, 395, 444, 446

데멜후버Demelhuber 132, 181

데카노조프, 블라디미르Dekanozov, Vladimir 484

데틀레프센Dethleffsen 484, 669

뎀프시, 마일스Dempsey, Miles 323

도나니, 한스 폰Dohnanyi, Hans V. 309

도베르케Doberke 470

되니츠, 카를Dönitz, Karl 127, 172, 271, 279, 319, 336, 406, 462, 476, 537, 539, 567, 577, 596~597, 624

두프빙, 테오도어 폰Dufving, Theodor v. 571, 575, 602

드라트르 드타시니, 장de Lattre de Tassigny, Jean 324, 627~628

디버스, 제이컵 L.Devers, Jacob L. 252, 324

디트리히, 제프Dietrich, Sepp(디트리히, 요제프
    Dietrich, Josef) 64, 182
딘, 존 R.Deane, John R. 250, 258, 349~350

ㄹ

라머딩Lammerding 133, 239
라슈, 오토Lasch, Otto 316~318
라우에, 막스 폰Laue, Max V. 514
라이네케Reinecke 603~604
라이만, 헬무트Reymann, Helmuth 277, 302~307,
    368, 398, 422, 432, 554, 590
라이치, 한나Reitsch, Hanna 510, 538, 620
라이헤나우, 발터 폰Reichenau, Walter v. 444
라이히헬름, 귄터Reichhelm, Günther 335~338,
    456, 591~592, 618
라인하르트, 한스Reinhardt, Hans 74, 93, 126~127,
    130
라텐후버, 한스Rattenhuber, Hans 606
랑게, 프란츠Lange, Franz 603
랑게, 하이너Lange, Heiner 387
레티히, 페터Rettich, Peter 426, 458, 519, 615,
    618~619
레피오어, 한스Refior, Hans 303~306, 368, 422,
    458, 480, 506, 571, 575
렐류센코, D. D.Lelyushenko, D. D. 143, 231, 376,
    379~380, 398, 414, 430, 437, 456, 475
로가틴Rogatin 201
로딤체프, A. I.Rodimtsev, A. I. 488
로렌츠, 하인츠Lorenz, Heinz 426~427, 477, 537
로베크Lohbeck 305
로슬리, I. P.Rosly, I. P. 534
로에베, 로타Loewe, Lothar 59
로코솝스키, K. K.Rokossovsky, K. K. 78~79, 81,
    92~93, 97~98, 109, 126, 145, 179, 196,
    198, 204, 216~218, 257, 315, 343, 376,
    393, 402~403, 414, 483, 531, 570, 622,
    660~661
로멜, 에르빈Rommel, Erwin 66, 532
뢰벤슈타인, 한스 오스카어Löwenstein, Hans Oskar
    470
루델, 한스-울리히Rudel, Hans-Ulrich 69
루사코프, 블라디미르Rusakov, Vladimir 485
루스벨트, 프랭클린 D.Roosevelt, Franklin D. 64,
    164~169, 171, 174, 246, 255, 258, 308,
    327~329, 340~341, 346, 487
루슬라노바, 리디아Ruslanova, Lydia 217, 662
루친스키, A. A.Luchinsky, A. A. 473, 475, 505,
    522, 526
룬트슈테트, 게르트Rundstedt, Gerd 116
뤼트비츠, 스밀로 폰Luttwitz, Smilo v. 87
르제프스카야, 옐레나Rzhevskaya, Yelena 564~565,
    569, 579, 608~609, 620~621, 625,
    659, 666
리발코, P. S.Rybalko, P. S. 81, 141, 143, 376, 389,
    398, 414, 436, 472~473, 505~506, 512,
    515
리벤트로프, 요아힘 폰Ribbentrop, Joachim v. 172,
    265, 321, 386~387, 406~407, 463, 484,
    535
링게, 하인츠Linge, Heinz 563~564

ㅁ

마셜, 조지 C.Marshall, George C. 165, 167~168,
    253, 570, 623
마주어, 노르베르트Masur, Norbert 405
마트로소프, 알렉산드르Matrosov, Aleksandr 287
마흐네프Makhnev 513~514
만치알리, 콘스탄체Manzialy, Constanze 447, 563,
    596, 605
만토이펠, 하소 v.Manteuffel, Hasso v. 64, 280,

402, 483, 531~532, 622

말렌코프, G. M.Malenkov, G. M. 206, 247, 513

말리닌, M. S.Malinin, M. S. 376

머피, 로버트Murphy, Robert 174, 634

메레즈코, 아나톨리Merezhko, Anatoly 357

메시크, P. Ya.Meshik, P. Ya. 119, 142, 490

모델Model 252, 254, 274, 321, 335~336, 453

모렐, 테오도어Morell, Therdor 408, 442, 444, 563

몬케Mohnke 460, 510, 552, 561, 574, 579~580, 593, 596~597, 599, 604~606

몰로토프, 바체슬라프Molotov, Vyacheslav 165, 247, 254, 258, 623, 641

몽고메리, 버나드Montgomery, Bernard 173~174, 250~252, 259, 325, 327, 622

무메르트, 베르너Mummert, Werner 533

무솔리니, 베니토Mussolini, Benito 193, 561

뮐러, 하인리히Müller, Heinrich 80, 88, 537

미슈, 로후스Misch, Rochus 563~564, 604

ㅂ

바그너, 게르트Wagner, Gerd 360

바그너, 요제프Wagner, Joseph 603~604

바디스, 알렉산드르Vadis, Aleksandr 607~609, 621

바실렙스키, 알렉산드르Vasilevsky, Aleksandr 103~104, 318

바우어, 한스Baur, Hans 605

바움바흐Baumbach 278

바이틀링, 헬무트Weidling, Helmuth 370, 375, 386, 393, 398~399, 415, 418, 426, 431, 433~434, 458~460, 465, 467, 474, 480, 483, 507, 535, 554, 561~562, 571, 596, 602

바이스, 루돌프Weiss, Rudolf 550

바이스, 발터Weiss, Walter 218~219, 222

바이츠제커, 카를 프리드리히 폰Weizsäcker, Carl-Friedrich von 514

바클라노프, 글레프 블라디미로비치Baklanov, Gleb V. 485

베렌펭거, 에리히Bärenfänger, Erich 599

베르나도테, 폴케Bernadotte, Folke 265, 405, 442, 467, 469, 535

베르자린, 니콜라이Berzarin, Nikolai 146, 154, 264~265, 363, 366, 372, 384, 415, 508, 606, 610, 612, 621, 634, 645, 649

베리야, 라브렌티Beria, Lavrenty 35, 56, 79, 84~85, 97, 119, 146, 153, 187, 191~195, 205, 248~249, 314, 334, 349, 490~492, 508, 513~514, 577, 606, 609, 621, 628, 643, 645~647, 649, 651, 658~659

베빌로구아, 루트비히Bewilogua, Ludwig 514

벵크, 발터Wenck, Walther 86

벨로, 니콜라우스 폰Below, Nicolaus v. 67, 266, 319, 411, 423

보그다노프, S. I.Bogdanov, S. I. 82, 146, 366~367, 384, 413, 419, 627

보닌, 보기슬라프 폰Bonin, Bogislaw v. 86~88

보어만, 마르틴Bormann, Martin 83, 88, 112, 115, 161, 239, 271, 323, 348, 539, 549, 598

본회퍼, 디트리히Bonhoeffer, Dietrich 309

볼링, 알렉산더Bolling, Alexander 322~323

볼트, 게르하르트Boldt, Gerhard 429, 476, 550

볼프, 마르쿠스Wolf, Markus 355, 584, 646~647

볼프, 카를Wolff, Karl 253, 256, 295

볼프, 코니Wolf, Koni 355, 625

볼프, 프리드리히Wolf, Friedrich 355

뵐러만, 한스-오스카어Wöhlermann, Hans-Oscar 375, 386~387, 535

부냐첸코, S. K.Bunyachenko, S. K. 312

부돈니, S. M.Budyonny, S. M. 660

베를린 함락 1945

부르크도르프, 빌헬름Burgdorf, Wilhelm 66, 239, 267, 270, 370, 423, 429, 432, 443, 540, 550, 563~564, 567, 596, 604

부세, 테오도어Busse, Theodor 180, 240, 244, 267~268, 280, 311~312, 370, 375, 387, 392, 394~396, 400, 414, 420, 425, 434~436, 438, 457, 520~522, 526, 531, 567, 591

불가닌, 니콜라이Bulganin, Nikolai A. 196

브라운, 에바Braun, Eva 83, 124, 139~140, 162, 228, 272, 408~411, 447, 461~464, 536, 538~539, 549, 608, 620~621

브라운, 일제Braun, Ilse 124

브란트, 카를Brandt, Karl 408~410

브래들리, 오마Bradley, Omar N. 252, 339~340, 485, 622

브레즈네프, 레오니트Brezhnev, Leonid 662~663

브로이어, 브루노Bräuer, Bruno 386, 396

브룩, 앨런Brooke, Alan 168, 170, 173, 247, 249~251

블라소프, 안드레이Vlasov, Andrey 159~160, 176, 213~214, 311~312, 474, 623~624

블라지엔코Vlasienko 351

블루멘트리트, 귄터Blumentritt, Günther 62~63, 111, 663~664

비슈넵스키, 프세볼로트Vishnevsky, Vsevolod 575~576

비신스키, 안드레이Vyshinsky, Andrei 165, 626

ㅅ

『삶과 운명Life and Fate』 101

샤우브, 율리우스Schaub, Julius 444

샤틸로프, V. M.Shatilov, V. M. 544, 572

세로프, I. A.Serov, I. A. 146, 195, 205, 334~335, 489~490, 514, 606, 626, 628, 630, 643, 650

세묘노프, 블라디미르 세묘노비치Semyonov, Vladimir Semyonovich 648

세벨레프, 표트르Sebelev, Pyotr 314, 371, 500~501

셀리바놉스키Selivanovsky 651

셰글로프, 드미트리Shcheglov, Dmitri 105, 108

셸렌베르크, 발터Schellenberg, Walter 442, 469, 543

소콜롭스키, V. D.Sokolovsky, V. D. 576~577, 626

솔제니친, 알렉산드르Solzhenitsyn, Aleksandr 106, 211~213

쇠르너, 페르디난트Schörner, Ferdinand 129, 142, 186, 232~233, 370, 392, 397, 483, 540, 550, 622~623, 625

수슬로파로프, 이반Susloparov, Ivan 624

술크하니슈빌리, 쇼타Sulkhanishvili, Shota 362, 383, 607

슈문트, 루돌프Schmundt, Rudolf 66

슈미트케, 에리히Schmidtke, Erich 307, 388

슈베거만, 귄터Schwägermann, Günther 595, 598

슈코르체니, 오토Skorzeny, Otto 298, 300

슈타우펜베르크, 클라우스 솅크 그라프 폰 Stauffenberg, Claus Schenk Graf v. 66

슈타이너, 펠릭스Steiner, Felix 181, 392~393, 431~432, 434, 442, 476

슈테멘코, S. M.Shtemenkok, S. M. 259

슈툼프Stumpff 626~627

슈툼프페거, 루트비히Stumpfegger, Ludwig 408, 560, 594~595, 597~598

슈튀르츠Stürz 277

슈트레커, 카를Strecker, Karl 153~154

슈페어, 알베르트Speer, Albert 54, 70, 141, 266, 273~277, 295, 306~307, 319, 398, 406~408, 461~464, 468, 558, 667

스탈린, 바실리Stalin, Vasily 660

스탈린, 이오시프 V.Stalin, Joseph V. 31~35, 56,
  64, 73, 77~79, 81, 83~85, 91~92, 95,
  97~98, 102~104, 109, 114~115, 117, 141,
  145, 147, 152~153, 157, 164~171, 173~175,
  179, 186, 190~197, 204~207, 211~212,
  234, 236, 238, 245~250, 252~261,
  270, 286, 288~291, 304, 321, 326~329,
  331~334, 348~350, 352, 359, 363, 366,
  376, 378, 380, 382, 384~385, 390~391,
  393, 402~403, 413~414, 428, 471~472,
  485, 487~490, 501, 512~513, 535, 547,
  556, 572, 576, 599, 606~609, 620~621,
  624, 630~631, 640, 644, 650, 653,
  655~663, 666
스테티니어스, 에드워드 R. 주니어Stettinius,
  Edward R. Jnr 623
스파츠, 칼Spaatz, Carl 626~628
시모노프, 콘스탄틴Simonov, Konstantin 76,
  352~353, 529, 610, 626, 632
심프슨, 윌리엄 H.Simpson, William H. 252, 321,
  323, 339~340, 616

ㅇ

아그라넨코, 자하르Agranenko, Zakhar 96, 99,
  104, 106, 178, 204, 226, 229~230
아르덴, 바론 폰Ardenne, Baron v. 514
아바쿠모프, 빅토르Abakumov, Viktor 79, 191~193,
  246, 331~332, 606, 632, 653, 659,
  661~662
아이스만, 한스 게오르크Eismann, Hans Georg
  130~132, 180~181, 238, 265, 278, 395
아이젠하워, 드와이트Eisenhower, Dwight 83~84,
  166, 173~174, 249~256, 258~259, 261,
  321~324, 327~328, 338~340, 349~350,
  469, 484, 487~488, 570, 622, 624, 626,
  658
아인지델, 하인리히 그라프 폰Einsiedel, Heinrich
  Graf v. 107, 331
아펠, 라인하르트Appel, Reinhard 308, 435
아흐마토바, 안나Akhmatova, Anna 291
악스만, 아르투어Axmann, Artur 308, 398, 409,
  535, 564, 596~598
안토노프, A. I.Antonov, A. I. 167, 196~197, 247,
  250, 258~260, 350, 381, 485, 534, 551,
  622
알렉산더, 해럴드Alexander, Harold 325
알렉산드로프, G. F.Aleksandrov, G. F. 108, 120,
  331~332, 344
어윈, 버지니아Irwin, Virginia 486~488
에델스하임, 바론 폰Edelsheim, Baron v. 615~616,
  618
에렌부르크, 일리야Ehrenburg, Ilya 91~92, 291,
  294, 326, 330~333, 657
엘저, 요한 게오르크Elser, Johann Georg 309
예르마코프, I. P.Yermakov, I. P. 518
오스터, 한스Oster, Hans 309
오스테르마이어, 헤르타Ostermayr, Herta 411, 447
올더샤우젠, 리부사 폰Oldershausen, Libussa von
  220, 227~228
요들, 알프레트Jodl, Alfred 66~67, 75, 172,
  266~269, 336~337, 443~444, 460, 471,
  522, 532, 536, 549, 624~625
울브리히트, 발터Ulbricht, Walter 647
위넌트, 존 G.Winant, John G. 174
유슈크, I. I.Yushchuk, I. I. 384~385
융, 게르하르트Jung, Gerhard 588
융게, 트라우들Junge, Traudl 408, 447, 539~540,
  561, 563, 566, 596, 605
이든, 앤서니Eden, Anthony 164~165

자도프, A. S.Zhadov, A. S. 389, 398

자베냐긴, 아프라미Zavenyagin, Avraami 513~514

자우켄, 디트리히 폰Saucken, Dietrich v. 119, 143, 222~223, 225, 624~625

자이데만Seidemann 74

자이들리츠 쿠르츠바흐, 발터 폰Seydlitz-Kurzbach, Walther v. 153, 332, 418, 454

주가슈빌리, 야코프Djugashvili, Yakov 245~246

주코프, G. K.Zhukov, G. K. 35, 78~79, 81~82, 85~86, 92~93, 118~119, 145~146, 149, 151, 179, 181, 191, 195, 204, 216~218, 230~231, 245~247, 256~260, 264~265, 286~287, 315, 328, 333~334, 343, 349, 357~359, 361~363, 366, 372~376, 380, 382, 384, 390, 393~394, 396, 403, 413~414, 420, 428, 433, 437, 439, 472, 501, 504~505, 508, 512, 521, 526, 559, 577, 601, 608, 621, 626~629, 632, 640, 658~663

ㅊ

차나바, L. F.Tsanava, L. F. 199, 490

처칠, 윈스턴 S.Churchill, Winston S. 31, 34, 64, 84, 153, 164~174, 247, 251, 253~256, 258, 308, 327~329, 487, 535, 622~623, 625

체르냐홉스키, 이반 D.Chernyakhovsky, Ivan D. 81, 90~92, 94~95, 103, 126, 205

추이코프, 바실리 I.Chuikov, Vasily I. 118, 146~149, 155, 157, 179, 185, 264~265, 283, 343, 348, 357~358, 363, 365~366, 373, 375, 394, 400, 428, 473~474, 501~502, 504~506, 553~554, 575~577, 582, 602

치글러, 요아힘Ziegler, Joachim 392~393, 434, 466~467, 480~481, 574, 596, 598

ㅋ

카나리스, 빌헬름Canaris, Wilhelm 309

카르도르프, 우르줄라 폰Kardorff, Ursula v. 60, 161, 406, 636~637, 641~643

카르포프, V. V.Karpov, V. V. 142

카이텔, 빌헬름Keitel, Wilhelm 66, 129, 139, 172, 183, 233, 267, 269, 406, 443~444, 456~457, 460~461, 471, 531~532, 561, 626~628

카자코프, V. I.Kazakov, V. I. 358~359, 423, 441, 449

카투코프, M. l.Katukov, M. I. 146, 217~218, 220, 224, 363, 366~367, 375, 384, 394, 413, 416, 474, 505, 582

칼텐브루너, 에른스트Kaltenbrunner, Ernst 88, 162, 280, 326~327, 406~407, 543

케언크로스, 존Cairncross, John 248

켐프카, 에리히Kempka, Erich 562

코네프, 이반Konev, Ivan 35, 79~81, 114, 119~120, 141, 143, 204, 230~232, 236, 240, 259~260, 286~287, 343, 346, 349, 366, 376~378, 380, 382, 388~390, 392~393, 397~398, 413~414, 420, 428, 436~437, 471~473, 475, 482, 485, 488, 505~506, 511, 518, 520~521, 526, 531, 534, 559, 567, 590, 622~624

코스모뎀얀스카야, 조야Kosmodemyanskaya, Zoya 352

코펠레프, 레프Kopelev, Lev 96~97, 99~100, 106~107

코흐, 에드가Koch, Edgar 588~589

코흐, 에리히Koch, Erich 94~95, 127, 147, 152,

162, 311, 317, 369, 584~585

콜러, 카를Koller, Karl 431, 442, 462,

쾰러, 카를-에리히Köhler, Carl-Erich 456

쿠르차토프, 이고르Kurchatov, Igor 248, 514

쿠즈네초프, V. I.Kuznetsov, V. I. 599

쿤츠, 헬무트Kunz, Helmuth 566, 593~595, 608

크네제베크, 폰 뎀Knesebeck, von dem 87

크네프, 힐데가르트Knef, Hildegard 59

크라솝스키, S. A.Krasovsky, S. A. 378

크루켄베르크, 구스타프Krukenberg, Gustav 218,
465~468, 476, 480~482, 484, 510~511,
552, 579~580, 593, 596, 598~599,
604

크룰레프, A. V.Khrulev, A. V. 513

크뤼거, 엘사Krüger, Elsa 447

크류코프, 블라디미르Kryukov, Vladimir 217, 662

크리스텐, 폰Christen, v. 87

크리스티안, 게르다Christian, Gerda 447, 539,
563, 596, 605

클라크 커, 아치볼드Clark Kerr, Archibald 258

클레이, 루셔스Clay, Lucius 491

클로치코프Klochkov 150, 573

키, 로버트Kee, Robert 114

키셀, 한스Kissel, Hans 113

킨첼, 에버하르트Kinzel, Eberhardt 276, 306, 622

ㅌ

테더, 아서Tedder, Arthur 83, 85, 193, 252~253,
255, 626~628

텔레긴, K. F.Telegin, K. F. 358, 608, 621

톨부힌, F. I.Tolbukhin, F. I. 172

툴리, 앤드루Tully, Andrew 486~488

트루먼, 해리Truman, Harry 329, 472, 485, 535,
570

티센, 페터Thiessen, Peter 514

티펠슈키르히, 쿠르트 폰Tippelskirch, Kurt v. 262,
297, 622

ㅍ

파울루스, 프리드리히Paulus, Friedrich 58, 131,
153~154

파쿠어Pachur 468

파펜, 프란츠 폰Papen, Franz v. 570

패튼, 조지 S.Patton, George S. 251, 259, 268, 323,
336, 339, 514, 570

페겔라인, 그레틀Fegelein, Gretl(브라운, 마르가
레테Braun, Margarete) 83, 162, 464

페겔라인, 헤르만Fegelein, Hermann 116, 139~140,
162, 267, 270~272, 410, 464, 468~469,
536~537

페네, 앙리Fenet, Henri 466, 481~483, 552~553,
593, 596

페듀닌스키, I. I.Fedyuninsky, I. I. 219

페르손Pehrsson 480, 511

페르호로비치, F. I.Perkhorovich, F. I. 583~584,
586, 588

페테르손, 게르다Petersohn, Gerda 452, 495~496,
588

포스Voss 620

포포프Popov 312, 553, 645

푀르스터, 알베르트Förster, Albert 189, 222

푸트카머, 예스코 폰Puttkamer, Jesco v. 123, 133~134,
220, 228

푸트카머, 폰Puttkamer, v. 444

푸호프, N. P.Pukhov, N. P. 377

푹스, 클라우스Fuchs, Klaus 56, 248, 388

프라이슬러, 롤란트Freisler, Roland 161

프라이타크 v. 로링호벤, 베른트Freytag v. Loring-
hoven, Bernd 73, 117, 138~139, 267~268,
270, 445~446, 477, 537, 550~551

베를린 함락 1945

프뤼츠만, 한스Prützmann, Hans 298, 300

프리데부르크, 한스 게오르크 폰Friedeburg, Hans Georg v. 622, 626~628

프리드리히 대왕Frederick the Great 280, 341, 346, 432

『프리드리히 대왕전History of Friedrich II of Prussia』 341

『피의 기록, 스탈린그라드전투Stalingrad』 32

피크, 빌헬름Pieck, Wilhelm 646

ㅎ

하르페, 요제프Harpe, Josef 74, 86~87, 142

하이드리히, 라인하르트Heydrich, Reinhard 116, 543

하이젠베르크, 베르너Heisenberg, Werner 514

하인리히, 고트하르트Heinrici, Gotthardt 240, 264, 276~277, 306~307, 311, 319, 345, 361, 367, 370, 375, 392~393, 395~396, 398, 402, 415, 431~432, 465, 468, 531~532, 537, 622

하제, 베르너Haase, Werner 608

하제, 파울 폰Hase, Paul v. 543

하지스, 코트니Hodges, Courtney H. 251~252, 323

한, 오토Hahn, Otto 514

한케, 카를Hanke, Karl 185~186, 231, 540

할더, 프란츠Halder, Franz 302

해리먼, 애버럴Harriman, Averell 197, 258, 326, 349~350

호스바흐, 프리드리히Hossbach, Friedrich 126~127

홀스테Holste 592

화이트, 아이작 D.White, Isaac D. 322

횔츠Hölz 306

훔볼트Humboldt 338, 457, 459, 618

흐루쇼프, 니키타Khrushchev, Nikita 662

히틀러, 아돌프Hitler, Adolf 54~56, 59, 63~69, 71~75, 78, 83, 86~87, 93, 95, 103, 105, 112, 115~117, 123~126, 128~130, 132~134, 136~137, 140, 142~143, 147, 150~151, 153, 156, 159~162, 173, 178, 180~184, 188, 190, 192~193, 218, 222~223, 232, 238~240, 243~244, 251, 254, 256~257, 261~277, 279, 293~295, 297, 299~303, 307~311, 319~320, 329~333, 335~337, 340~341, 343, 346, 348, 369~371, 375, 383~384, 396, 401, 404, 406~411, 415~417, 420, 423~425, 428~429, 431~432, 435, 441~447, 456~458, 460~464, 468~469, 471, 476~477, 480, 482~483, 495, 502, 505, 507, 509~510, 522, 531~532, 535~540, 544, 547, 549~551, 559~567, 569~572, 575~576, 579, 582, 585~586, 591~592, 594~597, 599~600, 605~609, 611, 614~616, 619~622, 625, 643, 646, 658~659, 663~667

힐데브란트Hildebrandt 277

힘러, 에른스트Himmler, Ernst 600

힘러, 하인리히Himmler, Heinrich 66~67, 110, 112, 115~116, 121, 130~134, 136, 139, 140, 151~152, 154, 158, 160~162, 180~183, 220, 237~240, 264~267, 271~272, 279, 299~300, 302, 311, 391, 393, 405~407, 409, 441~442, 462, 464, 466, 468~469, 480, 532, 535~538, 540, 548~549, 557, 561, 567, 577, 598, 600, 604

옮긴이 이두영

아주대 불문과를 졸업하고 프랑스 블레즈 파스칼 대학·클레르몽페랑 제2대학교대학원에서 불문학 석사학위를 받았다. 현재 영어와 프랑스어 전문 번역가로 활동 중이다. 옮긴 책으로 『일본 제국 패망사』 『특이점의 신화』 『주4일 근무시대』 『애프터 피케티』 『산 아래 작은 마을』 등이 있다.

감수　권성욱

전쟁사 연구가. 블로그 '팬더 아빠의 전쟁사 이야기'에 전쟁사 관련 글을 쓰고 있으며, 중국 근현대 전쟁사와 제2차 세계대전이 전문 분야다. 지은 책으로 『별들의 흑역사』 『중일전쟁: 용, 사무라이를 꺾다 1928~1945』 『중국 군벌 전쟁 1895~1930』이 있다. 또한 『중일전쟁: 역사가 망각한 그들 1937~1945』를 공동 번역했고, 『덩케르크: 세계사 최대 규모의 철수 작전』 『일본 제국 패망사: 태평양전쟁 1936~1945』 『미드웨이: 어느 조종사가 겪은 태평양 함대항공전』 『아르덴 대공세 1944』 등을 감수했다.

베를린 함락 1945

1판 1쇄 2023년 8월 25일
1판 2쇄 2023년 12월 4일

지은이 앤터니 비버
옮긴이 이두영
펴낸이 강성민
편집장 이은혜
마케팅 정민호 박치우 한민아 이민경 박진희 정경주 정유선 김수인
브랜딩 함유지 함근아 박민재 김희숙 고보미 정승민 배진성
제작　강신은 김동욱 이순호

펴낸곳 (주)글항아리　출판등록 2009년 1월 19일 제406-2009-000002호

주소 10881 경기도 파주시 심학산로 10 3층
전자우편 bookpot@hanmail.net
전화번호 031-955-8869(마케팅) 031-941-5161(편집부)
팩스 031-941-5163

ISBN 979-11-6909-134-3 03900

잘못된 책은 구입하신 서점에서 교환해드립니다.
기타 교환 문의 031-955-2661,3580

www.geulhangari.com